GRAUPE-JUDENTUM

HEINZ MOSCHE GRAUPE

Die Entstehung des modernen Judentums

Geistesgeschichte der deutschen Juden
1650–1942

2., revidierte und erweiterte Auflage

Helmut Buske Verlag Hamburg

Die erste Auflage dieses Buches erschien 1969 als Band 1 der »Hamburger Beiträge zur Geschichte der deutschen Juden«.

CIP-Kurztitelaufnahme der Deutschen Bibliothek
Graupe, Heinz Mosche
Die Entstehung des modernen Judentums: Geistesgeschichte d. dt. Juden 1650–1942. – 2., rev. u. erw. Aufl. – Hamburg: Buske, 1977.
ISBN 3-87118-260-5

ISBN 3-87118-260-5
Alle Rechte vorbehalten
© HELMUT BUSKE VERLAG HAMBURG 1977
Gesamtherstellung Clausen & Bosse, Leck

MEINER FRAU UND MEINEM SOHN

Inhalt

Vorwort   9

1. Die Juden in Deutschland am Ausgang des Mittelalters   13
2. Das geistige Bild des traditionellen Judentums um 1650   27
3. Auflockerungserscheinungen im 17. Jahrhundert   41
4. Die Problematik der Marranen   59
5. Die Voraufklärung in Deutschland   70
6. Der Durchbruch der Aufklärung   79
7. Moses Mendelssohn   93
8. Die soziale und rechtliche Stellung der Juden in
   Deutschland im 18. Jahrhundert   109
9. Der Chassidismus   121
10. Die Schüler Mendelssohns   128
11. Kant und das Judentum   142
12. Revolution und Restauration   153
13. Das neue Geschichtsbewußtsein   169
14. Die Wissenschaft des Judentums   180
15. Reform und Neuorthodoxie   200
16. Die rechtliche und soziale Lage der Juden und ihr
    Erziehungswesen im Emanzipationszeitalter   226
17. Die Teilnahme am allgemeinen Kulturleben   242
18. Selbstdarstellungen des Judentums I.   258
19. Selbstdarstellungen des Judentums II.   283
20. Das moderne Ostjudentum   313
21. Das neue jüdische Selbstbewußtsein   329
22. Die letzten Jahrzehnte des deutschen Judentums
    (ca. 1910–1942)   347

Literaturhinweise   368
Register   376

Vorwort

In diesem Buche soll die Entstehung des modernen Judentums an der Sozial- und Geistesgeschichte der Juden in Deutschland illustriert werden. Es ist meines Wissens der erste Versuch, diese Entwicklung in ihrer Gesamtheit zu schildern. Sie umfaßt dreihundert Jahre bis zur gewaltsamen Unterdrückung des letzten Funkens sichtbaren Geisteslebens in Deutschland im zweiten Weltkrieg.* Die politischen, wirtschaftlichen und sozialen Ereignisse dieser dreihundertjährigen Epoche werden von mir als Hintergrund zum Verständnis der geistigen Entwicklungen immer wieder herangezogen, denn Geistesgeschichte verläuft nicht im leeren Raum. Aber die eigentliche Einwirkung auf die Prägung des modernen Judentums, das Charakteristische liegt in den geistesgeschichtlichen Neuformungen.

Seit Mitte des 17. Jahrhunderts setzte immer deutlicher eine Sonderentwicklung des kleinen deutschen Zweiges der aschkenasischen Judenheit ein, die zum entscheidenden Faktor in der Herausbildung des modernen Judentums wurde. Sie wirkte dann im 19. Jahrhundert auf den viel größeren und lange Zeit führend gewesenen osteuropäischen Zweig zurück. Allerdings war das Ostjudentum in der Zwischenzeit durch die wichtige geistesgeschichtliche Erscheinung des Chassidismus aufgerührt worden, die an der Judenheit in Deutschland vorbeigegangen ist. Doch gerade aus der kritischen Auseinandersetzung mit dem Chassidismus, die schon Ende des 18. Jahrhunderts begann, ist dann das moderne Ostjudentum entstanden, in enger Anlehnung an die jüdische Aufklärung in Deutschland. Das heutige Judentum – vornehmlich in den neuen Zentren in Israel, Amerika und einigen europäischen Ländern – erhielt seine Prägung durch diese beiden Strömungen der deutschen und osteuropäischen Entwicklung, die inzwischen weitgehend zusammenfließen. Bis etwa 1890 war jedoch das deutsche Judentum die führende Kraft in der modernen Entwicklung gewesen.

Die Vorboten der Sonderentwicklung der deutschen Judenheit erschei-

---

* Am 19. 7. 1942 wurde die letzte jüdische wissenschaftliche Institution, die Hochschule für die Wissenschaft des Judentums in Berlin, geschlossen.

nen lange vor der Mendelssohnschen Periode, in die man gemeinhin den Einschnitt zwischen traditionellem und modernem Judentum zu legen pflegt. Unter der Decke der starren traditionellen Lebenshaltung begannen schon im 17. Jahrhundert Auflockerungen in die verschiedensten Kreise der jüdischen Bevölkerung zu dringen, Wandlungen, die nicht als zufällige Ausnahme-Erscheinungen, sondern als symptomatisch für die sich ändernde geistige Haltung und innere Beziehung der Juden zu ihrer Lebensweise und zu ihrer Umwelt angesehen werden müssen. So war die jüdische Aufklärung keine plötzliche revolutionäre Wende; sie war durch einen langsamen Prozeß von mehr als einhundert Jahren vorbereitet.

Vorarbeiten für meine Arbeit lagen mir nur wenige vor. Für die Periode der Voraufklärung nur die Schriften von Azriel Shohet, mit dessen Deutung ich im allgemeinen konform gehe, und die etwas anders orientierten von Jacob Katz. Die Mendelssohnsche und nachmendelssohnsche Epoche wurde dagegen mehrfach behandelt, von Alexander Altmann in seiner Mendelssohn-Biographie, Albert Lewkowitz, Hans Liebeschütz, Nathan Rotenstreich und Max Wiener. Teilaspekte dieser Epoche behandelten viele andere.

Geschichte und namentlich jüdische Geschichte muß wohl in jeder Generation neu geschrieben und interpretiert werden, in neuer Sicht und mit neuen Akzenten. Für den jüdischen Historiker nach der Vernichtung eines Drittels der Judenheit und nach der Entstehung des Staates Israel gilt dies besonders. Viele Rezensenten der ersten Ausgabe haben zu meiner Freude dies verstanden. In den Nachkriegsjahren sind gerade in Deutschland viele Bücher erschienen, von jüdischen und nichtjüdischen Autoren, die die Bedeutung der Juden für die deutsche oder westliche Kultur aufzeigen wollen. Von dieser Literatur unterscheidet sich die vorliegende Arbeit grundsätzlich. Sie fragt nicht, für wen die Juden nützlich oder wichtig waren – eine im Grunde umgekehrt antisemitische, jedenfalls aber apologetische Fragestellung – sondern wie die deutsche Judenheit geworden ist und welche Bedeutung ihr in der jüdischen Geschichte zukommt, wie ihre Sonderentwicklung die Entstehung des modernen Judentums entscheidend geprägt hat.

Dieses Buch ist aus Vorlesungen an der Universität Hamburg entstanden. Ihre Hörer waren deutsche Studenten, bei denen wohl Offenheit für geistesgeschichtliche, soziale und politische Fragen und eine Bereitschaft zum Verständnis des Judentums vorauszusetzen war, aber keine Kenntnis seiner Lehre, seiner Geschichte und seiner Probleme. Gleiches wird wohl auch für viele meiner Leser gelten. Deshalb geben die beiden ersten Kapitel als Einleitung zum eigentlichen Thema einen kurzen Überblick über das geistige Bild des traditionellen Judentums, das der Ausgang der neuen Entwicklung war. Außerdem mußte ich Erscheinungen wie mündliche Lehre, Talmud, Kabbala etc. ausführlicher erklären, als es in einem nur an Fachgelehrte sich wendenden Werk üblich ist.

Daß jüdisch- und allgemeinphilosophische Entwicklungen und Probleme vielleicht unverhältnismäßig stark hervortreten, ist in der Thematik meiner bisherigen Arbeiten begründet. Die enge Verknüpfung der jüdischen mit den deutschen und allgemeinen philosophischen und kulturgeschichtlichen Strömungen mag, wie ich hoffe, dem Leser das Verständnis der jüdischen Widerspiegelungen und Reaktionen erleichtern. Durch die Verbindung von chronologischen mit problemgeschichtlichen Darstellungen ließen sich Wiederholungen nicht vermeiden. Das gilt besonders für die beiden Kapitel, in denen ich in ›Selbstdarstellungen des Judentums‹ die wichtigsten Zeugnisse des geschichtstheoretischen, philosophischen und religiösen Selbstverständnisses des Judentums zusammengefaßt habe.

Die erste, seit Jahren vergriffene Auflage des Buches erschien im Jahre 1969 im Leibniz-Verlag, Hamburg, als Band 1 der »Hamburger Beiträge zur Geschichte der deutschen Juden«, die das Institut für die Geschichte der deutschen Juden, Hamburg, herausgibt. Dieses Institut wurde vom Senat der Freien und Hansestadt Hamburg errichtet und von mir seit 1964 aufgebaut und in seinen ersten acht Jahren geleitet.

Die vorliegende zweite Auflage, nun im Verlage Helmut Buske, Hamburg, ist eine verbesserte und in manchem erweiterte Ausgabe des Buches. Sie enthält neben stilistischen und sachlichen Berichtigungen auch kleine Zusätze und Neuformulierungen. Neu geschrieben wurden die Abschnitte über Mordechai Gumpel Schnaber-Levison im 6. Kapitel und über Herz Homberg im 10. Kapitel. Die Ausführungen über Jakob Emdens Theologie im 6. Kapitel wurden erweitert, desgleichen die Darstellung des Antisemitismus und seiner Wurzeln im 21. Kapitel. Neu hinzugekommen sind kurze Abschnitte über Salomon S. Pappenheim und Nathan Birnbaum im 11. bzw. 21. Kapitel. Auch die Bibliographie und das Register wurden ergänzt.

Für mannigfache Hinweise, die ich in Gesprächen, Briefen und Rezensionen erhalten habe, schulde ich Dank den Herren Dr. H. G. Adler, London, meinem verstorbenen Lehrer Prof. Dr. Hugo S. Bergmann, Jerusalem, Dr. Salomon A. Birnbaum, Toronto, Prof. Dr. Victor Ehrenberg, auf dessen Wunsch ich die Bemerkungen über Franz Rosenzweigs Verwandte und Freunde richtigstellen konnte, Prof. Dr. Hans Liebeschütz und Prof. Dr. H. J. Schoeps, sowie Prof. Dr. Dietrich Gerhard, der sich der Mühe unterzog, das Manuskript der ersten Auflage zu lesen. Der Rat und die Hilfe meiner Frau, die weit über das Technische hinausgingen, standen mir auch bei dieser zweiten Auflage zur Seite.

Dem Verleger Herrn Helmut Buske danke ich für die Mühe und Sorgfalt, die er für das Erscheinen dieser zweiten Auflage aufwendete.

Hamburg im November 1976   Heinz Mosche Graupe

1. Die Juden in Deutschland am Ausgang des Mittelalters

Wenn ich meine Darstellung mit der Mitte des 17. Jahrhunderts beginne, so mag diese Ansetzung in mancher Beziehung als willkürlich erscheinen. Denn manche der Tendenzen und Erscheinungen, von denen wir hören werden, lassen sich noch weiter zurückverfolgen. Auch auf die Juden hatte das neue Selbstbewußtsein, das neuartige und von der Weltordnung des Mittelalters so verschiedene Lebensgefühl zu wirken begonnen, das die Menschen der Renaissance auszeichnete.

Das war nicht nur in Italien geschehen, wo die Renaissancekultur jüdische Dichter und Gelehrte beeinflußt hatte. Auch die Juden Deutschlands waren von der neuen Haltung nicht unberührt geblieben. Ein Mann wie Josel von Rosheim, der in der ersten Hälfte des 16. Jahrhunderts vor Kaisern und Reichstagen unter Berufung auf das gleiche Menschenrecht als Sachwalter der Juden auftrat, war sicherlich eine Gestalt, die nur wenig vorher noch undenkbar und unerhört gewesen wäre.

Doch Erscheinungen wie Josel von Rosheim oder die vereinzelten jüdischen Gelehrten, die christliche Humanisten Hebräisch lehrten oder mit christlichen Druckern zusammenarbeiteten, wirkten zunächst noch unter der Decke des traditionellen mittelalterlichen Judentums. Sie waren nur Symptome einer beginnenden Veränderung. Diese ersten Ansätze waren sogar im 16. Jahrhundert zunächst fast völlig zurückgedrängt worden. Denn im Gefolge der Vertreibung der Juden aus Spanien hatte sich eine neue messianische Mystik im Judentum durchgesetzt, die alle freieren Bestrebungen unterdrückte. Erst im Laufe des 17. Jahrhunderts, und besonders nach dem Dreißigjährigen Krieg, schufen die politischen und sozialen Veränderungen die Voraussetzung zu einer wirtschaftlichen und kulturellen Entgettoisierung. Erst jetzt konnten jene Ansätze in immer weitere Kreise dringen und ihre geistesgeschichtliche Wirksamkeit entfalten.

Im Jahre 1648 wurde der Dreißigjährige Krieg beendet. Dieses Jahr wurde auch eines der einschneidensten Jahre in der jüdischen Geschichte. Der Aufstand der Kosaken in der Ukraine unter Chmielnicki gegen ihre polnischen Herren hatte in diesem Jahre furchtbare Judenverfolgungen ausgelöst. Es war die erste schwere Erschütterung in der Lage der bis dahin blühenden und gesicherten polnischen Judenheit. Danach begann eine Rückwanderung der Juden nach Westeuropa.

Und im gleichen Jahre 1648 erklärte sich in Smyrna Sabbatai Zwi zum Messias. Die Bewegung, die damit ausgelöst wurde, wühlte die ganze jüdische Welt auf. In ihren Auswirkungen sollte sie über hundert Jahre lang die religiösen und sittlichen Grundlagen des Judentums erschüttern.

Zur gleichen Zeit bildeten sich auch in den deutschen Ländern die merkantilistisch orientierten Territorialstaaten. Diese modernen rationalen Verwaltungsstaaten gaben den wirtschaftlichen Funktionen der Juden neue Möglichkeiten.

Aus solchen seelischen und religiösen Erschütterungen und politischen Wandlungen entstanden die Ansätze des modernen Judentums. Darum ist es wohl berechtigt, mit dem Jahre 1648 oder jedenfalls mit dem 17. Jahrhundert der bürgerlichen Zeitrechnung unsere eigentliche Darstellung zu beginnen. Es war die Zeit, in der sich der deutsche Zweig der aschkenasischen Judenheit von dem größeren polnischen abzuheben begann.

Um diese Zeit lag hinter den Juden Deutschlands bereits eine vielhundertjährige Geschichte. Ich möchte diese in kurzem Abriß erzählen, um die Lage der deutschen Juden am Ausgang des Mittelalters verständlich zu machen.

An manchen Orten mag die Geschichte der Juden in Deutschland bis in die Römerzeit zurückgehen, wie in Köln, Trier und Regensburg.[1] Kontinuierlich und urkundlich belegbar beginnt diese Geschichte mit den Karolingern. Die ersten Juden Deutschlands waren wohl aus den westlichen und südlichen Teilen Frankreichs und aus Italien gekommen. Es waren, wie es scheint, zunächst wenige Familien von hochprivilegierten Großkaufleuten.[2] In ihrer Hand lag der Transithandel mit dem Orient. Sie zogen von

---

[1] Im Jahre 321 richtete der Kaiser Konstantin ein Edikt an die Decurionen in Köln betr. Beschränkung der bisherigen Befreiung der Juden von Municipalämtern (Aronius, Regesten Nr. 2). Archäologische Funde aus der römischen Zeit in Trier geben Hinweise auf Vorhandensein von Juden zu dieser Zeit (Adolf Altmann, Das früheste Vorkommen der Juden in Deutschland, Trier 1932). In Regensburg und wohl auch in Köln wird aus der Lage der Judensiedlungen innerhalb des früheren römischen Stadtkerns vermutet, daß kontinuierliche Judensiedlungen von römischen Zeiten her und über die Wirren der Völkerwanderung hinaus bis in das Mittelalter hier bestanden haben (Elbogen-Sterling, Geschichte der Juden in Deutschland, Frankfurt 1966, S. 14f.

[2] Aronius Nr. 81–98; I. A. Agus, Urban Civilization in Pre-Crusade Europe, Vol. I, Introduction, New York 1965.

Frankreich aus (Narbonne) über das Mittelmeer und, nachdem der Seeweg durch die Spaltung des islamischen Großreiches in die sich befehdenden Kalifate von Bagdad und Cordova zu unsicher wurde, auf dem Landwege über den Balkan. Die jüdischen Kaufleute brachten den fränkischen Königshöfen und Edelleuten die begehrten Luxusartikel der alten Kulturgebiete des Mittelmeeres und des Orients. Sie begründeten auch Industrien, die jene Luxusartikel verarbeiteten. Von Anfang an standen sie in einem besonderen Verhältnis zum königlichen Hofe (commendatio), als dessen Agenten und Hoflieferanten sie wirkten. Mit dem Beginn der Kolonisation der slawischen Gebiete beteiligten sich jüdische Kaufleute auch an dem Handel in diese neu in den Gesichtskreis tretenden Länder, bis nach Rußland hin. Hier lag der Schwerpunkt zuerst in dem Handel mit kriegsgefangenen Sklaven.

An den Städtegründungen der sächsischen Kaiser in den neugewonnenen Gebieten scheinen Juden von Anfang an beteiligt gewesen zu sein. Wir finden Juden damals bereits in Magdeburg und Merseburg, in Prag und vielleicht auch schon in Halle.[3] In diesen neugegründeten Städten wie in den älteren Zentren des Rheinlandes bildeten die Juden selbständige korporative Gruppen neben und auf einer Ebene mit den übrigen Stadtbewohnern.

Ihre rechtliche und soziale Stellung wird uns aus den Privilegien Heinrichs IV an die Juden von Speyer und Worms vom Jahre 1090 deutlich.[4] Die Juden dieser Zeit waren Ackerbürger wie die übrigen Stadtbewohner. Sie besaßen Häuser, Äcker und Weinberge. Das Haupt der Judengemeinde stand auf einer Stufe mit dem Schultheiß der christlichen Bürgerschaft. Die Juden besaßen eine weitgehende Autonomie in Rechtssachen mit Appellationsrecht an den Kaiser bzw. den Bischof. Und die Juden, jedenfalls dieser beiden Gemeinden, genossen Zollfreiheit an den königlichen Zollstätten und Königsschutz für Leib und Vermögen. Dafür waren sie ihrerseits zu bestimmten Abgaben verpflichtet.

Der verhältnismäßig günstigen rechtlichen und sozialen Lage der Juden in der Zeit der fränkischen und sächsischen Kaiser entsprach auch eine erste geistige Blütezeit in diesem Raum, für den in der hebräischen Literatur jetzt der Name »Aschkenas« Auftritt, nach einer biblischen Bezeichnung für ein nordisches Volk (Gen. 10, 3).

Bisher waren die Juden der Diaspora geistig von den alten Zentren der jüdischen Gelehrsamkeit abhängig gewesen, die in den großen Lehrhäusern

---

[3] Otto I. und der II, unterstellen die Juden mit den übrigen Bürgern in Magdeburg und Merseburg dem dortigen Bischof (Aronius Nr. 129 und 132 bis 134; zu Prag: Germania Judaica Bd. 1, S. 270, und zu Halle S. 125 ff.).

[4] Aronius Nr. 168, 170, 171.

im Lande Israel und in Mesopotamien ihren Sitz hatten. Dorthin wandte man sich um Entscheidungen in rituellen und religionsgesetzlichen Fragen. Erst im 10. und 11. Jahrhundert befreiten sich die Gemeinden Nordafrikas, Spaniens und der Provence von dieser Abhängigkeit, im Zusammenhang mit der Spaltung der islamischen Welt in zwei getrennte Kalifate. Zur gleichen Zeit bildete sich auch ein neues unabhängiges Zentrum im nachkarolingischen Norden, dem alten Lotharingien. In Worms, Mainz und Speyer und dem nordfranzösischen Troyes entstanden berühmte Lehrhäuser. An ihnen wirkten Gelehrte, die mit ihren Entscheidungen das Leben der aschkenasischen Juden bestimmt haben. (Zwei Gelehrte dieser Epoche haben ihre Bedeutung bis auf den heutigen Tag behalten: Rabbenu Gerschom in Mainz (gest. 1040), die erste große Autorität in Europa, auf die unter anderem die religionsgesetzliche Anordnung der Monogamie zurückgeht; und Raschi (1040–1105), der jüdische Bibel- und Talmudkommentator par excellence.)

Dreihundert Jahre hatte diese erste, im wesentlichen friedliche Entwicklung gewährt. Im Jahre 1096, nur 6 Jahre nach den Privilegien von Worms und Speyer, kamen die Kreuzfahrer des ersten Kreuzzuges durch das Rheinland. Und mit einem Schlage sollten sich Privilegien und Königsschutz als brüchige Bollwerke erweisen.

Die Kreuzfahrer überfielen die Gemeinden in Worms, Mainz, Köln und anderen Orten. Bevor sie den weiten Weg zur Bekämpfung der Ungläubigen im Heiligen Lande unternahmen, sollten die Ungläubigen im eigenen Lande vertilgt werden. Und bevor sie an die Eroberung der sagenhaften Schätze des Orients gingen, konnten sie das in Reichweite liegende Vermögen der Juden an sich reißen. Die Habe der Juden wurde geplündert, ihre Häuser zerstört, die Menschen ermordet. Ein großer Teil der Juden gab ihren Frauen, Kindern und sich selbst den Tod, nachdem die Versuche zu eigener Selbstwehr und das Vertrauen auf den Schutz der Behörden und die Hilfe der christlichen Nachbarn sich als trügerisch erwiesen hatten. Nur in Speyer gelang es dem tatkräftigen und Heinrich IV. ergebenen Bischof Johannes, nach dem ersten Morden scharf durchzugreifen und den Großteil der Gemeinde zu retten. Die Juden in Trier und Regensburg nahmen zum Schein die Taufe an.[5] – Das alte Verhältnis von Verkehr und Vertrauen zwischen Christen und Juden war verhängnisvoll zerstört für viele Jahrhunderte.

[5] Vgl. A. Neubauer-M. Stern, Hebräische Berichte über die Judenverfolgungen während der Kreuzzüge, Berlin 1892; Aronius a.a.O., Nr. 176–206.

Heinrich der Vierte, der während dieser Ereignisse in Italien gewesen war, beschloß eine Neuorientierung seiner Judenpolitik, da Privilegien augenscheinlich nicht genügten, um den Schutz der Juden zu sichern, wenn der Kaiser nicht zur Stelle war. Die Privilegien wurden ergänzt durch Einbeziehung der Juden in einen allgemeinen, von allen Machtträgern beschlossenen Landfrieden. Zum ersten Male werden deshalb im Mainzer Landfrieden von 1103 die Juden neben Klerikern, Bauern und Frauen erwähnt. Sie treten damit in die Reihe der Bevölkerungsgruppen, die als besonders schutzbedürftig angesehen werden und deren Verletzung als Landfriedensbruch gilt. Die Bestrafung von Landfriedensbrechern oblag nicht nur dem Kaiser, sondern auch allen Lokalgewalten, die den Landfrieden mitbeschworen hatten.[6]

Mit der Einbeziehung der Juden in den Landfrieden begann jedoch das Absinken der Rechtsstellung der deutschen Juden. Denn wer unter des Reiches Friedensschutz stand, von dem wurde verlangt, daß er keine Waffen führe und sich nicht selbst verteidige. Das Recht, Waffen zu tragen, wurde als Grundrecht des freien Mannes angesehen. Was bei Klerikern nur ihre geweihte, ausgezeichnete Stellung betonte, wurde den Juden gegenüber zur diffamierenden Bestimmung. Dies und die von Anfang an bestehende enge Bindung der Juden an den Kaiser führte in etwa hundertjähriger Entwicklung zu dem neuen Rechtsbegriff der *Kammerknechtschaft*.[7] Servi camerae nostrae werden die Juden erstmals im Jahre 1236 genannt, als Friedrich II. das Wormser Privileg Heinrichs IV. bestätigte und auf alle Juden Deutschlands ausdehnte. Zur Begründung der neuen Stellung der Juden wurde eine historische Legende herangezogen. Danach hätte der römische Kaiser Vespasian nach der Eroberung Jerusalems die gefangenen Juden, aus Dankbarkeit für ärztliche Hilfe durch Flavius Josephus, anstatt sie zu töten, nur zu seinen Sklaven gemacht. Nun traten die römisch-deutschen Kaiser als Erben der antiken Römer 1200 Jahre später in diese alten Rechte ein.

Parallel zu dieser weltlichen, staatsrechtlichen, lief eine kirchenrechtliche Entwicklung. Nach dieser, wie sie schließlich vom 4. Laterankonzil fixiert wurde, sollten die Juden zur Strafe ihrer Nichtanerkennung von Jesus Sklaven der Christen sein. Beide Entwicklungslinien vereinigten sich in dem neuen Begriff der Kammerknechtschaft. Wenn dieser bei Friedrich

---

[6] Aronius Nr. 260.
[7] Aronius Nr. 496; G. Kisch, Forschungen zur Rechts- und Sozialgeschichte der Juden in Deutschland, Zürich 1955, S. 16–90.

dem Zweiten wohl nur eine formale Begründung des ausschließlichen Verhältnisses der Juden zum Kaiser war und seines ausschließlichen Steuerrechts über sie, so wurde dieses Judenregal bald wörtlich als Knechtschaft aufgefaßt. Der Kaiser kann nach seinem Belieben mit Leib und Gut der Juden verfahren.

Während der Thronkämpfe zur Zeit des Interregnums wurde von den verschiedenen Kaisern das Judenregal verschenkt, verpfändet und verkauft. Die Juden kamen dadurch in Abhängigkeit von zahllosen größeren und kleineren Territorialherren oder Städten. Ihre frühere Freizügigkeit und Handelsfreiheit im ganzen Reichsgebiet ging verloren. In der »Goldenen Bulle«, dem neuen Reichsgrundgesetz Karls IV., 1356, wurde das Judenregal zusammen mit dem Bergwerks- und anderen Regalien generell den Kurfürsten zugesprochen, später auch anderen Reichsständen. Um wenigstens nominell die Oberhoheit des Kaisers zu bewahren und sein eigenes Recht, die Juden auszubeuten, hatte schon 1242 Ludwig der Bayer eine zusätzliche Kopfsteuer für die Juden eingeführt, den »Güldenpfennig«, später »Goldener Opferpfennig« genannt. Dieser war unabhängig von den anderen Judensteuern direkt an die kaiserliche Kasse abzuführen. Dem »Güldenpfennig« folgten später noch andere kaiserliche Sondersteuern bei jedem sich bietenden Vorwand. Die Juden ihrerseits hielten übrigens an dem alten Schutzverhältnis zum Kaiser fest. Denn trotz des Zerfalls der Zentralgewalt gab dieses ihnen eine, wenn auch schwache und sehr teuer erkaufte Stütze.

Für den Kaiser, die Territorialherren und die Städte waren die Juden nur Objekte der Ausbeutung und Aussaugung, eben wie die Bergwerke, mit denen sie in der Goldenen Bulle auf eine Stufe gestellt wurden. Sie dienten als Schwämme, die man sich vollsaugen ließ, um sie danach auspressen zu können. Das ganze Odium und der Haß der breiten Schichten traf aber immer nur die Juden, die doch irgendwie ihr Geld verdienen mußten, um die von ihnen geforderten Steuern und Kontributionen zahlen zu können. – Das Reich und die Landesherren sparten auf diese Weise außerdem auch einen komplizierten Apparat für die Steuereinziehung. Denn die wenigen Juden waren leicht erfaßbar und zur Zahlung zu zwingen.

Seit dem Anfang des 11. Jahrhunderts hatte sich auch die berufliche Struktur der Juden geändert. Der Groß- und Transithandel war aus ihrer Hand geglitten. Durch die Kreuzzüge ging er an die italienischen Seestädte über. Die Christianisierung der slawischen Länder hatte ihnen auch den Osthandel versperrt, zumal auch diese Christianisierung vielfach durch Kreuzzüge durchgeführt wurde, bei denen für Juden kein Platz war. Es blieb ihnen nur der Geldhandel, das Leihen gegen Pfänder und Zinsen.

Der Geldhandel hatte lange in den Händen der Klöster und Kirchen gelegen, bei denen sich große Kapitalien angesammelt hatten. Aber die dritten und vierten Laterankonzile (1179 und 1215) hatten diese Tätigkeit der Kirche unterbunden und darüber hinaus den Geldverleih gegen Zins allen Christen verboten. Auf die Juden fanden diese kanonischen Gebote keine Anwendung, und sie blieben in den Augen der Kirche die einzigen legalen Geldverleiher. Zwar gab es außer ihnen das ganze Mittelalter hindurch die »Lombarden« und die französischen »Kawerschen« (Cahorsiner), die das Zinsverbot durch allerlei Kommissionen und Aufschläge zu umgehen wußten und deren effektive Zinssätze oft die der Juden übertrafen. Doch waren es die überall erkennbaren Juden, an die die geldbedürftigen Ritter und Territorialherren sich bei Bedarf wenden konnten, später auch die Handwerker in den Städten. In dieser Eigenschaft als Geldverleiher wurden die Juden geradezu in die Territorien und Städte gerufen. Der Zinssatz, der nach modernen Begriffen ungeheuer hoch war, war ihnen vorgeschrieben.[8] Durch dieses, von den Rabbinern nicht gern gesehene, aber aus Not geduldete Geschäft, konnten sie ihre Abgaben bezahlen. Das Risiko war allerdings groß. Denn die Bezahlung der Schulden hing sehr von dem guten Willen der mächtigen und oft gewalttätigen Schuldner ab. Immer wieder mußte sich der jüdische Gläubiger zur Verlängerung der Zahlungsfrist verstehen. Und oft verlor er nicht nur sein Geld, sondern auch Heim und Leben.

Die Unsicherheit der jüdischen Existenz wurde noch durch ihre fortschreitende Isolierung unter der Bevölkerung vergrößert. Die Beschlüsse des 4. Laterankonzils von 1215 hatten den Verkehr zwischen Juden und Christen verhindern wollen. Den Juden, schon durch andere Bräuche, Fest- und Ruhetage von ihren Nachbarn unterschieden, wurden nun auch besondere Tracht und Abzeichen vorgeschrieben. Auf den mittelalterlichen Bildern finden wir Juden durch merkwürdige Hüte und Abzeichen kenntlich gemacht. Sie sollten verhaßt, verdächtig, zum Spott gemacht werden. Der Andersgläubige oder Ungläubige war im Volk ohnehin eine von Geheimnis umwobene Erscheinung. Er schien mit magischen Kräften begabt, und es dauerte nicht lange, so wurde der Jude mit dem Teufel identifiziert.[9] Dazu kam sein Beruf des Geldverleihers, der, obwohl benötigt, als unchristlich und unsittlich angeprangert wurde. Man machte sich deshalb kein Gewis-

---

[8] Vgl. Stobbe, Die Juden in Deutschland während des M-A, S. 103–116; R. Straus, Die Juden in Wirtschaft und Gesellschaft, S. 70–75.
[9] Vgl. Trachtenberg, The Devil and the Jews, Cleveland 1943.

sen, dem Juden seinen Gewinn und sein Habe durch Raub und Mord wieder abzunehmen. Argwohn, Angst und Haß vor dem unheimlich erscheinenden Juden und der Groll gegen den unbequemen Gläubiger schufen eine Stimmung gegen die Juden, in der jedes noch so absurde Gerücht, jede ausgestreute Verleumdung geglaubt wurden. Blutige Verfolgungen, die sich lawinenartig über ganze Länder ausbreiteten, Mord, Raub und Austreibungen waren die Folge.

Drei solcher gern geglaubten lügenhaften Beschuldigungen erschienen in Deutschland vom 13. Jahrhundert an: die Blutlüge, die Anklage der Hostienschändung und der Brunnenvergiftung. Obwohl Päpste und Bischöfe diese Beschuldigungen verdammten und verboten, wurden sie von den Predigern der neuen Bettelorden verbreitet. Diese, die selbst aus dem Volke kamen, wußten die Volksstimmung auszunutzen und immer wieder und überall gegen die Juden zu hetzen.

Dazu kam, daß die Juden zum Spielball der inneren politischen Spannungen wurden, des Machtkampfes der Zünfte gegen die Stadtpatriziate. Und ähnlich des Kampfes der Städte gegen Territorialherren, Bischöfe und kaiserliche Gewalt.

Die langlebigste dieser Verleumdungen – bis in unsere Zeit hinein – war die sogenannte Blutbeschuldigung. Es wurde behauptet, die Juden benötigten Christenblut, sei es als Heilmittel gegen geheimnisvolle Krankheiten, zu denen sie nach der Kreuzigung Jesu verdammt wären, sei es zur Bereitung der ungesäuerten Brote zum jüdischen Passah-Fest. Diese Verleumdung, die in anderer und nicht weniger phantastischer Form von griechischen Schriftstellern schon im Altertum erhoben wurde und die in frühchristlicher Zeit von Heiden den Christen in die Schuhe geschoben wurde[10], tauchte im Jahre 1144 zum ersten Male in Norwich in England auf. Im Jahre 1235 erschien sie erstmals in Deutschland in Fulda. Friedrich II. setzte damals eine Untersuchungskommission von gelehrten Konvertiten, Priestern und Fürsten ein, die die Juden von jeder Schuld und Möglichkeit eines Ritualmordes freisprach. Dasselbe tat wenige Jahre darauf der Papst Innozenz IV., und nach diesen beiden viele andere Kaiser und Päpste. Aber der Volksaberglaube, gestärkt durch auf der Folter erpreßte Geständnisse, wurde immer wieder angefacht. Zahllos sind die Opfer, die unter diesem Vorwand gefoltert, verbrannt und ermordet wurden.

Vom 13. Jahrhundert an, nachdem das 4. Laterankonzil im Jahre 1215 im »Innocentianum« die Transsubstantiationslehre zum Dogma erhoben hatte, erschien eine neue Art von Anschuldigungen: die der Hostienschän-

---

[10] Vgl. Minucius Felix, Octavius, 9.5.

dung. Juden hätten geweihte Hostien durch Kauf oder Diebstahl in ihren Besitz gebracht, sie mit Messern durchstochen, worauf die Hostien geblutet hätten. Heute weiß man, daß alte Backwaren häufig von einem Pilz überzogen und rötlich gefärbt werden. Damals entflammten die rötlichen Hostien die Massen zu Mord und Verfolgung gegen die Juden. An vielen Orten wurden zur Erinnerung an die »Hostienwunder« Kirchen geweiht und zu Wallfahrtszielen gemacht, wie man es auch zu Ehren der angeblichen Ritualmordopfer tat. Banden fanatisierter Bauern überfielen im Jahre 1298 unter einem Edelmann namens Rindfleisch die jüdischen Gemeinden in Franken, Schwaben, Bayern und Österreich. Ihnen fielen 146 jüdische Gemeinden und, nach einer christlichen Quelle, 100000 Juden zum Opfer. 1335–1338 wüteten die sogenannten »Armleder«-Banden wieder in Franken und Bayern – in Deggendorf wurde zu Ehren der angeblich entweihten Hostie eine noch heute bestehende Wallfahrtskirche errichtet – und im Elsaß. Auch das Eingreifen des Kaisers war vergeblich. Schließlich wurde mit dem Führer der Banden ein Kompromiß geschlossen, in dem er sich verpflichtete, für 10 Jahre Ruhe zu halten. Bei Ablauf dieser Frist war aber bereits die Pest des »Schwarzen Todes« gekommen und mit ihr eine neue Verleumdung, ein neuer Vorwand und neues Unheil für die Juden.

Die neue Anklage lautete, die Juden hätten die Brunnen vergiftet und dadurch die Pest verursacht. In Deutschland verbreitete sie sich von der Schweiz aus über Elsaß und Rheinland auf alle Teile des Reichs und darüber hinaus. Es begann ein allgemeines Judenmorden, die sogenannten »Judenbrände«. Wieder, wie 1096, gaben die Juden in vielen Gemeinden sich selbst den Tod. Das Morden ergriff auch Menschen in Gegenden, in die die Pest überhaupt nicht gelangt war, wie Schlesien und Preußen. Dorthin wurde der Judenmord durch die ekkstatischen Geißlerscharen gebracht, die die Furcht vor der Pest in Bewegung gesetzt hatte.

Verhängnisvoll für die Juden wurde auch der gleichzeitig zu einem Höhepunkt gelangende Gegensatz zwischen Patriziat und den nach Macht strebenden Zünften in den Städten. Die Stadträte versuchten – in Straßburg, Nürnberg und anderen Orten –, die Juden zu schützen. Sie wurden abgesetzt. Und die neuen Stadtherren ließen ihre Wut an den Juden aus und entledigten sich dabei auch ihrer Gläubiger.

Über den Umfang des Mordens geben die erhaltenen »Memor«-Bücher Bericht. Während Memorlisten von früheren Verfolgungen noch die Namen der Opfer ausführlich angeben, sind es nach diesem größten Blutbad meist nur noch Namen von Gemeinden, die zur Heiligung des göttlichen Namens das Martyrium auf sich genommen hatten.

Besonders abstoßend war das Verhalten des Kaisers Karl IV., des Schutzherrn der Juden. Er verstand, aus dem Tode seiner Kammerknechte ein Geschäft zu machen. Im Jahre 1348/49 schloß er mit einigen Städten – z. B. mit Nürnberg, Frankfurt – Verträge, laut denen er ihnen gegen große Geldzahlungen den Besitz der Juden übereignete für den Fall, daß sie, aus welchen Gründen auch immer, den Tod fänden. Diese Transaktionen bildeten direkte kaiserliche Freibriefe und Aufforderungen zum Judenmord.

Die Juden, die dem Morden und den »Judenbränden« entgangen waren, flohen damals nach *Polen*. Kurz zuvor hatten die polnischen Könige zur Schaffung eines städtischen Elements Juden in ihr Land gerufen und ihnen günstige Privilegien gegeben. Aus Deutschland nahmen die Flüchtlinge Sprache, Kleidung und manche Volkssitten mit. Inmitten der slawischen Umgebung hielten sie daran bis auf unsere Tage fest. – Eine kleine Anzahl von Juden, ein sehr geringer Rest, hatte sich in Deutschland auf dem Lande, außerhalb der Städte, verbergen können.

Die Städte, die eben erst ihre Juden ermordet und für ewige Zeiten aus ihren Mauern verbannt hatten, vermißten sehr schnell die jüdischen Steuerzahler und Geldverleiher. Schon nach sehr kurzer Zeit begannen sie, die Juden, soweit sie sich finden ließen, zurückzurufen. An manchen Orten, wie in Augsburg, geschah dies noch im Jahre 1348. Jedenfalls finden wir innerhalb der nächsten 15 Jahre überall wieder kleine jüdische Gemeinden.

Die Wiederaufnahme wurde aber an neue und erschwerte Bedingungen gebunden. Zunächst wurde das Niederlassungsrecht nur auf wenige Jahre gegeben, nach deren Ablauf es immer wieder teuer erkauft werden mußte. Die Städte sicherten sich so die Möglichkeit, durch Nichterneuerung der Aufenthaltserlaubnis die Juden nach Wunsch sozusagen legal wieder auszutreiben. Außerdem wurde das Niederlassungsrecht nicht mehr an eine Gemeinde, sondern an einzelne Familien gegeben, deren Zahl beschränkt wurde. Die Juden, wie jede soziale Gruppe in den Städten, hatten schon immer in räumlicher Nachbarschaft zueinander gewohnt. Bisher war das eine freiwillige, um Synagoge, Schule etc. konzentrierte Siedlungsform und häufig in den besten und zentralsten Stadtvierteln in eigenen Häusern. Nun wurden ihnen bei der Wiederaufnahme von der Stadt Wohnbezirke zugewiesen, die in den schlechtesten, ungesündesten und oft verrufensten Vierteln lagen. Die Wohnhäuser gehörten der Stadt und wurden ihnen nur gegen hohe Mieten überlassen. Grundbesitz war ihnen nicht mehr gestattet. Diese Judenquartiere wurden durch Mauern und Tore von der übrigen Stadt abgesondert und nur zu bestimmten Zwecken geöffnet. Alle Städte setzten nun Juden-Ordnungen fest, die bis in die kleinste Einzelheit das

Juden Erlaubte und Verbotene regeln und vor allem die Gebühren und Abgaben, die sie zu entrichten hatten.

Es ist bemerkenswert, daß diese Abriegelung das innere Leben der Juden und ihre Moral nicht gebrochen, sondern vielmehr gestärkt hat. Sie zogen sich noch mehr als früher auf ihre Religion, ihre Familie und Gemeinschaft zurück. Sie konzentrierten sich auf die religiöse Unterweisung der Kinder und auf strikte Erfüllung der sozialen Gebote in der Fürsorge für alle Bedürftigen. Ihr Schönheitssinn wirkte sich in der Schaffung mannigfacher Kunstgegenstände zur Schmückung ihrer Synagogen und ihrer Heime aus. Dies führte zur Tradition einiger künstlerischer Handwerke, wie Silber- und Goldschmiedekunst, Stickerei, Kalligraphie und ähnlicher Berufe.

Die neugegründeten Gemeinden der Überlebenden konnten nicht mehr zu gleicher wirtschaftlicher Bedeutung gelangen wie ihre Vorgänger vor dem Schwarzen Tode. Sie dienten, in noch krasserer Weise als vorher, nur noch als Objekt und als Mittel zur Herauspressung von Geldern. Die Kaiser aus dem Hause Luxemburg waren besonders erfindungsreich auf diesem Gebiet. Wie Karl IV. aus der Ermordung seiner Kammerknechte Gewinn zu erzielen wußte, so erfand auch sein Sohn Wenzel eine neuartige Methode, durch die Juden zu zusätzlichen Einnahmen zu kommen. Durch einen Vertrag, den er im Jahre 1385 mit dem Schwäbischen und Rheinischen Städtebund schloß, ging er zur offenen Beraubung seiner Kammerknechte über. Gegen eine Zahlung von 40 000 Gulden und Übereignung der Hälfte der städtischen Judensteuern an ihn, verfügte er, daß den Schuldnern der Juden ein Vierteil ihrer Schuld erlassen sei. Auch die restlichen drei Viertel der Schulden waren nicht an die jüdischen Gläubiger, sondern an die Städte zurückzuzahlen.

Die Städte gingen auf dieses Geschäft mit dem König bereitwillig ein, weil die wichtigsten Kunden der Juden damals noch die mit den Städten verfeindeten Territorialherren und Fürsten der Umgebung waren. Diese hofften sie nun durch die den Juden abgenommenen Schuldbriefe in ihre Hand zu bekommen. Für diese Territorialherren und Ritter sowie für die kleinen Schuldner wurde der Vorteil des Viertelnachlasses dadurch aufgehoben, daß sie jetzt an Stelle der machtlosen und meist nachgiebigen jüdischen Gläubiger unnachgiebige Stadträte als Schuldherren bekamen. – Doch schon 5 Jahre später, 1390, schloß der geriebene König einen ähnlichen Vertrag mit diesen Rittern und Fürsten, der diese wiederum von ihren Juden-Schulden befreite, gegen eine Zahlung, die dem Kaiser sogar mehr einbrachte als die Zahlung der Städte.

Wenzels neuartige Schuldentilgung – Tötbriefe genannt, weil sie die

Schuldforderungen der Juden töteten – vernichtete aber nicht nur die Existenz seiner Juden, sondern sie erschütterte auch das gesamte Kreditwesen seines Reiches. Seine Nachfolger mußten deshalb von dieser lukrativen Methode abgehen. Kaiser Sigismund zum Beispiel beschritt einen anderen Weg: er legte den jüdischen Gemeinden zu allen möglichen Gelegenheiten Sondersteuern auf, so zu seiner Krönung zum König und später zum Kaiser, für die Abhaltung des Konstanzer Konzils und des Baseler Konzils, für den Hussitenkrieg und dergleichen mehr.

Die durch diese »Schuldentilgung« und Steuerschrauben völlig verarmten Juden verloren für die städtische Finanzgebahrung mehr und mehr ihren Wert. Größere Kredite konnten sie nicht mehr aufbringen. Da sie nicht mehr den Nutzen brachten, den man von den Juden haben wollte, fanden das ganze 15. Jahrhundert über Vertreibungen der Juden aus fast allen deutschen Städten statt, die letzte im Jahre 1519 aus Regensburg.

Die aus den Städten Vertriebenen wurden von den umliegenden Territorialherren aufgenommen. Denn noch immer war der Nimbus der Nützlichkeit der Juden groß genug, um den Reichsrittern und kleineren und größeren Landesherren ihre Aufnahme wünschenswert erscheinen zu lassen. Diese Übersiedlung auf das Land – häufig vor den Toren der Städte, die sie ausgewiesen hatten – zog eine durchgreifende Änderung im sozialen und wirtschaftlichen Leben der Juden nach sich. Das Geldgeschäft trat nun für sie etwas zurück. Sie begannen jetzt auch, die Erzeugnisse des Landes auf die städtischen Märkte zu bringen und den Bauern die Erzeugnisse der städtischen Handwerker zu verkaufen. So entstand der jüdische Klein- und Hausierhandel. Zum ersten Male seit Jahrhunderten waren die Juden wieder mit manchen Zweigen der Landwirtschaft direkt verbunden, als Viehhändler und Weinbauern, Berufe, die sie in manchen Gegenden durch Jahrhunderte bis in die jüngste Vergangenheit ausübten.

Der Gold- und Silberstrom, den die Entdeckung Amerikas brachte, und die mit ihm verbundene wirtschaftliche Umwälzung war an den deutschen Juden in ihren ländlichen Sitzen vorbeigegangen. Die großen Handels-, Kredit- und Kolonialunternehmungen lagen jetzt in den Händen christlicher Firmen, wie der Fugger, der Welser u. a. Erst als um 1600 die portugiesischen Juden, die früheren Zwangschristen, nach Deutschland und den Niederlanden kamen, nahmen wieder Juden am Groß- und Seehandel teil und langsam folgten ihnen auch aschkenasische Juden.

Für diese Juden außerhalb der Städte bildeten sich neue Organisationsformen heraus, die sowohl ihren eigenen Interessen wie denen der Landesherren entsprachen. Die kleinen und verstreuten Judengemeinden waren zumeist nicht in der Lage, den Grund und Boden für einen Friedhof zu erwerben und mußten sich zu diesem Zweck zusammenschließen. Nur ein solcher Zusammenschluß konnte auch den Unterhalt von Rabbinern und Lehrern ermöglichen. Ebenso konnte auch nur ein solcher Verband die Steuerabgaben aller Mitglieder garantieren. Und nur an diesen waren ja die Territorialherren interessiert. So entstehen jetzt überall Landjudenschaften, an deren Spitze sogenannte Befehlshaber oder Vorgänger der Juden standen, die von ihnen selbst erwählt und von den Behörden bestätigt wurden. Unter diesen Befehlshabern ragte zur Zeit der Kaiser Maximilian und Karl V. der Befehlshaber der elsässischen Juden hervor, *Josel* oder Joselmann *aus Rosheim* genannt. Er wurde, wie es scheint, von der Judenheit des gesamten Reiches anerkannt. Er war ein Mann mit großem diplomatischen Geschick, juristischen Kenntnissen und persönlichem Mut. Er war vielleicht der erste Jude, der vor Kaiser und Fürsten nicht als Bittsteller trat, sondern das Recht forderte, wo es verletzt worden war und zumeist wohl auch erhielt, vor allem weil sein uneigennütziger Einsatz von den Obrigkeiten ebenso anerkannt wurde wie von seinen Glaubensgenossen.

Aus diesen Befehlshabern der Landjudenschaften bildete sich allmählich eine neue jüdische Notabeln-Schicht heraus, nämlich die Juden, die kraft ihres Amtes in ständigem Kontakt mit Hof und Behörden stehen mußten. Sie wurden auch von der Obrigkeit mehr und mehr zu finanzpolitischen und diplomatischen Aufgaben herangezogen. Als Hof-Faktoren oder Träger ähnlicher Titel werden sie dann im 17. und 18. Jahrhundert wichtig.

Von den alten großen Gemeinden waren wohl nur vier übriggeblieben, aus denen die Juden nicht vertrieben waren: Frankfurt, Worms, Prag und Metz. Zwar wurden sie aus Frankfurt und Worms am Anfang des 17. Jahrhunderts für kurze Zeit vertrieben, als in Frankfurt im Jahre 1614 die Zünfte sich gegen den Rat erhoben, angeführt von dem Vertreter der Fettkrämer-Gilde, Vinzens Fettmilch, und einem Advokaten Weitz. Fettmilch und seinen Horden gelang es, das Judenviertel zu erstürmen und die Juden aus der Stadt zu vertreiben. Dasselbe geschah kurz danach nach dem Frankfurter Vorbild auch in Worms. Jetzt griff aber der Kaiser Matthias ein. Fettmilch und Weitz wurden in Reichsacht erklärt und im Jahre 1616 hingerichtet. Gleich darauf wurden die Juden von kaiserlichen Kommissaren und Militär wieder in beide Städte zurückgeführt. Die kaiserlichen Kommissare verkündeten dann öffentlich eine neue Judenordnung, die Frankfurter »Juden-Stättigkeit«. Diese unterschied sich von der alten hauptsächlich darin, daß sie nicht mehr zeitlich begrenzt war und daß diesmal der Kaiser und nicht der Rat sie gegeben hatte. – Es war dies wohl das letzte Mal, daß der deutsche Kaiser energisch und mit Erfolg die Verpflichtung des kaiserlichen Judenschutzes in die Tat umsetzte.

Am Ende des 16. Jahrhunderts beginnt schon eine langsame Rückwanderung vom Land in die Städte, darunter auch in Städte, in denen vorher keine Juden gelebt hatten, zum Teil auch in neugegründete Städte, wie Altona und Fürth. Im Dreißigjährigen Krieg kam es den Juden zustatten, daß sie zumeist auf dem Lande wohnten, das weniger als die Städte unter den Kriegsgreueln zu leiden hatte.

2. Das geistige Bild des traditionellen Judentums um 1650

Im Mittelpunkt der geistigen Welt der Juden im Mittelalter stand das Studium der Lehre. Unter »Lehre« versteht das Judentum nicht nur die *schriftliche* Lehre, wie sie in der hebräischen Bibel überliefert ist. Jahrhundertelang war bei der synagogalen Vorlesung der Bibel und bei ihrem Studium jeder ihrer Sätze untersucht, diskutiert und gedeutet, jedes ihrer Gebote erläutert und mit neuen Anweisungen versehen worden. Diese Deutungen, Erläuterungen und Anweisungen, die von Generation zu Generation weitergegeben und vermehrt wurden, werden die *»mündliche Lehre«* genannt. Nach der Tradition wird auch diese mündliche Lehre, wie die Heilige Schrift selbst, letztlich auf die Offenbarung an Moses am Sinai zurückgeführt. Aber im Gegensatz zu jener gilt die mündliche Lehre als im Prinzip nicht abgeschlossen, so daß sie immer wieder neu geprüft und erweitert werden kann.

Für ein Verständnis des Judentums ist der hebräische Terminus »Tora« instruktiv. Tora ist im engsten Sinne der Pentateuch. Im weiteren Sinne wird das Wort für die schriftliche und die mündliche Lehre gebraucht; beide zusammen erst machen die ganze Tora aus.

Die Wortbedeutung von Tora ist Lehre, Weisung. Sie ist kein bloßes heiliges Buch, kein bloßer Glaubensbesitz und Grundlage einer Theologie. Das alles ist Tora auch. Doch mehr als dieses richtet sie sich an den Willen und das Handeln des Menschen. Menschliches Leben und Tun will sie religiös formen. Deshalb bildete die Tora die Grundlage der jüdischen Erziehung. In ein Religionsbild, das unter Religion die passive Erlösung des Individuums im Glauben (sola fide) versteht, paßt das Judentum nicht hinein. Darum hat man ihm häufig den Charakter einer Religion abgesprochen. Um seine religiöse Eigenart von einem solchen Religionsbild zu unterscheiden, hat man es auch eine Lebensform genannt. Sogar die »religionslosen Juden« haben diese Lebensform noch in ihrer ethischen Tendierung bewahrt.

Die Sammlungen der mündlichen Lehre schlossen sich ursprünglich an den laufenden Bibeltext an (*Midrasch*). Erst um das Jahr 200 n. Chr. wurde die mündliche Lehre nach Sachgebieten geordnet und fixiert. Diese nach Sachgebieten geordnete Sammlung, die »*Mischna*« genannt wird, enthält juristische Vorschriften, Volksbräuche und Sittenlehren. In den nächsten drei Jahrhunderten bildete sie die Grundlage der Diskussionen in den Akademien im Lande Israel[11] und in der babylonischen Diaspora. Die Diskussionen der Gelehrten über die Mischna-Sätze sind in stichwortartigen Zusammenfassungen erhalten geblieben. Sie werden »*Gemara*« genannt. Die Mischna und die Gemara zusammen bilden den *Talmud*.[12] Der in den palästinensischen Akademien entstandene Talmud, auch »Jerusalemer Talmud« genannt, konnte durch die Ungunst der Verhältnisse – nachdem das Römische Reich christlich und unduldsam geworden war – nicht abgeschlossen werden. Dagegen konnte der Babylonische Talmud unter günstigeren Umständen redigiert werden und umfaßt fast sämtliche Mischnatraktate. Er wurde im 6. Jahrhundert vollendet.

Die Sprache der Mischna ist ein klares Hebräisch, das dem biblischen Hebräisch gegenüber viele Vereinfachungen zeigt.[13] Dieses Hebräisch der Mischna war keine künstliche Gelehrtensprache. Nicht nur die Gebete, auch der »Midrasch« – die an den Schrifttext angeschlossenen gesetzlichen wie homiletischen Sammlungen der mündlichen Lehre – waren hebräisch, ebenso im wesentlichen die ebenfalls Midrasch genannte spätere palästinensische Predigtliteratur. Die Kenntnis des Hebräischen konnte, in Palästina jedenfalls, vorausgesetzt werden. Noch der Redaktor der Mischna, Rabbi Jehuda (um 200), hält nur zwei Sprachen für würdig gesprochen zu werden: Hebräisch und Griechisch (b. Sota 49 b; Baba Kama 83 a). Diesen beiden

---

[11] Die verbreitete Ansicht, die Juden seien nach der Zerstörung Jerusalems im Jahre 70 aus ihrem Lande völlig vertrieben worden, ist irrig. Nicht nur die geistige Hegemonie verblieb noch mehrere Jahrhunderte bei der palästinensischen Judenheit. Diese hatte auch noch Kraft zu großen Aufständen, wie dem Barkochba-Krieg gegen Hadrian (ca. 132–135), dann Mitte des 4. Jahrhunderts und auch Anfang des 7. Jahrhunderts, und zur Zeit der arabischen Eroberung. Im 6. Jahrhundert hat sogar in der Gegend der Meerenge von Tiran ein autonomes jüdisches Gemeinwesen bestanden, das gegen Römer wie Araber kämpfte. Nie ist Palästina ein judenleeres Land gewesen. Nur rückte es zahlenmäßig und geistesgeschichtlich für lange Zeit an die Peripherie der Judenheit, deren religiöse und emotionale Bindung an das Land der Väter nie erloschen war.
[12] Der Name »Gemara« für den Diskussionsteil des Talmud wurde erst durch den Eingriff der christlichen Zensur im 16. Jahrhundert allgemein gebräuchlich, da diese den Ausdruck »Talmud« möglichst ausmerzen wollte. Während bis dahin Mischna und Talmud voneinander unterschieden wurden, bezeichnen wir heute als Talmud das aus Mischna und Gemara bestehende Gesamtwerk.
[13] Das moderne Hebräisch, wie es in Israel wieder gesprochen wird, geht weitgehend auf das Hebräisch der Mischna zurück.

Sprachen stand die alte Verkehrssprache des Orients gegenüber, das Aramäische. Das Aramäische finden wir bereits in den ältesten Teilen der Bibel. In den späteren Büchern (Esra, Daniel) nimmt es schon breiten Raum ein. Lange Zeit gingen Hebräisch und Aramäisch nebeneinander her. Die hebräische Bibelvorlesung in den Synagogen wurde noch zur Zeit des 2. Tempels ins Aramäische übersetzt, woraus die verschiedenen Fassungen des «Targum», der aramäischen Bibelübersetzung, entstanden. Ohne jemals das Hebräische ganz zu verdrängen, wurde aber Aramäisch die hauptsächliche Umgangssprache des Volkes und schließlich auch die Unterrichts- und Diskussionssprache der Akademien.

Im Talmud finden wir die Mischnasätze und andere Überlieferungen von Lehrern der Mischna, die aus Parallelsammlungen zitiert werden, auf hebräisch. Die Diskussion über diese, die Gemara, war aramäisch. Dieses Neben- und Durcheinander der beiden Sprachen trägt nicht wenig zur schweren Verständlichkeit des Talmud bei. Die spätere rabbinische Literatur ist wesentlich hebräisch, aber mit vielen talmudisch-aramäischen Zitaten, Floskeln und Redensarten durchsetzt.

Der Talmud und die sich an ihn anschließende rabbinische Literatur hat für das Judentum eine eminent praktische Bedeutung bekommen. Der Talmud ist, wie gesagt, eine Sammlung von Diskussionen und Untersuchungen, eine Enzyklopädie, deren Themen alle Gebiete des Lebens und des Geistes umfassen und sie in ihre religiöse Sinngebung einbeziehen. Neben religiösen Vorschriften, Legenden, historischen Überlieferungen, Sittensprüchen von frommen Gelehrten, ist aber der wesentliche Teil des Talmud rechtlichen Problemen gewidmet. Er ist zwar kein Gesetzbuch, aber seine juristischen Diskussionen bilden die Quelle und die Präzedentensammlung des jüdischen Rechts. – Da in jeder Generation neue Probleme auftraten, gesetzliche und religiös-rituelle, und die örtlichen und historischen Bedingungen sich ebenfalls wandelten, suchte man in ständigem Studium des Talmud, in seinen mannigfachen Diskussionen irgendwelche Hinweise zu finden, die man als Präzedenzfälle und Richtlinien für die neuen Probleme ansehen könnte. – Wenn in modernen Staaten ein Gesetz obsolet geworden ist, werden durch Parlamentsbeschluß oder andere gesetzliche Akte neue Gesetze beschlossen. Wenn das Recht aber als göttliche Einsetzung betrachtet wird, wenn es den Charakter der Heiligkeit besitzt, muß ein neu auftretendes Problem, ein neuer Fall, irgendwie in diesem göttlichen Recht schon angedeutet und auffindbar sein. – Als eine moderne Parallele könnte man auf das englische Recht hinweisen. Dieses ist zwar ein weltliches Recht und besitzt Hunderte von Gesetzen, die durch Parlamentsbeschluß geschaffen wurden. Aber neben diesen statutarischen Gesetzen steht das alte Common Law, das auf dem Billigkeitsgedanken, dem Law of Equity beruht. Und die Kunst des englischen Juristen besteht noch heute in weitem Umfange darin, Präzedenzfälle in manchmal jahrhundertealten Rechtsfällen und Urteilen zu finden, die auf seinen aktuellen neuen Fall anwendbar sind. Auch hier besteht also eine Art mündlicher Lehre, ein ungeschriebenes Gesetz, das nur in Hunderten von Gerichtsurteilen fixiert ist. – Auch nach dem Abschluß des Talmud setzte sich die Diskussion über religionsgesetzliche Probleme in *Responsen-Sammlungen* fort, die die Korrespondenzen und Entscheidungen rabbinischer Autoritäten enthalten.

Bemerken möchte ich noch, daß es im Judentum Strömungen gegeben hat und noch gibt, die nur die schriftliche Lehre, die Tora, als bindend anerkennen. Zur Zeit des 2. Tempels waren dies die Sadduzäer. Seit dem 8. Jahrhundert und in Resten bis zur Gegenwart besteht die Gruppe der *Karäer*, die in den ersten Jahrhunderten des Mittelalters recht zahlreich und einflußreich waren. Die Auseinandersetzung mit ihnen belebte das Bibelstudium und die genaue Festlegung der biblischen Texte. Sie führte auch zu fruchtbarer theologisch-philosophischer Polemik. Durch seinen strengen Biblizismus war jedoch das Karäertum religionsgesetzlich weniger elastisch als das rabbinische Judentum. Heute leben kleine Reste der Karäer noch in der Krim und in Ägypten, von wo in der letzten Zeit eine Anzahl nach Israel kamen. Bis zum 2. Weltkrieg gab es auch in Litauen einige karäische Gemeinden.

Der Talmud und die anschließende talmudische und rabbinische Literatur bildeten die Grundlage des Studiums der jüdischen Geisteswelt. Die im wesentlichen verstandesmäßige Beschäftigung mit dem Talmud und seinen vorwiegend juristischen Fragen blieb jedoch nicht Sache des einzelnen Spezialisten, sondern sie erreichte weite Kreise der Judenheit. Nicht jeder Jude war ein Talmudgelehrter. Aber jeder hatte schon im frühen Kindesalter wenigstens die Anfangsgründe des Talmud studiert und bemühte sich auch in seinem späteren Leben, täglich kleine Abschnitte der Mischna und Gemara zu studieren, zu »lernen«, wie der volkstümliche Ausdruck heißt. Dieses Lernen war eine heilige religiöse Pflicht und jedem so selbstverständlich wie das Beten selbst. Und es fand seinen Niederschlag in der religiösen Lebensweise.

Zu den überlieferten religiösen Vorschriften und Geboten kamen religiöse Bräuche, die sich in bestimmten Orten und Ländern entwickelt hatten. Diese Bräuche erhielten im Laufe der Zeit ähnliche Geltung wie die überlieferten Vorschriften. Besonders war dies, wie wir noch sehen werden, in der aschkenasischen, d. h. der deutschen und polnischen Judenheit der Fall.

Um sich in dem Meer des Talmud und der talmudischen Literatur zurechtzufinden, und besonders um festzustellen, welche der vielen in den Talmudtraktaten angegebenen Meinungen die gesetzlich bindende geworden ist, also aus praktischen Gründen, brauchte man sehr bald Kompendien, Gesetzes-Sammlungen. Die ältesten dieser Kompendien sind eigentlich nur Auszüge aus dem Talmud selbst unter Fortlassung der nicht-bindenden Beiträge. *Maimonides* hat dann im 12. Jahrhundert das gesamte Religionsgesetz neu nach Sachgebieten geordnet und in eigenen, vom Wortlaut der talmudischen Diskussionen unabhängigen Formulierungen zusammengefaßt. Im 14. Jahrhundert verfaßte der aus Deutschland stammende und in Spanien lebende *Jakob ben Ascher* einen ähnlichen Kodex.

In der Mitte des 16. Jahrhunderts hat ein Flüchtling aus Spanien, *Josef Caro*, im palästinensischen Safed auf Grund der bis dahin erschienenen Kodifizierungen eine neue Sammlung der jüdisch-religiösen Gesetze geschaffen. Er nannte diese Sammlung den »*Schulchan Aruch*«, den »Gedeckten Tisch«. *Moses Isserles* in Krakau fügte dem »Schulchan Aruch« Ergänzungen bei, die die religiösen Entscheidungen und Bräuche der aschkenasischen Juden berücksichtigten, die von Josef Caro oft übergangen wurden.

Die besondere Hochachtung vor dem religiösen Brauch bei den deutschen Juden hatte einen historischen Grund. Als nach dem Schwarzen Tod, 1349, die große Mehrzahl der jüdischen Gemeinden in Deutschland untergegangen war, wollten die Überlebenden den Brauch ihrer Väter festhalten, der durch das Martyrium geheiligt war. – Der religiöse Brauch des Ortes war schon in der talmudischen Literatur als beachtenswert empfohlen worden. In Deutschland, und in der aschkenasischen Judenheit überhaupt, trat er nun den eigentlichen Religionsgesetzen zur Seite und beeinflußte weitgehend die Lebensweise. –

Das von Josef Caro und Moses Isserles geschaffene Werk wurde für die religiöse Praxis der gesamten Judenheit maßgebend. Bald erschienen auch umfangreiche Kommentare und Superkommentare, eine ganze Literatur, die sich an den »Schulchan Aruch« anschloß und ihn ergänzte.

Neben der umfangreichen talmudischen Literatur hatten Philosophie und Mystik das ganze Mittelalter hindurch eine entscheidende Rolle gespielt. Die *Philosophie* allerdings war beinah das Monopol erst der orientalischen, dann der spanischen Judenheit gewesen. Die jüdische Philosophie war im 10. Jahrhundert unter dem Einfluß und der Auseinandersetzung mit der islamischen Philosophie und Theologie und mit den Karäern entstanden. Es gab in ihr, wie in der arabischen, neu-platonische und aristotelische Richtungen. Mit der Vertreibung aus Spanien, am Ende des 15. Jahrhunderts, brach die selbständige Beschäftigung von Juden mit der Philosophie für etwa 2 Jahrhunderte ab. Das rationale Denken flüchtete in die Mystik.

Nach Deutschland war von diesem reichen Schatz der spanisch-jüdischen Philosophie fast nichts gedrungen. In der Zeit vor Erfindung des Buchdrucks hören wir nur in ganz vereinzelten Fällen, daß deutsche Juden von der Philosophie eines Maimonides zum Beispiel Kenntnis haben, während sie christlichen Scholastikern und auch Meister Eckehart bekannt war. Auch nachher blieb die Beschäftigung mit philosophischen Fragen in der aschkenasischen Judenheit eine vereinzelte Erscheinung. Selbständige philosophische Schriften von Bedeutung wurden im aschkenasischen Bereich nicht verfaßt.

Was waren die Gründe für das Abbrechen der philosophischen Tradition und für ihr Nichteindringen nach Norden? Vor den jüdischen Religionsphilosophen des Mittelalters hatte das Problem gestanden, die Grundgedanken des Judentums, wie den Gottesbegriff, die Weltschöpfung, die göttliche Freiheit und die menschliche Freiheit, mit den Lehren des Aristoteles in Einklang zu bringen. Der Begriff eines aktiven Intellekts und ersten Bewegers, auf den der Gottesgedanke bei Aristoteles zusammengeschrumpft war, ließ sich schwer mit den religiösen Vorstellungen von einem persönlichen Gott, der die Welt nach seinem Willen erschaffen hat und in ihr waltet, vereinen. *Maimonides* hat dieses in seinem »Führer der Verwirrten« am Ende des 12. Jahrhunderts versucht und hat damit auch die christliche Scholastik eines Albert des Großen und Thomas' von Aquino stark beeinflußt. Auch die späteren jüdischen Religionsphilosophen des Mittelalters standen vor ähnlichen Problemen. Sie alle strebten danach, die Eigenwertigkeit der Religion gegenüber dem philosophischen Formalismus zu bewahren. Dies geschah aber nicht ohne starke Umdeutungen und Allegorisierungen von Sätzen der Heiligen Schrift und der mündlichen Lehre.

Ein großer Teil der jüdischen Intelligenz in Spanien und Südfrankreich, auf die der Einfluß der aristotelischen Philosophie am stärksten gewesen war, hatte sich diese philosophischen Lehren zu eigen gemacht, jedoch ohne die religiösen Impulse, die Maimonides und seine Nachfolger bewegt hatten. Das führte in diesen Kreisen zu Laxheit und Abkehr gegenüber Religion und religiöser Lebenshaltung.

Gegen diese Tendenzen richtete sich der Abwehrkampf der Vertreter des talmudischen Judentums, die nun in der Philosophie überhaupt eine Gefahr für das Judentum sahen und in Maimonides den Urheber der auflösenden Gedankenwelt. Dazu kam der Einfluß der jüdischen Mystik, der Kabbala, die zumeist in scharfem Gegensatz zu den rationalistischen Ausdeutungen des Judentums stand. Die Beschäftigung mit der Philosophie wurde zwar nicht untersagt. Dazu war die Autorität eines Maimonides zu groß. Er war ja auch eine anerkannte Autorität auf religionsgesetzlichem Gebiet. Aber man versuchte, das Studium der Philosophie zu erschweren und zu beschränken. Schon im 13. Jahrhundert wird allgemein die Bestimmung angenommen, daß man philosophische Bücher nicht vor Vollendung des 25. Lebensjahres studieren dürfe. Dadurch wurden sie praktisch dem Großteil der Juden unbekannt, da nach dem 25. Lebensjahr meist nur Gelehrte noch Zeit für ein gründliches Studium hatten. Diese Beschränkung hinderte auch die Verbreitung der philosophischen Schriften in dem Bereich der aschkenasischen Judenheit. Noch Moses Mendelssohn im 18. Jahrhundert hat Maimonides nur heimlich und nachts studieren können.

Einen viel größeren Einfluß auf das religiöse Denken und den religiösen Brauch der Juden des ausgehenden Mittelalters hat dagegen die *Mystik* ausgeübt.

Philosophie und Mystik haben eines gemeinsam: sie wenden sich nicht an die große Masse, sondern sind aristokratische Disziplinen. Gerade die jüdische Mystik, von ihren Anfängen an, betrachtete sich stets als eine esoterische Geheimlehre, die nur wenigen Auserwählten zugänglich zu machen sei. Das hat sie mit jeder mystischen Bewegung gemein. Doch die Wurzel aller Mystik liegt in ihrem engen Zusammenhang mit dem Volksglauben. Sie ist nicht, wie die Philosophie, rationale Reflexion, sondern sie sucht hinter den Worten der Schrift und der mündlichen Lehre einen tieferen verborgenen Sinn. Und sie drückt den gefundenen Sinn nicht in logischen Begriffen, sondern in farbreichen, anschaulichen Bildern aus. Während zum Beispiel die jüdischen Philosophen die häufigen anthropomorphen Ausdrücke der Bibel als anstößig und der reinen Gottesidee unwürdig empfinden, bildeten diese anthropomorphen Ausdrücke Hauptansatzpunkte der mystischen Spekulation. Mystik stellt so immer den Zusammenhang der Religion mit dem Mythos her und bedient sich einer oft mythologischen, jedenfalls aber esoterischen Sprache. Das gilt für jede Mystik. Als Beispiel sei nur auf die orientalischen und hellenistischen Mysterien und auf die frühchristliche Gnosis hingewiesen, sowie auf die stark mystischen Elemente der Christologie. Wegen dieser engen Beziehungen der Mystik zu dem vor-religiösen mythischen Denken finden wir vielfach, daß die offizielle Orthodoxie aller Religionen mystische Bewegungen mit Mißtrauen betrachtet. Jedenfalls sucht man die mystischen und gnostischen Elemente möglichst in den Hintergrund zu drängen, fast überall im Wege eines Kompromisses. Denn keine orthodoxe Theologie kann auf diese Elemente, die Ausdruck einer lebendigen Religiosität sind, völlig verzichten. In der alten christlichen Kirche wurden die radikalen gnostischen Bewegungen bekämpft. Später wurden mystische Bewegungen als ketzerisch beargwöhnt und häufig verfolgt. Ähnliche Tendenzen finden wir im Islam und auch im Judentum. Die philosophisch eingestellten jüdischen Gelehrten und die Lehrer des jüdischen Rechts waren meist auch die Kreise, die sich den mystischen Strömungen gegenüber ablehnend oder zumindest reserviert verhielten. Aber das Bemerkenswerte der jüdischen Mystik liegt gerade darin, daß diese Geheimlehre einzelner durch ihre Nähe zum Volksglauben auf diesen und besonders auf den Volksbrauch einen bedeutenden Einfluß ausgeübt hat, was der Philosophie versagt blieb. Dadurch blieb auch im sogenannten offiziellen Judentum, wie es zum Beispiel im »Schulchan Aruch« kodifiziert ist, eine große Anzahl von Traditionen erhalten, die auf mystische Vorstellungen zurückgehen.

Und noch etwas anderes ist wichtig: die jüdische Mystik kennt keine Unio Mystica, keine Vereinigung und kein Aufgehen des Menschen in Gott, wie sie sowohl die griechischen Mysterien wie auch die christliche Mystik des Mittelalters zu erlangen strebte, und wie sie z. B. in der christlichen Lehre vom Abendmahl zum Ausdruck kommt. Stets bleibt in der jüdischen Mystik die strenge Scheidung zwischen Schöpfer und Geschöpf bestehen. Das Höchste, wozu der Jude gelangen kann, wird »die Nähe Gottes« genannt; »die Nähe Gottes ist mein Gut« heißt es im Psalm 73,28.

Da die jüdische Mystik vom 16. Jahrhundert bis ins 18. Jahrhundert Einfluß auf breitere Schichten gewann und, zeitweise jedenfalls, zu einer entscheidenden Macht im Judentum wurde, ist es wichtig, nicht aus dem Auge zu verlieren, daß sie im Judentum – wie auch in anderen Religionen – nur eine Nebenströmung, eine Unterströmung darstellt. Maßgebend war stets das rabbinische Judentum, das Talmud und Gesetz pflegte und ausdeutete. Entscheidend aber war zu allen Zeiten die Herzensfrömmigkeit und Religiosität der einfachen Juden, gelehrt oder ungelehrt, die der besonderen Spekulationen der Mystiker und der Philosophen nicht bedurfte.

Die jüdische Mystik, von früh-talmudischer Zeit an, kreist in der Hauptsache um zwei Themen: um das Schöpfungswerk und um die himmlischen Sphären, die sie in der Vision des Propheten Ezechiel von dem Gotteswagen angedeutet sieht. (Ganz ähnlich hatte auch die allgemeine und die jüdische Philosophie zwischen der Naturlehre, d. h. der Physik, und der Metaphysik unterschieden.) Die Mystik handelt nicht so sehr vom Menschen als von Gott. Sie kreist um den Versuch, das Geheimnis des über allen Himmeln thronenden verborgenen Weltenschöpfers zu ergründen. In der Tora, der

Lehre, wird über den bloßen Wortsinn ihrer Sätze und Erzählungen hinaus die Geschichte des Kosmos und seines Schöpfers gesehen, denn alles, von Anbeginn der Zeiten an bis zu ihrem Ende, soll ja, nach einem alten Wort, schon in der Lehre enthalten sein. – In der Mystik erhält damit jedes Wort, jeder Buchstabe und jeder Punkt der Tora eine innere Bedeutung.

Das erste große Werk der jüdischen Mystik, das schon aus dem 6. oder 7. Jahrhundert stammende »Sefer Jezira« (»Buch der Schöpfung«) beschäftigt sich mit den 10 Zahlen und den 22 Buchstaben des hebräischen Alphabets, welche zusammen die Bausteine der Schöpfung und gleichzeitig der Tora ausmachen sollen. Und die große Akribie, mit welcher der hebräische Bibeltext seit alter Zeit festgelegt und festgehalten wurde, hat sicher ihren Zusammenhang mit der mystischen Bedeutung, die jedem Buchstaben und sogar jedem augenscheinlichen Irrtum und Fehler in der Textüberlieferung und in der Schreibart beigemessen wurde.

In dieser Vorstellungswelt ist der Mensch nur geschaffen, um die Gebote dieser mystisch gedeuteten Tora zu erfüllen. Jeder Schritt und jede Tat des Menschen erhält damit eine kosmische Bedeutung. Der Mensch wird ein Mithelfer an der Vollendung der Schöpfung. Im negativen Falle stört oder vereitelt der Mensch den Vollendungsprozeß.

Diese Funktion des Menschen erscheint besonders klar in der Bewegung der *»Frommen von Deutschland«*, dem sogenannten »deutschen Chassidismus«, der zur Zeit der Kreuzzüge entstand. Diese Bewegung schuf das ethisch-religiöse Ideal des Frommen, dessen Frömmigkeit sich nicht im Intellekt ausdrückt und nicht in der sozusagen juristischen Erfüllung der Gebote und bloßem Lernen der Tora. Auch nicht in der Ekstase, in die die früheren Mystiker und auch viele der späteren sich zu versetzen suchten, um hinter die göttlichen Geheimnisse zu kommen. Die Frömmigkeit besteht im frommen sittlichen Tun, in der Abkehr vom Treiben der Welt durch Bußübungen und durch das Gebet und im unerschütterlichen Gottvertrauen. – (Man hat auf die Parallele dieses jüdischen Ideals zu dem gleichzeitigen christlich-mönchischen Ideal hingewiesen, dessen Vorbild Franz von Assisi gewesen ist.) Das Hauptwerk dieser Richtung ist das »Buch der Frommen« von Rabbi Jehuda von Regensburg, der im Jahre 1217 gestorben ist. Dieses Buch vermittelt außerdem auch ein anschauliches Bild vom Leben der Juden in dieser Zeit.

Auch der deutsche Chassidismus des 12. Jahrhunderts hatte seine spekulative Grundlage in der älteren ekstatischen Mystik des Orients. In seiner Auswirkung aber blieb von ihm nur das religiös-ethische Moment von Bedeutung, und dieses wirkte in der aschkenasischen Judenheit für Jahrhunderte fort. Es hatte bleibenden Einfluß auf die religiöse Lebensgestaltung und auf den Ritus und Brauch der aschkenasischen Juden. – Man sieht, wie hier eine Mystik zu unmystischer Religiosität zurückfindet.

Aber mit dem sittlichen Ideal des »Frommen« verbinden sich schon bei den »Frommen von Deutschland« selbst, und noch mehr in der späteren Volksüberlieferung, auch abergläubige Elemente und Anschauungen. Diese magische Komponente gehört zu jedem Volksglauben. Auch der deutsche Volksglauben des Mittelalters ist voll davon und seine Reste wirken noch auf unser anscheinend so säkularisiertes Denken. Solche abergläubigen Vorstellungen waren auch im deutschen Chassidismus häufig Produkt der Zeit und der nichtjüdischen Umgebung. Man denke an den Hexen- und Teufelswahn des deutschen Volksglaubens. Solche Einflüsse fanden ihre jüdische Legitimation darin, daß auch das talmudische Schrifttum eine Menge von abergläubigen Vorstellungen des Orients enthält.

Die Mystik, die man meint, wenn man von der »*Kabbala*« spricht, ging von der Provence aus und entwickelte sich hauptsächlich in Spanien. Hier kamen im 12. und 13. Jahrhundert zu den orientalisch-mystischen Traditionen und den Einflüssen der alten hellenistischen Gnostik auch solche der mittelalterlichen Philosophie hinzu. Die erstgenannten Einflüsse mögen einen Zusammenhang haben mit der nichtjüdischen gleichzeitigen Bewegung der Katharer, bei denen auf eine merkwürdige Weise die längst untergegangenen gnostischen Gedanken der Manichäer-Religion wieder zum Leben erwacht waren. Diese Sekte fand im 12. Jahrhundert starke Verbreitung im südlichen Frankreich. Sie wurde als ketzerisch von der katholischen Kirche verfolgt und im 13. Jahrhundert in dem 20jährigen Albigenser-Kreuzzug vernichtet. – Die Gedanken dieser Sekte scheinen auch die provençalischen Juden beeinflußt zu haben, die zum Teil auch Opfer dieses Kreuzzuges wurden.

Auch die neuplatonische Philosophie, wie sie im 11. Jahrhundert der jüdische Philosoph und Dichter *Ibn Gabirol* entwickelt hatte, spiegelt sich in der kabbalistischen Theorie über das Wesen Gottes und die Schöpfung wider. So bildet die Kabbala eine Emanationslehre aus, die ihre Parallele im Neu-Platonismus hat. Aber was bei den Philosophen ein logischer Prozeß ist, wird in der kabbalistischen Mystik zu einem symbolischen.

Die Kabbala wurde die geistige Heimat all jener Intellektuellen und Gelehrten, denen die rationalistische Ausdeutung des Judentums durch Maimonides und die Philosophie nicht genügte. Für diese war sie der Weg des religiösen Selbstverständnisses, das Schrift, Gott und Welt in eine Einheit zu bringen versuchte. Die Kabbala ist voll von intensiver religiöser

Ekstase, manchmal sogar prophetischen Charakters, und daneben von einer ins einzelne gehenden theosophischen Spekulation.

Das Hauptwerk der Kabbala ist das Buch »*Sohar*« (»Der Glanz«). Der Verfasser hat es einem Gelehrten des 2. Jahrhunderts, Simon bar Jochai, in den Mund gelegt. Es steht heute aber fest, daß es wohl im wesentlichen von einem spanischen Juden des 13. Jahrhunderts, Moses de Leon, verfaßt wurde.

Der Sohar ist in aramäischer Sprache geschrieben, in der Form eines mystischen Kommentars zum Pentateuch. Er enthält eine Fülle von Gedanken über die Entstehung der Welt, das Wesen Gottes, und er sucht den verborgenen Sinn jeden Geschehens und jedes Gebotes zu ergründen. Neben halb unverständlichen Sätzen enthält er viele hohe Gedanken und großartige Gebet-Teile, die er alten Lehrern der talmudischen Zeit in den Mund legt.

Die Katastrophe der Juden in Spanien brachte einen Einschnitt in die Breitenwirkung der Kabbala auf die nahezu gesamte damalige Judenheit und änderte die Richtung ihrer mystischen Spekulation. Die Vertreibung aus Spanien im Jahre 1492 hatte das Sehnen nach der messianischen Erlösung mit einer vorher unbekannten Intensität neu erweckt. Indem die Kabbala von einer esoterischen Theosophie einzelner zu einer Mystik wurde, die das messianische Reich herbeizuführen strebte, gewann sie einen bisher ungeahnten Einfluß auf die jüdischen Massen, nicht nur der Flüchtlinge aus Spanien, sondern auch auf die Juden im Balkan, in Italien, Polen und Deutschland.

Das Zentrum dieser neuen Kabbala wurde das Städtchen Safed in Palästina, wo sich ein Kreis von spanischen Kabbalisten angesiedelt hatte. Zu ihnen gehörte u. a. auch Josef Caro, der Verfasser des »Schulchan Aruch«. Die zentrale Gestalt dieses Kreises wurde in der 2. Hälfte des 16. Jahrhunderts *Isaak Lurja*.

Lurja, der 1534 in Jerusalem geboren war und nur 38 Jahre alt wurde, hatte jahrelang das Leben eines Einsiedlers geführt, in dem er sich ausschließlich mit dem Sohar und der Kabbala beschäftigte, die er später grundlegend verändern sollte. In Safed, wo er in den letzten Jahren seines Lebens wirkte, sammelte sich ein Kreis von Jüngern um ihn. Die Faszination, die wohl von ihm ausging, ist kaum vorstellbar. Schon seine Zeitgenossen betrachteten ihn als eine heilige Erscheinung. Er selbst hat keine Schriften hinterlassen, aber seine Schüler haben jedes seiner Worte und jede seiner mystischen Handlungen ausführlich aufgezeichnet. So wurde er schon zu Lebzeiten zu einer legendären Persönlichkeit. Seine Lehre wurde durch seine Anhänger sogleich in der ganzen damaligen Judenheit verbreitet.

Die neue, *Lurjanische Kabbala* kreist um das Problem der Erlösung. In ihrer Schöpfungstheorie hat sich das Unendliche, hebräisch »Ejn Ssof«, zu einem Punkt zusammengezogen, um die Welt zu schaffen, um ihr Raum zu geben. Von diesem Punkt geht ein ungeheures Licht aus, das die Sphären durchbricht und zerbricht. In der Lurjanischen Sprache heißt das: das Zersplittern der Gefäße, der Sphären. Diese Splitter befinden sich nun im Weltraum und müssen wieder eingesammelt werden, d. h. erlöst werden. Die Sammlung und Wiederherstellung der Gefäß-Splitter ist die Aufgabe der Menschen in der Welt. – Zwei Analogien werden hier gesetzt: durch die verstreuten Gefäß-Splitter, der Teile des göttlichen Lichts, ist sozusagen Gott selbst in die Verbannung gezogen, und ebenso ist Israel verstreut in der Verbannung. Wenn es gelingen wird, die göttlichen Splitter und die Splitter des Volkes Israel zusammenzuführen, wird die Einheit Gottes wiederhergestellt werden und für Israel und die Welt die Erlösung kommen.

Diese neue, messianisch-kosmische Theorie übte einen magnetischen Einfluß auf die Juden aus. Sie griff in die Lebensstimmung und Lebenshaltung von Generationen ein. Denn alle konnten sich an der Aufgabe beteiligen, die Wiederherstellung von Himmel und Erde, »Tikkun« genannt, herbeizuführen. Durch Askese und Buße, durch Fasten und Gebet, wollte man seinen Teil an diesem Werke beitragen und seine Vollendung beschleunigen. Durch dieses Ziel: an der Erlösung von Gott, Welt und Israel mithelfen zu dürfen, wurde die Kabbala mehr als ein bloßes mystisches Versenken in Theorien von Buchstaben und Zahlen, wie sie vielleicht von außen erschien. Die Kabbala, in dieser letzten Lurjanischen Ausprägung, umfaßte Gott und die Welt, die Schöpfung von Natur und Mensch, Gesetz, Sünde und Sühne, und schließlich die messianische Erlösung.

In der Lurjanischen Kabbala hat der Erlösungsbegriff eine ganz neue Wendung und Erweiterung erfahren. Im traditionellen Messias-Glauben war die Erlösung Israels die Vorbedingung, der erste Akt der Erlösung der Menschheit. In der Lurjanischen Auffassung ist das Ziel die Erlösung, die Wiederherstellung der zerbrochenen Vollkommenheit des Kosmos. Die historische Erlösung Israels ist der auslösende Faktor, aber sie ist sozusagen nur eine natürliche Implikation dieses weiteren Zieles, der Erlösung der Schöpfung. Die Person des Messias wird gewissermaßen uninteressant.

Ein solcher Messias, der sich weder durch Charakter noch durch Taten auszeichnete, der nur durch die Situation möglich wurde, weil er in einer Katastrophenzeit auftrat, war *Sabbatai Zwi*.

Das geistige Bild des traditionellen Judentums um 1650

Hier möchte ich meinen kurzen Überblick über die jüdische Mystik abbrechen; denn die mit Sabbatai Zwi beginnende Bewegung ist bereits eng mit der Darstellung der Anfänge des modernen Judentums verknüpft.

Die Darstellung der Hauptthemen des jüdischen Geisteslebens muß mit einigen Bemerkungen über das *Erziehungswesen* der Juden und ihre Literatur im Mittelalter, insbesondere in Deutschland, ergänzt werden. Bildung war bei den Juden niemals das Monopol bestimmter Kreise gewesen, wie sie bei den Nichtjuden im Mittelalter auf Kleriker, dichtende Ritter und wenige andere beschränkt war. Das «Lernen», die Gebote der Heiligen Schrift zu kennen und zu verstehen, galt als heilige Pflicht, die jedem Juden oblag. Die Kinder wurden schon im zarten Alter in die elementaren Kenntnisse des Lesens und Schreibens eingeführt, in die Gebete und den wöchentlichen Abschnitt der Heiligen Schrift, der in den Gotteshäusern jeden Sabbat vorgelesen wird. Die Schrift lernten sie dann mit dem Kommentar von Raschi, der sie schon in die Sprache und Gedankenwelt der mündlichen Lehre einführte. Diese selbst gehörte nur in ihrem einfacheren Teil, der Mischna, noch in den Elementarunterricht, der bereits seit vorchristlicher Zeit im Lande Israel obligatorisch war für arm und reich.[14] Der höhere Unterricht, die Einführung in die Diskussionen des Talmud und die rabbinische Literatur wurde allen Befähigten ermöglicht. Der Stolz jeder größeren Gemeinde war der Unterhalt eines höheren Lehrhauses und seiner Studenten. Erst im 14. Jahrhundert wurden die Rabbiner zu einem Berufsstand, zu bezahlten Gemeindebeamten. Bis dahin galt es als verboten und unwürdig, für Lehrtätigkeit Geld zu nehmen. Das ist der Grund, warum die Rabbiner bis dahin und oft auch später noch einen Erwerbsberuf hatten.

Die Grundlage des gelehrten Unterrichts war der Talmud mit dem Kommentar Raschis.[15] *Raschi* (1040–1105), dieser gelehrte Weinbauer aus Troyes, der an rheinischen Lehrhäusern studiert hatte, war nicht nur ein großer Kommentator. Er hatte eine starke pädagogische und philologische Begabung, und man darf sagen, daß unser heutiger Talmud-Text auf Raschis Rezension beruht.

---

[14] Der Hohepriester Josua ben Gamla hatte bereits etwa im Jahre 64 v. Chr. die Schulpflicht für Kinder über 5 Jahre eingeführt.

[15] Der Name ist gebildet von *Rabbi Sch*imon ben *Ji*zchak.

Die Kommentare Raschis sind übrigens, wie die meisten Werke der rabbinischen Literatur, nicht in der hebräischen Quadratschrift gedruckt, sondern in einer der Kursive ähnlichen Type, die nach ihrem populärsten Beispiel die »Raschi-Schrift« genannt wird.

Raschi wirkte durch seine Pentateuch-Kommentare auch auf die christliche Exegese des Mittelalters, insbesondere auf Nikolaus de Lyra.

Die Schule Raschis wurde von seinen Enkeln fortgesetzt. Diese und ihre Schüler in Nordfrankreich und Deutschland verfaßten Zusätze zu den Kommentaren, in denen von Raschi offengelassene Fragen geklärt und neue Probleme und Rechtsfälle hinzugefügt wurden. Man nennt die Verfasser der »Zusätze« (hebräisch »Toßafot«) die »*Toßafisten*«. Ihre Tätigkeit reicht bis an das Ende des 13. Jahrhunderts. Viele von ihnen waren bereits von der Bewegung der »Frommen von Deutschland« beeinflußt, aus deren Kreisen eine mystisch-asketische Sittenliteratur hervorging.

Aus dem 12. Jahrhundert stammen das »Buch der Frommen« des Rabbi Jehuda ben Samuel in Regensburg und das Buch »Rokeach« (Salbenmischer) des nach diesem Werk genannten Rabbi Elasar Rokeach aus Worms. In diesen beiden Büchern spiegelt sich die geistige Situation der Generation der Kreuzzüge wider und das Leben der Juden in dieser Zeit. Zu gleicher Zeit entstanden Ansätze einer historischen Literatur in den erhaltenen hebräischen Kreuzzugs-Chroniken und eine religiöse Dichtung, die zum Teil das Martyrium der untergegangenen Gemeinden zum Thema hat, von der Teile auch im Gebetbuch Aufnahme fanden. – Die Toßafisten haben neben den erwähnten »Zusätzen«, die den Talmudausgaben beigedruckt sind, auch Responsen und kodifikatorische Sammlungen hinterlassen.

Die Katastrophe des Schwarzen Todes hatte diesem reichen Geistesleben ein Ende gemacht. Das Schwergewicht der geistigen Tätigkeit ging in den nächsten hundert Jahren vom Rheinland zunächst nach Österreich über, das von dem Morden der Jahre 1348/49 weniger berührt worden war. Daß trotz des sozialen und geistigen Verfalls und der Verfolgungen auch damals noch Juden sich eine umfassende Bildung aneignen konnten, beweist die Gestalt des Rabbi *Lipmann Mühlhausen* (um 1400), der Latein und das Neue Testament sowie die spanischen jüdischen Religionsphilosophen kannte.[16]

Von den Überlebenden hatte die größte Zahl in Polen Aufnahme gefunden, und dort entstand bald auch ein neues geistiges Zentrum der aschkenasischen Judenheit. Vom 16. Jahrhundert an gab es dort Lehrhäuser, die eine eigene Methode des Talmudstudiums und eine reiche Literatur schufen, von denen die kleine Judenheit in Deutschland mehr und mehr abhängig wurde.

---

[16] Vgl. sein polemisches »Sefer Nizzachon«, das im 17. Jahrhundert auch ins Lateinische übersetzt wurde.

3. Auflockerungserscheinungen im 17. Jahrhundert

Vielleicht die einschneidendste soziale Veränderung, die sich aus der Vertreibung der Juden aus den Städten ergab, war ihre wieder einsetzende stärkere Berührung mit der nichtjüdischen Umwelt. In ihren städtischen Getti waren die Juden fast hermetisch von jedem Kontakt mit der übrigen Bevölkerung abgeschlossen gewesen. Die Nichtjuden kannten sie nur aus den Hetzpredigten und aus den nun durch den Buchdruck überall verbreiteten Flugschriften über angebliche Ritualmorde und Hostienschändungen mit ihren schrecklichen und aufreizenden Holzschnitten und aus den Gerüchten über ihren sagenhaften Reichtum. In persönliche Beziehungen kamen Stadtbürger und Handwerker mit den Juden nur in den unangenehmen Fällen, wenn sie von ihnen Geld leihen mußten. Und dieser Umstand war dazu angetan, nun in ihnen auch einen persönlichen Feind zu sehen.

Die Städte hatten die Juden zwar ausgetrieben, ihnen aber zumeist den Besuch ihrer Märkte, gegen besondere Gebühren, gestattet. Die vertriebenen Juden hatten sich deshalb häufig in der Nachbarschaft ihrer alten Wohnsitze auf dem Land angesiedelt, wo sie von den Territorialherren gern aufgenommen wurden. Aber Landwirtschaft und Landerwerb blieben ihnen auch dort verschlossen. Sie wandten sich deshalb in verstärktem Maße wieder dem Handel zu. Schon als sie in den Städten ausschließlich auf den Geldverleih beschränkt waren, hatte man ihnen einen gewissen Anteil am Handel lassen müssen. Nichteingelöste Pfänder mußten ja wieder zu Geld gemacht werden. Auch dieser beschränkte Zweig des Handels mit zumeist gebrauchten Gegenständen hatte die Gegnerschaft der städtischen Kaufmanns- und Handwerksgilden erregt, da diese Waren billiger sein mußten als die neu hergestellten. Der Handel, der früher nur ein Nebenzweig des Geldgeschäfts gewesen war, wurde nun der Haupterwerb der Juden auf dem Lande. Er beschränkte sich jetzt nicht mehr auf Verkauf von Pfändern und alten Sachen. Er dehnte sich auf den Verkauf landwirtschaftlicher Produkte an die Städter aus, den Vieh- und Weinhandel und den Verkauf der städtischen Handwerkserzeugnisse an die Bauern. Trotz des beträchtlichen Nutzens, den die Landbevölkerung dadurch von den Juden zog, blieb das durch die Hetzpredigten verzerrte Bild der Juden auch hier unverändert bestehen, und das Verhältnis der Bauern zu den Juden wurde von Feindseligkeit und Argwohn bestimmt, die zu Ausschreitungen und Demütigungen führten.

Der Dreißigjährige Krieg bildete einen Einschnitt für die kommende Entwicklung, auch für die Juden. Der Westfälische Friede bestätigte den Übergang des Judenregals auf sämtliche Territorialgewalten, auch auf diejenigen, die es bisher nicht ausdrücklich vom Reiche verliehen bekommen hatten.[17] Nach dem Kriege suchten die Landesherren ihre zerstörten Territorien mit neuen Methoden aufzubauen. Das Schlagwort der Zeit war: den Kommerz, den Handel, zu beleben und Geld ins Land zu bringen. Und mit der neuen Wirtschaftspolitik suchten die Fürsten jetzt ihre absolute Souveränität durchzusetzen. Zu ihrer Sicherung wurde eine Beamtenschaft geschaffen, die allein vom Fürsten und nicht von den Ständen abhängig war und die die Territorien ohne lokale Rücksichtnahme verwaltete. Im Kampf gegen die Stände, den ländlichen Adel, die Städte und die Zünfte stützten sich die Fürsten auf diese neue Beamtenschaft und auf die neu organisierten Armeen. Und zur Durchführung der merkantilistischen Wirtschaftspolitik zogen die Landesherren jetzt auch Juden heran, die als einzige Gruppe außerhalb des Ständewesens und der mittelalterlich starren Zunftordnung standen, weil sie in diese gar nicht aufgenommen waren. Juden wurden nun für die Fürsten ein wichtiges Element zur Erweiterung des Handels, dank ihrer ausgedehnten verwandtschaftlichen und geschäftlichen Beziehungen zu anderen Territorien.

Die Juden, die von den Landesfürsten und ihren Beamten herangezogen werden, repräsentieren allerdings nur eine kleine, dünne Oberschicht der Judenschaft. Es war dieselbe Schicht, die als Vorgänger und Vertreter der Landjudenschaften schon ohnehin ständige Beziehungen zu Hof und Behörden pflegen mußte. Sie erhielten jetzt amtliche Titel als *Hoffaktoren*, Hofagenten o. ä. Sie wurden, neben finanziellen und kommerziellen, auch mit diplomatischen Aufgaben betraut, hatten als Kriegskommissare für Ausrüstung und Proviantierung der Armeen zu sorgen. Vereinzelt wurden sie sogar in einen dem Adelsstand ähnlichen Rang erhoben. Und manchmal wurden sie eine Art Faktotum der Fürsten, auch in ihren privaten Angelegenheiten.

Diese Hofjuden waren auf Gedeih und Verderb von der Person des

---

[17] Im Prinzip hatte bereits die Reichspolizeiordnung von 1548 die Ausweitung des Judenregals festgelegt.

Landesherrn abhängig. Den opponierenden Resten der ständischen Verfassung, dem Kleinadel und Städten, und dem Volke waren sie verhaßt. Regierungswechsel, plötzlich erregte Ungnade oder auch bloß das Bestreben des Landesherrn, sich der Zahlung seiner Verpflichtungen zu entziehen, mußten sie manchmal mit ihrem Leben, wie Süß Oppenheimer in Württemberg, oder mit jahrelanger Haft und mit Verlust ihres Vermögens bezahlen. Es war, wie man sagte, gefährlich, großen Herren Geld zu leihen. Christliche Kaufleute und Bankiers scheuten meist dieses Risiko, während die Juden es teils nicht verweigern konnten, teils darin auch die einzige Möglichkeit sahen, Initiative zu beweisen und zu Einfluß und Reichtum zu gelangen.

Zur Durchführung ihrer Aufgaben erhielten sie und ihre zahlreichen Agenten und Mitarbeiter das Aufenthaltsrecht auch an Orten, die lange Zeit keine Juden in ihren Mauern geduldet hatten. In Kleidung und Sitten mußten sie sich den Hofkreisen und ihrem hohen Amte anpassen.

Die neuen aktiven wirtschaftspolitischen Funktionen, die den Juden im aufkommenden Territorialstaat zugewiesen wurden, brachten allmählich immer ausgedehntere Schichten mit Einflüssen der Zeitbildung in Berührung. Auch im Mittelalter hat es immer Juden gegeben, die Beziehungen zu den Höfen hatten und die eine mehr oder weniger weitreichende weltliche Bildung besaßen. Was aber früher nur Ausnahmen waren, wenigstens in Deutschland, griff jetzt auf weitere Kreise über. Nicht nur gab es Hunderte von Territorialherren; auch die Zahl der von ihnen und ihren Beamten beschäftigten Juden war recht groß, zumal jeder dieser Hofjuden dann zahlreiche Hilfskräfte benötigte. Es war also nicht nur die dünne Oberschicht, die gezwungen war, Wort und Schrift ihrer Auftraggeber und zum Teil auch fremde Sprachen zu beherrschen – insbesondere Französisch, die damalige Umgangssprache der vornehmen Welt.

Es bildete sich ein freieres Verhältnis zur christlichen Umwelt heraus. Juden konnten mit bestimmten Kreisen des christlichen Bürgertums, mit Beamten und einem Teil der Intelligenz, auf einem mehr oder weniger gleichen Fuße sprechen.

Auch die unterste Schicht der jüdischen Bevölkerung glich sich der ihr nahestehenden christlichen Schicht an. Die sogenannten *Betteljuden*, d. h. Juden, die kein Niederlassungsrecht in einer Gemeinde oder einem Territorium besaßen, da sie weder das notwendige Schutzgeld noch die entsprechenden Steuern bezahlen konnten, wurden von einem Territorium zum anderen verjagt. Sie unterschieden sich in ihren Lebensumständen kaum von den christlichen Landstreichern, landlos gewordenen Bauern, verarmten Städtern und entlassenen Soldaten, den Marodeuren, wie sie namentlich nach dem Dreißigjährigen Kriege durch die Lande zogen. Diese Gruppen, Christen wie Juden, kümmerten sich wenig um Gesetz und Recht. Wir hören immer wieder von Diebstählen, die Betteljuden auch in den Häusern ihrer Glaubensgenossen verübten, auch von Banden, die aus Christen und Juden bestanden. Die Gaunersprache, das sogenannte Rotwelsch, hat in jener Zeit eine Reihe hebräischer Ausdrücke aufgenommen.

Die Mehrheit der Juden allerdings, die weder zu den Kreisen der Hoffaktoren und ihrer Angestellten gehörten, noch zu dem jüdischen Proletariat der Betteljuden, wurde von zeitgenössischen Einflüssen zunächst weniger berührt. Sie lebten, wenn sie in den Verband einer Gemeinde aufgenommen waren, jetzt in verhältnismäßig größerer Sicherheit als am Ausgang des Mittelalters, da sie im allgemeinen keine plötzlichen Vertreibungen befürchten mußten. Sie ernährten sich mehr und mehr vom Kleinhandel oder, besser gesagt Hausierhandel, da sie wegen des Widerstandes der Zünfte, namentlich der Krämergilden, in den meisten Orten keine offenen Läden halten durften. Die Pfandleihe spielte noch immer eine wichtige Rolle, war aber nicht mehr die einzige Ernährungsmöglichkeit der jüdischen Bevölkerung. Wichtig wurde die Tätigkeit von Juden als Geldwechsler bei den unzählig vielen Münzsorten, die im Reiche im Umlauf waren. Sie trieben auch Handel mit Edelsteinen, mit Pelzen und anderen Luxusartikeln. Und dieser Handel brachte wieder viele Juden in Verbindung mit dem Hofadel und der reichen Kaufmannschaft der Städte. Dagegen waren ihnen weiterhin alle handwerklichen Berufe verboten, wegen des Widerstandes der Zünfte, mit Ausnahme der Handwerke, die die rituellen Bedürfnisse der jüdischen Gemeinden zu befriedigen hatten, wie jüdische Schlächter etc. Auch in Handwerkszweigen, die nicht zunftmäßig gebunden waren und die sich zumeist mit der Herstellung von Luxusartikeln beschäftigten, finden wir Juden in großer Zahl. Gold- und Silbersticker, Tressenmacher für Uniformen, Petschierstecher und ähnliche, waren Berufe, die fast ausschließlich in jüdischen Händen lagen. Und natürlich zogen diese Berufe auch den Handel mit ihren Erzeugnissen nach sich.

Eine sehr große Bedeutung für die geschäftliche Betätigung der Juden erhielten die verschiedenen Messen, die zu bestimmten Terminen in einer Reihe von Städten stattfanden. Sie boten den Juden Gelegenheit nicht nur zum An- und Verkauf fremdländischer Waren, sondern auch zur Anknüpfung von weiteren geschäftlichen Beziehungen und von Beziehungen zu jüdischen Gemeinden in allen Teilen Deutschlands und auch in Polen, Rußland, Ungarn und anderen Ländern. Die Landesherren sahen den Messebesuch ihrer jüdischen Kaufleute gern, da hierdurch der Absatz ihrer Landesprodukte gefördert wurde. Oftmals fanden Messen auch in Orten statt, in denen seit Jahrhunderten keine Juden mehr zugelassen waren, wie in Breslau oder Leipzig.[18] Aus diesen Messebesuchen entwickelten sich im Laufe der Zeit wieder jüdische Niederlassungen an diesen Orten.

Ein großer Teil der Juden war also durch seinen Beruf fast ständig auf Reisen. Auch die Landjuden waren wegen des zu kleinen Kundenkreises ihres Wohnorts gezwungen, von Dorf zu Dorf zu ziehen. Das zog wiederum ständige Berührung mit Nichtjuden nach sich, so daß jetzt auch der jüdische Mittelstand, der an sich recht konservativ war und in seinen alten Lebensformen beharrte, sich den Einwirkungen von außen nicht ganz verschließen konnte. Mehr und mehr drang auch die allgemeine Bildung der Zeit und ihre Sprache in weitere Schichten der Juden.

Seit dem frühen Mittelalter hatten die Juden zwar die deutsche Sprache gesprochen, aber in ihrer fortschreitenden Isolierung war ihre Sprache in Wortschatz und Wortbedeutung auf der Stufe des Mittelhochdeutschen stehen geblieben und hatte die lebendige Sprachentwicklung der Umwelt nicht mitgemacht. Dafür hatte sie ihre eigene Entwicklung erfahren, durch Aufnahme vieler hebräischer Worte und Konstruktionen – und in Osteuropa durch Aufnahme slawischen Sprachgutes. Bei dem nun wachsenden Kontakt mit der nichtjüdischen Bevölkerung im Geschäftsverkehr und auf Reisen mußten immer mehr Juden sich Sprache und Schrift der Umgebung aneignen. Dies traf besonders auf die vielen Angestellten zu, die sogenannten »Bediensteten« der Kaufleute, die deren geschäftliche und behördliche Korrespondenz zu führen hatten. Diese Bediensteten haben mit der Sprache und Schrift gleichzeitig einen großen Teil der Umweltkultur angenommen. Sie bildeten eine weltliche Intelligenzschicht, die für die spätere Aufklärung eine soziale Basis schuf, zumal diese Bediensteten sich häufig nach einiger Zeit selbständig machten und in die Kaufmanns- und sogar Hofjudenkreise eintraten. – Auch Moses Mendelssohn hat dieser Bediensteten-Gruppe angehört.

Die Beherrschung der deutschen Sprache und Schrift war zunächst sicherlich nur als eine geschäftliche Notwendigkeit aufgefaßt worden. In Privatbriefen und im innerjüdischen Geschäftsverkehr blieb die hebräische Kursivschrift auch für die deutsche Sprache im Gebrauch, bis weit ins 19. Jahrhundert hinein. Noch Heinrich Heine schrieb an seine Mutter mit hebräischen Lettern.

Die Anfänge einer weltlichen Allgemeinbildung breiteten sich immer mehr aus, vor allem, weil viele Juden jetzt ihren Kindern auch weltlichen

---

[18] Die Leipziger Messelisten zählten für die Jahre 1668–1764 81 937 Juden, die allein an Abgaben 719 661 Taler zahlten. Vgl. EJ, X, Sp. 761; Elbogen S. 142.

Unterricht erteilen ließen, zumeist durch christliche Lehrer. So lesen wir in den Memoiren der *Glückel von Hameln*, in Hamburg einer jüdischen Frau aus dem Mittelstande, daß ihre Stiefschwester durch ihre französischen Kenntnisse zufällig ihren Vater vor geschäftlichem Verlust bewahren konnte, daß sie schon in der Mitte des 17. Jahrhunderts Clavicimbel spielte. – Im 18. Jahrhundert drangen dann auch weltliche Bücher, Reisebeschreibungen und sogar Romane in deutscher oder französischer Sprache in jüdische Häuser ein, vor allem aber die aufkommenden Zeitungen. Wie verbreitet das Zeitunglesen war, geht daraus hervor, daß in zeitgenössischen Responsen darüber diskutiert wird, ob das Zeitunglesen am Sabbat erlaubt sei. Um dieselbe Zeit hören wir schon Klagen von Rabbinern, daß die Juden ihren Kindern Unterricht in Französisch, Tanz und Musik geben ließen, die jüdische und religiöse Bildung aber vernachlässigten.

Die jüdische Schulbildung lag im allgemeinen in dieser Zeit im argen. Immer wieder wird geklagt, daß die Kinder-Lehrer unkompetent und unzuverlässig wären. Diese Lehrer waren jetzt zumeist junge Studenten der Talmud-Akademien in Polen, denen das nun schon in Deutschland benötigte allgemeine Wissen fehlte. Außerdem begannen die Kinder, die Sprache dieser Lehrer, ihr slawisiertes Ostjiddisch nicht mehr richtig zu verstehen.

Das 17. Jahrhundert war auch die Zeit der großen Umwälzungen in der Naturwissenschaft. Kopernikus, Galilei, Kepler und später Newton hatten das Weltbild grundlegend verändert und der Gelehrsamkeit für ein Jahrhundert lang Stoff zu erregten und fruchtbaren Auseinandersetzungen gegeben, bis schließlich um des Jahr 1700 die »Neue Wissenschaft« sich allgemein durchsetzen konnte. Die neuen Gedanken drangen auch in das jüdische Lager ein. Schon zum Kreise von Tycho Brahe und Johannes Kepler in Prag gehörte bereits ein jüdischer Gelehrter, *David Gans*, der für sie astronomische Berechnungen machte. Gans ist wohl auch der erste Jude in Deutschland gewesen, der eine hebräische Darstellung der Weltgeschichte verfaßt hat.

Der Arztberuf hat bei den Juden eine bis ins Altertum reichende Tradition. Er war einer der ganz wenigen Berufe, in denen Juden geduldet wurden, vor allem zur Behandlung von Juden selbst. Diese jüdischen Ärzte erscheinen aber auch schon im Mittelalter als Leibärzte von Fürsten und Kirchenhäuptern. Viele von ihnen verbanden den Arztberuf mit dem des Rabbiners. Ihre Bildung stützte sich, neben der praktischen handwerklichen Erfahrung, die vielfach von Vätern auf Söhne überging, häufig auf die umfangreiche hebräisch-medizinische Literatur. So liegen zahlreiche Übersetzungen ins Hebräische, Arabische und Lateinische vor, durch die jüdische Ärzte die antike Medizin an das Mittelalter weitergaben. Dazu entstanden auch selbständige medizinische Schriften von Juden, wie z. B. die eines Maimonides, die, ins Lateinische übersetzt, auch auf die allgemeine Medizin des Mittelalters wirkten.

Inzwischen hatte sich überall für die medizinische Wissenschaft die *Universitätsbildung* durchgesetzt. Wollten die jüdischen Ärzte in den Augen ihrer Kollegen und der Behörden nicht als Kurpfuscher erscheinen, mußten auch sie eine Universitätsbildung vorweisen. Diese konnten sie zunächst nur in Italien erlangen. Dort waren schon seit dem frühen Mittelalter Juden als Studenten – und an einigen Universtitäten sogar als Lehrer – zugelassen gewesen, zuerst in Salerno, später in Padua. Padua war für lange Zeit das Zentrum für jüdische Medizinstudenten aus allen Ländern.

Im 17. Jahrhundert öffneten auch holländische Universitäten ihre Tore den jüdischen Studenten. In Deutschland tat dies im Jahre 1678 als erste die Universität von Frankfurt a. d. Oder. Die beiden ersten jüdischen Studenten in Frankfurt erhielten sogar ein Stipendium des Großen Kurfürsten. Der eine von ihnen, *Tobias Cohn* (1652–1729), verfaßte später ein hebräisches enzyklopädisches Lehrbuch über alle Zweige der Naturwissenschaften, das die Quelle naturwissenschaftlichen Wissens für mehrere jüdische Generationen geworden ist. Interessant ist die Begründung, die er für die Veröffentlichung seines Werkes gibt. Ihm sei in Frankfurt von christlichen Studenten öfters vorgeworfen worden, daß die Juden in allen Zweigen der Wissenschaften ungebildet seien und daß dieses ein Zeichen ihrer Inferiorität sei. Um diesen Vorwurf zu entkräften, habe er damals ein Gelübde getan, wissenschaftliche Bildung unter seinen Brüdern zu verbreiten. – Tobias mußte, um als Jude promoviert werden zu können, von Frankfurt nach Padua gehen. Er wurde der Hofarzt von fünf aufeinanderfolgenden Sultanen in der Türkei und ging am Ende seines Lebens nach Jerusalem.

Nach Frankfurt a. d. Oder nahmen auch andere protestantische Universitäten Juden auf, wie Heidelberg, Duisburg, Halle und Königsberg, während es bei den katholischen Universitäten wesentlich länger dauerte, in Wien bis 1787. Die erste Doktorpromotion eines Juden in Deutschland fand wiederum in Frankfurt a. d. Oder statt. Im Jahre 1721 konnte ein Prager Jude, Moses Salomon Gumperz, der bereits an der Prager Universität approbiert worden war, in Frankfurt den Doktorgrad erwerben.

Auch im 17. und weit ins 18. Jahrhundert hinein war die Grundlage der Bildung der Juden in Deutschland, wie in vergangenen Zeiten, das religiöse Schrifttum, insbesondere der Talmud und die rabbinische Literatur. Wer sich mit irgendeiner Form der Wissenschaften beschäftigte, kam zu ihnen von dieser Grundlage her. Ihre Träger waren deshalb Rabbiner oder jedenfalls rabbinisch gebildete Männer. Auch in Deutschland finden wir in allen Generationen solche Rabbiner mit vielseitigen wissenschaftlichen Interessen, auch außerhalb des engeren religionsgesetzlichen Gebietes.

Die Ärzte dieser Zeit, deren Ausbildung, wie wir sahen, an die Universitäten übergegangen war, stammten ebenfalls aus diesen Kreisen. Manche wirkten, wie in früheren Zeiten, und ganz vereinzelt sogar noch heute, in beiden Berufen.

Mathematik und Astronomie standen seit der talmudischen Zeit in Ansehen. Ihre Kenntnis wurde schon zur Berechnung des jüdischen Kalenders benötigt. Deshalb hatten sich auch viele rabbinische Autoritäten mehr oder weniger eingehend mit diesen beiden Wissenschaften beschäftigt. Hervorheben möchte ich Joseph del Medigo (1581–1655) und David Gans, über dessen Arbeiten ich schon berichtete. Ebenso sei der Hannoveraner Rafael Levi (gest. 1779) erwähnt, der ein persönlicher Schüler von Leibniz gewesen war und bereits vor Mendelssohn mathematische Schriften in deutscher Sprache publizierte.

Die hebräische Sprachwissenschaft blieb bis zur Aufklärungszeit vernachlässigt. Sie war seit dem 16. Jahrhundert die Domäne christlicher Hebraisten geworden. Nur ein jüdischer hebräischer Grammatiker wäre zu nennen: Salomon Hanau, der aber schon der ersten Hälfte des 18. Jahrhunderts angehört.

Der Philosophie gegenüber herrschte noch das von den Kabbalisten genährte Mißtrauen. Nur wenige Rabbiner beschäftigten sich mit ihr. Die Kenntnis der hebräischen philosophischen Literatur, wie des Maimonides, Juda Halevi und namentlich des Popularisators Isaak Albo aus dem 15. Jahrhundert, war aber in ihren Kreisen weiter verbreitet, als man vermuten sollte.

Wir sahen, wie die Kontakte der verschiedensten Schichten der Judenheit mit ihrer nichtjüdischen Umwelt enger geworden waren. Die Auflockerung des Horizontes und des Weltbildes wirkte sich auch auf die traditionelle Lebensführung aus. Die zunehmende Laxheit in der Befolgung der religiösen Gebote wird in vielen Zeugnissen der Zeit gerügt. Es wird beklagt, daß Juden ihre freie Zeit mit Kartenspiel verbringen oder mit Tabakrauchen, anstatt diese Zeit dem Studium zu widmen; daß sie ohne gebührenden religiösen Anlaß Gastmähler und Trinkgelage veranstalten, daß Juden zusammen mit Nichtjuden sich in Wirtshäusern betrinken, daß die Sabbath-Heiligung vernachlässigt wird. Die althergebrachte Trennung der Geschlechter wird nicht immer strikt eingehalten; Gruppen junger Burschen und Mädchen machen gemeinsame Ausflüge und tanzen miteinander. Nicht nur die Regeln der traditionellen Schicklichkeit werden durchbrochen, auch von verbotenem Geschlechtsverkehr und seinen Folgen wird berichtet. Die Sitten der Umwelt mit ihrer größeren Freiheit, aber auch mit ihren größeren Gefahren drangen in die jüdische Welt ein.

Wie verbreitet diese Umwelteinflüsse und auch eine gewisse Laxheit in der Beobachtung der Sabbatvorschriften bereits vor 1700 waren, zeigen die Altonaer und Wandsbeker Gemeindestatuten von 1686 bezw. 1687.[19] Bereits damals mußte man verbieten, an Sabbat- und Feiertagen nichtjüdische Wirtshäuser, Kegelböden, Fechtschulen und die Komödie zu besuchen. Opernbesuch war Frauen auch an Wochentagen verboten. In Wandsbek jedoch durften Frauen in Begleitung ihrer Männer in die Oper gehen. 1714 wurde auch Männern Opernbesuch verboten. – Allerdings darf man nicht von der Hafenstadt Hamburg auf das übrige Deutschland schließen, geschweige denn auf Polen und Litauen. In Hamburg waren wohl auch die Portugiesen für manche sozialstrebige Aschkenasim ein Vorbild.

Auch auf das Gemeindeleben und die Gemeindedisziplin wirkte sich das aus. Die Autorität der Gemeindevorstände und der Rabbiner erhielt manchen Stoß. An der Spitze der Gemeinden hatten auch vorher meist wohlhabende Leute gestanden. Das war unvermeidlich wegen der mannigfachen finanziellen Verantwortlichkeiten gegenüber den Behörden. Aber bisher sah man darauf, daß es integre und nicht ungelehrte Männer waren, die die Gemeinden vertraten. Jetzt geschah es immer häufiger, daß ungebildete reichgewordene Juden die Herrschaft über die Gemeinden erlangten und diese Machtstellung – oft von den Behörden begünstigt – mißbrauchten. Rabbiner gerieten zuweilen in unwürdige Abhängigkeit von Gemeindegewaltigen. Häufig versuchten reiche Juden, besonders aus Hofjudenkreisen, sich mit Hilfe ihrer Beziehungen der Zahlung ihres Anteils an den Gemeindelasten zu entziehen oder sich von der Gerichtsbarkeit der Rabbinatsgerichte zu befreien. Streitigkeiten zwischen Juden untereinander wurden vielfach vor nichtjüdische Gerichte gebracht, was früher undenkbar gewesen wäre, und auch oft gegen die Gemeindeprivilegien verstieß. Viele Behörden begünstigten solche Versuche. Andere lehnten sie ab, da sie am geregelten Funktionieren der Gemeinde-Autoritäten interessiert waren, die sie von manchen Polizei- und Verwaltungsaufgaben entlasteten, hauptsächlich auf dem Gebiete der Steueraufbringung.

Diese Auflockerungserscheinungen der traditionellen Lebensweise wurden durch Einwirkungen von außen verursacht: durch die engere Berührung mit der Umwelt und der Umweltkultur. Aber zu diesen Auflockerun-

---

[19] Vgl.: § 34 der Altonaer Statuten bzw. § 89 der Wandsbeker in der Edition von H. M. Graupe.

gen haben ebenso innere Erschütterungen im Judentum ihren Teil beigetragen, die, namentlich in ihren Folgeerscheinungen, die überlieferten religiösen und sittlichen Grundlagen des Judentums gefährden sollten.

Bei meiner kurzen Darstellung der Kabbala hatten wir gesehen, wie das Ereignis der Vertreibung der Juden aus Spanien die jüdische Mystik zu einer unmittelbaren Messias-Erwartung getrieben hat. Eine ähnliche Erschütterung kam im Jahre 1648 auch über die aschkenasischen Juden in Polen, deren Überreste sich nach den Chmielnitzki-Verfolgungen an den Glauben klammerten, daß jetzt die Ankunft des Messias nahe sein müsse.

Diese Aktualisierung der Messiaserwartung hatte ihren Höhepunkt in dem Auftreten des Sabbatai Zwi. Das jähe Scheitern dieser Bewegung stürzte das gesamte Judentum in eine hundertjährige schwere Krise.

In Deutschland insbesondere verstärkten die Nachwirkungen dieser inneren Erschütterungen die von außen wirkenden Tendenzen. Deshalb möchte ich kurz die Ereignisse in Polen und die Entwicklung der Sabbatai Zwi-Bewegung schildern. Im folgenden Kapitel soll dann das Sonderproblem der Marranen dargestellt werden, das ebenfalls zu den auflockernden Tendenzen beigetragen hat.

Nach dem Schwarzen Tod war die Zahl der Juden in Deutschland zusammengeschrumpft. Ihre wirtschaftliche Lage war gebrochen und auch ihr geistiges Leben stagnierte. Dagegen hatte sich in *Polen* ein neues geistiges und zahlenmäßig starkes Zentrum der aschkenasischen Judenheit entwickeln können. Die Stelle von Mainz, Worms und Regensburg übernahmen jetzt die Gemeinden in Krakau und Brody, Lublin, Wilna und Posen.

In Polen bildeten die jüdischen Gemeinden, stärker als in Deutschland, eine besondere ethnisch-sprachliche, gesellschaftliche und religiöse Gruppe. Sie repräsentierten in der Hauptsache das städtisch-industrielle Element in der polnischen Gesellschaft. Handwerk und Handel lagen in ihren Händen, da zunächst keine entsprechenden sozialen Schichten in der polnischen Bevölkerung für diese Funktionen bereit waren. Die Juden besaßen eine weitgehende Autonomie zur Regelung ihrer eigenen Angelegenheiten und zu deren Vertretung gegenüber den lokalen und zentralen politischen Instanzen. Früh bildeten sich straff organisierte Gemeinden in den wichtigeren Städten mit einem zu ihnen gehörenden Hinterland vieler kleinerer Orte. Auf der Frühjahrsmesse in Lublin trafen sich seit Beginn des 16. Jahrhunderts die Führer der Gemeinden und einige der bedeutenden Rabbiner zur Beratung überlokaler Angelegenheiten, Beilegung von Streitigkeiten zwischen Gemeinden und Entscheidung schwieriger Rechtsfälle. Aus diesen Treffen in Lublin und bald auch auf den Herbstmessen in Jaroslaw entstand die Zentralorganisation der polnischen Judenheit, der »*Rat der Vier Länder*« (Polen, Reußen (Weißrußland), Wolhynien und Litauen, bzw. nachdem Litauen im 17. Jahrhundert sich abtrennte: Groß- und Kleinpolen, Reußen und Wolhynien). In diesem Rat saßen die Vertreter der Gemeindeverbände und sechs Rabbiner als oberste Landesrichter.

Diese zweimal jährlich zusammentretende Vierländer-Synode hatte bindende legislative und administrative Funktionen für alle Juden Polens. Sie setzte u. a. die Quoten der auf die Gemeinden entfallenden Steuern fest. Ihre rabbinischen Mitglieder waren die oberste Gerichtsinstanz der jüdischen Gerichte. Ihre Autorität wurde von der Regierung anerkannt und gestützt. Auch für die Juden in Deutschland wurden die rabbinischen Entscheidungen des Gerichts der Vierländer-Synode autoritativ.

Etwa 200 Jahre repräsentierte der »Rat der Vier Länder« die Autonomie der polnischen Judenheit. Erst im Rahmen des letzten Versuches einer polnischen Staats- und Verwaltungsreform vor den polnischen Teilungen wurde er im Jahre 1764 aufgelöst.

Die polnische Judenheit hat seit dem 16. Jahrhundert eine große Reihe hervorragender Talmudgelehrter hervorgebracht, wie z. B. den schon erwähnten Moses Isserles. Wichtiger noch als diese Persönlichkeiten wurde die früher niemals in so weitem Umfange verbreitete und in so weite Kreise dringende talmudische Bildung. Schon verhältnismäßig kleine Gemeinden von etwa fünfzig Familien setzten ihren Stolz darein, ein Lehrhaus zu unterhalten, eine sogenannte Jeschiwa, an dem ein anerkannter Gelehrter jüngere Studenten in die talmudische Literatur einführte. Diese Studenten wiederum unterrichteten eine Reihe von Knaben. Hierdurch und durch den Brauch, für den Unterhalt der Studenten durch Freitische zu sorgen, die reihum allen Haushaltungen auferlegt wurden, drang die direkte Berührung mit höherer rabbinischer Bildung und ihren Trägern in alle Häuser. Der allgemeine Standard jüdischen Wissens und natürlich auch das moralische Niveau, namentlich in Litauen und dem eigentlichen Polen, wurde dadurch ein ungewöhnlich hoher. Jeder setzte seine Ehre darein, entweder selbst rabbinische Bildung zu erwerben oder seinen Sohn »lernen« zu lassen oder seine Tochter mit einem Rabbiner oder Gelehrten zu verheiraten. – Die spätere moderne Wissenschaft des Judentums in Deutschland hat nie solche Wurzeln im Volke schlagen können. Sie blieb immer die Angelegenheit von Fachgelehrten.

Die Juden bildeten in Polen das städtische Element als Handwerker und Kaufleute. Aber ähnlich wie die kleinen Territorialherren in Deutschland, suchte auch der recht selbständige polnische Adel Juden in seine Dienste zu ziehen. Wir finden sie deshalb überall auf dem Lande als Pächter der

Mühlen und Branntwein-Monopole des Adels und in Zusammenhang damit auch als Gastwirte. Vor allem aber wurden sie Verwalter der adligen Güter und Wälder, Agenten, die von den Bauern Abgaben für die adligen Grundbesitzer einzutreiben hatten.

Durch diese Verbindung mit dem polnischen Adel wurden die Juden in alle Spannungen einbezogen, die zwischen den adligen Gutsherren und ihren leibeigenen Bauern bestanden. Besonders standen sie zwischen Hammer und Amboß in der von den Polen eroberten Ukraine. Der Haß der zu Leibeigenen heruntergedrückten Kosaken richtete sich gegen die polnischen Gutsherren nicht nur aus sozialen, sondern auch aus nationalen Gründen, und obendrein wegen des religiösen Gegensatzes zwischen römisch-katholischen Polen und griechisch-orthodoxen Ukrainern. Diesen Haß zogen die Juden in noch stärkerem Maße auf sich, denn sie waren nicht nur national von den Ukrainern unterschieden, sondern waren für sie die Verkörperung der »Ungläubigen«. Und dazu waren sie die sichtbaren Repräsentanten der polnischen Bedrücker, die man ständig vor Augen hatte, während die polnischen Adligen und Magnaten fern von ihren ukrainischen Besitzungen in den Hauptstädten ein großes Leben führten.

Im Jahre 1648 brach ein großer Aufstand der ukrainischen Kosaken gegen die polnische Herrschaft aus, dessen Führer der Kosaken-Hetman *Chmielnicki* war. Der Aufstand zog sich in mehreren Wellen über 8 Jahre hin. Die ukrainischen Kosaken fanden Hilfe bei den Tataren, später auch bei den Russen, die an der Rückgewinnung der Ukraine interessiert waren. Auch Karl X. von Schweden marschierte in Polen ein.

Die aufständischen Kosaken drangen über das ganze polnische Reich bis nach Litauen hin vor und entluden all ihren angesammelten Haß, ihre Mord- und Raublust in erster Linie gegen die Juden. Chmielnicki wußte ihren Haß noch zu schüren, indem er verbreitete, die Kosaken wären von den Polen den Juden als Sklaven verkauft worden. So begann das Morden, Rauben und Foltern aller Juden, die Zerstörung aller jüdischen Gemeinden auf ihrem Wege. Es war das grausamste und größte Blutbad, das die Judenheit seit der Zeit des Schwarzen Todes betroffen hatte. Und wie damals, nahmen auch jetzt die Juden das Martyrium auf sich und wiesen jede Rettung durch Taufe zurück. In der Ukraine blieb kein Jude am Leben. Auch die angegriffene polnische Bevölkerung lieferte ihre jüdischen Nachbarn den Mordscharen aus, in der Hoffnung, damit ihr eigenes Leben retten zu können. Die Zahl der Opfer der Kosakenaufstände wird auf mehrere Hunderttausende angegeben, die der geplünderten und zerstörten Gemeinden auf 300 bis 700.

In diesen Überfällen hatten einige tausend Juden das »Glück«, in die Hände der Tataren zu fallen. Denn diese waren mehr als an dem Tod ihrer Beute an einem Lösegeld interessiert. So wurden später diese Juden durch Gemeinden der Türkei und Italiens, mit Hilfe von Juden anderer Länder, ausgelöst.

Es setzte damals die erste *Rückwanderung* von Juden aus Polen und Litauen nach dem Westen Europas ein. Wir hören von Flüchtlingen in Hamburg und Amsterdam, Konstantinopel, Ägypten und Italien und über die Hilfe und Unterstützung, die sie überall von den ansässigen Juden erhielten.

Über die Kosaken-Massaker erschienen in den nächsten Jahren Darstellungen von Augenzeugen. Die wichtigste unter ihnen stammt von einem wolhynischen Rabbiner, *Nathan Hannover*, der sie im Jahre 1653 unter dem Namen »Jewen Metzula« veröffentlichte. Sein Bericht umfaßt nur die ersten drei Jahre des Kosakenaufstandes. Er zeigt eine bemerkenswerte Kenntnis seiner inner-polnischen Hintergründe, politischen Motive und Ursachen. Und der ganze Bericht klingt in seinem Glauben aus, daß dieses Verhängnis, das die polnische Judenheit betroffen hat, ein Teil der End-Katastrophe sei, die der Ankunft des Messias unmittelbar vorangehen sollte.

Die Vertreibung der Juden aus Spanien hatte der Kabbala einen neuen, messianischen Akzent gegeben. Isaak Lurja hatte, wie wir sahen, den Gedanken der Erlösung Israels weitergespannt auf die Erlösung des ganzen Kosmos, deren nahe Verwirklichung von der tätigen Mithilfe jedes Einzelnen abhänge.

Bei den aschkenasischen Juden hatte noch von den Zeiten der »Frommen von Deutschland« her der mystisch begründete Brauch und die religiöse Sittenlehre die Vorherrschaft vor der mystischen Spekulation gehabt. Auch die lurjanische Kabbala in ihrer deutschen und polnischen Ausprägung betonte besonders diese Seiten des bedeutungsvollen Handelns und der Askese, der sittlichen Aufrüttelung. Das Hauptwerk dieser lurjanischen Kabbala im aschkenasischen Bereich ist das religiöse Kompendium »Schnej Luchot Habrit« (Die 2 Tafeln des Bundes) des *Jesaja Horowitz* (1555–1630). Horowitz, ein gebürtiger Prager, war lange Zeit Rabbiner in Polen und später in Frankfurt am Main. Seine letzten Lebensjahre verbrachte er in Safed im heiligen Lande, der Wirkungsstätte Isaak Lurjas. Sein Hauptwerk, das letzte große Werk des jüdischen Mittelalters, wurde das populärste Buch der lurjanischen Kabbala. Es schuf die Synthese von Religionsgesetz und lurjanischer Mystik. Sein Einfluß bestimmte Generationen von Juden, gelehrte und ungelehrte. Fasten, Askese, Gebet und eine Unzahl von alten und neuen Bräuchen waren in diesem Werk empfohlen worden. Sie sollten die messianische Erlösung beschleunigen und herbeiführen. Die Lebensstimmung der Juden in Polen insbesondere beherrschte dieses Werk bis zum Aufkommen des Chassidismus.

So war sowohl die sefardische wie auch die aschkenasische Judenheit auf eine messianische Wende vorbereitet. Die furchtbaren Leiden der Kosakenverfolgungen gaben den auslösenden Funken, zumal für das Jahr ihres Beginns, 1648, manche Kabbalisten das Erscheinen des Messias errechnet hatten.

Die Person des Messias war schon durch die lurjanische Kabbala ihrer Wichtigkeit entkleidet worden. Die Juden in aller Welt klammerten sich an den ersten besten, der ihnen das Ende ihrer Leiden und die messianische Verwirklichung verhieß.

Im Jahre 1648 hatte sich ein junger Kabbalist in Smyrna mit Namen *Sabbatai Zwi* Freunden gegenüber als der verheißene Messias ausgegeben und als den Beginn der messianischen Zeit das Jahr 1666 verkündet. Zunächst schritt die Smyrnaer Gemeinde gegen ihn ein. Er mußte die Stadt verlassen, und eine Reihe von Jahren wurde es still um ihn, bis er 1665 wieder an die Öffentlichkeit trat.

Sabbatai Zwi hatte sich bereits in seiner Jugend den Ruf eines nur in der Kabbala lebenden Asketen erworben. Er litt an tiefen Depressionen, die mit exaltierten Begeisterungsausbrüchen wechselten. In diesen Zuständen beging er seltsame, dem Religionsgesetz widersprechende Handlungen. Diese, in der sabbataistischen Literatur »fremdartige Taten« genannte Handlungen, wurden anscheinend von ihm selbst als sakramentale Akte empfunden. Während er sonst sich mehr von den Dingen treiben ließ und von ihm keine denkwürdigen Worte (wie etwa die »Herrenworte« Jesu) überliefert sind, wurden diese Handlungen, wie Scholem betont[20], Sabbatai Zwis wesentlicher Beitrag zu der späteren Theorie seiner Anhänger. Sein vielleicht unbewußtes Beispiel verlieh ihren bewußten antinomistischen, ja unsittlichen Handlungen die Basis und sakramentale Weihe. Sie wurden zu »Gebotserfüllungen durch Sünde« umgedeutet.

Sabbatai Zwi hatte inzwischen einen Helfer gefunden, der ihn vielleicht überhaupt zu seinem erneuten öffentlichen Auftreten veranlaßt hat. Es war dies der 20jährige Nathan aus Ghaza. Er wurde Sabbatai Zwis Elia – der nach der Tradition der Vorläufer und Verkünder des Messias sein wird –

[20] Scholem, Die jüdische Mystik in ihren Hauptströmungen, S. 318ff., 321 f., 324.

und zugleich sein Paulus, der eigentliche und erste bedeutende Propagandist und Theoretiker der Bewegung.

Die Nachricht von dem Erscheinen des Messias verbreitete sich mit Windeseile durch die ganze jüdische Welt, die reif war, sich an jeden Strohhalm von Hoffnung zu klammern. Überall wurden Vorbereitungen für die bevorstehende Rückkehr in das Heilige Land getroffen. Die jüdischen Gemeinden in aller Welt ergriff ein Taumel von Erwartung und Freude. Reiche Gaben flossen ihm von überall zu, die ihm ein fürstliches Auftreten ermöglichten. Die Anerkennung, die er fand, war allgemein. Selbst Spinoza, den man befragte, sah keinen Grund, an der Möglichkeit der Wiederherstellung eines jüdischen Reiches zu zweifeln. Auch in nichtjüdische Kreise drang die Nachricht von dem Erscheinen des jüdischen Messias. Nur wenige Rabbiner, wie Jacob Sasportas in Hamburg, blieben skeptisch. Schließlich mußte Sabbatai Zwi zu Taten schreiten, denn er hatte verkündet, daß er nach Konstantinopel ziehen und den Sultan absetzen werde, um mit diesem Akt seine messianische Herrschaft zu beginnen. Bei der Landung in der Türkei wurde er verhaftet, hielt aber noch im Gefängnis Hof für die von überall herströmenden Gläubigen. Der Sultan stellte ihn dann vor die Alternative, entweder zum Islam überzutreten oder als Empörer hingerichtet zu werden. Sabbatai Zwi, der möglicherweise – und fast verständlicherweise – damals in einem seiner Depressionszustände war, wählte den Übertritt. Er erhielt einen mohammedanischen Namen und eine Pension und lebte dann noch weitere 19 Jahre als halber Gefangener.

Die Hoffnungen, die Sabbatai Zwi erregt hatte, waren zusammengesackt. Sein Abfall ernüchterte die große Mehrzahl der Juden in aller Welt. Aber beträchtlich war auch die Zahl derjenigen, die sich an ihre Messiashoffnung klammerte und die auch der Verrat Sabbatai Zwis nicht wankend machte. Im Gegenteil, es bildete sich eine besondere sabbataistische Theorie heraus, die für diesen Akt des Meisters eine Rechtfertigung fand. Sabbatai Zwi erschien, wie schon angedeutet, in dieser Theorie als die Verkörperung des heiligen Sünders, der an der mythischen Wiederherstellung der zerbrochenen Harmonie des Kosmos durch seine »fremdartigen Handlungen«, deren schrecklichste sein Abfall war, mitwirkte. Die lurjanische Kabbala wurde nach Sabbatei Zwis lebendigem Vorbild umgedeutet. Es genüge nicht, die Splitter des Kosmos einzusammeln; häufig müsse der Sammler selbst in diese zerbrochenen Schalen hineinsteigen, um sie von innen heraus für die Wiederherstellung und Zusammensetzung reif zu machen. So habe Sabbatai Zwi um des Erlösungswerkes willen den Islam annehmen müssen, und diese Tat sei gerade eine Bestätigung seines messianischen Wirkens.

Die ganze Vorstellung von einem solchen Scheinübertritt mußte einem großen Teil der Marranen, der aus Spanien vor der Inquisition geflüchteten Scheinchristen, plausibel erscheinen. Sie war für viele eine Rehabilitierung der Zwangstaufen ihrer Vorfahren und eine Linderung der großen Gewissensqualen, unter denen sie des Zwangsübertritts wegen gelitten hatten. Ein großer Teil der Sabbataisten kam aus diesen marranischen Kreisen. Aber die Sekte der Sabbatai Zwi-Gläubigen hatte ihre Anhänger auch in der aschkenasischen Judenheit. Sie blieben bis weit ins 18. Jahrhundert in kleinen geheimen Konventikeln bestehen.

Die Hauptwortführer der sabbataistischen Theologie waren nach Nathan Ghazati der portugiesische Marrane Abraham Cardozo (etwa 1630–1706) und Nehemja Chajun (etwa 1650–1730). Sie entwickelten auch eine merkwürdige Trinitätsvorstellung. Schon die antike Gnosis unterschied in ihrem Gottesgedanken zwischen dem höchsten Gott und dem Schöpfer der Materie, dem Demiurgen, der die Welt geschaffen und mit ihr das Böse in die Welt gebracht habe. Dieser ist für die Gnosis der Gott des ihr verhaßten Volkes Israel und des alten Testaments. Die Sabbataisten nahmen diesen Gedanken auf, kehrten allerdings das Wertverhältnis zwischen den beiden Gottesteilen um. Ejn Ssof, der unerkennbare und unendliche Gott, ist für sie eine bloße Abstraktion, während der Gott Israels der lebendige Gott der Religion sei. Zu diesen beiden tritt nun die Präsenz Gottes, hebräisch die »Sch'china«. Die Gestalt des Sabbatai Zwi wurde irgendwie als die des auf die Wiederkunft harrenden Messias in der Sch'china inkarniert.

War schon die dualistische Theologie der Gnosis immer vom Judentum bekämpft worden, auch innerhalb des bisherigen Kabbala, so mußte die neue, nun gar trinitarische Lehre der Sabbataisten als Ketzerei empfunden werden. Zudem ähnelte diese neue Gotteslehre stark der christlichen Vorstellung. Und wirklich haben sabbataistische Kreise, wenn sie von jüdischen Gemeinden verfolgt wurden, sich zuweilen an die christlichen Behörden um Schutz gewandt, mit der Begründung, man verfolge sie, weil sie die Dreieinigkeit lehrten. Manche Sabbataisten traten in der Tat vom Ende des 17. Jahrhunderts an zum Christentum über, ein Schritt, für den sie durch die sabbataistische Theologie sicherlich vorbereitet waren.

Nur eine ganz kleine Gruppe war dem Sabbatai Zwi in den Islam gefolgt. Diese, die sogenannten *Dönmehs*, bewahrten jedoch einen gewissen Zusammenhang mit den jüdisch gebliebenen Sabbataisten. Die Sekte, die vornehmlich in Saloniki und Adrianopel ihren Sitz hatte, soll vor dem 1. Weltkrieg noch ungefähr 10 000 Mitglieder gezählt haben. Nach dem griechisch-türkischen Bevölkerungsaustausch 1924 übersiedelten die Dönmehs in die Türkei. Durch schnelle Assimilierung ist ihre heutige Zahl unbekannt.

Der größte Teil der ihrem Messias treu gebliebenen Sabbataisten blieb dagegen im Rahmen des Judentums, ja, es gab unter ihnen bedeutende Rabbiner und Gelehrte. Diese wagten allerdings nur in versteckter Weise, ihre sabbataistische Gesinnung in kabbalistischen Schriften, von ihren Zeitgenossen oft unbemerkt, durchschimmern zu lassen.

Neben diesen gemäßigten Sabbataisten, die innerhalb des rabbinischen Judentums und der traditionellen jüdischen Lebenshaltung geblieben waren, bildeten sich aber auch radikale antinomistische Gruppen. Ihre Theorie ging dahin, daß nicht nur Sabbatai Zwi selbst eine Sünde habe auf sich nehmen müssen, sondern das gleiche obliege all seinen Gläubigen. Denn nur durch das Auf-sich-Nehmen der Sünde könne man die Erlösung und Restitution des zerbrochenen Kosmos bewirken. Die Tora und die 10 Gebote, das jüdische Religions- und Sittengesetz, seien durch das Erscheinen des Messias, des Sabbatai Zwi, aufgehoben worden; man dürfe jetzt straflos sündigen – ja, dieses sei ein Prüfstein wahren Glaubens. In der Praxis drückte sich diese nihilistische Tendenz in einem in den sabbataistischen Konventikeln geübten geschlechtlichen Libertinismus aus. Damit setzten sich diese radikalen Kreise in Gegensatz zu den religiösen und den Moralanschauungen des Judentums und forderten schnell Abwehrmaßnahmen heraus.

In der Mitte des 18. Jahrhunderts gelangten die nihilistischen Tendenzen des Sabbataismus zu einem letzten und gefährlichen Aufflackern in der *Frankisten*-Bewegung, so genannt nach ihrem Gründer *Jakob Frank*. Dieser junge Sabbataist war aus seiner podolischen Heimat nach Saloniki gegangen und hatte sich dort den Dönmehs angeschlossen. Bei seiner Rückkehr gab er sich als eine Inkarnation des Sabbatai Zwi aus. Er predigte die Aufhebung des Gesetzes und fand begeisterte Anhänger. Als die Gemeindehäupter und Rabbiner der polnischen Judenheit die frankistische Bewegung in den Bann taten, wandte diese sich an den polnischen Bischof von Lemberg, der eine religiöse Disputation zwischen den Frankisten und Rabbinern organisierte. Die Disputation wurde ganz nach der mittelalterlichen Tradition geführt und endete mit der Verdammung des Talmud und der Verbrennung von mehreren tausend Talmud-Exemplaren. Um die Glaubwürdigkeit ihrer trinitarischen Gesinnung zu beweisen, trat dann Frank mit mehreren hundert seiner Anhänger zur katholischen Kirche über. Die Gruppe bewahrte aber weiter ihre sektiererische Identität und ihre Beziehungen zu den nicht übergetretenen Frankisten. Jakob Frank wurde von ihr als heiliger Meister verehrt. Er wurde deshalb von den kirchlichen Behörden in Czenstochau gefangengesetzt. Erst nach 13 Jahren, bei der ersten Teilung Polens, wurde er durch die Russen freigelassen.

Mit seiner Tochter und einem Teil seiner Anhänger wanderte er nach Mähren aus und später nach Offenbach, wo der zur Mystik neigende Prinz von Isenburg ihm ein Schloß zur Verfügung stellte und wo er mit der finanziellen Unterstützung seiner Anhänger aus Mähren und Polen Hof hielt. Nach seinem Tode blieb seine Tochter Eva das Oberhaupt der Bewegung. Sie starb 1816.

Im Ostjudentum wurden diese sittlichen Auflösungserscheinungen schließlich überwunden, trotzdem sie hier zeitweise recht weite Kreise ergriffen hatten. Aber diese Kreise konnten leicht von der jüdischen Gemeinschaft distanziert werden und Teile von ihnen haben sie sogar verlassen, wie die Frankisten.

Anders war dies in Deutschland, wo die Auflockerungserscheinungen, die durch die sozialen Umstände verursacht worden waren, nun durch die nihilistischen Ideen des Sabbataismus verstärkt wurden. Allerdings mögen solche sabbataistischen Einflüsse nur auf ganz kleine Gruppen und Geheimzirkel gewirkt haben, wie sie in Prag, in Hamburg und anderen Orten bestanden haben.[21]

---

[21] Gerschom Scholem weist darauf hin, daß Verbindungen von diesen sabbataistischen Zirkeln zur Aufklärung und der Reformbewegung im Anfang des 19. Jahrhunderts bestanden haben. Vgl. Scholem, a.a.O., S. 329-333.

4. Die Problematik der Marranen

Bei der Entwicklung der Lurjanischen Kabbala und der sabbataistischen Bewegung habe ich mehrmals auf den Einfluß der Flüchtlinge aus der pyrenäischen Halbinsel hingewiesen. Die spanische Judenheit hatte ihre große Blütezeit während der arabischen Herrschaft in Spanien gehabt, die ungefähr acht Jahrhunderte währte. Damals entstand eine ungemein reiche arabisch-jüdische Kultur, die alle Gebiete des Geisteslebens dieser Zeit befruchtete: Philosophie, Dichtung, Sprachwissenschaft, Mathematik, Medizin, Astronomie, Talmudwissenschaft und Bibeldeutung.

Die Iberische Halbinsel wurde hebräisch nach einem in der Bibel erwähnten Landschaftsnamen (Obadia 20) Sefarad genannt. Die sefardischen Juden bilden noch heute die zweite Hauptgruppe der Judenheit neben der aschkenasischen. Denn nach ihrer Vertreibung aus Spanien hatten sefardische Flüchtlinge den jüdischen Gemeinden in den damals meist türkischen Mittelmeerländern in Nordafrika, im Balkan und im Nahen Osten bis nach Indien hin kulturell und im synagogalen Ritus ihren Stempel aufgedrückt, so daß seither alle Juden dieser Länder zu den sefardischen Juden zählen.

Die Juden im arabischen Spanien sprachen und verfaßten ihre wissenschaftlichen Schriften in arabischer Sprache, aber sie dichteten hebräisch, wenn sie auch in ihrem Versmaß von der arabischen Dichtung beeinflußt waren. Die berühmtesten dieser hebräischen Dichter waren *Juda Halevi* (um 1080–1145) und *Salomon Ibn Gabirol* (um 1021 bis 1058), von denen außer religiösen und weltlichen Liedern auch philosophische Werke erhalten sind. Juda Halevi ist vor allem der Verfasser einer der bedeutendsten und populärsten Darstellungen der Religion des Judentums in seinem Buch »*Cusari*«, das die Bekehrung des Herrschers der Chasaren zum Judentum im 8. Jahrhundert zum Hintergrund hat.[22]

---

[22] Die Chasaren lebten in der Krim und Südrußland, zwischen dem Schwarzen und Kaspischen Meer. Hauptsächlich sind wohl der Hof und der Adel zum Judentum übergetreten. Ihre Herrschaft dauerte aber nur wenige Jahrhunderte. Unter dem Druck des byzantinischen Reiches von der einen Seite und der Russen von der anderen, erlagen sie im Laufe des 11. Jahrhunderts den Kiewer Russen.

Ibn Gabirol ist der Verfasser eines neuplatonischen Werkes. Dieses Werk war den christlichen Scholastikern vom frühen Mittelalter an in einer lateinischen Übersetzung unter dem Titel »Fons Vitae« von einem gewissen Avicebron oder Avicebrol bekannt gewesen. Diesen hatte man für einen Araber gehalten. Erst im vorigen Jahrhundert wurden hebräische Auszüge aus diesem Buch gefunden und konnte die Identität des Verfassers mit dem religiösen Dichter Ibn Gabirol festgestellt werden.

Die bedeutendste und universalste Persönlichkeit, die aus der spanischen Judenheit hervorgegangen ist, ist Moses ben Maimon, *Maimonides* oder auch, nach den Anfangsbuchstaben von *Rabbi Moses ben Maimon* »Rambam« genannt. Er lebte im 12. Jahrhundert hauptsächlich in Fostat bei Kairo in Ägypten als Arzt und medizinischer Schriftsteller. Ich sprach bereits von ihm als Kodifikator des jüdischen Religionsgesetzes und als Verfasser des Hauptwerkes der jüdischen Religionsphilosophie »Der Führer der Verwirrten«. Auch seine Tätigkeit als Arzt und medizinischer Schriftsteller habe ich bereits erwähnt.

In Spanien wogte viele Jahrhunderte lang der Kampf zwischen den moslemischen Arabern und den nach dem Norden des Landes verdrängten christlichen Nachfolgern der Westgoten, die die späteren spanischen Staaten gründeten. Die gesellschaftliche Lage der Juden in beiden Teilen des Landes war lange Zeit recht gut. Jüdische Staatsmänner dienten den Khalifen von Cordova und den arabischen Fürsten. Ähnliche Stellungen nahmen sie auch etwas später in den christlichen Staaten ein, die langsam die Araber zu verdrängen begannen.

Hier setzte im Laufe des 14. Jahrhunderts für die Juden ein schwerer Rückschlag ein. Denn der Kampf gegen die arabischen Staaten war für die christlichen Spanier ein Glaubenskampf. Es bildete sich die besonders fanatische Form des spanischen Katholizismus heraus, die sich mehr und mehr auch gegen die ungläubigen Juden richtete und ihre Stellung untergrub. Aber ihre kulturellen Leistungen waren auch in dieser christlichen Periode noch beträchtlich. Das spanische Judentum wurde der Hauptsitz für die Entwicklung der spekulativen Mystik, der Kabbala. Auch in Mathematik und Astronomie zeichneten sich die spanischen Juden aus. Ihre Leistungen auf diesem Gebiete haben die spanische und portugiesische Schiffahrt entscheidend gefördert und die Entdeckungen eines Columbus und der anderen spanischen und portugiesischen Seefahrer ermöglicht. Der als Philosoph berühmte Levi ben Gerson oder Gersonides hatte den Jakobstab, ein Astrolab, erfunden. Und im Auftrage eines spanischen Königs wurden von einem Juden astronomische Tafeln zusammengestellt, die nach ihrem Auftraggeber Alphonsinische Tafeln genannt wurden.

Die Problematik der Marranen

Nachdem im 14. Jahrhundert eine Reihe von schweren Judenverfolgungen stattgefunden hatten, die grausamste im Jahre 1391, retteten sich weite Kreise der spanischen Judenheit durch die Taufe, die für die meisten eine Scheintaufe war. Damit begann für sie eine Tragödie, die mehrere Jahrhunderte nachwirken sollte. Vor den neuen Christen, die zumeist sehr wohlhabend und gebildet waren und die ihren Übertritt als eine vorübergehende Rettungsmaßnahme angesehen hatten, öffneten sich wieder soziale Perspektiven und Möglichkeiten, die ihnen als Juden schon lange nicht mehr erreichbar gewesen waren. Die höchsten Ämter in Staat, Armee und Kirche standen ihnen jetzt offen. Fast der ganze Adel Spaniens verschwägerte sich mit ihnen. Waren sie auch vorher oftmals führende Kaufleute, Industrielle und Finanzberater der Könige gewesen, so konnten sie all dies nun innerhalb der spanischen Gesellschaft und nicht als ungläubige Außenseiter sein. Daß aber die Entrechteten von gestern nun plötzlich die Einflußreichen von heute sein sollten, erregte jetzt den Argwohn, Neid und Haß der religiös fanatisierten Bevölkerung. Die vorher so erstrebte Bekehrung der Juden schien für die Gesellschaft ein Danaergeschenk gewesen zu sein. Denn den unliebsamen Konkurrenten hatte man nicht durch seine Taufe beseitigt, sondern ihm im Gegenteil noch größere Möglichkeiten gegeben. Dazu kam das geheime Festhalten der meisten Neuchristen am Judentum, das auch den Sieg des Glaubens zu einem Scheinsieg machte. Diese Stimmung der Bevölkerung entlud sich unter den geringsten Vorwänden in blutigen Ausbrüchen gegen die *Marranen,* wie die neuen Christen jetzt bezeichnet wurden.

Nach langen Bemühungen gelang es Ferdinand und Isabella, die Inquisition in Spanien einzuführen, die sich zu einer machtvollen Institution gegen alle Ketzer, vornehmlich aber gegen die Marranen, entwickelte. Im Jahre 1481 fand das erste Auto da Fé, die öffentliche Ketzerverbrennung, statt. Ihre Scheiterhaufen brannten in Europa bis ans Ende des 18. Jahrhunderts. Die spanische Inquisition wurde eine vom päpstlichen Stuhl unabhängige nationale Institution, die mit der Beschlagnahme der Güter der Verurteilten ungeheure Geldsummen der Krone und der spanischen Kirche einbrachte. Die materiellen Interessen standen offen und schamlos hinter der religiösen Maske.

Um den neuen Christen jegliche Verbindung mit ihren früheren Glaubensgenossen unmöglich zu machen, wurden im Jahre 1492 alle Juden aus Spanien vertrieben. Hunderttausende mußten ihr Hab und Gut für geringes Entgelt verkaufen oder zurücklassen und verhöhnt und verfolgt in anderen Ländern Zuflucht suchen. Sie kamen nach Italien, den moslemischen Ländern, dem Balkan und ein großer Teil nach dem nahen Portugal.

In Portugal erfuhren sie bald ein ähnliches Schicksal wie in Spanien. Zuerst wurden ihnen ihre Kinder entrissen und zwangsgetauft und die Vertreibung aller Juden aus dem Lande wurde angeordnet. Diese Verordnung enthüllte sich als Betrug. Die in Lissabon für ihre Verschiffung konzentrierten Juden aus dem ganzen Lande wurden gefangengesetzt, ausgehungert, gepeinigt und zum Schluß dennoch gewaltsam getauft. 7 oder 8 Juden wurden auf ein Schiff geladen und vertrieben.

In Spanien war die Inquisition eingeführt worden, nachdem der Großteil der Marranen schon ungefähr hundert Jahre vorher die Zwangstaufe angenommen hatte, so daß ihre Nachkommen nominell nicht mehr als Zwangschristen galten und damit der Inquisition unterstellt werden konnten. Anders war die Situation in Portugal. Darum weigerten sich die Päpste jahrzehntelang, der Einführung der Inquisition hier zuzustimmen. Und die Zwangschristen selbst suchten diese mit allen Mitteln zu verhindern. Sie erklärten offen, daß sie Juden seien; sie intervenierten bei Päpsten, der Kurie und dem portugiesischen Hofe, natürlich mit riesigen Bestechungsgeldern. Aber die Inquisition siegte. – Nur einem Teil der Marranen gelang es im Laufe der nächsten 200 Jahre, das Land auf legalen und illegalen Wegen zu verlassen.[23]

Auch in Portugal wurden die Marranen, wie in Spanien, sehr bald vom lebendigen Kontakt mit Juden und Judentum abgeschnitten. Sie galten von vornherein als des Judaisierens verdächtig und lebten unter ständiger Beobachtung seitens der Inquisition und ihrer Denunzianten. Ein von der Inquisition verbreitetes Merkblatt führte 37 Punkte auf, nach denen man geheimes Sympathisieren mit Judentum erkennen konnte. Hebräische Bücher zu besitzen oder zu betrachten, war lebensgefährlich. Die Ausübung religiöser Vorschriften und Gebräuche, Sabbatruhe, Speisegesetze, war unmöglich gemacht, selbst im geheimsten Kreise der Familie.

Die zweite und dritte Generation der in Spanien und Portugal verbliebenen Marranen konnte schon kein Hebräisch mehr. An Stelle der hebräischen Bibel griffen sie zur lateinischen, und an Stelle der hebräischen Gebete traten in ihren geheimen Gottesdiensten der lateinische Psalter und einige wenige spanische Gebete und Formeln. Das rudimentäre Judentum,

[23] Ähnlich wie die nach Polen ziehenden Flüchtlinge aus Deutschland ihre deutsche Sprache, so brachten auch die aus Spanien vertriebenen Juden die spanische Sprache in ihre neuen Wohnländer. Das Ladino oder Spaniolisch wurde die Umgangssprache der Juden der Balkanländer und des Mittelmeergebietes. Noch heute wird es von sefardischen Juden vielfach gesprochen. Die etwas später aus Portugal flüchtenden Marranen, die nach Holland, England und Norddeutschland kamen, behielten noch dreihundert Jahre lang das Portugiesische bei, jedenfalls für Übersetzungen des Gebetbuches und offizielle Gemeindefunktionen.

Die Problematik der Marranen

an dem sie dennoch unter den größten Gefahren und Blutopfern an die Inquisition festhielten, wurde immer mehr von christlichen Vorstellungen durchsetzt. Hinzu kam, daß viele marranische Familien einen ihrer Söhne Theologie studieren ließen, um später in der Familie einen Beichtvater zu haben, dem sie vertrauen konnten, und natürlich auch, um nach außen hin ihre Rechtsgläubigkeit zu manifestieren. Aber auch hierdurch kamen starke christliche Einflüsse in ihren jüdischen Glauben.

Das ganze 17. und sogar 18. Jahrhundert hindurch versuchten Marranen aus der iberischen Halbinsel herauszukommen, um wieder frei ihr Judentum bekennen zu dürfen. Dieses Judentum hatte für sie eine Idealgestalt angenommen, aufgebaut auf die Worte Mosis und der Propheten. Aber das prosaische Judentum, das sie dann im Ausland fanden, konnte diesen Vorstellungen nicht entsprechen.

Die Marranen hatten sich inzwischen gewöhnt, an das Religionsgesetz christliche Maßstäbe zu legen. Das Pharisäerbild, das das Neue Testament gezeichnet hat, hatte für viele ihre Ansicht vom rabbinischen Judentum festgelegt und ihre Opposition richtete sich gegen dieses und seine Formen. Auf der anderen Seite hatten die bereits von den ersten Marranen gebildeten Gemeinden eine überaus strenge Gemeinde-Disziplin eingeführt, namentlich die Gemeinden in Amsterdam, Hamburg und London. Auch diese Disziplin war wohl ein Nachklang des strengen spanisch-katholischen Vorbildes. Man suchte sie den Neuankömmlingen aufzuzwingen, ohne zu berücksichtigen, wie weit diese sich inzwischen vom lebendigen Judentum entfernt hatten. Es gab infolgedessen immer wieder individuelle Tragödien, gerade unter den begeisterten Neuankömmlingen, die sich dem herrschenden Rigorismus nicht anpassen konnten. Allgemein bekannt wurden aus der sicher nicht geringen Zahl solcher Fälle zwei Namen: Uriel da Costa und Baruch Spinoza.

Uriel da Costa (1590–1647) veröffentlichte mehrere Schriften, in denen er die Geltung der mündlichen Lehre und der rabbinischen Tradition anzweifelte. Die Amsterdamer Juden waren nicht gewillt, ihre Gemeinde von einem unrealistischen jungen Enthusiasten gefährden zu lassen, der die Entwicklung des nachbiblischen Judentums gar nicht in Rechnung zog. Er wurde mit dem Bann belegt und mußte für einige Jahre nach Hamburg flüchten. Nach Amsterdam zurückgekehrt, ließ er sich zum Widerruf bewegen. In seiner aufrechten Art kam er bald wieder mit dem Religionsgesetz in Konflikt und näherte sich auch mehr und mehr einer Art von deistischer Religion, die alle historischen Religionen als Menschenwerk verwarf. Nach einem zweiten und degradierenden Bannspruch, der ihn völlig isolierte, machte er seinem Leben ein Ende.

Der bedeutendste der marranischen Opponenten gegen das traditionelle Judentum ist *Baruch Spinoza* (1632–1677). Er ist im Gegensatz zu Uriel da Costa bereits in Amsterdam geboren und erzogen worden. Die psychologischen Schwierigkeiten, vor denen da Costa und viele marranische Neuankömmlinge standen, sollten eigentlich für Spinoza weggefallen sein. Aber seine Opposition war eine viel tiefergehende. Sie stand auf einer anderen Ebene. Da Costa wollte nur das ihm vorschwebende ideale biblische Judentum wiederherstellen. Er fühlte sich als Jude unter Juden. Dagegen hat Spinoza von Anfang seines Philosophierens an gar nicht mehr das Judentum im Auge. Er strebt in seiner Gotteslehre, in seinem Verhältnis zur Natur und in seinen politischen Schriften zu einem viel allgemeineren Zusammenhang.

Das Judentum betrachtet er nur noch von außen. Die jüdische Religionsphilosophie des Mittelalters mag ihn beeinflußt haben, die Bibel mag ihm als Material dienen; aber von früher Jugend an waren sie nicht mehr der Rahmen für sein Denken. Ich will versuchen, etwas auf diesen Denker einzugehen, weil ich glaube, daß seine Philosophie im Gegensatz zu den tragenden Gedanken der jüdischen Lehre steht.

Seit Galilei ist die neue Naturwissenschaft auf den Gesetzesbegriff gegründet. Dieser sucht die Erklärung des Geschehens in logisch-mathematische Bedingungen oder Gleichungen zu bringen. Sowohl ein mechanischer Vorgang wie auch die Bewegung der Himmelskörper mußten sich durch mathematische Beziehungen darstellen und infolgedessen berechnen lassen.

Die Tragweite des naturwissenschaftlichen Gesetzesbegriffes möchte ich hier unerörtert lassen. Man kann vielleicht sagen, daß erst die Naturwissenschaft des 19. Jahrhunderts, etwa bei Laplace, ihn in einer strengen, deterministischen Weise aufgefaßt hat. Newton selbst, auf den allgemein die mechanische Auffassung der sogenannten klassischen Physik zurückgeführt wird, ließ noch einen großen Spielraum für das freie willkürliche Wirken Gottes. Das zeigt besonders seine Kontroverse mit Leibniz, die in der Clarke-Leibnizschen Korrespondenz erhalten ist. Leibniz erscheint in dieser als Vertreter des deterministischen Gesetzesbegriffs, während Newton und Clarke hier die Repräsentanten einer religiösen Naturauffassung sind. Aber eines ist seit den Tagen Galileis und Newtons bis in unsere heutige Quanten-Physik hinein das Kennzeichen der naturwissenschaftlichen Methode geblieben: Erscheinungen der Natur sollen sich prinzipiell mathematisch darstellen, in Zahlen und Gleichungen übersetzen lassen. Die Wirklichkeit wird in Quantitäten, in Zahlen-Beziehungen aufgelöst. –

Die Aristotelische Metaphysik dagegen ließ die Bestimmungen des Seins

Die Problematik der Marranen

aus einem höchsten göttlichen Prinzip hervorgehen. Nicht Zahlen-Beziehungen, Quantitäten, sondern Qualitäten sind das Material, mit dem Aristoteles und die mittelalterliche Philosophie arbeiteten.

Im einzelnen weichen nun die aristotelischen Schulen untereinander ab, ob sie nämlich dem göttlichen Prinzip eine gleichfalls ewige und von ihm nur zu formende Materie gegenüberstellen, oder ob auch diese Materie selbst als aus Gott hervorgegangen angesehen wird. Denn jenem höchsten, formenden Prinzip wird von vornherein auch ein Anteil am Sein, wird Existenz zugesprochen. In der Scholastik wird so Gott Ens-Realissimum, das wirklichste Sein genannt.

Spinoza versucht nun, den neuen mathematischen Gesetzesbegriff der Naturwissenschaft auf die Philosophie zu übertragen. Auch bei ihm soll, wie bei Aristoteles, aus einem höchsten Grundprinzip alles abgeleitet werden können. Aber bei ihm ist die Ableitung nicht teleologisch, auf die Bestimmung der Wirklichkeit gerichtet, sondern sie ist eine logisch-kausale Deduktion. Sein eigentliches Weltbild ist dabei parallel dem der mittelalterlichen Aristoteliker konstruiert. Er ist, könnte man sagen, ein Scholastiker, aber mit einer neuen und prinzipiell anderen Methode: Spinoza geht von einer unendlichen Substanz aus, die gleichzeitig auch unendliche Wirklichkeit ist. Die unendliche göttliche Substanz besitzt eine ebenfalls unendliche Zahl von modi, von Erscheinungsformen, von denen uns allerdings nur zwei bekannt sind. Denken und Ausdehnung. Die eine ist sozusagen das geistige Prinzip und die zweite die Körperwelt. Aus dem Ens-Realissimum der christlichen Scholastiker wird so eine Identität, denn Denken und der Inbegriff der äußeren Welt sind beide in der göttlichen Substanz vereinigt, wie er einmal ausdrückt: deus sive natura, die also auswechselbare, identische Bezeichnungen sind. Die Welt wird als immanent in Gott gedacht.

Es ist viel darüber geschrieben worden, welche Einflüsse auf die Bildung der Philosophie Spinozas eingewirkt haben. Wir wissen, daß er die jüdisch-spanische Philosophie des Mittelalters gut gekannt hat, insbesondere Maimonides und Chasdai Crescas. Und diese jüdischen Religionsphilosophen sind es wohl, gegen die er, ohne sie zu nennen, polemisiert. Man hat auch auf die Einflüsse der italienischen Natur-Philosophie der Renaissance-Zeit hingewiesen. Und immer wird Spinozas enger Zusammenhang mit Descartes betont.

Descartes gilt als der eigentliche Begründer der modernen Philosophie, die vom denkenden Subjekt ausgeht. Bekannt ist sein Satz: »cogito ergo sum«, »ich denke, und das heißt: ich bin«. Und von diesem denkenden Subjekt, dem ersten, dessen sich der Mensch bewußt wird, schließt er auf eine oberste göttliche Intelligenz, der ebenfalls das Sein zugesprochen werden muß.

Spinoza geht eigentlich den umgekehrten Weg, indem er dieses Letzte an den Anfang setzt und mit Umkehrung des Akzentes. Nicht das Denken, der Denkprozeß, sondern das unendliche Sein steht für ihn im Vordergrund, während das Denken für ihn nur einer der Modi ist, der Folgerungen aus dem Sein. Descartes findet das Sein durch das Denken, Spinoza das Denken durch das Sein.

Descartes war auch ein bedeutender Mathematiker, der Begründer der darstellenden Arithmetik. Er war dadurch selbst ein tätiges Mittelglied, einer der Schöpfer der neuen Verbindung von mathematischer Naturwissenschaft und Philosophie. Spinoza war dagegen kein Mathematiker oder Naturwissenschaftler. Er übernahm zwar von Descartes als Anregung die methodische Verbindung dieser neuen Wissenschaften mit der Philosophie. Aber die Übertragung der logisch-mathematischen Methode wendet er vielleicht dadurch etwas schematisch in seiner Philosophie an. Er will die Handlungen und Triebe des Menschen untersuchen, als ob sie geometrische Figuren wären. In seiner »Ethik« gibt er die Grundlage seiner Lehre von der unendlichen, allumfassenden göttlichen Substanz. Aber wenn Spinoza auf das Handeln des Menschen kommt, gerät seine Lehre in einen gewissen Zwiespalt. Was man gemeinhin Ethik nennt, die Lehre vom Handeln des Menschen, steht in einem ungelösten Widerspruch zu der erstrebten geometrischen Methode. Und so finden wir bei Spinoza zweierlei: Auf der einen Seite entwickelt er eine Ethik ohne Gut und Böse, wertfrei und ohne Raum für den Willen zu lassen, weder für den Willen Gottes noch den des Menschen. In dieser Sicht gibt es für Spinoza nur einen Unterschied, nämlich den zwischen Wahrheit und Irrtum oder, wie es bei ihm heißt, von adäquater und inadäquater Erkenntnis. Auf der anderen Seite soll der Mensch aber gerade durch das Mittel seiner Erkenntnis seine Triebe und Leidenschaften überwinden und eine intuitive direkte Verbindung mit dem unendlichen göttlichen Sein finden. Spinoza nennt diese intuitive Beziehung: amor dei intellectualis, die geistige Liebe zu Gott, in der sich der Mensch als Teil der unendlichen göttlichen Substanz fühlt. Hierdurch kommt in das sonst so trockene System von logischen Lehrsätzen und Ableitungen ein mystisch-religiöser Zug hinein. Spinozas eigenes Leben spiegelt auch diese Doppelheit von Intellektualismus und mystischem Weltgefühl wider.

Mit seiner Lehre, die Gott und Schöpfung in eins setzte, die für den Willen des Menschen und einen gebietenden Gott keinen Platz ließ, hatte sich Spinoza außerhalb der Tradition des Judentums gestellt. Als die Amsterdamer Synagoge im Jahre 1656 den Bann über ihn verhängte und ihn aus der jüdischen Gemeinschaft ausschloß, war das eigentlich nur die Konsequenz der Haltung Spinozas, einer Haltung, die er wiederholt geäußert und die er damals bereits literarisch zu fixieren begonnen hatte. Wenn der Bann und Ausschluß aus der jüdischen Gemeinschaft ihn auch nicht aus dem seelischen Gleichgewicht gebracht haben, wie dies bei da Costa der Fall war, so ist ihnen vielleicht seine immer weitergehende Entfremdung vom Judentum zuzuschreiben, die schließlich in Haß ausartete. Seine ausgesprochen pantheistische Religiosität hinderte ihn aber auch, zum Christentum überzutreten.

Spinozas feindselige Einstellung zu Juden und Judentum kommt in seinem ›Theologisch-politischen Traktat‹ zum Ausdruck. Dieser war eine politische Schrift zu Gunsten der Politik des ihm befreundeten Jan de Witt, der an der Spitze der Holländischen Republik stand. De Witt versuchte, eine rein von staatlichen Interessen diktierte Politik durchzusetzen, eine Art Staatstotalitarismus. Seine Hauptgegnerschaft fand er in den Predigern und Geistlichen der Kirchen und Sekten, mit denen sich das populäre Haus Oranien verbunden hatte. Diese Koalition führte auch bald zu de Witts Sturz.

Spinoza versucht in seinem Theologisch-politischen Traktat, von der Bibel aus die de Witt'sche Politik zu rechtfertigen. Er wurde mit diesem Traktat der Vorläufer der modernen kritischen Bibelwissenschaft. Aber nicht dies war der Zweck seines Werkes, sondern er wollte die Autorität des Staates gegenüber kirchlichen Ansprüchen und Einflüssen absichern. Den gegen de Witt auftretenden christlichen Prädikanten entsprechen bei Spinoza die biblischen Propheten. Die Propheten sind für ihn nicht gotterfüllte Persönlichkeiten, die gegenüber König und Volk auf der Unbedingtheit der göttlichen Forderungen bestehen, sondern sie sind in seinen Augen Phantasten und sogar Staatsfeinde, die die Anordnungen der Obrigkeit zu untergraben suchen. Überhaupt sei die Gültigkeit des biblischen Gesetzes nur auf die Grenzen des jüdischen Landes und auf die damals dort wohnenden Juden beschränkt. Damals und dort war es bindend als Staatsgesetz, während es heute keinerlei Geltung beanspruchen könne. Es habe seine Geltung verloren, sowohl für die heutigen Juden wie auch, und noch viel mehr, für christliche Geistliche und Politiker, die sich darauf berufen. Zwar habe jeder einzelne das Recht zu denken, was er wolle, denn die Gedanken des Menschen sind frei und unkontrollierbar. Und ebenso habe jeder das Recht, seine Gedanken frei auszusprechen und von Gott und Religion zu glauben, was ihm seine Gotteserkenntnis befiehlt. Aber keine Propheten und keine holländischen Prädikanten, sondern nur die jeweilige Obrigkeit habe das

Recht zu bestimmen, was im Staate getan werden soll, insbesondere welche Religionsausübung und welche Art des Gottesdienstes im Lande zuzulassen seien. Spinoza geht also zurück auf den Gedanken des cuius regio, eius religio – wem das Land gehört, der bestimmt seine Religion, dem Prinzip des Religionsfriedens des 16. Jahrhunderts, das zur Zeit Spinozas schon längst obsolet geworden war.

Spinoza hat mit seinen Gedanken im Judentum keine direkte Nachwirkung gehabt. Wiederentdeckt wurde seine Philosophie denn auch außerhalb des Judentums in den siebziger Jahren des 18. Jahrhunderts, in der Zeit der Vor-Romantik. Friedrich Heinrich Jacobi wurde zum, ich möchte sagen, ungewollten Initiator seiner Wiederbelebung durch seine Diskussion mit Moses Mendelssohn über spinozistische Äußerungen von Lessing. Herder, Goethe, Fichte, Schleiermacher wurden stark von den Gedanken Spinozas beeinflußt. Und die Philosophie des deutschen Idealismus, insbesondere die sogenannte Identitäts-Philosophie Schellings, ist ohne ihn nicht zu denken. So wurde Spinoza zu einem bedeutenden Faktor in der allgemeinen Geistesgeschichte.

Von der Zeit der Romantik bis auf unsere Tage hat das merkwürdige Nebeneinander von kühlem logischen Intellektualismus in der Philosophie Spinozas und einem durchaus emotionellen Allheitsgefühl eine große Anziehung ausgeübt. Sie wurde die Philosophie von Generationen von Gebildeten. Sie drückt die Geisteslage der deterministischen romantischen Naturphilosophie wie die der ebenso deterministischen Naturwissenschaft des 19. Jahrhunderts aus. Und dabei behielt sie in dem amor intellectualis ein Element, das auch den irrationalen Bedürfnissen entgegenkam.

Erst in der neuesten Zeit hat Spinoza gelegentlich auch jüdische Kreise beeinflußt (z. B. Moses Hess, Constantin Brunner). Aber das religiöse Judentum aller Richtungen hat ihn immer als fremd empfunden und abgelehnt.

In der älteren Zeit ist wohl nur einmal ein jüdischer Gelehrter des Spinozismus verdächtigt worden, was damals einem Sympathisieren mit atheistischen Gedankengängen gleichkam. Es war dies *David Nieto* (1654–1728) aus Venedig, damals sephardischer Oberrabbiner in London. Dieser hatte in Padua Medizin studiert und sich eine reiche Universalbildung erworben. Nach seinem Studium wirkte er zuerst in Livorno als Arzt und Rabbiner und verfaßte astronomische, mathematische und philosophische Schriften in spanischer und hebräischer Sprache. Er war ein wichtiger Apologet sowohl gegenüber dem Christentum wie gegenüber der sabbataistischen Bewegung. Nieto stand in weitverzweigter wissenschaftlicher Korrespondenz und persönlichem Verkehr mit bekannten christlichen Gelehrten seiner Zeit. Im Jahre 1701 wurde er nach London als Oberrabbiner der dortigen sephardischen Gemeinde berufen, wo er bis zu seinem Tode im Jahre 1728 blieb.

Im Jahre 1703 hielt Nieto in London eine Predigt, in der er gegen den Mißbrauch des Wortes »Natur« eiferte. Der Begriff »Natur« sei im volkstümlichen Sprachgebrauch seiner Zeitgenossen ein Mittelding zwischen dem göttlichen Schöpfer und zwischen der Welt geworden; man schreibe der Natur zu, was Gott zuzuschreiben sei, der nach der jüdischen Tradition der Urheber der Natur und all ihrer Erscheinungen ist. Fatalerweise gebrauchte Nieto nun für diese Natur, mit der man eigentlich Gott meine, den Ausdruck »natura naturande«, der an Spinoza anklang.[24]

Diese Predigt und eine im folgenden Jahr von ihm veröffentlichte Schrift über das gleiche Thema, erregten große Unruhe in seiner Gemeinde. Erst das Eintreten der größten rabbinischen Autorität seiner Zeit, des Chacham Zwi in Altona, sprach Nieto von dem Verdacht des Spinozismus frei.

---

[24] Vgl. Jakob J. Petuchowski, The Theology of Haham David Nieto, New York 1954 und das Responsum Nr. 18 des Chacham Zwi.

5. Die Voraufklärung in Deutschland

Wir sahen, daß verschiedene Erscheinungen zusammengewirkt haben, die unmerklich zu einer Auflockerung der mittelalterlichen jüdischen Lebenswelt führten: die engere Berührung weiter Kreise und Schichten mit der Umwelt, ihrem Sprach- und Kulturgut, die Erschütterung der polnischen Judenheit und der Zusammenbruch der sabbataistischen Messiashoffnung. Bemerkenswert ist nun, daß die Volksfrömmigkeit der Juden in Deutschland diese Einflüsse und Ereignisse zunächst in erstaunlichem Maße absorbiert hat. Ein Beispiel hierfür bilden die Memoiren der *Glückel von Hameln*, die ich bereits erwähnt habe. Die Hamburgerin Glückel, etwa 1646 geboren, war eine jüdische Bürgersfrau, die nach dem Tode ihres Mannes dessen Geschäft weiterführte und ausbaute und daneben ihre vielen Kinder erzog, versorgte und verheiratete. Aus ihren jiddisch geschriebenen Memoiren ersehen wir, daß sie und ihre Kreise von vielen der Auflockerungserscheinungen berührt worden waren. Sie besaß eine für eine jüdische Frau ihrer Zeit bemerkenswerte Bildung, obwohl sie von dieser nicht spricht und nur einmal die Sprach- und Musikkenntnisse ihrer älteren Stiefschwester erwähnt; sie reiste zu Messen etc., erhielt durch die Heirat einiger ihrer Kinder enge Beziehungen zu Hofjudenkreisen und kannte sich in der Politik aus. Aber wie wenig die Weltoffenheit dem schlichten Glauben dieser Frau Abbruch getan hat, geht wohl daraus hervor, wie sie die tiefe Enttäuschung nach dem Zusammenbruch der Messias-Hoffnung durch Sabbatai Zwi überwindet. Sie schreibt: »unserer Sünden wegen« ist die Erlösung noch nicht gekommen.

Das selbstverständliche Nebeneinander von traditioneller Lebenshaltung und unbefangener Übernahme der Zeitkultur ist für die Mehrheit der Juden in Deutschland noch bis in die Mitte des 19. Jahrhunderts hinein bezeichnend gewesen. Jüdisches Wissen und jüdische Lebensform hatten noch das Übergewicht über das aufgenommene Gut der Zeit und Umwelt. Bestimmend blieb noch lange der jüdische Aspekt. Oder es bildete sich ein gewisses Gleichgewicht der jüdischen mit der Umweltkultur heraus. Erst Ende des 18. Jahrhunderts kehrte sich, wie wir sehen werden, die Wert-

Die Voraufklärung in Deutschland

hierarchie zu Gunsten der Umwelteinflüsse um, jedenfalls in der Oberschicht.

Wie die Juden in Deutschland allmählich an der Kultur ihrer Umwelt teilzunehmen begonnen, so hatte auch bei kleinen Kreisen christlicher Gelehrter ein gewisses Interesse an jüdischer Literatur und an den Juden selbst begonnen. Dieses Interesse hat seine Wurzeln noch in der Renaissancezeit, in der man nach einer Wiederbelebung des klassischen Altertums, seiner Sprachen und seiner Kulturen gestrebt hatte. Die humanistischen Gelehrten der Renaissance hatten den lateinischen Stil reformiert. Sie wandten sich von der lateinischen Sprache des Mittelalters ab und kehrten zu Cicero und Virgil zurück. Die griechische Sprache wurde im Abendland wieder neu entdeckt, als nach dem Fall von Konstantinopel im Jahre 1453 griechische Gelehrte nach Italien kamen. In diesen Kreisen erwachte auch ein Interesse an der hebräischen Sprache, in der man damals die Ursprache der Menschheit sah.

Der Mittelpunkt dieser Bestrebungen war die sogenannte platonische Akademie in Florenz gewesen. Dort wurde durch Pico della Mirandola und seinen Kreis platonische Philosophie und Mystik erneuert als Gegenwert gegen den scholastischen Aristotelismus des Mittelalters. Und dort suchte man auch nach der Urweisheit, die in der hebräischen Ursprache verborgen und in der Kabbala zu finden sein müßte, zumal man gewisse Ähnlichkeiten der neuplatonischen mit dieser jüdischen Mystik bemerkt hatte.

Der mystische Zug, der der neuplatonischen Naturphilosophie des 16. Jahrhunderts eigen war, suchte nach einer Bestätigung auch in dieser kabbalistischen Urweisheit. Dieses Suchen war das Grundmotiv ihrer Beschäftigung mit der »hebräischen Wahrheit«, die die Beschäftigung mit hebräischer Sprache und rabbinischer Literatur nach sich zog. Beispiel und Repräsentant für diese Richtung war Johannes Reuchlin (1455–1522). Reuchlin hat durch sein Gutachten über den Talmud gegen die Verleumdungen des Täuflings Pfefferkorn und der Kölner Dominikaner den latenten Gegensatz zwischen der aristotelischen Scholastik des Mittelalters und dem Denken der Humanisten zum offenen Ausbruch gebracht. Die gelehrte Welt spaltete sich damals in einem mehrjährigen Streit, in dem Reuchlin von allen humanistisch Gesinnten unterstützt wurde.

Auf die Belebung der hebräischen Studien, die in Deutschland von Reuchlin und Pellican begonnen und von Sebastian Münster in Basel fortgeführt wurden, wirkten nicht nur die Motive der Renaissance-Philosophie. Die Reformation hatte das Schriftprinzip in den Vordergrund des theologischen Denkens der protestantischen Richtungen gerückt. Damit aber war notwendig die verstärkte Beschäftigung mit der jüdischen Bibel in ihrer Ursprache verbunden. Luther hatte die Bibel ins Deutsche übersetzt und zu diesem Zwecke Hebräisch lernen müssen. Seine vorübergehend wohlwollende Haltung den Juden gegenüber, die in seiner Schrift »Daß Jesus Christus ein geborener Jude gewesen sei« zum Ausdruck kam, schlug sehr bald in heftigsten und grobschlächtigen Haß um, als seine Erwartung auf Bekehrung der Juden sich nicht erfüllte. Nach seinem Vorbild übernahm die lutherische Geistlichkeit im großen und ganzen für Jahrhunderte im evangelischen Teile Deutschlands dieselbe Rolle den Juden gegenüber, die im katholischen Teil längst die Wanderprediger und Mönchsorden erfüllt haben.

Aber neben der Feindschaft gegen das Judentum und seine Träger bestand für die protestantischen Geistlichen aller Richtungen die Notwendigkeit, jedenfalls etwas Hebräisch zu lernen, um das »Alte Testament« zu verstehen. Bei einer Reihe von christlichen Gelehrten erweiterte sich dieses Interesse auch auf die spätere hebräische Literatur. Und trotz der immer wieder hervortretenden polemischen und missionarischen Tendenz ihrer Schriften wurde von ihnen auf manchen Gebieten Beachtliches geleistet. Hebräische Lexicographie und Grammatik blieben sogar lange Zeit ein Monopol christlicher Gelehrter, die Bibelwissenschaft sogar fast bis auf die heutige Zeit. Namentlich das 17. Jahrhundert sah einige bedeutende Leistungen der christlichen Hebraistik, wie die Übersetzung der Mischna ins Lateinische durch den Holländer Surenhuys, der lexikalischen Werke von Johannes Buxtorf dem Älteren, die lateinische Übersetzung von Maimonides' »Führer der Verwirrten« durch Buxtorfs gleichnamigen Sohn, die bibelkritischen Schriften des französischen Mönches Richard Simon, die kabbalistischen des Knorr von Rosenroth. Im 18. Jahrhundert folgten ihnen der Hamburger Bibliograph Johann Christoph Wolf und die beiden Michaelis in Halle und Göttingen. – Die Beschäftigung mit rabbinischer Literatur hatte weitreichende geistesgeschichtliche Auswirkungen. Die Begründer des Naturrechts, Grotius, Selden u. a. beziehen sich auf Rechtsbegriffe des rabbinischen Judentums, um ein für alle Menschen gültiges Menschenrecht zu begründen.

Diesen wissenschaftlichen Leistungen trat ein anderes Schrifttum über das Judentum zur Seite, das über die Juden und ihre Bräuche berichten wollte. In diesen Schriften verbinden sich Beschreibung und Polemik. Johann Jakob Schudt veröffentlichte seine »Jüdische Merkwürdigkeiten«, in denen er eine ausführliche Beschreibung der von ihm beobachteten Sitten der Frankfurter Juden gibt. Er berichtet über ihren Gottesdienst, Gemeinde-Organisation, rechtliche Stellung und Geschichte, und druckt sogar 2

Die Voraufklärung in Deutschland

vollständige Lustspiele ab, die die Frankfurter Juden an dem karnevalähnlichen Purim-Fest aufgeführt hatten. Das Werk ist eine wichtige kulturgeschichtliche Quelle geworden.

Ähnlich wie Schudts Werk, aber vielleicht geordneter und wissenschaftlicher, ist das 1748, also etwa 30 Jahre später erschienene Buch des protestantischen Theologen Johann Christian Bodenschatz. Bodenschatz gibt eine genaue, unvoreingenommene und mit vielen Bildern illustrierte Beschreibung der jüdischen Bräuche, wie er sie bei seinen jüdischen Zeitgenossen in Franken kennengelernt hatte. Auch sein Buch ist eine wichtige Quelle für die Kenntnis des jüdischen Lebens in Deutschland um die Mitte des 18. Jahrhunderts.

Ein Professor in Altdorf, Johann Christian Wagenseil, hatte jüdische polemische Schriften gegen das Christentum zusammengestellt, ins Lateinische übersetzt, mit einer ausführlichen Widerlegung versehen und unter dem Titel »Tela Ignea Satanae« (»Feurige Geschosse des Satans«) veröffentlicht. Wagenseil war ein Gelehrter mit großem Wissen auf dem Gebiete der rabbinischen Literatur, an die er natürlich als Kritiker und Apologet des Christentums herantritt. Er wandte sich dabei scharf gegen die Blutbeschuldigungen und andere Verleumdungen des Judentums und der Juden.

Im Gegensatz zu ihm stand Johann Andreas Eisenmenger in Heidelberg. In seinem Werk »Entdecktes Judentum« stellt er in hemmungsloser Weise sämtliche im Laufe der Jahrhunderte gegen die Juden erhobenen Lügen und Verleumdungen als wahre Tatsachen hin – Brunnenvergiftungen, Ritualmorde und andere. Durch Zitate, die er, völlig aus dem Zusammenhang gerissen, aus dem Talmud und der übrigen rabbinischen Literatur auswählte und aus denen er die absurdesten Schlüsse zog, suchte er alle Anklagen zu beweisen. Sein Werk atmet krassesten Judenhaß und wurde zum Arsenal des späteren antisemitischen Schrifttums. Die Wiener Juden unter Führung des Hofjuden Samuel Oppenheimer waren bemüht, die Veröffentlichung dieses Hetzwerkes zu verhindern. Eisenmenger selbst war bereit, gegen Zahlung von 30000.– Talern sein Buch zu vernichten. Da er das Angebot der halben Summe ablehnte, erreichte Oppenheimer durch kaiserliches Edikt die Beschlagnahme der bereits gedruckten Exemplare. Aber nach Eisenmengers Tode erschien das Buch mit Genehmigung des preußischen Königs Friedrich I. in Königsberg, d. h. außerhalb des römisch-deutschen Reiches und der kaiserlichen Jurisdiktion.

Das Interesse christlicher Gelehrter war aber nicht nur auf Sprache, Literatur und Brauch der Juden beschränkt. Neben haßerfüllter Polemik wie bei Eisenmenger, finden wir bei all den genannten Gelehrten auch eine Tendenz, durch Polemik und Beweise missionarisch zu wirken. Diese

Missionstätigkeit durch dickleibige gelehrte Werke hat wohl kaum auf die Juden Eindruck machen können. Sie ging an ihnen vorbei, zumal sie nur von ganz wenigen gelesen werden konnte.

Dagegen hatte eine andere und neuartige Form der Judenmission Ende des 17. und im 18. Jahrhundert einen gewissen Erfolg. Unter dem Einfluß des Pietismus hatte sich die Methode der Missionare geändert. Sie kehrten nicht mehr, wie bisher, in verweisendem Tone die Verstocktheit und Blindheit der Juden gegenüber den christlichen Lehren heraus, sondern sie suchten durch Freundlichkeit und Teilnahme an ihrem Leben das Vertrauen der Juden zu erwecken. Diese neue Haltung war für viele Juden ungewohnt, und das menschliche Interesse wurde von vielen dankbar empfunden, auch von denjenigen, die keinerlei Übertrittsabsichten hatten. Die neue Missionsmethode wurde noch im 17. Jahrhundert in Hamburg durch Esdras Edzardi (1629–1708) eingeführt, der selbst kein Proselyt war, wie es manchmal zu lesen ist.[25] Er und sein Sohn, die auch ein Wohnheim für Getaufte gründeten, sollen Hunderte von Juden getauft haben. – Im Jahre 1728 gründete Professor Callenberg (1694–1760) in Halle ein Institutum Judaicum zur Ausbildung von Missionaren. Callenberg sandte seine Mitarbeiter quer durch Deutschland. Er sorgte für die berufliche Umschulung seiner Täuflinge und ihre Integration in die christliche Gesellschaft. Die Berichte seiner Sendlinge hat er in mehreren Schriften veröffentlicht, die kulturgeschichtlich sehr interessant sind.

Wer waren nun die Juden, die zu Objekten der neuen Missionstätigkeit wurden? Ein großes Kontingent kam aus den Kreisen der Betteljuden, die ohne Wohnrecht in einer Gemeinde durch die Lande irrten und die die Vorteile, die die Taufe ihnen bot, annahmen. Es kam auch vor, daß sie sich an verschiedenen Orten mehrmals taufen ließen – um der materiellen Vorteile willen.

Aber auch eine andere Gruppe von Juden war damals seelisch zum Übertritt zum Christentum bereit. Das waren ehemalige Sabbataisten, deren Welt durch den Zusammenbruch ihrer Hoffnungen erschüttert worden war. Zudem hatte die sabbataistische Theologie bei ihnen, wie erwähnt, trinitarische Auffassungen schon vorbereitet. Sie hatten nur mehr die Person ihres Messias zu wechseln. Diese ehemaligen Sabbataisten waren vielfach Talmudschüler, die aus Polen kommend sich als Kinderlehrer in Deutschland ihren kümmerlichen Unterhalt suchten. Manche unter diesen

---

[25] Er war der Sohn eines Pastors und Schüler von Buxtorf dem Älteren. Rabbinica lernte er bei dem Hamburger portugiesischen Rabbiner de Lara. Die von Edzardi gegründete Proselytenkasse in Hamburg wurde erst 1942 von den Nationalsozialisten aufgelöst.

Die Voraufklärung in Deutschland

Täuflingen wurden bald literarisch tätig. Azriel Shohet hat eine Liste von mehr als 20 solcher getaufter Literaten veröffentlicht, deren Bücher zumeist in der Callenbergschen Institutsdruckerei herauskamen. Manche unter ihnen wurden Lektoren für Hebräisch an verschiedenen Universitäten, wie Johannes Kemper in Upsala oder Karl Anton in Helmstedt.

Auf der anderen Seite gab es auch vereinzelte christliche Gottsucher, die – meist in Amsterdam – zum Judentum übertraten. Der bekannteste unter ihnen wurde Moses Germanus, der früher Johannes Spaeth hieß. Er war ursprünglich Katholik, zeitweise sogar Mönch, dann Protestant und Schüler von Spener, und schließlich Jude.

Der Einfluß der neuen wissenschaftlichen weltlichen Bildung konnte auch an den Rabbinern der Zeit nicht vorübergehen. Einige Kenntnis der Mathematik hatte gewissermaßen zum traditionellen curriculum der alten Gelehrten gehört. Auch die im 17. und 18. Jahrhundert auftretende Vereinigung des Arzt- und Rabbinerberufs geht auf alte Traditionen zurück. Die rabbinisch gebildeten Ärzte hatten jetzt aber bereits an Universitäten studiert, wozu Kenntnis der lateinischen Sprache jedenfalls Voraussetzung war. Solche Rabbiner mit Universitätsbildung finden wir häufiger in den portugiesisch-sephardischen Gemeinden oder in Italien, vereinzelt auch in Deutschland. Zu dem bereits erwähnten Joseph del Medigo und dem Londoner David Nieto möchte ich noch Salomon Fürst in Königsberg hervorheben, den Königsberger Rabbiner, der 1712 als erster Jude an der dortigen Universität immatrikuliert wurde.

Doch auch außerhalb des Rahmens der Universitätsbildung treffen wir am Beginn des 18. Jahrhunderts immer häufiger Rabbiner mit vielseitigen Sprachkenntnissen, mit Kenntnissen der neuen philosophischen Richtungen, des Neuen Testaments und der Strömungen im zeitgenössischen Christentum. Wir hören von persönlichen Beziehungen und Korrespondenzen zwischen jüdischen und christlichen Gelehrten. Die christlichen Hebraisten hatten jüdische Lehrer. Professoren und Geistliche wandten sich an Rabbiner um Rat in Fragen rabbinischer Literatur und Sprache. Josef Stadthagen, Rabbiner in Stadthagen, verkehrte mit Professoren der seinem Wohnsitz benachbarten kleinen Universität Rinteln. Im Jahre 1704 hatte er am kurfürstlichen Hofe in Hannover ein Religionsgespräch mit einem getauften Juden zu führen, im Beisein des Kurfürsten Georg, des späteren Königs von England und dessen Mutter, der Kurfürstin Sophie, der Gönnerin von Leibniz. Er traf hier seinen Rintelner Bekannten, den Theologen Gerhard Molanus, der zusammen mit Leibniz Einigungsgespräche mit der katholischen und reformierten Kirche geführt hatte. Aus der vermittelnden

Haltung von Molanus in diesem Religionsgespräch könnte man beinahe schließen, daß er auch das Judentum in diese Einigungsgespräche einbeziehen wollte. Josef Stadthagen hat über dieses Religionsgespräch einen Bericht hinterlassen, aus dem nebenbei auch hervorgeht, daß er Französisch sprach, französische Bücher las und daß er das Neue Testament kannte. Bemerkenswert ist Stadthagens reservierte Haltung dem »Sohar« gegenüber, von dem er nichts verstehe. In einer Zeit, in der die Kabbala so stark das jüdische Denken beherrscht hat, ist diese Haltung bei einem Rabbiner jedenfalls merkwürdig.

Die Rabbiner David Oppenheimer und Jonathan Eybeschütz, beide in Prag, haben Beziehungen zur dortigen katholischen Geistlichkeit gehabt. David Oppenheimer wurde besonders als Büchersammler bekannt. Er schuf die damals berühmteste und umfassendste hebräische Bibliothek, die er nach Hannover überführte, um sie vor der kirchlichen Zensur in Prag zu sichern. Dann stand sie jahrzehntelang in Hamburg zum Verkauf, ohne einen Käufer zu finden. Noch in Hannover benutzte sie der christliche Bibliograph Wolf. Im Jahre 1829 erst wurde die Oppenheimersche Bibliothek von der Bodleiana in Oxford erworben.

Sogar das Bollwerk der strengsten Observanz im Judentum und die bedeutendste religionsgesetzliche Autorität seiner Zeit, Zwi Aschkenasi, der *Chacham Zwi* genannt (1658–1718), kannte acht Sprachen, darunter Latein und Griechisch, und besaß eine beträchtliche weltliche Bildung. Er war der Vorkämpfer des rabbinischen Judentums gegen die Sabbataisten.

Sein nicht weniger bedeutender Zeitgenosse *Chajim Jair Bacharach* (1639–1702) hatte sich, nach eigenem Zeugnis, mit Philosophie und weltlichen Wissenschaften beschäftigt, war aber von diesen wieder abgekommen angesichts der Vielzahl der sich bekämpfenden Richtungen und der Unmöglichkeit, aus ihnen wirkliches Wissen zu erlangen. Bacharach führte eine neue Methode des Talmudstudiums ein. Er sah die talmudischen Probleme in ihrem Zusammenhang, auch dem historischen, und näherte sich damit der modernen geisteswissenschaftlichen Methodik. Damit stand er im Gegensatz zu der zu seiner Zeit herrschenden dialektischen Methode des Talmudstudiums, die bloßen Scharfsinn höher stellte als systematisches Verständnis. Man hat ihn deshalb einen Vorläufer der modernen Wissenschaft des Judentums genannt.

Am Anfang des 18. Jahrhunderts begannen Versuche zur Überwindung der Gefahren und Schäden, die als Folge der mannigfachen Erschütterungen der Judenheit aufgetreten waren. Klagen und Zurechtweisungen der Zeitgenossen finden wir in Sittenpredigten und Responsen von verschiedenen

Gelehrten. Aber einige Juden wollten sich nicht mit Klagen begnügen und suchten nach positiven Wegen, die bedrohliche Situation zu ändern. Die Ursache des sittlichen und religiösen Niedergangs wurde in der falschen Praxis des traditionellen Erziehungswesens gesehen. Ein einfacher Landjude in dem hessischen Ort Hergershausen, *Aron Hergershausen* genannt (um 1709), war der Ansicht, daß die Unterweisung der Kinder in ihrer Muttersprache beginnen müsse, um frühzeitig ihren religiösen Sinn und Verständnis zu wecken. Er verfaßte deshalb eine deutsch-jüdische Übersetzung des Gebetbuches, die er »Die Liebliche Tefilla« (das »Liebliche Gebet«) nannte. – Um 1749 bemühte sich ein reicher gelehrter Jude, *Isaak Wetzlar* in Celle, um eine Reform des jüdischen Erziehungswesens. Er erstrebte vor allem eine Einschränkung des einseitigen Talmudstudiums zu Gunsten einer besseren Unterweisung in der Bibel und in den moralischen Lehren des jüdischen Schrifttums. Er hinterließ eine Schrift »Der Liebesbrief«, die uns allerdings nur in Handschriften erhalten ist.

Diese Versuche waren weder aus sektiererischen noch aus Assimilationsabsichten veranlaßt, auch nicht durch Gedanken des zeitgenössischen religiösen Rationalismus der Umwelt inspiriert worden, wie die späteren pädagogischen Unternehmungen der Aufklärungszeit. Sie waren der Ausdruck der Sorge von frommen Juden angesichts des religiösen und moralischen Niedergangs. Die Versuche verhallten in ihrer Zeit noch wirkungslos. Die »Liebliche Tefilla« wurde von den hessischen Rabbinern verboten. Erst 1830 fand man ein Exemplar von ihr in der Dachkammer einer hessischen Synagoge. Und Wetzlars Buch gelangte nicht einmal zum Druck.

Eine größere Wirkung ging von der hebräischen Druckerei in *Jessnitz* im Anhaltischen aus. Die anhaltischen Fürsten, insbesondere der bekannte »alte Dessauer«, der Organisator der preußischen Armee, hatten Juden nach Anhalt gezogen, etwa gleichzeitig mit der Wiederzulassung der Juden in Brandenburg. Die Dessauer Gemeinde erhielt bald eine gewisse Bedeutung, da sie für die Leipziger Messebesucher die nächstgelegene jüdische Gemeinde und Begräbnisplatz war. In Dessau wirkte in den dreißiger Jahren des 18. Jahrhunderts der Rabbiner *David Fränkel* (1704–1762), der starke wissenschaftliche Neigungen hatte. Er war der Verfasser eines maßgebenden Kommentars zum Jerusalemer Talmud. In Dessau und später in Berlin, wohin er im Jahre 1743 berufen wurde, war er der Lehrer von Moses Mendelssohn. Die Dessauer Hofjuden-Familie, Verwandte des Rabbiners, gründete im benachbarten Jessnitz eine hebräische Druckerei, in der eine Reihe wichtiger Werke gedruckt oder neu gedruckt wurden, die zum Teil jahrhundertelang den deutschen Juden unzugänglich gewesen waren. Hier wurde unter anderem das erwähnte naturwissenschaftliche Lehrbuch des

Tobias Cohn 1721 neu gedruckt.[26] Am wichtigsten aber wurde der Neudruck des »Führers der Verwirrten« des Maimonides. Dieses Grundbuch der jüdischen Religionsphilosophie, das Maimonides im 12. Jahrhundert veröffentlicht hatte, war vorher nur einmal, im 16. Jahrhundert, in Sabionetta gedruckt worden. Dann war es fast zwei Jahrhunderte lang unzugänglich gewesen, da, wie erwähnt, die Beschäftigung mit der Philosophie zurückgedrängt worden war. Der Jessnitzer Neudruck, 1742, war somit eine geistesgeschichtliche Tat und erneuerte das Interesse und das Studium der jüdischen Philosophie. Aus dieser Ausgabe haben Mendelssohn und Salomon Maimon Philosophie gelernt.

Diese Bücher erreichten aber nur verhältnismäßig kleine Kreise. Noch waren die meisten Gemeindevorsteher und Rabbiner ganz in dem alten Geiste befangen, dem Interesse an Philosophie, Naturwissenschaften und Geschichte verdächtig vorkam.

---

[26] Es war erstmals 1707 in Venedig gedruckt worden.

6. Der Durchbruch der Aufklärung

In den vorangehenden Kapiteln habe ich von Erscheinungen und Ereignissen gesprochen, die die traditionelle, religiös bestimmte Lebensform der Juden des Mittelalters aufzulockern begannen. Diese Lebensform war erst kurz vorher im »Schulchan Aruch« und seinen Kommentaren scheinbar abschließend kodifiziert worden. Und erst 1649 war das populäre Werk des Jesaja Horowitz »Die zwei Tafeln des Bundes« erschienen, das das Religionsgesetz mit der lurjanischen Kabbala verband und in seinen Forderungen nach Askese und Buße das Kommen des Messiasreiches beschleunigen wollte. Von diesen Gedanken wurde das sozusagen offizielle Judentum dieser Zeit beherrscht. Die innere Segregation des Judentums gegenüber Religionen, Geistesströmungen und Umweltgeschehen hatte ihren Höhepunkt erreicht.[27]

Die geschilderten Auflockerungserscheinungen entstanden paradoxerweise auf dem Hintergrund dieser lurjanisch-rabbinischen Geisteswelt. Sie waren sogar um 1700 nicht mehr Ausnahmen, sondern allmählich in alle Schichten der jüdischen Bevölkerung in Deutschland gedrungen.

Aber sowohl in den Kaufmannskreisen, wie bei der Glückel von Hameln, als auch bei den gelehrten Rabbinern und den zaghaften Erziehungsreformern, kam den neuen Einflüssen nur *ornamentale Bedeutung* zu. Sie haben das äußere Leben der Juden zwar verändert, gehörten gewissermaßen schon zu ihrem täglichen Leben. Aber das Neue und Fremde wurde wie unbewußt, unreflektiert und ganz natürlich aufgenommen. Das geistige Getto war für die Juden in Deutschland wohl zerbrochen. Jedoch waren nur die Mauern der geistigen Abschließung gefallen. Was von diesen Mauern bisher beschützt wurde, war noch nicht oder wenig berührt worden. Denkweise und Perspektive waren noch ausschließlich die der jüdischen Tradition geblieben.

Wenn z. B. der Chacham Zwi David Nieto gegen den Vorwurf des Spinozismus verteidigte, so nahm er seine Argumente nicht von der Zeit-

[27] Vgl. Jacob Katz. Exclusiveness and Tolerance, Oxford 1961. Kapitel 11 und 12.

philosophie, sondern von Jehuda Halevi, dem spanisch-jüdischen Dichter und Philosophen des 12. Jahrhunderts. Jonathan Eybeschütz erwähnt Descartes, kennt Kopernikus und die Gravitationstheorie Newtons. Er benutzt Ausdrücke der Naturrechtslehre und der modernen Philosophen. Er polemisiert gegen Argumente der deistischen Bibelkritik an Wundern und an biblischer Moral. Aber sein eigenes Denken ist davon noch nicht bestimmt. Männer wie Nieto und Eybeschütz, Oppenheimer und Stadthagen sind stolz darauf, etwas Latein zu können, fremde theologische und historische Bücher gelesen zu haben und christliche Gelehrte zu ihren Bekannten zu zählen. Solche Kenntnisse und Beziehungen heben bereits ihr Ansehen bei ihren Gemeinden, die das schon von ihren Rabbinern zu verlangen beginnen.[28] Die eigene geistige Haltung blieb aber auch bei diesen Rabbinern mit weltlicher Bildung durch die lurjanische Kabbala bestimmt.[29]

Im zweiten Drittel des 18. Jahrhunderts tritt aber eine wesentliche Änderung ein. Was bei der Generation um 1700 noch Ornament oder Prunkstück war; etwas, das unreflektiert und unbefangen aus der Zeitkultur in den eigenen Lebensstil übernommen wurde –, das wurde nun zur Ausgangsposition der Reflexion, aus der das Judentum betrachtet wurde.

Diese Veränderung ist zunächst eine unbewußte. Sie wird von denen, die sie durchführen, durchaus nicht als etwas Neues empfunden. Vielmehr betrachtete sich die erste große Gestalt der jüdischen Aufklärung, Jakob Emden, als Hüter der strengsten Observanz und Orthodoxie und galt als solcher auch bei seinen Zeitgenossen. Und auch Mendelssohn hielt sich durchaus für einen »Stockjuden«.

Die neue Haltung hat ihre Parallelen in der jüdischen Geistesgeschichte. Als der Gaon Saadja im 10. Jahrhundert das Judentum den Karäern und der islamischen Theologie gegenüber abgrenzen wollte, bediente er sich der Methoden der damaligen arabischen Philosophie. Seine Nachfolger, die jüdischen Religionsphilosophen des Mittelalters, suchten ihr Judentum im Einklang und im Unterschied zum Neuplatonismus und den aristotelischen Schulen zu verstehen. Auch diese Philosophen wollten mit den methodischen Mitteln, die ihnen ihre Zeitbildung bot, nicht etwa das Judentum rechtfertigen – dessen bedurften sie damals alle nicht –, sondern zum

---

[28] Als Jonathan Eybeschütz sich um das Rabbinat in Metz bewarb, zählte er ausführlich alle seine Kenntnisse in fremden Wissenschaften auf. Vgl. Shohet, S. 199.
[29] Joseph Stadthagen mag eine Ausnahme sein. Jedenfalls zeigt er in dem Hannoveraner Religionsgespräch eine ungewöhnliche Reserviertheit gegenüber dem »Sohar«, dessen Aussprüche er als »Geschwänk« abtut und erklärt, daß er ihn nicht verstehe.

Der Durchbruch der Aufklärung

jüdischen Selbstverständnis beitragen. Ihre Perspektive war eine jüdische geblieben, aber diese Sehweise spiegelte sich nun an den geistigen Strömungen der Zeit und reflektierte diese auf das eigene Bild vom Judentum zurück.

Nun waren an die Stelle der Karäer die Gefahren der sabbataistischen Haeresie getreten und an Stelle von Platon und Aristoteles die Theologie und Philosophie der Aufklärung. Der Saadja der jüdischen Aufklärung des 18. Jahrhunderts, der Mann, der, wie mir scheint, als erster die neue Haltung zum Ausdruck bringt, war Jakob ben Zwi, nach seiner kurzen Tätigkeit als Rabbiner in Emden *Jakob Emden* genannt. Eine solche Kennzeichnung mag zunächst gerade bei diesem Manne paradox erscheinen. Auch seinem eigenen Selbstverständnis würde sie geradezu entgegengesetzt sein. Denn Jakob Emden hat sich zu sehr als einsamer verlorener Kämpfer für die strikteste rabbinische Tradition gefühlt, als Gegner aller ideologischen wie praktischen Abweichungen, als daß ihm der Gedanke gekommen sein könnte, daß er Weichensteller einer neuen Epoche im Judentum sein könnte. Er ist einer der jüdischen Gelehrten, über deren Leben und Wirken wir besonders gut orientiert sind. Er hat nicht nur eine große Zahl von Schriften hinterlassen, Streitschriften und Pamphlete, Responsen und Kommentarwerke. Er hat auch eine ausführliche Autobiographie[30] geschrieben, die für seine eigene Geschichte, wie die seiner Zeit und besonders für die der Juden in Hamburg eine wichtige Quelle darstellt.

Jakob Emden wurde 1697 in Altona geboren. Sein Vater war der schon mehrfach erwähnte Chacham Zwi Aschkenasi, der dort viele Jahre Rabbiner an einem für ihn gegründeten kleinen Lehrhaus war und danach Rabbiner der »Drei Gemeinden«, Altona-Hamburg-Wandsbek. Jakob (ben Zwi) Emden, nach den hebräischen Anfangsbuchstaben seines Namens »Ja'bez« genannt, war der Schüler seines Vaters. Er fühlte sich in allem als dessen geistiger Erbe; der Vater war für ihn ein unbedingtes Vorbild. Seiner Autobiographie stellte er deshalb die Biographie des Vaters voran. Er hat in dieser dem Chacham Zwi ein Denkmal gesetzt, wie es selten ein Sohn seinem Vater errichtet hat. Diesem Vater suchte er sein Leben lang nachzueifern und sein Werk, namentlich seinen Kampf gegen die Sabbataisten, fortzusetzen.

Jakob Emden war höchst empfindlich gegen alle Äußerungen, in Schriften und Handlungen, die ihm als eine Abweichung von dem traditionellen biblisch-rabbinischen Judentum erschienen. Dabei hatte er selbst, zumeist autodidaktisch, eine erstaunliche Allgemeinbildung erworben. Er hatte

---

[30] Megillat Sefer, hrsg. von David Kahana, 1897, Reprint New York 1956.

allein Latein und Holländisch gelernt, wahrscheinlich auch Englisch. Er besaß einen guten Überblick über die Strömungen und Meinungen der Umwelt und die wissenschaftlichen Entdeckungen der Zeit. Er beschreibt seinen Drang, alles zu wissen und zu begreifen. Besonders entwickelt war sein historischer und kritischer Sinn. Auch die jüdischen Philosophen und, wenn er auch keinen Namen nennt, die Philosophie und christliche Theologie seiner Zeit waren ihm bekannt. Aber ein tieferes Eindringen in diese Umweltkultur lehnte er bei all seinem Interesse ab. Von den Wissenschaften erkannte er nur die an, die einen allgemein menschlichen Nutzen brachten, wie Medizin, Astronomie, Geographie, Mathematik, aber auch Geschichte. Man solle von dem fremden Wissensgut so viel sich aneignen, wie es für das Leben unter anderen Menschen notwendig sei, damit man mitreden und damit man – das ist der jüdische Gesichtspunkt – eventuell auf Angriffe und Einwürfe antworten könne. Das Ideal der Allgemeinbildung, das er hierbei entwickelt, ist, wie mir scheint, ähnlich dem des »L'homme d'esprit«, dem »Mann von Geist« der Hofgesellschaft und des höheren Bürgertums seines 18. Jahrhunderts. Vieles von seinem Wissen mag er aus der Lektüre der Gazetten und »Couranten« erworben haben; denn er war ein eifriger Zeitungsleser.[31] Der Philosophie stand er mit Argwohn gegenüber und verurteilte den Jessnitzer Druck des Maimonides und seine Verbreitung. Ja, er wollte nicht glauben, daß eine religionsgesetzliche Autorität wie Maimonides den »Führer der Verwirrten« geschrieben haben könne. In einem Responsum (Nr. 41) räumt er allerdings ein, daß ein Gelehrter wie Maimonides sich wohl mit Logik und Philosophie habe beschäftigen dürfen. Den späteren Generationen aber mangele seine Tiefe, weshalb man mit Recht die Beschäftigung mit solchen Wissenschaften erschwert habe. Denn in der Beschäftigung mit der Philosophie sah er in ihren Konsequenzen ähnliche Gefahren wie in der Theologie der Sabbataisten, nämlich die Unterminierung der traditionellen jüdischen Lebensform. Doch an zentraler Stelle seiner eigenen Theologie bringt er dem Maimonides eine geradezu hymnische Huldigung dar, in der er ausdrücklich den »Führer der Verwirrten« in Gegensatz zu den Irrungen der Maimonidesnachfolger stellt. (Birat Migdal Os, Bl. 54b) Auch seine eigene Religionsauffassung stützt er auf die Philosophen Saadja, Maimonides und Albo.

Jakob Emden besaß ein ausgeprägtes Streben nach persönlicher Unabhängigkeit, auch dies ein Erbteil seines Vaters; er wollte niemandem ver-

---

[31] In einem Responsum (Nr. 162) behandelt er die Frage, ob Zeitungslektüre am Sabbat erlaubt sei. Er bejaht sie prinzipiell, rät aber Geschäftsleuten davon ab, da in den Zeitungen ja auch Handelsberichte ständen, durch deren Lektüre das Gebot der Sabbatruhe übertreten würde.

Der Durchbruch der Aufklärung

pflichtet und von niemand abhängig sein, namentlich nicht von reichen Gemeindegewaltigen. Nur einmal hatte er sich bewegen lassen, eine Rabbinatsstelle anzunehmen, in Emden, nach welchem Ort er danach genannt wurde. Aber da er bald mit dem Gemeindevorstand in Konflikt kam, blieb er dort nur fünf Jahre. Damals hatte er sich geschworen, niemals mehr ein Amt anzunehmen. Von Emden siedelte er im Jahre 1733 nach seiner Geburtsstadt Altona über, wo er als Privatmann lebte und 1776 starb. Die Altonaer Gemeinde hatte ihm gestattet, in seinem Wohnhaus einen Privatgottesdienst abzuhalten. Doch seine Schroffheit und persönliche Unbiegsamkeit bewirkten, daß er auch hier isoliert blieb. Sogar mit den alten Verehrern seines Vaters überwarf er sich bald. Seinen Anhang bildeten daraufhin nur die wenigen Besucher seiner Privatsynagoge. Wirtschaftlich ging es ihm lange Zeit nicht gut. Denn er war zum Kaufmann ganz und gar nicht geeignet, und seine Versuche, sich als solcher zu betätigen, waren eine Reihe von Enttäuschungen, die er in seiner Selbstbiographie ausführlich beschreibt. Erst als er von der dänischen Behörde das Privileg zur Eröffnung einer Druckerei erhielt, besserte sich seine Lage. Als eines der ersten Erzeugnisse seiner Presse gab er von 1741-1748 eine von ihm kommentierte mehrbändige Ausgabe des Gebetbuches heraus. Dieser »Siddur Jabez« wurde ein Erfolg und behielt einen maßgebenden Einfluß auch auf die modernen wissenschaftlichen Gebetbuch-Ausgaben des 19. Jahrhunderts von Wolf Heidenheim und namentlich von Seligman Baer.

Im Jahre 1750 war der Rabinatssitz der »Drei Gemeinden« frei geworden und der Metzer Rabbiner Jonathan Eybeschütz wurde zum Oberrabbiner gewählt. Bald begann ein Konflikt zwischen Jakob Emden und dem neuen Rabbiner, der sich jahrelang hinzog und der die eigentliche geistesgeschichtliche Bedeutung Jakob Emdens überschattet hat. Aber dieser Streit zwischen zwei der bedeutendsten Gelehrten der Zeit sollte wichtige Folgen für die Geisteshaltung der deutschen Judenheit haben. Deshalb möchte ich etwas näher auf ihn eingehen. (Bemerkenswert ist, daß nicht nur im 18. Jahrhundert die Judenheit in Anhänger von Eybeschütz oder Emden gespalten war. Auch heute noch kann, wie es scheint, dieser Streit – trotz eines gewissen Consensus für Emden – nicht behandelt werden, ohne Partei zu nehmen.)

Jonathan Eybeschütz (1690-1764) war einer der hervorragendsten Talmudgelehrten seiner Zeit. Er war ein Mann von einnehmendem Wesen und ein ausgezeichneter Redner. Schon in ganz jungen Jahren stand er an der Spitze des berühmten Prager Lehrhauses, wo er auf die Studenten eine ungeheure Anziehungskraft ausübte. Er soll im Laufe der Jahre mehr als 20000 Schüler gehabt haben, die ihm für immer anhingen. Wie schon erwähnt, besaß er auch eine recht umfassende allgemeine Bildung. Er stand in Beziehungen zu der Prager katholischen Geistlichkeit und übte das Amt eines Zensors für hebräische Schriften aus.

Im Jahre 1742, zur Zeit des ersten Schlesischen Krieges, als Preußen zusammen mit den Franzosen gegen Maria Theresia kämpfte, erhielt Eybeschütz eine Berufung als Rabbiner nach Metz. Obwohl er erst im Jahre 1744 dorthin übersiedelte, war schon durch die Verhandlungen mit der französischen Gemeinde der Verdacht der österreichischen Behörden geweckt worden. Eybeschütz wurde später die Rückkehr nach Österreich für Lebenszeit verboten und die ganze Prager Gemeinde wurde verdächtigt, es mit den Landesfeinden gehalten zu haben. Mitten im Winter 1744 wurden die Juden aus Prag ausgewiesen.

In Metz blieb Eybeschütz nur wenige Jahre und nahm schon Ende 1750 die Berufung zum Oberrabbiner der Drei Gemeinden Altona-Hamburg-Wandsbek an.

In seiner Jugend jedenfalls hatte Eybeschütz Beziehungen zu sabbataistischen Kreisen, die in Böhmen und Mähren eines ihrer Hauptzentren hatten. Ein anonym erschienenes kabbalistisches Werk mit stark sabbataistischen Tendenzen wurde ihm zugeschrieben. Und eine noch im Jahre 1725 erfolgte Untersuchung gegen Sabbataisten in Mannheim hatte Eybeschütz stark belastet. Auf der anderen Seite war Eybeschütz der Initiator eines Bannspruches gewesen, den im Jahre 1725 einige Prager Rabbiner gegen die Anhänger des Sabbatai Zwi veröffentlichten. Er selbst berief sich später immer wieder auf diese Tatsache als Beweis dafür, daß er immer ein Gegner der Sabbataisten gewesen sei.

Jakob Emden waren Gerüchte über Eybeschütz' sabbataistische Vergangenheit bekannt gewesen. Anfangs war ihr gegenseitiges Verhältnis jedoch durchaus korrekt. Eybeschütz machte sogar Anstrengungen, den berühmten Gelehrten für sich zu gewinnen. Aber es verging kein halbes Jahr und es brach ein offener Kampf zwischen den beiden Gelehrten aus.

In Altona grassierte damals das Kindbettfieber, das schwere Opfer kostete. Nach der damaligen Sitte erbaten die schwangeren Frauen von dem Oberrabbiner Amulette zu ihrem Schutz. Solche Amulette enthielten geheimnisvolle Schutzformeln, die aus der praktischen Kabbala entnommen waren und die nur ein in der Kabbala Erfahrener durch Umstellung von Buchstaben nach gewissen Regeln entziffern konnte. Eybeschütz hatte bereits in Metz solche Amulette verteilt und setzte dies nun in Hamburg fort. Eines dieser Amulette wurde Jakob Emden gebracht, der in ihm eine klare Andeutung auf Sabbatai Zwi fand. Es sprach sich bald herum daß der Privatgelehrte Jakob Emden den Oberrabbiner der Drei Gemeinden Jona-

Der Durchbruch der Aufklärung

than Eybeschütz des Sabbataismus verdächtigte. Vor den Gemeindevorstand geladen, erklärte Emden mit Bestimmtheit, daß der Schreiber der Amulette ein Sabbataist sei und daß der Oberrabbiner, der diese Amulette verteilt habe, sich von dem Verdacht reinigen müsse, von ihrem häretischen Inhalt gewußt zu haben. Dieses Ansinnen wurde vom Gemeindevorstand entrüstet abgelehnt, Emden mit Bann belegt, der Besuch seiner Privatsynagoge verboten und Wachen vor sein Haus gestellt, um die Durchführung des Bannes zu sichern. Jakob Emden rief daraufhin in seiner Haus-Synagoge einen Gegenbann gegen Eybeschütz und gegen den Gemeindevorstand aus und holte sich für seine Anklage schriftliche Unterstützung von bekannten Rabbinern. Eybeschütz schwor, daß er kein Sabbataist sei und erklärte, daß die betreffenden Amulette von Emden, der nur ungenügende kabbalistische Kenntnisse habe, falsch gedeutet worden seien. Es entstanden Parteien und Gegenparteien, denn gegen Emdens Parteigänger aktivierte Eybeschütz seine zahlreichen Schüler, die inzwischen wichtige Rabbinatssitze, hauptsächlich in Polen, innehatten. Für Eybeschütz spricht sicher der Umstand, daß diese Schüler sich hinter ihn stellten. Andererseits hatte Eybeschütz in einer Korrespondenz mit einem Schüler dualistische Gedanken geäußert, die er zwar von den Ansichten der Sabbataisten Cardoso und Chajun abgrenzte, die aber durchaus heterodox-gnostisch sind. Gegen ihn spricht auch – außer dem Inhalt der Amulette – daß die in den fünfziger Jahren aufkommende Frankistenbewegung sich auf ihn berief.[32]

Emden mußte für längere Zeit nach Amsterdam flüchten, da er persönlich bedroht wurde. Er führte von dort aus den Kampf mit Flugschriften weiter, recht wenig wählerisch in seinen Ausdrücken sowie in dem beigebrachten Material, das jede Handlung und sogar das persönliche Leben von Eybeschütz verdächtigte. Eybeschütz stand in Wahl und Tonart seiner Ausdrücke seinem Gegner durchaus nicht nach. Auch seine Partei veröffentlichte Flugschriften. Bann und Gegenbann wurden ausgesprochen, und schließlich waren beinah alle Juden in Deutschland und Polen als Parteigänger der einen oder der anderen Seite unter irgendeinem Bann. Der Streit griff über Deutschland und Polen hinaus, nach Holland, Italien, der Türkei und Palästina. Auch die Hamburger und dänischen Behörden wurden hineingezogen. Zum Schluß blieb zwar Eybeschütz Oberrabbiner, aber es war weder für ihn ein Sieg noch für Emden, der durch königliches Reskript bald nach Altona zurückkehren konnte.

[32] Die Untersuchungen von Perelmuter: R. Jonathan Eybeschütz und sein Verhältnis zum Sabbataismus (R. J. E. w'jachaßo el Haschabta'ut), Tel Aviv 1942, haben erwiesen, daß Eybeschütz nicht nur in seiner Jugend, sondern noch in seinen Spätwerken sabbataistischen oder jedenfalls dualistischen Gedankengängen anhing.

Eine Niederlage war es für das Ansehen des Judentums. Und vor allem hat dieser sechsjährige Streit das Ansehen der Rabbiner und die Gemeinde-Disziplin in Deutschland erschüttert. Weite Kreise wandten sich von dem Rabbinergezänk ab und traten den nun auftretenden Aufklärungstendenzen mit größerer Freiheit gegenüber.

Im Amulettenstreit tritt Jakob Emden als ein starrköpfiger, fanatischer und zänkischer Ketzerverfolger auf und so hat sich sein Bild in den geschichtlichen Darstellungen erhalten. Aber dieser Streit hat, meiner Ansicht nach, Emdens eigentliche geistesgeschichtliche Bedeutung verdunkelt. Jakob Emden ist als Kritiker und als Theologe die Grenzfigur zwischen dem Mittelalter und der Aufklärung. Seine Stellung zur Kabbala war bisher die übliche der damaligen Rabbiner gewesen. Ohne ein eigentlicher Fachmann auf diesem Gebiete zu sein – was ihm sein Gegner Eybeschütz immer vorgeworfen hat –, hatte er sowohl in dem Kommentar zu dem von ihm gedruckten Gebetbuch wie in anderen Schriften sich unbefangen kabbalistischer Gedanken bedient. Noch war ja gerade in Gelehrtenkreisen der Einfluß der Lurjanischen Kabbala lebendig. Aber nun wandte sich seine Kritik der Kabbala selbst zu und zwar ihrem Grundbuche, dem »Sohar«, auf das sich die Kabbalisten und besonders auch die sabbataistischen Gruppen beriefen. Dieses Buch »Sohar« galt als heilig und wurde gleich neben Bibel und Talmud gestellt. Jakob Emden fand, daß zumindest ein großer Teil dieses Buches nicht, wie von der Tradition angenommen wurde, von Simon bar Jochai, dem Schüler des Rabbi Akiba, stammen könne, sondern eine spätere Fälschung sei. Damit stellte er die Heiligkeit des Buches in Frage.

Zweifel an der Authentizität und der Heiligkeit des »Sohar« waren schon früher geäußert worden, bis zum 15. Jahrhundert häufiger, danach nur noch vereinzelt. Jakob Emden war der erste autoritative Rabbiner, der den Heiligkeitsanspruch des »Sohar« in Zweifel stellte und damit die Mystik im Judentum überhaupt.

Emdens Soharkritik war aber nicht ein zufälliger Einfall eines Polemikers, kein taktischer Zug im Kampfe gegen die Anhänger des Sabbatai Zwi. Sie steht im Zusammenhang mit seiner Religionsauffassung, die, unbewußt, stark von der zeitgenössischen Aufklärungstheologie beeinflußt war.

Diese seine *Theologie* hatte Emden schon in den vierziger Jahren entwickelt. Der Gottesbegriff ist für ihn keine Glaubensforderung, sondern eine Forderung der Vernunft, also allen Menschen zugänglich und mit Notwendigkeit von allen anzuerkennen. Wozu der Verstand verpflichte, dazu bedürfe er keines Gebotes. Was er ablehne, könne nicht zu glauben geboten

Der Durchbruch der Aufklärung

werden. Auch scheinbare Glaubensgebote der Bibel – wie das Einheitsbekenntnis »Höre Israel« oder die Einleitung des Dekalogs: »Ich bin der Ewige, Dein Gott« – seien zwar unter die Gebote aufgenommen. In Wahrheit seien sie Vernunftsätze. Das Besondere des Judentums sei nicht die allgemeine Gotteserkenntnis, sondern die Offenbarung an Israel, die sich in den Geboten manifestiert. Sie ergänzt und bestätigt die allgemeine, natürliche Religion.[33]

Moses Mendelssohn hat diese Emdensche Theologie fast wörtlich übernommen und sie 30 Jahre später in seinem »Jerusalem« entwickelt. Dort identifiziert Mendelssohn das Judentum mit der Vernunftreligion und schränkt die Offenbarung auf das offenbarte Gesetz ein, das nur für Israel gelte.

Mendelssohn kam von denselben Prämissen zu seiner Religionsauffassung. Er hätte sie sicher auch ohne Emden ausführen können. Es ist aber wahrscheinlich, daß er Emdens theologische Auffassungen gekannt hat. Denn diese waren schon 1748 in Emdens Kommentar zum Gebetbuch entwickelt worden, einem Buch, das damals sehr verbreitet war. Er verehrte Jakob Emden, korrespondierte mit ihm und sah in ihm seinen Lehrer. Und die Übereinstimmung mit ihm mag ihm die Ausführung seiner eigenen Religionsphilosophie erleichtert haben.

Nach Emdens Tode im Jahre 1776 hat Salomo Dubno, der enge Mitarbeiter von Mendelssohn, eine hebräische Trauerode geschrieben, die zeigt, wie sehr der Aufklärerkreis sich mit Jakob Emden verbunden fühlte, wohl als Einzigem aus der älteren Rabbinergeneration. In der hebräischen Zeitschrift dieses Kreises, »Hameassef« wurden Teile von Emdens Selbstbiographie zuerst veröffentlicht.

Die geistesgeschichtliche Bedeutung Jakob Emdens liegt in diesem Einfluß auf Mendelssohn und auf die jüdische Aufklärung. In den späteren Generationen haben sich freilich viele religionsphilosophische Auffassungen und Akzente geändert. Doch die mit Emdens Soharkritik begonnene und von der Aufklärung übernommene Reserviertheit oder Ablehnung der Mystik wirkte für mehr als 150 Jahre in der deutschen Judenheit nach. Sie prägte den geistigen Habitus der Juden in Deutschland von der Orthodoxie bis zur Reform. Diese Haltung ist aber auch daran schuld, daß ein so wichtiger Zweig jüdisch-religiöser Lebensgestaltung und Denkens, wie sie die Mystik darstellt, aus dem Bewußtsein der Juden in Deutschland verschwand. Dadurch verarmte und verengte sich das Religionsbild der deutschen Juden. Es wurde zu einseitigem *Rationalismus* gedrängt und erleich-

---

[33] Vgl. Birat Migdal Os (3. Teil von Emdens' Gebetbuchkommentar) 1748, S. 46b.

terte dadurch vielleicht Indifferenz und Abfall. Erst zu Beginn unseres Jahrhunderts begann man sich wieder für die religiöse Valenz der Mystik zu interessieren, aber wesentlich in historischer oder folkloristischer Sicht.

Neben der eigenwilligen und streitbaren Persönlichkeit von Jakob Emden erscheinen die anderen Gestalten der vor-Mendelssohnschen Aufklärung bedeutungslos. Seine etwas jüngeren Zeitgenossen, die ähnlich wie er den allgemeinen Geisteszug der Aufklärung widerspiegeln, sind heute vergessen. Zwei von ihnen, Israel Zamośc und Aron Gumperz, sind im wesentlichen wegen ihrer biographischen Verbindung zu Mendelssohn bekannt. Ein dritter, Mordechai Gumpel Schnaber-Levison, hat vielleicht größere Bedeutung, lebte aber bereits zu spät, um sich unter den neuen Strömungen der Mendelssohn-Ära noch durchsetzen zu können.

Israel Zamośc (ca. 1700–1772) war ein polnischer Talmudgelehrter, Lehrer an der Jeschiwa in Samocz, der sich dort schon mit Astronomie, Mathematik und Philosophie beschäftigt hatte. Im Jahre 1742 kam er nach Berlin. Um ihn sammelte sich ein Kreis junger jüdischer Intellektueller, zu dem auch Gumperz und Mendelssohn gehörten. Der junge Mendelssohn lernte bei ihm Mathematik und Logik. In diesem Kreis las und diskutierte man biblische Schriften, damals etwas recht Ungewöhnliches bei der vorherrschenden Beschäftigung mit Talmud und rabbinischer oder kabbalistischer Literatur.[34] – Zamośc kehrte später nach Polen zurück und ist in Brody gestorben.

Bemerkenswert ist, daß Zamośc bereits in Polen mit den neuen wissenschaftlichen Tendenzen vertraut war. Noch dort schrieb er neben mathematischen Schriften ein Buch, in dem er an der Haltbarkeit vieler astronomischer und kosmologischer Behauptungen der talmudischen Literatur offene Kritik übte. Er war nicht erst im friderizianischen Berlin zum Aufklärer geworden. Auch das osteuropäische Judentum war von den geistigen Bewegungen der neuen Zeit nicht ganz unberührt geblieben. Jedoch erfaßten deren Einwirkungen nicht weitere Kreise, auch nicht die der Gelehrten, wie es in Deutschland der Fall war. Die sozialen Voraussetzungen waren in Polen nicht gegeben; denn in den jüdischen Massensiedlungen fehlte die auflockernde Verflochtenheit mit der nichtjüdischen Umwelt. Aber es sei erinnert, daß Josef Del Medigo längere Zeit in Litauen lebte und wirkte, daß Natan Hannover eine bemerkenswerte Einsicht in Zeitgeschichte und polnische Politik besaß. Und Salomon Maimon kam etwas später bereits als Aufklärer aus Litauen.

---

[34] Vg. A. Shohet, S 329, Note 196.

Nach Herkunft und Lebensweg war *Ahron Gumperz*, auch Emerich genannt (1723–1768), sehr verschieden von Zamość, der sein Lehrer wurde. Er stammte aus der reichen klevischen Hofjudenfamilie der Gumperz, die am brandenburgisch-preußischen Hof großen Einfluß hatte. Der junge begabte und reiche Jude, mit weiter literarischer und naturwissenschaftlicher Bildung, stand in engem Verkehr mit den Berliner literarischen und gelehrten Kreisen. Er war bei dem Präsidenten der preußischen Akademie Maupertuis eingeführt, ebenso bei dem Freunde Friedrichs des Großen, dem Marquis d'Argens, denen beiden er als eine Art ehrenamtlicher Sekretär diente. In Frankfurt a. d. Oder wurde er 1751 zum Doktor der Medizin promoviert, hat aber nicht als Arzt praktiziert. – »Mit dem erlangten Titel zufrieden, in behaglichem Wohlstand lebend, - setzte er seinen früheren geselligen Verkehr mit den literarischen Kreisen Berlins in größerer Muße fort, führte den Herren von der Akademie einen Teil ihrer Korrespondenz. . . . Den jungen angehenden Schriftstellern war er ein angenehmer Gesellschafter im Kaffeehaus und in ihren Vereinen. . . . Er begann unter den Juden die Reihe jener Liebhaber von Kunst und Wissenschaft, denen die Bekanntschaft mit ihren neuen Erscheinungen und der Umgang mit ihren hauptsächlichen Vertretern die Erhöhung ihres Daseins bedeutet.«[35]

Damit war er eine neue Erscheinung in der jüdischen Welt. Immer hatte es jüdische Gelehrte gegeben, die rabbinische Bildung und sogar große Autorität besaßen, ohne den Beruf eines Rabbiners auszuüben, die das »Lernen« um seiner selbst willen trieben. Gumperz war vielleicht der erste Jude, der dieses »Lernen« nun hauptsächlich in der Umweltkultur suchte. Seine Schriften, die er erst in den letzten Jahren seines kurzen Lebens verfaßte, schrieb er in Hebräisch. Zu dem mittelalterlichen Bibelkommentar des Ibn Esra über die »Fünf Rollen« verfaßte er einen Superkommentar (*Megalle Sod*, Hamburg 1765), dem er ein kurzes »Essay über die Wissenschaften« (Ma'amar Hamada) anhängte. In diesem gab er eine gedrängte Übersicht über Mathematik, Naturwissenschaften und Philosophie. – Auf die Entwicklung von Mendelssohn, der sechs Jahre jünger war, hatte Gumperz großen Einfluß.

Mordechai Gumpel Schnaber-Levison (1741–1797) war bereits ein jüngerer Zeitgenosse von Moses Mendelssohn. Geistesgeschichtlich aber gehört er noch in die vor-Mendelssohnsche Aufklärung.

Schnaber-Levison[36] war ein nicht unbedeutender Arzt, der mehrere

---

[35] J. Eschelbacher, Die Anfänge allgemeiner Bildung unter den deutschen Juden vor Mendelssohn, S. 175.
[36] Über Schnaber-Levison vgl. Schoeps, ZRGG IV, 1952, meinen Aufsatz im

medizinische Schriften in englischer und deutscher Sprache verfaßt hat. Seine Lebensgeschichte ist voll abenteuerlicher Züge. Als junger Mann geriet er in Breslau in Mordverdacht und saß einige Monate in Untersuchungshaft. Im Jahre 1770 ging er nach London, wo er 10 Jahre lang blieb. Dort wurde er Schüler der Brüder Hunter, berühmter Ärzte der Zeit. Er wurde Arzt am General Medical Asylum des Herzogs von Portland. Die Gemeinde der Londoner Hauptsynagoge erteilte ihm 1775 Hausverbot – anscheinend aufgrund von Gerüchten über das Breslauer Vorkommnis. Im Jahre 1779 lernte er den schwedischen Alchemisten Nordenskjöld kennen und reiste mit ihm 1780 nach Stockholm. Nach wenigen Wochen erhielt er von dem schwedischen König Gustav III. den Professortitel für ein Projekt zur Gründung eines Armen-Ambulatoriums nach dem Muster seines Londoner Instituts. Kurz darauf wieder in London soll er einen Grafen von Schaumburg zum Duell gefordert haben. Im Herbst kam er nochmals nach Stockholm, mußte aber das Land sehr bald fluchtartig verlassen – vielleicht in Zusammenhang mit dieser Duellforderung. Nach kurzem Aufenthalt in seiner Geburtsstadt Berlin lebte er von 1782 bis zu seinem Tode als Arzt in Hamburg, wo er schwedischer Gesandtschaftsarzt wurde. Hier gab er neben seiner Praxis populär-medizinische Zeitschriften heraus und fabrizierte Schokolade. – Einerseits ein wissenschaftlich angesehener und auf dem Gebiet der Sozialmedizin vielleicht bahnbrechender Arzt, andererseits ein Weltmann mit abenteuerlichen Zügen, fällt er aus dem Rahmen seiner jüdischen Zeitgenossen heraus. Sein bewegtes Leben ist aber dem allgemeinen Zeitgeist nicht ganz fremd.

Denn den rationalistischen Zug des 18. Jahrhunderts begleitete bekanntlich auch ein Hang zu Mystik und Geheimnis. Damals kamen die *Freimaurer-Logen* auf, denen viele bekannte Aufklärer beitraten, der Orden der Rosenkreuzer und Gestalten wie Swedenborg, Cagliostro und St. Martin. Sogar der Pietismus mit seinem religiösen Individualismus gehört in diesen Rahmen. Auch jüdische Abenteurer verstanden, diese Strömungen als Träger angeblicher kabbalistischer oder orientalischer Geheimnisse auszunutzen. Bekannt wurden Heines Großonkel, Simon van Geldern, und der Londoner Wundermann, »Dr.« Falk.

Die gleiche Zeitströmung brachte aber auch Männer wie Hamann, Lavater, Herder, F. H. Jacobi hervor, die trotz ihres engen Kontaktes zu den Aufklärungskreisen aus der Aufklärung heraus in die Romantik überleite-

---

Bulletin des LBI, 5. Jgg. Tel Aviv 1962 und Moshe Pelli, Mordechai Gumpel Schnaber, The first religious Reform theoritician of the Hebrew Haskalah in Germany, in Jewish Quarterly Review, Vol. 64 (1973/74), S. 289–313.

ten. In diesem allgemeinen Zusammenhang kann auch Schnaber-Levison gesehen werden.

Dieser Weltmann und Arzt war gleichzeitig ein recht selbständiger religiöser Denker, der allerdings auch hier andere Wege ging als die zeitgenössischen jüdischen Intellektuellen des Aufklärerkreises. Als Mitarbeiter der hebräischen Zeitschrift »Hame'assef« hatte er jedoch auch Beziehungen zu diesen.

Schon kurz nach seiner Übersiedlung nach England gab er dort 1771 sein »Essay über Tora und Wissenschaft« *(Ma'amar Hatora we-Hachochma)* heraus. Hier gab er eine breite enzyklopädische Darstellung der Wissenschaften. Für deren Ableitung wendet er zum ersten Male in der hebräischen Literatur den ganzen Apparat der sensualistischen Lehre von den Seelenvermögen an, den die Aufklärung seit Locke und seinen Nachfolgern entwickelt hatte. Tora und Wissenschaft gehören für ihn zusammen und ergänzen einander. Lernen und Forschen sind dem Juden ausdrücklich geboten.

In seinem Hauptwerk, dem »Prinzip der Tora« *(Jessod Hatora)* bildet Schnaber-Levison die verbreitete Lehre der Aufklärung von den ewigen im Gegensatz zu den historischen Wahrheiten zu einer theozentrischen Theologie um. Er unterscheidet zwischen Wahrheit und Glauben. Wahrheit kommt nur Gott zu. Er ist zeitlos, ewig. Alles andere, selbst Gottes Werke und seine Gebote, stehen in der Zeit, sind veränderlich und zweckbestimmt. Sie sind mit der göttlichen Wahrheit nur durch den Glauben an Gott, den Schöpfer, verbunden. – In diesem Werk nimmt er seine Argumente aus der Philosophie, der jüdischen des Mittelalters, aber auch aus der modernen. Seine Beispiele stammen meist aus Medizin und Psychologie. Seine Schlußfolgerungen jedoch sucht er durch talmudische Sätze und Zitate aus der kabbalistischen Literatur abzusichern.

Durch diesen Versuch, Philosophie und Wissenschaft mit der Kabbala zu harmonisieren, schließt er an die rabbinische Theologie der Zeit vor Mendelssohn an. Deshalb war er für die Aufklärer des Mendelssohnkreises, die kein Verständnis für eine Glaubensphilosophie hatten, ein Außenseiter. Er wurde sehr schnell vergessen.

Eine direkte Nachwirkung hatte Schnaber-Levison nur auf den jüdischen Außenseiter des 19. Jahrhunderts, Salomon Ludwig Steinheim. Vielleicht hat Schnaber-Levisons Auffassung von der Zeitgebundenheit der Gebote auf die spätere Reformbewegung eingewirkt. Er selbst sollte aber nicht als Vorläufer der Bewegung in Anspruch genommen werden[37].

---

[37] Vgl. jedoch den angeführten Aufsatz von M. Pelli.

Diese vier Gestalten – Jakob Emden, Zamość, Gumperz und Schnaber-Levison – treten bereits von den Voraussetzungen der nichtjüdischen geistigen und religiösen Strömungen her an ihr Judentum heran. Sie sind nicht mehr Vorgänger der Aufklärung. In ihnen kommt diese selbst zum Durchbruch; unbewußt, aber mit weitreichenden Folgen bei Jakob Emden, unverhüllt dann bei Zamość und Ahron-Gumperz und in eigenwilliger und für seine Generation schon abseitiger Weise bei Schnaber-Levison.

7. Moses Mendelssohn

Moses Mendelssohn war der erste moderne Jude, der nicht mehr als Zaungast an der Umweltkultur teilnahm, sondern tätiger Mitträger und Mitgestalter dieser Kultur war. Das war seine epochale Bedeutung und machte ihn für seine jüngeren Zeitgenossen wie für die Nachwelt zum Symbol der jüdischen Aufklärung, der Epoche der Assimilation und der Emanzipation der deutschen und der westeuropäischen Judenheit. Für seine zahlreichen Gegner dagegen war er Urheber des Abfalls und der fortschreitenden Zerstörung der traditionellen jüdischen Lebensform.

Mit Mendelssohn und dem Kreis, der sich in Berlin um ihn gesammelt hatte, begann in der Judenheit Deutschlands eine neue Haltung zum Judentum wie zur Umwelt. Doch nicht nur für die Juden trat eine entscheidende Wendung ein. Seit Mendelssohn wurde das Judentum wieder zu einem Faktor der allgemeinen Kultur. Zwar wird dieser Faktor bis zum heutigen Tage oft und gern übersehen. Doch ist sein Anspruch nicht mehr wegzudenken und nicht zu ignorieren.

Mendelssohns Wirkung wurde durch einige besonders günstige Umstände ermöglicht. Diese wurzelten in der Philosophie der Aufklärung, die ein neues Bild der Religion und ein neues Humanitätsideal aufstellte. In ihrem Gefolge entstand eine neue gesellschaftliche Gruppe, die sich die Verbreitung dieser Ideale zum Ziel setzte.

Der neue *Religionsbegriff der Aufklärung*, die Vernunftreligion, hatte Gott, Freiheit und Unsterblichkeit als metaphysische und beweisbare Wahrheiten unabhängig gemacht von den dogmatischen Beschränkungen der historischen Religionen. Diese Vernunftreligion hatte aber auch den Begriff des Menschen verändert: die allen gemeinsame Erkenntniskraft hat die Gleichheit aller Menschen zur Voraussetzung.

Hinzu kam eine *soziale Neuformung*: eine recht weit gestreute Schicht von Menschen, die in die Standes- und Berufsordnungen der Gruppen, denen sie von Geburt angehörten, nicht mehr paßten. Es waren dies vereinzelte Männer von Adel mit gelehrten Neigungen und Angehörige des erstarkten Mittelstandes, deren soziale und wirtschaftliche Möglichkeiten ihnen eine umfassende Erziehung und Bildung erlaubt hatten. Von diesen war ein Teil in beamtete Stellungen übergegangen. Andere lebten mit wechselndem Glück als Schriftsteller, Kritiker und Schöngeister. Zu diesen kamen Gelehrte, namentlich Mathematiker und Naturwissenschaftler, an und außerhalb der Universitäten. Gemeinsam war ihnen allen das Bewußtsein, eine geistige Elite zu bilden und an der Verbreitung und Durchsetzung der Aufklärungsideen mitzuwirken. Durch dieses gemeinsame Streben fühlten sie sich miteinander verbunden und fanden sich in einer Reihe von losen Vereinigungen und Gesellschaften zusammen. Sie trafen sich in Café-Häusern, arbeiteten an bestimmten Zeitschriften und Journalen mit. Viele traten den Freimaurerlogen bei. Alle kannten einander, entweder persönlich oder durch weitverzweigte Korrespondenzen. Dieser Kreis von Intellektuellen und ihre Beziehungen untereinander schufen ein neues gesellschaftliches Element.

Die neue geistige Elite-Schicht, die den Menschen nur nach seiner Fähigkeit und seiner Mitarbeit an den gemeinsamen Zielen der Aufklärung bewertete, konnte keine Unterscheidung nach Herkunft und Konfession zulassen. Es war deshalb fast natürlich, daß auch einzelne Juden in diesen Kreisen Aufnahme fanden.

Auch bei den Juden waren für einen solchen Anschluß die Vorbedingungen geschaffen. Bereits bei Jakob Emden sahen wir, daß das Religionsbild der Aufklärung durchaus mit einem Judentum striktester Observanz vereint werden konnte. Auch die Vorstellung der Gleichheit aller Menschen hatte nicht nur ihre biblischen Wurzeln, sondern sie entsprach durchaus der schon im 17. Jahrhundert und namentlich wieder bei Jakob Emden empfohlenen Parole »mit den Mitmenschen zu leben.«[38] Diese Empfehlung hatte wesentlich dazu beigetragen, daß weltliche Bildung, Kenntnisse und Sprachen in weite jüdische Kreise Eingang gefunden hatten. Von einer aktiven Teilnahme von Juden am kulturellen oder gar am gesellschaftlichen Leben der Umwelt war jedoch noch keine Rede. Sogar die jüdischen Ärzte blieben nach ihrem Universitätsstudium in Lebenshaltung und Umgebung auf den jüdischen Kreis beschränkt. Verbindungen mit Nichtjuden, so zahlreich sie waren, blieben zweckbestimmt – auf geschäftlichen Verkehr, Verhandlungen mit Behörden, ärztliche Behandlung, Studium oder Unterricht christlicher Gelehrter in Hebräisch und rabbinischen Fächern u. a. Auch die Hofjudenkreise, die sich in ihrer Lebenshaltung weitgehend der höfischen Umgebung angeglichen hatten, blieben völlig in der jüdischen Gesellschaft. Es war eben noch keine gesellschaftliche Schicht vorhanden,

---

[38] »Lih'jot me'uraw im habrijot«. Megillat Sefer, S. 97.

die bereit war, Juden als gleichgestellt anzuerkennen und sich zu amalgamieren. Erst die neue Geisteselite der Aufklärer, die selbst als individualistische Intellektuelle außerhalb der bestehenden gesellschaftlichen Gruppierungen standen, stellte erstmalig eine gesellschaftliche Gruppe, eine ganze Schicht dar, die Juden als Menschen akzeptierte, ohne von ihnen die Verleugnung ihrer Religion zu verlangen. Dieser Gruppe konnten sich ähnlich denkende Juden assimilieren. Man wollte nicht mehr nur außerjüdisches Wissen erwerben, das aber weiterhin als fremdes angesehen wurde; man fühlte sich durch dieses Wissen seinen nichtjüdischen Trägern zugehörig. »Die bewußtseinsmäßige Zugehörigkeit zu der Schicht der Aufgeklärten« wurde »in eine gesellschaftliche umgesetzt«.[39] Dies war bei Aron Gumperz der Fall gewesen und nun auch bei Moses Mendelssohn. Beide begannen in zwei durchaus getrennten Bewußtseinssphären zu leben. Sie waren strenggläubige Juden geblieben. Aber außerdem, und fast ohne Verbindung mit ihrem Judesein, nahmen sie an allen Bestrebungen des Aufklärerkreises teil. Gumperz tat dies in einer passiven Weise, während Mendelssohn zu einem außerordentlich aktiven Mitarbeiter und Mitträger der geistigen Bestrebungen seiner Zeit wurde.

Für das Neue, das mit Mendelssohn begann, ist es bezeichnend, daß Mendelssohn *deutsch* schrieb. Jakob Emden und selbst der so stark in den Aufklärerkreis integrierte Gumperz hatten ihre Werke hebräisch geschrieben. Noch der spätere Gumpel Schnaber-Levison schrieb seine medizinischen Schriften zwar englisch und deutsch. Aber seine religiösen Schriften verfaßte er, wie selbstverständlich, auf hebräisch. Mendelssohn und seine Schüler haben, ebenfalls wie selbstverständlich, ein anderes Publikum vor Augen: alle gebildeten Deutschen. Mit dieser Wendung haben sie einen entscheidenden Schritt getan, der nicht mehr rückgängig zu machen war. Von nun an begannen Juden an der allgemeinen Kultur teilzunehmen, Glieder und Mitträger der deutschen und europäischen Geistesgeschichte zu werden.[40]

Selbst wo Mendelssohn und seine Freunde hebräisch schrieben, war dieses nicht mehr das Hebräisch der lebendigen rabbinischen Tradition.

[39] Katz, Die Entstehung der Assimilation, S. 43. Reprint in Emanzipation and Assimilation, S. 237.
[40] Schon der jüdische Renaissance-Platoniker Leone Ebreo (Juda ben Isaak Abarbanel, gest. 1535) hatte italienische »Dialoghi di Amore« geschrieben. Eine Generation später verfaßte Juda ben Isaak Sommo (oder di Sommi) für den Hof in Mantua italienische Gedichte und Dramen, die er auch inszenierte. Doch beide blieben ohne jüdisch-historische Nachwirkung. Das gleiche gilt für die 1637 publizierte »Historia dei Riti Ebraici« des Venezianischen Rabbiners Leon de Modena (1571-1648), eine

Dieses rabbinische Hebräisch der Responsen, der Kommentare und der Mystik war durchsetzt mit aramäischen Reminiszenzen aus Talmud und Sohar und oft verwildert durch Unkenntnis und Nichtachtung von Grammatik und Sprachwissenschaft. Lange vor Mendelssohn hatten Bemühungen begonnen, die hebräische Grammatik wieder in ihr Recht zu setzen. Es wurde beklagt und als Schande empfunden, daß die Beschäftigung mit der hebräischen Philologie eine Domäne christlicher Gelehrten geworden sei. In der ersten Hälfte des 18. Jahrhunderts trat in *Salomon Hanau* ein tüchtiger Grammatiker auf, der als Lehrer von Wessely den neuen Sprachstil vielleicht mit beeinflußt hat. Dieser Sprachstil orientierte sich nun am klassischen Hebräisch der Bibel. Wie die Humanisten der Renaissance-Zeit das Latein des Mittelalters verworfen hatten und dafür die klassische Latinität von Cicero und Horaz zum Muster nahmen, so entstand im Mendelssohn-Kreis ein sehr künstliches und gekünsteltes, pseudobiblisches Hebräisch. Und wie das Latein der Renaissance in Stil, Wortwahl und klassischen Assoziationen – auch wenn in ihm theologische Themen behandelt wurden – einen Bruch mit der kirchlichen Sprachtradition darstellte, so war auch das neue Hebräisch trotz seiner Anlehnung an die Bibelsprache der Beginn einer *Sprachsäkularisierung*.

Die Wahl des Deutschen und auch des Hebräischen war eine Kampfansage gegen die jüdisch-deutsche Volks- und Umgangssprache, die in allen jüdischen Schichten gesprochen und geschrieben wurde. Zu einer Literatursprache ist das Jiddische erst im 19. Jahrhundert in Osteuropa geworden. Bis zu dieser Zeit war in Jiddisch sowohl in West- wie in Osteuropa nur populärer Lesestoff veröffentlicht worden, der für die nicht rabbinisch gebildeten Schichten und für die Frauen bestimmt war. Es erschienen jiddische Bearbeitungen deutscher Volks- und Sagenbücher, Romane, Sammlungen jüdischer Legenden, die dem Talmud und Midrasch nacherzählt wurden, Bibelübersetzungen, populäre Zusammenfassungen der Religionsvorschriften und Übersetzungen des Gebetbuches. Verächtlich wurde das Jiddische »Weiber-Deutsch« genannt. Die gesamte gelehrte Literatur und Korrespondenz waren stets hebräisch geblieben.

Diese überkommene Verachtung des Jiddischen wirkte auf Mendelssohn und seine Freunde weiter. Sie sahen in ihm nur einen verdorbenen und häßlichen Jargon, der eines gebildeten Menschen unwürdig sei und der

für Nichtjuden bestimmte Darstellung jüdischer Bräuche. Sie war für den Hof von James I. bestellt worden und wurde deshalb sehr bald ins Englische übersetzt. – Dagegen waren die zahlreichen jüdischen Schriften, die im 17. und 18. Jahrhundert in portugiesischer und spanischer Sprache erschienen, für ein jüdisches Publikum bestimmt: die Nachkommen der Marranen in Amsterdam, London und Hamburg.

dazu den Juden die Teilnahme an der allgemeinen Kultur erschwere. – Und wirklich verschwand die jiddische Sprache bei den deutschen Juden in wenigen Jahrzehnnten bis auf vereinzelte Ausdrücke und Redensarten völlig. Mit ihrem Verschwinden gingen jedoch auch manche emotionale Werte verloren. Und es erschwerte die Verständigung und vergrößerte die Entfremdung zwischen deutschen und osteuropäischen Juden.

Das Biographische über Mendelssohn ist bekannt. Er kam 1743 als 14jähriger Junge aus Dessau nach Berlin. Der Rabbiner David Fränkel, der sein Lehrer in Dessau gewesen war, war kurz zuvor nach Berlin berufen worden und Mendelssohn zog ihm nach, um weiter bei ihm »lernen« zu können. Nach sechs schweren Studien- und Hungerjahren wurde er zuerst Hauslehrer und später Buchhalter bei einem jüdischen Seidenfabrikanten. In seinen ersten Berliner Jahren kam der gerade neugedruckte »Lehrer der Verwirrten« des Maimonides in seine Hände, den er heimlich in den Nächten durcharbeitete. Noch in den ersten Jahren seines Aufenthaltes in Berlin kam er mit einem Kreis von jüdischen Intellektuellen in Berührung, die ihm halfen, die Grundlagen von Latein und Griechisch, Französisch und Englisch zu erlernen. Von diesen Freunden wurde er auch auf die Schriften der modernen Philosophie hingewiesen, die er mit seinen geringen Sprachkenntnissen mühselig durcharbeitete. Locke, Wolff und Shaftesbury zogen ihn besonders an. Der schwere Weg seines autodidaktischen Studiums – neben Philosophie studierte er noch Mathematik und Literatur – hat ihn die Wichtigkeit erkennen lassen, der jüdischen Jugend durch geordnete Schulbildung den Zugang zur allgemeinen Kultur zu erleichtern. Vielleicht liegt hier die Wurzel seines späteren volksbildnerischen Wirkens.

Zu seinen Freunden gehörten Israel Zamosć, ein Arzt aus Prag, Dr. Kisch, der ihn Latein lehrte und namentlich Aron Gumperz. Dieser führte ihn in die moderne Philosophie ein und verschaffte ihm Unterricht in den klassischen Sprachen. Am folgenreichsten wurde, daß er ihn mit *Lessing* und durch diesen mit *Nicolai* bekannt machte. Die Bekanntschaft mit Lessing entwickelte sich schnell aus einer Partnerschaft beim Schachspiel zu einer lebenslangen Freundschaft.

Auf diese nichtjüdischen Bekannten muß Mendelssohn wie ein exotisches Wundertier gewirkt und sie zur Überprüfung ihres Urteils über die Juden veranlaßt haben. Der kleine, verwachsene jüdische Jüngling, der äußerlich und in seiner jüdisch-traditionellen Lebenshaltung völlig dem Bilde eines Juden entsprach, wie man ihm in den Berliner Straßen und Märkten begegnete, faszinierte sie nicht nur durch seinen Scharfsinn, sondern vor allem durch seine intellektuelle und menschliche Integrität, sein

Verständnis und Urteil in Dingen des literarischen Geschmacks und der Philosophie. Bald wurde er von seinen Zeitgenossen der jüdische Sokrates und der jüdische Plato genannt. Lessing nannte ihn in einem Brief schon im Jahre 1754 den zukünftigen Spinoza, der jedoch dessen Irrtümer vermeiden würde. Und später setzte er ihm nach verbreiteter Ansicht ein Denkmal in seinem »Nathan dem Weisen«. Kant hatte ihn neben Lambert unter allen zeitgenössischen Philosophen am höchsten geschätzt und am ernstesten genommen. Er ließ ihm ein Widmungsexemplar seiner »Kritik der Reinen Vernunft« überreichen. Als Mendelssohn im Jahre 1777 geschäftlich in Königsberg war, lernte er Kant persönlich kennen. Ein Augenzeuge schildert, wie eines Tages zu einem Kolleg von Kant zur Verwunderung der Studenten ein älterer verwachsener Jude erschien, sich einen Platz suchte und ihre Hänseleien stillschweigend hinnahm. Als nach Schluß der Vorlesung dieser Fremde von Kant mit freudiger Überraschung und größtem Respekt erkannt wurde, bildeten die Studenten am Ausgang Spalier für die beiden Gelehrten.

Lessing stellte Mendelssohn auch der Öffentlichkeit vor, indem er ohne sein Wissen eine ihm zum Lesen übergebene Schrift veröffentlichte, allerdings anonym. Mendelssohn wurde einer der Hauptmitarbeiter der von Nicolai herausgegebenen »Bibliothek der schönen Wissenschaften« und ihrer späteren Fortsetzung: »Briefe, die neueste Literatur betreffend«. In diesen Zeitschriften veröffentlichte er einige Arbeiten zur Ästhetik, einer philosophischen Disziplin, als deren Mitbegründer er gilt. 1763 beteiligte sich Mendelssohn an einer Preisfrage der Berliner Akademie und gewann mit seiner Arbeit »Über die Evidenz der Metaphysischen Wissenschaften« den ersten Preis, vor Immanuel Kant.

Am bekanntesten von seinen Schriften wurden der »Phädon«, ein Dialog über die Unsterblichkeit der Seele, in Anlehnung an den Phädon von Plato, und »Die Morgenstunden«, in denen er philosophische Gottesbeweise im Sinne der Leibniz-Wolffschen Philosophie behandelt.

Wie ich bereits anfangs betonte, war das Neue an Mendelssohn, daß er mit seiner literarischen und philosophischen Tätigkeit von vornherein sich an das allgemeine Gelehrtenpublikum wandte. Er hatte ganz selbstverständlich in deutscher Sprache zu schreiben begonnen. Zwar hatte schon Spinoza für die allgemeine Gelehrtenwelt geschrieben (in Latein). Aber bei ihm geschah dies als ein bewußtes Heraustreten aus seinen jüdischen Bindungen, die seine pantheistische Religiosität durchbrochen hatte. Auf Mendelssohn traf das nicht zu. Vielleicht war es nur der Zufall, daß Lessing einen Aufsatz seines jungen jüdischen Freundes veröffentlicht hatte, daß Mendelssohn auch weiterhin fortfuhr, deutsch und über literarische und philosophische Themen zu schreiben. Er war sich anfangs vielleicht gar nicht des Neuen und Revolutionären seines Tuns bewußt. Auf keinen Fall aber lockerte sich seine enge Verbundenheit mit dem Judentum und jüdischen Menschen. Noch in jungen Jahren (wohl 1758) hatte er versucht, eine hebräische Zeitschrift zu gründen. Er war zeit seines Lebens in engen Beziehungen zur Berliner jüdischen Gemeinde geblieben, die ihn als eines ihrer respektiertesten Mitglieder ehrte und ihn nach Empfang des Akademiepreises von der Zahlung der jüdischen Gemeindesteuer befreite. Er stand in engen Beziehungen zu wichtigen Rabbinern und Gelehrten seiner Zeit. Neben seiner ausgedehnten Korrespondenz mit nichtjüdischen Gelehrten führte er eine ebenfalls umfangreiche hebräische Korrespondenz. In seiner Lebenshaltung wie auch in seinem Selbstverständnis war er ein strenggläubiger Jude. Sein Wirken außerhalb des jüdischen Kreises wurde, und vielleicht ist auch dies eine Neuerung, nicht als Abtrünnigkeit angesehen, sondern als eine Ehre für das ganze Judentum.

Doch in all diesem unterschied sich Mendelssohn zunächst und für lange Jahre durchaus nicht von anderen aufgeklärten gesetzestreuen Juden vom Typ des Aron Gumperz oder des Gumpel Schnaber-Levison. Bei ihnen allen war ihr Judesein streng getrennt von ihrer Zugehörigkeit zu nichtjüdischen Kreisen von Intellektuellen und Gelehrten. Diese Spaltung der Lebensbezirke wurde nur dadurch überdeckt, daß sie zwei Seiten einer und derselben Persönlichkeit ausmachten. Und gerade in Mendelssohns Persönlichkeit fanden die beiden Sphären eine glückliche, sympathische und fast natürliche Harmonie.

Erst recht spät, im Jahre 1769, wurde Mendelssohn plötzlich in eine Lage gebracht, in der er unerwartet und ungewollt Verteidiger und Repräsentant des Judentums werden mußte.

Einer seiner Korrespondenten war der Schweizer Theologe und Schriftsteller Johann Caspar *Lavater*, der ihn einmal in Berlin besucht hatte. Im Jahre 1769 hatte Lavater ein Buch des Genfer Gelehrten Bonnet unter dem deutschen Titel »Untersuchungen der Beweise des Christentums« übersetzt und mit einem Sendschreiben an Mendelssohn veröffentlicht. In diesem forderte er Mendelssohn auf, »diese Schrift zu widerlegen oder, wenn er die Beweise richtig finde, zu tun, was Klugheit, Wahrheitsliebe und Redlichkeit zu tun gebieten, was ein Sokrates getan hätte, wenn er diese Schrift gelesen und unwiderleglich gefunden hätte«.[41] Mendelssohn wurde somit

---

[41] Moses Mendelssohn, Schriften zur Philosophie, Ästhetik und Apologetik, 2 Bände, ed. Moritz Brasch, Leipzig 1881, S. XXXXVI. Ich zitiere nach dieser Ausgabe, die heute am leichtesten zugänglich ist (Reprint 1968).

herausgefordert, vor der christlichen Welt seinen Glauben zu verteidigen. Auch Mendelssohn antwortete Lavater öffentlich. Er wies darauf hin, daß er bisher stets öffentlichen Diskussionen über Glaubensfragen aus dem Weg gegangen sei. Zum Teil sei dies in der gedrückten rechtlichen und gesellschaftlichen Lage der Juden begründet. Sie seien in den meisten Staaten nur geduldet; manche Staaten, wie z. B. Lavaters Heimatkanton Zürich, dürften sie nicht einmal betreten. Und jede Disputation oder Auseinandersetzung mit der herrschenden Religion könne für sie schwere Folgen nach sich ziehen. (Mendelssohn selbst hatte für seine Antwort an Lavater um eine Erlaubnis beim Berliner Konsistorium nachgesucht und diese allerdings sofort erhalten.) Ferner treibe das Judentum keine Mission, sondern sei »Erbteil der Gemeinde Jakobs« und im wesentlichen auf geborene Juden beschränkt. Damit entfalle der Antrieb zu missionarischer Tätigkeit, zumal nach jüdischer Ansicht alle tugendhaften Menschen an der Seligkeit teilhaben können. Er habe seit seiner frühesten Jugend die Lehren seiner Religion geprüft. Nur in diesem Zusammenhange habe er sich mit Philosophie und Wissenschaften befaßt. Und das Resultat seiner Prüfung habe ihn von der Wahrheit der Religion seiner Väter überzeugt. »Wäre ich im Herzen von einer anderen überführt, so wäre es die verworfenste Niederträchtigkeit, der innerlichen Überzeugung zum Trotze die Wahrheit nicht bekennen zu wollen.«[42] Was die Bonnetschen Beweise anbelange, so könne man mit ihnen jede Religion und nicht nur das Christentum verteidigen.

Lavater erwiderte nochmals mit anschließender Replik von Mendelssohn. Auch Bonnet griff in den Streit ein. Es folgte ein – erst später veröffentlichter – Briefwechsel mit dem Erbprinzen von Braunschweig und ein publizistischer Streit, an dem zugunsten Mendelssohns eigentlich nur der Göttinger Physiker und Philosoph Lichtenberg eingriff. Lichtenberg verspottete in seinem »Timorus« Lavater und die Methoden der Judenmission. Doch die anderen nichtjüdischen Freunde Mendelssohns äußerten sich zwar in Privatbriefen, schwiegen aber in der Öffentlichkeit zu Lavaters Herausforderung. Es schien, daß die Freunde Mensch und Jude weiterhin trennten.

Diese Haltung ist nur durch den Charakter der Aufklärung in Deutschland zu erklären. Die Aufklärung stand von Beginn an unter dem Einfluß religiöser Fragestellungen. Während der französische Zweig bald zum Kampf gegen die katholische Kirche überging, was oft zu Kritik am Christentum und zu atheistischem Materialismus führte, war die englische und

---

[42] Brief an Lavater vom 12. 12. 1769.

in ihrem Gefolge die deutsche Aufklärung viel stärker eine theologische. Sie suchte christliche Glaubensvorstellungen zu rationalisieren und dadurch zu verallgemeinern. Sowohl der englische Deismus wie die Leibniz-Wolffsche Vernunftreligion waren rationalistische Neu- oder Weginterpretationen der Lehren des Christentums zu einer theologischen Tugendlehre hin. Dabei wurde von ihnen stets als selbstverständlich vorausgesetzt, daß das Christentum diese Vernunftreligion darstelle. Noch Kant und Hegel teilten diese Ansicht. Hier lag der psychologische Grund, daß Lavater gar nicht verstehen konnte, daß ein Aufklärer und Anhänger der Vernunftreligion wie Mendelssohn nicht im Herzen eigentlich ein Christ sei, dem man nur öffentlich Mut machen müsse, dieses zu bekennen.

Dieser Ausschließlichkeitsanspruch des Christentums als Basis der Vernunftreligion war wohl auch der Grund des Schweigens von Mendelssohns nichtjüdischen Freunden. Sie alle, auch Lessing, konnten sich, wissentlich oder unwissentlich, nicht der herrschenden Meinung entziehen. Lessing war damals schon mit der Herausgabe der Reimarus'schen Fragmente beschäftigt und wollte vielleicht deshalb nicht vorzeitig in die theologische Gewitterzone eintreten. Aber auch er blieb, trotz des anscheinenden Relativismus der Ringfabel im »Nathan«, durchaus innerhalb der Auffassung von dem ausschließlichen Primat des Christentums. Auch in seiner »Erziehung des Menschengeschlechts«, in der vielleicht zuerst der Entwicklungsgedanke der Geschichte auf die historischen Religionen angewandt wurde – als Stufen der Erziehung zur Vernunftreligion –, ist das Ziel nur ein neues, aufgeklärtes »Evangelium«. Das ist für Lessing keine zufällige Wortwahl.

Aus diesem Consensus der Zeitgenossen tritt der Jude Mendelssohn heraus. Er kam von außen und nicht aus der latenten christlichen Grundhaltung der Aufklärer. So war er, vielleicht als einziger unter ihnen, imstande, mit den rationalen wie den emotionalen Forderungen der Aufklärung wirklich Ernst zu machen. Er hatte das neue Menschenbild der Aufklärung nicht nur übernommen, sondern selbst mit ausgebildet. Und er hatte der Vernunftreligion allgemeinmenschlichen Charakter zuerkannt. Noch zwei Jahre vorher, als er den »Phaedon« schrieb, schien der überkonfessionelle Charakter der Vernunftreligion für Mendelssohn festzustehen. Erst Lavaters Aufforderung belehrte ihn, daß für die Zeitgenossen die Vernunftreligion nur eine Ausprägung oder Konsequenz des Christentums war.

Angesichts dieser Einstellung mußte er jetzt ernsthaft das Verhältnis und den Grad der Übereinstimmung des Judentums mit dieser Vernunftreligion überprüfen. Diese Prüfung mußte ihm von seinen jüdischen Voraussetzungen her leichter werden als den christlichen Aufklärungstheologen. Diese mußten oft zu gewalttätigen Uminterpretationen greifen, um aus Christologie und Erlösungsmythos eine rationale, optimistische Vernunft- und Tugendlehre zu machen. Mendelssohn dagegen bedurfte nicht solcher Umdeutungen, wenn er in seinem angestammten Judentum Vernunftreligion finden wollte. Wir werden bei unserer Betrachtung von Mendelssohns religiöser Philosophie sehen, wie er dies tat. Aber nicht erst in seinem »Jerusalem«, sondern bereits in seinen Antworten an Lavater und seinen Korrespondenzen mit dem Erbprinzen von Braunschweig und mit Bonnet hat er das allgemein verachtete, wenn auch unbekannte *Judentum zum Partner in der philosophischen und theologischen Diskussion* erhoben. Von Mendelssohn hatte man das am wenigsten erwartet und die Folge waren mißtrauisches Erstaunen und Unverständnis. Mendelssohn war an die Grenze des Verstehens gekommen, das Christen dem Judentum gegenüber aufbringen konnten.

Die Kontroverse mit Lavater bildete einen Einschnitt im Leben Mendelssohns. Vor allem hatte sie seine Gesundheit schwer erschüttert. Die Periode seiner geistigen Produktivität war, wie er beklagte, abgebrochen, wenigstens was die Aufnahmefähigkeit für neue philosophische Gedanken betraf. Lange war er wie gelähmt und unfähig zu lesen oder Gedanken durchzudenken, Zustände, die ihn schrecklich quälten und die mit Unterbrechungen bis zu seinem Tode auftraten.[43] Was ihm an Kraft blieb, widmete er nun seinen jüdischen Brüdern. Nur am Ende seines Lebens wurde er noch einmal in eine Kontroverse hineingezogen, als Friedrich Heinrich Jacobbi nach Lessings Tode von dessen geheimem Spinozismus berichtete und Mendelssohn zur Verteidigung des toten Freundes auszog. In Zusammenhang mit diesem Streit faßte er 1785 seine philosophischen Ansichten in den »Morgenstunden« zusammen.

In seiner ihn nun beherrschenden jüdischen Wirksamkeit hatte sich aber der Akzent verschoben. Vor 1770 lagen seine jüdische und seine philosophische und literarische Tätigkeit wie auf zwei getrennten Ebenen. Auch vorher hatte er sich innerjüdischen Aufgaben nie entzogen. Er hatte hebräische Kommentarwerke und deutsche Übersetzungen synagogaler Gelegenheitspredigten und Gebete veröffentlicht. Aber nun hatten er und seine Freunde – fast unvermeidbar – die Wertmaßstäbe der Umwelt auf die Juden, ihre Gebräuche und Lebensart und schließlich auch auf die jüdische Religion angewandt. Die Ziele ihrer Erziehungsbestrebungen für die Juden waren die Werte der Umwelt, das Ideal des wohlgesitteten verständigen Aufklärungsmenschen. Diesen gegenüber erscheinen ihnen die traditionel-

---

[43] Zu Mendelssohns Krankheit vergleiche aber A. Altmann, Moses Mendelssohn, S. 268–271.

len jüdischen Werte mehr und mehr inferior. Wenn Mendelssohn selbst von seiner Pentateuch-Übersetzung als »erstem Schritt zur Cultur« spricht, so scheint dies uns gerade aus seinem Munde absurd, der doch die jüdische Kultur so gut kannte. Es ist aber bezeichnend für die neue Einstellung. Der später immer weitergreifende Prozeß der Assimilation und Selbstaufgabe hat in dieser Generation begonnen. Mendelssohn selbst fühlte sich so sehr als Jude und geradezu als Repräsentant des Judentums in und gegenüber der Umwelt, daß für ihn die Spannung zwischen Judentum und Umweltkultur gar nicht zu bestehen schien. In allem, was wir über ihn hören und von ihm selbst lesen, tritt immer wieder die glückliche Harmonie seiner Persönlichkeit hervor. Aber er war der erste, der, vielleicht unbewußt und ungewollt, mit dem neuen Bewertungssystem begonnen hat, das zu einer Entwertung der jüdischen Inhalte führte. Andererseits war er vielleicht uns allen darin ein Vorbild, daß er zeigte, wie man als bewußter Jude in der modernen Welt bestehen kann. Aber schon unter seinen Schülern und in der nächsten Generation verlor sich das Gleichgewicht, die Synthese der beiden Elemente, und die jüdische Komponente verblaßte mehr und mehr.

Die Erziehungsarbeit für die Juden gipfelte in seiner *Übersetzung des Pentateuch* ins Deutsche. Sie erschien 1780, zuerst in hebräischen Lettern gedruckt. Er gab sie mit Hilfe einiger Mitarbeiter heraus und fügte ihr einen hebräischen Kommentar bei. Mit dieser Pentateuch-Übersetzung wurde Mendelssohn zum Lehrer der deutschen Sprache für die Juden, nicht nur für die Juden seines Landes, sondern auch für viele Juden in Osteuropa. Allerdings sahen einige der deutschen Rabbiner und viele in Osteuropa in dieser Übersetzung eine gefährliche Neuerung, weil sie in schriftdeutsch abgefaßt war und nicht, wie frühere Übersetzungen, in der schon fast als heilig betrachteten jiddischen Sprache.[44]

Von den von Mendelssohn allein übersetzten biblischen Büchern wurde besonders die Psalmen-Übersetzung berühmt, die von Anfang an sowohl in hebräischem wie in deutschem Buchstabendruck erschien.

Diese Übersetzung von Pentateuch und Psalmen in die deutsche Sprache sollte mithelfen, die Scheidewand zwischen den Juden und ihren christlichen Nachbarn abzutragen und die Vorurteile gegen die Juden zu beseitigen. Denn Mendelssohn glaubte, die Vorurteile hätten ihren Hauptgrund in der anderen Umgangssprache der Juden, im gebräuchlichen Jüdisch-Deutsch. Wenn die Juden sich aber an reines Deutsch als Umgangssprache gewöhnen würden, so würden die psychologischen Widerstände gegen sie

---

[44] Ein Bann über diese Übersetzung ist übrigens – entgegen weit verbreiteten Meinungen – nie ausgesprochen worden.

wegfallen und mit ihnen mit der Zeit auch die rechtlichen Beschränkungen. Deshalb wurde auf seine Bemühungen hin in Berlin eine *jüdische Freischule* begründet, die erste jüdische Schule in Deutschland, in der neben den traditionellen jüdischen Fächern vor allem auch Deutsch und dazu die Grundlagen für eine allgemeine weltliche Bildung gelehrt wurden. Ähnliche Schulen entstanden bald in vielen jüdischen Gemeinden in Deutschland. Sie sollten auch Kindern der Unbemittelten eine allgemeine Bildung ermöglichen, die die Kinder der wohlhabenden Juden oft schon lange durch Hauslehrer erhielten.

Mendelssohns Grundsatz war, wie er einmal sagte, »entweder Deutsch oder Hebräisch, nur keine Mischsprache« zu gebrauchen. Er forderte darum auch, wie bereits erwähnt, eine Reinigung des hebräischen Stils. Er und einige seiner nächsten Mitarbeiter und Schüler gelten daher als Vorläufer des säkularisierten Hebräisch unserer Tage. Dieses hat später die Anlehnung an die biblische Sprache, die der Mendelssohn-Kreis pflegte, wieder fallengelassen und die klare, einfache Sprache der Mischna zum Vorbild genommen und dazu vieles aus dem rabbinischen Hebräisch.

Mendelssohn bemühte sich auch vielfach um die Verbesserung der rechtlichen Lage der Juden. Da man allgemein wußte, daß sein Wort in der christlichen Welt Gehör fand, wandte man sich an ihn, wenn irgendwo jüdischen Gemeinden Gefahr drohte, so z. B. in der Schweiz, in Dresden und im Elsaß. Unter seinem Einfluß verfaßte der preußische Kriegsrat *Dohm* eine Schrift »Über die bürgerliche Verbesserung der Juden« (1781). Dieses Buch, zu dem 1783 ein zweiter Teil erschien, erweckte allgemein großes Interesse und brachte die Frage der Judenemanzipation weiten Schichten näher. Die Josefinischen Toleranzedikte waren vielleicht der erste staatsrechtliche Widerhall der Dohmschen Thesen.

Im Mittelalter hatten die Religionen die Kulturen bestimmt und auch das Judentum hatte einen eigenen Kulturkreis gebildet, der von religiösen Grundlagen aus das gesamte geistige Leben der Juden umfaßte. Die moderne europäische Kultur hatte sich von diesen religiösen Bindungen gelöst und die frühere Einheit zwischen Kultur und Religion zerstört. Mendelssohn hat vielleicht als erster Jude, wenn man von Spinoza absieht, diese Trennung der Moderne übernommen. Dabei glaubte er, vollkommen im Rahmen der Tradition und für sie zu handeln. Aber in Wirklichkeit war er ein Sohn seiner Zeit und dachte in ihren Denkformen. Schon für ihn, noch mehr aber für die nachfolgenden Generationen, beschränkte sich die jüdische Lebenssphäre nur noch auf das religiöse Leben im engeren Sinne. Alle anderen Geistesgebiete und mit ihr die Philosophie, waren aus dem religiösen Rahmen herausgetreten. Nicht nur bei Mendelssohn, sondern auch bei seinen nichtjüdischen und jüdischen Zeitgenossen und Nachfolgern kann nun Religionsphilosophie ganz allgemein und ohne Beziehung auf eine bestimmte Religion behandelt werden. Diese seine allgemeine Philosophie – und mit ihr auch seine Religionsphilosophie – hat Mendelssohn erst in seinem Todesjahre (1786) in den *Morgenstunden oder Untersuchungen über das Dasein Gottes* zusammengefaßt. Kant hatte in diesem Buch den bedeutenden Abschluß der philosophischen Haltung gesehen, die er in seiner kritischen Philosophie überwunden zu haben glaubte.

Zum ersten modernen jüdischen Religionsphilosophen wurde Mendelssohn jedoch in dem 1783 erschienenen Werk *Jerusalem oder über religiöse Macht und Judentum*.

Die Scheidung von allgemeiner Religionslehre und dem besonderen Charakter des Judentums, die wir zum ersten Male bereits bei Jakob Emden fanden, versucht Mendelssohn von den Prämissen seiner allgemeinen metaphysischen Haltung durchzuführen. Die Vernunftreligion ist allen Menschen, jedem vernünftig denkenden Wesen, zugänglich und gemeinsam. Sie beansprucht allgemeine Anerkennung und Geltung. Mendelssohn setzt das Judentum mit jener Vernunftreligion gleich. Das Judentum lehre nichts, was nicht mit der allgemeinen Vernunftreligion übereinstimme – und hier liegt eine deutliche Spitze gegen die christliche Dogmatik.

Diese erste Grundeinstellung Mendelssohns übte auf seine jüdischen Nachfolger, und bis weit in unsere Zeit hinein, einen faszinierenden Einfluß aus. Sie erhöhte das Selbstbewußtsein vieler jüdischer Generationen. Andererseits aber bewirkte sie die Verdünnung und allmähliche Auflösung der jüdischen Substanz. Sie führte zur Verwischung eines spezifisch jüdischen Charakters in Sachen der Religion, da dieser mehr und mehr als überflüssig erschien. Mendelssohn selbst aber blieb nicht bei dieser bloßen Identifizierung von Judentum und Vernunftreligion stehen. Er war viel zu sehr Jude, war mit jüdischer Tradition und mit dem jüdischen Geistesleben innig verbunden. Er suchte nach einer Eingliederung dieser Tradition und namentlich des Religionsgesetzes in sein Bild vom Judentum. Dieses geschieht durch eine Neuformung und Einschränkung des Offenbarungsbegriffes. Mendelssohn schreibt: »Ich glaube also nicht, daß die Kräfte der menschlichen Vernunft nicht hinreichen, sie von den ewigen Wahrheiten zu überführen, die zur menschlichen Glückseligkeit unentbehrlich sind, und daß Gott ihnen solche auf eine übernatürliche Weise habe offenbaren müssen«.[45] Und »Wunder und außerordentliche Zeichen sind nach dem

---

[45] Jerusalem, Brasch, Bd. 2, S. 423.

Judentume keine Beweismittel für oder wider ewige Vernunftwahrheiten«[46]. Die Offenbarung ist also zur Begründung der Vernunftreligion nicht notwendig, da ihre Inhalte, nämlich: die Vorstellungen von Gott, seiner Vorsehung und Güte und von der Unsterblichkeit der Seele, jedem menschlichen Verstande, jedem zugänglich seien. Deshalb kann Mendelssohn schreiben: »Unter allen Vorschriften und Verordnungen des mosaischen Gesetzes lautet kein einziges: Du sollst glauben oder nicht glauben. Sondern alle heißen: Du sollst tun oder nicht tun. Dem Glauben wird nicht befohlen; denn der nimmt keine anderen Befehle an, als die den Weg der Überzeugung zu ihm kommen. Alle Befehle des göttlichen Gesetzes sind an den Willen, an die Tatkraft des Menschen gerichtet.« ... Und »wo ewigen Vernunftwahrheiten die Rede ist, heißt es nicht glauben, sondern erkennen und wissen. Damit Du erkennst, daß der ewige wahre Gott und außer ihm keiner sei«. »Erkenne also und nimm Dir zu Sinne, daß der Herr allein Gott sei, oben im Himmel, sowie unten auf der Erde, und sonst niemand«.[47]

Die Offenbarung wird bei Mendelssohn also auf das beschränkt, was dem Menschen und dem Juden zu tun aufgegeben wird. Das ist der Zweck der Sinai-Offenbarung. Das Judentum ist deshalb für Mendelssohn *nicht offenbarte Lehre, sondern offenbartes Gesetz*. Dieses Gesetz aber ist bindend und unabdingbar. Die Juden könnten sich seiner Erfüllung nicht entziehen, es sei denn, daß Gott selbst durch eine ähnliche feierliche Offenbarung, wie die am Sinai, es aufheben würde.

Man hat es als eine Paradoxie empfunden, daß Mendelssohn, »der entschiedene Rationalist, als er die Religion, das Judentum, philosophisch begründen wollte, für dieses nur die nicht-rationalen Elemente zurückbehielt«.[48] Ich glaube, daß dieses nicht ganz richtig ist. Denn auch diese nicht-rationalen Elemente, nämlich das offenbarte Gesetz, werden bei Mendelssohn in das Primat der Vernunft wieder hineinbezogen. Mendelssohn betont gerade, »alle Gesetze beziehen oder begründen sich auf ewige Vernunftwahrheiten oder erinnern und erwecken zum Nachdenken über dieselben, so daß unsere Rabbinen mit Recht sagen: Die Gesetze und Lehren verhalten sich gegeneinander wie Körper und Seele«.[49]

Durch das standhafte Festhalten an diesem offenbarten Gesetz bleiben

---

[46] Jerusalem, S. 429.
[47] Jerusalem, S. 430f. 5. Buch Moses 4.35,39.
[48] Fritz Bamberger, Mendelssohns Begriffe vom Judentum, Korrespondenzblatt d. Akademie d. Wissenschaft d. Judentums, 1929, S. 17.
[49] Jerusalem, S. 430.

die Juden für Mendelssohn die lebendigen Zeugen der Vernunftreligion. Sie seien eine Art Vereinigung der echten Theisten, die durch dieses Gesetz verbunden wären und bleiben müßten, wie er in einem Briefe schreibt, »solange noch Polytheismus, Anthropomorphismus und religiöse Usurpation den Erdball beherrschen«.[50] Im »Jerusalem« sagt er, die Juden seien von der Vorsehung ausersehen, »eine priesterliche Nation zu sein; das ist eine Nation, die durch ihre Einrichtung und Verfassung, durch ihre Gesetze, Handlungen, Schicksale und Veränderungen immer auf gesunde, unverfälschte Begriffe von Gott und seinen Eigenschaften hinweise, solche unter Nationen gleichsam durch ihr bloßes Dasein unaufhörlich lehre, rufe, predige und zu erhalten suche«.[51]

Auch mit diesem letzten Gedanken wirkte Mendelssohn auf die Folgezeit nach. Er schuf damit den das ganze 19. Jahrhundert beherrschenden Gedanken von der *Mission des Judentums*, nicht einer Mission, die das Judentum betreibt, sondern die es selbst durch seine Existenz in der Welt darstellt. Namentlich im Reform-Judentum wurde dieser Gedanke ausgebildet und sollte dort an Stelle der Bindung an das Gesetz treten und volkstümliche, nationale Zusammenhänge ersetzen. (Sogar Moses Hess, der frühe Theoretiker des Zionismus, hält, wie die Reformer, an der Idee einer Mission fest. Er wandelt sie zur Forderung sozialer Vorbildlichkeit um.)

Mendelssohn selbst hatte in seinem Streit mit Friedrich Heinrich Jacobbi über Lessings Haltung zu Spinoza sich bereits mit geistigen Strömungen auseinandersetzen müssen, die der Aufklärungsphilosophie und ihm fremd waren. *Kants* umwälzende Bedeutung hat er geahnt – von ihm stammt das Wort von dem allzermalmenden Kant – aber zu seinem Leidwesen war er schon physisch unfähig, ihn zu verarbeiten.

Auf die Generation seiner jungen Freunde und Schüler haben außer der jüdischen Tradition und der Aufklärung bereits neue Einflüsse eingewirkt. Es begann das Primat der staatlichen Emanzipationsbestrebungen und der Assimilation. Es begann der für das Geistesleben der Juden in Deutschland so bestimmende Einfluß der kantischen Philosophie. Und bald trat vielfach anstelle der unmittelbaren selbstverständlichen Beziehung zum Judentum eine historische, historisierende. Für viele jüdische Intellektuelle wurde Judentum ein bloßer Gegenstand historischer Forschung einiger Fachgelehrter. Es hörte auf, der bestimmende Faktor ihres eigenen Lebens zu sein.

---

[50] Brief an Herz Homberg v. 22. 9. 1783.
[51] Jerusalem, S. 450.

Alle diese neuen Einflüsse zusammen haben das Bild des modernen Judentums im Positiven wie im Negativen geformt.

Bevor ich mich der mit Mendelssohns Schülern beginnenden neuen Epoche zuwende, möchte ich zunächst die rechtliche und soziale Lage, die der Emanzipationszeit voranging, schildern. Auch die große Bewegung des Chassidismus in Osteuropa muß wenigstens gestreift werden. Denn sie bildete – außerhalb der deutschen Entwicklung – einen eigenen wesentlichen Beitrag zum Gesamtbilde des modernen Judentums.

8. Die soziale und rechtliche Stellung der Juden in Deutschland im 18. Jahrhundert

Der moderne Staatsgedanke, wie er sich zunächst im 17. und 18. Jahrhundert als fürstlicher Absolutismus ausgeprägt hatte, hatte seinen Ursprung mit der Aufklärung gemeinsam. Beide waren Teile der mit der Renaissance einsetzenden Loslösung von dem hierarchisch gegliederten mittelalterlichen Gesellschaftsideal. Die eine geistesgeschichtliche Linie führte von Macchiavelli über Hobbes und Spinoza später zu Hegel und zu einem modernen Staatsmythos, zu dem Gedanken des allmächtigen und alle anderen Ordnungsprinzipien zur Seite drängenden Staates. Auch die Kirche der Gegenreformation in beiden Lagern wandte die gleichen Gedanken auf die kirchliche Sphäre und Organisation an: der päpstliche Zentralismus mit seinem Vollzugsorgan, dem neuen Jesuitenorden, und ähnlich die anglikanische und lutherische Landeskirche mit ihrem Summepiskopat. – Die zweite geistesgeschichtliche Linie, die Aufklärung, orientierte sich dagegen an den Gedanken des Naturrechts, beeinflußt auch von den revolutionären freikirchlichen Bewegungen in Deutschland, Holland und England und dem demokratischen Individualismus von Locke und Rousseau.

Das verbindende Glied zwischen diesen beiden konträren Linien stellte oft die höhere Beamtenschaft dar, in deren Persönlichkeiten sich häufig beide Tendenzen überschnitten. Sie hatten zum Teil enge persönliche Kontakte mit Aufklärerkreisen und brachten naturrechtliche Gesichtspunkte in die staatliche Gesetzgebung hinein, wie zum Beispiel am Ende des 18. Jahrhunderts die Verfasser des allgemeinen preußischen Landrechts.

Von solchen Überschneidungen abgesehen aber war der Staat des Absolutismus von dem Humanitäts- und Gesellschaftsideal der Aufklärung weit entfernt. Die höfische Gesellschaft des Rokoko liebte es zwar, in einem imaginären und sentimentalen Arkadien der modischen Schäferpoesie zu tändeln. Trotz dieser Begeisterung für die Natur und Sitten einfacher Menschen wurden im gesellschaftlichen Leben die Grenzen von Stand und Rang streng beachtet. Auch in der Gesellschaft des 18. Jahrhunderts galt die ständische Gliederung, die jedem seinen Platz und Rang festsetzte – nach Abkunft, Beruf und innerhalb des Berufs. Zwar hatte sich der absolute Staat im Kampf gegen den ständischen Aufbau der Gesellschaft, wie er aus dem Mittelalter überkommen war, entwickelt. Aber dieser Kampf richtete sich nur gegen die politischen Rechte und Sonderrechte, die die verschiedenen Standesgruppen im Staate beanspruchten. Dem Herrscher gegenüber sollte es nur Untertanen geben. Nur sein souveräner Wille sollte Recht setzen. Ihm gegenüber sollten die überkommenen Rechte und Gerechtsame von Adel, Städten, Gilden und Zünften hinfällig sein. Die Nivellierung war nur als eine politische gedacht und durchgeführt, nämlich im Verhältnis von Untertan und Landesherr. Sie rührte aber nicht an die Geltung der ständischen Gliederung. Durch sein Heer und sein nur von ihm und nicht mehr von lokalen Gewalten abhängiges Beamtentum und ebenso durch die neue merkantilistische Wirtschaftspolitik suchte der Landesherr seine alleinige Autorität durchzusetzen. Mit diesen drei Faktoren konnte er den Widerstand der ständischen Vertretungen brechen, eine einheitliche Verwaltung durchführen und wirtschaftlich hindernde Produktions- und Organisationsformen unterhöhlen. Zu diesem Zwecke bediente er sich nun auch der außerhalb der zunftgebundenen Wirtschaftsordnung stehenden Juden.

Auf der anderen Seite aber benutzte der Staat den bestehenden ständischen Aufbau auch bewußt für seine Zwecke. Dem Adel wurde die militärische Karriere im Offizierskorps eröffnet und er dadurch und durch vielerlei Hofämter direkt an die Person des Herrschers gebunden. Die intelligente bürgerliche Oberschicht wurde zum großen Teil in der Beamtenschaft absorbiert. In der durch eine Vielzahl von Titeln und Rangstufen gegliederten Hierarchie der staatlichen Verwaltung konnte sie zu Einfluß und gesellschaftlicher Geltung gelangen. Das einfache Bürgertum der Handwerker und des städtischen Handels wurde durch Hoflieferanten-Diplome und Überlassung gewisser Qualitäts- und Marktkontrollrechte mit dem Verlust früherer Monopolstellungen ausgesöhnt. Der Staat schien durchaus an der Vielfalt der Standesunterschiede und Eifersüchteleien interessiert – nach dem Grundsatz des »divide et impera«.

In diesen nur von Staats wegen gelenkten ständischen Aufbau wurden auch die Juden eingegliedert. Sie gelten allerdings nicht als ein besonderer Stand, sondern werden im 17. und 18. Jahrhundert als eine »Nation« bezeichnet und bezeichnen sich selbst so. Der Begriff »Nation« hatte damals noch nicht den emotionalen und politischen Charakter, den das Wort von der Romantik an im 19. Jahrhundert annahm. Mit dem Volksbegriff hatte es damals noch nichts zu tun. Man sprach zum Beispiel von Juden »portugiesischer« oder »hochdeutscher« Nation. »Das 18. Jahrhundert gebraucht das Wort als eine Kategorie für ethnographische Einheiten mit genau angebbaren, aus der Erfahrung gewonnenen Merkmalen.«[52] Diese Merkmale sind sprachlicher und religiöser Art, andersartige Lebensführung, die auf dem Religionsgesetz basiert, und in zweiter Linie auch die unterschiedliche Tracht, insbesondere Barttracht.

Als eine solche Sondergruppe wird die Rechtsstellung der Juden geregelt. Sie beruht, wie im Mittelalter, auf landesherrlich verliehenen Privilegien. Damit sind die Juden im Prinzip von anderen Gruppen und Ständen nicht so unterschieden. Denn noch bildeten Privilegien und Gerechtsame die Grundlage des Gesellschaftsaufbaus und nicht ein für alle geltendes Recht. Der Unterschied bestand vielmehr in Form und Inhalt dieser Privilegien. Die Privilegien der Juden begründeten ein Schutzverhältnis. Ihre Empfänger wurden zu dänischen, anhaltischen, preußischen usw. »Schutzverwandten«, aber nicht zu direkten Untertanen, wie die anderen Staatsangehörigen. In ihren bürgerlichen Pflichten hatten zwar die »Schutzverwandten« einen Teil mit den anderen Untertanen gemein und wurden auch zuweilen mit ihnen in einer Reihe genannt. Aber den Juden gegenüber war der Ausdruck »Privilegien« ein euphemistischer. Er bedeutete nicht, wie im modernen Sinne, ein Vorrecht oder ein Sonderrecht. Ein Privileg sollte zwar die Rechte und Rechtsstellung einer bestimmten Gruppe regeln. Aber im Gegensatz zu den Privilegien, die christliche Berufsgruppen und Stände hatten und die ihnen reale Rechtsbegünstigungen und Vorrechte verschafften, waren die jüdischen Privilegien juristisch formulierte Rechtsbeschränkungen. Sie gaben ein Minimum – Schutz gegen roheste Gewalt und ein eingeschränktes Wohnrecht –, forderten dagegen von den Juden ein Maximum, nicht nur an Zahlungen, sondern durch oft entwürdigendste Einmischung in ihr Leben als einzelne wie als Gemeinschaft, durch Beschränkungen der Berufsausübung und des Handels. Dazu war das Schutzverhältnis oft zeitlich begrenzt. Bei jedem Thronwechsel mußten die Privilegien neu bestätigt werden, was in der Regel mit Verschlechterungen des Vorzustandes Hand in Hand ging, die zudem erneut teuer erkauft werden mußten.

Der Judenschutz des Territorialstaates war ein Abkömmling des königlichen Judenschutzes des Mittelalters. Im westfälischen Frieden war das Judenregal formell allen Reichsständen verliehen worden. (Nur gegenüber den Reichsstädten war der kaiserliche Einfluß auch auf diesem Gebiete noch von merklicher Bedeutung. Er setzte sich noch 1710 zum Beispiel in Hamburg in dem Judenreglement der kaiserlichen Kommission durch.) Der mit dem Königsschutz lange verbundene Begriff der Kammerknecht-

---

[52] Katz, Die Entstehung der Judenassimilation in Deutschland und deren Ideologie (Diss.), Frankfurt 1935, S. 14. (Reprint in Katz: Emancipation and Assimilation, Studies in Modern Jewish History, Farnborough, 1972, S. 208.)

schaft scheint aber allmählich zurückzutreten, außer in theologischer antijüdischer Argumentation. Schon seit dem 16. Jahrhundert waren die römisch-rechtlichen Vorstellungen der vorchristlichen Kaiserzeit vom römischen Bürgerrecht auch auf das Verhältnis zu den Juden wieder vorgedrungen.[53] Zusammen mit den in der Tendenz gleichartigen Gedanken des Naturrechts führten sie – jedenfalls bei der Handhabung des Schutzverhältnisses durch die Beamtenschaft, aber auch durch viele der Landesherren selbst – zu einer Liberalisierung, die vorher noch undenkbar gewesen war. So war vielfach die aktuelle Handhabung der drückenden Beschränkungen milder und elastischer, als der Wortlaut der Privilegien es erwarten ließ. Andererseits gerieten die Gemeinden und die einzelnen Juden in eine gefährliche Abhängigkeit von der Einsicht, dem guten Willen oder auch der Bestechlichkeit der Beamten.

Viele Züge waren den neuen Privilegien, Judenordnungen oder Judenreglements der verschiedenen Länder gemeinsam. Sie wurden vielfach, insbesondere anfangs, an namentlich angeführte Juden gegeben. Auch wo sie nicht für einzelne, sondern für ganze Gemeinden oder Landjudenschaften galten, wurde die Zahl der unter Schutz genommenen, der sogenannten »vergleiteten« Juden meist beschränkt. Wo, wie in Altona, diese Beschränkung wegfiel, hatte ein Bewerber jedenfalls ein Führungszeugnis der betreffenden Gemeinde beizubringen und ihr Einverständnis für seine Aufnahme. Der Schutz wurde von der Zahlung eines Schutzgeldes abhängig gemacht, das von den einzelnen »Schutzverwandten« oder pauschal von der Gemeinde zu zahlen war, die es dann unter ihre Mitglieder aufteilte. Die häufig nicht so hohe Summe des eigentlichen Schutzgeldes erhöhte sich durch vielfache Sonderauflagen unter den verschiedensten Titeln, die oft von Einzelzahlungen zu Dauerabgaben und zu drückenden Belastungen der Gemeinden wurden.[54]

Recht verschieden waren die Fragen der Religionsübung, der Gemeinde-Autonomie, der Gerichtsbarkeit und auch der Handelsfreiheit geregelt. Der moderne Staat mischte sich in die inneren Angelegenheiten aller Schichten seiner Untertanen viel stärker ein, als es im Mittelalter üblich und möglich gewesen war. Reglementierung von Handel und Wandel wurde vielfach bis in Einzelheiten durchgeführt. Den zahlenmäßig geringen und

---

[53] Selma Stern »Josel von Rosheim«, S. 197.
[54] Bekannt ist die Verpflichtung in Preußen, bei Eheschließungen Ausschußware der Porzellanmanufaktur abzunehmen, die nur im Ausland und nur mit großem Verlust abzusetzen war. – In Altona gab es das »Don gratuit«, das von einem einmaligen freiwilligen Geschenk zur Aussteuer einer Königin zu einer Dauerabgabe wurde.

Soziale und rechtliche Stellung der Juden in Deutschland

von der Staatsgewalt in ihrer ganzen Existenz abhängigen Juden gegenüber nahm die staatliche Einmischung und Kontrolle besondere Formen an. Während die freie Religionsübung früher den Juden wohl immer zugestanden war, wurde sie jetzt vielfach stark eingeschränkt. Es bestanden Verbote, öffentlichen Gottesdienst zu halten, Synagogen zu haben, am Neujahrsfest das Schofar-Horn zu blasen, im Gottesdienst zu singen u. a. m. Die Juden durften an manchen Orten ihren Gottesdienst nur in Privathäusern bei beschränkter Teilnehmerzahl und wie im geheimen abhalten. Solche Verbote existierten zum Beispiel in Wien bis 1811 und in Hamburg. Im benachbarten dänischen Altona dagegen besaßen die Juden Religionsfreiheit, öffentliche Synagogen, Friedhöfe und Lehrhäuser. Auch in Hamburg bestanden die obigen Verbote in dieser krassen Form nur auf dem Papier. Sie sollten das orthodox-lutherische »geistliche Ministerium« und die Bürgerschaft beruhigen, während der Rat und die Verwaltung stillschweigend die Umgehung der Verbote duldeten, um eine wirtschaftlich unerwünschte Abwanderung der Juden in das liberalere dänische Gebiet zu verhindern.

Große Verschiedenheiten bestanden auch in dem Umfang, in dem den Juden Raum für eigene Ordnung ihrer Gemeindeangelegenheiten eingeräumt wurde. Die Jurisdiktion der Rabbinatsgerichte war zumeist nur auf Ritual- und Zeremonialsachen beschränkt, von denen manchmal Ehe-, Scheidungs- und Erbangelegenheiten ausgenommen wurden. Sogar das damals wichtigste Mittel der Gemeindedisziplin, die verschiedenen Arten der Ausschließung und des Bannes, wurden oft von staatlicher Genehmigung abhängig gemacht. Nur in wenigen Territorien wurde den rabbinischen Gerichten, die nach talmudisch-jüdischem Recht und Prozedur vorgingen, auch die Zuständigkeit in Zivilsachen zugestanden, jedenfalls in erster Instanz. Wieder war die dänische Judenpolitik die liberalste. Die Jurisdiktion des Altonaer Rabbinats reichte bis zum kleinen Belt. Die Mehrzahl und die wirtschaftlich potentesten Mitglieder der Altonaer Gemeinde wohnten in Hamburg und waren dänische Schutzjuden. Deshalb war für Dänemark diese rabbinische Jurisdiktion ein Politikum ersten Ranges im Streit mit Hamburg, dessen Status als Reichsstadt die Dänen eigentlich nie anerkannt hatten.[55] Sie wurde argwöhnisch und in Resten bis weit ins 19. Jahrhundert gehütet, und der Hamburger Senat mußte sich mit ihr abfinden. Erst mit der Emanzipation der Juden Schleswig-Holsteins im Jahre 1863 hörte diese zivilrechtliche Jurisdiktion des Altonaer Rabbinats in den ehemals dänischen Gebieten auf.

[55] Der Gottorfer Vergleich von 1768, in welchem Dänemark die Unabhängigkeit Hamburgs anerkannte, hatte die Frage der Jurisdiktion des Altonaer Rabbinats über die Hamburger Juden praktisch beim status quo belassen.

In Preußen wurden Zivilstreitigkeiten der Juden ebenfalls den Rabbinatsgerichten überlassen. Kamen sie bei größeren Summen oder Berufungen vor das staatliche Gericht, wurde unter Zugrundelegung des jüdischen Rechts verhandelt. Um den christlichen Richtern über dieses einen Überblick zu geben, wurde dem Oberlandesrabbiner Hirschel Levin aufgegeben, eine Zusammenstellung des jüdischen Rechts zu verfassen. Er zog für die Bearbeitung Moses Mendelssohn heran. Die Sammlung erschien als »Ritualgesetze der Juden« im Jahre 1778. Eine ähnliche Sammlung, die aber nicht nur das jüdische Recht, sondern auch das staatliche preußische Judenrecht enthält, gab der preußische Beamte Terlinden 1804 heraus.

Die günstigsten Privilegien bestanden an Orten und in Gebieten, wo die Landesherren aus Gründen ihrer Handelspolitik oder zur Bevölkerung neugegründeter Städte an der Heranziehung von Juden interessiert waren. Das war zum Beispiel in Mannheim und Karlsruhe der Fall, in Brandenburg unter dem Großen Kurfürsten und Friedrich I., in Glückstadt für portugiesische Juden und in Altona.

Wie in Glückstadt und Altona, die als Konkurrenzhäfen für Hamburg gegründet waren, verdankten auch in Fürth die Juden ihre Sonderstellung dem politischen Streit zweier Territorialherren. Fürth wurde sowohl von dem Markgrafen von Ansbach wie von dem Bamberger Bischof beansprucht. Schon am Anfang des 16. Jahrhunderts siedelten die Ansbacher in Fürth Juden an, Nachkommen der 1499 aus der Reichsstadt Nürnberg Vertriebenen. Ihnen folgten Juden nach, die unter bambergischem Schutz standen und bald zahlenmäßig die Oberhand gewannen. Wie die übrigen Einwohner Fürths wurden auch die Juden Nutznießer dieses Streites der beiden Landesherren, von denen jeder den anderen durch größere Vergünstigungen ausstechen wollte. Fürth entwickelte sich zu einer der bedeutendsten jüdischen Gemeinden in Deutschland. Es war wohl der einzige Ort, an dem die Juden korporativ städtische Bürgerrechte hatten und ab 1719 zwei Vertreter in den städtischen Rat delegieren konnten. Fürth wurde die Hauptgemeinde Süddeutschlands. Sein Hinterland waren die vielen kleinen Gemeinden in den verschiedenen fränkischen Territorien des heutigen Bayerns. Fürth wurde der Sitz eines der angesehensten Rabbinate in Deutschland. Hier entstand ein wichtiges Lehrhaus und eine große hebräische Druckerei.

Von den neuen Entwicklungen im staatlichen, wirtschaftspolitischen und geistigen Leben waren am wenigsten die alten Reichsstädte berührt worden. In ihnen herrschte weiterhin der mittelalterliche Zunftgeist. Die meisten dieser Reichsstädte hatten im 15. und 16. Jahrhundert die Juden vertrieben. Wo sie dank kaiserlichen Eingreifens bleiben durften, wie in

Soziale und rechtliche Stellung der Juden in Deutschland

Frankfurt und Worms, standen sie unter den alten »Stättigkeiten«. In Frankfurt bestand noch bis ins 19. Jahrhundert hinein das fürchterliche Getto der Judengasse, außerhalb der kein Jude wohnen durfte. In den neuen Gemeinden dagegen wohnten Juden inmitten der christlichen Bevölkerung, höchstens waren ihnen einige Straßen verboten. (In der Praxis gruppierten sie sich aber zumeist in der Nähe der Synagoge.) Die Frankfurter Stättigkeit regelte bis ins einzelne auch die Handelstätigkeit der Juden, um jegliche erdenkbare Konkurrenz mit christlichen Handwerkern und Kaufleuten auszuschließen. Wenn trotzdem Frankfurt auch im 18. Jahrhundert noch die berühmteste und – wohl nach den Drei Gemeinden Altona-Hamburg-Wandsbek an der Elbe – auch größte jüdische Gemeinde blieb, so lag der Grund dafür in der wirtschaftlichen Bedeutung der Stadt. Hier war der zentrale Geldmarkt des Reiches. Die mittelalterliche Abschließung der Frankfurter Juden von allen anderen wirtschaftlichen Betätigungen hatte diese geradezu auf das Geld- und Finanzgeschäft gedrängt, wie in den vergangenen Jahrhunderten. Insbesondere dienten die reichsstädtischen, seit 1617 wieder unter direktem Kaiserschutz stehenden Frankfurter Juden dem Kaiserhof in Wien und dessen Finanzen.

An Stelle der weitherzigen merkantilistischen Wirtschaftspolitik des 17. Jahrhunderts traten im 18. Jahrhundert mehr und mehr neue, physiokratische Tendenzen. Die staatliche und Verwaltungseinheit der neuen Staatsidee hatte sich inzwischen durchgesetzt. Jetzt sollte der zentralistische Staat auch wirtschaftlich autark gemacht werden. Von der Förderung des interterritorialen Handels gingen die Staaten zur Förderung der Landwirtschaft und der Industrie, damals Manufakturen genannt, über. Das wirkte sich auch in der neuen Judenpolitik aus, wie sie am deutlichsten die Entwicklung in Brandenburg-Preußen zeigt.

Hatten noch unter dem Großen Kurfürsten die Juden ein weites Maß von Handelsfreiheit genossen, so wurde jetzt der Handel überhaupt nicht mehr gern gesehen. Es wurden wieder Beschränkungen für die Eröffnungen von Läden durch Juden eingeführt. Der überterritoriale Handel der Juden wurde weitgehend unterbunden. Dagegen erhielten Juden, die Fabriken, Manufakturen, eröffneten, staatliche Förderung. Friedrich Wilhelm I. hatte eine stark religiös fundierte Abneigung gegen die Juden und setzte sich zum Ziel, ihre Zahl soweit wie möglich zu beschränken. Er erließ im Jahre 1730 ein neues Judengesetz, das General-Reglement, das die Judenschaft in Preußen sowohl organisatorisch wie rechtlich auf eine neue Grundlage stellte. An Stelle der noch bei dem Großen Kurfürsten gehandhabten Methode der persönlichen Schutzbriefe für einzelne Juden oder für Juden einzelner Landesteile, trat nun ein alle Juden in den preußischen Staaten als eine Einheit betreffendes Gesetz. Dieses neue Gesetz stellte eine wesentliche Verschlechterung des bisherigen Zustandes dar. Insbesondere war ein Hauptpunkt des Reglements, die Zahl der Juden in den preußischen Ländern zu beschränken, die natürliche Entfaltung der Familien zu verhindern, indem nur den erstgeborenen Kindern der Schutzjuden ein Niederlassungsrecht gegeben wurde. Für die zweitgeborenen konnte dieses Niederlassungsrecht nur mit besonders hohen Zahlungen erkauft werden.

Noch viel weiter ging die restriktive Judenpolitik Friedrichs des Großen in seinem *Revidierten General-Judenreglement* von 1750. Dieses Gesetz des sogenannten aufgeklärten Königs war vielleicht das schlimmste Dokument in der bisherigen Entwicklung des jüdischen Rechtsstandes. Die Beschränkungen, die Friedrich Wilhelm I. sozusagen noch zögernd eingeführt hatte, in stetem Ringen mit seiner vielfach liberalen hohen Beamtenschaft, wurden jetzt ausgebaut und systematisiert.

Zunächst wurde die Judenschaft in 6 Klassen eingeteilt. Die oberste Klasse bildeten – seit 1762 – die General-Privilegierten, die allerreichsten Juden. Ihre Rechte wurden wieder durch ein besonders erteiltes persönliches Privileg geregelt. Sie hatten die gleichen Rechte wie die christlichen Kaufleute, durften sich überall niederlassen, Grundbesitz erwerben und – das Wichtigste – ihr Privileg auf alle ihre Kinder vererben. Zu dieser Klasse gehörten aber nur sehr wenige Familien. Sie waren im wesentlichen wohl mit den früheren Hoffaktoren identisch. – Auch die zweite Klasse, die der ordentlichen Schutzjuden, besaß ein landesherrliches Privileg. Aber sie durften sich nur an dem Orte niederlassen, der in diesem Privileg bezeichnet war und dieses Recht nur auf ein Kind vererben. Die Ansetzung dieses Kindes war außerdem nur bei Nachweis eines Vermögens von 1000 Talern möglich. Auf Ansetzung eines zweiten und dritten Kindes bestand kein Anspruch, doch konnte sie bei Nachweis von je 1000 Reichstalern durch besondere Genehmigung gewährt werden. – Zu der dritten Klasse gehörten die außerordentlichen Schutzjuden. Deren Privileg war nicht vererbbar. Zu ihnen gehörten z. B. Ärzte, Zahnärzte, Maler, Künstler, also die mehr oder weniger freien Berufe. Diese drei ersten Klassen hatten gemeinsam für die Judensteuern und Abgaben aufzukommen. – Wollte übrigens ein Schutzjude auswandern, so wurden ihm große Schwierigkeiten gemacht, sowohl vom Staat, und nicht nur in Preußen, wie auch von seiner Gemeinde; denn mit ihm verloren sie einen wichtigen Steuerzahler. Er hatte deshalb besondere Abzugsgelder zu zahlen und wurde oft auch verpflichtet, noch von seinem neuen Wohnsitz aus einige Jahre lang die Lasten seines alten Wohnortes mitzutragen. – Die vierte Klasse umfaßte die öffentlichen Bediensteten, wie die Rabbiner, Gemeindebeamte etc. Sie durften keinen Handel und kein Gewerbe betreiben und ihre Konzession galt nur für die Zeit, die sie im Amte waren. – Die fünfte Klasse waren die sogenannten »geduldeten« Juden, die sich aus den nichtangesetzten Kindern der Schutzjuden, aus den Kindern der außerordentlichen Schutzjuden und der Gemeindebeamten zusammensetzten. All diese hatten kein Recht und in der Regel keine Aussicht sich im Inland zu verheiraten. Sie durften keinen eigenen Handel und kein Gewerbe betreiben, sondern gehörten zum Haushalt der väterlichen Familie. – Die sechste Klasse umfaßte die Privat-Dienstboten, die ebenfalls nicht heiraten durften und nur so lange geduldet waren, wie sie im Dienste standen. Als Privat-Dienstboten galten übrigens auch die kaufmännischen und Büro-Angestellten der Schutzjuden. Auch Moses Mendelssohn gehörte zu diesen, bis er 1763 das Recht eines außerordentlichen Schutzjuden erhielt. – Außerhalb dieser sechs Klassen standen die völlig rechtlosen und verfolgten Betteljuden, die man nicht im Staate haben wollte.

Friedrich Wilhelm I. hatte mit den Verboten begonnen, die die meist sehr zahlreichen Kinder der Juden vor die Wahl stellten, niemals einen Ehe- und Hausstand zu gründen oder aber auszuwandern. Friedrich der Große hatte diese Verbote ausgebaut und verschärft. Sehr bald lernten auch die anderen Staaten von ihnen und ahmten sie nach. Da war z. B. das Familianten-Gesetz in den Ländern der Böhmischen Krone, das noch im Jahre 1797 erlassen wurde, d. h. mehr als fünfzehn Jahre nach den sogenannten »Toleranz-Patenten«. Laut diesem Gesetz durften in Böhmen, Mähren und Österreich-Schlesien die jüdischen Familien eine bestimmte Anzahl nicht überschreiten. So konnte ein Jude sich nur verheiraten, wenn eine Nummer für ihn freigeworden war durch den Tod eines anderen verheirateten Juden. Ein ähnliches Gesetz wurde noch nach der napoleonischen Zeit in Bayern eingeführt.

Auch im absoluten Staat des 18. Jahrhunderts war das Verhältnis zu den Juden ausschließlich von dem wirtschaftlichen und politischen Nutzen bestimmt, den sie einbrachten. Der politische Nutzen bestand in der Vermittlung des Staatskredits, der Organisierung von Nachschub und Ausrüstung der Armee, den interterritorialen verwandtschaftlichen Verbindungen jüdischer Familien und, wie wir im Falle Altona sahen, in der Benutzung der Juden als direktes politisches Druckmittel gegenüber anderen Staaten. Wirtschaftlichen Nutzen brachte die Ausdehnung von Handel und Industrie, Export der Landeserzeugnisse und der direkte Nutzen, den die Staatskasse durch die Einnahmen aus der Tätigkeit der Juden wie aus ihren besonderen Abgaben zog. Dieser Nutzen war für die Staatskasse beträchtlich. Um nur ein Beispiel zu nennen: Im Jahre 1705 haben die Berliner

Juden an Akzise, d. h. Binnenzöllen, 117 437 Taler gezahlt, während die Berliner Nichtjuden in diesem Jahr insgesamt nur 43 865 Taler an Akzise gezahlt haben.[56] Sogar aus Strafgeldern, die Juden von ihren Gemeinden wegen Nichtbesuch der Synagoge oder ungehörigen Verhaltens während der Gottesdienste etc. oder aus Rabbinerurteilen auferlegt wurden, ging in der Regel die Hälfte an die Staatskasse. Dies war auch einer der Gründe, warum die Behörden in vielen Territorien sich hinter die Autorität der Gemeindevorstände und der Rabbinatsgerichte gestellt haben.

Um alle diese erheblichen Summen aufbringen zu können, mußte der wirtschaftliche Spielraum der Juden, trotz aller Beschränkungen, verhältnismäßig erweitert werden.

Wirtschaftliche Betätigung großen Stils war allerdings nur den Hoffaktoren, denen in Preußen die General-Privilegierten entsprachen, möglich. Einige Juden dieser Kreise konnten Manufakturen errichten und dadurch die Staaten von der Einfuhr mancher Waren unabhängig machen. Nur an diesen reichen Juden waren die Staaten wirklich interessiert. Sie wurden gegenüber ihren Gemeinden gestützt oder diese von ihnen abhängig gemacht. Der reiche Jude war zwar durchaus nicht der bessere, wie Lessing in seinem »Nathan« sagt, aber für die Staatszwecke der nützlichere. Alle anderen Juden wurden als notwendiges Übel toleriert und auf Schritt und Tritt beschränkt. – Die große Mehrzahl der Schutzjuden war im Warenhandel tätig. Dieser blieb zumeist Hausierhandel; denn die städtischen Kaufmannschaften wußten an den meisten Orten zu verhindern, daß Juden ihre Waren in offenen Läden feilbieten durften. Sie blieben auf Märkte, Messen und den ambulanten Verkauf auf der Straße oder an der Haustür beschränkt. Sehr viele, deren Kapital- und Kreditmöglichkeiten für den Warenhandel nicht ausreichten, verdienten sich ihr Brot durch Makler- und Agententätigkeit und Aufspüren von Gelegenheitsgeschäften.

Dazu kamen einzelne zunftfreie Kunsthandwerke, die zum Teil in kleinen Familienbetrieben ausgeübt wurden. Daneben blieb als Zusatzberuf, oft der Frauen, das Leihen auf Pfänder bestehen. Aber von allen eigentlichen Handwerken waren Juden ausgeschlossen. Die Zünfte, seit Jahrhunderten ihre ärgsten Gegner, sperrten ihnen den Zugang zu allen Handwerken, die zu dieser Zeit die wichtigsten Berufe des Bürgertums darstellten. (Nur in Schlesien und Böhmen gab es in einigen Zweigen auch jüdische Handwerker, die in Böhmen auch in eigenen jüdischen Zünften organisiert waren.) Ganz ausgeschlossen waren Juden von der Landwirtschaft. Städtischer Grundbesitz war ihnen oft im 18. Jahrhundert erlaubt – zuweilen

---

[56] Elbogen-Sterlin, S. 142.

unter der Bedingung, daß er formell auf den Namen eines Christen eingetragen wurde. In Preußen wurde 1705 Juden sogar das Wohnen auf dem Lande untersagt. Friedrich der Große lehnte einen Antrag, einem Juden versuchsweise eine Meierei zu verpachten, mit der Begründung ab, daß die Juden nur des Handels und der Manufakturen wegen toleriert würden, während die Landwirtschaft den Nichtjuden vorbehalten sei.[57]

Die armen Juden in den Gemeinden, die keine Möglichkeit zu selbständigem Erwerb, selbst nicht als Trödler oder Agent, hatten, mußten als Bedienstete in den Häusern oder den Firmen anderer Juden arbeiten.

Durch den Ausschluß von Handwerk und Landwirtschaft und die Beschränkung auf Handel und Geldwirtschaft und die vereinzelte Unternehmertätigkeit als Fabrikanten war die berufliche und soziale Struktur der Juden eine unnatürliche geworden. Was Vorurteil, Neid und staatliche Wirtschaftspolitik gezüchtet hatten, wurde ihnen mit umgedrehtem Spieß als Laster und Fehler vorgeworfen.

Während die vorgenannten Gruppen der Juden noch in irgendeiner Weise ihr Brot fanden, war die Lage der Juden, die kein Siedlungsrecht in einer Gemeinde oder dieses verloren hatten, trostlos. Zu ihnen gehörten zum Beispiel die Bankrotteure, die in dem labilen, von so vielen Eingriffen abhängigen Wirtschaftsleben der Juden recht häufig waren. Zu ihnen gehörten wandernde Juden aus dem Ausland, namentlich aus Polen. Häufig waren darunter Talmudstudenten, akademische Proletarier, die versuchten, als Kinderlehrer oder Gemeindediener in deutschen Gemeinden einen Unterhalt zu finden. Glückte ihnen dieses, so war ihre Lage für eine gewisse Zeit gesichert. Sonst aber gehörten auch sie zu den von Ort zu Ort gejagten Betteljuden, denen sich die Gemeinden verschlossen, da sie nur eine wirtschaftliche und politische Belastung darstellten. Sie lebten von Bettelei und milden Gaben, gelegentlichen Freitischen und in Asylen für Durchwanderer. Aus ihren Reihen kamen viele der Täuflinge, die dann auch die christlichen Misionare, wie Callenberg, vor große soziale Probleme stellten. Manche Betteljuden schlossen sich mit nichtjüdischen Landstreichern und Deserteuren zu Diebes- und Räuberbanden zusammen. Reste solcher Banden gab es noch im Anfang des 19. Jahrhunderts[58]. Salomon Maimon hat in seiner Selbstbiographie einen Einblick in die Lage dieser Betteljuden gegeben. –

Trotz der geringen Zahl der Betteljuden im Verhältnis zu der großen

[57] B. König, Annalen der Juden in den preußischen Staaten, 1790, Reprint 1912, S. 297.
[58] Vgl. R. Glanz, Geschichte des niederen jüdischen Volkes in Deutschland, New York, 1968.

Mehrheit der in Gemeinden ansässigen Juden,[59] haben sie nicht nur die volkstümliche Vorstellung von den Juden beeinflußt, sondern auch die Erwägungen und Bedenken, die bis in die Mitte des 19. Jahrhunderts gegen die Emanzipation der Juden von Gelehrten und Beamten vorgebracht wurden. Für ihre soziale Eingliederung wurde nichts unternommen; denn sie, und mit ihnen alle Juden, galten als unverbesserlich und somit als eine Gefahr.

Von dieser Einstellung zu den Juden, die sich an der Furcht vor diesen Ärmsten der Armen orientierte, führt eine direkte Linie zu dem Judenbild des modernen Antisemitismus.

---

[59] Shohet, S. 17ff.

9. Der Chassidismus

In derselben Epoche, in welcher in der kleinen deutschen Judenheit sich die geschilderten Auflockerungen entwickelten, die schließlich in die Aufklärung mündeten; in dieser Zeit, nach dem großen Kosakenaufstand unter Chmielniecki, hatte sich auch die Lage der Juden in Polen stark verändert.

Die Entwicklung in Polen, dem großen Zentrum der aschkenasischen Judenheit, ging andere Wege und hatte andere soziologische Voraussetzungen als die in Deutschland. Dort ging sie den Weg einer Annäherung an Sprache und Bildungsgut der Umwelt. In Polen aber hatte sie zu stärkerer Abschließung und Isolierung von der Umwelt geführt. Das Verhältnis der polnischen Bevölkerung in all ihren Schichten zu den Juden hatte sich gewandelt. Mit dem wachsenden nationalen Bewußtsein der Polen, mit dem Aufkommen eines polnischen städtischen Bürgertums und einer sehr national gestimmten katholischen Kirche, begann man die Juden als nationalen Feind anzusehen. In Deutschland wie in Polen unterschieden sich die Juden in Religion, Sitte und Tracht von der Umwelt. In Polen aber kam noch verstärkend hinzu, daß sie von ihren slawischen oder litauischen Nachbarn durch ihre vollkommen fremde Umgangssprache unterschieden waren, durch das aus Deutschland mitgebrachte Jüdisch-Deutsch. Aus den Berufen und wirtschaftlichen Funktionen, derentwegen sie einmal nach Polen gerufen worden waren, wurden sie jetzt herausgedrängt, zumindest aber in ihrer Ausübung beschränkt, sowohl in den Städten wie auf dem Lande. Hinzu kam die Machtstellung, die die katholische Geistlichkeit in Polen gewonnen hatte. Im 16. Jahrhundert war ein großer Teil des polnischen Adels für die Gedanken der Reformation gewonnen worden. Die verschiedensten protestantischen Gruppen und Sekten – unter diesen auch unitarische Sozinianer – fanden Rückhalt in vielen Adelssitzen. Gegenüber dieser Vielfalt setzte sich im 17. und namentlich im 18. Jahrhundert die einheitliche katholische Kirche wieder durch, die bald das nationale Polentum gegenüber russischer Orthodoxie und preußischem Protestantismus verkörperte. Die Geistlichkeit schlug einen besonders scharfen Kurs gegen die Juden ein. Auch dieser stand wohl im Zusammenhang mit dem Kampf gegen die protestantischen und besonders die unitarischen Ketzer. Das Volk wurde immer wieder gegen die Juden aufgehetzt, durch Ritualmord- und ähnliche Beschuldigungen. Überfälle, Plünderungen und Ausschreitungen, namentlich der Schüler der geistlichen Schulen und der Studenten – das sogenannte »Schülergelauf« – wurden alltägliche Erscheinungen.

Die zunehmende Verschlechterung ihrer wirtschaftlichen und politischen Lage hatte schwere Folgen für die Geisteshaltung der Juden Polens. Noch war der äußere Rahmen intakt. Der »Rat der Vier Länder«, die auf Vertretern der Großgemeinden aufgebaute Gesamtorganisation mit ihrem administrativen und rabbinischen Apparat, bestand noch bis zum Jahre 1764. Im 16. und den ersten Jahrzehnten des 17. Jahrhunderts wirkten an polnischen Lehrhäusern Gelehrte höchsten Ranges. Sie hatten durch bedeutende Kommentar- und Kodifikationswerke Autorität erlangt und Polen zum Zentrum des Talmudstudiums gemacht. Und sie waren Persönlichkeiten von hohem menschlichen Niveau. Jetzt aber, nach dem großen physischen und psychischen Einschnitt, den die Kosakenaufstände bewirkt hatten, war ein gewisser Niedergang eingetreten. Die besten Kräfte gingen ins Ausland und wurden später in deutschen Gemeinden berühmt. Erst am Ende der Epoche, in der zweiten Hälfte des 18. Jahrhunderts, findet sich hier wieder ein hochbedeutender Vertreter des rabbinischen Judentums: Rabbi *Elia ben Salomon* in Wilna, genannt der *Wilnaer Gaon*.

In dem mehr städtischen nördlichen Polen, in Litauen und in dem sogenannten Großpolen mit dem Hauptort Posen, hatte sich die große Tradition des polnischen Judentums – die allgemein verbreitete Talmudgelehrsamkeit und das Streben aller Kreise nach dieser – noch weitgehend erhalten. Hier galt wirklich eine Familie, und mochte sie noch so reich sein, erst dann als vornehm, wenn sie Gelehrte aufzuweisen hatte. Hier waren rabbinische Autorität und Gemeindedisziplin noch ungebrochen.

Anders war die Lage im südlichen Teil Polens, in Podolien, der Ukraine, Wolhynien und Galizien. Dort saßen große verarmte Massen von Juden in kleinen Gemeinden oder auf dem Lande verstreut. Sie lebten in ständigem Kampfe um das tägliche Brot in einer ihnen feindlichen Umgebung. Wenige wohlhabende Notabeln herrschten über die Gemeinden zusammen mit Rabbinern, mit denen sie oft verschwägert waren. Diese Rabbiner selbst lebten in dem asketischen Geist der lurjanischen Kabbala, der sich nach den Chmielniecki-Verfolgungen und dem Zusammenbruch des sabbataistischen Messiastraumes nur noch verstärkt hatte. Ihre asketische Frömmigkeit und andererseits ihr Gesetzesformalismus war den einfachen Juden fremd geworden. Menschen, die ständig am Rande des Hungers lebten, konnten in Askese keinen Sinn mehr sehen und hatten weder Zeit noch

Fähigkeit für ein geregeltes Talmudstudium. So glimmte unter den einfachen Juden der südlichen Provinzen Polens eine Animosität gegen die Gelehrten und gegen das Judentum, das sie verkörperten. Eine solche Erscheinung, ein sozial bedingter Haß gegen Gelehrte und Gelehrsamkeit, ist eine ganz seltene Erscheinung in der jüdischen Geschichte. Wir finden ähnliche Erscheinungen nur in den ersten und zweiten nachchristlichen Jahrhunderten im einfachen Landvolke Galiläas, den Kreisen, aus denen auch Jesus von Nazareth und seine Schüler hervorgingen, und die noch 150 Jahre später den Gelehrten von Tiberias Schwierigkeiten bereiteten. – Unter diesen verbitterten und ungelehrten Juden Südpolens, deren Elend und gedrücktes intellektuelles Niveau sie rationaler Argumentation unzugänglich machten, schwelte der Sabbataismus in seinen antinomistischen Formen fort. Hier in Podolien und Wolhynien entstand die Frankistenbewegung. Praktische Kabbala und Aberglaube herrschten, volkstümliche Wundermänner traten auf. Vielleicht nirgends sonst brodelten so starke emotionale Kräfte im Judentum.

Diese Spannungen führten aber nicht zu einer Sprengung, sondern zu einer Erneuerung des religiösen Judentums in Osteuropa. Sie veränderte nicht das Judentum, wohl aber die Menschen, die sie erfaßte.

Ein Mann aus dem Volke, *Israel ben Elieser*, genannt *Baal-Schem-Tow* – Meister des göttlichen (guten) Namens – abgekürzt Bescht (1700–1762), schuf eine religiöse Bewegung, die man den *Chassidismus* nennt. Chassiduth heißt Frömmigkeit, eine Frömmigkeit, die dem einfachen Volke entsprechen konnte.

Seit der Vertreibung der Juden aus Spanien und besonders seit dem Wirken von Isaak Lurja und seinen Schülern in Safed war die Kabbala Erlösungsmystik geworden, die das Kommen des Messias und des Gottesreiches durch Askese und Bußübungen zu erzwingen suchte. Das rabbinische Judentum hatte diese Mystik und Askese sehr bald seinem eigenen Gesetzesformalismus eingefügt. Denn gleich diesem war auch der Charakter der Kabbala – wie vielleicht jeder Mystik – intellektualistisch, sogar in ihren ekstatischen Ausprägungen. Unbestritten herrschte der alte Grundsatz der mündlichen Lehre, daß der Unwissende nicht fromm sein könne, daß nur das Studium des einfachen wie des verborgenen mystischen Sinnes der göttlichen Worte auch zu rechtem Tun führe.

Die Lehre des Chassidismus gründete sich ebenfalls auf Begriffe und Terminologie der lurjanischen Kabbala, die aber hier in volkstümlicher, einprägsamer Einkleidung erscheinen. Namentlich die Korrespondenz zwischen Gott und Mensch, die jeder Handlung und jedem Worte kosmische Bedeutung gibt, und die Erfülltheit der ganzen Schöpfung mit verstreuten göttlichen Funken, sind lurjanische Gedanken, die die Sprüche und symbolischen Handlungen des Baal-Schem und seiner Schüler in vielfältiger Form durchziehen. Aber nicht Theorie, sondern das unmittelbare religiöse Gefühl, das den einfachen Beter mit seinem Schöpfer verbindet, und sein tagtägliches Handeln stehen im Mittelpunkt des Chassidismus. Das Gebet ist der Akt der Einigung von Geschöpf und Schöpfer. Gottgerichtetheit, ekstatische Begeisterung und Hingabe von Willen und Körper sind die drei Säulen chassidischen Betens. Jede menschliche Handlung, jede Arbeit, die in solcher Gesinnung getan wird, ist ebenfalls Gottesdienst, der »wie der Schuster mit der Ahle« das Obere und das Untere verbindet. Rhythmische, oft seltsame Bewegungen, Melodien und Tänze geben dem Beten der Chassidim einen ekstatischen Charakter. Reflexion, Wissen und Gesetz treten dagegen in den Hintergrund.

Der Baal-Schem brachte wieder Frohsinn in das düstere Leben der Juden. An Stelle von Askese und Gelehrsamkeit tritt das Gebet, das aus dem Herzen kommt. An Stelle von Klage und Sündegefühl lehrte der Baal-Schem die Freude an Gottes Schöpfung und die Liebe zu allem Geschaffenen. In Freude will Gott gedient werden.

Der Chassidismus wurde zu einem Aufstand gegen die Intellektualisierung der Religion und das düstere und starre Joch, in das sie damals gepreßt erschien.

Der Baal-Schem und seine Schüler lebten unter ihren einfachen Anhängern, unter Handwerkern, Fuhrleuten und Wasserträgern. Sie wußten um ihre Sorgen und teilten ihre Nöte. Und sehr bald verwandelten sich jeder ihrer Schritte, ihrer Handlungen und Worte, sogar ihre Melodien, zur Quelle unzähliger Legenden.

Noch zu Lebzeiten von Israel Baal-Schem bahnte sich eine Institutionalisierung des Chassidismus an. Die Bewegung war von Anfang an, trotz ihrer Abwertung des »Lernens« und des Studiums, nicht antinomistisch gewesen. Darin waren die Chassidim von den sabbataistischen Gruppen und den gleichzeitig auftretenden Frankisten unterschieden. Unter den ersten bedeutenden Schülern des Baal-Schem befanden sich bereits Angehörige der rabbinischen Bildungsschicht, die auch die erste chassidische Theorie und Literatur schufen. Die chassidischen Gruppen hatten die lurjanische Gebetsordnung mit ihrer dem sefardischen Ritus entnommenen Formulierung der Gebete übernommen und dem üblichen aschkenasischen Ritus aufgepfropft. Dieser Mischritus, der sogenannte »Nussach S'farad«, unterscheidet noch heute das chassidische Gebetbuch von dem aschkenasischen, wie es in Deutschland beispielsweise üblich blieb.

Die Annahme des veränderten Gebetbuches und einiger ritualer Besonderheiten, hauptsächlich aber die ekstatische, fröhliche und bewegte Art des Gottesdienstes, unterschied die Chassidim von den anderen Juden Polens. Dazu kam eine merkwürdige und sonst dem Judentum fremde Erscheinung. Das Menschenideal des Chassidismus war der »*Zadik*«, der vollkommene Gerechte, der in einem unmittelbaren elementaren Verhältnis zu Gott steht. Aber nicht jeder Chassid konnte augenscheinlich dieses Ideal erreichen. Die meisten mußten sich wohl damit begnügen, daß sie einem solchen wahrhaft Begnadeten in Verehrung anhingen. Sie suchten hierdurch religiöse und seelische Befriedigung zu erlangen. Der Zadik wurde – noch bei Israel Baal-Schem – zu einer charismatischen Persönlichkeit.

Zunächst wurden die direkten Schüler des Baal-Schem und die Schüler dieser Schüler als »Zadikim« verehrt. Dann wurde diese charismatische Funktion in den Familien der Nachkommen des Baal-Schem und seiner Schüler erblich. Der Zadik wurde zu einem menschlichen, besonders begnadeten Mittler zwischen Gott und den übrigen Juden. Seinem Gebet und seiner Intervention in den himmlischen Sphären wurde besondere Kraft zugesprochen. – Die reichen Spenden ihrer Anhänger erlaubten den Zadikim, gleichsam Hof zu halten. Jedes Wort und jede ihrer Handlungen galt als bedeutungsvoll. Jeder ihrer Ratschläge, der sich als nützlich erwies, jede Beruhigung, die einem Kranken half, wurden zu Wundertaten.

Der Chassidismus umfaßte bald große Massen von gläubigen Anhängern. Er breitete sich in wenigen Jahrzehnten vom Süden Polens über den größeren Teil der osteuropäischen Judenheit aus.

Eine bemerkenswerte Sonderentwicklung machte der Chassidismus durch, als er in Litauen und Weißrußland Fuß fassen wollte. Hier, wo die sozialen Bedingungen besser waren, traf er auf eine viel breitere Schicht, die in jüdisch-talmudischer Bildung verwurzelt war. Der Führer der chassidischen Bewegung in Weißrußland *Schne'ur Salman* (1747–1812), war selbst ein bedeutender Gelehrter mit weiter jüdischer und wahrscheinlich auch allgemeiner Bildung. Er begründete einen intellektualistischen Zweig des Chassidismus, aufgebaut auf »Weisheit, Einsicht und Wissen«, den sogenannten »*Chabad*«-Chassidismus (nach den Anfangsbuchstaben der drei Worte, die hebräisch: Chochma, Bina, Daat lauten). Hier bildete sich der Enthusiasmus des ursprünglichen Chassidismus in eine mystische Psychologie um. Durch Versenken des Menschen in sein Inneres soll er die Erkenntnis Gottes finden.

Von allen Zweigen der chassidischen Bewegung ist die Chabad-Gruppe die lebendigste geblieben. Sie hat den Wunderglauben der übrigen Zweige nicht mitgemacht, sie hat ihren Zadik – aus der Familie des Schne'ur Salman

– aus einem Mittler und Wundermann zum Lehrer und erblichen Führer der Bewegung verwandelt. Noch heute unterhalten die Chabad-Chassidim Lehrzentren in Amerika, Israel und England und üben auch auf manche moderne Juden Anziehungskraft aus. Sie haben in den letzten Jahren sogar in Kreise der sefardischen Judenheit in Nordafrika eindringen können. Von Schne'ur Salman stammt eine chassidische Bearbeitung des »Schulchan Aruch« sowie ein mystisch-philosophisches Buch »Tania«. Aus dem Kreise der Chabad ging in unserem Jahrhundert der bedeutende spätere Oberrabbiner des Landes Israel hervor, *Abraham Isaak Kook* (1865-1935), der letzte große Mystiker im Judentum, der auf die Anfänge der zionistischen Kolonisation, gerade auf die sonst so areligiöse Arbeiterschaft, starken Einfluß hatte.

Der Chassidismus hatte den Widerstand der führenden Rabbiner und Gemeindehäupter hervorrufen müssen. Anfangs wurde wohl noch nicht zwischen den verschiedenen mystischen Bewegungen der Zeit unterschieden und zunächst stand die Bekämpfung der sabbataistischen Frankisten im Vordergrund. Deshalb begann der eigentliche Widerstand erst, als die Strömung auf Litauen übergriff. Von Wilna aus ging der Kampfruf an die anderen großen Zentren. Der geistige Führer des Kampfes war einer der bedeutendsten Gelehrten des rabbinischen Judentums, *Elia ben Salomo* in Wilna, genannt der *Wilnaer Gaon* (1720-1797).

Der Wilnaer Gaon lebte zurückgezogen und asketisch und hat nie ein rabbinisches Amt bekleidet. Er verkörperte die alte Tradition des aschkenasischen Judentums mit ihrer Synthese von mystischer Frömmigkeit und Gelehrsamkeit. Auf seine Weise war er ein Erneuerer des rabbinischen Judentums. Er reformierte das Talmudstudium, in dem er die namentlich in Litauen und Polen verbreitete Übung bloßen Scharfsinns bekämpfte. Er legte besonderen Nachdruck auf den sonst vernachlässigten Jerusalemer Talmud, zu dem er Glossen verfaßte. Aber er beschäftigte sich auch mit Mathematik und Philosophie. Sein Einfluß, durch bedeutende Schüler vermittelt, reicht bis in die Gegenwart.

Mit der Berufung auf seine ausdrückliche Billigung versuchten die Rabbiner und Gemeindehäupter von Wilna, Brody und anderen Orten, dem vordringenden Chassidismus Einhalt zu gebieten. Diese »Gegner« (hebräisch: Mitnagdim), wie die Chassidim sie nannten, sahen in der Bagatellisierung des gelehrten Studiums eine Gefahr für die Kontinuität des Judentums. Sie mißbilligten das Abgehen von dem allgemeinen aschkenasischen Gebetbuch. Das Verhalten der Chassidim beim Gottesdienst und in der Öffentlichkeit, ihr ekstatisches Singen und Tanzen, erschienen ihnen der Würde des Gebetes zu widersprechen, ebenso Anheizung der Ekstase durch Alkohol, die bei den Chassidim üblich war. Schließlich mußte die Stellung der Zadikim als Mittler zwischen Volk und Gott, der bedenklich charismatische Charakter dieser Institution, ihre Ablehnung finden.

Der Kampf begann in den siebziger Jahren des 18. Jahrhunderts und setzte sich für Jahrzehnte fort. Die Mitnagdim riefen sogar die Intervention der russischen Regierung an, die den Chabad-Führer Schne'ur Salman längere Zeit gefangen setzte. Auf die Dauer aber konnte der Siegeszug des Chassidismus nicht ernstlich gebrochen werden.

Aber auch der Chassidismus machte schließlich seinen Frieden mit dem Rabbinismus. Viele seiner Führer, bereits unter den ersten Zadikim, besonders aber den späteren, waren selbst rabbinische Autoritäten. Doch während das rabbinische »mitnagdische« Judentum in Litauen und Rußland mehr oder weniger der Aufklärung und der weltlichen Bildung offenblieb, wurde der Chassidismus sehr bald zu dem reaktionärsten und allen Neuerungen feindlichen Element im Judentum.

Das Judentum in Deutschland und Westeuropa blieb bemerkenswerterweise vom Chassidismus unberührt. In Deutschland herrschte bereits die von Jakob Emden inaugurierte und von der Berliner Aufklärung übernommene Ablehnung oder Reserve gegenüber der Mystik. Sogar in die Provinzen Polens, die erst durch die polnischen Teilungen an Preußen gekommen waren, nach Westpreußen und namentlich Posen, hat der Chassidismus nicht mehr eindringen können.

Man hat verschiedentlich versucht, den Chassidismus mit dem Pietismus in Parallele zu setzen, insbesondere mit Zinzendorf, der in den gleichen Jahren wie der Baal-Schem geboren und gestorben ist. Ich glaube nicht, daß sich eine solche Parallele begründen läßt, ebensowenig, wie man wohl ernsthaft die Chabad-Ideologie mit der romantischen Philosophie des deutschen Idealismus zusammenstellen dürfte. Der gemeinsame Nenner wären nur äußerliche Zufälligkeiten, wie die Begründung auf Gefühl und »practica pia« des älteren vor-Zinzendorfschen Pietismus. Mit Zinzendorfs antimystischem Luthertum scheint mir eine Parallele völlig unangebracht. Eine Institution wie das Zadiktum hat der Pietismus nie gekannt, eine Massenwirkung wohl auch nicht erstrebt.

Für die jüdische Geistesgeschichte ist der Chassidismus eher eine *Parallelentwicklung zur Aufklärung*. Wie diese hat er Auflockerung und Bewegung in das Judentum gebracht.

10. Die Schüler Mendelssohns

Mendelssohn war in Berlin der Mittelpunkt eines Kreises jüdischer Intelligenz geworden. Dieser Kreis hat – zum Teil noch zu Mendelssohns Lebzeiten – die Richtung der kommenden geistesgeschichtlichen wie der politischen und sozialen Entwicklung in der deutschen Judenheit bestimmt. Der aktive Kern dieses Kreises waren seine jüngeren Mitglieder, die eigentlichen Schüler, Fortsetzer und Umwandler der Mendelssohnschen Gedanken. Neben diesem Kreis der Schüler stand eine Gruppe von Mitarbeitern und Freunden aus Mendelssohns eigener Generation, die ihm auch in ihrer ungebrocheneren jüdischen Lebenshaltung nahestanden. Zu diesen gehörten die beiden aus Polen kommenden rabbinischen Gelehrten Salomo Dubno und Isaak Satonow.

Salomo Dubno (1738–1813) war einige Zeit in Mendelssohns Hause Lehrer seines ältesten Sohnes Josef, des einzigen der Kinder Mendelssohns, der dem Judentum treu blieb. Dubno war ein Kenner der biblischen Massora, Grammatiker, hebräischer Dichter und Bibliophile. Er war es, der Mendelssohn bestimmt hatte, die Pentateuch-Übersetzung, die er ursprünglich nur für den Unterricht seiner Kinder verfaßt hatte, herauszugeben. Dubno hat zu dieser Übersetzung einen hebräischen Kommentar, unter Benutzung der wichtigsten traditionellen hebräischen Bibelkommentare, zu schreiben begonnen. Im Jahre 1778 gab er zum Zwecke der Subskription ein Probeheft von Übersetzung und Kommentar heraus. Doch noch während er an dem Kommentar zur Genesis arbeitete, verließ er plötzlich Berlin, anscheinend aufgeschreckt durch den ihm unerwarteten Widerstand, den das Unternehmen in rabbinischen Kreisen fand. Er lebte danach in Frankfurt und Amsterdam, wo er sich vom Ausleihen von Büchern aus seiner eigenen wertvollen Bibliothek und als Lehrer des Hebräischen ernährte. Seine bleibende Bedeutung liegt in der Anregung zur Veröffentlichung der Mendelssohnschen Pentateuch-Übersetzung und in dem persönlichen Einfluß, den er später auf Wolf Heidenheim ausübte, der in Rödelheim als Buchdrucker, Literarhistoriker des Gebetbuches und Massoret lebte.

Die Schüler Mendelssohns

Weniger bedeutend als interessant war die recht umstrittene Persönlichkeit des *Isaak Satanow* (1733-1804). Er stellte den später nicht seltenen Typus des jüdischen Intellektuellen aus Osteuropa dar, ein Nebeneinander von strengster Gesetzestreue, großem rabbinischen Wissen und von radikalen freigeistigen Gedanken, aber auch Neigungen zur Kabbala; ein Freidenker in der Tracht eines polnischen Juden des 18. Jahrhunderts. Er war hebräischer Dichter und Physiker, Grammatiker und Philosoph. Als Leiter der Druckerei, die der Jüdischen Freischule in Berlin angegliedert war, gab er Werke alter hebräischer Schriftsteller heraus, in die er eigene Zusätze untermischte. Er war ein Meister des biblischen Stils. Eine Spruchsammlung, die er dem biblischen Sänger Aßaf in den Mund legte, wurde von seinen Zeitgenossen zunächst als ein wiederentdecktes biblisches Buch angesehen. Man hat ihn wegen seiner fragwürdigen Arbeitsweise einen Plagiator genannt, allerdings einen, der nicht fremde Werke unter eigenem Namen, sondern eigene unter fremden herausbrachte. Er hat sogar ein Verzeichnis aller von ihm »bearbeiteten« Werke veröffentlicht. Zu dem in der Druckerei der Freischule gedruckten »Führer der Verwirrten« des Maimonides schrieb er einen hebräischen Kommentar zum 2. und 3. Teil (den ersten Teil kommentierte Salomon Maimon).

Satanow war der geistreiche, spöttelnde Hausgelehrte der reichen Berliner Generalprivilegierten und des jüngeren Mendelssohnkreises. Zu Mendelssohn selbst hatte er wohl nur geringe persönliche Beziehungen.

In loserem Zusammenhang zu Mendelssohn und seinen Freunden stand der Berliner Rabbiner *Hirschel Levin* (Zwi Hirsch ben Arje Löw)[60] (1721-1800). Es scheint mir bedeutungsvoll, daß in den entscheidenden Jahren von Mendelssohns jüdischer Aktivität das Berliner Rabbinat mit einem verständnisvollen und ihm wohlwollenden Manne besetzt war, der nach Rabbinatsstellen in London, Halberstadt und Mannheim im Jahre 1772 Oberlandesrabbiner in Berlin wurde und damit der erste repräsentative preußische Rabbiner. Hirschel Levin war gewissermaßen das Bindeglied zwischen der älteren Form der Emdenschen Aufklärung und dem Mendelssohnkreis. – Hirschel Levin arbeitete mit Mendelssohn auch direkt zusammen, als er von der Regierung aufgefordert wurde, für den Gebrauch der preußischen Gerichte eine Zusammenstellung der zivilrechtlichen »Ritualgesetze der Juden« herauszugeben. Levin ist wohl ihr eigentlicher Verfasser und Redakteur, während Mendelssohn für die stilistische deutsche Form verantwortlich war.[61] Levin approbierte auch Mendelssohns Pentateuch-

[60] Er war ein Enkel des Chacham Zwi, ein Neffe Jakob Emdens.
[61] Vgl. Moritz Stern, Beiträge zur Geschichte der Jüdischen Gemeinde zu Berlin, Heft 4: Die Anfänge von Hirschel Löbels Berliner Rabbinat, Berlin 1931.

Übersetzung. Trotz dieser Zusammenarbeit trennte den Rabbiner von den Mendelssohnianern das bei diesen immer stärker hervortretende Primat der Umweltkultur. Er versuchte sogar, wenn auch vergeblich, die Entfernung *Wesselys* aus Berlin durchzusetzen.

Naftali Hirz (oder Hartwig) *Wessely* (1725-1805) gehört schon zu dem zweiten, dem kulturpolitisch aktiven Kreis der Freunde Mendelssohns, obwohl er sogar etwas älter als Mendelssohn war. Er war der Sohn eines dänischen Hofjuden und war selbst Bankier. So war er scheinbar ein Repräsentant der schöngeistigen reichen Berliner Juden, von denen er sich jedoch durch seine jüdische Gelehrsamkeit unterschied. Er war in seiner Jugend Schüler des Grammatikers Salomo Hanau und von Eybeschütz gewesen. Wessely war der erste Meister der biblizistischen hebräischen Dichtung in Deutschland. Unter anderem schrieb er nach dem Vorbild von Klopstocks »Messias« eine hebräische »Mosaide« über das Leben von Moses. Er verfaßte einen Kommentar zum biblischen Buche der »Sprüche Salomos«, zu den »Sprüchen der Väter« und verschiedene grammatische Schriften.

Wessely war wohl der erste, der in die hebräische Literatur das Menschenbild der Aufklärung einführte und die Forderung erhob, die Erziehung an diesem Menschenbild zu orientieren. Wie leicht dies zu einer Abwertung des traditionellen jüdischen Menschenbildes führte, hat die Entwicklung sehr bald gezeigt.

Wie Mendelssohn war Wessely nicht nur ein äußerlich frommer und die Religionsgesetze streng beachtender Jude. Er betrachtete sich selbst als einen solchen und wurde auch von führenden Rabbinern seiner Zeit geschätzt. Zwei seiner späteren Hauptgegner, Ezechiel Landau in Prag und David Tewele in Lissa, haben Werke von ihm approbiert. Der letztere hat gerade den Rationalismus Wesselys gelobt und als Vorbild für die Jugend empfohlen.[62] Doch sehr bald sollte seine emotionale Dichternatur dieses labile Gleichgewicht zwischen seiner traditionellen Frömmigkeit und seinen aufklärerischen Bestrebungen stören. Wesselys Aktivismus entzündete sich an der Neuordnung der jüdischen Erziehung, die die josefinischen Toleranzedikte vorsahen und die von der Mehrzahl der österreichischen Juden abgelehnt wurde.

Der Kaiser *Josef II.* begann 1781 die sogenannten *Toleranzedikte* für die nicht katholische Bevölkerung zu erlassen, darunter auch für die Juden. Diese Gesetze waren ein typisches Produkt des aufgeklärten Absolutismus,

---

[62] Lewin, Aus dem jüdischen Kulturkampf, JJLG XII. 1918, S. 177, Anmerkung 4.

der durch Zwangsmaßnahmen eine Nivellierung ständischer, nationaler und kultureller Besonderheiten und eine Vereinheitlichung der Bevölkerung des Landes herbeiführen wollte. Was an diesen Toleranzedikten, soweit sie die Juden betrafen, fortschrittlich schien, waren gewisse Erleichterungen in den beruflichen Möglichkeiten der Juden, die Abschaffung des Leibzolls, Zugang zu öffentlichen Schulen und Hochschulen, Einführung fester Familiennamen. Die Beschränkungen, die die Juden von den übrigen Bürgern Österreichs trennten, sollten allmählich abgebaut werden. Man hat die Toleranzpatente deshalb die ersten Emanzipationsgesetze genannt.

Aber eine Reihe von Erleichterungen wurden von Anfang an in der Praxis oder durch widersprechende Bestimmungen hinfällig. So sollte Pacht und Bearbeitung landwirtschaftlicher Grundstücke durch Juden ermutigt werden, ohne dafür das notwendige Land zur Verfügung zu stellen. Aber wo Juden jahrhundertelang auf dem Lande gelebt hatten, im gerade österreichisch gewordenen Galizien, wurde ihre Tätigkeit als Pächter und Schankwirte verboten. Zehntausende brotlos gewordene Pächter und ihre Familien wurden nach Polen abgeschoben. Die Erlernung handwerklicher Berufe sollte gefördert werden; aber Meister konnten die Ausgebildeten nicht werden. Und Lehrstellen bei christlichen Meistern waren kaum zu finden. Nur die Gründung von Fabriken – auch in Juden sonst verbotenen Orten – und die Beschäftigung mit Großhandel wurde ermutigt. In der Praxis wurden also, genau wie in der Vergangenheit, nur die reichen Juden Nutznießer der Erleichterungen. Nur wurde das früher nicht mit »Toleranz« verbrämt. Die Jurisdiktion der Rabbiner, sogar in Ehe- und Scheidungsrecht, wurde beschränkt. Heiratserlaubnisse wurden von einer Prüfung in der deutschen Sprache abhängig gemacht. Die vom Kaiser offen ausgesprochene Tendenz war, die Juden zu »nützlichen« Untertanen zu machen, sie dabei aber verschwinden zu lassen. Diese Tendenz lag auch der *Erziehungsreform* zu Grunde, die die Toleranzpatente forderten. Die Juden sollten Schulen mit deutscher Unterrichtssprache, sogenannte »Normalschulen« gründen, um zu Handwerken oder anderen nützlichen Gewerben erzogen zu werden, oder sie sollten christliche Schulen besuchen dürfen.

Mendelssohns Haltung zu den Absichten und Forderungen der österreichischen Gesetze war reserviert. Er argwöhnte, daß hinter der Maske der Toleranz in Wahrheit Entjudung, oder, wie er es nennt, »Religionsvereinigung« steckte.[63] Er fürchtete Unheil von vorschnellem und gewaltsamem Vorgehen.

---

[63] Briefe an Herz Homberg vom 22. 9. 1783, 4. 10. 1783, 1. 3. 1784.

Im Gegensatz zu ihm sahen seine Freunde und Schüler in den Toleranzpatenten die Morgenröte einer neuen Zeit der rechtlichen und kulturellen Eingliederung der Juden in den Staat. Schon kurz nach Erscheinen der Gesetze veröffentlichte Wessely eine hebräische Flugschrift »Worte des Friedens und der Wahrheit«. In ihr entwirft er ein Erziehungsprogramm für die geplanten Normalschulen.

Schon die ersten jüdischen Aufklärer hatten, wie wir sahen, große Bedeutung der Kenntnis der Sprachen, der gesellschaftlichen Sitten und des weltlichen Wissensgutes beigemessen. Sie sollten dem Juden erleichtern, »mit den Menschen zu leben«. Doch nur der Nützlichkeitsgesichtspunkt bestimmte den Rang der weltlichen Kenntnisse im Rahmen der jüdischen Weltordnung. Sie hatten bei Jakob Emden zum Beispiel durchaus marginalen Charakter. Man sollte von ihnen soviel aufnehmen, wie notwendig wäre, in den Weltläufen Bescheid zu wissen und ein eigenes Urteil bilden zu können. Zu tief und weitreichend sollte diese allgemeine Bildung aber nicht gehen und sie mußte durchaus dem jüdischen Erziehungsideal, der Beschäftigung mit der Lehre, untergeordnet bleiben.

In Wesselys Erziehungsprogramm erhalten dagegen diese Humaniora einen eigenen selbständigen Wert. Sie sollen nicht mehr nur erwünschte und nützliche Ergänzungen des religiösen Wissens sein, sondern stehen gleichberechtigt neben diesem. Sie erhalten sogar ein gewisses Primat jenem gegenüber, sowohl zeitlich im Lehrplan, wie als Voraussetzung, da ohne sie ein rechtes Verständnis der Religion nicht zu erlangen sei. Der Aufklärungsgedanke der allgemeinen Vernunftreligion, im Gegensatz zu den religiösen Besonderheiten der einzelnen Kirchen und Glaubensgruppen, wurde hier von Wessely auf die jüdische Erziehung übertragen, wohl im Anschluß an die Ideen der zeitgenössischen Erziehungsreformer wie Basedow und der Philanthropinisten. Wessely scheidet zwischen »Lehre vom Menschen« und »Lehre der Religion«. Unter die erste zählt er Sprache und Grammatik des Hebräischen wie des Deutschen, gesellschaftliches Benehmen und gute Sitte. Die zweite umfaßt Kenntnis der Bibel, der religiösen Vorschriften und – nur für besonders Begabte – des Talmud und der rabbinischen Literatur. Mit der Lehre vom Menschen habe der Unterricht zu beginnen und dann gradweise zur Religionslehre aufzusteigen. Ein Talmudgelehrter ohne solche gesellschaftlichen Kenntnisse entehre seinen Beruf in den Augen der Umwelt. Er wäre gewissermaßen kein ganzer Mensch.

Wesselys Radikalismus rief den Widerspruch einiger der bedeutendsten Rabbiner der Zeit hervor, Ezechiel Landaus in Prag, des Wilnaer Gaon und besonders Wesselys früheren Förderers, Rabbi David Tewele in Lissa.

Dieser, der durchaus kein Winkelrabbiner war, wie ihn der parteiische Graetz nennt, sondern ein den neuen Bestrebungen offener Gelehrter, nahm besonderen Anstoß an der unglücklichen Scheidung, die Wessely zwischen Mensch- und Judesein zu machen schien. Als ob ein frommer, Gottes Gebote wahrhaft ausübender Jude nicht gerade darin auch höchstes Menschentum entfalte.[64] Neben der prinzipiellen Zurückweisung dieser abwertenden Scheidung wandten sich die rabbinischen Führer auch gegen die stiefmütterliche Behandlung des Talmudstudiums in Wesselys Lehrplan, der ihm seinen traditionellen allgemein-bildenden Charakter nehme und praktisch der Berufsausbildung künftiger Rabbiner vorbehalte. – Wessely selbst schwächte in drei weiteren Sendschreiben seine erste radikale Haltung ab. Er sah ein, daß er im Überschwang der Begeisterung zu weit gegangen sei, zumal er persönlich durchaus nicht die Konsequenzen billigte, die die jüngeren Mitglieder des Mendelssohn-Kreises aus seinem ersten Sendschreiben für die praktische Erziehungsarbeit zogen.

Da Wessely im Gegensatz zu Mendelssohn hebräisch schrieb, ging von ihm ein besonders starker geistesgeschichtlicher Einfluß auf die Judenheit in Italien und in Osteuropa aus. Er wurde das Vorbild zahlreicher hebräischer Dichter und Schriftsteller, die bald in Italien, Österreich, Galizien, Polen und Rußland auftraten. Sie wurden in ihren Ländern die Träger und Verbreiter der hebräischen Aufklärung, der sogenannten »*Haskala*«. Sie schrieben durch ihre Wahl der hebräischen Sprache wieder nur für Juden, anders als Mendelssohn und die meisten Aufklärer des Berliner Kreises. Aber ihr Ziel war die Verbreitung der Zeitkultur, ihrer Ideen und Wertungen unter den Juden, zumindest unter einer hebräisch gebildeten Elite. Verbunden war diese Aufklärung zumeist mit scharfer Kritik, Ironie und Satire gegenüber dem traditionellen Judentum und seinen Institutionen. Das Hauptobjekt des Spottes dieser Aufklärer wurden die Chassidim mit ihren ungewöhnlichen Gebräuchen.

Die praktische Durchführung der josefinischen Erziehungsreformen wurde von der österreichischen Regierung im Jahre 1784 *Herz Homberg* übertragen. Homberg (1749–1841) stammte aus Böhmen, war Talmudstudent in Prag, der unter dem Einfluß von Rousseaus »Emile« zur Pädagogik kam. Als Nachfolger von Dubno war er drei Jahre lang Hauslehrer von Mendelssohns Sohn Josef und blieb auch später mit Mendelssohn in Briefwechsel.

Durch seinen aufklärerischen Übereifer gelang es Homberg nicht, die neuen Erziehungsgrundsätze bei den Juden Böhmens und Galiziens durch-

---

[64] Vgl. Louis Lewin, a.a.O., S. 187.

zusetzen. Er sah in ihrem Widerstand nicht berechtigte Sorge um den Fortbestand der Tradition, sondern nur Aberglauben und Fanatismus. Er identifizierte sich ganz mit der Entnationalisierungspolitik der österreichischen Regierung, obwohl diese auch mit wirtschaftlichen Zwangsmaßnahmen arbeitete, die viele tausende jüdischer Familien brotlos machte.

Leider war Homberg auch nicht die lautere Persönlichkeit, die für ein neues Kulturwerk hätte begeistern können. Er wurde des Nepotismus und der Bestechlichkeit beschuldigt und es wurde eine Untersuchung gegen ihn eingeleitet. So hat wohl Hombergs Tätigkeit eher bewirkt, daß für Jahrzehnte bei der großen Judenheit Galiziens auch die positiven Gedanken der Aufklärung diskreditiert waren. Die Aufsicht über die jüdischen Normalschulen wurde ihm entzogen und die Schulen selbst 1806 ganz aufgehoben.

Homberg lebte danach in Wien und Prag als Zensor, Dozent für jüdischmoralische Kurse und als Verfasser einiger Schulbücher über jüdische Religion und über hebräische Sprache. Seine Religionsbücher waren seinerzeit weitverbreitet, da nach ihnen jüdische Heiratskandidaten geprüft wurden. – Trotz seines Radikalismus gewann er für zwei seiner Lehrbücher die Approbation des Nikolsburger Rabbiners Mordechai Benet, einer rabbinischen Autorität am Anfang des 19. Jahrhunderts. Denn noch waren die Übergänge und Beziehungen zwischen Aufklärern und aufgeklärten Rabbinern der alten Schule fließend.

Zu der Gruppe der Jüngeren um Mendelssohn gehören der Arzt-Philosoph und Psychologe Marcus Herz, der erste Emanzipationspolitiker David Friedländer und der Hebraist Isaak Euchel, auf die außer Moses Mendelssohn auch schon *Immanuel Kant* gewirkt hatte.

Kants Einfluß wirkte ebenfalls bestimmend auf Salomon Maimon und Lazarus Bendavid. Sie alle werde ich im Zusammenhang mit Kant und seiner Nachwirkung auf die Juden behandeln.

Für diesen *jüngeren Mendelssohnkreis* war von der Mendelssohnschen Synthese von Vernunftreligion und offenbartem Gesetz nur noch die Identifizierung des Judentums mit der Vernunftreligion übriggeblieben. Den Rest des Offenbarungsglaubens, das offenbarte Gesetz, an dem Mendelssohn festgehalten hatte, hatten sie aufgegeben; und damit die Bindung an die religionsgesetzlichen Vorschriften. Sie sahen in ihnen nur noch Rückständigkeit und Aberglauben, die die Erreichung der vollen rechtlichen und gesellschaftlichen Eingliederung in die Umwelt erschwerten und deshalb bekämpft werden müßten. Dieser Kampf richtete sich mit zunehmender Heftigkeit gegen die Vertreter der Tradition, die Rabbiner und die von ihnen repräsentierte Talmundgelehrsamkeit. Was bei Wessely noch vorsichtig vorgebrachte didaktische Bedenken waren, wurde bei dem späteren

Homberg, besonders aber bei dem Schulmann und langjährigen Leiter der Berliner jüdischen Freischule, Lazarus Bendavid, zu systematischer, feindseliger Haltung zu Talmud und Tradition. Der *Wertmaßstab* dieser Kreise, etwa eines Bendavid oder David Friedländer, war nun völlig der der *Umwelt* geworden. Ihr jüdisches Wertbewußtsein war auf einem Nullpunkt angelangt. Ihre jüdische Aktivität beschränkte sich auf Erziehungsreformen und auf den Kampf um die bürgerliche Gleichberechtigung. Für das Linsengericht der ersehnten Emanzipation war man zur Aufgabe aller Werte bereit, die eine jüdische Sonderart und Lebensform andeuteten. Sogar das Wort jüdisch schien anstößig und wurde durch israelitisch oder mosaisch zu ersetzen versucht.

Die Herbeiführung der Gleichberechtigung wurde die Lebensaufgabe *David Friedländers* (1750–1834). Gleich nach dem Tode Friedrichs des Großen stand er als Generaldeputierter der preußischen Judenheit im Mittelpunkt langjähriger und zunächst ergebnisloser Verhandlungen mit der preußischen Regierung. Nachdem er noch 1793 namens der jüdischen Delegierten den Regierungsentwurf zur Änderung des friderizianischen Generalreglements von 1750 als ungenügend abgelehnt hatte, war er in seiner Enttäuschung über die noch immer hingehaltene Gleichberechtigung zu einem Verzweiflungsschritt bereit, zur Aufgabe der jüdischen Identität. Aus dieser Einstellung heraus richtete Friedländer im Jahre 1799 ein Sendschreiben an den Propst Teller, einen Berliner Aufklärungstheologen. In diesem Sendschreiben machte er – namens einiger jüdischer Hausväter – einen merkwürdigen Vorschlag. Wenn anders die Gleichberechtigung nicht erlangt werden könnte, sei seine Gruppe bereit, formell zum Christentum überzutreten. Aber er stellte die Bedingung, daß man seinen Kreis nicht verpflichte, die christliche Glaubenslehre anzunehmen. Friedländer schlug damit im Grunde vor, gemeinsam mit Teller und anderen christlichen Aufklärungstheologen, deren Christentum er für ebenso verdünnt hielt wie er sein Judentum, eine neue Kirche der Vernunftreligion aus Christen und Juden zu gründen. Die »religiöse Wertblindheit«[65] gegenüber dem Judentum wie dem Christentum, die sich in Friedländers Vorschlag ausdrückte, war um so peinlicher und anachronistisch, als die nun schon vorherrschende romantische Geisteshaltung von den Idealen der Aufklärung längst abgerückt war. Der Vorschlag rief eine Reihe von Gegenschriften hervor, unter ihnen eine von Schleiermacher. Teller war genötigt, ihn glattweg abzulehnen.

[65] Vgl. Schoeps, Geschichte der Jüdischen Religionsphilosophie in der Neuzeit, 1935, S. 41, Anmerkung. – Vgl. Ellen Littmann, ZGJD VI., 1936, S. 92–112.

Doch bei recht weiten Kreisen von arrivierten und aufgeklärten Juden setzte nun eine Taufbewegung ein – ohne die Einschränkungen, die der ehrliche Friedländer noch für nötig gehalten hatte. Dieser selbst blieb Jude und der führende Repräsentant seiner Glaubensgenossen und der Berliner jüdischen Gemeinde in den weiteren Emanzipationsverhandlungen. Er nahm auch aktiv an den gottesdienstlichen Reformbestrebungen teil, die ihm eine notwendige Konsequenz der 1812 endlich erreichten formalen Gleichberechtigung schienen.[66] Doch selbst die Kinder Mendelssohns, mit Ausnahme des ältesten Sohnes Josef, und alle seine Enkel, waren, wie viele andere ihrer Generation, zum Christentum übergetreten. Diese Übertritte gerade aus den Kreisen der reichen, gebildeten und gesellschaftlich ambitionierten Juden Berlins wurden von ihnen mit der Idee der allgemeinen Vernunftreligion gerechtfertigt. Die Vernunftreligion sei den verschiedenen Glaubensbekenntnissen gemeinsam und ihr gegenüber seien die historischen Sonderprägungen zufällig. Weshalb also sollten jüdische Anhänger der Vernunftreligion sich weiter von deren christlichen Anhängern unterscheiden und damit eine künstliche Kluft zu allen anderen gesitteten Mitbürgern aufrichten? So ungefähr argumentierte Mendelssohns Sohn Abraham seinen Kindern gegenüber.[67] Er hatte seinen Vater als Kind von 9 Jahren verloren, war also nicht mehr unter seinem Einfluß aufgewachsen.

Das Gleichgewicht von Vernunftreligion und offenbartem Gesetz, das Mendelssohn gelehrt und gelebt hatte, haben seine jüngeren Schüler aufgegeben. Für sie blieb nur die Identifikation des Judentums mit der Vernunftreligion. Im besten Falle schränkten sich der Sondercharakter und das Eigenrecht des Judentums darauf ein, daß es nach dem Mendelssohnschen Ausdruck »die Gemeinschaft der echten Theisten« sei. Im übrigen aber sollte alles, was die Juden von ihren Mitbürgern trennen könnte, vermieden und ausgemerzt werden, um völliger bürgerlicher und rechtlicher Gleichberechtigung den Weg zu ebnen.

Diese pragmatische Haltung mit ihren so oft aus dem Judentum herausführenden Konsequenzen wurde namentlich von Friedländer und Benda-

---

[66] Friedländer verfaßte gleich nach dem Edikt vom 11. März 1812 eine Denkschrift, die unter den preußischen Gemeinden verbreitet wurde und die im Oktober 1812 dem König, dem Staatskanzler Hardenberg und dem Chef des Erziehungs- und Kultusdepartments Schuckmann übersandt wurde. In dieser Denkschrift forderte Friedländer eine Gottesdienstreform, Verzicht auf Hebräisch als Gebetssprache – bis auf einige Reste – und auf die messianischen Hoffnungen, die nicht mehr in die Zeit der erlangten Emanzipation paßten. – Die Denkschrift ist bei Moritz Stern, Beiträge zur Geschichte der Jüdischen Gemeinde zu Berlin, Heft 6, Berlin 1934, abgedruckt.
[67] Hensel, Die Familie Mendelssohn, 1908, I. Bd., S. 111 f.

Die Schüler Mendelssohns

vid verkörpert. Doch neben diesen Pragmatikern gab es eine andere Strömung, die gleichfalls aus der Rückdrängung des Religionsgesetzes in dieser Generation entstanden war und aus der sich ein, wie ich es nennen möchte, neues *theologisches* Interesse entwickelt hat. Sie war eine Folge der Erziehungsreform, die seit der Begründung der Berliner jüdischen Freischule und ihrer bald entstehenden Schwesterinstitute sowie der österreichischen Normalschulen eine der Hauptaktivitäten der Aufklärer war. In diesen Schulen war »Religionslehre« zu einem besonderen Unterrichtsfach geworden. Im traditionellen jüdischen Erziehungswesen gab es das nicht. Bisher hatte das jüdische Kind durch seine allmähliche Einführung in die biblischen und talmudischen Quellen und durch die gesetzesgebundene Lebensführung des Hauses von früh an ganz selbstverständlich auch die Grundsätze und religiösen Forderungen seiner Religion eingesogen. Jetzt war durch die zunehmende Einführung der weltlichen Fächer und die Zurückdrängung der jüdischen eine neue pädagogische Situation entstanden. Sogar die Bibel wurde meist in der deutschen Übersetzung Mendelssohns gelehrt und nur noch in Auszügen in Hebräisch. Der Unterricht in Talmud und den rabbinischen Schriften wurde, wenn er überhaupt noch im Lehrplan erschien, wenigen ausgewählten Schülern vorbehalten und verschwand bald ganz aus dem Curriculum. Vom Hebräischen blieb oft nur das Lesenkönnen und notdürftiges Verstehen einiger Hauptgebete.

Als Ersatz der in den Hintergrund getretenen jüdischen Primärquellen und, um den Schüler dennoch eine gewisse Kenntnis seiner Religion zu geben, wurden zum Gebrauch der neuen Schulen Lehrbücher der jüdischen Religion verfaßt. Viele von diesen ahmten die Frage- und Antwortform der christlichen Katechismen nach.[68] In allen wurde versucht, in – wie man glaubte für Schüler verständlicher Form – die jüdische Religionslehre zusammenzufassen. Besonders tätig auf diesem Gebiet war Herz Homberg. Die meisten dieser Lehrbücher schlossen sich an die im Gebetbuch aufgenommenen 13 Glaubenssätze des Maimonides oder an die »Grundsätze« des Isaak Albo aus dem 14. Jahrhundert an. Trotz dieser gemeinsamen traditionellen Grundlage wichen die verschiedenen Lehrbücher weit voneinander ab, je nach der radikaleren oder konservativeren Gesinnung ihrer Verfasser.[69] Zum erstenmal in der jüdischen Geistesgeschichte begann der

---

[68] Vgl. die Untersuchung von Jacob J. Petuchowski: Manuals and Catechisms of the Jewish Religion in the early Period of Emancipation, in: Studies in 19th Century Jewish Intellectual History, edited by Alexander Altmann, Harvard University Press, 1964, S. 47–64.

[69] Wie bereits erwähnt, approbierte der Nikolsburger Rabbiner Mordechai Benet Hombergs Lehrbücher und arbeitete selbst ein Lehrbuch aus, das sein Sohn heraus-

lehrhafte Teil des Judentums, die Theologie, in den Vordergrund zu rükken, während das Gesetz, das das Handeln religiös bestimmte, zurücktrat.

Was hier aus den neuen Unterrichtsbedingungen sich entwickelt hatte, war ein klarer Bruch mit der Mendelssohnschen Position. Diese hatte ja eine eigenständige jüdische Lehre neben der allgemeinen Vernunftreligion verneint. Jetzt bemühte man sich, bei allem Aufklärungsrationalismus gerade die religiöse Eigenart des Judentums zu betonen. Eine ganz neue Haltung war bei diesen Erziehungsreformern zum Ausdruck gekommen, die dann in der religiösen Reformbewegung des 19. Jahrhunderts und bis auf unsere Tage fortwirkt.

Unabhängig von dieser Schulbuchliteratur wurden meines Wissens in der Mendelssohnschen Epoche (1780–1820) nur zwei Versuche unternommen, die jüdische Lehre außerhalb der Denkschemata der Vernunftreligion darzustellen. Den ersten dieser Versuche, die theozentrische Theologie, die Mordechai Gumpel Schnaber-Levison in seinem Kommentarwerk »Jeßod Hatora« entwickelte – das Buch erschien im Jahre 1792 – haben wir bereits im 6. Kapitel behandelt. Im selben Jahre veröffentlichte der Berliner Schriftsteller *Saul Ascher* (1767–1822) ein merkwürdiges Buch unter dem Titel »Leviathan oder Über Religion in Rücksicht des Judenthums«. Hier wird in offenem Gegensatz zu Mendelssohn eine Begründung des Judentums als Glaubenslehre versucht.[70]

Auch Ascher nimmt seinen Ausgang von Vorstellungen des Aufklärungsgedankens, dem Gedanken der »Glückseligkeit« als höchstes Gut für den Menschen und die menschliche Gesellschaft. Aber Ascher unterscheidet in seiner eigenwilligen Terminologie zwischen »regulativer« und »konstituierter« Religion – einer Terminologie, die etwas an Kant erinnert und seiner Unterscheidung zwischen regulativen und constitutiven Grundsätzen.[71] Die »regulative Religion« Aschers ist nun die gemeinhin Vernunftreligion genannte. Sie ist an das menschliche Denken gebunden, und kann deshalb nicht zu dem Grad von Gewißheit gelangen wie die »konstituierte«, die Offenbarungsreligion. Der Inhalt der konstituierten Religion ist ihre Glaubenslehre, das Dogma. Der Glaubenslehre gegenüber könne die Vernunftreligion nur subjektiven Wahrheitsanspruch haben – denn Glaube ist der Vernunft nicht nur entgegengesetzt, sondern ihr überlegen als Aus-

gab. Auch Salomon Plessners Lehrbücher, eines der ersten deutschen Prediger und Verehrer Wesselys, sowie manche andere atmen streng traditionellen Geist.
[70] Vgl. Ellen Littmann: Saul Ascher. First Theorist of Progressive Judaism, in Yearbook V, 1960 des Leo Baeck-Instituts, S. 107–121. Vgl. auch Schoeps, S. 45–56.
[71] Kant, Kritik der reinen Vernunft, 2. Aufl., S. 222f.

druck einer objektiven Wahrheit. Der Glaubenslehre gegenüber habe aber auch das Religionsgesetz, die soziologische Konstitutionsform der Lehre, nur abgeleiteten, subjektiven Charakter. Wie Gumpel Schnaber-Levison die objektive ewige Wahrheit Gottes den zeitbedingten göttlichen Geboten gegenüberstellt, so sehen wir gleichzeitig einen ganz ähnlichen Gedankengang bei Saul Ascher. Bei Ascher tritt allerdings wieder der Emanzipationsgesichtspunkt hervor. Das Judentum bedürfe einer Reformation, um sich in die neuen gesellschaftlichen Gegebenheiten und Bestrebungen eingliedern zu können. Diese Reformation habe sich jedoch an dem Lehrinhalt des Judentums zu orientieren. Ascher faßt diesen – in Anlehnung an Maimonides – in 14 Glaubenssätzen zusammen. Aber die Reformation habe keinen antinomistischen Charakter. Es gelte, nicht das Gesetz abzuschaffen, wie Bendavid und Friedländer es wollten. Bei Ascher hat das Gesetz lediglich abgeleiteten, symbolischen Charakter. Wie er sich die Reformation dieses Gesetzes vorstellte, läßt er im unklaren. Aber es ist von ihm bekannt, daß er sich mit Spott und Kritik gegen die von ihm noch erlebten späteren Gottesdienstreformen, vornehmlich die Einführung der Orgel, wandte. Er sah in ihnen nur äußerlichen und dem Christentum entlehnten Firlefanz.

Der »Leviathan« und Aschers Programm haben geistesgeschichtlich sicherlich nur symptomatische Wichtigkeit. Ebenso wie Schnaber-Levisons Gedanken gingen auch die seinen neben dem herrschenden Trend der Mendelssohnschule verloren. Bendavid sagte von Ascher, daß ein Stockfisch noch kein Leviathan sei; Friedländer behauptete, er beleidige das Andenken Mendelssohns.

Ascher war von zeitgenössischen philosophischen Diskussionen beeinflußt. Kant hat er wohl gelesen. Stärker scheint mir jedoch der Einfluß von Friedrich Heinrich Jacobbi bemerkbar.[72] Auch Jacobis Streit mit Fichte, Schelling und den Romantikern hat vielleicht sein Gegenstück in Aschers späterer Entwicklung als Publizist mit seiner Polemik gegen die »Germanomanie« und die romantische Deutschtümelei. Seine »Germanomanie« wurde beim Wartburgfest der Burschenschaften 1819 verbrannt.

Ascher entwickelte sich in seiner publizistischen und journalistischen Tätigkeit mehr und mehr zu einem kosmopolitischen Anhänger der französischen Revolution und Napoleons. Er hielt an diesen Ideen auch in der beginnenden Restaurationszeit fest. Sein Widerwille gegen die herrschende nationalistische Romantik mag ihn auch in seinen Religionsansichten und

---

[72] Sicher nicht von Schleiermacher, wie vermutet worden ist. Schleiermachers »Reden über die Religion« erschienen erst 1799, während Jacobis »David Hume über den Glauben« schon 1787 herauskam. Aschers Primat der Offenbarung wurde später von S. L. Steinheim mit stärkeren Mitteln wieder aufgenommen.

seiner Stellung zum Judentum wieder stärker zu rationalistischen Ansichten gedrängt haben. Die Position seines Jugendwerks, des »Leviathan«, mit der Reformforderung auf Grund des Glaubensprimats hat er wohl aber nie ganz aufgegeben, auch wenn er bald die Offenbarungsreligionen, Judentum wie Christentum, in eine kosmopolitische Universalreligion aufgehoben haben wollte. Von dem jüdischen Leben des beginnenden 19. Jahrhunderts hielt er sich, soviel wir wissen, fern. Er scheint das Leben eines zynischen und skeptischen Sonderlings geführt zu haben. So schilderte ihn Heine in der Harzreise. Zunz, der ihn 1818 kennenlernte, schrieb über ihn: »Saul Ascher, ein Mann von eigentümlichen Ansichten, Feind aller Schwärmerei, gegen die Deutschtümler: sein moralischer Charakter wird nicht geschätzt«[73]. Der neuen Generation der geschichtsbewußten Wissenschaft des Judentums galt er nur als ein Kuriosum. Er hat manche Gedanken der späteren gemäßigten Reformbewegung vorweggenommen. Aber dieser selbst war er unbekannt geblieben und hat weder direkt noch indirekt auf sie eingewirkt.

In viel engerem Zusammenhang mit den volksbildnerischen Bestrebungen des Mendelssohnkreises stand das Unternehmen einiger junger Leute zur *Neubelebung der hebräischen Sprache und Literatur*, das von Königsberg und Berlin ausging und in Dessau, Altona und anderen Orten seine Fortsetzung fand. Unter dem direkten Protektorat von Wessely und der Mitarbeit von Mendelssohn gründeten im Jahre 1783 ein Student und ein Hauslehrer in Königsberg eine »Gesellschaft der Freunde der Hebräischen Sprache«. Der Student war der Kantschüler Isaak Euchel, der Hauslehrer sein Freund Mendel Bresselau. Im Jahre 1784 begannen sie, eine hebräische Zeitschrift herauszugeben, den *»Hame'aßef«* (was man mit »Sammler«, aber auch mit »Nachhut« übersetzen kann). Zweck der Zeitschrift war die Pflege der hebräischen Sprache und die Einführung hebräischer Leser in die Weltliteratur und in jüdische und allgemeine Probleme der Zeit. Der Kreis der Mitarbeiter, der sogenannten *»Me'aßfim«*, umfaßte hebräische Schriftsteller aller Länder. Neben hebräischen Dichtungen der Mitarbeiter selbst wurden Übersetzungen aus der deutschen und der Weltliteratur veröffentlicht, publizistische Aufsätze, Biographien bedeutender Juden – wie z. B. eine Mendelssohnbiographie von Euchel und Teile von Jakob Emdens Selbstbiographie usw. Die Zeitschrift brachte es, mit Unterbrechungen, auf zehn Jahrgänge.

[73] Brief an S. M. Ehrenberg vom 1. 1. 1819. Vgl. Glatzer: Zunz. Jude, Deutscher, Europäer. Tübingen 1964, S. 96.

Nach ihrer Schließung im Jahre 1797 erschien sie von 1809–1811 als »Neuer Hame'aßef« unter der Redaktion von Schalom Cohen. Aber in Deutschland hatte sich die deutsche Sprache bereits so stark unter den Juden durchgesetzt und die Kenntnis des Hebräischen hatte so stark abgenommen, daß hier für eine hebräische Zeitschrift kein Platz mehr war. Schalom Cohen übersiedelte nach Wien. Dort, wo das starke galizische und polnische Hinterland bestand, erneuerte er die Zeitschrift unter verändertem Namen »Bikkure Ha'ittim« (»Erstlinge der Zeiten«). In den Jahren 1820–1831 druckte er in dieser Zeitschrift ausgewählte Teile des alten »Me'aßef« nach, sowie neue poetische und bereits auch wissenschaftliche Aufsätze der ersten, hebräisch schreibenden Pioniere der Wissenschaft des Judentums. Eine letzte Fortsetzung fand der »Me'aßef« in einer »Kerem Chemed« genannten Zeitschrift (»Anmutiger Weinberg«), die die judaistisch-wissenschaftliche Tendenz verstärkte. Unter der Redaktion von S. L. Goldenberg und später von Senior Sachs erschien der »Kerem Chemed« von 1833–1856, aus Gründen der Zensur in Form von Briefen der Mitarbeiter untereinander.

Die Zeitschriften der »Me'aßfim« und ihrer Fortsetzer wurden bei den Juden Osteuropas die Träger und Wegbereiter der Aufklärung und später der Wissenschaft des Judentums, sowie der modernen hebräischen Literatur. Von Deutschland und Österreich ausgehend, wurden diese Zeitschriften das publizistische Sammelbecken der Haskalabewegung, der hebräischen Aufklärung in Osteuropa. Zwar hatte es seit dem 17. Jahrhundert mehrere sporadische Versuche gegeben, hebräische Zeitschriften herauszugeben, darunter im Jahre 1758 eine Zeitschrift des jungen Moses Mendelssohn »Kohelet Mußar« (Sittenprediger), die nur zwei Nummern erlebte. Doch »Hame'aßef« und seine Fortsetzungen stellten die erste hebräische Zeitschrift dar, die nicht nur von langer zeitlicher Dauer war, sondern auch von größter geistesgeschichtlicher Wirkung auf die Formierung des modernen Judentums. Durch die Neubelebung der hebräischen Sprache führten diese Zeitschriften die Aufklärungsmotive mit dem später immer wichtiger werdenden nationalen Element zusammen.

11. Kant und das Judentum

Unter den jüngeren Mitgliedern des Mendelssohnkreises waren einige Königsberger, die als Studenten oder Bekannte in einem persönlichen Verhältnis zu *Immanuel Kant* standen. Kants Einfluß war bei ihnen neben oder an Stelle des Mendelssohnschen getreten.

Doch weit über solche persönlichen Beziehungen einiger weniger hinaus wirkte die kantische Philosophie auf das Selbstverständnis des Judentums im 19. Jahrhundert und bis auf unsere Tage. Die Nachwirkung kantischer Gedanken erstreckte sich auf Generationen von gebildeten Juden, auch über Deutschland hinaus. Kants ethischer Rigorismus wurde als dem Judentum kongenial empfunden.[74]

Kants Wirkung auf Juden und Judentum war zweifellos anhaltender, tiefgehender und bestimmender als sein Einfluß auf das nichtjüdische Deutschland und Europa. Hier wurde noch zu Kants Lebzeiten die kantische Philosophie durch die Strömung abgelöst, die man den »deutschen Idealismus« nennt, die Philosophien Fichtes, Schellings und Hegels. Und auch im weiteren Verlauf des 19. Jahrhunderts blieb Kant für lange Zeit nur ein großer geachteter Name, ohne daß er noch tatsächlichen Einfluß auf die philosophische Entwicklung und das allgemeine Geistesleben hatte. Hier herrschten Hegel, Feuerbach, Marx und Schopenhauer, später Nietzsche oder Comte, John Stuart Mill und Spencer. Erst im letzten Drittel des 19. Jahrhunderts wurde Kant wieder neu entdeckt, bezeichnenderweise durch die Juden Otto Liebmann und Hermann Cohen, und es entstanden die verschiedenen neukantianischen Schulen, insbesondere die Marburger Schule Cohens und seines nichtjüdischen Mitarbeiters Paul Natorp.

Die tief gefühlten »inneren Beziehungen der kantischen Philosophie zum Judentum«[75] mögen verwunderlich und sogar paradox erscheinen, wenn

---

[74] Ähnlich war für viele Juden, gerade auch für die jüdische Jugend in Osteuropa, *Friedrich Schiller* mit seinem ethischen Pathos und Freiheitsgedanken der deutsche Dichter par excellence, der früh und vielfach auch ins Hebräische übersetzt wurde.
[75] So lautet der Titel eines Aufsatzes von Hermann Cohen (1910) in Cohens »Jüdische Schriften«, Bd. 1, S. 284–305, Berlin 1924. Zum Gesamtkomplex von

man das Bild vom Judentum betrachtet, das Kant selbst in seinen Religionsschriften gezeichnet hat. Er hatte ein eigentümlich ambivalentes Verhältnis zu Juden und Judentum. Nebeneinander stehen bei ihm freundschaftliches, ja im Falle von Marcus Herz herzliches Verhältnis zu einzelnen Juden, Fürsorge für jüdische Studenten und grob judenfeindliche Äußerungen in einigen Briefstellen.[76] In ähnlicher Weise ist Kants feindselige Zeichnung des Judentums innerhalb der systematischen Motive seiner Religionsphilosophie wie ein Seitenpfad, der die Wege der zeitgenössischen Aufklärungstheologie weiterführt, die Kants kritische Philosophie eigentlich überwunden und verlassen hatte. – Ich muß hierzu etwas ausführlicher auf das Religionsproblem bei Kant eingehen.

Kant hatte sich von früher Jugend an mit dem Problem der Religion auseinandergesetzt, und seine Antwort ist immer zwiespältig geblieben. Kritik an der Religion und an ihren Äußerungen stehen neben einer bestimmten Form von Theologie, deistische Abwertung der Offenbarung zu einem bloßen historischen Moment neben der theistischen Behauptung eines Schöpfergottes und Herrschers der Welt. Von seiner Schulzeit an im pietistischen Fridericianum beherrschte ihn ein tiefes Ressentiment gegen alle Religionsübung. In seinen Augen ist sie Afterdienst, Gunsterschleichung und Heuchelei. Gebet ist, wie er in einem kleinen besonderen Aufsatz zu zeigen versucht, nur Heuchelei; denn wer beim Beten angetroffen werde, schäme sich, als sei er bei einer verwerflichen Tat ertappt worden.[77] Auf der anderen Seite nennt er Gott »etwas von der Welt Unterschiedenes«.[78]

Die beiden, Kants Vorverständnis der Religion bestimmenden Elemente, das deistische der Aufklärung und jene theistische Theologie, schimmern auch in den methodischen Grundlagen seines Systems durch. Beide aber erfahren hierbei eine grundlegende Veränderung. Durch die kritische Transponierung der beiden Elemente wird Kant zum eigentlichen Schöpfer der *Religionsphilosophie*.[79]

Denn das Religionsproblem, soweit es die Theologie der Philosophie

Kants Verhältnis zum Judentum vgl. den Vortrag von Julius Guttmann »Kant und das Judentum«, Leipzig 1908, und neuerdings Nathan Rotenstreich in seinem Buch »The Recurring Pattern«, London 1963, S. 23-44. Mein Aufsatz »Kant und das Judentum« in der ZRGG, Bd. 13, 1961, S. 308-333, behandelt außerdem auch den jüdischen Kantianismus.

[76] Vgl. Kants Brief an Reinhold vom 28. 3. 1794 über Maimon oder den Brief an Reinhold vom 12. 5. 1789 über ein Kantbildnis eines (getauften) jüdischen Künstlers.
[77] Vom Gebet, Werke, ed. Vorländer, Bd. 8, S. 169f.
[78] Kritik der reinen Vernunft, 2. Aufl., S. 723/724.
[79] Dieser Ausdruck kommt erst nach Kant vor. Er selbst spricht von »philosophi-

überlassen hatte, war bisher – und besonders in der Philosophie der Aufklärung, bei Leibniz, Wolff und Mendelssohn – das eigentliche Thema der Metaphysik gewesen. Durch seine Kritik der Gottesbeweise und seine Antinomienlehre hatte Kant der Metaphysik den Boden entzogen, ihr das Recht streitig gemacht, sich der »ewigen Wahrheiten« durch diskursives Denken zu versichern. An Stelle der Metaphysik mußte eine neue philosophische Disziplin treten, die Religionsphilosophie. Ihre systematische Stellung allerdings bleibt nicht nur bei Kant, sondern in der ganzen kommenden Philosophiegeschichte ein offenbares oder doch latentes Problem.

Kants systematische Behandlung des Religionsproblems ist eng mit den Grundtendenzen seiner kritischen Methode verbunden. Sein bekannter Satz aus der Vorrede zur zweiten Auflage der Vernunftkritik: »Ich mußte das Wissen aufheben, um zum Glauben Platz zu bekommen«[80], gibt ein ganzes Programm der kritischen Methode in ihrem Fortschreiten von der Erscheinungswelt, den Phaenomena, zu den Noumena. Eben noch hatte die Aufklärungsphilosophie – und Mendelssohn vielleicht am prägnantesten – die Demonstrierbarkeit der metaphysischen Gegenstände, das Wissenkönnen von ihnen behauptet. Kant hatte dagegen ihren Grenzcharakter herausgestellt. Sie könnten »allenfalls Glaubenssachen sein ... Es sind Ideen, denen man die objektive Realität nicht sichern kann.«[81] Solche Ideen, deren Verknüpfung eine Religion möglich mache, seien Gott, Freiheit und Unsterblichkeit.[82]

Diese Begriffe der Religion, zu Grenzbegriffen verwandelt, bleiben das systematische Ferment des Kantischen Denkens. Was nämlich objektiv nicht gesichert werden kann, für das sucht er eine Sicherung in der »praktischen Vernunft«, der Ethik. Sie wird bei Kant der systematische Träger für die Ideen, für jenen von ihm als »Noumena« bezeichneten Überschuß, den er dann auch korrekt wieder »Metaphysik«, nämlich »Metaphysik der Sitten« nennt. Die Ethik, die von der Autonomie des menschlichen Willens ausgeht, gibt den Grundlagen der Religionslehre systematischen Raum. Gott, Freiheit und Unsterblichkeit werden »Postulate« für die Möglichkeit der ethischen Verwirklichung.[83] Der Gottesbegriff bleibt bei Kant stets mit der Sittlichkeit verknüpft, auch wenn Gott Schöpfer und Welturheber

---

scher Religionslehre«, dem ursprünglichen Titel der »Religion innerhalb der Grenzen der bloßen Vernunft«.
[80] Kritik d. reinen Vernunft, 2. Aufl., S. XXX.
[81] Kritik d. Urteilskraft, 2. Aufl., S. 459, vgl. Kritik d. reinen Vernunft S. 512.
[82] Kritik d. Urteilskraft, S. 467.
[83] Kritik der praktischen Vernunft, 1. Teil, 2. Hauptstück IV-VI (S. 122-134 der 2. Aufl.).

genannt wird.[84] Er ist »moralischer Welturheber« oder »moralischer Weltherrscher«.[85] Religion ist Erkenntnis der Pflichten als göttlicher Gebote.[86] Dabei wird aber dem Gottesbegriff seine Unbestimmtheit, sein Grenzcharakter bewahrt. Denn unsere Aussagen können nie über Analogien, über Als-Obsätze hinauskommen. Einmal wird der Gottesbegriff ausdrücklich ein »symbolischer«[87] genannt. Zwar können die Grundbegriffe der Religion nicht, wie die Aufklärungsphilosophie glaubte, demonstriert werden. Dadurch werden sie aber nicht transzendent gegenüber der Vernunft, nicht agnostische Chimären. Als Grenzbegriffe behalten sie vielmehr ihre Beziehung zum Denken. Das ist, was Kant mit dem ihm eigentümlichen Terminus »transzendental« bezeichnet im Unterschied zu »transzendent«. Ohne diese Beziehung würden jene Grenzbegriffe »in das Sinnleere fallen«.[88]

So wird für Kant das Religionsproblem eine Klammer, die die verschiedenen Teile seines Systems verbindet. Von der Ethik als Zentrum weist es in die Kritik der reinen Vernunft zurück und greift in die Teleologie der Kritik der Urteilskraft hinüber.

Dieses Bild der kantischen Religionsphilosophie, das wir aus seinen systematischen Schriften, den drei Kritiken, konstruieren konnten, scheint gar nicht mit seinen eigentlichen Religionsschriften zusammenzustimmen, in denen man doch seine Religionsphilosophie vermuten sollte.

Auch in diesen Schriften – der »Religion innerhalb der Grenzen der bloßen Vernunft« und dem »Streit der Fakultäten« – geht Kant von seiner Ethik als dem systematischen Ort des Religionsproblems aus. Aber jetzt ist die Ausgangsstellung nicht der Grenzcharakter der religiösen Aussagen, etwa die Postulatenlehre, mit der die Ethik Kants abschließt, sondern der Anfang seiner Moralphilosophie: die Lehre von der Autonomie des Willens. Nur die Handlungen des Menschen könnten moralisch genannt werden, die seinem autonomen Willen entspringen, der von nichts anderem geleitet wird, als von der Einsicht, mit einer allgemeinen, alle Menschen betreffenden Gesetzlichkeit im Einklang zu sein. Ein von außen gelenkter Wille – und sei es die Befolgung eines göttlichen Gebotes – ist für Kant heteronom. Und die Handlung, die ihm entspringt, könne nicht mehr moralisch genannt werden.

[84] Kritik der reinen Vernunft, S. 838.
[85] Religion innerhalb..., S. 221 (199, 1. Aufl.).
[86] a.a.O., S. 230 (216).
[87] Kritik d. Urteilskraft, S. 257.
[88] Opus posthumum, Bd. 21 d. Akademieausgabe, S. 74f.

Kant, der in seinem systematischen Denken die Philosophie und gerade auch die Religionslehre der Aufklärung überwunden und entwurzelt hat, nimmt in seinen Religionsschriften in etwas geänderter Form die Denkschemata der zeitgenössischen Aufklärungstheologen wieder auf. Denn die auf das rationale Autonomieprinzip gegründete Moral bedarf zum Rechthandeln keines Zweckes. Aber »es kann der Vernunft doch unmöglich gleichgültig sein ... was denn aus diesem unserem Rechthandeln herauskomme«.[89] Dieser zu erstrebende Zweck sei »die Idee eines höchsten Gutes in der Welt, zu dessen Möglichkeit wir ein höheres, moralisches, heiligstes und allvermögendes Wesen annehmen müßten«.[90] »Moral also führt unumgänglich zur Religion, wodurch sie sich zur Idee eines machthabenden moralischen Gesetzgebers außer dem Menschen erweitert, in dessen Willen dasjenige Endzweck der Weltschöpfung ist, was zugleich der Endzweck des Menschen sein kann und soll.«[91] Diese neue Begründung der natürlichen Religion oder Vernunft-Religion – beide Ausdrücke werden von Kant gebraucht – schließt seine philosophische Religionslehre in Terminologie und Inhalt wieder an die Philosophie der Aufklärung an. Und wie in dieser stellt er die historischen Religionen der allgemeinen Vernunftreligion gegenüber. Diese Gegenüberstellung wird nun noch durch das Gegensatzpaar autonom und heteronom verstärkt. Den historischen Religionen als heteronomen wird die Moralität folgerichtig abgesprochen. Das Musterbeispiel einer historischen Religion ist für Kant das Judentum, dessen wesentlicher Charakter er in der Unterordnung unter ein göttliches Gesetz sieht. Das Christentum, obwohl aus dem Judentum hervorgegangen, habe dagegen in seiner Abwendung vom Religionsgesetz jedenfalls Anteil an der natürlichen Religion und der Moralität. Nur wenn es in Kirchentum und Dogmatik sich manifestiere, sei es ebenfalls »Afterdienst« und »Religionswahn«, gleich anderen historischen Religionen.

Mit dieser philosophischen Einkleidung zeichnet nun Kant sein Bild vom Judentum. Dieses Bild geht auf Spinoza zurück. Es beherrschte die englische und deutsche Aufklärungstheologie und hatte erst wenige Jahre zuvor in Mendelssohns »Jerusalem« anscheinend eine authentische jüdische Bestätigung erhalten.

Kant schreibt: »Der jüdische Glaube ... ist ein Inbegriff bloß statutarischer Gesetze, auf welche eine Staatsverfassung begründet war.« – »Das Judentum ist eigentlich gar keine Religion, sondern bloß Vereinigung einer Menge Menschen, die, da sie zu einem besonderen Stamme gehörten, sich

---

[89] Religion innerhalb ..., Vorrede der 1. Auf., S. VI f.
[90] a.a.O., S. VII.
[91] a.a.O., S. XI f.

zu einem gemeinen Wesen unter bloß politischen Gesetzen formten.« Gott werde »bloß als ein weltlicher Regent, der über und an das Gewissen gar keine Ansprüche tut, verehrt«. »Obzwar die zehn Gebote ... schon als ethische vor der Vernunft gelten, so sind sie in jener Gesetzgebung gar nicht mit der Forderung an die moralische Gesinnung in Befolgung derselben gegeben, sondern schlechterdings nur auf die äußere Beobachtung gerichtet worden.« – »... Denn ein Gott, der bloß die Befolgung solcher Gebote will, dazu gar keine gebesserte moralische Gesinnung erfordert wird, ist doch eigentlich nicht dasjenige moralische Wesen, dessen Begriff wir zu einer Religion nötig haben.« Die Propheten seien nur wahrsagende Priester. »Sie hatten als Volksleiter ihre Verfassung mit soviel kirchlichen und daraus abfließenden bürgerlichen Lasten beschwert, daß ihr Staat völlig untauglich wurde, für sich selbst ... zu bestehen.«[92]

Dieses für jüdische Ohren ungeheuerliche Bild vom Judentum wirkte über Schleiermacher, Hegel, David Friedrich Strauß und andere bis in die Gegenwart nach. Es formt wohl noch heute die Vorstellung weiter Kreise vom Judentum. Es scheint nach diesen Aussagen, als ob Kant niemals die Schöpfungsgeschichte, die Propheten oder die Psalmen gelesen habe, geschweige denn jüdische Gebete, wenn er so scharf dem Judentum Mangel an Religion, an Moral und Innerlichkeit vorwirft. Das ist um so verwunderlicher, wenn man andere Schriften Kants aus derselben Epoche betrachtet. Denn in seinen geschichts- und moralphilosophischen Schriften der gleichen Zeit knüpft er gerade an alttestamentarische Sätze und Gedanken an.[93]

Dieser Widerspruch und die Einseitigkeit der kantischen Argumentation, die sich in der »Religion innerhalb der bloßen Vernunft« und dem »Streit der Fakultäten« ausdrückt, erklärt sich aus dem *Tendenzcharakter* dieser Schriften. Sie entstanden aus Kants Kampf gegen die preußische theologische Zensur, das Regime der Wöllnerschen Religionsedikte unter Friedrich Wilhelm II., in deren Verlauf Kant selbst gemaßregelt wurde. Er wollte die Übereinstimmung seines moralischen Glaubens mit dem Chri-

---

[92] Die obigen Hauptstellen von Kants Judentumsbild befinden sich in der »Religion innerhalb der bloßen Vernunft«, S. 186–194 (2. Aufl.), und im »Streit der Fakultäten«, S. 79/80 und 131/132 (1. Aufl.).

[93] »Mutmaßlicher Anfang der Menschheitsgeschichte« (1786), »Über das Mißlingen aller philosophischen Versuche in der Theodizee« (1791). In dieser Schrift wird Hiob als der Mann »der Aufrichtigkeit des Herzens« den Freunden, die »die Religion der Gunstbewerbung verkörpern«, gegenübergestellt. In der »Kritik der Urteilskraft« (S. 124) rühmt er: »Vielleicht gibt es keine erhabenere Stelle im Gesetzbuch der Juden, als das Gebot: ›Du sollst Dir kein Bildnis machen ...‹ Ebendasselbe gilt auch von der Vorstellung des moralischen Gesetzes.« So befindet sich dieses also doch im Judentum.

stentum herausstellen in Polemik gegen die kirchliche Orthodoxie. Das Judentum dient ihm hierbei nur als Folie. Er schlägt den Juden und meint die herrschende preußische Orthodoxie, »die schreckliche Stimme der Rechtgläubigkeit«, wie er sie nennt.[94]

Wenn wir aber den Umdeutungen christlich-dogmatischer Vorstellungen nachgehen, die Kant in seiner Religionsschrift vornehmen muß, um zu seiner Interpretation des Christentums als »natürlicher Religion« zu gelangen, so finden wir merkwürdige innere Beziehungen und Parallelen zu theologischen Grundvorstellungen des Judentums.[95] Erbsünde und Sündenfall werden ausgeschieden. Die Möglichkeit der »Wiederherstellung der ursprünglichen Anlage zum Guten«,[96] die Umkehr und sittliche Selbstverantwortung des Menschen wird betont.[97] Die Göttlichkeit Jesu wird vorsichtig fallengelassen. Er wird zumeist nur »Lehrer des Evangelii« genannt, und als »Sohn Gottes« ist er nur »Repräsentant der Menschlichkeit«.[98] Die kantische Religiosität tendiert in die Richtung des Judentums, während sie sich von spezifisch christlich-theologischen Vorstellungen recht weit entfernt hat.[99]

Diese etwas ausführliche Darstellung von Kants Religionsphilosophie und seiner Haltung zum Judentum schien mir notwendig, um die Nachwirkung Kants auf Juden und auf die moderne jüdische Religionsphilosophie zu erklären.

Unter den Zeitgenossen, den ersten *jüdischen Kantianern*, übte der neue mächtige Einfluß, der aus der Berührung mit Kant und seiner Philosophie ausging, zunächst eine auflösende Wirkung aus. Dieser Einfluß war es wohl, der bei ihnen das Mendelssohnsche Gleichgewicht von Vernunftreligion und offenbartem Gesetz endgültig zerstört hat.

Kant hatte in Königsberg anscheinend früh Berührung mit Juden, zumeist jüdischen Studenten. Das jüdische Studentenelement muß unter seiner Hörerschaft recht bedeutend gewesen sein. Denn als Kant im Jahre 1786 zum ersten Male Rektor wurde, überreichten ihm seine Studenten ein Huldigungsgedicht, unter dessen 19 Unterzeichnern 4 Juden waren.[100] Empfehlungsbriefe, die Kant manchen seiner jüdischen Hörer gab, verraten eine genauere persönliche Kenntnis des Empfohlenen.

---

[94] Religion innerhalb . . ., S. 195 (S. 186, 1. Aufl.).
[95] Hierzu besonders Cohens und Guttmanns Aufsätze a.a.O.
[96] Religion innerhalb . . . S. 50ff. (Allgemeine Anmerkung.)
[97] a.a.O., S. 61 ff.
[98] a.a.O., S. 99f.
[99] Hierbei darf natürlich der Unterschied zwischen einer lebendigen Religion und Kants wesentlich im Denken verankerter Lehre nicht übersehen werden.
[100] Akademieausgabe Bd. 12, S. 406.

Die »Königsberger« hatte ich bereits unter den Trägern des jüngeren Mendelssohn-Kreises erwähnt. Auf David Friedländer, der kein eigentlicher Schüler, aber ein Bekannter Kants war, brauche ich nicht nochmals einzugehen. Kant blieb mit ihm in Kontakt, auch nachdem Friedländer 1770 nach Berlin übergesiedelt war.

Von den jüdischen Hörern Kants erlangten zwei eine besondere Bedeutung: *Isaak Euchel* für die jüdische und *Marcus Herz* für die allgemeine Geistesgeschichte. Euchels Anteil an der Gründung des »Hame'aßef« wurde bereits dargestellt. Kant hatte sich für ihn um eine Lektorenstelle für Hebräisch an der philosophischen Fakultät bemüht, gerade zur Zeit seines Rektoratsantrittes. Er selbst mußte dann als Rektor das Ablehnungsschreiben an seinen jüdischen Schüler unterschreiben.[101]

Zu keinem seiner Schüler, jüdischen wie nichtjüdischen, zu keinem seiner vielen Korrespondenten hatte Kant ein so inniges Verhältnis wie zu *Marcus Herz*. Als Kant 1770 philosophischer Ordinarius in Königsberg wurde, ernannte er den 21jährigen jüdischen Medizinstudenten Herz zu seinem Respondenten zur Verteidigung der Thesen seiner Inaugural-Dissertation, die den ersten Ansatz für Kants spätere kritische Philosophie bildete. Herz lebte dann in Berlin als Arzt und medizinischer Schriftsteller. Er liebte in seinen Arbeiten, wie er einmal Kant schreibt, »das Umherwandeln in den Grenzörtern der beiden Länder, der Philosophie und der Medizin« (Brief v. 27. 2. 1786). In Berlin hielt er schon im Jahre 1778, drei Jahre vor Erscheinen der Vernunftkritik, vor der Elite des damaligen Berlins, mit dem Minister v. Zedlitz an der Spitze, Vorlesungen über Kants Philosophie. Er starb im Jahre 1803 im Alter von nur 56 Jahren. Seine Frau war Henriette Herz, der Mittelpunkt des ersten der Berliner Salons. – Wichtiger als Herz' eigene philosophische Bedeutung, die Kant durchaus überschätzt hatte, wurde für die Philosophiegeschichte das persönliche Verhältnis zwischen Kant und ihm. Marcus Herz, der viel jüngere, war einer der wenigen persönlichen Freunde Kants, und er wurde dies vielleicht noch mehr im Laufe der Jahre trotz der großen örtlichen Entfernung. Cassirer hat auf die sich steigernde Herzlichkeit der Anreden in den Briefen Kants an Herz hingewiesen.[102] In den Briefen Kants an Herz können wir das allmähliche Wachsen der kritischen Philosophie verfolgen. Wir sehen, wie aus einer anfänglich geplanten Schrift über die Grenzen der Sinnlichkeit

---

[101] Akademieausgabe Bd. 12, »Amtlicher Schriftwechsel«, S. 426f. Brief Kants vom 20. 3. 1786 an die philosophische Fakultät – und S. 429 Brief Kants als Rektor an Euchel vom 24. 5. 1786.
[102] Vgl. E. Cassirer, Kants Leben und Lehre, Bd. 10 der Cassirerschen Kantausgabe, S. 130.

und der Vernunft »die Kritik der reinen Vernunft« wird, deren Name erstmalig in einem berühmten Briefe an Herz von Ende 1773 erscheint. Keinem seiner zahlreichen Korrespondenten gegenüber gibt Kant sich so unmittelbar und so ohne Etikette und Höflichkeitsschranken. Er sucht auch seinen ärztlichen Rat von Königsberg aus für sich und sogar für Freunde. Herz übernimmt auch für Kant die letzte Sorge für Druck und Einband der »Kritik der Reinen Vernunft« und die Übermittlung der Widmungsexemplare.

Trotz dieses engen persönlichen Verhältnisses war Herz, der sich in Berlin eng an Mendelssohn angeschlossen hatte, mehr Aufklärungsphilosoph, Mendelssohnianer, als Kantianer. Er äußerte selbst einmal zu Salomon Maimon, daß er eigentlich Kants Kritik der reinen Vernunft nicht verstehe.[103] Herz übersetzte das Sendschreiben des Amsterdamer Rabbiners Manasse ben Israel an Cromwell »Rettung der Juden«. Dieses hatte seinerzeit die Wiederzulassung von Juden in England zur Folge. Mendelssohn versah Herz' Übersetzung mit einem Vorwort. An den Bestrebungen des Mendelssohnkreises beteiligte sich Herz gelegentlich. Aber in seiner Lebenshaltung war er, wie es scheint, jüdischem Brauchtum entfremdet. Er erhielt im Jahre 1787 den Titel eines Professors der Philosophie.

Herz' Freund, der im vorigen Kapitel bereits erwähnte *Lazarus Bendavid*, war kein Hörer Kants gewesen. Doch wurde er einer der eifrigsten Anhänger Kants. In Wien und Berlin hielt er Vorlesungen über Kants Philosophie. Er war so voll von kantischen Ideen, daß er Kants verzerrtes Bild vom Judentum übernahm und den Kampf gegen »das schändliche sinnlose Zeremonialgesetz« zu seiner Lebensaufgabe in seinem jüdischen Wirken machte.[104]

Anders war die jüdische Haltung von *Salomon Maimon* (1754–1800). Dieser fruchtbare Kritiker und Fortsetzer Kants hat bekanntlich Fichte stark beeinflußt und manche seiner methodischen Gedanken wurden später in Cohens Neukantianismus von neuem entwickelt. Für die Logik wurde er bedeutsam durch die Einführung eines eigenen logischen Kalküls.

Auch Maimon fühlte sich außerhalb der religiösen und gesetzlichen Bindungen des Judentums. Als Philosoph glaubte er über ihnen stehen zu dürfen. Aber er hatte höchsten Respekt vor der rabbinischen Sittenlehre. Und von Maimonides, dem großen jüdischen Philosophen des Mittelalters, nahm er seinen bürgerlichen Namen. In seine Autobiographie fügte er eine

---

[103] Salomon Maimon, Geschichte des eigenen Lebens, hrsg. von K. P. Moritz, Berlin 1792, S. 254.
[104] Vgl. Bendavids Schrift: »Etwas zur Charakteristik der Juden«, 1793, Lewkowitz, S. 67.

ausführliche Darstellung des maimonidischen Hauptwerkes ein und schrieb – im Sinne der kantischen und seiner eigenen Philosophie – einen hebräischen Kommentar zum ersten Teil dieses Werkes.[105] In der »Berliner Monatsschrift«, dem Organ der Berliner Aufklärer, in der auch Kant viele kleinere Schriften publizierte, veröffentlichte Maimon im Jahre 1789 einen Aufsatz: »Probe rabbinischer Philosophie«.[106]

Kein Anhänger oder Weiterbildner Kants, sondern ein Gegner war *Salomon Seligmann Pappenheim* (1740–1814). Er war einer der ersten amtierenden Rabbiner, der philosophische Schriften in deutscher Sprache veröffentlichte.[107] Er beschäftigte sich mit dem *Speculations-Dilemma für die Existenz Gottes*, indem er den ontologischen Gottesbeweis verteidigte. Eine andere seiner Schriften gibt dem Zeitproblem eine theologische Wendung. Zeit sei das Kennzeichen, die Eigenschaft alles Erschaffenen. – Während Pappenheims deutsche philosophische Schriften heute vergessen sind, hatte er nachhaltendere Wirkung als hebräischer Dichter. In Anlehnung an Edward Youngs »Night Thoughts« schrieb er ein vierteiliges poetisches Werk *Arba Kossot* (Vier Becher), das 1790 erschien und jahrzehntelang immer wieder neu gedruckt wurde. Dabei war Pappenheim Beisitzer (Dajjan) am Breslauer Rabbinatsgericht. Er veröffentlichte auch Streitschriften in strikt orthodoxem Geiste gegen die beginnenden Reformbestrebungen.

Die älteren unter den jüdischen Kantanhängern, wie Bendavid, Herz und Maimon, hatten, wie wir sahen, Kants Zeichnung des Judentums als statutarischer Gesetzesreligion angenommen. Sie hatten das Judentum in eine bloße Tugendlehre umgedeutet, die außer einem strengen Monotheismus wenig spezifisch Jüdisches behielt.

Diese Verflüchtigung der Religion zu einer reinen Ethik war eine der Formen, in der sich der kantische Einfluß auf Leben und Lebenshaltung vieler Juden ausdrückte. Sie kam auch den Tendenzen des jüdischen Emanzipationskampfes entgegen. Denn sie diente dazu, die Unterschiede zwi-

---

[105] Dieser Kommentar »Giv'at Hamore« war der von Euchel besorgten Ausgabe des »Führers der Verwirrten« beigedruckt (Berlin 1798). N. Rotenstreich und Hugo Bergmann gaben ihn im Jahre 1965 in Jerusalem gesondert, ohne den Text des »Führers« heraus. Den Kommentar zum 2. u. 3. Teil des »Führers« verfaßte Isaak Satanow.

[106] Vgl. auch Noah J. Jacobs, Salomon Maimons Relation to Judaism, Yearbook VIII, 1963 des Leo Baeck-Institute, London, S. 177 ff.

[107] Pappenheim hatte hierin einen Vorgänger in dem Regensburger Rabbiner Isaak Alexander (ca. 1722–ca. 1800). Vgl. M. Kayserling in MGWJ 16 (1867), S. 161 ff.

Über Pappenheim vgl. L. Landau, Short Lectures on Modern Hebrew Literature, London 1938, S. 83 ff. – H.-J. Schoeps, Geschichte der jüdischen Religionsphilosophie in der Neuzeit, Berlin 1935, S. 61 f. (Anmerkung).

schen jüdischen und christlichen Bürgern zu bagatellisieren. In dieser Form wirkte die kantische Ethik mit ihrem dem Judentum als verwandt empfundenen Rigorismus auf viele jüdische Generationen. Literarisch ist dieser Einfluß schwer belegbar; denn die von ihm Erfaßten waren zumeist keine Schriftsteller, sondern Kaufleute, Ärzte und Anwälte, die über ihre Lebensgestaltung nicht schriftlich zu reflektieren pflegten.

Im 19., dem historischen Jahrhundert, wandelte sich der Einfluß Kants auf die Juden. Die nun aufkommende historische Sicht drang auch in die Stellungnahme zur jüdischen Tradition ein. Das Religionsgesetz, das bei Kant der essentielle und in seiner Starrheit bestimmende Faktor des Judentums war, wurde – besonders bei den jüdischen Reformtheologen – selbst zu einem historischen, der Entwicklung unterworfenen Faktor.[108] Damit jedoch wurde die negative kantische Zeichnung des Judentums erschüttert. Nun war die Möglichkeit gegeben, zu einer neuen evolutionären Würdigung des Gesetzesbegriffes im Judentum zu gelangen. Und nun konnte sich auch die jüdische Religionsphilosophie an der kantischen Systematik, und nicht nur an seiner Ethik, orientieren.

Diese Einstellung kam bei den ersten Pionieren der Wissenschaft des Judentums noch nicht zum Ausdruck. Erst in der Jahrhundertmitte treffen wir in *Manuel Joel*, dem Dozenten am Breslauer Rabbinerseminar und späterem Rabbiner in Breslau, einen entschiedenen Kantianer, der die neue historische Betrachtungsweise in seinen religions- und philosophiegeschichtlichen Arbeiten anwandte; sie kam auch in seinem Wirken als gemäßigt konservativer Rabbiner zum Ausdruck.

Am Ende des Jahrhunderts versuchte der bekannte Völkerpsychologe *Moritz Lazarus*, den kantischen Autonomiebegriff zur Grundlage einer »Ethik des Judentums« zu machen. Und schließlich gipfelte die Synthese von Kant und Judentum in der umfassenden jüdischen Religionsphilosophie *Hermann Cohens*.

Einen anderen und ganz eigenartigen Weg ging *Salomon Ludwig Steinheim*, der von den theoretischen und nicht ethischen Motiven Kants her zu seiner supranaturalistischen Offenbarungslehre kam.

Noch 1925 schrieb *Franz Rosenzweig* unwillig, daß wir unser geistiges Judesein davon abhängig machten, ob wir Kantianer sein könnten.[109] *Julius Guttmann*, der Historiker der jüdischen Philosophie und *Leo Baeck*, der letzte bedeutende Repräsentant und Führer des deutschen Judentums, gehörten zu diesen jüdischen Kantianern.

---

[108] Vgl. hierzu besonders N. Rotenstreich, a.a.O., S. 41f.
[109] Die Bauleute, Philo-Verlag, Berlin 1925, vgl. Rosenzweig, Kleine Schriften, S. 103ff.

12. Revolution und Restauration

Die Schüler Mendelssohns waren Zeitgenossen jener turbulenten Epoche, in der das gesamte politische, gesellschaftliche und kulturelle Gefüge Europas umgestaltet wurde; der Epoche der Französischen Revolution, der Revolutionskriege und der restaurativen Neuordnung in ihrem Gefolge. Für die Juden begann die Zeit der ersten Kämpfe um ihre bürgerliche Emanzipation. Die sich überstürzenden äußeren Ereignisse mit ihren politischen Veränderungen wirkten in ähnlich überstürzender Weise auf Lebensform und Geisteshaltung der Juden zurück.

Ich habe zu zeigen versucht, daß die Juden Mittel- und Westeuropas nicht so gänzlich unvorbereitet in den Strudel der Revolutionszeit hineingeraten sind. Die Ansicht, daß sie sozusagen in einer Generation hätten nachholen müssen, was sich in der nichtjüdischen Umwelt im Verlaufe mehrerer Generationen entwickelt habe[110], bedarf sicherlich der Korrektur. Auch in der nichtjüdischen Umwelt hatte ja die große Masse der einfachen Handwerker, Bürger und Bauern kaum an der Entwicklung teilgenommen, die zur Aufklärung und ihrem Menschen- und Gesellschaftsbild führte. Für diese Menschen war die Umwälzung vielleicht noch plötzlicher gekommen als für breite Schichten der Juden, die die Auflockerungen der traditionellen jüdischen Lebensform bereits aufgenommen hatten.

Aber sicher ist, daß diese Auflockerungen nun eine galoppierende Vehemenz annahmen. Äußere Ereignisse und Parolen wurden für die Generation zwischen 1790 und 1820 der leitende und oft ausschließliche Gesichtspunkt der jüdischen Orientierung. Denn Gleichheit und Brüderlichkeit schienen nur dann erreichbar und konnten scheinbar nur dann gefordert werden, wenn die Juden sich der Mehrheit, unter der sie lebten, anglichen –

---

[110] Etwa bei Max Wiener, Jüdische Religion im Zeitalter der Emanzipation, Berlin 1933, S. 29. – Zum Prozeß der bürgerlichen Eingliederung der Juden vgl. Jacob Toury, Prolegomena to the Entrance of Jews into German Citizenry (hebräisch), Tel Aviv, 1972, und derselbe: Der Eintritt der Juden ins deutsche Bürgertum. Eine Dokumentation, Tel Aviv 1972.

in Lebensform, Sitte, Sprache und sogar in den Formen ihres Gottesdienstes. Solche Angleichung war schon die Forderung der Toleranzgesetze Josefs des Zweiten und der späteren preußischen Gesetzgebung. Sie wurde ebenso von den Revolutionären der französischen Nationalversammlung und von Napoleon erhoben. Hinter den verlockenden Parolen eines einheitlichen brüderlichen Staatsvolkes, die sowohl von der Revolution wie auch von dem aufgeklärten Absolutismus in Österreich und Preußen propagiert wurden, stand die oftmals unverhüllte Absicht, die Juden als Juden durch Atomisierung unter ihren Mitbürgern verschwinden zu lassen. Es stand dahinter – in säkularisierter Form – die alte christlich-theologische Ansicht, daß das Judentum das Relikt einer vergangenen Zeit sei, das in der christlichen und nun der modernen Welt keine Lebensberechtigung mehr habe.

Viele Wortführer der damaligen Judenheit waren bereit, die Forderung nach Assimilation und Angleichung als Voraussetzung der bürgerlichen Gleichberechtigung zu akzeptieren. Wir sahen dies bei Bendavid und Friedländer. Aber während diese beiden dennoch an der religiösen Sonderart des Judentums festhielten, das Judentum allenfalls zu *konfessionalisieren* bereit waren, schritten andere zur völligen Selbstaufgabe durch die Taufe. Daß Gleichberechtigung auch das gleiche Recht einer Minderheit auf Anerkennung ihrer Eigenheit bedeutete, dafür hatten Nichtjuden wie Juden noch keinen Sinn.

Selten tritt in einer Epoche so klar das Ineinandergreifen von Ideen und Ereignissen und umgekehrt von Ereignissen und deren geistesgeschichtlichen Auswirkungen zutage, wie in der Epoche der Revolution und Restauration. Die Ideen der Aufklärung waren bis dahin nur das gemeinsame Band einer Elite von Schriftstellern, Gelehrten und Beamten gewesen, die als eine »neutrale Gesellschaft« außerhalb oder über der traditionellen ständischen Ordnung standen.

Am Ende des 18. Jahrhunderts wurden diese Ideen zu einer politischen Macht. In der Französischen Revolution von 1789 hatten sie in einem der führenden Völker Europas die Herrschaft errungen. Von Frankreich aus eroberten sie teils durch die Revolutionsarmeen, teils durch das fanalhafte französische Beispiel den europäischen Kontinent.[111]

---

[111] Schon etwa 100 Jahre vorher hatten Gedanken des Naturrechts und der Gewissensfreiheit in einigen nordamerikanischen Kolonien politisches Gewicht erhalten. In der Konstitution von South Carolina, die unter Lockes Mitwirkung 1669 formuliert wurde, war Gewissensfreiheit auch Juden, Heiden und Dissenters verbürgt worden; in den meisten anderen Kolonien allerdings nur den verschiedenen christlichen Denominationen. Die amerikanische Erklärung der Menschenrechte von 1776

Revolution und Restauration

Aber der Weg von der Deklaration der Menschen- und Bürgerrechte durch die französische Nationalversammlung im August 1789 bis zur Anwendung der neuen Prinzipien auf die Juden war zunächst noch voller Hindernisse. Es dauerte noch zwei Jahre, bis auch den Juden Frankreichs in ihrer Gesamtheit das Bürgerrecht zuerkannt wurde. Den Verfechtern der Gleichberechtigung, Mirabeau, der in Berlin Mendelssohn und Dohm kennengelernt hatte und bereits 1787 mit einer Schrift über Mendelssohn und die Emanzipation der Juden hervorgetreten war, dem Abbé Grégoire, Clermont-Tonnère[112] und Robespierre, trat eine starke judenfeindliche Opposition gegenüber. Sie wurde von Abgeordneten aus dem Elsaß[113] geführt und verstand es, unter immer neuen Vorwänden und der Drohung mit Volksaufständen die Durchführung der verkündeten Grundsätze zu vertagen, die erst am 27. September 1791, zwei Tage vor dem Auseinandergehen der ersten Nationalversammlung angenommen wurden und im November Gesetzeskraft erhielten.

---

ging der französischen voran. Dennoch dürfen wir von dieser historischen Priorität Amerikas in unserem Zusammenhang absehen. Die dortigen Ereignisse lagen damals noch außerhalb des europäischen Blickfeldes und dürften die Ereignisse in Europa kaum beeinflußt haben. Wir dürfen nicht die Perspektiven verrücken und das kleine abgelegene Amerika von 1776 oder 1789 mit der heutigen Weltmacht verwechseln. Zudem wurden die deklaratorischen Bestimmungen der Unionsverfassung durch die Verfassungen der Einzelstaaten vielfach eingeschränkt, auch solcher Verfassungen, die während und sogar nach dem Unabhängigkeitskrieg erlassen wurden. Im Maryland z. B. konnten Juden nur nach langen parlamentarischen Kämpfen erst 1826 in öffentliche Ämter gewählt werden. In New Hampshire fielen sogar erst 1877 die letzten Beschränkungen gegen die Nichtprotestanten. Auf die Negersklaven wurde die proklamierte Gleichheit erst nach dem Bürgerkrieg angewendet. Die Gleichberechtigung der Neger wird noch heute umkämpft. Noch Moses Mendelssohn schließt sein »Jerusalem« mit der pessimistischen Anmerkung: »Leider! hören wir auch schon den Kongreß in Amerika das alte Lied anstimmen und von einer herrschenden Religion sprechen« (Jerusalem, letzte Seite). Das wurde 1783, etliche Jahre nach der »Bill of Rights« geschrieben, ein Zeichen, wie vorsichtig wir den Einfluß der amerikanischen Revolution auf die europäischen Ereignisse einschätzen müssen.

[112] Von ihm stammt der Satz: »Den Juden als Nation nichts, den Juden als Menschen alles« (Sitzung v. 23. 12. 1789), ein Satz, der wieder die bleibende Tendenz auch der liberalen Judenfreunde aufzeigt, Gleichberechtigung an Angleichung und Aufgabe spezifischer Eigenart zu binden.

[113] Die Mehrzahl der damals auf 50000 geschätzten Juden Frankreichs wohnten im Elsaß und in Lothringen. Eine zweite Gruppe lebte in den ehemals päpstlichen Gebieten um Avignon, etwa 300 »Portugiesen« in Bordeaux mit einer halblegalen Filialgemeinde in Paris. Juden saßen also nur in den Randgebieten, die erst im Laufe der Zeit an Frankreich gefallen waren. Aus den französischen Stammlanden waren sie 1394 vertrieben worden.

Die schießlich durchgesetzte bürgerliche Gleichberechtigung wurde von den Revolutionsarmeen durch Europa getragen und in den von Frankreich abhängigen oder eroberten Landen durchgeführt, in Holland und der Schweiz, im neuen Königreich Westfalen und dem Rheinland und in den zeitweise Frankreich einverleibten Hansestädten. Teilweise und zögernd drang sie auch in die Rheinbundstaaten ein. In Frankreich selbst aber kam es unter Napoleon zu einem argen Rückschlag.

Napoleon begann die durch die Französische Revolution geschaffene Gleichberechtigung der Juden durch Sondergesetze einzuschränken. Im Jahre 1806 berief er eine Versammlung jüdischer Notabeln nach Paris, um durch eine Mischung von Einschüchterung und augenscheinlich kaiserlicher Fürsorge die französischen Juden zu einer weitgehenden Aufgabe ihrer jüdischen Identität zu bringen. Der *Notabeln-Versammlung* wurden zwölf Fragen vorgelegt. Diese Fragen bezogen sich teils auf das Verhältnis des jüdischen Rechts, insbesondere des Eherechts, zu den Bestimmungen des französischen Code civil, teils auf die religiösen Bestimmungen über die wirtschaftliche Betätigung der Juden, insbesondere die Frage des Zins-Nehmens. – Die Notabeln-Versammlung, die mehrere Monate tagte, beantwortete die Fragen durchaus im Sinne der Regierung. Sie stand unter dem unverhüllten Druck, daß von der zufriedenstellenden Beantwortung der Fragen der Fortbestand der Bürgerrechte der Juden abhängen würde, möglicherweise sogar ihr Wohn- und Existenzrecht. Zudem waren die meisten Mitglieder der Versammlung von dem Geist der Selbstaufgabe beherrscht, der in der Nach-Mendelssohnschen Zeit in ganz Westeuropa verbreitet war, verbunden mit dem besonderen Wunsch, ihre Loyalität und ihren Patriotismus zu bekunden. Sie gaben infolgedessen in ihren Antworten manchmal mehr als von ihnen erwartet wurde, z. B. indem sie erklärten, daß die Juden Frankreichs nur noch Franzosen jüdischer Religion seien, daß eine jüdische Nation nicht mehr existiere und daß infolgedessen ausländische Juden für sie nur noch Ausländer seien. In anderen Fragen wurden diplomatisch vorsichtige Antworten gegeben, z. B. in der Frage der Mischehe. Mischehen seien als zivilrechtlich gültig anerkannt, könnten aber keine religiöse Weihe bekommen.

Napoleon war mit den Beschlüssen der Notabeln-Versammlung zufrieden, wollte ihnen aber auch eine zusätzliche Sanktion geben. Er knüpfte dazu an die alte Institution des *Sanhedrin* (Synhedrion) an, das zur Zeit des 2. Tempels bestanden hatte. Es war seinerzeit die höchste religionsgesetzliche und richterliche Instanz gewesen.

Im Jahre 1806 verkündete er die Einberufung eines neuen Synhedrions nach Paris. Wie das alte Synhedrion zählte auch dieses neue 71 Mitglieder, die im wesentlichen aus Frankreich und den von Frankreich beherrschten Staaten kamen.

Das »Sanhedrin« trat im Februar 1807 mit großem Pomp zusammen. Da seine einzige Funktion darin bestand, die Antworten der Notabeln-Versammlung von 1806 zu bestätigen, tagte es nur in wenigen Sitzungen und wurde nach Bestätigung aller Antworten sofort wieder aufgelöst.

Obgleich an dem Sanhedrin nur Delegierte aus Frankreich und unter französischem Einfluß stehenden Ländern teilnahmen, war Napoleons Prestige-Gewinn unter den Juden viel weitreichender. Als Napoleon 1807 in Polen war und das Großherzogtum Warschau begründet wurde, wurde er von den polnischen Juden enthusiastisch empfangen, obwohl diese Juden weder den politischen Zweck der Veranstaltung kannten, noch den ihrer Beschlüsse.

Interessant ist jedoch, daß die Beschlüsse des Sanhedrins nicht nur einen Akt napoleonischer Staatspolitik darstellen. Ein Teil dieser Beschlüsse drückte auch die ehrliche Meinung vieler aufgeklärter Juden aus. Sie bildeten sozusagen die magna charta der späteren Reformbestrebungen in Deutschland und wurden auf der ersten Rabbinerversammlung in Braunschweig, 1844, ausdrücklich bestätigt.

Die Juden Frankreichs erhielten dann den Dank für ihre Unterwürfigkeit durch das berüchtigte *Décret Infâme*, das Napoleon etwa ein Jahr nach Beendigung des Sanhedrin-Schauaktes erließ. In diesem Edikt wurde für die Dauer von 10 Jahren die Freizügigkeit der Juden aufgehoben, ihre berufliche Tätigkeit abhängig gemacht von Leumundszeugnissen, die sie von den im Elsaß meist judenfeindlichen Lokalbehörden erlangen mußten, und ähnlichen Bestimmungen mehr.

Die Einschränkungen des Décret Infâme betrafen im wesentlichen die Juden im Elsaß, überhaupt die deutschen Départements Frankreichs, auch die von Napoleon hinzueroberten. Hier blieben sie auch nach dem Sturz der französischen Herrschaft noch jahrzehntelang bestehen, obgleich die zehnjährige Frist, auf die Napoleon das Edikt beschränkt hatte, längst abgelaufen war. Bis 1848 benötigte zum Beispiel ein rheinländischer Jude, um einen Erwerb beginnen zu können, ein Leumundszeugnis der Ortsbehörde. Im restaurierten bourbonischen Königreich dagegen, das sonst im Rufe ärgster Reaktion stand, waren die französischen Juden im Jahre 1818 wieder gleichberechtigte Staatsbürger geworden. Im Königreich Westfalen, dem wichtigsten napoleonischen Satellitenstaat, war das Edikt überhaupt nicht eingeführt worden, obgleich der andere Teil der napoleonischen Neuordnung des Judenwesens, die Konsistorialverfassung, übernommen wurde.

Die *Konsistorialverfassung*, die bald nach dem Ende der großen Show des »Sanhedrin« und am gleichen Tage wie das Décret Infâme erlassene Neuregelung der Organisationsform der Juden, löste die örtlichen Gemeinden auf. Damit sollte der alte Kern des jüdischen Lebens getroffen, die Juden atomisiert werden. An Stelle der Gemeinde wurde für jedes Département ein Consistoire geschaffen, eine Provinzialvertretung der Judenschaft in allen Départements mit mehr als 2000 Juden. Die Konsistorien bestanden aus einem »Grandrabbin« und, wenn nötig, noch einem zweiten Rabbiner sowie drei Laienmitgliedern, welche durch 25 von den Behörden ernannten Notabeln gewählt wurden. In Paris saß ein Zentralkonsistorium, das die Aufsicht über die Provinzgremien führte. Die Aufgabe der Konsistorien bestand in der Durchführung der Synhedrialbeschlüsse. Außerdem sollten sie die Befolgung der Militärdienstpflicht durch die Juden überwachen. Erst Napoleon der Dritte führte ein demokratisches Wahlsystem für die Konsistorien ein.

Obgleich der Absicht nach die Konsitorien ein Instrument der Überwachungspolitik der Regierung sein und den gemeindlichen Zusammenhang der jüdischen Bevölkerung zerstören sollten, haben sie in der Praxis die Aufgaben der früheren Gemeinden übernommen. Nach der Trennung von Kirche und Staat in Frankreich, 1905, behielten die französischen Juden bis heute die Konsistorialverfassung als freiwillige Institution bei, ein Zeichen, daß sie sich bewährt hatte und den Bedürfnissen nach Organisation und kultureller, sozialer und religiöser Zusammenfassung der jüdischen Bevölkerung entsprach. –

Die Entwicklung in Frankreich gab auch den emanzipatorischen Tendenzen in den Ländern verstärkten Auftrieb, die in den Revolutionskriegen die große Koalition gegen Frankreich gebildet hatten.

In *Österreich* allerdings war die Tendenz nach den Toleranzedikten Josefs des Zweiten eher rückläufig. Die Zweideutigkeit der Judenpolitik Josefs, die mit der einen Hand gab und mit der anderen nahm oder ihre Gaben an unerfüllbare Bedingungen knüpfte, habe ich bereits geschildert. Als erster europäischer Staat führte Josef noch 1787 die Militärdienstpflicht für die Juden ein, eine Maßnahme, die nicht nur in der nichtjüdischen Bevölkerung und der Armee selbst auf Widerstand stieß; die Juden Böhmens und Galiziens sahen in dieser Maßnahme eine Absicht, die jungen Leute mit Gewalt von der Ausübung religiöser Pflichten und Sitten abzubringen und für den Abfall von der Religion vorzubereiten.

1797 wurde für Böhmen, Mähren und Österreichisch-Schlesien ein *Judensystemalpatent* erlassen, das unter anderem die Bestimmungen eines *früheren* Gesetzes, des *Familiantengesetzes* von 1726, erneuerte. In diesem wurde die Zahl der zugelassenen Juden für jeden Landesteil festgesetzt. Ein Jude durfte nur heiraten und eine Familie gründen, wenn eine Nummer für ihn durch den Tod eines anderen freigeworden war. Außerdem hatte der Heiratskandidat eine Prüfung in der deutschen Sprache abzulegen. Unter Josefs Nachfolgern, bis 1848, nahmen diese rückläufigen Tendenzen zu, wenn es auch sporadische Ausschläge nach der anderen Seite gab. So konnte in Österreich ein Jude schon vom Jahre 1810 an Offizier werden.

In *Preußen* versuchten die Juden gleich nach dem Tode *Friedrichs des Großen* eine Neuregelung der Gesetzgebung zu erreichen, die an Stelle des General-Reglements von 1750 treten sollte. Der neue König Friedrich Wilhelm II. hatte dafür gleich nach Regierungsantritt Hoffnungen erweckt. Er hob auch im selben Jahr den Leibzoll auf, die Porzellansteuer und die Kollektivhaftung der Juden des Landes bei Diebstählen und Bankrotten. Aber die Verhandlungen der Vertreter der Judenschaft mit einer königlichen Kommission zogen sich sechs Jahre lang, bis 1793, hin. Der schließlich von der Regierung ausgearbeitete Entwurf befriedigte die jüdischen Vertreter so wenig, daß sie den Mut hatten, ihn abzulehnen und zu erklären, daß sie es vorzögen, bei dem alten Reglement zu bleiben. – Die Gleichberechtigung, die die Revolution den Juden Frankreichs gebracht hatte, stärkte auch den preußischen Juden den Rücken.

Wenige Jahre später wurden die Beratungen über eine Liberalisierung der Judenpolitik in den Regierungsressorts wieder aufgenommen. Einerseits mußte der Blick auf die Entwicklung in Frankreich den von der Aufklärung beeinflußten Beamten zeigen, daß auch in Preußen, dem Lande Mendelssohns, eine Änderung der Judenpolitik unaufschiebbar sei. Auf der anderen Seite waren durch die polnischen Teilungen große Massen polnischer Juden unter preußische Herrschaft gekommen, die ein neues schweres Problem für die Verwaltung darstellten. Denn die in Deutschland längst eingewurzelten Auflockerungen und die Aufklärung waren nach Polen mit den andersartigen sozialen Verhältnissen seiner jüdischen Bevölkerung noch kaum gedrungen. Aber der ganze Problemkreis war in Bewegung geraten. Aus den Kreisen der aufgeklärten Bürokratie ging eine Reihe von Schriften zur Judenfrage hervor. *Johann Balthasar König* veröffentlichte 1790 seine auch als Quellenwerk wichtigen »Annalen der Juden in den preußischen Staaten«. *Terlinden* gab 1804 seine Zusammenstellung des in Preußen geltenden behördlichen Judenrechts und des jüdischen Rechts heraus.[114] Auf der Gegenseite kam eine Welle antijüdischer Literatur zum

---

[114] R. F. Terlinden, Grundsätze des Judenrechts nach den Gesetzen für die preußi-

Vorschein, die wieder Gegenschriften von nichtjüdischer wie jüdischer Seite hervorrief.

Die durch die Niederlage von Jena und Auerstädt 1806 hervorgerufene Staatskrise unterbrach nicht die ernsthafte Beschäftigung mit dem Judenproblem. Im Gegenteil, dieses Problem erschien jetzt viel einfacher, da die polnischen Landesteile wieder zum größten Teile von Preußen abgetrennt wurden. Die neue Städteordnung des Freiherrn vom Stein im Jahre 1808, die die kommunale Selbstverwaltung begründete, gab den Juden Preußens die städtischen Bürgerrechte und damit das Recht, in die städtischen Gremien zu wählen und gewählt zu werden. In Berlin wurden daraufhin David Friedländer und Abraham Mendelssohn, der Sohn von Moses und Vater des Komponisten, die ersten jüdischen Stadträte. Nachdem der liberale Hardenberg Staatskanzler geworden war, wurde die Angelegenheit des neuen Judengesetzes bald zum Abschluß gebracht. Am 11. März 1812 wurde das »*Edikt über die bürgerlichen Verhältnisse der Juden in den preußischen Staaten*« erlassen. Die Juden Preußens wurden zu preußischen Staatsbürgern erklärt. Sie mußten feste Familiennamen annehmen und sich im öffentlichen Geschäftsverkehr der deutschen Sprache bedienen. Sie konnten sich überall niederlassen, Grundstücke erwerben, Lehr- und Gemeindeämter ausüben, unbeschränkt Handel treiben und waren in Zukunft von allen besonderen Abgaben frei. Dafür mußten sie natürlich die allgemeinen bürgerlichen Abgaben und Bürgerpflichten und die Militärdienstpflicht auf sich nehmen. Auf der anderen Seite wurde die besondere Jurisdiktion der Rabbiner und der jüdischen Gerichte aufgehoben. Ob Juden zu öffentlichen und Staatsämtern zugelassen werden könnten, sollte einer späteren Regelung vorbehalten bleiben. – In der späteren Reaktionszeit wurden manche der Bestimmungen des Preußischen Edikts wieder zurückgenommen, zum Beispiel die Zulassung zu akademischer und anderer Lehrtätigkeit. Und die auf eine Regelung in der Zukunft vertagten Punkte blieben noch jahrzehntelang offen, so z. B. die Zulassung zur Beamtentätigkeit. Doch im großen ganzen war das Preußische Emanzipationsedikt für lange Zeit wegweisend und wohl das liberalste in Deutschland.

In diesen Jahren vor den Befreiungskriegen wurde nicht nur in Preußen, sondern auch in anderen deutschen Ländern die gesetzliche Stellung der Juden neu geregelt. Am weitgehendsten war die Regelung in Baden. Hier wurde die jüdische Religion als eine der drei offiziellen Religionen anerkannt. Die Juden erhielten das Staatsbürgerrecht, aber merkwürdigerweise

---

schen Staaten, Halle 1804. Terlinden war Kriegs- und Domänenrat in Hamm.

noch keine lokalen Bürgerrechte. Andere deutsche Staaten gingen gerade den umgekehrten Weg; sie gaben ihnen lokale Bürgerrechte, aber kein Staatsbürgerrecht, so z. B. Bayern.

Von der Welle der patriotischen Begeisterung der Freiheitskriege wurden auch die Juden erfaßt. Sie eilten in großer Anzahl zu den Fahnen. Juden erhielten das Eiserne Kreuz und wurden zu Offizieren befördert. Doch kaum war der Krieg aus und Napoleon nach St. Helena verbannt, sollten die Juden, die eben noch unter der begeisterten Anerkennung der Öffentlichkeit gemeinsam mit ihren christlichen Mitbürgern gekämpft hatten, wieder in ihre alte Stellung zurückgestoßen werden.

Den ersten Schlag erhielten die heimgekehrten Soldaten. Kriegsteilnehmern war vom preußischen König Anstellung im Staatsdienst versprochen worden. Hiervon wurden die Juden wieder ausgenommen. Selbst Inhabern des Eisernen Kreuzes wurde sie nicht gewährt, da, wie der preußische Justizminister sich ausdrückte: »die Vermutung weniger Moralität durch temporelle Tapferkeit nicht entkräftet ist«.[115] Aber wenn ein Jude zur christlichen Religion übertrat, sollte er zu allen Ansprüchen der christlichen Untertanen berechtigt sein. So wurde ganz offen eine Prämie auf Treulosigkeit und Charakterlosigkeit ausgesetzt, als wenn gerade Treulosigkeit gegen den jüdischen Glauben ein moralisches Niveau beweise. Auch die Gültigkeit des Emanzipationsgesetzes von 1812 wurde auf das Staatsgebiet eingeschränkt, das auch nach der Niederlage von Jena preußisch geblieben war. Und das Edikt selbst wurde durch spätere königliche Kabinetts-Ordres unterhöhlt. Schon 1822 wurde die im Edikt vorgesehene Möglichkeit annulliert, Lehr- und akademische Ämter zu erlangen. Die Wahl christlicher Vornamen sollte verboten werden. Es erfolgte sogar ein direkter Eingriff in die Religionsfreiheit, indem Predigten in deutscher Sprache und jede Änderung in der Art des Gottesdienstes verboten wurde.

Das Verhalten der preußischen Staatsverwaltung, insbesondere des Königs, war enttäuschend und demütigend. Aber das Verhalten der Hanse-Städte, der Freien Stadt Frankfurt und anderer Länder war ein brutaler Rückfall in die alten Verhältnisse.

Die Neuregelung der bürgerlichen Verhältnisse der Juden für alle Länder des Deutschen Bundes sollte auf dem *Wiener Kongreß* erfolgen.[116] Wilhelm v. Humboldt hatte mit Billigung von Hardenberg und Metternich einen

---

[115] Ismar Freund, Emanzipation der Juden in Preußen, 1912, Bd. II, S. 466.
[116] Vgl. S. Baron, Die Judenfrage auf dem Wiener Kongreß, Wien und Berlin 1920.

Entwurf der deutschen Verfassung vorgelegt. Dieser enthielt den Satz: »Den Bekennern des jüdischen Glaubens werden, sofern sie sich der Leistung aller Bürgerpflichten unterziehen, die denselben entsprechenden Bürgerrechte eingeräumt.« Der Humboldtsche Entwurf drang in den Beratungen des entsprechenden Paragraphen – des späteren § 16 der Bundesakte – nicht durch. Es wurde nur eine Empfehlung angenommen, die lautete: »... in Beratung zu ziehen, wie auf eine möglichst übereinstimmende Weise die bürgerliche Verfassung der Bekenner jüdischen Glaubens in Deutschland zu bewirken sei, und wie insonderheit denselben der Genuß der bürgerlichen Rechte gegen die Übernahme aller Bürgerpflichten werde gesichert werden. Jedoch werden dieselben bis dahin die *in* den Bundesstaaten bereits eingeräumten Rechte erhalten.« – Damit wäre der von den Franzosen geschaffene Status quo jedenfalls erhalten geblieben. Diese schon angenommene Fassung schien den Freien Städten untragbar zu sein. Sie drangen in der Redaktionskommission durch und in dem dann veröffentlichten Protokoll der Bundesakte vom 8. 6. 1816 war das Wörtchen »in« durch das Wort »*von*« ausgetauscht worden. Von den Bundesstaaten Hamburg, Lübeck, Frankfurt und Bremen aber hatten die Juden keine Gleichberechtigung erhalten, sondern von den Franzosen, so daß diese Staaten eine legale Handhabe hatten, nach ihrem Willen ihre Juden wieder zu entrechten.

Inzwischen hatten die Okkupations- und Kriegsjahre eine schwere Wirtschaftskrise ausgelöst. Die Bevölkerung, die nach dem Siege auf wirtschaftlichen Aufschwung und politische Reformen gerechnet hatte, machte für ihre Enttäuschungen, wie immer, die Juden zu ihrem Sündenbock. Die nationale Begeisterung hatte sich außerdem in einem heftigen Nationalismus fortgesetzt. Die Diskussion über die Judenfrage hatte gleichzeitig ein antijüdisches politisches Schrifttum hervorgerufen. Am bekanntesten wurden die Schriften von einem Berliner Historiker Rühs und eine furchtbare Schrift des berühmten Philosophen Fries in Heidelberg, der schon damals die physische Ausrottung der Juden mit Stumpf und Stiel verlangte. Nach Ermordung des Dichters Kotzebue durch den Studenten Sand waren die Burschenschaften verboten worden. Der Haß gegen Metternich, von dem dieses Verbot ausging, wurde auf eine merkwürdige Weise auch in diesem Falle auf die Juden abgeleitet. Denn jüdische Bankiers seien als Kreditgeber der österreichischen Regierung an seiner Politik mitschuldig. In Würzburg begannen Studenten-Unruhen und Ausschreitungen gegen die jüdische Bevölkerung. Sie breiteten sich wie ein Lauffeuer über eine ganze Reihe von Städten aus, Heidelberg, Frankfurt, Hamburg und andere. Nach dem

Schlachtruf der Studenten: »Hep, hep, Jud verreck« sind diese Ausschreitungen die Hep-Hep-Unruhen genannt worden.[117]

Die staatliche Judenpolitik aus dem Geiste der Aufklärung – gleich ob sie, wie in Frankreich und dem Preußen Hardenbergs und Humboldts, liberal war oder wie in Österreich aus dem Geiste des landesväterlichen Absolutismus stammte – hatte eines gemeinsam: Der neue Staat wollte nicht mehr abgeschlossene, besondere Gruppen dulden. Im Kampfe gegen Stände und Zunftwesen hatte sich der Staat im Laufe des 18. Jahrhunderts durchgesetzt. Nun waren dieselben Juden, die ihm als eines der Instrumente zur Untergrabung der alten Formen gedient hatten, als einzige von der übrigen Bevölkerung schroff unterschiedene Gruppe bestehen geblieben. Sie schienen in Kleidung, Sprache und Lebensform ein Element der Rückständigkeit zu sein. Man verknüpfte also mit der in Aussicht gestellten Verbesserung der Rechtsstellung erzieherische Maßnahmen. Man tat dies im egoistischen Interesse des Staates, der auch diese Gruppe der Majorität angleichen, unsichtbar machen wollte. Rechtsgewährung wurde mit kultureller Angleichung gekoppelt. Ließen die Juden sich aber taufen, so erhielten sie nicht nur die automatische Gleichstellung, sondern auch Prämien materieller Art.

Auch der Charakter und die Funktion der jüdischen Gemeinden erlitt in der Emanzipationszeit eine tiefgreifende Veränderung. Noch im 18. Jahrhundert hatten die Gemeinden in Deutschland ein recht hohes Maß von Autonomie, die sogar von den Regierungen gefördert und gestützt wurde. Wenn auch die gewählten Gemeindevorsteher von den Behörden bestätigt werden mußten, so überließen die Behörden den Gemeinden die Aufteilung des Steuersolls unter ihre Mitglieder. Armen- und Krankenpflege, die Erziehung lagen in ihrer Hand. Namentlich aber war die Gemeindedisziplin und die Regelung innerjüdischer Rechtsfragen den Gemeinden und den rabbinischen Gerichten überlassen gewesen. Dazu gehörten Ehe- und Erbrecht, mit manchen Einschränkungen auch zivilrechtliche Streitfälle, ja sogar strafrechtliche Bagatellsachen, wie Injurien, Schlägereien, Verletzungen der Gemeindedisziplin.

Auch wo die *zivilrechtliche Jurisdiktion* formell den öffentlichen Gerichten vorbehalten war, brachten die Juden ihre häufigen geschäftlichen Auseinandersetzungen vor ein jüdisches Gremium. Schon in der talmudischen Zeit galt es als verwerflich, sich an fremde Gerichte zu wenden mit ihren vielleicht religiös und moralisch bedenklichen Rechtsprinzipien und Proze-

---

[117] Dieser antijüdische Schlachtruf soll die Initialen von Hierosolyma est perdita (Jerusalem ist verloren) enthalten.

duren. Beim jüdischen Gericht war man sicher, schnell, ohne umständliche und unverständliche Formalitäten und nach vertrauten Rechtsprinzipien zu seinem Recht zu kommen. Die Vollstreckbarkeit der Urteile konnte meist durch Androhung oder Anwendung des Bannes gesichert werden.

Die Banngewalt und damit die Gemeindedisziplin hatte im Gefolge der allgemeinen Auflockerungserscheinungen ihre gesellschaftlich zwingende Kraft eingebüßt. Und mit ihr war auch die Autorität der Rabbinatsgerichte zurückgegangen.

Auf der anderen Seite bildeten die Juden gerade durch die richterlichen Funktionen der Rabbiner jene abgeschlossene und abgesonderte Körperschaft innerhalb des Staates, die zu dem Gesellschaftsideal der Aufklärung im Gegensatz stand. Deshalb zielten alle Emanzipationsgesetze dahin, diesen Sondercharakter der jüdischen Gemeinden aufzuheben und sie zu reinen *Religionsgemeinden* zu machen. So verschieden nach Methoden und Prinzipien auch die Emanzipationsgesetzgebung der einzelnen deutschen und außerdeutschen Staaten war, in diesem Punkte stimmten alle überein: die Disziplinar- und richterliche Gewalt von Rabbinern und Gemeindevorstehern wurde aufgehoben. Die Erziehung, auch dort, wo es weiterhin jüdische Sonderschulen gab, wurde in das staatliche Erziehungssystem eingegliedert, desgleichen die Lehrerausbildung und in manchen Ländern sogar die Ausbildung und Ernennung von Rabbinern. Diese Verminderung der jüdischen Autonomie sollte mit dazu beitragen, die Judenheit zu atomisieren und als besondere unterschiedliche Gruppe verschwinden zu lassen.

Das interessante ist, daß diese Umwälzung in weiten Kreisen der Judenheit in Deutschland und Westeuropa nicht als eine Zwangsmaßnahme empfunden wurde, sondern von all ihren Strömungen, sogar von den Konservativen und Orthodoxen, angenommen und begrüßt wurde. So sehr hatte das Streben nach Anteilnahme an der Umweltkultur und nach bürgerlicher Gleichstellung alle anderen Gesichtspunkte überschattet.

Nichts ist vielleicht charakteristischer für die neue Geisteshaltung als die erstaunliche Leichtigkeit, mit der die Träger und Bewahrer der ungebrochenen Tradition, die orthodoxen Kreise, auf die rabbinische Jurisdiktion verzichteten. Nur das Altonaer Oberrabbinat behielt noch bis 1863, dem Jahre des Inkrafttretens der Judenemanzipation in Holstein und Schleswig Jurisdiktion in erster Instanz. In orthodoxen Kreisen aller Länder blieb es jedoch auch weiterhin vielfach üblich, sich bei Streitfällen an einen Rabbiner oder an jüdische Schlichter zu wenden, die nach jüdischem Recht urteilten. Aber das war nun durchaus nur ein Akt freiwilliger Gerichtsbarkeit, nicht mehr zwingendes religiöses oder gesellschaftliches Gebot.

Dieser stillschweigende Verzicht der jüdischen *Orthodoxie* auf das eigene, religiös fundierte Recht war eine viel einschneidendere Assimilationserscheinung als etwa die gleichzeitigen Gottesdienstreformen der Reformbewegung. Hier wurde ein Viertel des im »Schulchan Aruch« kodifizierten Religionsgesetzes de facto fallengelassen[118], des Teiles, der den Eckstein der alten Autonomie darstellte.

Inzwischen war im allgemeinen Geistesleben die Aufklärung von neuen Strömungen abgelöst worden. Rousseau schon vereinigte Aufklärungstendenzen mit einer utopisch-romantischen Forderung der Rückkehr zur Natur. Ganz Europa begeisterte sich an Liedern, die unter dem Namen von Ossian, einem sagenhaften schottischen Barden, erschienen war. In Deutschland wurde die Geisteswelt eines Lessing und Mendelssohn, eines Lichtenberg und Haller und eines Kant, von einer neuen Bewegung abgelöst. Mit dem jungen Goethe, Herder und anderen dieses Kreises meldete sich eine neue geistige Haltung, die als »Sturm und Drang« begann und in die Romantik einmündete. Nicht mehr die Vernunft sollte als Maßstab gelten. Die volle Entwicklung der Individualität war das Ideal. Sie sprach sich das Recht zu, über konventionelle Wert- und Moralbegriffe hinwegzugehen. Das »Genie« beanspruchte sein Eigenrecht, gewissermaßen jenseits von Gut und Böse.

Zwei weitere Tendenzen kamen hinzu. Aus dem Elitegedanken der Aufklärerkreise war von England her das Ordenswesen der Freimaurer erwachsen. In ihr Ordensritual, das von vornherein sich mit dem Mantel des Exklusiven und Geheimnisvollen umgab, drangen sehr bald mystische Gedanken ein, die sich an den deistisch-aufklärerischen Kern der Ordensprinzipien anrankten und ihn vielfach schließlich verdeckten. Hebräische Worte und kabbalistische Ausdrücke drangen in die Sprache der Freimaurer und noch mehr in die der Rosenkreuzer ein und erhöhten die Aura des Unverständlichen und Mysteriösen. Die Mystik selbst, die ein Swedenborg in Schweden, Saint-Martin in Frankreich und Hamann in Deutschland repräsentierten, fand neue Anhänger. Und der Kosmopolitismus, der so lange vorherrschend gewesen war – ausgedrückt durch das Latein der Kirche und der aufgeklärten Gelehrtenwelt, wie durch das Französisch der Hofkreise – wurde vom Nationalgedanken verdrängt. Das bisher als barbarische Vergangenheit betrachtete Mittelalter wurde neu entdeckt. Der Bü-

---

[118] Nach dem Vorbild des Jakob ben Ascher im 14. Jahrhundert hatte Josef Caro den »Schulchan Aruch«, das Religionsgesetz, in vier Teile gegliedert: Tägliche Pflichten, Gebetsordnung, Sabbat- und Festtagsgebote (Orach Chajim); Ritualien, Schlachtvorschriften (Jore Dea); Ehe- und Scheidungsrecht (Ewen Ha'Eser); Zivilrecht (Choschen Mischpat).

chermarkt füllte sich mit Ritterromanen; Goethe schrieb seinen Götz. Das Individualismus-Ideal verkörperte sich in Gestalten der nationalen Vorzeit. Hierzu kam das Sendungsbewußtsein der französischen Revolutionsheere, die Freiheit, Gleichheit und Brüderlichkeit mit ihren Waffen verbreiten wollten und damit den Nationalstolz des Franzosentums schufen, der »grande nation«.

Als Reaktion bildete sich in den besetzten oder besiegten Ländern ein eigener Nationalismus aus, der nicht nur antifranzösisch war, sondern sehr schnell feindlich gegenüber allem Fremden wurde. Und besonders war dieser neue Nationalismus, den Saul Ascher »Germanomanie« nannte, judenfeindlich; denn die Juden erschienen als die auffallendsten Nutznießer der verhaßten französischen Revolutionsideen – durch die Verbesserung ihrer bürgerlichen Stellung. Dieser Nationalismus setzte an Stelle der liberalen Parolen der Revolution den *Volksgeist*«, wie er sich in der gebundenen Sozialordnung der Vergangenheit manifestiert zu haben schien, in dem alten Recht und den alten Sitten. Die politische Restauration der Jahre nach dem Falle Napoleons wurzelte in diesem Boden. Sie hat für lange Zeit die Ansätze einer patriotischen Befreiungsbewegung erstickt, die die liberalen Tendenzen der Aufklärung politisch verwirklichen wollte. In Preußen unterlagen Hardenberg und Wilhelm v. Humboldt den Hofkreisen und der »heiligen Allianz«, die von Alexander dem Zweiten, Metternich und der europäischen Reaktion gegründet worden war, um ein Europa betont christlicher Staaten zu schaffen.

Die Übergänge vom Aufklärungsdenken zu dieser Romantik waren dabei fließend. So sehr Kant z. B. die Selbstsicherheit der Aufklärungsphilosophie entlarvt und zerstört hatte, gehört er in seinen wissenschaftlichen wie politischen Gedanken zur Aufklärung und ihrer rationalistischen Methodik. Das gleiche wird man von Salomon Maimon sagen. Aber Fichte schon übernahm von Maimon die subjektivistische Interpretation Kants und gab sie an Schelling und Hegel weiter, die eigentlichen Philosophen der Romantik. Herders Einführung des Entwicklungsprinzips und der Volkscharaktere wirkte auf die historische Rechtsschule und die Historiographie des 19. Jahrhunderts, während etwa Schiller als Historiker wie als Dichter der Denkrichtung der Aufklärung nähersteht.

Auch unter den Juden war inzwischen eine neue Generation herangewachsen. Diese zweite Generation nach Mendelssohn, die Söhne und Töchter seiner Schüler, die schon in und an den Werten der deutschen Kultur erzogen worden waren, wurden von den neuen Strömungen der deutschen Literatur gepackt. Besonders waren es die Frauen, die Töchter der wohlhabenden jüdischen Familien. Sie hatten schon an Stelle einer jüdischen Bildung, die bei Mädchen allgemein vernachlässigt worden war, und an Stelle der Atmosphäre der jüdischen Familie nur noch weltliche und insbesondere ästhetische Bildung aufgenommen. Um einige dieser Frauengestalten bildeten sich literarische Zirkel. In ihren »*Salons*« verkehrten die jungen Dichter, Philosophen und Theologen, die Männer von Genie. Dazu kamen Mitglieder des Adels und des königlichen Hauses. In den außerhalb der gesellschaftlichen Schranken und außerhalb der standesmäßigen Abgrenzungen stehenden neutralen jüdischen Häusern konnten Kreise zusammentreffen, die sonst gesellschaftlich nicht zusammenkamen. Sie füllten »die Lücken des fehlenden Großbürgertums« aus.[119]

Der Unterschied der Generationen läßt sich recht gut an dem Beispiel von *Marcus Herz* und seiner um 17 Jahre jüngeren Frau Henriette illustrieren. Zwei Generationen und geistige Haltungen trafen hier in einem Hause zusammen. Der Kreis des jüdischen Arztes bildeten die Freunde und Schüler Mendelssohns und Kants, Friedländer, der Minister v. Zedlitz, Biester, Kiesewetter und die Mitarbeiter der »Berlinischen Monatshefte«; den von *Henriette Herz* die Brüder Humboldt, Novalis, Jean Paul, Schlegel und Schleiermacher. Hier lernte Dorothea Mendelssohn Friedrich Schlegel kennen, um dessentwillen sie ihren Mann verließ. Sie wurde Protestantin und heiratete Schlegel, das Literatur-Orakel der jungen Generation, und trat später mit ihm zusammen zum Katholizismus über. Henriette Herz war eine weniger leidenschaftliche Natur als ihre Freundin. Sie hatte einen starken Sinn für die wesentlichen Züge der neuen literarischen und geistigen Bewegung. Mit ihren Freunden verband sie die Verehrung für Goethe. Der Goethekult der romantischen Intelligenz fand einen der ersten Mittelpunkte in ihrem Salon. Mit Schleiermacher verband sie eine lebenslange Freundschaft. Unter seinem Einfluß ließ sie sich 1817 taufen. – Mit diesem Schritt hat sie allerdings bis nach dem Tode ihrer Mutter gewartet. Ihr Mann war bereits 1803 gestorben.

Die vielleicht bedeutendste dieser Jüdinnen, jedenfalls die aktivste, war *Rahel Levin*, eine begabte Schriftstellerin und Briefschreiberin. Sie heiratete den viel jüngeren Diplomaten *Varnhagen* und trat bei dieser Gelegenheit zum Christentum über. Sie war vielleicht die einzige dieser Frauen, deren jüdisches Bewußtsein wach blieb und die sich später als ein abgerissenes Glied der jüdischen Vergangenheit bezeichnete.

Die Berliner Salons – zu deren Kreis auch der Wiener Salon der Berlinerin Fanny Arnstein gehörte, bei der die Diplomaten des Wiener Kongresses

---

[119] Vgl. Sigmar Ginsburg, Die zweite Generation der Juden nach M. Mendelsohn. Im Bulletin des LBI NR. 2, Tel Aviv, 1958, S. 62–72.

verkehrten – hatten mit ihrem Kult des Schönen und des Gefühls ein neues Element in das jüdische Leben gebracht. Ihre ästhetisch orientierte Lebenshaltung griff auf eine breitere Schicht des jüdischen Bürgertums über. Man wollte seine Bildung und seinen Geschmack vor der Umwelt dokumentieren, was sicherlich nicht immer in der geschicktesten Weise geschah und viel Spott und Kritik herausforderte. Verbunden war diese Richtung von Anfang an – in den Salonkreisen wie auch bei den kleinen Mitläufern – mit einer zunehmenden Indifferenz und Negierung der Werte des Judentums. Man suchte dagegen den Weg in die große oder groß scheinende Welt, in ihre Kultur und den Reichtum ihrer Anregungen. Von den Schätzen der eigenen Vergangenheit, von der Kultur der Väter, wußte man nichts mehr und wollte man nichts mehr wissen. Sie galten als unfein, rückständig und barbarisch. Die meisten, die damals das Judentum verließen, verbrämten mit ihrer neuen Christlichkeit opportunistische Beweggründe, die die christliche Welt und die Regierungen auf vielerlei Weise belohnten, mit Titeln, Adelsprädikaten, Beamtenstellungen und Professuren. Nicht alle waren so ehrlich wie Heinrich Heine, der die Taufe des Entrée-Billet in die europäische Kultur nannte.

Die mit der Goethe-Verehrung der jüdischen Salons begonnene ästhetisierende Lebenshaltung fand später, und bis in unsere Tage, ihre Fortsetzung in vielen jüdischen Literaten und Schriftstellern, die ihre Bindung zum Judentum verloren hatten, auch wenn sie sich nicht taufen ließen.

Neben dieser aus dem Judentum oft herausführenden Richtung stand aber, von Anfang an und auch in der Folgezeit, eine jüdisch-positive. Auch diese war aus der Aufklärung hervorgegangen. Aber sie orientierte sich seit den Tagen Mendelssohns an den ethischen Ideen von Lessing, Kant und Schiller. Diese Richtung war dem Geist des Judentums und seiner Tradition enger verbunden geblieben. Und sie hat die jüdische Geistesgeschichte des 19. und 20. Jahrhunderts maßgebend bestimmt.

Schon einmal hat es in der jüdischen Geschichte eine ähnliche fruchtbare Begegnung zweier Kulturströme gegeben, als zur Blütezeit des spanischen Judentums jüdische und arabische Kultur zusammentrafen. Jetzt wurde das deutsche Judentum zu einer Erscheinung eigentümlicher Prägung durch die Begegnung jüdischer Tradition mit einem Zweige der deutschen Kultur, zu dem die Juden eine besondere Affinität empfanden: der deutschen Klassik. Sie identifizierten diesen Zweig mit dem Ganzen, was sich später als tragisches Mißverständnis erwies. Der geistesgeschichtlich wichtigste Ausdruck dieser Begegnung war der im vorigen Kapitel behandelte Einfluß Kants auf das jüdische Denken, der dann durch Maimon, Hermann Cohen und andere auf das deutsche Geistesleben zurückwirkte.

13. Das neue Geschichtsbewußtsein

Der Kampf um die Gleichberechtigung hatte für Jahrzehnte das Interesse und die Energie der Juden in Deutschland in Anspruch genommen. Vor diesem Kampf trat alles andere in den Hintergrund. Auch die kulturellen Bestrebungen wurden fast stets von dem Gesichtspunkt beherrscht, ob und wie weit sie der Erreichung der völligen Gleichstellung förderlich wären. Die schon zu Mendelssohns Zeit begonnene Umkehrung der Wertmaßstäbe kam nun in manchmal grotesker Weise zum Ausdruck. Als das Ideal, dem die Juden in Deutschland nachstrebten, galten beinah nur noch die Kultur- und Geisteswerte der nichtjüdischen Umwelt und ebenso ihre gesellschaftlichen Konventionen. Man wollte sich, wie es immer gesagt wurde, der Aufnahme in Staat und Gesellschaft würdig erweisen. Und das geschah, indem man nicht nur jüdische Sprache, Sitten und äußere Erscheinung aufgab, sondern vielfach mit der jüdischen Lebensform auch die jüdischen Lebensinhalte. Viele taten damals den äußersten Schritt zur Angleichung, indem sie die Taufe wählten, um damit, wie sie glaubten, alle gesellschaftlichen Beschränkungen und Vorurteile zu überwinden. Sehr viele Juden blieben nur noch nominell dem Judentum verbunden. Sie kannten das Judentum nicht mehr, nicht seine Geschichte und nicht seine Kultur. Aber die weitaus überwiegende Zahl der Juden hielt damals noch an der jüdischen Lebenshaltung fest, besonders die Juden in den Gemeinden Posens, Süddeutschlands und überhaupt auf dem Lande. Auch diese konservativen Juden unterschieden sich von den Generationen ihrer Väter und zum Beispiel von den Juden Osteuropas dadurch, daß ihnen schon deutsche Sprache und Schrift und weltliche Bildung geläufig und selbstverständlich geworden waren.[120] Die jüdische Bildung geriet auch in diesen Kreisen dadurch langsam in den Hintergrund. Was dieser Generation der ersten Jahrzehnte des 19. Jahrhunderts zu entschwinden begann, war, was ich ein jüdisches *Geschichtsbewußtsein* nennen möchte.

[120] Vgl. Toury, Die politischen Orientierungen der Juden in Deutschland von Jena bis Weimar, Tübingen 1966, sowie Toury's Aufsatz im Bulletin des LBI., 8. Jg. 1965.

Diese Situation erregte die Sorge eines kleinen Kreises junger Juden in Berlin. Der Kreis rekrutierte sich zumeist aus jüdischen Studenten der Berliner Universität, die unter dem Einfluß der romantischen Wissenschaft der Jahre nach den Befreiungskriegen standen. Sie waren mit der neuen Tendenz bekannt geworden, für alle Erscheinungen der Kultur eine historische Begründung zu suchen. Damals hatte die sogenannte historische Rechtsschule die Jurisprudenz auf ihre volkstümlich und historisch gewordenen Hintergründe hingewiesen. Friedrich August Wolf und August Boekh hatten die moderne klassische Philologie geschaffen, indem sie zum Sprach- und Grammatikstudium historische Literaturkunde hinzufügten. Die Etymologie begann die gesamte Sprachwissenschaft zu beherrschen. Wissenschaft war damals historische Wissenschaft. Diese Einstellung war allgemein und beherrschte nicht nur die sogenannten Geisteswissenschaften, sondern auch die Wissenschaften von der Natur. Ich möchte zum Beispiel an Goethes naturwissenschaftliche Theorien erinnern. Und auch die Philosophie des deutschen Idealismus wurde bei Hegel zur Geschichtsphilosophie.

Die jungen Juden, die sich im Jahre 1819 zu einem »Verein für Cultur und Wissenschaft der Juden« zusammenschlossen, der kurz »*Culturverein*« genannt wurde, hofften, die Erneuerung des Judentums dadurch sichern zu können, daß sie es als eine *historische* Erscheinung auffaßten und zum Objekt der historischen Wissenschaft machten. Wir haben gesehen, wie viele der Generation nach Mendelssohn im Judentum nur noch eine lästige, unschöne und veraltete Erscheinung sahen, während die allgemeine Kultur Freiheit und Schönheit zu verheißen und ihren modernen Bedürfnissen zu entsprechen schien. – Der Culturverein machte es zu seinem Programm, die Kenntnis der jüdischen Geschichte und Kultur wieder in weite Kreise von Juden zu bringen, und sie zu lehren, ihr Judentum als einen Teil der allgemeinen Kultur zu verstehen und nicht als Gegensatz. Sein Ziel war, wie wir heute sagen würden, ein kulturpolitisches. Der Verein plante, auf das jüdische Erziehungswesen Einfluß zu nehmen, Schulen und Seminare zu gründen und durch Vorträge für Erwachsenenbildung zu sorgen. Hiervon wurde jedenfalls ein Gymnasialkurs vewirklicht, an dem die jungen Vereinsmitglieder unterrichteten. Auch gesellschaftliche Reformen standen auf dem Programm des Vereins, durch die die jüdische Jugend vom Handel in praktische Berufe umgeleitet werden sollte. –

Zur Durchführung dieser weitgesteckten Ziele war aber der Kreis seiner Mitglieder zu klein und seine materiellen Voraussetzungen – die Mittel von Studenten – zu gering. Die Mitgliedschaft bestand aus einem kleinen Berliner Kreis, einer noch kleineren Gruppe in Hamburg und einigen wenigen Einzelmitgliedern an anderen Orten. Der Vorsitzende war Eduard Gans, der Schriftführer Leopold Zunz. Mitglied des Vereins war eine Zeitlang Heinrich Heine. Wichtige Mitglieder waren Heines Freund Moses Moser und der Hamburger Pädagoge Immanuel Wohlwill. Im Kreise dieses Vereins wurde zum erstenmal der Ausdruck »*Wissenschaft des Judentums*« geprägt. Dieser Ausdruck, der später eine neue wissenschaftliche Disziplin bezeichnen sollte, stammt anscheinend von Gans, und er erschien auch im Namen der vom Verein herausgegebenen »Zeitschrift für die Wissenschaft des Judentums«, die unter der Redaktion von Zunz von 1822–1823 erschien. Wohlwill versuchte in einem wichtigen programmatischen Aufsatz, Aufgaben und Umfang dieser Disziplin zu definieren. Und Leopold Zunz legte in seinem späteren Lebenswerk die Grundlagen für diese neue Wissenschaft.

Die Begeisterung der jungen Mitglieder des Culturvereins stieß sich aber bald an der rauhen Wirklichkeit der Restaurationspolitik, die die Judenemanzipation praktisch wieder rückgängig zu machen suchte. Der Vorsitzende des Vereins, *Eduard Gans*, ein Schüler Hegels und hochbegabter Jurist, strebte nach einer Habilitation an der Berliner Universität. Denn auf Grund des Emanzipationsedikts von 1812 sollten akademische Stellen auch Juden offenstehen. Seine Bewerbung wurde von den Universitätsbehörden abgelehnt, worauf er sich mit Unterstützung des seiner Familie bekannten Kanzlers Hardenberg an die Regierung wandte. Aber auch Hardenberg konnte gegenüber dem zuständigen Minister v. Altenstein die Bewerbung von Gans nicht durchsetzen. Altenstein begründete die Ablehnung mit einer sehr gewundenen Gesetzes-Interpretation: Zwar sei nach dem Edikt von 1812 die Bekleidung akademischer Stellen durch Juden nicht ausgeschlossen; aber in einem anderen Paragraphen desselben Edikts stehe, daß die Bekleidung von Staats- und öffentlichen Stellen durch Juden einer späteren Regelung vorbehalten sei. Ein Universitätslehrer habe aber künftige Beamte, Richter usw. auszubilden. Und es sei unmöglich, daß jemand Disziplinen lehre, die er selbst praktisch nicht ausüben könne. – Da sowohl Gans wie Hardenberg sich mit dieser gewundenen Ablehnung nicht abfanden, erreichte Altenstein im Jahre 1822 beim König eine besondere Cabinet-Ordre, gewissermaßen eine »Lex Gans«, die nun auch offiziell Juden von der Bekleidung akademischer Ämter in Preußen ausschloß. Die Regierungsstellen rieten Gans, sich eine andere Beschäftigung zu suchen, in der er seine Talente ausnutzen könne, und boten ihm für die Zwischenzeit ein staatliches Stipendium an, das Gans annahm. Damit war seine moralische Stellung als Vorsitzender des Culturvereins unmöglich geworden, denn er hatte sich sozusagen von der Regierung kaufen lassen. Er trat zurück, und bald darauf, im Jahre 1824, löste sich der Verein auf.

Gans' Versuche, außerhalb Preußens eine akademische Position zu finden, scheiterten ebenfalls und sie erschöpften sowohl seine Mittel wie seinen Mut. Schließlich ließ er sich 1825 in Paris taufen, worauf er sofort zum außerordentlichen Professor ernannt wurde und 4 Jahre später zum Ordinarius. Heinrich Heine schrieb später über Gans' Verhalten: »Sein Abfall war um so widerwärtiger, da er die Rolle eines Agitators (gegen die Taufbewegung) gespielt und bestimmte Präsidialpflichten übernommen hatte.«

Der schmähliche Zusammenbruch ihrer Ideale und Hoffnungen wirkte niederschmetternd auf die meisten Mitglieder dieses Kreises. Einige unter ihnen, wie Heinrich Heine, ließen sich ebenfalls taufen. Andere verzweifelten völlig am Leben, verübten Selbstmord oder erkrankten und starben sehr früh. Einige emigrierten nach Amerika. Wohlwill versuchte in Hamburg und Kiel eine freireligiöse Gemeinde zu begründen, Versuche, die mißglückten. Später wurde er Leiter der jüdischen Schule in Seesen, starb aber auch sehr jung.[121] – Diese jungen Leute des Culturvereins waren eine geistige Vorhut gewesen, die aufgerieben wurde, weil sie die Ideen einer Emanzipation verwirklichen wollte, für die die politischen Voraussetzungen und die psychologische Bereitschaft in der Umwelt noch nicht reif waren.

Der einzige, der an dem Zusammenbruch dieser Hoffnungen und Bestrebungen nicht zugrunde ging, war *Leopold Zunz*, der sich an den Gedanken der Wissenschaft des Judentums klammerte. Die Wissenschaft des Judentums drückte in bezeichnender Weise das neue Geschichtsbewußtsein aus, das das moderne Judentum in seinen verschiedenen und oft konträr erscheinenden Formen charakterisierte. Was den nachmendelssohnschen Generationen mit ihrem Streben nach Eingliederung in die Umwelt um jeden Preis – verlorengegangen war, wurde wieder eine geistesgeschichtliche Kraft. Die jüdische Vergangenheit wurde wieder des Interesses würdig gefunden. Dieses Interesse begann manchmal als ein antiquarisches – so bei dem jungen Zunz und noch stärker bei Steinschneider. Bald aber wurde die jüdische Geschichte ein Wert, der bejaht wurde, dem man sich verantwortlich fühlte. Man suchte das jüdische Zeitgeschehen in irgendeiner Weise wieder mit der Vergangenheit zu verbinden.

---

[121] Vgl. Reissner, Rebellious Dilemma. The Case Histories of Eduard Gans and some of his Partisans in Yearbook II, 1957 of the Leo Baeck Institute, London.

Das neue Geschichtsbewußtsein

Den verschiedenen Strömungen, die die Wissenschaft des Judentums mit den religiösen Renaissance-Bewegungen der Reform und der Neu-Orthodoxie verbindet und später mit den politisch-sozialen Neuentwicklungen in der Judenheit, werde ich in den folgenden Kapiteln nachgehen. Hier möchte ich das neue *Geschichtsbild* beleuchten, das mit der Wissenschaft des Judentums aufkam.

Es gibt Auffassungen vom Judentum, die dieses als ein außergeschichtliches, übergeschichtliches Phänomen deuten. *Franz Rosenzweig* zum Beispiel gab in seinem »Stern der Erlösung« eine ausdrucksvolle Darstellung dieser Auffassung. Das »eine Volk auf Erden«, wie Israel in einem liturgischen Gedicht genannt wird, stellt er den Völkern gegenüber, die dem Wechsel der Geschichte verhaftet sind, und das Judentum dem Christentum, das immer »auf dem Wege« sei. Ähnlich versuchte einer der frühesten Pioniere der Wissenschaft des Judentums in Galizien, *Nachman Krochmal*, den Hegelschen Gedanken der Blüte, der Reife, des Verwelkens und Absterbens von Völkern und Kulturen auf das Verhältnis von den Völkern und Israel zu übertragen. Auch das Judentum kenne in seiner Geschichte diesen Dreitakt. Aber während die anderen Völker diesem Prozeß unterliegen und damit ihre historische Rolle beenden, erfolge bei Israel nach jedem Niedergang ein neuer Anfang. Seine Geschichte spiegele die ewige Insichselbst-Bewegung des göttlichen Weltgeistes wider.

In einer säkularisierten Form erscheint die Auffassung von der Außerzeitlichkeit auch bei dem großen Historiker *Simon Dubnow*. Hier wird sie zu einer Überallzeitlichkeit. Dubnow nannte seine Darstellung der jüdischen Geschichte »Weltgeschichte des jüdischen Volkes«. Der Titel wird damit begründet, daß die jüdische Geschichte Anteil habe an allen geschichtlichen Epochen, vom frühesten Altertum bis zur Gegenwart und immer mehr an allen geographischen Regionen der Erde.

Diese modernen Reflexionen über die jüdische Geschichte, so interessant sie sind, dürfen uns aber nicht den Blick verstellen für eine Prüfung des Geschichtsbildes der Wissenschaft des Judentums und seines Verhältnisses zur *Geschichtsauffassung der jüdischen Tradition* wie zur modernen historischen Wissenschaft.

Das Verhältnis der traditionellen jüdischen Gelehrsamkeit zur Geschichte können wir an einigen Erscheinungen erkennen, die uns in den Quellen immer wieder begegnen.[122] Es ist häufig beobachtet worden, daß das talmu-

---

[122] Es gibt fast keine Vorarbeiten über die traditionelle jüdische Geschichtsauffassung, wie sie besonders in den Midrasch-Sammlungen hervortritt. Grundlegend bleibt immer noch Glatzer: Untersuchungen zur Geschichtslehre der Tannaiten – Ein Beitrag zur Religionsgeschichte, Berlin 1933.

dische Schrifttum arm an Schilderungen historischer Ereignisse ist. Über den Aufstand der Makkabäer zum Beispiel würden wir aus Talmud und Midrasch so gut wie nichts wissen, wenn wir über diesen Aufstand nicht durch die apokryphen Makkabäer-Bücher und Josephus Flavius orientiert wären. Dieses Schweigen mag durch die spätere Gegnerschaft der pharisäischen Partei gegen die Hasmonäer-Dynastie erklärt werden. Schwerer verständlich ist aber, wenn der Bar-Kochba-Aufstand (132–135) schon nach einem Jahrhundert manchmal mit dem jüdischen Krieg zusammengeworfen wird, der im Jahre 70 mit der Zerstörung des Tempels endete. Es scheint geradezu, daß manche Ereignisse in der Erinnerung verblieben und des Berichtens wert gehalten wurden, daß aber das Wann und der Zusammenhang der Ereignisse dem Berichterstatter gleichgültig waren. Häufig finden wir auch, daß Ereignisse, Zustände und Probleme der Gegenwart im Kleide von ähnlichen der biblischen Vergangenheit erscheinen, oder umgekehrt, daß biblische Ereignisse auf die Gegenwart bezogen werden.[123] – Das scheint auf eine bestimmte Haltung zur Geschichte zu deuten. Das Zeitgeschehen, wird in die Vergangenheit projiziert, und zwar in einer von den Interessen der Gegenwart bestimmten Auswahl. Gleiches gilt für das Verhältnis zur Zukunft.

Von den Tagen der Propheten her ist das jüdische Geschichtsbild auf die Zukunft ausgerichtet. Auch der aktivistische Charakter der jüdischen Religion deutet in die Zukunft. Sie stellt dem Juden die Aufgabe, die Welt auf das Gottesreich hin zu entwickeln.[124] Dieses Gottesreich ist aber nicht – wie etwa in der Apokalyptik und von dort aus im Christentum – ein eschatologischer, metahistorischer Begriff, sondern ein innerhistorischer. Zwar ist unbekannt, wann es kommen wird. Aber sein Kommen hängt auch vom Wollen und Tun der Menschen ab. Die Zukunft kann also jederzeit zu Gegenwart werden. Doch nicht, wie im natürlichen Ablauf der Zeit das Nochnicht zum Jetzt und sogleich auch zum Nichtmehr wird: Dieses Ziel der Geschichte in der traditionellen Auffassung kommt nicht von allein, als Naturprozeß, sondern wenn die menschliche Aktivität zur göttlichen Bereitschaft hinzukommt.[125] Die Gegenwart ist die Ebene der Projektion. Sie findet ihre Bestätigung in den Geschehnissen der Vergangenheit und ihr

---

[123] Auch die Identifizierung von Edom mit Rom, Bileam mit Jesus u. ä. gehören hierher, mögen auch politische Gründe Decknamen empfohlen haben.

[124] Glatzer nennt das »Aktivierung der Geschichte«. a.a.O., S. 32 ff.

[125] In einer Legende trifft Rabbi Josua ben Levi (um 260) den Messias unter Bettlern vor den Toren Roms. Auf Rabbi Josuas Frage, wann er erscheinen werde, erhält er die Antwort: Heute. Als Josua später seiner Enttäuschung Ausdruck gibt, wird ihm bedeutet, daß gemeint sei: »Heute, wenn Ihr auf Seine Stimme hört.« (Psalm 95,7. – Vgl. Jalkut zur Stelle.)

Ziel im messianischen Gedanken der Zukunft. Der Akzent liegt stets auf der Gegenwart. Eine solche Geschichtsansicht in ihrer überzeitlichen Tendenz negiert nicht die Geschichte. Sie ist vielmehr Ausdruck eines starken Zeit- und Geschichtsbewußtseins.

Die Andersartigkeit der traditionell-jüdischen zu der modernen Geschichtsansicht, die vornehmlich das 19. Jahrhundert entwickelte, mag uns ein Zitat verdeutlichen. *Friedrich Schiller* schloß seine Jenaer Antrittsvorlesung im Jahre 1789 mit folgenden Worten: »Unser menschliches Jahrhundert herbeizuführen, haben sich – ohne es zu wissen oder zu erzielen – alle vorhergehenden Zeitalter angestrengt. Unser sind alle Schätze, welche Fleiß und Genie, Vernunft und Erfahrung im langen Alter der Welt endlich heimgebracht haben.« – Auch hier wird die Vergangenheit auf die Gegenwart bezogen, wird sie aus dem Focus der Gegenwart betrachtet. Doch diese scheinbare Ähnlichkeit enthüllt auch den Unterschied, der die moderne Geschichtswissenschaft – und ihren Abkömmling, die Wissenschaft des Judentums – von der alten jüdischen Geschichtsansicht trennt. Es ist die neue Vorstellung, Geschichte als Prozeß, als Entwicklung zu sehen. Dieser Prozeß mündet und kulminiert in der Gegenwart. Für die jeweilige Gegenwart aber, für den betrachtenden Historiker, sind die vorhergehenden Epochen vergangen, überwunden. Sie haben das ihre zur Herbeiführung der Gegenwart getan und nun entsteht ihnen gegenüber eine neue Beziehung: das Verhältnis der *Distanz*.[126] Es fehlt die Einbeziehung der Vergangenheit in das Heute, womit die jüdischen Gelehrten alten Stils Vergangenheit und Gegenwart lebendig zusammenhielten. Entwicklung und Distanz wurden zu den Kennzeichen des Geschichtsbildes und der Arbeitsmethode des modernen Historikers.

Mit der Übernahme dieser beiden Faktoren und ihrer Anwendung auf das Erbe des Judentums und die Geschichte der Judenheit entstand die neue *Wissenschaft des Judentums*. Durch Übernahme der Sehweise und der Methode der Geschichtswissenschaft – auch wenn es sich nicht eigentlich um historische, sondern um philologische, exegetische oder philosophische Fragen handelte – trat die Wissenschaft des Judentums aus dem Rahmen der bisherigen jüdischen Gelehrsamkeit heraus. Die neuen Facetten, in denen von da an das Judentum und seine Vergangenheit von jüdischen Gelehrten betrachtet wurde, die Gedanken der Distanz und der Entwicklung, sollten

---

[126] Auch die Zukunft ist Teil des Zeitprozesses. Auch auf sie trifft der Distanzgedanke zu; denn von der Zukunft lassen sich keine wissenschaftlichen Aussagen machen (wenngleich das zuweilen, wie bei Marx und Spengler, versucht wurde). Durch diese agnostische Haltung zur Zukunft ist das Geschichtsbild der modernen Geschichtswissenschaft prinzipiell unteleologisch.

sich bald als sehr fruchtbar erweisen. Das moderne Judentum aller Richtungen und Schattierungen hat von der Wissenschaft des Judentums wesentliche Impulse empfangen. Was an Unmittelbarkeit der Beziehungen zu Vergangenheit und Zukunft, an religiöser Naivität vielfach verlorenging, wurde durch ein neues positives Geschichtsbewußtsein ersetzt. Dieses kritische Geschichtsbewußtsein stellte die alten Fragen mit neuer Intensität.

Schon im Jahre 1817 formulierte der damals erst 23jährige *Leopold Zunz* den Distanzgedanken in prägnanter Weise: »Hier wird die ganze Literatur der Juden, in ihrem größten Umfange, als Gegenstand der Forschung aufgestellt, ohne uns darum zu kümmern, ob ihr sämtlicher Inhalt auch Norm für unser eigenes Urteilen sein soll oder kann.«[127]

Das ist die genaue Umkehrung des bisherigen Verhältnisses zur Vergangenheit. Diese wird Objekt der Forschung. Vorher gehörte die Vergangenheit gewissermaßen zum forschenden Subjekt selbst. Sie war ein Teil von ihm. Der alte jüdische Gelehrte fühlte sich als ein Glied der Traditionskette, zu der er ebenso wie das Material der Vergangenheit gehörte, aus welchem er eine für seine Gegenwart gültige, lebendige Entscheidung treffen konnte. Der wissenschaftliche Historiker aber tritt von außen an dieses Material heran. Er ist nicht mehr ein Teil der Kette der Tradition. Der Distanzgedanke ist in den Zunzschen Worten in geradezu klassischer Weise ausgedrückt.

Der Gedanke der Distanz war aber mehr als eine nur wissenschaftliche Haltung. Er war zum Kennzeichen des Emanzipationszeitalters geworden, zum Ausdruck der aktuellen geistigen Situation. Vor all dem Neuen, Lokkenden, Glänzenden, das Umwelt, Gesellschaft und Wirtschaft an unbekannten Möglichkeiten dem Juden boten, wußte man mit dem gettohaften Kleid des alten Judentums nichts mehr anzufangen. In jener Generation finden wir zum Beispiel in den Briefen des jungen *Abraham Geiger* an seinen Freund Josef Dernburg eine an Nihilismus und Selbsthaß grenzende Ablehnung des alten Judentums.[128] *Salomon Ludwig Steinheim* erzählt uns in den autobiographischen Stellen seiner »Offenbarungslehre«, wie »zurückgestoßen, wie so Unzählige meiner Zeitgenossen, von dem alten Formwesen der Synagoge« er wurde.[129] *Heine* sprach von der »unheilbaren Krankheit Judentum«. – Distanz zum Judentum war ein seelischer Zustand, als und noch bevor sie auch wissenschaftliche Haltung wurde.

[127] Zunz, Etwas zur rabbinischen Literatur, in Gesammelte Schriften, 1875, Bd. 1., S. 5, Anmerkung.
[128] Vgl. Geiger, Nachgelass. Schrift, Bd. 5, S. 27 ff.
[129] S. L. Steinheim, Die Offenbarung nach dem Lehrbegriff d. Synagoge, Bd. 2, S. 201 f. und passim.

Die Überwindung des im wesentlichen emotionellen und vorwissenschaftlichen Distanzbewußtseins erfolgte durch den Gedanken der *geschichtlichen Entwicklung*. Dies war der zweite Schritt, den die jungen Wissenschaftler gingen. Bei dem jungen Zunz war, wie wir sahen, das Gut der Vergangenheit Gegenstand der Forschung, ohne sich um seine Bedeutung für die Fragen der Gegenwart zu kümmern. Bei dem etwas jüngeren *Abraham Geiger* blieb die Vergangenheit zwar Gegenstand der Forschung, blieb die Haltung der Distanz bestehen. Aber ihm ging es darum, wie die Tradition, das Gut der Vergangenheit, für die jüdische Haltung seiner Gegenwart fruchtbar werden könnte. Die Tradition selbst war nicht mehr nur vergangen und abgeschlossen, sondern wurde wieder dynamisch und in den Prozeß der Entwicklung hineingezogen.[130]

Der Entwicklungsbegriff selbst ist bei den Trägern der Wissenschaft des Judentums schwer zu bestimmen. Er unterlag den verschiedensten Einflüssen. Gemeinsam aber blieb die Einsicht in den Prozeß-Charakter des geschichtlichen Werdens. Doch in einem Punkte wird der Entwicklungsprozeß limitiert: Die Wissenschaft des Judentums hält an der Vorstellung eines *Zieles der Geschichte* der Juden und der Menschheit fest.

Indem der geschichtlichen Entwicklung ein Ziel gesetzt, sie auf die Zukunft ausgerichtet wird, nähert sich die Wissenschaft des Judentums wieder der alten jüdischen Geschichtslehre von den »Tagen des Messias«.[131] Damit übernimmt sie ein ausgesprochen theologisches und teleologisches Motiv in ihre Grundvorstellungen. Der Messianismus verbindet die neue Wissenschaft mit der traditionellen jüdischen Gelehrsamkeit.

Und wie mit dieser bleibt die Wissenschaft des Judentums auch mit der Geschichtslehre der Aufklärung und Kants verbunden. Ihr Messianismus ist Messianismus »in weltbürgerlicher Absicht«.[132] Sie glaubt an eine »Erziehung des Menschengeschlechts« wie Lessing, und an die aktuelle Realisierbarkeit des ewigen Friedens wie Immanuel Kant.

Mit der theologisch motivierten Beibehaltung eines Zieles der Geschichte unterscheidet sich die Wissenschaft des Judentums jedoch sichtlich von den

---

[130] Vgl. Rotenstreich, Bd. 1, S. 92 ff.
[131] Dieser Messiasgedanke nimmt allerdings nur einen Teil des traditionellen auf. In ihm trat die Vorstellung des persönlichen Messias, des Sohnes Davids, zurück gegenüber dem Gedanken der »Tage des Messias«, der messianischen Zeit. Auch diese Vorstellung ist traditionell. Jetzt aber wird der universale Charakter des Messiasgedankens unterstrichen. Die nationale, oder wie man damals sagte, politische Seite des Messiasglaubens trat erst wieder im Zionismus hervor.
[132] Vgl. Kants »Ideen zu einer allgemeinen Geschichte in weltbürgerlicher Absicht« und »Traktat zum ewigen Frieden«; Lessings »Erziehung des Menschengeschlechts«.

geschichtstheoretischen Tendenzen der allgemeinen Geschichtswissenschaft. Diese Tendenzen waren der Zukunft gegenüber agnostisch und schon dadurch nicht teleologisch. Ebenso waren es die herrschenden Geschichtsphilosophien jener Epoche.

Bei *Herder*[133] zum Beispiel ist die Geschichte ein kosmologischer Prozeß.

Sie ist Teil der Naturgeschichte als Entfaltung einer organischen Konstitution. Der Mensch hat seinen Platz in diesem Prozeß als Mittelwesen zwischen Tier und einer unbekannten höheren Stufe. Auch sein Geist ist Produkt genetischer Entwicklung. Die »Humanität«, deren Entwicklung Herder dem Menschen als Aufgabe stellt, ist die von klimatischen und geographischen Bedingungen geförderte oder gehemmte Entfaltung seiner Anlagen. – Herders Einfluß auf seine Zeitgenossen und die wesentlich durch ihn inaugurierte Romantik war gewaltig. Mit ihm kam in das Bildungsbewußtsein des 19. Jahrhunderts die Vorstellung organischer Zusammenhänge, der Einheit von Natur- und Geistesentwicklung.

Bei *Wilhelm von Humboldt*[134] tritt an Stelle eines Geschichtsziels ein eigentümlicher Begriff der Idee. Die Ideen »sind nicht in die Geschichte hineingetragen, sondern machen ihr Wesen selbst aus«. Er sagte von ihnen, daß sie »aus der Fülle der Begebenheiten selbst hervorgehen ... nicht der Geschichte wie eine fremde Zugabe geliehen werden müssen«. Humboldts Idee ist geschichtsimmanent, nicht wie bei Kant eine regulative Idee mit einer teleologischen Aufgabe.[135] Ziel ist eigentlich die Geschichte selbst. »Für die menschliche Ansicht ... ist daher alle Geschichte nur Verwirklichung einer Idee und in der Idee liegt zugleich die Kraft und das Ziel.«[136]

Hegel schließlich macht die Geschichte zu einem Prozeß innerhalb des göttlichen Weltgeistes. Hatte Spinoza Gott und Natur gleichgesetzt, so ist bei Hegel Gott eine dreifache Identität als Idee, Natur und Geist.[137] »Die Weltgeschichte ist die Darstellung des göttlichen absoluten Geistes.«[138] Dieser Prozeß entfaltet sich in einem sowohl logisch-dialektischen wie auch dem organischen Leben entnommenen Dreiklang von Blüte, Frucht und

---

[133] Herder, Ideen zur Philosophie der Geschichte der Menschheit (1784–1791).
[134] Wilhelm von Humboldt, Über die Aufgaben des Geschichtsschreibens, Ausgew. Philos. Schriften, ed. Joh. Schubert, 1910, S. 89 u. 91.
[135] Vgl. S. 90: »Die Philosophie schreibt den Begebenheiten ein Ziel vor ... stört und verfälscht alle freie Ansicht des eigentümlichen Wirkens der Kräfte. Die teleologische Geschichte erreicht ... niemals die lebendige Wahrheit der Weltschicksale.«
[136] S. 98.
[137] Hegel, Die Vernunft in der Geschichte, ed. Georg Lasson, 2. Aufl., 1921, Philos. Bibliothek, S. 30.
[138] S. 52.

Das neue Geschichtsbewußtsein

Verwelken in sich jeweils ablösenden Volksgeistern. Dieser Prozeß führt aber gewissermaßen zu nichts. Denn der »allgemeine Gesichtspunkt der philosophischen Weltgeschichte ... ist der Geist, der ewig bei sich selber ist und für den es keine Vergangenheit gibt«.[139] Man könnte hinzufügen, daß es für ihn auch keine Zukunft gibt. Hier geht der eigentliche Sinn aller Geschichte verloren. Denn sie ist nicht nur ohne Ziel, sie ist sogar nicht einmal – wie bei Herder – ein richtungsbestimmter ewiger Prozeß. Sie bleibt eine Bewegung innerhalb eines, wie es scheint, ewig ruhenden Weltgeistes.[140] Aus dem Prozeß wird bei Hegel wieder ein Sein. Sein und Werden sind identisch. Bezeichnend für Hegel ist die Ausschaltung der Ethik aus der Geschichte. Ist bei Kant die Geschichte ein Teilproblem der Sittlichkeit, denn in ihr soll das sittliche Ideal verwirklicht werden, so ist sie bei Hegel dem Sein verhaftet, von welchem der Weltgeist nur eine Ausdrucksform ist.

---

[139] S. 177.
[140] Hiermit steht der große Einfluß nicht im Widerspruch, den Hegels dialektische Methode, die dialektische Bewegung von Kulturen, auf Historiker, Theologen und Sozialwissenschaftler ausübte. Diese Methode wird bei *Marx* wieder teleologisch gewendet. Aber Marx' klassenlose Gesellschaft drückt mehr den alten »messianischen« Charakter des utopischen Sozialismus aus als Hegelianismus. Eine andere teleologische Wendung des Hegelschen dialektischen Prozesses ist wohl *August Comte's* Hierarchienlehre.

14. Die Wissenschaft des Judentums

Die *Wissenschaft des Judentums* hatte die neue Haltung der Geschichtswissenschaft übernommen. Der nicht sehr glückliche Name der Disziplin stammte aus dem Kreise des »Culturvereins«. Ihre eigentliche Programmschrift war aber eine bereits 1818 veröffentlichte Arbeit von Leopold Zunz: »Etwas zur rabbinischen Literatur«, wie Zunz damals noch die neue Disziplin nannte.

Leopold Lippmann Zunz[141] (1794–1886), geboren in Detmold, wurde in der Samsonschen Freischule in Wolfenbüttel erzogen und studierte in Berlin. In seinem langen Leben, er wurde fast 92 Jahre alt, hat er selbst einen großen Teil der Wissenschaft des Judentums aufgebaut, die noch heute auf seinen Arbeiten und Einsichten fußt. Zunz kam von der klassischen Philologie her und war besonders von seinem Lehrer August Boekh beeinflußt. Er sah in der Wissenschaft des Judentums einen Teil der klassischen Altertumskunde, die zu dieser genau so gehöre wie z. B. das Griechentum. Sein eigentliches Arbeitsgebiet aber war nicht die biblische Zeit oder die antike Judentumskunde, sondern die Literaturgeschichte des jüdischen Mittelalters. Nur in seinem ersten und wohl bedeutendsten Werk »Die gottesdienstlichen Vorträger der Juden«[142] befaßte er sich auch mit der spätantiken Epoche, nämlich mit der Geschichte und dem Aufbau der Midrasch-Sammlungen und ihrer Bedeutung für die Entwicklung der jüdischen Predigt. Diese verfolgt er dann über das Mittelalter bis auf seine Tage. Mit der

---

[141] Über Zunz vgl. L. Wallach, Liberty and Letters – The Thoughts of Leopold Zunz, London 1959, und die beiden von N. N. Glatzer herausgegebenen und eingeleiteten Brief-Bände »Leopold and Adelheid Zunz – An Account in Letters 1815–1885«, London 1958, und »Leopold Zunz, Jude, Deutscher und Europäer«, Tübingen 1964. Beide Werke enthalten die persönliche Korrespondenz von Zunz mit seinem Lehrer S. M. Ehrenberg in Wolfenbüttel, dessen Familie und persönlichen Freunden. Von seinem wichtigen wissenschaftlichen Briefwechsel wurde bisher nur wenig veröffentlicht.

[142] Das Werk erschien 1832. In der 1947 erschienenen hebräischen Ausgabe hat Chanoch Albeck es mit zusätzlichen Noten und Anmerkungen auf den heutigen Stand der Wissenschaft gebracht.

neueren jüdischen Geschichte hat er sich gar nicht beschäftigt. Die Titel seiner weiteren Werke lauten vielmehr: »Zur Geschichte und Literatur« (1845), »Synagogale Poesie des Mittelalters« (1855), »Der Ritus des synagogalen Gottesdienstes, geschichtlich entwickelt« (1859), »Literaturgeschichte der synagogalen Poesie« (1865). Daneben schrieb er eine große Anzahl von Aufsätzen, Artikeln für Enzyklopädien wie Brockhaus und Ersch-Gruber, Gutachten, Vorträge. Diese kleineren Arbeiten wurden noch zu seinen Lebzeiten in den drei Bänden der »Gesammelten Schriften« (1875, 1876) zusammengefaßt. Er gab, in Zusammenarbeit mit anderen, eine neue deutsche Bibelübersetzung heraus (1838), hielt in kleineren Kreisen Vorlesungen und predigte in seinen jungen Jahren[143] (1820 bis 1822) an der reformierten Synagoge im Hause des Bankiers Jakob Herz Beer. Sein Eifer für innere Reform des Judentums, die in den Briefen und Predigten dieser Jahre des »Culturvereins« und seines Predigtamtes zutage tritt, stieß sehr schnell mit der jüdischen Wirklichkeit zusammen. Die reichen satten Besucher jenes Gottesdienstes waren nur an einer äußerlich verschönten und bequem gemachten Form ihres Judeseins interessiert. Zunz wurde abgesetzt. Er verzweifelte daran, den Juden helfen zu können. Nach dem Scheitern des Culturvereins verkroch er sich in seine Arbeit an der Aufschlüsselung der jüdischen Vergangenheit. Judentum wurde für ihn immer mehr ein Zweig der Altertumswissenschaft. Seine äußeren Umstände blieben jahrzehntelang bedrängt. Mit seinem ausgeprägten Unabhängigkeitssinn und seiner Kompromißlosigkeit stieß er überall an. Acht Jahre lang war er Redakteur der »Haude und Spenerschen Zeitung«, kurze Zeit Direktor der jüdischen Gemeindeschule in Berlin. Wenige Monate war er noch einmal Prediger einer etwas reformierten Vereinssynagoge in Prag. Dazwischen war er Privatlehrer und freier Schriftsteller. Er schrieb im Auftrag der Berliner Gemeinde seinen Aufsatz über »Die Namen der Juden« (1836), um dem behördlichen Verbot zur Führung sogenannter christlicher Vornamen entgegenzutreten. Schließlich wurde er 1840, nachdem er längst als führender jüdischer Wissenschaftler anerkannt war, Direktor des jüdischen Lehrerseminars in Berlin. Es war die einzige Stellung in der jüdischen Öffentlichkeit, die er längere Zeit bekleidete. Als er sie 1850 verließ, erhielt er jedenfalls eine Pension. Zu seiner Resignation gegenüber den Juden, ihrem Unverständnis für die wissenschaftliche Aufhellung ihrer Vergangenheit, kam die zweite Enttäuschung über die mangelnde Bereitschaft der Behörden und der deutschen Universitäten, die Wissenschaft des Judentums als Universitätsfach anzuerkennen.

[143] Vgl. Alexander Altmann. Zur Frühgeschichte der jüdischen Predigt in

Das offizielle Judentum der Gemeindevorstände seiner Zeit erinnerte sich an den Wert und die Nützlichkeit historisch-wissenschaftlicher Argumentation nur dann, wenn es sich um Fragen der bürgerlichen Gleichberechtigung handelte. Für Gutachten, wie über die jüdischen Vornamen, über die Beschneidung u. a. war Zunz gut genug. Aber daß die berühmte David Oppenheimersche Bibliothek für ein Spottgeld nach Oxford gehen mußte und die bedeutende Bibliothek des Hamburger jüdischen Gelehrten und Bibliographen Chajim Michael an das Britische Museum nach London, erregten Zunz' Verzweiflung und sarkastischen Spott über die reichen Juden in Deutschland.

Die Universitäten – in einem von Ranke mitunterzeichneten Gutachten – und das preußische Ministerium lehnten Zunz' Anträge im Jahre 1843 ab und nochmals 1848, schon nach der Revolution. Der Minister Ladenburg antwortete ihm am 4. 12. 1848, eine Professur, »die mit dem Nebengedanken gestiftet würde, das jüdische Wesen in seiner Besonderheit, seinen entfremdenden Gesetzen und Gebräuchen geistig zu stützen und zu kräftigen, widerspräche dem Sinn der neuen, der starren Unterschiede ausgleichenden Freiheit; sie wäre ... ein Mißbrauch der Universität«.[144] Man kann, wie man sieht, im Namen der Freiheit unerwünschte geistige Strömungen und sogar wissenschaftliche Disziplinen abwürgen.[145]

Während andere zeitgenössische Gelehrte nun die Schaffung eigener jüdisch-theologischer Fakultäten propagierten, wie z. B. Geiger, Ludwig Philippson, Meir Isler, und diese Idee in der Gründung des Breslauer Jüdisch-Theologischen Seminars verwirklicht wurde, blieb Zunz kompromißlos seiner Forderung treu. Er sah in solchen Gründungen die Gefahr geistiger Inzucht und drohenden Klerikalismus, die nur durch Eingliederung in den Rahmen der Universität vermieden werden könne. Noch 1872 lehnte er einen Ruf an die inzwischen durch Geiger und Steinthal errichtete Berliner Hochschule für die Wissenschaft des Judentums ab – aus prinzipiellen Gründen, nicht etwa wegen seines hohen Alters.

Die ganze Dynamik seiner Persönlichkeit entfaltete Zunz in leidenschaftlicher Anteilnahme an den politischen Vorgängen seiner Zeit. Die Französische Revolution von 1830, die deutsche Revolution und die polnischen Aufstände 1848 und die Reaktion,[146] die Befreiung Italiens und die

Deutschland. Leopold Zunz als Prediger. Yearbook VI des LBI, London 1961.

[144] Vgl. Glatzer, Leopold Zunz, Jude, Deutscher, Europäer. S. 42.

[145] Der Bescheid drückt besonders deutlich die Tendenz aus, dem Judentum – scheinbar aus Liberalismus, im Namen der allgemeinen Gleichheit – das Recht auf eigene Existenz zu bestreiten.

[146] Zunz hielt bei der Beerdigung der Märzgefallenen die Trauerrede. Er war

schließliche Eroberung Roms im Jahre 1870, an all diesen mit Hoffnungen und Enttäuschungen verbundenen Ereignissen nahm er mit religiös-messianischer Begeisterung Anteil. Die religiöse wie die politische Zukunft der Juden verknüpft sich ihm mit der politischen Befreiung der Völker Europas.

Zunz sah in der bürgerlichen Eingliederung der Juden in die europäische Umwelt einen Teil der messianischen Aufgabe. Die Juden würden nun im Rahmen der Befreiungsbewegungen der Völker wieder an eigentlicher Geschichte teilnehmen können. Deshalb haben für Zunz die revolutionären und politischen Ereignisse seiner Zeit einen naiv religiösen und messianischen Akzent gehabt. Nach der Befreiung Roms erwartet er – in einem »Erlösungsjahre« betitelten Aufsatz in Anspielung an Jesaja II,8–9 – eine Zeit, »in der Säuglinge der Freiheit in den Löchern thronender Schlangen spielen und das vom untrüglichen Papsttum erlöste Europa von Gotteserkenntnis überfließt«.[147] Zunz' Messianismus ist nicht ein säkularisierter, vom bloßen Fortschrittsglauben ersetzter. Er ist gegenwartsnah und religiös. Das Reich der Freiheit und der Gotteserkenntnis schienen ihm die Ereignisse seiner Zeit zu verbürgen. Die verborgenen theologischen Motive der Wissenschaft des Judentums treten gerade bei diesem Spötter und Hasser der Theologen aller Religionen klar hervor.

Moritz Steinschneider[148] (1816–1907) war in Charakter, Methode und seiner Einstellung zur jüdischen Wissenschaft Zunz sehr ähnlich. Wie dieser wurde auch Steinschneider mehr und mehr zu einem sarkastischen Sonderling, über den viele Anekdoten überliefert sind. Aber dessen religiös-messianischer Elan fehlte ihm. Er war eigentlich ein Agnostiker. Mehr als Zunz war er vom Gedanken der Distanz bestimmt. Für ihn war das Judentum etwas Abgeschlossenes, ohne Zukunft. Man solle dem Judentum jetzt »eine anständige Beerdigung« geben. Und das wäre die Aufgabe der Wissenschaft des Judentums. – Steinschneider war in noch größerem Maße als Zunz ein »Notizenkrämer«, wie Graetz einmal Zunz nennt.[149] – Epo-

---

Wahlmann, Vorsitzender oder im Vorstand von politischen Bezirksvereinen, hielt politische Vorträge, schloß sich der Fortschrittspartei an. Die Briefsammlungen sind voll von diesen Dingen und Betrachtungen über die Erlösung der Juden innerhalb und durch die Erlösung der europäischen Völker.

[147] Zunz, Gesammelte Schriften, Bd. 3, S. 231. Vgl. Glatzer, a.a.O., S. 50–61.
[148] Vgl. Kurt Wilhelm, Bulletin des LBI, Nr. 1, 1957, S. 35 ff. H. Malter plante nach Steinschneiders Tode eine Ausgabe der verstreuten kleinen Schriften Steinschneiders, von der aber nur der erste Band, eine biographische Würdigung, erschien.
[149] Graetz, Geschichte der Juden, Bd. 5, Vorwort S. VI: »Dr. Zunz mehr verwir-

chemachend waren seine großen Bibliothekskataloge, wie der Hebraica-Katalog der Bodleiana in Oxford, seine Kataloge der hebräischen Handschriften in Leyden, München, Hamburg und Berlin. Er war lange Zeit Direktor der jüdischen Mädchenschule in Berlin und Hilfsarbeiter an der preußischen Staatsbibliothek.

Sein besonderes Interesse galt den Schnittpunkten, an denen der Beitrag von Juden zur allgemeinen Wissenschaft und Kultur zum Ausdruck kommt. Deshalb arbeitete er über die jüdischen Übersetzer im Mittelalter, die griechische und arabische Kultur dem jüdischen wie dem christlichen Mittelalter zugänglich gemacht hatten. Er schrieb über Mathematiker und Naturwissenschaftler bei den Juden, verfaßte mehrere, sehr kurz gefaßte allgemeine Darstellungen der jüdischen Literatur- und Geistesgeschichte und veröffentlichte eine Unzahl von Beiträgen in den vielen Bänden der von ihm gegründeten »Zeitschrift für Hebräische Bibliographie« und für verschiedene Enzyklopädien.

Zur Zunzschen Generation gehörten einige hebräisch schreibende Gelehrte, die größtenteils außerhalb Deutschlands wirkten. *Samuel Juda Rapoport* (1790–1867), in Brody und später Oberrabbiner in Prag, hat als erster die Biographie einiger jüdischer Gelehrter im frühen Mittelalter geklärt.

Nachman Krochmal (1785–1840), ebenfalls in Brody, arbeitete auf ähnlichem Gebiet wie Rapoport. Von bleibender Bedeutung wurde er als Geschichtsphilosoph des Judentums in seinem hebräischen Werk »Führer der Verwirrten unserer Zeit«, das auf seinen Wunsch nach seinem Tode von Zunz 1851 herausgegeben wurde.

Ebenfalls zur ersten Generation dieser judaistischen Gelehrten gehören drei deutsche Juden: Isaak Markus Jost, Julius Fürst und Salomon Munk.

Isaak Markus Jost (1793–1866) war ein Jugendfreund von Zunz. Gleich ihm war er in der Samsonschule in Wolfenbüttel erzogen worden. Er war lange Zeit Lehrer, zuerst in Berlin und später am Philantropin in Frankfurt. Er hat in mehreren verschiedenen Fassungen noch vor Graetz eine wissenschaftliche Darstellung der jüdischen Geschichte geschrieben[150], die heute wieder mehr Beachtung findet. In seinem geistigen Habitus war Jost ein

---

render als aufhellender Notizenkram und dürre Nomenclaturen haben meine Arbeit nur wenig gefördert.«

[150] Jost, »Geschichte der Israliten seit der Zeit der Makkabäer bis auf unsere Tage«, 9 Bde., Berlin 1820–28; »Geschichte des Israelitischen Volkes... für Wissenschaftlich-Gebildete Leser«, 2 Bde., Berlin, 1832; »Neuere Geschichte der Israeliten«, Berlin 1846–47; »Geschichte des Judenthums und seiner Sekten«, 3 Bde., Leipzig 1857–59.

Nachfolger der Aufklärungsgeneration. Graetz sagte von ihm, er habe weder im Leben noch in der Geschichte Aufregungen geliebt.

Julius Fürst (1805–1873) war der einzige Jude und Vertreter der Judaistik, der schon in der ersten Hälfte des 19. Jahrhunderts an einer deutschen Universität, in Leipzig, lehren konnte, allerdings nur als Privatdozent. Zu seinem 25jährigen Jubiläum als Privatdozent, 1864, bekam er den Honorar-Professor-Titel! Noch heute ist sein bibliographisches Handbuch »Bibliotheca Judaica« nützlich, ebenso seine »Geschichte des Karäertums«. Er veröffentlichte auch sprachwissenschaftliche Arbeiten und war Herausgeber einer jüdischen Wochenschrift, »Der Orient«, die ein wissenschaftliches Beiblatt hatte, das »Literaturblatt des Orient«.

Salomon Munk (1803–1867) war wegen der Aussichtslosigkeit, in Preußen eine angemessene Stellung zu finden, nach Paris gegangen und wurde dort, nachdem er im Rothschildschen Hause Hauslehrer gewesen war, Bibliothekar an der Nationalbibliothek. Munk war ein bedeutender Orientalist. Er gab das arabische Original von Maimonides »Führer der Verwirrten« heraus. Durch die Zusammenstellung des arabischen Urtextes mit französischer Übersetzung und Anmerkungen schuf er die erste wissenschaftliche Ausgabe dieses Grundwerks der jüdischen Religionsphilosophie, das bis dahin nur in hebräischen und lateinischen Übersetzungen bekannt gewesen war. Seine wichtige öffentliche Stellung im jüdischen Leben geht daraus hervor, daß er zur Zeit der Ritualmord-Beschuldigung in Damaskus (1840) Adolphe Crémieux und Moses Montefiore nach Ägypten begleitet hat und durch seine arabischen Sprachkenntnisse wesentlichen Anteil an der Aufklärung des Falles und der Rettung der Juden hatte.

Einer der bedeutendsten und sicherlich einer der interessantesten Gelehrten dieser Generation war *Samuel David Luzzatto* (1800–1865) in Padua. Er hat sprachwissenschaftliche, historische, poetische und religionsphilosophische Arbeiten veröffentlicht, in hebräisch und zum Teil in italienisch. Luzzatto war Dozent an der ersten wissenschaftlichen Rabbiner-Lehranstalt, dem Collegio Rabbinico in Padua, das 1829 begründet wurde, 25 Jahre vor dem ersten wissenschaftlichen Rabbiner-Seminar in Deutschland.

Luzatto war Gegner einer rationalistischen Betrachtung des Judentums und der Religion überhaupt. Für ihn waren griechischer und jüdischer Geist Gegensätze, Attizismus und Abrahamismus. Infolgedessen verneinte er die Versuche der Philosophen und insbesondere des Maimonides, Judentum und Philosophie in Einklang zu bringen. Auch in seinen ethischen Anschauungen stellte er das »Mitleid« in den Mittelpunkt und in Gegensatz zu eudämonistischer oder rationalistischer Moralphilosophie, und auch zu

Kants Ethik. Von den Romantikern trennte ihn, daß er die Vergangenheit sich nicht konstruierte, daß sie für ihn keinen mystischen Heiligenschein brauchte; er war ein jüdischer Gelehrter, der noch selbst in der ungebrochenen Kette der jüdischen Tradition stand und für den moderne Bildung und wissenschaftliche Methode nur Mittel zur Weiterführung und zum Verständnis der Tradition bildeten. Sein Vorbild war Juda Halevi, der spanisch-jüdische Dichter und Philosophie-Kritiker aus dem 12. Jahrhundert. Luzzatto hat auch die erste wissenschaftliche Ausgabe von Juda Halevis Gedichten herausgegeben.

Luzatto war eine Erscheinung sui generis. Er war gleichweit entfernt von der kühlen Distanz zur jüdischen Tradition, wie sie Zunz, Steinschneider und Jost vertraten, wie von der Übernahme des Entwicklungsgedankens, wie ihn Geiger und die Reformtheologen angewendet haben.

Diese Gruppe um Geiger widmete sich der Erforschung der jüdischen Vergangenheit mit dem Blick auf die Bedürfnisse der jüdischen Gegenwart. Sie waren nicht Skeptiker gegenüber der Zukunft des Judentums, sondern ihre Bejaher. Für ihre Bestrebungen fanden sie Analogien und Rechtfertigung in der jüdischen Geschichte. Die Geschichte wird zum Medium ihrer Beziehungen zum Judentum. In ihr suchten sie Antwort auf die Frage, wie man Jude bleiben könne, was jüdische Religion leisten und einer Generation vermitteln könne, für die die lebendige Tradition meist abgebrochen war, weil sie ihr fremd und unbekannt geworden war. Sie erstrebten die Neuformung und Überführung der jüdischen Religion in eine mehr und mehr säkularisierte Umgebung.

Abraham Geiger[151] (1810–1874) versuchte immer wieder zu zeigen, wie die Tradition zu allen Zeiten sich entwickelt und gewandelt habe, wie sie immer neu entstanden sei. Tradition wird bei ihm aus einem statischen zu einem dynamischen Element. Auch der Gegenwart sei nicht nur erlaubt, neue Traditionen zu schaffen, sondern sie sei dazu verpflichtet, um die Lebendigkeit der Religion zu erhalten. Geigers wissenschaftliche Arbeit befaßt sich stets mit Problemen sich wandelnder Tradition.[152].

Sein Hauptwerk ist »Urschrift und Übersetzungen der Bibel in ihrer

---

[151] Über Geiger vgl. den von seinem Sohn, dem Literaturhistoriker Ludwig Geiger hrsg. Sammelband »Abraham Geiger, Leben und Lebenswerk«, 1910. Ferner das Jugendtagebuch u. d. Briefe im 5. Band der »Nachgelassenen Schriften«.
Zur Kritik von Geigers Entwicklungs- und Traditionsbegriff vgl. Leo Baecks Aufsatz »Theologie u. Geschichte« in »Aus drei Jahrtausenden«, Tübingen 1958, S. 33 ff.

[152] Schon die Preisschrift des Bonner Studenten, für die er 1834 in Marburg den Doktortitel erhielt »Was hat Mohammed aus dem Judentum entnommen?« gehört in diesen Zusammenhang.

Abhängigkeit von der inneren Entwicklung des Judentums«, das 1857 erschien. In diesem Werk stellt er an Hand der alten griechischen und aramäischen Bibelübersetzungen die verschiedenen Ausdeutungen des Bibelwortes dar. Er zeigt an ihnen ältere und jüngere Schichten der Halacha, der religionsgesetzlichen Fixierung. Diese verschiedenen Tendenzen der Schriftdeutung bringt er mit dem Parteienkampf der Sadduzäer und Pharisäer in Verbindung. Dieser Kampf wird von ihm als eine Auseinandersetzung zwischen dem aristokratisch-konservativen Priesteradel und den volkstümlich-demokratischen Pharisäern gesehen. Die Pharisäer waren die Schöpfer der mündlichen Lehre, die von ihnen dem Schriftwort, der Bibel, an die Seite gestellt wurde. Sie werden von Geiger als die Träger der lebendigen Entwicklung im Judentum dargestellt und als Vorbilder für die Möglichkeiten der Traditionsschaffung in der Gegenwart.

Der Entwicklungsgedanke ist bei Geiger auch mit einem bestimmten Bilde von der Geschichte des Judentums verknüpft. Der reine, universale Gottesgedanke löse sich im Verlauf der jüdischen Geschichte immer mehr von der Verbindung mit Land und Volk. Die Juden in der Zerstreuung seien Juden nur noch durch ihre Religion geblieben. In der Gegenwart, nach Beseitigung der bürgerlichen und rechtlichen Beschränkungen, sei auch das Religionsgesetz unnötig geworden, das sie bisher von der früher feindlichen Umwelt abgesondert und ihnen eine quasi-nationale Selbständigkeit erhalten habe. Heute hätten die Juden nur noch eine Aufgabe: Bekenner des einzigen Gottes zu sein. Diese Aufgabe habe auch gegenüber Christentum und Islam ihre Bedeutung behalten.

Diese Tendenzen werden von Geiger immer wieder ausgedrückt, besonders aber in seinen Vorlesungen »Das Judentum und seine Geschichte« (1864–1871). In anderer Form als Zunz hat auch Geiger in der Erlangung der bürgerlichen Gleichberechtigung das Heraufkommen der gelobten Zeit gesehen, in der nun alle noch trennenden Schranken auch von seiten der Juden fallen könnten. Vom Judentum bleibt nur ein sehr allgemeines und abstraktes Gebilde übrig. Es wird, wie bei den Schülern Mendelssohns, eigentlich mit der Vernunftreligion gleichgesetzt. Bei Mendelssohn stand die Vernunftreligion noch neben und auf einer Stufe mit der geoffenbarten Tradition. Mendelssohns Schüler empfanden im Gefolge Kants Vernunftreligion und Tradition als Gegensätze. Doch bei Geiger führt die Entwicklung der historisch gesehenen Tradition zur allgemeinen Religion der Vernunft.

Geigers wissenschaftliche Tätigkeit ist außer in den erwähnten Hauptwerken auch in einer großen Anzahl kleinerer Schriften zur Entfaltung gekommen. Er war Herausgeber und fast alleiniger Autor zweier wissenschaftlicher Zeitschriften, der »Wissenschaftliche Zeitschrift für jüdische Theologie« (6 Bände) und nach dieser der »Jüdische Zeitschrift für Wissenschaft und Leben«. Daneben beteiligte er sich auch an den hebräischen Zeitschriften seiner Zeit. Wissenschaft und Leben sollten bei ihm stets in engstem Zusammenhang stehen. Auch Theologie bedeutet bei ihm »praktische Theologie«.[153] Für eigentlich theologische Fragen – wie auch für Philosophie, hatte er wenig Sinn. Geigers Entwicklungsgedanke war ein pragmatischer. Er suchte Vorbilder, historische Präzedenzfälle. Er war an Erscheinungen interessiert, in denen er Außenseiter und Vorgänger seiner eigenen Bestrebungen sah, wie Leon de Modena und Josef Delmedigo, über welche beide er gearbeitet hat. In dieser Verknüpfung der Vergangenheit mit der Gegenwart lag aber auch eine Gefahr. »Man nahm zu praktischen Zwecken, für die Bedürfnisse des Jahrzehnts, eine Auslese aus der Tradition vor und nannte das dann Entwicklung. Sie wurde zur Aufschrift auf das, was man bereitet hatte oder zu haben wünschte, und die historische Rechtfertigung suchte man zu geben, indem man ... über vergangene Jahrhunderte hinweg an eine wirkliche oder vermeintliche Epoche damit anzuknüpfen erklärte. Eine Tradition sollte künstlich geschaffen werden.«[154] – Aber mit seiner pragmatischen Umdeutung und Anwendung des Entwicklungsgedankens hat Geiger der *Reformbewegung* die geistigen Grundlagen gegeben und so etwas wie eine Reformtheorie geschaffen.

In ganz anderer Weise als Geiger wandte eine Gruppe von Gelehrten das Entwicklungsprinzip auf ihre judaistische Arbeit an, die sich die *positivhistorische Schule* nannte. Ihre hervorragendsten Vertreter waren *Zacharias Frankel* und seine jüngeren Mitarbeiter *Heinrich Graetz* und *Manuel Joel*.

Was bei Geiger Entwicklung zur Konfessionalisierung und Entnationalisierung war, war bei ihnen ein Prozeß innerhalb einer volkstümlichen, in Brauch und Gedankengut verwurzelten, sich vorsichtig entwickelnden Religion, hinter der ein lebendiges Volkstum stand.

Auch *Frankel* und seine Freunde wurzelten in Ideen der Aufklärung. Wie die gesamte Wissenschaft des Judentums im 19. Jahrhundert hatten auch sie keinerlei Verständnis für wichtige, Jahrhunderte bewegende Erscheinungen, wie die Mystik und den Chassidismus. Sie wurden von ihnen als unjüdische Verirrungen gebrandmarkt oder lächerlich gemacht. Aber stärker als die rationalen Aufklärungstendenzen wirkte auf diese Gruppe der Volksgeistgedanke der Romantik.

---

[153] Vgl. Baecks Aufsatz, a.a.O., S. 35 f.
[154] So kritisierte Baeck den Geigerschen Entwicklungsgedanken – a.a.O., S. 34.

Die Wissenschaft des Judentums

Entwicklung war hier Fortentwicklung des historisch gewordenen Judentums. Wie bei Geiger lag in ihr ein dynamisches Element, die Lebenskraft und der Lebenswille der jüdischen Gemeinschaft. Aber Frankel und die Seinen gingen nicht revolutionär vor. Sie wählten nicht historische Vorbilder und Meinungen aus, um ein neues, der traditionellen Form und ihren Anhängern fremdartig erscheinendes Judentum zu schaffen. Ihre Methode war konservativ-evolutionär und sie behielten die jüdische Gesamtheit im Auge.

Vielleicht um diesen Zusammenhang mit der Gesamtheit der jüdischen Gelehrten zu betonen, schrieb *Zacharias Frankel* (1801–1875) seine beiden Hauptwerke in hebräischer Sprache, die Einführung in die Mischna »Hodegetica ad Mischnam«, 1859, und die Einleitung in den Jerusalemer Talmud, 1870. Frankel wurde mit diesen Werken, die sein Hauptarbeitsgebiet repräsentieren, der Begründer der historisch-kritischen Talmud-Forschung, einer Disziplin, die von den Interessengebieten der im vorigen behandelten Gelehrten abseits lag. Er erregte jedoch den Argwohn der Orthodoxie durch die neue kritische Methode, die auch vor dem traditionell angenommenen Offenbarungscharakter der mündlichen Lehre nicht haltmachte.

Frankels talmudwissenschaftliche Arbeit hatte gelegentlich auch aktuelle emanzipationspolitische Bedeutung. Sie trug in Sachsen und in Preußen zur Beseitigung des besonderen Judeneides und der letzten Diskriminierungen jüdischer Zeugnisse vor den öffentlichen Gerichten bei.[155]

Ein weiteres Arbeitsgebiet Frankels war die hellenistisch-jüdische Literatur. Er ging hier den Einflüssen der palästinensischen Schriftdeutung auf die Septuaginta und die hermeneutische Literatur der alexandrinischen Juden nach. Auch hier ist die Richtung seiner Forschung bezeichnend. Er untersucht nicht die Einwirkung fremder Einflüsse auf das Judentum, sondern die innerjüdische Beziehung einer, wenn man so sagen will, autochthonen, auf eine stark hellenistierte jüdische Gelehrsamkeit.

Von bleibender geistesgeschichtlicher Bedeutung wurde Frankel jedoch nicht so sehr durch seine wissenschaftliche Pioniertätigkeit, wie durch zwei Institutionen, die mit seinem Namen verknüpft sind und in denen sein Geist noch bis unmittelbar vor dem Zweiten Weltkrieg und dem Untergang des deutschen Judentums fortlebte.

---

[155] »Die Eidesleistung bei den Juden in theologischer und historischer Beziehung«, Dresden 1840 und »Der gerichtliche Beweis nach mosaisch-talmudischem Rechte; ein Beitrag zur Kenntnis des mosaisch-talmudischen Criminal- und Civilrechts nebst einer Untersuchung über die preußische Gesetzgebung hinsichtlich des Zeugnisses der Juden«, Berlin 1846.

Im Jahre 1851 begründete Frankel die *Monatsschrift* für die Geschichte und Wissenschaft des Judentums (*MGWJ*) und im Jahre 1854 wurde er, der bisher Rabbiner in Dresden gewesen war, der erste Direktor des *Jüdisch-Theologischen Seminars* in Breslau.

Die »Monatsschrift«, wie sie bis heute von allen Judaisten genannt wird, war nicht Frankels erste Zeitschrift. Ihr ging die stärker religionspolitisch als wissenschaftlich tendierende »Zeitschrift für die religiösen Interessen des Judentums« voran – 1844–1846 – die das Organ der Mittelpartei in der Auseinandersetzung mit Reform und Orthodoxie war. Die »Monatsschrift« dagegen verzichtete auf jene ephemere Tendenz, aber sie wurde in ihren 83 Jahrgängen das große internationale Organ der Wissenschaft des Judentums, zum Sammelplatz aller auf diesem Felde arbeitenden Kräfte,[156] bis ihr im Jahre 1939 die Gestapo ein Ende machte.

Die zweite Institution wurde durch eine Stiftung des im Jahre 1846 verstorbenen Breslauer Gemeindevorsitzenden, Kommerzienrat *Jonas Fraenkel*, ermöglicht, der ein Freund Geigers gewesen war. Jonas Fraenkel hatte sein gesamtes großes Vermögen gemeinnützigen Zwecken vermacht. Darunter war auch Grundbesitz und ein Legat zur Gründung einer jüdischen theologischen Lehranstalt – wohl auf Anraten von Geiger, der damit seine Pläne zur Gründung einer jüdisch-wissenschaftlichen Fakultät zu verwirklichen hoffte.

Es vergingen einige Jahre, bis die Fraenkelsche Hinterlassenschaft realisiert werden konnte. Die Testamentsvollstrecker fürchteten, der allgemeinen Anerkennung der Anstalt und ihrer rabbinischen Diploma zu schaden, wenn ein so umstrittener Parteimann wie Geiger an ihrer Spitze stehen würde. Sie beriefen deshalb Zacharias Frankel zum Direktor der Lehranstalt, die den Namen *Jüdisch-Theologisches Seminar Fraenkelscher Stiftung* erhielt und im Jahre 1854 eröffnet wurde.

Das Breslauer Seminar war die erste akademische Rabbinerlehranstalt in Deutschland.[157] Seiner ersten Fakultät gehörten neben Frankel an: der

---

[156] Frankel gab 1869 die Herausgeberschaft an Graetz ab, der die Monatsschrift bis 1887 redigierte, von 1881–1886 gemeinsam mit P. F. Frankl, Rabbiner in Berlin und Dozent an der dortigen Lehranstalt (Hochschule) für die Wissenschaft des Judentums. Nach fünfjähriger Pause erneuerten zwei Schüler von Graetz, M. Brann und David Kaufmann, im Jahre 1892 die Zeitschrift (Neue Folge). Nach Kaufmanns Tod 1899 war Brann bis 1920 alleiniger Herausgeber. Ab 1904 wurde sie Organ der »Gesellschaft zur Förderung der Wissenschaft des Judentums«. Ab 1921, nach Branns Tode, war Isaak Heinemann Herausgeber bis 1938. Der letzte Band wurde von der Gestapo beschlagnahmt und erschien in einem Reprint 1963. Dieser 83. Jahrgang (1939) wurde von Leo Baeck ediert.

[157] Bereits 1829 wurde in Padua, in der damals österreichischen Lombardei, ein

Historiker Graetz, der berühmte Altphilologe Jacob Bernays, der später als Bibliothekar und außerordentlicher Professor nach Bonn ging, der Mathematiker B. Zuckermann, der die Seminarbibliothek aufbaute und Manuel Joel, der zuerst Lehrer der Gymnasialkurse war, die anfangs dem Seminar angegliedert waren, später Dozent für Homiletik und Religionsphilosophie und zuletzt Geigers Nachfolger als Rabbiner in Breslau wurde.

Diese Ansammlung von bedeutenden Gelehrten, die an einem Institut wirkten und zudem in ihren Anschauungen harmonierten, hatte sehr schnell einen fühlbaren Einfluß auf die Gemeinden in Deutschland und den benachbarten Ländern gewonnen. Fast alle Rabbiner, die in diesen Gemeinden wirkten, verdankten ihre Ausbildung und einen wesentlichen Teil ihrer geistigen Haltung dem Breslauer Seminar, dem ersten, das von seinen Studenten ein parallel laufendes Universitätsstudium verlangte. Damit kam das Seminar dem Ideal einer jüdisch-theologischen Fakultät nahe, wenn auch außerhalb des offiziellen Rahmens der Breslauer Universität. – Das Breslauer Seminar bildete das Vorbild für eine Reihe ähnlicher Anstalten in Deutschland und anderen Ländern.

Beruhte die Breitenwirkung Frankels weniger auf seinen wissenschaftlichen literarischen Leistungen als vielmehr auf den von ihm geprägten Institutionen, dem Breslauer Seminar und – auf einen weiteren wissenschaftlichen Kreis – der Monatsschrift, so wirkte *Heinrich Graetz* (1871–1891) unmittelbar auf seine jüdische Mit- und Nachwelt. Graetz ist für sie der große *Historiker* des Judentums.[158]

Collegio Rabbinico begründet, an dem S. D. Luzzatto lehrte. Das Institut wurde später nach Rom, Florenz und schließlich wieder nach Rom verlegt. Etwa um dieselbe Zeit wurde die alte Metzer Talmud-Hochschule zu einer École Rabbinique de France umgewandelt und bald nach Paris überführt.

[158] Graetz verdankt seine Breitenwirkung besonders der populären Kurzfassung seines Geschichtswerkes, der dreibändigen »Volkstümlichen Geschichte der Juden« (1888), die immer wieder neu aufgelegt wurde und noch in den zwanziger Jahren unseres Jahrhunderts wohl nur in wenigen jüdischen Häusern in Deutschland fehlte. Sie war ein beliebtes Bar-Mizwa-(Konfirmations)Geschenk, das Generationen von jungen Juden für die Vergangenheit ihres Volkes begeisterte. – Von Graetz elfbändiger »Geschichte der Juden« erschien zuerst der 4. Bd., die Zeit der Mischna und des Talmud, 1853, danach der 3. Bd. und die folgenden Bde. Als letzte kamen der 1. und der 2. Bd. heraus (1872). Um sie, die die biblische Zeit schildern, schreiben zu können, machte Graetz eine Palästinareise.

Über Graetz gibt es eine reichhaltige Literatur. Seine Biographie schrieben M. Brann, sein Schüler und Nachfolger am Breslauer Seminar, und später J. Meisels. Mit seiner Historiographie beschäftigte sich u. a. S. W. Baron, mit ihren geistesgeschichtlichen und geschichtsphilosophischen Beziehungen Hermann Cohen und Max Wiener, A. Lewkowitz, N. Rotenstreich und Hans Liebschütz.

Graetz' Geschichtsbild war von vielerlei Einflüssen geprägt worden. Das Wesen des Judentums enthüllt sich für ihn in der Geschichte des Judentums. In ihr entfalte sich seine Idee. Dieser an Humboldt und den gleichzeitigen Ranke erinnernde Grundgedanke verbindet sich bei Graetz mit einer hegelianischen Dreiteilung der jüdischen Geschichte. Die antithetisch gegenüberstehenden Epochen – die wesentlich politische der vorexilischen Zeit, die theokratisch-religiöse des zweiten Tempels und die reflektive Epoche, die von der Zerstörung des Tempels durch die Römer über die Bildung des rabbinischen Judentums bis auf die heutige Zeit reicht – werden in Graetz' Schema nochmals dialektisch dreigeteilt. So findet zum Beispiel die Erscheinung der Prophetie in der politischen Epoche des ersten Tempels ihren Platz als die reflektierende Krönung des Gegensatzes von Theokratie und Königtum.

Als dritte Tendenz wirkt in Graetz' Geschichtskonstruktion die Unterscheidung nach, die die Aufklärung zwischen dem politisch-gesetzlichen Element im Judentum macht, insbesondere bei Mendelssohn, und dem Anteil des Judentums an der Vernunftreligion. Die bleibende Einsicht, die er aus der jüdischen Geschichte empfängt, ist die untrennbare Verbundenheit des religiös-universalen mit dem nationalen Element im Judentum. Lehre, Land und Volk stehen, wie er es einmal ausdrückt, in einem »magischen Rapport«. Mit dieser Ineinssetzung von Religion und Nation steht Graetz in scharfem Gegensatz zu Geiger und zu den vielfältigen Bestrebungen seiner Zeit, das Judentum seiner partikularen Eigenheiten – Gesetz, hebräische Sprache und Zukunftshoffnung – zu entkleiden.

Das eben geschilderte Geschichtsbild entwickelte Graetz in seinem Aufsatz »Die Konstruktion der jüdischen Geschichte«, den er 1846 in Frankels Zeitschrift für die religiösen Interessen des Judentums veröffentlichte.[159]

In seinem großen historischen Hauptwerk, der »Geschichte der Juden«, ist von dieser »Konstruktion« mit ihrer hegelianisierenden Schematik nur noch wenig zu spüren. Hier erscheint die jüdische Geschichte, von der frühchristlichen Zeit an, als eine Geschichte des Martyriums der Juden und

---

[159] Die Schrift wurde von Ludwig Feuchtwanger als Schockenbuch im Jahre 1935 wieder herausgeben. Leider enthält diese Ausgabe nicht die wichtige Anmerkung Frankels, die sich gegen die Ansicht von Graetz wendet, daß der Monotheismus kein konstitutiver Faktor des Judentums sei. An diese Rüge Frankels knüpft dann Hermann Cohens Aufsatz »Graetzens Philosophie der jüdischen Geschichte« an (im 3. Bd. von Cohens »Jüdische Schriften« 1924). Graetz kam zu seiner Behauptung aus einer Überspitzung des idealistischen immanenten Idee-Begriffes. Frankel und auch Cohen geben zwar an, daß Graetz seine Behauptung zurückgezogen habe. Aber noch viel später schreibt Graetz seinem Freund Moses Heß, daß jener ein ganzer, er selbst dreiviertel Spinozist sei (Brief v. 28. 9. 1868 vgl. Liebeschütz, S. 150ff.).

der geistigen Selbstbehauptung, die in dem Leben und dem Wirken der jüdischen Gelehrten dargestellt wird. Was bei Ranke, Droysen und der allgemeinen Historiographie der Zeit politische Geschichte ist, wird bei Graetz die Geschichte der Verfolgungen, in denen sich die Politik der weltlichen und noch mehr der kirchlichen Machthaber den Juden gegenüber spiegelt. Und an Stelle des Volksgeistgedankens, den Graetz wegen seiner Herkunft aus der Romantik und seiner antijüdischen Anwendung ablehnt – tritt bei ihm die Schilderung der geistigen Entwicklung des Judentums mit stark rationalistischem, aufklärerischem Einschlag. Graetz ist ein Historiker mit Temperament, der Partei ergreift, emotional bejaht oder ablehnt. Namentlich der letzte Band, der die erste Hälfte des 19. Jahrhunderts behandelt und in ihr die Anfänge der Reformbewegung, ist voll von beißenden und oft ungerechten, einseitigen Beurteilungen. Aber ebenso heftig wendet er sich in den vorhergehenden Bänden gegen Mystik, Kabbala, Talmudismus, und stets gegen alle Feinde und Gegner der Juden, insbesondere die kirchlichen.

Graetz hatte sich sein Quellenmaterial zumeist selbst zusammensuchen und bearbeiten müssen. Er fand es nicht im Aktenmaterial der Archive, wie es die Rankeschule eingeführt hatte, sondern in Chroniken, Büchern und Literaturwerken. Die Bearbeitung dieses Materials geschieht in ausführlichen Noten am Ende der Bände, die oft selbst den Umfang von selbständigen Monographien annehmen. Noch für den heutigen Benutzer des Graetzschen Geschichtswerkes haben diese Noten mit ihren vielen Quellenangaben, Zitaten und Analysen ihre Wichtigkeit behalten. Hier können wir den historischen Pionier in seiner Arbeit verfolgen, mit seinem intuitiven Blick für Zusammenhänge und seinen manchmal gewagten Schlüssen und Konjekturen.

Graetz arbeitete auch auf anderen Gebieten. Im Breslauer Seminar wirkte er auch als Dozent für Bibelwissenschaft. Er schrieb unter anderem einen Psalmenkommentar. In seiner Erstlingsschrift »Gnostizismus und Judentum«, 1846, berührte er wichtige religionsgeschichtliche Zusammenhänge. Lange Jahre war er Herausgeber der »Monatsschrift«. Und als Polemiker griff er in den Streit mit Treitschke ein. Aber alle diese Arbeitsgebiete traten in den Hintergrund gegenüber seinem großen Geschichtswerk. Als Historiker ist er das jüdische Gegenstück zu den bedeutenden deutschen Historikern des 19. Jahrhunderts.

Der jüngste des Kreises um Frankel am Breslauer Seminar war *Manuel Joel* (1826–1890). Joel[160] brachte ein neues Element in die Wissenschaft des

---

[160] Über Joel vgl. das ihm zum 100. Geburtstag gewidmete Heft der MGWJ (1926,

Judentums. Er war wohl der erste, jedenfalls der erste bedeutende ihrer Gelehrten, der nach Ausbildung, Interesse und Arbeitsrichtung *Philosoph* war. Die Pioniere der Judaistik kamen bisher von der klassischen Philologie oder der Orientalistik. Mit philosophischen Studien hatten sie sich meist nur am Rande beschäftigt. Nur Graetz war – durch seinen Breslauer Lehrer Braniss, einem recht selbständigen Hegelschüler – jedenfalls in seiner Geschichtslehre und seinen ersten Arbeiten über Gnostik und Judentum stärker mit philosophischen Motiven verbunden gewesen, doch ohne weitergehende systematische Interessen. Selbst Munk und Steinschneider, mit ihren reichen Kenntnissen arabischer Philosophie, waren in erster Linie Orientalisten. Joel dagegen kehrte die Schwerpunkte um. Auch er war Altphilologe. In der ersten Hälfte des 19. Jahrhunderts war eine gute Kenntnis der klassischen Sprachen noch selbstverständliche Voraussetzung für jedes akademische Studium, wurden ja auch die Doktordissertationen lateinisch geschrieben. Joel machte sogar das Gymnasiallehrer-Examen für alte Sprachen und unterrichtete diese zu Beginn an den Gymnasialkursen, die Kandidaten ohne genügende Vorbildung für das Breslauer Seminar und die Universität vorbereiteten. In der Hauptsache aber war er und blieb er Philosoph. Sein Lehrer in Berlin war A. Trendelenburg, der Gegner der Hegelschen Philosophie und Logiker auf aristotelischer Grundlage. Joel entwickelte sich schnell zum Kantianer. Während aber der kantische Einfluß auf seine Zeitgenossen in der Regel auf Kants Ethik mit ihrem strengen Sittengesetz zurückgeht, das, wie ich bereits schilderte, den sittlichen Geboten des Judentums als verwandt empfunden wurde, wirkten auf Joel von Anfang an die systematischen Impulse der kantischen Philosophie. So steht Joels Kantianismus recht vereinzelt in seiner Zeit. Er war ein Vorläufer der Kantrenaissance, die fast zwei Jahrzehnte später der Neukantianismus herbeiführte. Joel hatte in der Behandlung der Religionsphilosophie von den systematischen Grundlagen der kantischen Philosophie her wohl nur einen jüdischen Vorgänger, den Altonaer Arzt *Salomon Ludwig Steinheim*. Und in seiner ausführlichen Besprechung des zweiten Bandes von Steinheims »Offenbarungslehre« kommt Joels Einstellung zum ersten und prägnanten Ausdruck.[161] Hier schreibt er, daß durch Kants Kritik der Gottesbeweise »die Religion ihren einzigen, mindestens ihren einzigen gefährlichen Feind losgeworden sei ... Metaphysik und Religion sind geschworene

---

70. Jg., S. 305 ff.) mit Beiträgen von Cäsar Seligmann und A. Eckstein, zwei ehemaligen Schülern Joels, Max Freudenthal, Beermann, J. Heinemann und Karl Joel, dem Basler Philosophen, der ein Neffe Joels war.

[161] MGWJ, 6. Bd., 1857, S. 38 ff. und S. 73 ff.

Feinde«.[162] Auch Joel findet die Religion in der Funktion der Offenbarung begründet. Doch deren Inhalt seien die Postulate der praktischen Vernunft. Dadurch schaffe die Offenbarung »objektive Sittlichkeit, ein sittliches Leben«. Sie ist das Agens der Vernunft. »Die Offenbarung setzte die Vernunft erst in den Stand, die Übereinstimmung der offenbarten Wahrheiten mit ihren Postulaten nachzuweisen.«[163]

Joels Kantianismus tritt dann viel später noch einmal hervor. In seinen 1876 erschienenen »Religiös-philosophischen Zeitfragen« wiederholt er: »Mir ist es immer, und vielen anderen mit mir, als ob das, was Stand hält in unseren täglichen Anschauungen, nur die spolia opima des ›längst überwundenen‹ Kant seien.«[164] »Man kommt immer wieder auf Kant zurück.«[165] Und diesen eigenen Kantianismus hat er nie aufgegeben.[166]

Joels Bedeutung für die Wissenschaft des Judentums liegt darin, daß der Philosoph zum Historiker der jüdischen Philosophie des Mittelalters wurde. In einer Reihe von Arbeiten[167] stellte er die Religionsphilosophien von Maimonides, Levi ben Gerson und Chasdai Crescas dar. Als erster verfolgte er die Verbindungslinien, die von diesen auf die Philosophie der christlichen Scholastik und darüber hinaus auf die Philosophie der Neuzeit hinüberreichen. Zum Beispiel untersuchte er den Einfluß von Maimonides auf Albertus Magnus, den des Crescas auf Spinoza. Den jüdischen Quellen Spinozas widmete er eine besondere Arbeit.

Joel lieferte Pionierarbeit nicht nur für die Eingliederung der jüdischen Religionsphilosophen des Mittelalters in die allgemeine Philosophiegeschichte. In einem zweibändigen Werk »Blicke in die Religionsgeschichte des ersten und zweiten nachchristlichen Jahrhunderts«[168] untersuchte er die

---

[162] a.a.O., S. 38.
[163] a.a.O., S. 40. Dieses eigentümliche Abhängigkeitsverhältnis der Vernunft von der Offenbarung, das in anderer Form sich auch bei dem kritisierten Steinheim findet, treffen wir dann bei Cohen wieder: »Offenbarung ist die Schöpfung der Vernunft«. Vgl. Cohen, »Religion der Vernunft«, 2. Aufl., 1929, S. 83. Vgl. auch meine Arbeit »Steinheim und Kant« im Yearbook V des Leo Baeck-Instituts, London 1960, S. 168 ff.
[164] Religiös-philosophische Zeitfragen in zusammenhängenden Aufsätzen besprochen von Dr. M. Joel, Breslau 1876, Vorwort S. 5. Die Schrift setzt sich mit der Stellung von Kant und Schopenhauer zu den historischen Religionen auseinander, mit Kants Religionsphilosophie und mit David Friedrich Strauß.
[165] a.a.O., S. 37.
[166] Zeugnis seines Neffen Karl Joel in MGWJ, Bd. 70, 1926, S. 318.
[167] Sie erschienen zumeist in den Jahresberichten des Seminars und wurden von ihm in seinem zweibändigen »Beiträge zur Geschichte der Philosophie« (Breslau 1876) zusammengefaßt.
[168] Erschienen 1880 bzw. 1883.

Beziehungen von Heidentum, Judentum und frühem Christentum. Auch hier spürte er bis dahin unbeachtete kulturgeschichtliche Verbindungen auf.

Von den späteren Dozentengenerationen des Breslauer Seminars wurden nur wenige so bekannt wie der erste Kreis um Frankel. *Jakob Guttmann* (1845–1919) erweiterte Joels Forschungen über die Beziehungen der jüdischen Religionsphilosophie auf die Scholastik. *Isaak Heinemann* (1876–1857), der langjährige Herausgeber der »Monatsschrift«, schuf in seinem »Philons griechische und jüdische Bildung« (1932) ein Standardwerk der Philonforschung, in dem er altgewohnte Vorstellungen über Philon erschütterte und richtigstellte.

Nach dem Breslauer Vorbild entstanden sehr bald ähnliche Institutionen in London, Wien, Budapest und New York.[169] Die amerikanische Reform errichtete in Cincinnati das »Hebrew Union College« (1875); die deutsche Neuorthodoxie das »Rabbinerseminar für das orthodoxe Judentum« in Berlin (1873). Ebenfalls in Berlin wurde nach Geigers Berufung zum Berliner Rabbiner die »Hochschule für die Wissenschaft des Judentums« gegründet (1872). Diese war als eine richtungsmäßig ungebundene, rein wissenschaftliche Anstalt gedacht gewesen, an der auch stets Gelehrte der verschiedensten theologischen Richtungen gewirkt haben. Aber in der Praxis war auch die Hochschule eine Rabbiner-Ausbildungsstätte, aus der vorwiegend liberale Rabbiner hervorgingen.[170] Denn mit wenigen Ausnahmen konnten jüdische Gelehrte nur über eine Anstellung als Rabbiner sich der Wissenschaft widmen.[171]

Die Wissenschaft des Judentums hatte auch einen neuen Typ des Rabbi-

---

[169] Jews' College in London 1856, Jüdisch-Theologische Lehranstalt in Wien 1893, Landesrabbinerschule in Budapest 1877, Jewish-Theological Seminary in New York 1886.

[170] Als die Hochschule von der preußischen Regierung Öffentlichkeitsrechte erhielt, mußte sie sich 1883 in »Lehranstalt für die Wissenschaft des Judentums« umbenennen, denn man wollte einem jüdischen wissenschaftlichen Institut keinen Hochschulcharakter zuerkennen. Erst 1923 durfte sie wieder Hochschule heißen, bis ihr die Nationalsozialisten 1934 den Namen nochmals in Lehranstalt änderten. 1942 hörte die letzte Wirksamkeit eines jüdischen wissenschaftlichen Instituts in Deutschland auf. Die beiden anderen Anstalten, in Breslau und Berlin, waren schon Ende der dreißiger Jahre geschlossen worden.

[171] Von bedeutenden Vertretern der Wissenschaft des Judentums möchte ich noch die folgenden erwähnen: *Seligmann Baer* (1825–1897), Masoret und Herausgeber einer wissenschaftlichen Ausgabe des Gebetbuches; *Abraham Berliner* (1883–1915), der über Volkskunde der Juden im Mittelalter und über die Juden in Rom arbeitete und eine wissenschaftliche Edition des Raschi-Kommentares herausgab; *David Kaufmann* (1852–1899), Geschichte der Atributenlehre und familiengeschichtliche Arbeiten; *Wilhelm Bacher* (1850–1913), Iranist und frühtalmudische Gelehrtenge-

Die Wissenschaft des Judentums

ners geschaffen. Bisher war der Rabbiner ein durch gründliche Kenntnis des Talmuds und der religionsgesetzlichen Literatur ausgezeichneter Gelehrter. Er war Vorsitzender des religiösen Gerichtshofes und zumeist auch eines Lehrhauses, in dem er talmudische Literatur lehrte. Er war jedoch kein Priester oder Geistlicher, der sakramentale Funktionen verwaltete und ausübte. Dieser alte Rabbinertypus mußte der neuen Generation, die nach Angleichung und Gleichstellung strebte, obsolet erscheinen. Tamudgelehrsamkeit war in der Schätzung dieser Juden wertlos, überflüssig und unverständlich geworden. Sie hatte keinen direkten Einfluß mehr auf ihr Leben. Sie schien ihnen eher die alte Absonderung und Ausschließung der Juden von dem Leben ihrer Mitbürger zu versinnbildlichen. Der Einfluß der Rabbiner ging seit der Aufklärungszeit in Deutschland mehr und mehr zurück. Ein Gutachten eines Berliner Gemeinde-Vorstandes über die Aufgaben des Rabbiners bezeichnet diesen einfach als »Kauscher-Wächter«, einen Mann, der die Aufsicht über das rituelle Schlachtwesen innehabe. Hierin drückt sich die ganze Nichtachtung jener Generation gegenüber ihren Gelehrten aus, die früher einmal als die Führer und der Geistesadel des jüdischen Volkes geschätzt wurden. Dabei haben gerade auch in jenen Zeiten, an der Wende des 18. und 19. Jahrhunderts, an der Spitze von Rabbinaten in Deutschland einige bedeutende Persönlichkeiten gestanden, wie Ezechiel Landau (1713–1793) in Prag, Raphael Cohen (1722–1803) in Altona und Akiba Eger (1761–1837) in Posen.

Die neue Zeit glaubte, andere geistige Führer zu brauchen, Männer, deren Aufgaben nach dem Vorbilde protestantischer Geistlicher geformt wurden. Die Bildung sollte durch einen Universitätsgrad attestiert werden. Man suchte Männer, die gute Redner waren und auch nach außen das aufstrebende jüdische Bürgertum repräsentieren konnten. Ihrem traditionell-jüdischen Wissen wurde geringere Wichtigkeit beigemessen. So finden wir vom Beginn des 19. Jahrhunderts an in vielen Orten sogenannte Predi-

schichte; *Julius Guttmann* (1880–1950), der Sohn von *Jakob Guttmann*, Geschichte der Religionsphilosophie; *Moritz Stern* (1864–1939), Gemeindegeschichten; *Julius Aronius* (1861–1893), Regesten zur frühmittelalterlichen Geschichte; *David Hoffmann* (1843–1921), Talmud, Midrasch- und Bibelwissenschaft, Gegner Wellhausens; *Ismar Elbogen* (1874–1943), Liturgie-Geschichte, Geschichte der deutschen Juden; *Simon Dubnow* (1860–1941) im Rigaer Getto umgekommen, der große Darsteller der Weltgeschichte des jüdischen Volkes, der Geschichte des russischen und polnischen Judentums und des Chassidismus; *Leo Baeck* (1873–1956), Midrasch, Religionsgeschichte, Frühchristentum als Teil der jüdischen Geschichte. Von heute Lebenden: *Gerschom Scholem*, Mystik und Kabbala. *Fritz Isaak Baer*, Juden in Spanien, Zeit des Zweiten Tempels, *Salo W. Baron*, Verfasser der dritten großen Gesamtdarstellung der jüdischen Geschichte (bisher 16 Bände).

ger oder, wie sie sich häufig nannten, Volkslehrer, die mit mehr oder weniger fundiertem jüdischen Wissen jedenfalls den anderen, modernen Ansprüchen zu genügen schienen. Selbst der Titel »Rabbiner« war in Mißkredit geraten. Sogar ein wirklicher Rabbiner, auch im traditionellen Sinne, wie *Isaak Bernays*, zog es vor, als »geistlicher Beamter« angestellt zu werden und sich nicht Rabbiner, sondern »Chacham« (»Der Weise«) titulieren zu lassen, was in Deutschland jedenfalls exotisch und deshalb vornehmer klang.

Die Männer der Wissenschaft des Judentums erkannten sehr bald die Unhaltbarkeit eines Zustandes, der die Weitergabe des religiösen und kulturellen Erbes den zweifelhaften Händen unwissender Schönredner zu überlassen drohte. Die neue, historische Betrachtung des Judentums hatte das jüdische Selbstbewußtsein in gewisser Weise wieder gestärkt. Wenn die Talmudgelehrsamkeit auch nicht mehr ausschlaggebend war, so sollten die Lehrer des Judentums jedenfalls ein gründliches historisches Wissen vom Judentum besitzen. Es entstand hiermit der neue Typ des deutschen und später westeuropäischen und amerikanischen Rabbiners, der seine Ausbildung an den schon erwähnten neuen akademischen Rabbiner-Seminaren erhielt. Darin, daß die Wissenschaft des Judentums aber in erster Linie der Rabbinerausbildung diente und ihre Träger – bis auf wenige Seminardozenten – ebenfalls fast ausschließlich Rabbiner waren, lag eine große Gefahr für die neue Wissenschaftsdisziplin.[172] Schon Zunz und Steinschneider hatten die drohende »Theologisierung« gefürchtet und bekämpft. Beide waren Zeit ihres Lebens heftige Gegner des Breslauer Seminars und seiner Lehrer und ebenso Gegner der Berliner Hochschule, trotz deren rein wissenschaftlichem Programm. Und beide hatten stets jede Mitarbeit oder gar Berufung an diese Institute abgelehnt.

Diese Theologisierung war allerdings nur eine soziologische. Systematisch-theologische Fragestellungen lagen den Judaisten des 19. Jahrhunderts fern.[173] In den wenigen Fällen, wo diese berührt wurden, geschah es in historischer Sicht, wie etwa in David Kaufmanns Geschichte der Attributenlehre. Aber eine Wissenschaft, die in der Hauptsache in den Händen

---

[172] Gerschom Scholem, selbst einer der bedeutendsten Judaisten und Schöpfer einer neuen Disziplin, der wissenschaftlichen Kabbala-Forschung, hat die Gefahren der Theologisierung der Wissenschaft des Judentums am stärksten gegeißelt in seinem Aufsatz »Hirhurim al Chochmat Israel« im »Luach Haaretz« 1944/45 und später im Bulletin Nr. 9 des Leo Baeck Instituts, Tel-Aviv 1960, S. 10f.: »Wissenschaft des Judentums einst und jetzt.«

[173] Die vielen Verfasser von Religionslehrbüchern und Katechismen, die sich das ganze Jahrhundert hindurch fortsetzten, haben mit Wissenschaft des Judentums nichts zu tun.

eines Berufsstandes lag, dessen Aufgaben, Zielsetzungen und Mentalität an sich wissenschaftsfern waren, konnte von diesen soziologischen Gegebenheiten nicht unberührt bleiben. Ihre Themenwahl war beschränkt. Man neigte zu unkritischer Idealisierung von Ereignissen und Personen der Vergangenheit. Ein manchmal aufdringlich apologetischer und homiletischer Zug kam in die wissenschaftliche Darstellung hinein. Das aufgeklärte, wohlhabend gewordene jüdische Bürgertum, das nach sozialer und rechtlicher Integrierung strebte, war geistig recht anspruchslos. Aber aus ihm rekrutierten sich die Gemeindevorstände, die Arbeitgeber der Rabbiner. Ihre Geisteshaltung wirkt auch auf deren wissenschaftliche Arbeit zurück. Man bewegte sich, wie Scholem es ausdrückt, immer nur in der guten Stube. In das aufgeklärte Milieu schien Mystik jeder Art, die Kabbala, der Chassidismus, nicht hineinzupassen. Ihre Behandlung schien dem guten Eindruck abträglich zu sein, den man als moderne Menschen machen wollte. Ebensowenig wagte man es, an das schwere soziale Problem zu rühren, das im 17. und 18. Jahrhundert die Betteljuden darstellten. Erst eine Generation, die aufhörte zu fragen, was die anderen sagen würden, hat sich auch in der Wissenschaft des Judentums von solchen Beschränkungen freimachen können.

15. Reform und Neuorthodoxie

Reformbestrebungen begannen im Judentum vom Ende des 18. Jahrhunderts an mehr und mehr hervorzutreten. Im 19. Jahrhundert verdichteten sich diese Bestrebungen zu religiösen Parteirichtungen: der eigentlichen Reformbewegung, der Neuorthodoxie und einer positiv historischen Mittelpartei. In diesen Parteien, Strömungen und ihrem Kaleidoskop von persönlichen oder lokalen Nuancen drückte sich das unbestimmte Gefühl aus, daß die traditionellen Ausdrucksformen des Judentums den Juden der Zeit nicht mehr adäquat seien.

Man sollte nun erwarten, daß sich diese Haltung besonders gegen die Verbindlichkeit der religionsgesetzlichen Vorschriften richten würde, die bisher das Leben der Juden bis ins einzelne geregelt haben. Gerade in dieser Richtung hatte es schon einige theoretische Ansätze gegeben. So hatte Mordechai Gumpel Schnaber-Levison zwischen der ewigen Wahrheit und den der Zeit verhafteten göttlichen Geboten unterschieden, eine Auffassung, von der es nur einen Schritt brauchte bis zur Relativierung des Religionsgesetzes. Saul Ascher hatte dem Lehrinhalt des Judentums den Vorrang vor seiner soziologischen Ausdrucksform, dem »konstituierten« Gesetz, gegeben und sich damit ausdrücklich in Gegensatz zu Mendelssohn gestellt. Die jüngeren Mendelssohnianer hatten die Mendelssohnsche Synthese von Vernunftreligion und offenbartem Gesetz fallengelassen und in der Konsequenz das Gesetz nicht nur degradiert, sondern in ihm einen Hemmschuh für das Judentum als Vernunftreligion gesehen.

Hinzu kam für Friedländer und Bendavid, für Saul Ascher und mit ihnen für immer weiter reichende Kreise des arrivierten jüdischen Bürgertums der emanzipationspolitische Gesichtspunkt. Die religiösen Vorschriften hoben den Juden aus seiner Umwelt heraus, sonderten ihn von ihr ab, erschwerten jedenfalls den unbefangenen gesellschaftlichen Verkehr mit Nichtjuden. Dieser religiöse Partikularismus war von christlicher Seite, aber auch von den jüdischen Aufklärern, als Hindernis für die rechtliche und die soziale Eingliederung der Juden angesehen worden. Religiösen Partikularismus gab es auch im Christentum mit seinen verschiedenen miteinander streitenden Konfessionen und Sekten. Aber der jüdische Partikularismus war nicht nur, wie unter den christlichen Denominationen, durch dogmatische Unterschiede bedingt, sondern durch seine fremdartige Lebensform, die durch das Religionsgesetz geprägt war.

Inzwischen hatte sich auch der Nationbegriff verändert. Vorher bezeichnete er nur eine besondere, erkennbare, aber nicht notwendig abstammungsmäßig einheitliche soziale Gruppe. Seit der Romantik und den Befreiungskriegen gegen Napoleon erhielt der Begriff »Nation« jenen emotionalen Gehalt, den wir noch heute mit diesem Worte verbinden. Wenn jetzt von dem nationalen Partikularismus der Juden gesprochen wurde, so schwang nun ein antijüdischer, emanzipationsfeindlicher Ton in diesem Vorwurf mit. Und dieser erschreckte die nach rechtlicher und bürgerlicher Gleichstellung strebenden Juden.

Die wohlhabend gewordenen, mehr oder weniger von Bildung und Kultur, jedenfalls aber vom äußeren Glanz der Umwelt und vom sozialen Geltungsbedürfnis beherrschten Kreise begannen, sich ihres Judentums zu schämen. Sie suchten von ihm loszukommen, sei es durch die Taufe, sei es dadurch, daß sie es zu verstecken suchten und es spöttelnd bagatellisierten. Wohl erst von dieser unsicher gewordenen Generation an finden wir die Erscheinung des jüdischen Selbsthasses. – An manchen Orten, wie Prag, Proßnitz, Hamburg u. a., an denen Nachkommen der geheimen Sabbatai Zwi-Anhänger oder der Frankisten lebten, hatte der Antinomismus dieser Gruppen gewisse Wurzeln geschlagen; als hierzu noch die Aufklärungstendenzen kamen, mögen diese Kreise ein potentielles Reservoir für die Reformbewegung gebildet haben.[174]

Wenn also Friedländer und Bendavid von dem »schändlichen Zeremonialgesetz« sprachen, wenn der junge Zunz noch schrieb: »Ehe der Talmud nicht gestürzt ist, ist nichts zu machen«[175], so mußte über kurz oder lang die Frage aktuell werden, in welcher Gestalt das zur Vernunftreligion gewandelte Judentum sich denn präsentieren sollte. Denn Männer wie Friedländer, Bendavid und Zunz wollten der von den traditionellen Fesseln befreiten Religion jedenfalls den jüdischen Charakter bewahren. Das war schon in der Identifizierung von Vernunftreligion und Judentum impliziert.

Man hätte also meinen sollen, daß die Reformbewegung sich an dem *Problem des Gesetzes* entwickeln würde.

Merkwürdigerweise aber blieb von Beginn an ihr zentrales Anliegen ein

---

[174] Vgl. die Hinweise von Scholem, Hauptströmungen, S. 333.
[175] Zunz am 13. 10. 1818 an Ehrenberg in Glazer »Leopold u. Adelheid Zunz«, S. 13.

äußeres, nämlich die Neugestaltung des synagogalen Gottesdienstes. Reform blieb im wesentlichen *Gottesdienstreform*.

Verschiedene und manchmal einander ausschließende Gründe hatten zusammengewirkt, das Gesetzesproblem für die Reformbewegung in den Hintergrund treten zu lassen.

Bei einer zunächst kleinen, doch recht schnell wachsenden Gruppe von Juden hatte die praktische Ausübung der religiösen Vorschriften ihre Bedeutung verloren. Diese Abkehr von der traditionellen Lebensweise war graduell und individuell verschieden. Doch die moderne Bildung und die fortschreitende Säkularisierung, die Umwelt und Juden erfaßt hatte, brachten es dahin, daß die Religion ihre Stellung als lebensregelnde Macht bei Juden und Nichtjuden verloren hatte. Die Frage nach der Geltung, Neuinterpretation und Umformung des Gesetzes spielte für diese Kreise keine Rolle mehr. Wenn man sich überhaupt öffentlich an sie heranwagte, so geschah dies meist aus heterogenen Gründen, nämlich der emanzipationspolitischen Wirkung.

Doch bis zur 2. Hälfte des 19. Jahrhunderts war die große Mehrheit der deutschen Juden, namentlich die Juden in Posen und Süddeutschland, in ihrer Haltung zum Religionsgesetz konservativ geblieben. Erst mit der Abwanderung von den ländlichen und kleinstädtischen Gemeinden in die Großstädte bröckelte diese Haltung ab, und sehr schnell blieben die gesetzestreuen Gruppen fast überall in der Minderheit. Doch auch der Umfang des Restes von religiöser Praxis, die selbst von der »liberalen« Mehrheit beobachtet wurde, war von Familie zu Familie, von Gemeinde zu Gemeinde verschieden.

Trotz der häufigen antitalmudischen Parolen, die namentlich anfangs geäußert worden waren, hat es eine prinzipielle Leugnung der talmudischen Tradition, etwa im Sinne der Karäer, kaum gegeben. Eine klare Absage an den Talmud und die dogmatische oder praktische Verbindlichkeit der aus ihm gefolgerten Gesetze findet sich wohl nur in dem Aufruf des Frankfurter »Vereins der Reformfreude« (1843), dessen Tendenzen selbst von radikalen Führern der Reform, wie David Einhorn, als Zeugnisse des Unglaubens abgelehnt wurden.[176] Im Gegenteil, man bemühte sich, für die Änderungen, die im Leben und Gottesdienst vorgeschlagen oder eingeführt wurden, eine religionsgesetzliche Basis zu finden. Man suchte nach Präzedenzfällen im Talmud oder der Responsenliteratur, bemühte sich, soweit

---

[176] Auch das Gebetbuch der Londoner »West-London Synagogue of British Jews«, der ersten britischen Reformgemeinde, propagierte in seinem Vorwort (1841) ein biblisches, nicht-talmudisches Judentum, ohne diese Tendenz praktisch durchzuführen.

wie möglich an eine wirkliche oder vermeintliche Tradition anzuknüpfen. Michael Creizenach (1789–1842) gab in Frankfurt einen reformierten »Schulchan Aruch« heraus [177]. Aron Chorin, der streitbare ungarische Reformrabbiner, begründete sogar halachisch das Beten ohne Kopfbedeckung [178]. Holdheim argumentierte gegen das rabbinische Gesetz aus den Prinzipien der talmudischen Geisteshaltung heraus. Und Geigers dynamischer Traditionsbegriff knüpft diesen an die alten Pharisäer und Tannaiten an.

Von *antinomistischen* Tendenzen kann überhaupt nicht die Rede sein. Das religiöse Gebot, die göttliche Forderung wurde stets als das Charakteristische der jüdischen Religiosität empfunden, auch wenn der Akzent dieser Forderung auf das sittliche Gebot verlegt wurde, als den Kern, für den die zeremonialen Formen und Bräuche nur die Schale seien.

Je mehr die jüdische Bildung und Erziehung abnahm und der Einfluß der Großstadt wuchs, um so mehr flüchtete sich, was an jüdischem Bewußtsein blieb, in die *Ethik* des Judentums. Von der religiösen Praxis – auch nur annähernd im traditionellen Sinne – verblieben zumeist nur Residuen.

Das Hauptinteresse der deutschen Judenheit blieb bis weit über die Mitte des 19. Jahrhunderts – neben der Emanzipation – der Gottesdienst der Synagoge. Und auf ihn konzentrierten sich die Reformbestrebungen.

Im Grunde kam in diesen Bestrebungen ein konservativer Zug zum Ausdruck. Verantwortungsvolle Juden glaubten dem Abfall vom Judentum und der Taufgefahr Einhalt bieten zu können, wenn es gelänge, das äußere Bild des Judentums, den synagogalen Gottesdienst, für die Juden selbst und für die Umwelt respektabler zu machen.

Mit dem Ablegen der alten Judentracht, des langen Rockes und des Bartes, mit der Annahme der deutschen Sprache hatte sich das jüdische Individuum äußerlich seiner Umgebung angeglichen. Die jüdische Erziehung war von der weltlichen bereits in starkem Maße verdrängt worden. Jetzt sollte auch der Gottesdienst dem Geschmack der Umwelt angepaßt werden.

In der alten Synagoge oder Betstube herrschte eine ungebundene familiäre Atmosphäre, obgleich schon alte Gemeindeverordnungen bemüht wa-

---

[177] »Schulchan Aruch oder Encyklopädische Darstellung des Mosaischen Gesetzes«, 4 Bände, 1833, 1837, 1839, 1840.

[178] Ahron Chorin »Igeret Elasaf« Prag 1826, schildert die Reise eines afrikanischen Rabbiners Ibn Chorin – hinter dem sich der Verfasser verbirgt – nach Deutschland und Ungarn, und seine Bemerkungen über die Bräuche der deutschen Juden.

ren, ein gewisses Dekorum zu wahren. Man machte keinen Anstandsbesuch, wenn man ins Gotteshaus ging. Der Gottesdienst war häufig ein regelloses Durcheinander von vielen betenden Stimmen, die den Vorbeter übertönten und überschrieen. Es war eine individuelle Aussprache der Beter mit Gott. Und vor und nach dem Gottesdienst waren die Synagogen und die Lehrhäuser der Ort, an dem einzelne Gruppen Talmud »lernten« oder ganz prosaisch die Tagesereignisse diskutierten.

Mit der abnehmenden jüdischen Bildung waren einer wachsenden Zahl von Juden die Gebete in hebräischer, noch mehr aber die in aramäischer Sprache unverständlich geworden. Das galt besonders für die poetischen Einschaltungen an den Feiertagen, die Piutim. Diese enthielten viele anspielungen auf talmudische Sätze und Anschauungen, zu deren Würdigung und Verständnis nicht nur die sprachlichen, sondern auch die bildungsmäßigen Voraussetzungen bereits fehlten. Das gleiche galt für die Predigt. Im allgemeinen wurde im aschkenasischen Ritus nur selten gepredigt, meist nur zweimal im Jahre, außer bei besonderen Anlässen. Aber diese Vorträge der Rabbiner galten der Erklärung religiöser Vorschriften unter Zitierung und Deutung von Talmudsätzen. Immer weniger Juden war es inzwischen möglich, den Ausführungen des Predigers zu folgen. Zudem sprach er jiddisch, untermischt mit vielen hebräischen Zitaten.

Jetzt sollte der individuelle und unformale Gottesdienst der »Judenschule« – häufig hörte man und hört man dieses Wort auch in der Gegenwart als Spott- oder Schimpfwort von Nichtjuden – zu einem geordneten, ästhetisch ansprechenden »Kultus« umgestaltet werden. Er sollte »würdiger«, wie man es nannte, gemacht werden. Zu diesem Zweck wurden in den ersten Jahrzehnten des 19. Jahrhunderts Synagogenordnungen eingeführt, oft mit behördlicher Bestätigung, die das Verhalten der Beter beim Gottesdienst genau vorschrieben. Als Vorbild diente der protestantische Gottesdienst; denn in der protestantischen Umgebung Norddeutschlands waren die neuen Bestrebungen entstanden. Man fügte deutsche Choräle ein, einen Chor und an vielen Orten auch eine Orgel und vor allem Predigten in deutscher Sprache. Und diese Predigten sollten nicht mehr der Belehrung, sondern dem christlichen Ideal der Erbauung dienen.[179] Der Gottesdienst wurde zu einer *ästhetisch* ansprechenden Veranstaltung, die der Gemeinde geboten, der aber kaum mehr von einer betenden Gemeinde getragen wurde.

Die ersten Neuerungen im Gottesdienst sind mit dem Namen von *Israel*

---

[179] Vgl. Alexander Altmann, »The New Style of Preaching in 19th Century German Jewry« in: Studies, S. 65-116 und von demselben »Leopold Zunz als Prediger«, Yearbook VI des LBI, London 1961, S. 3-59.

Jacobson (1768–1828) verbunden. Jacobson, ein braunschweigischer Hofagent mit starken volksbildnerischen Interessen, hatte bereits im Jahre 1801 in Seesen eine Internatsschule gegründet, die nach den Prinzipien der Philantropinisten der Verständigung unter den Religionen im Sinne der Aufklärung dienen sollte und die von vornherein neben jüdischen auch christliche Schüler aufnahm. In dem Napoleonischen Königreich Westfalen wurde Jacobson Präsident des jüdischen Konsistoriums und konnte nun mit amtlicher Autorität seine pädagogischen und seine gottesdienstlichen Reformen durchführen. Im Jahre 1810 hatte er in der Synagoge seiner Seesener Schule als erster Chorgesang, deutsche Choräle und eine *Orgel* eingeführt. Damit war – zunächst in dem privaten Rahmen eines Schulgottesdienstes – ein neues Element in den jüdischen Gottesdienst gedrungen, an dem sich sehr bald hitzige Dskussionen entzünden sollten. Die Einführung oder Nichteinführung der Orgel wurde und blieb der Punkt, an dem sich die Geister und die Parteien schieden. Für die ganze Äußerlichkeit der Betrachtungsweise ist das recht bezeichnend. Denn auch die Synagogen, die strikt am alten Herkommen festhielten, hatten viele Elemente der Reform anstandslos übernommen: Synagogenordnungen, Chor, deutsche Predigt, ja zum Teil auch deutsche Gesänge. Aber die Orgel wurde, außer allem Verhältnis zu ihrer Bedeutung, das Trennungszeichen zwischen traditionellen und neologischen Gemeinden, selbst wenn diese nichts am Inhalt, Text und Umfang der Gebete änderten.[180]

Nach der Auflösung des Königreichs Westfalen zog Jacobson im Jahre 1815 nach Berlin und richtete dort in seinem Hause einen Gottesdienst nach Seesener Muster ein. Er mußte bald in das geräumigere Haus des Bankiers Jakob Herz Beer, des Vaters des Komponisten Meyerbeer, verlegt werden. Eine Reihe jüngerer Prediger wie Kley, Auerbach und namentlich Zunz[181] wirkten an dieser »deutschen Synagoge«. Im April 1823 wurde sie auf

---

[180] Im Tempel zu Jerusalem sangen Levitenchöre mit Instrumentalbegleitung, wie viele Psalmenüberschriften zeigen. Nach der Zerstörung des Tempels sollte als Zeichen der Trauer Instrumentalmusik überhaupt aufhören. Sie hat sich jedoch stets für Hochzeiten und Festlichkeiten erhalten. Instrumentalmusik durch Juden am Sabbat schien nur deshalb bedenklich, weil Instrumente eventuell gestimmt werden müßten. Wichtiger als halachische Gründe gegen die Orgel war der psychologische, da die Orgel als spezifischer Bestandteil des christlichen Gottesdienstes bekannt war, obgleich es in Italien, im Orient und sogar in Prag Orgeln in Synagogen gegeben hat.

[181] Zunz gab seine Stellung 1822 auf, nach einer scharfen Predigt, in der er das satte, selbstgefällige und geistlose jüdische Emanzipationsbürgertum gegeißelt hatte. Damals schon hatte sich sein erster Anti-Talmudismus zu einer konservativen Haltung gewandelt. Doch seiner Abneigung gegen ein sich pfäffisch gebärendes Rabbinertum blieb er sein Leben lang treu.

königlichen Befehl geschlossen. Der Regierung waren von orthodoxer Seite Beschwerden über den neuen Gottesdienst zugegangen, der als »deistisch« denunziert wurde. Der König verbot jede Abweichung vom herkömmlichen jüdischen Gottesdienst und besonders die deutsche Predigt. In Preußen war dadurch für lange Zeit allen Neuerungen und Reformen der Riegel vorgeschoben.

Einer der Prediger der Jacobsonschen Synagoge, Dr. Eduard *Kley*, wurde im Jahre 1817 zum Leiter der Jüdischen Freischule in Hamburg berufen. Kley organisierte hier einen Verein zur Durchführung eines Gottesdienstes nach dem Vorbild Jacobsons. Diese *»Tempelvereinigung«* umfaßte bald viele der wohlhabenden Hamburger Juden und konnte 1818 einen Tempel eröffnen. (Der neue Name sollte die Absetzung zur herkömmlichen Synagoge unterstreichen.)

Das Ziel der Tempelvereinigung war, den Gottesdienst einer Generation wieder anziehend zu machen, die in der alten Synagoge keine religiöse und ästhetische Befriedigung mehr fand und die Sprache der Gebete vielfach nicht mehr verstand. Deshalb wurden die hebräischen Gebete gekürzt, teilweise in deutscher Paraphrase vorgetragen, Chorgesang mit Orgelbegleitung eingeführt und eine regelmäßige Predigt in deutscher Sprache. Zur Unterstützung für Dr. Kley wurde aus Dessau Dr. Gotthold *Salomon* berufen, der bald den Ruf eines bedeutenden Kanzelredners errang.

Im Jahre 1818 hatte Israel Jacobson durch einen elsässischen Gelehrten vier Gutachten von italienischen und ungarischen Rabbinern zugunsten eines reformierten Gottesdienstes veröffentlichen lassen[182]. Als die Tempelvereinigung 1819 ein nach ihren Gesichtspunkten redigiertes Gebetbuch herausgab, veröffentlichte die altfromme Partei in Hamburg Gegengutachten von den berühmtesten Rabbinern der Zeit. Aber die Argumente dieser Gegengutachten, wonach eine Änderung der Gebettexte unzulässig sei, um den kabbalistischen Sinn hinter den Worten und Buchstaben nicht zu zerstören, machten auf die aufgeklärten Juden keinen Eindruck. Auch die religionsgesetzlichen Einwände waren nicht immer stichhaltig, denn das Gebet in der Landessprache zum Beispiel war niemals verboten gewesen und sogar betreffs Orgel- und Instrumentalmusik gab es Gutachten für und gegen. – Den Änderungen im Gebettext und den ästhetischen Neuerungen im Tempelgebetbuch lag kein durchdachtes Prinzip zugrunde. Dieses hat erst 15 Jahre später Abraham Geiger im Entwicklungsprinzip der Reformbewegung gegeben.

[182] Elieser Liebermann veröffentlichte sie unter dem Namen »Noga Hazedek« und »Or Hanoga«, Dessau 1818. Die Gegengutachten erschienen unter dem Namen »Ele Dibre Habrit«, Hamburg 1819.

Auf der Leipziger Messe wurde ein Filialgottesdienst des Tempelvereins eingerichtet, und dadurch wurde diese neuartige Form des Gottesdienstes Juden aus aller Welt bekannt. Der Hamburger Tempelgottesdienst wurde zum augenfälligen Symbol und der Ausgang einer Bewegung, die bald wachsende Kreise der Judenheit in Deutschland, England und Amerika ergriff.

Inzwischen war die Initiative aber auf die traditionelle Partei in Hamburg übergegangen, die die Mehrheit der Gemeinde und des Gemeindevorstandes hinter sich hatte. Nach dem Erfolge des Tempelvereins sah der Vorstand die Notwendigkeit ein, der Gemeinde einen rabbinischen Führer zu geben, der sowohl rabbinische wie akademische Bildung besaß. Ein solcher wurde in dem jungen Isaak Bernays gefunden.

Bernays[183] (1792–1849) hatte an der Würzburger Talmudschule und an der philosophischen Fakultät der Würzburger Universität studiert. Er war einer der ersten Rabbiner, die auch eine abgeschlossene akademische Bildung besaßen, wie sie bald allgemein von den Gemeinden verlangt wurde. Er hatte Geist, Bildung und Initiative, alles, was man in dieser Zeit eher im Reformlager als bei der Orthodoxie gesucht hätte. Bernays war und fühlte sich als Pionier einer neuen Art des gesetzestreuen Judentums, der späteren »Neuorthodoxie«, die in weiterem Sinne auch zur Reformbewegung gehört. Er selbst betonte den Unterschied zum alten Rabbinat dadurch, daß er sich nicht als »Rabbiner«, sondern als »geistlicher Beamter« anstellen ließ und sich auch nicht »Rabbiner«, sondern nach sefardischer Sitte »Chacham« (der Weise) nannte. Die neue Amtsbezeichnung als »geistlicher Beamter« drückte in gefährlicher Weise die Zeittendenz aus, den Rabbiner zum Geistlichen nach christlichem Muster und zum bloßen gottesdienstlichen Funktionär zu machen. Seine Nachfolger, sowohl im gesetzestreuen wie im reformierten Lager, kehrten bald zum Rabbinertitel zurück. Doch Bernays Haltung zeigt, wie stark damals das Wort »Rabbiner« in Mißkredit gekommen war. Der Raw alten Schlages war in erster Linie der Gelehrte, der Talmud und Religionsgesetze beherrschte und aus dieser Kenntnis heraus in rechtlichen, religiösen und rituellen Fragen Entscheidungen fällen konnte. War er darüber hinaus auch Philosoph, Kabbalist, Sittenlehrer oder eine religiöse Persönlichkeit, die seiner Gemeinde Führer und Vorbild sein konnte, so waren dies erwünschte Zugaben, die seine Autorität stärkten. Der Rabbiner in Mittel- und Westeuropa und in Amerika wurde nun mehr

---

[183] Zum Biographischen vgl. Ed. Duckesz im Jahrbuch der Jüdisch-Literarischen Gesellschaft, Bd. 5, 1907, S. 297 ff.

und mehr zum »Geistlichen«, zum Lehrer der Ethik und der Ideen des Judentums, zum »Seelsorger« und Sozialarbeiter oder zum jüdischen Wissenschaftler. Nur noch wenige verbanden damit auch das nötige talmudische Wissen, das ihnen auch die Fähigkeit zu religionsgesetzlichen Entscheidungen gab. Und noch wenigere wurden als rabbinische Autoritäten auch im osteuropäischen Judentum anerkannt. Mit dem »geistlichen Beamten« Bernays hat diese Entwicklung begonnen.

Bernays übernahm von den Berliner und Hamburger Reformern für den traditionellen Gottesdienst seiner Gemeinde die deutsche Predigt und eine auf ästhetische Würde bedachte Ordnung des Gottesdienstes. Durch diese Neuerungen und seine große Rednergabe gelang es ihm, seine Synagoge auch den Gebildeten wieder anziehend zu machen. Er hielt öffentliche Vorträge in deutscher Sprache – auch das eine Neuerung – über jüdische Religionsphilosophie. In den Lehrplan der Hamburger jüdischen Schule[184] führte er weltliche Fächer ein.

Bernays war in Würzburg von der Schellingschen Philosophie beeinflußt worden. Sie prägte – verbunden mit dem mystischen Judentum seines Lehrers, des Würzburger Rabbiners Abraham Bing[185] – seine religiösen Anschauungen. Bernays war mehr als alle seine jüdischen Zeitgenossen ein Romantiker. Wissenschaftlich und als Schriftsteller trat er nicht hervor. Doch wurde ihm früh eine merkwürdige, 1821 anonym in München erschienene Schrift »Der bibelsche Orient« zugeschrieben.[186] Hier wird, von

---

[184] Diese Schule entwickelte sich im Laufe der Zeit zur Talmud-Thora-Oberrealschule, die bis in die NS-Zeit bestand. – Vgl. I. Goldschmidt, Geschichte der Talmud-Thora-Realschule in Hamburg, Festschrift zur Hundertjahrfeier der Anstalt, 1805–1905, Hamburg, Druck von S. Nissensohn, 1905.
[185] Bing war Schüler des Frankfurter Kabbalisten Natan Adler, der eine eigene Art von Chassidismus begründet hatte, gleichzeitig, aber wohl unabhängig von dem polnischen Chassidismus.
[186] Zur Autorfrage vgl. Hans Bach, »Der bibelsche Orient und sein Verfasser«, in: ZGJD, VII, 1937, S. 14–45. Bach sucht Bernays' Autorschaft zu beweisen, ohne mich völlig zu überzeugen. Wenn im Bibelschen Orient (Teil II., S. 67) von dem »Mann« gesprochen wird, der aus dem biblischen Volke »ausgehen mußte, der der Weltherrschaft derselben (d. i. der biblischen Uridee) den Weg bahnen soll«, so klingt das seltsam im Munde eines jüdischen Autors, denn hier ist ja von einem bereits erschienenen Messias die Rede. Auch ein jüdischer Sabbataist oder Frankist könnte kaum der Verfasser sein, da die Tendenz der Schrift durchaus nicht antinomistisch ist. Eher sollte man an einen christlichen Kabbalisten wie an den Lehrer an dem jüdischen Philanthropin in Frankfurt Franz Joseph Molitor denken, oder an einen Unbekannten aus dem Münchener Kreis um Franz von Baader, möglicherweise mit judaistischer Beihilfe von Bernays. Vgl. auch die von Bach gebrachten Ausführungen von

Reform und Neuorthodoxie

Herders »Geist der hebräischen Poesie« ausgehend, durch seltsame Etymologien und Symbolik das Hervorgehen des Judentums aus altheidnischem Polytheismus geschildert. Ob diese Schrift von ihm, ob sie überhaupt von einem Juden stammt, scheint mir noch immer ungewiß. Jedenfalls drückte sie Gedanken eines Münchener Kreises von Schellingianern aus, dem Bernays zugehört haben könnte. Etymologien und Symbolik spielten in Bernays Predigten eine große Rolle und später auch bei Bernays' Schüler S. R. Hirsch.

Dieser Schüler, *Samson Raphael Hirsch*, 1808-1888, wurde der Organisator und Theoretiker der Neuorthodoxie. Hirsch hatte zusammen mit Geiger in Bonn studiert, war Rabbiner in Oldenburg, Emden und später in Nikolsburg in Mähren. Nachdem das Frankfurter Rabbinat mit einem Anhänger der Reform, Leopold Stein, besetzt wurde, schlossen sich gesetzestreue Frankfurter Juden zusammen und beriefen 1851 Hirsch zu ihrem Rabbiner. Von Frankfurt aus propagierte Hirsch die Bildung von Separatgemeinden, nötigenfalls durch Austritt aus den Ortsgemeinden, deren Führung zumeist in liberalen Händen war. Es gelang ihm sogar, im Jahre 1876 im Preußischen Landtag das sogenannte Austrittsgesetz durchzusetzen. Dies ermöglichte Juden – zunächst nur aus religiösen Gründen –, die jüdischen Ortsgemeinden zu verlassen und sich zu Separatgemeinden mit vollem öffentlich-rechtlichen Charakter zusammenzuschließen.[187]

Separatgemeinden im Hirsch'schen Sinne bildeten sich nur ganz wenige.[188] Hirschs Propaganda fand in dem damals angesehensten orthodoxen Rabbiner Deutschlands, dem »Würzburger Raw« *Seligmann Bamberger* (1807-1878), Bings Nachfolger, einen tatkräftigen Gegner, der gegen die Spaltung der Gemeinden auftrat. Es gab im gesetzestreuen Judentum nun

---

Bernays' Lehrer in Würzburg, Prof. Wagner, der zunächst Bernays im Auge hat, dem aber aus München mitgeteilt wird, daß der Verfasser ein früherer katholischer Theologe sei. Daß v. Kalb, der Bernays nach Hamburg empfohlen hatte, nicht der Autor ist, hat, wie mir scheint, Hans Bach nachgewiesen.

[187] Nach der Revolution wurde 1920 die Bedingung, daß der Austritt aus religiösen Gründen erfolgen müsse, fallengelassen. In dieser neuen Form bekam das Austrittsgesetz eine ungeahnte destruktive Wirkung. Denn jeder konnte nun, ohne das Odium, das Judentum zu verlassen, aus der Gemeinde austreten, um Steuern zu sparen. Der Indifferentismus wurde dadurch gestärkt und namentlich kleinere Gemeinden wurden häufig finanziell schwer getroffen. Oder sie gerieten in unwürdige Abhängigkeit von wenigen großen Steuerzahlern, die durch Drohung mit ihrem Austritt die Gemeindeverwaltungen terrorisieren konnten.

[188] In Frankfurt, Berlin, Köln, Wiesbaden, zeitweise auch in Königsberg, die später zur Hauptgemeinde zurückkehrte.

zwei Gruppen: die größere der *Gemeindeorthodoxie* und die zahlenmäßig schwächere, aber militante *Trennungsorthodoxie* der Separatgemeinden.

Die Ortsgemeinden nahmen sehr bald auf ihre gesetzestreuen[189] Mitglieder Rücksicht, die in den Großstädten meist die Minderheit bildeten. Für sie wurden besondere Gottesdienste (in Synagogen ohne Orgel) eingerichtet und häufig auch besondere gesetzestreue Rabbiner angestellt. Diese Lösung, die sich zuerst in Breslau nach einem langjährigen erbitterten Streit angebahnt hatte, wurde in vielen Großgemeinden eingeführt. Kleinere Gemeinden wählten Rabbiner, die allen Kreisen genehm waren. Dadurch wurde das traditionelle Prinzip der Einheitsgemeinde gewahrt. Andererseits wurde dadurch auch der gemäßigte Charakter bestimmt, den im allgemeinen die deutsche Reformbewegung in der religiösen Praxis angenommen hatte, die auch auf den Namen »Reform« verzichtete und sich *»liberales« Judentum* nannte. Auch der große Einfluß des Breslauer Rabbinerseminars und seiner vermittelnden Richtung trug hierzu bei.

Die Bedeutung von Samson Raphael Hirsch liegt in der theoretischen Begründung der modernen *»Neuorthodoxie«*, mit der er weit über den engen Kreis der Separatisten und sogar über das gesetzestreue Judentum hinaus wirkte.

Im Jahre 1836 veröffentlichte Hirsch unter dem Pseudonym Ben Usiel die berühmt gewordenen *»Neunzehn Briefe über das Judentum«*.[190] Ein Jahr später folgte: *»Horeb, Versuche über Jissroels Pflichten in der Zerstreuung«*[191], später eine Pentateuch-Übersetzung und Kommentierung, eine ähnliche Ausgabe der Psalmen und des Gebetbuches. Er gab eine Zeitschrift

---

[189] Der Ausdruck »Orthodoxie« ist vom christlichen Sprachgebrauch genommen und auf das dogmatisch viel weniger festgelegte Judentum nur bedingt anwendbar. In Deutschland hatte sich deshalb für die am Religionsgesetz streng festhaltenden Kreise die Bezeichnung »gesetzestreues« oder »tora-treues« Judentum eingebürgert. Eine andere Bezeichnung war »konservativ« im Gegensatz zu »liberal«, wie sich in Deutschland vom Ende des 19. Jahrhunderts an die Reformanhänger nannten. Diese Bezeichnungen, die aus der Politik stammen, sind nicht sehr glücklich, zumal in anderen Ländern mit ihnen andere Inhalte verbunden werden und leicht Mißverständnisse entstehen. In den USA sind zum Beispiel die Konservativen das, was in Deutschland die »Liberalen« waren. In England bezeichnen die Reformsynagogen gerade die mittlere Richtung – wenn auch stärker reformiert als im allgemeinen in Deutschland –, während »liberal« in England die radikale Reformrichtung meint.
[190] »Igrot Zafon, Neunzehn Briefe über das Judentum. Als Voranfrage wegen Herausgabe von Versuchen desselben Verfassers über Israel und seine Pflichten« hrsg. von Ben Usiel, 1836, 4. Aufl., Frankfurt 1911 und 1919.
[191] »Horeb, Versuche über Jissroels Pflichten in der Zerstreuung. Zunächst für

»Jeschurun«[192] heraus und verfaßte eine Reihe polemischer und religionsphilosophischer Schriften im Zusammenhang mit seinem Kampf gegen die Reformer und für die Austrittsbewegung. Hirsch gründete auch eine Realschule. Sein pädagogisches Interesse ist sicher eines der wichtigsten Momente seines gesamten Wirkens, und vieles von seiner Wirkung geht auf seinen persönlichen erzieherischen Einfluß zurück.

Das Judentum bildet nach Hirschs Konzeption zwar eine geschichtliche Erscheinung, aber seine Quelle und sein Lebenszentrum ist die Tora, die von ihm als Einheit von biblischer und mündlicher Lehre verstanden wird. Sie ist direkte Offenbarung Gottes, auch in ihren spätesten rabbinischen Entwicklungen. Und als solche steht sie außerhalb der Geschichte, unveränderlich und Befolgung fordernd. Israels historische Sendung sei es, diese Tora zu verwirklichen innerhalb einer Menschheit, die in Genuß und Sinnestaumel dahinlebe. Der Lessingsche Gedanke der Erziehung des Menschengeschlechts wird von Hirsch als Mission Israels angesehen. Das jüdische Leben der Gegenwart bedürfe allerdings der Reform. Aber ihr Ziel müsse sein »Erziehung, Erhebung der Zeit zur Thauroh!«[193] – nicht aber Nivellierung der Thauroh nach der Zeit, Abtragung des Gipfels zu der Flachheit unseres Lebens«.[194] – Nur in dieser Sicht begrüßt Hirsch auch die Emanzipation. Durch Beseitigung des rechtlichen und politischen Druckes gebe sie größere Möglichkeit und Freiheit zur Erfüllung der Gebote. Die Emanzipation selbst sei ein Zeichen des sich auch unter den Völkern durchsetzenden Rechtsgedankens, der seine Grundlage in den göttlichen Forderungen der Tora habe. Sie dürfe deshalb bei den Juden nicht die entgegengesetzte und somit antihistorische Wirkung hervorrufen: Freiheit zur Loslösung von den göttlichen Geboten zu geben, die sich jetzt augenscheinlich in der Welt durchsetzen.

Hirsch ist in diesem Fortschrittsglauben durchaus Fortsetzer der Ideologie der Aufklärung, ebenso wie seine jüdischen Zeitgenossen von dem liberalen Flügel.

Die Umdeutung der Gebote, die hauptsächlich in seinem zweiten Buche,

Jissroels denkende Jünglinge und Jungfrauen« von Samson Raphael Hirsch, Großherzoglich-Oldenburgischem Land-Rabbiner, Altona 1837.
[192] Erschien 1854–1870 und nochmals 1883–1886. – Eine Reihe anderer Zeitschriften erschien auch unter dem Namen »Jeschurun«. Am wichtigsten von diesen sind zwei wissenschaftliche Zeitschriften, der »Jeschurun« von Josef Kobak von 1856 bis 1878 und der »Jeschurun« von J. Wohlgemuth, der das Organ des Berliner orthodoxen Rabbinerseminars war und von 1914 bis 1930 erschien.
[193] Hirsch wendet die in Deutschland übliche Aussprache des Hebräischen an: thauroh – Tora.
[194] Neunzehn Briefe, Brief 17 (S. 98 der Ausgabe des Weltverlages).

dem Horeb, behandelt werden, und ebenso die Symbolik und Etymologien seiner Kommentarschriften zeigen deutlich, daß für Hirsch der ethische Gehalt hinter den religiösen Geboten, Forderungen und Gebräuchen steht. Auch für ihn ist Religion nur ein Teil der Sittlichkeit, wie bei seinen Gegnern von der Reform.

Die Verwirklichung der göttlichen Lehre und das Vorleben dieser Lehre unter den Völkern sei die Mission Israels. Diese Aufgabe besaß Israel schon in der Zeit seiner Staatlichkeit und seiner Verbundenheit mit dem Boden des Heiligen Landes. Doch Boden und Staat waren nur vergängliche Mittel, nicht der Zweck Israels, welchen es nun in der Diaspora und noch besser in der begonnenen bürgerlichen Freiheit erfüllen könne. Sogar den Namen »Volk« will Hirsch nicht auf Israel angewendet sehen, da im deutschen Sprachgebrauch mit diesem Worte stets Staat und Boden verbunden werde. Um die Besonderheit des israelitischen Volkscharakters zu bezeichnen, solle man eher bei dem hebräischen Namen »Am Jissroel« verbleiben. Die Zukunftshoffnung der Rückkehr in das Heilige Land sei Gottes Ratschluß vorbehalten, dem der Mensch nicht durch eigene Handlung vorgreifen dürfe.[195]

So wird bei Hirsch das Judentum zu einer konfessionalisierten und stark entnationalisierten Religion der »Jissroel-Menschen«, die die Träger der göttlichen Lehre in der Welt sind.

Hirschs Wirkung auf seine Anhänger war faszinierend. Sie fühlten sich als eine auserwählte Elite, die freudig ihre Mission und das opferreiche Leben der kompromißlos orthodoxen Juden auf sich nahmen. Eine gewisse Gehobenheit und Feierlichkeit in Stil und Gebaren waren Hirsch und den von ihm beeinflußten Menschen eigentümlich.

Hirschs Gegenspieler war sein Bonner Studienfreund *Abraham Geiger* (1810–1874). Geigers Bedeutung für die Wissenschaft des Judentums habe ich bereits im vorigen Kapitel behandelt. Da Forschung, Lehre und Leben bei Geiger von gleichen Gedanken und Grundsätzen beherrscht wurden, verweise ich auf das dort Gesagte.

Dieses Zusammenwirken des Wissenschaftlers, des Theoretikers und des

---

[195] Vgl. 8. und 9. Brief und zum Volksbegriff auch »Horeb« § 607 und 608 (S. 615–618). – Auch die unter führendem Einfluß der Hirsch'schen Orthodoxie später entstandene Weltorganisation des orthodoxen Judentums, die »Agudat Israel«, hatte aus diesen Erwägungen lange einen ausgesprochen antizionistischen Charakter. Doch schon lange vor der Staatsgründung haben die agudistischen Kreise begonnen, aktiv an dem Aufbau des Landes Israel teilzunehmen und haben sogar eine eigene Kibbuzbewegung begründet.

Praktikers machten Geiger zur zentralen Persönlichkeit der Reformbewegung. Als solche wurde er von seinen Kollegen und der jüdischen Öffentlichkeit anerkannt und er selbst war sich dieser Bedeutung wohl bewußt.[196]

Geigers grundlegender Beitrag zur Reformbewegung ist sein neuer Begriff der Tradition, die selbst Glied der lebendigen Entwicklung sei.

Dieser *dynamische Traditionsbegriff* erhält jedoch bei Geiger wesentliche Einschränkungen, sowohl durch seine Periodisierung der jüdischen Geschichte, wie durch ein zusätzliches Auswahlschema.

Geiger teilt die jüdische Geschichte in 4 Perioden ein: 1. die Periode der Offenbarung, die die biblische Zeit umfaßt, 2. die Periode der Tradition, vom Abschluß der Bibel bis zum Abschluß des babylonischen Talmuds, 3. die Periode der starren Gesetzlichkeit, das ganze Mittelalter bis ins 18. Jahrhundert reichend, und 4. die Periode der Kritik, die neuere Zeit der Lösung aus den Fesseln der vorangegangenen Periode.[197]

Schon diese Periodisierung der Geschichte bringt ein gewisses unhistorisches Element in die Auffassung Geigers von der Tradition hinein. Denn die lebendige Entwicklung wird nur auf drei der vier Perioden bezogen, die biblische, die talmudische und die Gegenwart. 1200 Jahre jüdischer Geschichte, das ganze Mittelalter, sind nach Geiger belanglos gewesen. Diese Epoche wird übersprungen; die Gegenwart könne nur aus den beiden ersten Epochen, der biblischen wie der talmudischen, Anregungen empfangen, die ihr helfen könnten, neue eigene Traditionen zu schaffen. Der Gesamtkomplex Tradition wird also künstlich reduziert, ihre Kontinuität unterbrochen.

Parallel zu dieser Einschränkung des Prinzips der Entwicklung auf bestimmte Epochen trat bei Geiger ein zweites Auswahlschema. Es gelte den Geist des Judentums von seinen Äußerungen zu unterscheiden. Als »Äußerung des reinen religiösen Bewußtseins« habe das Judentum überzeitliche und übernationale Bedeutung. Um dieser Bedeutung willen, um wirklich Weltreligion zu sein, müßten die nationalen Elemente in den Äußerungen des Judentums ausgeschieden werden, insbesondere nationalpolitische Elemente des Messiasgedankens.[198]

---

[196] Vgl. Nachgelassene Schriften, 5. Bd., S. 150.
[197] Allgemeine Einleitung in die Wissenschaft des Judentums (Nachgelassene Schriften, Bd. 2, S. 63 f.).
[198] Vgl. Brief vom 25. 8. 1843 (Nachgel. Schriften, 5. Bd., S. 168): »Das Judentum ist die ursprüngliche Äußerung des reinen religiösen Bewußtseins. Wir halten an ihm, als berufen dasselbe in den verschiedenen Zeiten darzustellen und es über seine Bekenner hinaus auszubreiten, fest... Die Äußerungen des Judentums... müssen von seinem Geiste getrennt werden, namentlich hat es das lange Mittelalter incru-

Dieser universalistische Gesichtspunkt verengt nochmals den Traditionsbegriff, da nun auch vieles aus den beiden ersten Perioden der in Geigers Augen legitimen Tradition, Bibel und Talmud, ausgeschaltet werden müßte.

Die von Geiger vorgenommene Einschränkung des historischen Prinzips der Entwicklung steht ohne Zweifel im Zusammenhang mit den drängenden praktischen Aufgaben, vor denen die Reformbewegung in der ersten Hälfte des 19. Jahrhunderts stand. Sie wollte dem Abfall und der gefährlichen Indifferenz gegenüber dem Judentum steuern und zeigen, daß auch innerhalb der Kultur der Umwelt, die trotz Aufklärung und Verweltlichung eine christliche war, der Jude das Eigenrecht seines religiösen Standpunktes bewahren könne.

Hinzu kam, daß die Abwertung des Judentums als statutarische Gesetzlichkeit – wie Spinoza, wie die Aufklärung und wie Kant es bezeichnet hatten – die Meinung der Öffentlichkeit und auch die vieler Juden beherrschte. Wir sahen dies bei Lazarus Bendavid und Friedländer. Auch Geiger und seine Freunde hatten sich nicht dem Einfluß dieser verbreiteten Beurteilung des Judentums entziehen können. Geiger hatte zwar auch das Gesetz in die geschichtliche Entwicklung einbezogen. Damit war die Grundlage jenes Aufklärungsvorurteils zwar durchbrochen. Aus der »statutarischen« wurde eine historische Erscheinung. Doch, wie eine unbewußte Konzession an die allgemeine Ansicht, wurde die Epoche des Judentums herausgenommen, die der Gegenwart am nächsten lag und die das Vorurteil der Umwelt geprägt zu haben schien.

Das Abrücken von dem autoritären und absondernden Rabbinismus, das Entwerten der nationalen zugunsten der universalen Elemente im Judentum hatte auch *emanzipationspolitische* Bedeutung. Diese Gesichtspunkte wurden vornehmlich von den großbürgerlichen Gemeinde-Honorationen aufgegriffen. Sie fanden in der Reformtheologie eine Ideologie, die ihr jüdisches Gewissen beruhigte und ihnen – die in Denken, sozialem Habitus und Lebensform an die Umwelt assimiliert waren und nach voller sozialer und politischer Integration strebten – die Legitimierung für ihre Tätigkeit in den Gemeindegremien gab. Umgekehrt scheint es geradezu, daß die Reformrabbiner, vielleicht ohne sich dessen bewußt zu sein, zum Sprachrohr dieser Honoratiorenkreise, ihrer Arbeitgeber, wurden, um deren Am-

stiert. Das Judentum als berufen, Weltreligion zu werden, aber hervortretend innerhalb eines Volkes, das es ganz durchdrang, muß von allen volkstümlichen Elementen, die es notwendig in seine Äußerungen aufnahm, gesondert werden.« Dazu gehöre insbesondere der »Verzicht auf den Glauben an eine künftige politische Einheit der Juden«.

bitionen religiös und religionspolitisch zu unterbauen. So ergab sich eine Wechselwirkung zwischen Reform und diesen Kreisen.

In der Praxis blieb von der Tradition nur das übrig, was geeignet schien, zeitbedingte Aufgaben zu fördern. Durch diesen *pragmatischen* Charakter, den die Tradition angenommen hatte, wurde Geigers ursprünglicher fruchtbarer Gedanke der sich geschichtlich entwickelnden Tradition eigentlich aufgehoben.[199]

Geiger selbst war in seinem praktischen Wirken viel zurückhaltender als in seinen theoretischen Äußerungen. Nicht nur die Rücksicht auf die zu seiner Zeit noch stark traditionsgebundenen Gemeinden bestimmte ihn hierbei, sondern auch sein historischer Sinn.

Von langanhaltender Wirkung war das von Geiger 1854 in Breslau eingeführte Gebetbuch. Es wurde zur Grundlage der meisten in Deutschland gebräuchlichen liberalen Gebetbücher.[200] In Aufbau und Text glich es, abgesehen von wenigen Kürzungen, dem traditionellen Gebetbuch. Gestrichen oder umschrieben wurden jedoch alle auf Zion, den Glauben an einen persönlichen Messias und auf den Opferdienst hinweisenden Stellen. Und statt der sonst üblichen wörtlichen Übersetzung verfaßte Geiger eine deutsche Paraphrase des hebräischen Textes.

Von den anderen Repräsentanten der Reformbewegung kommt wohl nur noch Samuel Holdheim, Ludwig Philippson und David Einhorn eine geistesgeschichtliche Bedeutung zu. Samuel Hirsch, der Religionsphilosoph, wird im 18. Kapitel ausführlich behandelt.

Samuel Holdheim (1806–1860) suchte an Stelle des komplizierten Traditionsbegriffes von Geiger eine einfachere und eindeutige Antithese zu setzen. Er unterschied zwischen den religiösen und den nationalen Kompo-

[199] Dem schematischen Auswahlschema, das einseitig am Widerspruch gegen den mittelalterlichen Rabbinismus orientiert war, fielen auch Elemente echter Neubildung im Mittelalter zum Opfer, wie die jüdische Religionsphilosophie, die Mystik und sogar die hebräische Poesie, die alle jener angeblich so starren »verkrusteten« Periode angehörten. Geiger selbst hatte sich nur gelegentlich mit diesen Themen beschäftigt, wie mit Maimonides und dem Dichter Ibn Gabirol.

[200] Joseph Aub (1805–1880) hatte Geigers Gebetbuch seinem Gebetbuch für die 1866 eröffnete »Neue Synagoge« in Berlin zu Grunde gelegt. Später wurde es mit geringen Änderungen an allen Berliner liberalen Synagogen gebraucht. Manuel Joel, Geigers Nachfolger in Breslau, behielt Geigers Text bei, druckte aber daneben den traditionellen Text. In dieser Form, die dem Beter die Wahl ließ, welchen Text er beten wollte, fand das Geiger-Joelsche Gebetbuch weite Verbreitung. Eine Änderung – eher im konservativen Sinne – brachte erst das liberale Einheitsgebetbuch, das Ismar Elbogen und Cäsar Seligmann 1928 im Auftrage des Preußischen Landesverbandes jüdischer Gemeinden herausgegeben hatten.

nenten im Judentum. Die religiösen Komponenten haben überzeitliche Bedeutung. Sie betreffen die Erkenntnis Gottes und die göttlichen Gebote, die dem sittlichen Verhalten des Menschen zugrunde liegen. Neben diesen bestanden aus der Zeit der eigenen Staatlichkeit der Israeliten Gesetze, die das Leben der Juden als staatlich organisierten Volkskörper regelten. Auch diese erscheinen in religiöser Verkleidung als göttliche Gebote. Doch der Verlust der staatlichen Selbständigkeit habe sie nun obsolet gemacht. Dieser Verlust sei ein göttlicher Willensakt von gleicher Eindeutigkeit, wie jener, in dem einstmals die Rechtsvorschriften gegeben wurden. Das Weiterbestehen dieser nationalen Gesetze nach Untergang des Staates das ganze Mittelalter hindurch sei nur möglich gewesen, weil die Staaten geglaubt hätten, Ehe, Erbrecht und Scheidung seien für die Juden mit ihrer Religion verbunden. Eigentlich hätten die jeweiligen Staaten diese Angelegenheiten regeln sollen; denn das Recht des Staates gegenüber seinen Bürgern sei absolut. Holdheim beruft sich dafür auf biblische und talmudisch-rabbinische Stellen, wie den talmudischen Grundsatz: Dina d'malchuta dina (Das Recht des Staates ist gültiges Recht). Holdheim übersieht in seinem Radikalismus, daß auch die christliche Kirche das Personenstandsrecht, insbesondere Ehe und Scheidung als religiöse und nicht als nationale staatliche Angelegenheiten ansieht, und die Staaten sie zum Teil bis heute den Religionen überlassen haben. Seine Argumentation ist ganz unhistorisch und oft in absurder Weise kasuistisch und widersprüchlich. Zum Beispiel polemisiert er gegen Zacharias Frankel, der jüdischen Schülern den Besuch allgemeiner Schulen am Sabbat erlaubte, wenn sie sich des Schreibens enthielten. Holdheim meint, daß ein solcher Schulbesuch, auch wenn nicht geschrieben würde, dem religiösen Geiste des Sabbats widerspräche und zu verbieten sei.[201] Andererseits war er sogar bereit, dem Staate zuliebe auch Dinge aufzugeben, die nach einer Definition zur Religion gehören und nicht zur nationalen Gesetzlichkeit. Die Juden müßten als Minorität Verzicht leisten, wenn dem Staate, der an sich die religiösen Belange auch der Juden zu schützen habe, unbillige Erschwerungen zugemutet würden. Wenn zum Beispiel im Staate nur ein wöchentlicher Ruhetag durchführbar sei, sollten jüdische Beamte oder Soldaten am Sabbat Dienst tun, und auch Erwerbstätige am Sonntag ihren Ruhetag halten. Demgemäß führte er an der Berliner Reformgemeinde, an der er Rabbiner war, 1849 den Sonntagsgottesdienst ein. Immerhin erinnerte eine Freitagabendandacht daran, daß dieses nur eine Notlösung sei.

[201] Vgl. Samuel Holdheim »Über die Autonomie der Rabbinen und das Prinzip der jüdischen Ehe. Ein Beitrag zur Verständigung über einige das Judentum betreffende Zeitfragen.« Schwerin 1843, (S. 92/93, Anmerkung).

Holdheim ist der streitbarste Vertreter der radikalsten Reformrichtung. Historisch gewordene Imponderabilien spielen bei ihm, dem Vertreter des unbedingten Staatsabsolutismus, keine Rolle. Von lebendiger Religion ist in Holdheims rationalistisch-säkularisiertem Denken nichts mehr zu spüren – im Gegensatz zu dem religiösen Ringen und Suchen Geigers.

Ludwig Philippson (1811–1889) war schon von Haus aus mit den Erneuerungsbestrebungen im Judentum verbunden. Sein Vater, Moses Philippson, war einer der Lehrer an der Franzschule in Dessau, die nach dem Muster der Berliner jüdischen Freischule begründet war.

Ludwig Philippson wurde schon mit 20 Jahren Prediger in Magdeburg. 1837 gründete er hier die »Allgemeine Zeitung des Judentums«, die bis 1920 erschien.[202] Sie berichtete über Ereignisse im jüdischen Leben in aller Welt. Philippson als ihr Herausgeber hatte sich in seiner weit verbreiteten Zeitung eine Plattform geschaffen, von der aus er viele fruchtbare Anregungen lanzieren und oft zur Durchführung bringen konnte. Seine Bedeutung lag in seiner öffentlichen Wirksamkeit als Anreger und Organisator. Er hatte zu den Rabbinerversammlungen aufgerufen, die in Braunschweig (1844), Frankfurt (1845) und Breslau (1846) stattfanden. Sein Blatt organisierte Geldsammlungen zu verschiedenen jüdischen Zwecken, darunter zur Begründung einer jüdischen Fakultät. Er begründete das »Institut zur Förderung der israelitischen Literatur«, das mehrere wissenschaftliche Werke – darunter einige Bände vom Graetzschen Geschichtswerk – und belletristische Bücher jüdischen Inhalts herausgab. Philippson selbst war ein Journalist und Schriftsteller von großer Begabung und vielseitigem Wissen. Er übersetzte die Bibel, schrieb Gedichte und Dramen, verfaßte eine dickleibige »Israelitische Religionslehre«, Predigten, Lehrbücher und philosophische und klassisch-philologische Arbeiten. Für das 19. Jahrhundert erfüllte er die wichtige Aufgabe eines Informationszentrums in jüdischen Dingen. Man nannte ihn wohl den »Portier der Wissenschaft des Judentums«.[203] In der Reformbewegung nahm er durch seine organisatorische Begabung eine wichtige, zwischen den Richtungen vermittelnde Stellung ein.

David Einhorn (1809–1879) unterscheidet sich von den beiden Vorgenannten durch seine lebendige und in ihrer Art kompromißlose Religiosität. Er hat verschiedentlich Charakter und Mut beweisen müssen. Als Rabbiner von Schwerin in Mecklenburg (1847–1851), Nachfolger Holdheims, hat er in die von ihm geführte Geburtsmatrikel ein Kind eingetra-

---

[202] Ihr Nachfolger war die CV-Zeitung, des Centralvereins deutscher Staatsbürger jüdischen Glaubens, die im Untertitel den alten Namen bewahrte.
[203] Mitteilung meines Lehrers Ismar Elbogen.

gen, dessen Vater es nicht beschneiden lassen wollte. Hierüber erhob sich ein Sturm nicht nur unter den Juden Mecklenburgs. Auch die Rostocker Theologische Fakultät, an der damals Franz Delitzsch lehrte, und die Regierung beschuldigten ihn der Häresie. Einhorn mußte gehen und wurde Rabbiner eines jüdischen Reformvereins in Budapest. Nach kurzer Tätigkeit wurde er 1852 von der reaktionären österreichischen Regierung, die eben den ungarischen Aufstand niedergeworfen hatte, als liberaler Revolutionär ausgewiesen und seine Synagoge geschlossen. Da er in Deutschland in der damaligen politischen Situation keine Anstellung finden konnte, ging er 1855 nach Baltimore in Amerika. Nach Ausbruch des Bürgerkrieges veröffentlichte er 1861 eine Flugschrift gegen die Sklaverei.[204] Baltimore lag im Bereich der Südstaaten. Nach stürmischen Demonstrationen vor seiner Wohnung gelang es ihm zu fliehen und nach Philadelphia zu entkommen. Später war er Rabbiner an zwei New Yorker Synagogen.

Schon dieser bewegte Lebenslauf zeigt, daß Einhorn kein Konformist war. Auf ihn paßt, wie mir scheint, überhaupt kein Etikett, das ihn eindeutig bezeichnen und klassifizieren könnte. Allgemein gilt er als einer der radikalsten Reformer. Er wird zu den deutschen Reformrabbinern gezählt, die die Gedanken der deutschen Reformbewegung nach den USA brachten.[205] Diese Kennzeichnung scheint mir aber Einhorn gegenüber eine zu große Vereinfachung.

Einhorn ist einer der ganz wenigen Juden seiner Zeit, die ein echtes Interesse an religiösen Grundfragen hatten. Unter den Rabbinern war er – neben seinem Antipoden Samson Raphael Hirsch – wohl der einzige *Theologe*, gleich weit entfernt von dem historisch unterbauten Pragmatismus Geigers wie von der rationalistischen Dialektik Holdheims.

[204] Die Schrift war eine Antwort auf die Broschüre eines New Yorker Rabbiners, M. J. Raphall (1798–1868), der die Sklaverei biblisch zu rechtfertigen suche, jedoch betonte, daß die Bibel den Sklaven als Person betrachtet und nicht als Ding, wie die Amerikaner der Südstaaten.

[205] Um nur einige Namen zu nennen: Isaac Mayer Wise (1819–1900), der Organisator des amerikanischen Reformjudentums und Gründer des Hebrew Union College in Cincinnati; Max Lilienthal (1815–1882), der vergeblich eine Erziehungsreform in Rußland durchzuführen suchte und dann nach Amerika ging; Samuel Hirsch, der Religionsphilosoph (1815–1889), von dem noch die Rede sein wird. – Die amerikanischen Gemeinden bestanden zumeist aus deutschen Immigranten. Namentlich aus Bayern war ein großer Teil der jüdischen Jugend nach Amerika gegangen, nachdem das Matrikelgesetz von 1813 die jüdischen Heiraten beschränkte. Das amerikanische Prinzip der Congregations, das für alle Religionen galt und die Einzelsynagoge an Stelle der Ortsgemeinde setzte, erleichterte die Durchführung der Reform. Man brauchte hier nicht auf abweichende religiöse Gruppen Rücksicht zu nehmen, die eigene Congregations gründen konnten.

In seiner scharfen Ablehnung von Pantheismus und Idealismus, die er als die zwei Grundanschauungen des Heidentums darstellt, und der Kennzeichnung Gottes als freien Schöpfer[206], erinnert er auffallend an Salomon Ludwig Steinheims »Offenbarungslehre«. Die mosaische Theo-Kosmologie »stellt Gott als die höchste Realität und Persönlichkeit hin, ein einziges und ewiges Wesen (nicht ein gleichsam unter der Hand zerfließendes Abstraktum), das aus freiem Willen Himmel und Erde mit allem darin Lebenden und Webenden geschaffen und als gut erkannte«. Das von ihm aufgestellte Prinzip des Mosaismus formuliert Einhorn allerdings recht vage: »Centralisation der verschiedenen Existenzen ohne willkürliche Beeinträchtigung der Einzel-Existenz«[207]. Dem rabbinischen Judentum wirft er vor, dieses Prinzip nicht erkannt oder mißverstanden zu haben. Er versucht, das an dem Komplex von Sünde, Sühne und Opfer zu exemplifizieren. Dabei besitzt Einhorn durchaus ein religiös-historisches Traditionsbewußtsein, das auch die religiösen Formen einschließt. Aufgabe der Reform sei es, daß das Judentum »nicht bloß eine Phrase sei, sondern wieder in Fleisch und Blut eindringe«. Und »die wahre Reform begnügt sich nicht mit einem aufgeklärten Magen, sie erfordert einen tief religiösen Sinn ... Israeliten, die mit den veralteten Satzungen nicht aus Frivolität brechen, sondern weil sie eine Fessel der lebendigen Religiosität in ihnen erblicken ... Nein, wir wollen keinen selbstgeschaffenen Kultus, kein nach dem guten Geschmack zugerichtetes Judentum«.[208]

Einhorn, der in den Rabbiner-Versammlungen für einen im wesentlichen deutschsprachigen Gottesdienst eintrat, den Messianismus als die Aufgabe Israels in der Menschheit deutet, trat den Versuchen, den Sabbat mit dem Sonntag zu vertauschen, scharf entgegen.[209] Merkwürdig mutet es an, daß für ihn die deutsche Sprache den Charakter der Heiligkeit angenommen hat, da in ihr die Werke Mendelssohns, der Wissenschaft des Judentums und der Reform erschienen seien. Er wandte sich gegen die Einführung des Englischen in den Gottesdienst, der von den Gemeinden gefordert wurde, da ja die zweite Generation der Einwanderer schon in Amerika geboren

---

[206] David Einhorn, Das Prinzip des Mosaismus und dessen Verhältnis zum Heidentum und rabbinischen Judentum, 1854, S. 14 ff.
[207] Prinzip des Mosaismus, S. 11 und 16.
[208] Ausgewählte Predigten und Reden, ed. K. Kohler, 1880, S. 39, 56 und 58.
[209] a.a.O., S. 306: »Verlegt den Sabbath auf den Sonntag! rufen viele – dann ist geholfen! Nur schade, daß an dieser Radikalkur der Patient vollends sterben würde. Ich hörte einst in der Breslauer Rabbinerversammlung die sinnige Äußerung: man könne den Sabbath freilich am Freitagabend begraben, würde aber vergeblich am Sonntag auf seine Wiederauferstehung warten. Und so ist es.«

und erzogen war. Doch Einhorn warnt: »Versperrt der deutschen Sprache eure religiösen Anstalten und ihr raubt dann euren Kindern das Verständnis der kostbarsten Schriften über Juden und Judentum und gebt letzteres der Versumpfung oder gar dem Verrate preis.« – In all seiner Einseitigkeit und Kompromißlosigkeit war Einhorn eine bedeutende religiöse Persönlichkeit, wie sie zu seiner Zeit ganz selten war. Seine Predigten sind vielleicht die einzigen des ganzen 19. Jahrhunderts, die noch heute lesbar sind und oft ganz modern anmuten. Sein Gebetbuch »*Olaf Tamid*« (1856) hatte wesentlichen Einfluß auf das *Union Prayer Book* der amerikanischen Reform.

Die Reformbewegung war von ihren Anfängen an nicht eine Angelegenheit einiger rebellierender Rabbiner gewesen. Sie war, wie wir gesehen haben, vornehmlich aus einem soziologisch fest umrissenen Kreis von Gebildeten der Oberschicht und des arrivierten jüdischen Bürgertums entstanden. Die Friedländer, Bendavid, Jacobson und ihre vielen Zeitgenossen und Nachfolger in den Gemeindevorständen waren den Rabbinern feindlich gesinnt. Diese waren für sie Vertreter der starren Autorität, des rabbinischen Judentums. Die neue, schon an Universitäten gebildete Rabbiner-Generation, die das alte Rabbinat allmählich ablöste, genügte ebenfalls nicht ihren Assimilationsansprüchen. Denn diese Reformrabbiner waren – außer von den zentralen Gedanken der Aufklärung – von dem neuen Geschichtsdenken ihrer Zeit geprägt. Ihre Beziehung zur jüdischen Vergangenheit, dem religiös-gedanklichen wie dem religiös-praktischen Erbe des Judentums, war eine historische, jedenfalls eine reflektierende geworden, auf Grund deren sie die Kontinuität des Judentums bewahren und es zeitgemäß neu gestalten wollten.

Diese Gedanken waren den führenden Männern der Gemeinden größtenteils fremd. Obwohl sie ihr Judentum nicht zu verleugnen gedachten, blieb ihr Denken auf die Identität von Judentum und Vernunftreligion gebannt, die sie nur von historischen Formen und Überbleibseln reinigen wollten. Es begann sich in manchen Kreisen dieser gebildeten Oberschicht eine, wenn man so sagen will, *Reformbewegung der Laien* im Gegensatz zu der der Rabbiner anzubahnen.

Von »Laien« kann im Judentum eigentlich nicht gesprochen werden, da es seit dem Untergang des Tempels keinen Priesterstand mehr gab. Das traditionelle Judentum kannte nur mehr oder minder gelehrte bzw. ungelehrte, unwissende Juden. Auch nach Entstehung des Rabbineramtes im späten Mittelalter gab es überall gelehrte Hausväter, deren rabbinische Bildung und Qualifikation der der beamteten Rabbiner gleichkam, sie oft sogar übertraf, und deren Autorität allgemeine Anerkennung fand.[210] Erst im 19. Jahrhundert, mit der rapiden Abnahme und Abwertung jüdischen Wissens in Deutschland kann man zum ersten Male von Laien sprechen. Es begann die Zeit, wo jüdisches Wissen bald nur noch von den wenigen Fachleuten, den Rabbinern, erworben wurde. Bei den Laien war es nicht mehr oder nur in Rudimenten vorhanden.

Auf diese Laien, die der Gedankenwelt der Aufklärung verhaftet waren, hat die Denkweise der Nachaufklärungszeit höchstens als eine Modeerscheinung in ihrer romantisch-ästhetischen Ausprägung gewirkt. Zur modernen Bildung gehörte für sie, Goethe, Heine, Jean Paul zu kennen, vielleicht sogar Hegel. Von jüdischen Bindungen war in den wohlhabenden gebildeten oder halbgebildeten Kreisen der Großstädte häufig nur eine gewisse stimmungsmäßige Pietät geblieben und ein gewisses Maß von allgemein-jüdischer Verantwortung und Zusammengehörigkeit, das sich im Emanzipationskampf und in Wohltätigkeit ausdrückte. Religiöse Vorschriften und Bräuche rückten völlig in den Hintergrund.

Nach der ersten Begeisterung über die Maßnahmen zur Verschönerung des Gottesdienstes und die geringen Reformen des Hamburger Tempels, zeigte sich in diesen Laienkreisen eine große Unzufriedenheit. Die Versuche der Reformrabbiner, die Änderungen historisch oder gar talmudisch zu begründen, schienen ihnen nur eine Fortsetzung der rabbinischen Tradition, die sie für überwunden hielten. Die Diskrepanz zu der Formen- und Ausdruckswelt der christlichen Umwelt, die ihnen Vorbild war, war immer noch zu groß. Einer der Führer dieser Laienreform, Dr. Sigismund Stern in Berlin, erhob die ausgesprochene Forderung nach einer »deutsch-jüdischen Kirche«.

Die Unzufriedenheit der Laien erhielt durch zwei Ereignisse Auftrieb, die die zögernde Haltung und die Unklarheit der Reformrabbiner zu illustrieren schienen.

Abraham Geiger war 1838 zum zweiten Rabbiner in Breslau gewählt worden, konnte aber wegen des Widerstandes der traditionellen Kreise, dem sich die Regierung zunächst anschloß, sein Amt erst nach zweijährigem Kampf antreten.

Das zweite Ereignis war der zweite Hamburger Tempelstreit (1841), der sich an die Neufassung des Tempelgebetbuches anschloß. Die Gutachten, die im Streit um dieses Gebetbuch erschienen, zeigten die große Uneinigkeit der verschiedenen Richtungen unter den Reformrabbinern. Den einen

---

[210] Das berühmteste Beispiel ist der »Wilnaer Gaon«, Elia b. Salomon, der nie ein Amt bekleidete. Auch Jair Chaim Bacharach und Jakob Emden waren nur zeitweise beamtete Rabbiner.

schien die Reform dieses Gebetbuches zu weitgehend, den andern zu geringfügig und inkonsequent.

Da von den Rabbinern keine klare Führung zu erwarten war, bildete sich 1842 in Frankfurt am Main ein »Verein der Reformfreunde«. Sie traten mit einem Programm von drei Thesen an die Öffentlichkeit: »1. Wir erkennen in der mosaischen Religion die Möglichkeit einer unbeschränkten Fortbildung. 2. Die gewöhnlich mit dem Namen Talmud bezeichnete Sammlung von Kontroversen, Abhandlungen und Vorschriften hat für uns weder in dogmatischer noch in praktischer Hinsicht irgendeine Autorität. 3. Ein Messias, der die Israeliten nach dem Lande Palästina zurückführe, wird von uns weder erwartet noch gewünscht, wir kennen kein Vaterland als dasjenige, dem wir durch Geburt oder bürgerliche Verhältnisse angehören«.[211]

Die Frankfurter Lossagung von allem historischen Judentum erregte den Widerspruch aller Kreise, selbst eines Holdheim. Einhorn nannte sie »ein Dokument des Unglaubens«.[212] Zunz schrieb: »Selbstmord ist keine Reform.«[213] Nach Berufung des gemäßigt-liberalen Leopold Stein zum Rabbiner in Frankfurt (1844) verschwand der Verein. Sein Gründer, Theodor Creizenach, trat zum Christentum über.

Im Jahre 1844, dem Jahr, in dem auch im Katholizismus eine deutschkatholische Bewegung entstand und bei den Protestanten die ersten freireligiösen Gemeinden, bildete sich auch in Berlin eine »Genossenschaft für Reform im Judentum«. Ihr Inaugurator war der schon genannte Dr. Sigismund Stern, der vielbesuchte Vorträge über »Die Aufgaben des Judentums und seiner Bekenner« hielt. Die Genossenschaft war wesentlich positiver als die Frankfurter Gruppe. In ihrem Aufruf hieß es: »Wir wollen positive Religion, wir wollen Judentum. Wir halten fest an dem Geist der Heiligen

---

[211] Zitiert nach Cäsar Seligmann »Geschichte der jüdischen Reformbewegung«, Frankfurt 1922, S. 105 f. Das Programm enthielt ursprünglich noch zwei weitere Punkte: gegen die biblischen Ritual- und Speisegesetze und gegen die Beschneidung. Sie wurden aus dem endgültigen Aufruf ausgeschieden. Riesser schrieb darüber an seinen Freund, den Göttinger Mathematiker M. A. Stern, der der Frankfurter Gründung nahestand: «Man hat beschlossen, alles was die Bibel berührt herauszulassen! Warum? Etwa aus Verehrung vor der Bibel, aus Liebe zu ihr und zum Judentum? Motive, die ich meinesteils respektieren würde. Gott bewahre! Bloß und lediglich um nicht in Kollisionen mit den Staatsbehörden zu kommen... Die Bibel wird höflichst geschont der vornehmen Verwandschaft mit dem Christentum und der hohen Protektion der Polizei wegen.« (Seligmann a.a.O., S. 106.) – Den Briefwechsel zwischen Riesser und Stern haben Moritz Stern und Ludwig Geiger im 2. Bd. der ZGJD alte Folge, 1888, S. 47–75 herausgegeben. Auch Isler hat in seiner Riesserbiographie S. 358 den obigen Satz zitiert.
[212] JE 10, S. 357.
[213] Zunz, Gutachten über die Beschneidung, Ges. Schriften Bd. 2, S. 199.

Schrift, die wir als ein Zeugnis der göttlichen Offenbarung anerkennen ...
Aber wir wollen die Heilige Schrift auffassen nach ihrem göttlichen Geiste,
nicht nach ihren Buchstaben ... Als die Letzten eines großen Erbes in
veralteter Form wollen wir die Ersten sein, die den Grundstein des neuen
Baues legen für uns und die Geschlechter, die nach uns kommen. Nicht aber
wollen wir uns losreißen vom Judentum, wir wollen keinen Riß in unsere
Einigkeit bringen.«[214]

Diese Genossenschaft, die bald an die Organisation eines eigenen Gottesdienstes ging, blieb bis in die letzten Jahre des deutschen Judentums bestehen als die *Jüdische Reformgemeinde in Berlin*. 1847 wurde Holdheim ihr Rabbiner. Sie blieb die einzige radikal-reformierte Synagoge in Deutschland. Ihre Gottesdienste fanden Freitagabend, Sabbatmorgen und sonntags statt. Schon von 1849 an fiel der Gottesdienst am Sonnabend wegen mangelnder Beteiligung aus und es blieb nur der Sonntagsgottesdienst. Gebetet wurde ohne Kopfbedeckung und, bis auf wenige Formeln, in deutscher Sprache. Sogar Holdheim empfand den Gottesdienst als halbjüdisch und unhistorisch.[215]

Gewissermaßen als Antwort auf die Gärung der Laienwelt rief Ludwig Philippson in seiner Zeitung zu Rabbinerversammlungen auf, um gemeinsam zu einem Ausgleich der Gegensätze zu kommen.

An den drei *Rabbinerversammlungen*, 1844 in Braunschweig, 1845 in Frankfurt und 1846 in Breslau, nahmen nur wenige Rabbiner teil. Von den Altfrommen und der Neuorthodoxie kam niemand, von den Konservativen nur ganz wenige. Frankel, der nur zur Frankfurter Versammlung gekommen war, verließ diese unter Protest, als mit knapper Mehrheit eine Entschließung angenommen wurde, wonach die hebräische Sprache keine objektive Notwendigkeit für den synagogalen Gottesdienst darstelle. Philippson und Geiger suchten, um eine gewisse Einheitlichkeit der Resultate zu sichern, die Tagung auf praktische Einzelfragen zu beschränken und – im Gegensatz zu Frankel wie Holdheim – eine Diskussion über die Prinzipien der Reformen zu verhindern. Aber auch in den Einzelfragen blieben die schließlich gefaßten Beschlüsse ohne praktische Folgen, da sie in den Gemeinden nicht durchführbar waren.

Enttäuscht von den Ergebnissen der Rabbinerversammlungen waren besonders die Laien der Berliner Reformgenossenschaft, die nun ihren eigenen Weg gingen. Das folgenreichste Ereignis der Rabbinerversamm-

---

[214] Seligmann, a.a.O., S. 121.
[215] Seligmann, a.a.O., S. 126.

lungen aber war Frankels Proklamierung eines *positiv-historischen* Judentums, mit der er die Frankfurter Versammlung verließ. Frankels Neufassung des Entwicklungsbegriffes, den er auf die ganze Tradition und nicht eine ausgewählte anwendete[216], setzte sich in Deutschland durch. Das Breslauer Seminar, zu dessen Leiter Frankel 1854 bestimmt wurde, und die aus ihm hervorgegangenen Rabbiner und Wissenschaftler sicherten der positiv-historischen Richtung der Reform den Sieg in den Gemeinden. Die nochmals 1868 versuchte Neubelebung des Gedankens der Rabbinerversammlungen (Kassel 1868) und die Synoden von Leipzig (1869) und Augsburg (1871), die Rabbiner und Laien vereinigten, hatten ebenso geringe Nachwirkungen wie die Versammlungen der vierziger Jahre. In dem 1898 entstandenen liberalen Rabbinerverband und der 1912 gegründeten »Vereinigung für das liberale Judentum« fand dann auch die organisatorische Verschmelzung der Geigerschen mit der Frankelschen Richtung statt. Das von Ismar Elbogen und Caesar Seligmann, beide Schüler des Breslauer Seminars, redigierte liberale Einheitsgebetbuch mit seinem ausgesprochen positiv-historischen Geiste setzte den Schlußpunkt in der Entwicklung der Reformbewegung in Deutschland – im Unterschiede zu der radikaleren Entwicklung in Amerika und England.

Bei der Betrachtung der Reformbewegung darf nicht außer acht gelassen werden, daß von diesen neuen Bestrebungen zunächst nur eine Minderheit der deutschen Juden ergriffen wurde. Es war der anfangs kleine Kreis der jüdischen Ober- und Bildungsschicht – Bildung hier im Sinne der Umweltbildung verstanden. Er wuchs aus dem Kreise der Mendelssohnschüler hervor und zog allmählich weitere Kreise wohlhabender und sozialstrebiger Kaufleute und Intellektueller an sich. Diese Kreise gaben in den Gemeinden, der öffentlichen Diskussion und der Publizistik den Ton an. Dadurch wurde in der rückschauenden Darstellung häufig nicht beachtet, daß bis zur Mitte des 19. Jahrhunderts die Mehrheit der Juden in Deutschland den neuen Bestrebungen fernstand. Diese Mehrheit altfrommer Juden, die auch von der Neuorthodoxie kaum erfaßt worden waren, nahm allerdings in progressivem Tempo gegen die Jahrhundertmitte ab. Aber ganze Landesteile, wie Posen, Oberschlesien, Westpreußen, Süddeutschland und von Großstädten jedenfalls Hamburg, ferner die Juden in den Kleinstädten und auf dem Lande und beträchtliche Minderheiten in den Großstädten, bewahrten ihren altfrommen Charakter. Erst die etwa 1860 einsetzende

---

[216] Eine Einschränkung fand auch bei Frankel und den Lehrern des Breslauer Seminars statt, nämlich die Abwertung der mystischen Bestandteile der Tradition. Diese wurden als bedauerliche Verirrungen angesehen, die die ungebrochene rabbinische Tradition zwar zeitweise überdeckten, aber nicht zerstörten.

allgemeine Binnenwanderung vom Lande in die Großstadt, die in verstärktem Maße die Juden betraf, löste die bestehenden traditionellen Bindungen auf und änderte die religiös-politische Struktur der deutschen Juden.[217]

Es bedarf wohl keines Hinweises, daß auch diese altfrommen Kreise, die die Konfessionalisierung des Judentums durch die Neuorthodoxie nicht mitmachten, viel stärker von der Umweltkultur ergriffen waren als die Juden Osteuropas der gleichen Zeit, ja auch als die deutschen Juden des 18. Jahrhunderts.[218]

---

[217] Vgl. den Aufsatz von Jacob Toury »Deutsche Juden im Vormärz«, Bulletin des LBI Nr. 29 (8. Jg.), 1965, S. 65-82, insbesondere die Tabellen auf S. 81. Toury schätzt, daß 1843 noch 55 % der deutschen Juden »noch nicht völlig in den Amalgamierungsprozeß einbezogen« waren.

[218] Das Organ dieser Richtung, »Der Treue Zionswächter«, der in Altona von S. Enoch und dem Oberrabbiner Jacob Ettlinger herausgegeben wurde, erschien in deutscher Sprache und Druck (1845-1855). –
In Lissa, der größten Gemeinde in der Provinz Posen, konnten im Jahre 1796, am Beginn der preußischen Herrschaft, nur zwei der sieben Gemeindeältesten deutsch schreiben. Dagegen waren es 1833, als das Judenwesen der Provinz durch den Oberpräsidenten von Flottwell neu geordnet wurde, sämtliche 602 stimmberechtigten Gemeindemitglieder. (Vgl. Louis Lewin, Geschichte der Juden in Lissa, Pinne 1904, S. 119.) Ganz parallele Zahlen gibt es auch für die Gemeinde Posen.

16. Die rechtliche und soziale Lage der Juden und ihr Erziehungswesen im Emanzipationszeitalter

Wir haben bisher versucht, einem Faden der geistesgeschichtlichen Entwicklung nachzugehen, der, von der Aufklärung herkommend und zum Teil im Gegensatz zu ihr, zu einem neuen jüdischen Geschichtsbewußtsein geführt hat. Aber es ist schwer, die einzelnen Fäden der Entwicklung voneinander zu trennen. Es sind häufig dieselben Namen und dieselben Tendenzen, die uns immer wieder unter den verschiedenen Aspekten begegnen. Auch die Wissenschaft des Judentums, ebenso wie die religiösen Neugruppierungen, und die neue Haltung zum Staat und zu den Bürgerrechten, sind alle verschiedene Facetten einer geistesgeschichtlichen Situation. Anfänglich war man bereit gewesen, für die Erlangung der bürgerlichen Gleichstellung Abstriche an den jüdischen Inhalten zu machen, die oft praktisch bis zur Selbstaufgabe führen konnten. Jetzt forderte Gabriel Riesser die Gleichstellung der Juden mit den übrigen Bürgern des Staates, eine Gleichberechtigung, die nicht auf Verzichtforderungen an die Juden basierte, sondern auf dem liberalen Grundsatz des gleichen Rechts für alle Bewohner der deutschen Staaten. Auch die altfrommen Kreise, die dem Streben nach Gleichberechtigung mit einer gewissen Reserve gegenüberstanden, weil sie von der Emanzipation der Juden auch eine solche vom Judentum befürchteten, verfolgten die neue Haltung sehr genau.

In allen deutschen Staaten wurden nach dem Wiener Kongreß die bürgerlichen Verbesserungen und Rechte, die den Juden vor den Befreiungskriegen eingeräumt worden waren, allmählich wieder abgebaut. In Preußen verlief dieser Rückschritt noch verhältnismäßig glimpflich. Die Geltung des Emanzipationsediktes von 1812 wurde auf die Grenzen des preußischen Staates in diesem Jahr beschränkt, fand also keine Geltung auf Gebiete, die erst nach den Befreiungskriegen an Preußen fielen oder zurückkamen. Aber auch in diesem altpreußischen Gebiet wurden einige Bestimmungen des Edikts durch königliche Kabinettsverordnungen annulliert oder eingeschränkt.

Um 1830 gingen in Preußen Gerüchte um, die Regierung beabsichtige, das Emanzipationsgesetz von 1812 aufzuheben und durch eine neue Rege-

Die rechtliche und soziale Lage der Juden

lung zu ersetzen, nachdem schon einige Jahre zuvor die verschiedenen Provinzialstände ungünstige Gutachten über die Auswirkung dieses Ediktes abgegeben hatten. Ein hoher Ministerialbeamter, Streckfuß, hatte einen Entwurf vorgelegt, der die Rechtsstellung der Juden von dem Grade ihrer Assimilation abhängig machen wollte. Streckfuß faßte seine Vorschläge in einer Broschüre zusammen, die aber erst erschien, als die Regierung bereits die Ablehnung seines Entwurfs beschlossen hatte.

Die Gesichtspunkte des Streckfußschen Entwurfes hatten jedoch die »*Vorläufige Verordnung wegen des Judenwesens im Großherzogtum Posen*« beeinflußt, die der Oberpräsident von Posen, *v. Flottwell*, am 1. Juni 1833 erließ. In Posen stellte diese Verordnung jedoch keinen rekationären, sondern einen emanzipatorischen Schritt dar, der zudem den Eindeutschungstendenzen der preußischen Polenpolitik zum Vorteil gereichte. Die Provinz, die erst durch die polnischen Teilungen an Preußen gekommen war, dann an das Napoleonische Herzogtum Warschau verlorenging, war 1815 in verkleinertem Umfang an Preußen zurückgefallen. Das Edikt von 1812 hatte auf sie keine Anwendung gefunden. Hier lebte noch von der polnischen Zeit her eine große jüdische Bevölkerung zusammen mit einer polnischen Majorität und einer deutschen Minderheit. Die preußische Verwaltung strebte, das deutsche Element zu verstärken. Und hierzu sollten die Juden dienen. Ein Teil der posenschen Juden war bereits den Tendenzen der Berliner Aufklärung gefolgt. Man bemühte sich, deutsche Sprache und Bildung anzunehmen, wenn auch in religiöser Hinsicht das posensche Judentum bis in unser Jahrhundert hinein einen traditionellen Charakter bewahrte.

Die Flottwellsche Verordnung teilte die posenschen Juden in zwei Gruppen. Diejenigen, die eine deutsche Bildung und ein – nicht sehr großes – Vermögen nachweisen konnten, wurden naturalisierte Juden genannt. Die anderen, die große Mehrheit, verblieb in der Klasse der Schutzjuden. Die naturalisierten Juden erhielten die Bürgerrechte, insbesondere das Wahlrecht zu den Stadtverordneten-Versammlungen.[219]

Die Flottwellsche Verordnung gab auch den übrigen Juden einen mächti-

---

[219] Allerdings erhielten diese »Naturalisierten« noch keine vollen Staatsbürgerrechte. Zum Beispiel wurde die Zahl der Juden, die in die Stadtparlamente gewählt werden durften, örtlich verschieden festgesetzt und sollte höchstens ein Drittel der Gesamtmandate betragen. Auch die Übersiedlung in andere preußische Provinzen war an behördliche Genehmigung geknüpft, die aber stets erteilt wurde. Die Einbeziehung der Juden Posens in den Militärdienst hatte Flottwell bei der Zentralregierung nicht durchsetzen können. Freiwilliger Militärdienst war schon seit 1797 möglich und mit ihm Befreiung der betreffenden Eltern von der Rekrutensteuer, die von Juden erhoben wurde. (Vgl. A. Heppner und J. Herzberg, Aus Vergangenheit

gen Anstoß, deutsche Bildung zu erlangen, was ja nicht allzu schwer war. Denn deutschsprachige jüdische Schulen gab es, nach Ansätzen schon in der vornapoleonischen Zeit, seit 1824 in fast allen Gemeinden. Die der preußischen Politik erwünschten Folgen stellten sich sehr bald ein. In vielen Städten Posens wurden mit den jüdischen Stimmen allmählich die polnischen Majoritäten zurückgedrängt. In späterer Zeit, nach 1848, standen aus diesen nationalpolitischen Gründen die posenschen Juden besser da als die Juden in anderen preußischen Landesteilen. In Posen konnten Juden leichter und eher öffentliche städtische und auch staatliche Ämter erlangen als anderswo in Preußen, wo Beamtenstellungen ihnen noch immer praktisch verschlossen blieben. Bei den Posener Juden bildete sich ein besonders bewußter preußisch-deutscher Patriotismus heraus. Sie fühlten sich als Vorkämpfer des Deutschtums in der Provinz. An ihrem Widerstand scheiterte nicht zuletzt der polnische Aufstand des Revolutionsjahres 1848.

Von den dreißiger Jahren an setzte als Folge der größeren Freizügigkeit nach der Flottwellschen Gesetzgebung eine starke Abwanderung posenscher Juden ein, deren Ziele hauptsächlich Breslau und Berlin waren. Hierdurch änderte sich die Struktur dieser beiden wichtigsten preußischen Gemeinden grundlegend. Als später nach dem Ersten Weltkrieg Posen an das neuentstandene Polen fiel, optierten die posenschen Juden für Deutschland und mußten ihre Heimatprovinz verlassen. Wieder zogen sie zumeist nach Berlin und Breslau. Doch auch manche andere Gemeinde in Deutschland erhielt damals durch die Posener einen wichtigen Zuwachs von bewußt-jüdisch eingestellten Mitgliedern, die in der großstädtischen, meist jüdisch-indifferenten Gesellschaft ein neues positives Element darstellten.

Der Rücktritt Wilhelm von Humboldts und Hardenbergs und der frühe plötzliche Tod des Philosophen Hegel schlossen eine Epoche der Staatsführung ab. Die liberale Gesinnung des aufgeklärten Absolutismus und der napoleonischen Monarchien wurde von neuen Staatsphilosophien abgelöst, die für die Restaurationszeit kennzeichnend waren.

Hegels preußischer Staatsabsolutismus hatte immerhin noch seine Wurzeln in dem rationalistischen Staatsgedanken des Naturrechts und der Aufklärung. Die eigentliche politische Romantik, deren Vorläufer schon die »Heilige Allianz« von 1815 war, kam in dem dritten und vierten Jahrzehnt des Jahrhunderts zur Herrschaft durch die Staatslehren Franz von Baaders und die Philosophie Schellings. Sie wurden durch *Friedrich*

und Gegenwart der Juden in den Posener Landen, Koschmin 1901–1929, 1. Teil, S. 233 ff.)

Julius Stahl, einen getauften Juden, in seiner Lehre vom *christlichen Staat* zusammengefaßt, die die Grundlage für die Politik der konservativen Regierung und Parteien bildete.[220] Staat und Kirche, oder, wie bald das Schlagwort es ausdrückt, Thron und Altar, stehen gleichwertig und in notwendiger Wechselbeziehung nebeneinander als Realisationen des göttlichen Handelns. Der Staat habe als irdisches Abbild des Gottesreiches die christliche Lehre zu realisieren, wie umgekehrt die Kirche den Handlungen des Staates die religiöse Sanktion zu geben habe. Nichtchristen, die außerhalb dieser Korrelation von Christentum und Staat stehen, hätten demnach keine Möglichkeit an der Leitung des Staates teilzunehmen. – Von diesen Grundsätzen aus erfuhren die gleichen Rechte der Juden wieder Einschränkungen. Die Judenpolitik der preußischen Könige Friedrich Wilhelm III. und Friedrich Wilhelm IV. spiegelte diese Lehren wider. Und ähnlich war die Judenpolitik anderer deutscher Staaten.

Doch nach der französischen Revolution von 1830, die in Frankreich das liberale »Bürgerkönigtum« ans Ruder brachte, waren überall die liberalen Strömungen wiedererwacht. Von ihnen erhielt auch der Emanzipationskampf der Juden neuen Auftrieb.

Der enthusiastische Vorkämpfer und das Sprachrohr der Juden in diesem Kampf wurde der Hamburger *Gabriel Riesser* (1806–1863). Riesser war ein Enkel von Raphael Cohen, dem letzten bedeutenden Rabbiner der »Drei Gemeinden« Altona–Hamburg–Wandsbek. Von Vaterseite stammte er aus der seit dem Mittelalter berühmten Rabbinerfamilie der Katzenellenbogen. Er selbst hatte jedoch wenig jüdisch-religiöse Bindungen und verkehrte seit seiner Studentenzeit fast nur in christlichen Kreisen. Doch war er nicht bereit, den Preis der Taufe zu bezahlen, um die ersehnte akademische Laufbahn in Heidelberg oder die Zulassung zur Advokatur in Hamburg zu erreichen. Er war bereits in vielem das, was man ein Menschenalter später einen »Trotzjuden« nannte. In der Vorenthaltung der Gleichberechtigung für die Juden sah er eine Beleidigung des Rechts. Aber er forderte die Gleichberechtigung für die Juden nicht, weil sie Juden seien und ihnen deshalb, wie jeder Gruppe im Staat, Gleichstellung mit allen anderen Gruppen zukomme, sondern er sah die deutschen Juden nur als Deutsche, die allein durch ihre Konfession von den übrigen Deutschen unterschieden seien.

Riesser schuf sich eine Plattform durch die Herausgabe einer Zeitschrift.

---

[220] Stahls politische Tätigkeit als Mitglied des preußischen Herrenhauses entfaltete sich erst nach 1848. Doch seine staatsrechtlichen Schriften aus seiner Münchener und Erlanger Dozentenzeit drückten bereits in den dreißiger Jahren die genannten politischen Prinzipien aus. Seine Schrift »Über den christlichen Staat« erschien erst 1847.

Er gab ihr den provokatorischen Namen »*Der Jude*«. »Jude« galt damals beinah als Schimpfwort. Viele Juden empfanden es denn auch als ein solches und nannten sich lieber »Israeliten« oder »Mosaiten«, ihre Religion »israelitisch« oder »mosaisch«.

»Der Jude« begann 1832 zu erscheinen. In seinen drei Jahrgängen behandelte er die rechtliche Lage der Juden und die diese betreffenden Verhandlungen in den Ständekammern von Baden, Bayern, Hannover und Preußen. Viele seiner Aufsätze im »Juden« gab Riesser auch in Broschüren- oder Buchform heraus.

»Der Jude« war der Ausdruck einer neuen Einstellung zum Problem der Rechtsstellung der Juden, die Riesser erstmalig 1831 formuliert hatte in der Schrift »Über die Stellung der Bekenner des mosaischen Glaubens in Deutschland. An die Deutschen aller Confessionen.« Diese Schrift »verläßt den Standpunkt der Verteidigung gegen gemachte Vorwürfe und stellt von vornherein die Forderung gleichen Rechts für die Übernahme der gleichen Pflichten mit den übrigen Staatsangehörigen als eine unabweisbare hin, um deren Gewährung nicht zu feilschen und nicht zu handeln sei; er läßt sich gar nicht ein auf Widerlegung von Angriffen auf die Religion der Juden, weil sie nicht in dieses Gebiet gehören ... er tritt mit dem Ausdruck des schärfsten sittlichen Unwillens gegen die häufig gemachte Zumutung des Übertritts zur herrschenden Religion als des Preises der bürgerlichen Rechte auf«.[221]

Riesser gliederte den Rechtskampf der Juden in den allgemeinen politischen Kampf der Liberalen und Demokraten ein. Er geißelte die übliche offizielle Judenpolitik in einer Sprache, die in ihrer Schärfe neu und ungewohnt war. Dieser ersten Schrift folgte eine Auseinandersetzung mit dem Heidelberger Aufklärungstheologen Paulus, der den Juden wegen ihrer Nationalabsonderung bürgerliche Rechte vorzuenthalten vorschlug, und mit dem Hamburger Gymnasiallehrer Eduard Meyer. Meyer, der als Liberaler galt, hatte Börne und Heine als Juden angegriffen und ihnen undeutsches Verhalten vorgeworfen. In seiner Antwort schrieb Riesser die berühmt gewordenen Worte: »Wer mir den Anspruch auf mein deutsches Vaterland bestreitet, der bestreitet mir das Recht auf meine Gedanken, meine Gefühle, auf die Sprache, die ich rede, auf die Luft, die ich atme; darum muß ich mich gegen ihn wehren, wie gegen einen Mörder.«[222]

---

[221] Isler, Gabriel Riessers Leben, 1867, S. 74f. (1. Bd. von Gabriel Riessers Gesammelten Schriften.)

[222] Börne und die Juden, ein Wort der Erwiderung auf die Flugschrift des Herrn Dr. Eduard Meyer gegen Börne, von Gabriel Riesser, Dr., Altenburg 1832, Hofbuchdruckerei, S. 21f.

Diese Einstellung war damals bei seinen jüdischen Zeitgenossen nicht nur weit verbreitet, sondern galt als selbstverständlich. Übrigens ebenso bei den Juden Frankreichs und Englands. Und so fühlte auch später die große Mehrzahl der deutschen Juden bis zur und sogar noch während der Hitlerzeit.

Diese Konfessionalisierung des Judentums, die aus der nationalen Identifizierung mit dem Deutschtum, dem Franzosentum usw. folgt, ist aber eine Verfälschung seines Charakters. Schon Graetz und Moses Hess haben das erkannt. Das Judentum wird zur Konfession, wenn es durch die Brille des christlichen Religionsbildes gesehen wird. Dort ist Religion das Verhältnis des erlösungsbedürftigen einzelnen oder eines Kollektivs von solchen einzelnen, der Kirche, zu Gott. Sie ist Frage des Seelenheils. Das Judentum ist aber eine andere Art von Religion. Hier besteht immer eine Einheit von Religion des einzelnen und der abstammungsmäßig verbundenen Gesamtheit. An Stelle einer abstrakten institutionellen Kirche steht hier der Bund des Volkes mit Gott. Dieses nationale Element, das mit dem universalen, weltreligiösen des Judentums *konstitutiv* verbunden ist, wollte Riesser ausklammern – wie es ja auch Geiger und sogar Samson Raphael Hirsch und nach ihnen viele Generationen deutscher Juden getan haben.

Riesser mißt dem nationalen, abstammungsmäßigen Faktor im Judentum nur noch eine historische Bedeutung bei und sieht die Juden nur als *Deutsche jüdischer Konfession* an. Die Gleichberechtigung gebühre ihnen nicht als Juden im deutschen Staate, sondern als Deutsche in diesem. – Damit hat er eigentlich den liberalen Ausgangspunkt der naturrechtlichen Gleichheit aller Menschen und Gruppen innerhalb des Staates verlassen und die Argumentation der Vertreter des reinen Nationalstaates übernommen, der Minderheiten, die nicht vorbehaltlos ihre Identität aufgeben, in der bürgerlichen Gleichberechtigung beschränkt. In dieser deutsch-nationalen Prägung gelang es ihm, den Gedanken der jüdischen Gleichberechtigung zu einem Programmpunkt des Liberalismus der Vormärzjahre zu machen.

Als die Revolution von 1848 die liberalen Gedanken durchzusetzen vermochte, wenigstens zeitweilig, wurde Riesser nicht nur Abgeordneter, sondern auch Vizepräsident der Nationalversammlung und Mitglied der Delegation, die dem preußischen König die Kaiserkrone angeboten hat.

Die lange vertagte Regelung der Organisationsformen der Judenheit in Preußen kam ein Jahr vor der Revolution von 1848 zustande. Nach langen Verhandlungen in dem »Vereinigten Landtag« wurde 1847 ein Gesetz verkündet, das dann – mit den durch die späteren preußischen und deutschen Verfassungen etc. notwendig gewordenen Änderungen – bis zur Auflösung der Gemeinden im Jahre 1939 in Geltung blieb. In den erst 1866 preußisch gewordenen Gebieten blieben die dort geltenden Judengesetze bestehen, so daß es in Preußen bis zuletzt 13 verschiedene Juden betreffende Gesetze gab, die ganz verschiedenen rechtlichen Konzeptionen entsprangen. Das für Altpreußen geltende *Gesetz vom 23. 7. 1847* war auf Einzelgemeinden aufgebaut, die in der Regelung ihrer Angelegenheiten völlig unabhängig waren. – Diese Vereinzelung und Atomisierung der Gemeinden war ja die Absicht des Gesetzgebers. – Sie waren als reine Laiengemeinden organisiert, ohne daß das Amt eines Rabbiners überhaupt erwähnt wurde. In Kurhessen und Hannover dagegen, die 1866 an Preußen fielen, gab es Landesrabbiner mit Aufsichtsrecht über andere Rabbiner der Provinzen und über die religiösen Angelegenheiten der Gemeinden. Andere Gesichtspunkte galten z. B. in Schleswig-Holstein, in Nassau, in Frankfurt.[223]

Die Revolution von 1848 und die von der Nationalversammlung beschlossene Verfassung hatten nur vorübergehend die rechtlichen Diskriminierungen der Juden aufgehoben. Riesser aus Hamburg, Moritz Veit aus Berlin, Johann Jacoby aus Königsberg und die österreichischen Juden Hartmann und Kuranda wurden Abgeordnete der Nationalversammlung. Riesser sogar Vizepräsident. Aber die nach Mißlingen der Revolution wieder einsetzende Reaktion wirkte sich in manchen Ländern sehr kraß aus.

In Preußen geschah dies im wesentlichen auf dem Verwaltungswege, was Theodor Mommsen mit »administrativer Prellerei« bezeichnet hat. Man machte den Juden Schwierigkeiten bei der Zulassung zum öffentlichen Dienst, bei den Hochschulen, der Richterlaufbahn, beim Offiziers-Korps. Nur in Ausnahmefällen wurde ein Jude ordentlicher Professor. Als Richter kam er meist nicht über die unterste Stufe dieses Amts hinaus, und Reserve-Offizier konnte er nicht werden. Mecklenburg hatte 1851 die Gleichberechtigung völlig wieder aufgehoben. Aus Bayern, wo noch der Matrikelzwang bestand, wanderten viele Juden nach Amerika aus. – Der Matrikelzwang wurde in Bayern erst 1861 aufgehoben, ebenso die Nieder-

---

[223] In der Weimarer Zeit begannen Verhandlungen um eine Vereinheitlichung des preußischen Judenrechts. Sie zogen sich jahrelang hin, ohne zu einem Ergebnis zu führen. Erst 1922 konnte ein »Preußischer Landesverband jüdischer Gemeinden« gegründet werden. Vgl. die verschiedenen Schriften von Ismar Freund, besonders »Die Rechtsstellung der Synagogengemeinden in Preußen nach der Reichsverfassung«, Berlin 1926, und die Göttinger juristische Dissertation von Lothar Lazarus, 1933, »Die Organisation der preußischen Synagogengemeinden«.

Die rechtliche und soziale Lage der Juden

lassungsbeschränkung und die Gewerbebeschränkungen. – Nur die Hanse-Städte hielten diesmal an den Errungenschaften der 48er Revolution fest. Gabriel Riesser wurde damals Hamburger Obergerichtsrat. – Als dann Bismarck 1869 den Norddeutschen Bund schuf, wurde die jüdische Gleichberechtigung in dem vom Reichstag des Norddeutschen Bundes beschlossenen *Gesetz vom 3. Juli 1869* verankert. Dort heißt es: »Alle noch bestehenden, aus der Verschiedenheit des religiösen Bekenntnisses hergeleiteten Beschränkungen der bürgerlichen und staatsbürgerlichen Rechte werden hiermit aufgehoben. Insbesondere soll die Befähigung zur Teilnahme an der Gemeinde- und Landesvertretung und zur Bekleidung öffentlicher Ämter vom religiösen Bekenntnis unabhängig sein.« – Diese Bestimmung machte allen anderslautenden Gesetzen, wie sie z. B. noch in Mecklenburg und Sachsen bestanden, ein Ende und ging auch in die Reichsverfassung von 1872 über.

In der Praxis allerdings, und insbesondere in Preußen, wurden die erwähnten Beschränkungen weiterhin gehandhabt, bis zur Gründung der Weimarer Republik.

Die Geschichte der politischen Juden-Emanzipation war, wie wir gesehen haben, die Geschichte eines Fortschritts mit vielen Rückschlägen. Anders steht es um die *wirtschaftliche* Entwicklung der Juden in derselben Epoche. In der Zeit der beginnenden Industrialisierung war es ein gewisser Vorteil für die Juden, daß sie keine ererbten Bindungen an bestimmte Handwerke und Berufe hatten, und auch nicht an den öffentlichen Dienst, wie dies bei einem großen Teil der gebildeten Bevölkerung der Fall war. Die Juden waren dadurch freier und aufgeschlossener für jedes wirtschaftliche Neuland, die das industrielle Zeitalter bot. Zwar hatten sich, wie ich erwähnte, schon zur Zeit des Merkantilismus einige reiche Juden den Fabrikunternehmungen zugewandt. Aber damals waren diese meist nicht sehr bedeutend und nicht sehr beständig. Sie waren durch aktuelle politische Bedürfnisse des Staates hervorgerufen worden.

Um die Wende des 19. Jahrhunderts begann sich das Bild der Wirtschaft zu ändern. Neue technische und politische Faktoren begannen sich auf die Wirtschaft auszuwirken. Auf der einen Seite waren es Erfindungen, wie Dampfmaschinen und mechanischer Webstuhl; auf der politischen Seite die großen territorialen Umwälzungen, die eine Neuordnung in Deutschland nach sich zogen. Der Reichs-Deputations-Hauptschluß von 1803 hatte die Zahl der selbständigen deutschen Territorien stark vermindert und die verbleibenden Territorien stark vergrößert, namentlich nach der Auflösung der geistlichen Fürstentümer. Die Napoleonischen Kriege hatten in

Deutschland im Endeffekt zwar nur geringe territoriale Änderungen verursacht. Dafür aber hatten sie eine Unmenge Geld gekostet und alle kriegführenden Länder mit großen Staatsschulden, zumeist an England, belastet. Um ihre Kriegsschulden zu bezahlen und außerdem die administrative Reform durchzuführen, brauchten die Staaten eine neue Form des Staatskredites. Und ähnlich brauchte jetzt der Bauer, auf dessen Boden Kohle oder Erz entdeckt wurde, Kapital zum Erwerb der neuen Maschinen, wenn er diesen Fund ausnutzen wollte. In derselben Lage war der Webemeister, der durch Anschaffung von Webestühlen seinen häuslichen Betrieb zu einer mechanischen Weberei ausweiten wollte. – Das neue dieser Erscheinung ist wohl die Notwendigkeit, Entwicklungskredite zu beschaffen. Das hat es anscheinend in der zunft- und ständemäßig gegliederten Wirtschaft der Vergangenheit nicht gegeben.[224]

Wie schon in früheren Jahrhunderten, waren auch diesmal die christlichen Finanzleute zu vorsichtig, die unbekannten und großen Risiken der neuen Aufgaben zu übernehmen. Diese Funktion fiel in der ersten Hälfte des 19. Jahrhunderts dem jetzt aufkommenden privaten Bankgewerbe zu, das im wesentlichen von Juden geschaffen wurde. Staatskredite und Umsatz der jetzt stärker erscheinenden staatlichen Anleihen wurden von einigen großen Bankhäusern gefördert, deren bekanntestes das Haus Rothschild ist. Neben diesen Großbankiers entstand nun eine ganze Reihe kleiner und mittlerer jüdischer Bankgeschäfte, deren Hauptaufgabe es war, den Kredit für Handel und Gewerbe in den jetzt stürmisch aufblühenden Städten zu besorgen. Eine wichtige Rolle spielten die vielen jüdischen Bank- und Getreidegeschäfte auch in den agrarischen Bezirken beim Aufbau der landwirtschaftlichen Großbetriebe.

Von dieser ursprünglichen Hilfestellung gingen jüdische Kaufleute bald zu eigener Unternehmer-Tätigkeit über, vor allem in neuen wirtschaftlichen und technischen Zweigen, in denen sie häufig Pioniere wurden. Vom Altkleiderhandel entwickelten sie die Konfektion, vom Schrotthandel Kupfer- und Messingwerke. Auch das Eisenbahn-Wesen, die neue Gas-Beleuchtung, die sich in den Städten immer mehr durchsetzte, später die Elektro-Industrie, waren im wesentlichen von Juden gegründet worden. Mit dem Aufkommen des Rundfunkwesens in den zwanziger Jahren wurden zahlreiche Radiogeschäfte eröffnet, auch dies ein neuer technischer und Handelszweig, der anfangs hauptsächlich von Juden aufgenommen wurde.

---

[224] Vgl. hierzu Raphael Straus: Die Juden in Wirtschaft und Gesellschaft, Frankfurt 1964.

Die rechtliche und soziale Lage der Juden

Es ist eine häufige Erscheinung gewesen, die man durch die Jahrhunderte verfolgt hat, daß ein neuer Wirtschaftszweig zunächst von Juden aufgenommen wurde, die ja von den alten Wirtschaftszweigen – Agrarwirtschaft, Handwerke usw. – ausgeschlossen waren. Nach einiger Zeit aber rückte die nichtjüdische Majorität nach und zwang die Juden, wieder neue Wirtschaftsmöglichkeiten zu suchen. So ist es bis in die neueste Zeit geblieben, von dem Beginn der Warenhäuser zur Befriedigung des Massenkonsums in den wachsenden Städten bis zur Unterhaltungsindustrie für diese Städte, einschließlich Theater, Film, Rundfunk etc., dem Zeitungswesen, internationalen Nachrichten-Agenturen und bis in die neuen Wissenschaftszweige.

Die dynamische Form des 19. Jahrhunderts und die Funktion, die die Juden in ihr ausübten, brachte es mit sich, daß die wirtschaftliche Lage einer breiten Schicht von Juden sich wesentlich besserte. Aber meist handelte es sich hier um die Juden in den Großstädten. Die erste Hälfte des 19. Jahrhunderts hatte für den zahlenmäßig überwiegenden Teil der Juden in Deutschland – namentlich in Süddeutschland, Schlesien und der Provinz Posen – keine Änderung ihrer wirtschaftlichen Struktur gebracht. Diese damalige Mehrzahl der Juden auf dem Lande und in den kleinen Städten ernährte sich zu dieser Zeit immer noch von Klein- und Trödelhandel, auch noch von Pfandleihe und auf dem Land von Vieh- und Weinhandel. Eine Änderung trat erst etwa um 1860 ein, als sie mit der allgemeinen Binnenwanderung in die Großstädte gelangten und hier in dem modernen städtischen Wirtschaftsleben neue Berufszweige finden mußten.

Dazu kam Ende des 19. Jahrhunderts – und nochmals nach dem Ersten Weltkriege – eine neue Schicht von wirtschaftlich Ungesicherten. Sie rekrutierten sich aus den von Polen und Rußland nach Amerika auswandernden Juden, von denen immer ein Teil in den Durchgangsländern steckenblieb, in Deutschland, Belgien, Holland, Frankreich und England. Auch diejenigen unter diesen »Ostjuden«, die zu einem gewissen Wohlstand gekommen waren, waren nach dem 1. Weltkrieg bei jeder Krise am anfälligsten, denn der Kreis ihrer Arbeitgeber war viel beschränkter, zumal viele unter ihnen traditionell-religiös waren und am Sabbat nicht arbeiteten. Die Arbeitslosigkeit traf diese Kreise um so stärker. Ebenso traf die Inflation gerade die sparsamen jüdischen Kleinbürger und Kaufleute.

Die Bemühungen um die rechtliche Gleichstellung nahmen den größten Teil der Energie der Führer des deutschen Judentums im 19. Jahrhundert in Anspruch. Daneben und, wie wir sahen, eng mit den Emanzipationsbestrebungen verbunden, erweckten noch die Auseinandersetzungen für oder gegen die Reform Interesse. Alles andere wurde über diesen beiden Hauptthemen vernachlässigt.

Diese einseitige Blickrichtung wirkte sich am verhängnisvollsten auf das *jüdische Erziehungswesen* aus. Die jüdischen Gemeinden wurden von wohlmeinenden, aber nicht sehr weitblickenden Kaufleuten geleitet, die später oft von Rechtsanwälten abgelöst wurden. Sie waren die Nachfolger der Notabelnschichten des 18. Jahrhunderts, Kreise, die – jedenfalls bis Mitte des 19. Jahrhunderts – stärker an die Umweltkultur assimiliert waren als die Mehrzahl des Gemeindevolkes.[225] Wegen ihrer größeren Fähigkeit zu repräsentieren und ihres Ansehens bei den Behörden, ihrer finanziellen Unabhängigkeit und ihrer deutschen Bildung, waren sie zu ihren Führerstellungen gekommen. Sie fühlten sich als Treuhänder und Verwalter, die ihre Gemeinden in die Bedingungen einer neuen Zeit hinüberführen wollten. Wenn sie dabei alte Autonomierechte der Gemeinden opferten, so erschien ihnen das nicht als Verzicht, nicht als Liquidation des Charakters der Gemeinde, sondern als selbstverständlicher Beitrag zur Eingliederung der Juden in Staat und Gesellschaft.

Hierbei wurde von ihnen gar nicht gesehen oder übersehen, daß nur von den Juden ein solcher Verzicht vom Staate verlangt wurde, während die großen christlichen Kirchen ihre privilegierte Stellung in und neben dem Staate bewahrten. Jurisdiktion der Rabbiner, Disziplinarrecht und Bannrecht der jüdischen Gemeinden verschwanden. Aber in den protestantischen Landeskirchen und den katholischen Diözesanorganen blieben vergleichbare kirchenrechtliche und disziplinarische Befugnisse, Instanzen und staatlich unterstützte Exekutivgewalt bestehen.

Wenn es sich um das äußere Prestige der Gemeinden handelte, man dadurch Gleichberechtigung und Gleichheitsanspruch demonstrieren konnte, so wurde gern Geld ausgegeben. So wurden im 19. Jahrhundert viele und oft prächtige Synagogen gebaut, vielfach in einem gotisch-maurischen Zwitterstil, der als orientalisch galt.[226] Auch für Wohlfahrtszwecke

---

[225] Dieser Abstand drückte sich fühlbar in der Auseinandersetzung mit den Reformbestrebungen aus. Hier standen die offiziellen Gemeindevorstände häufig hinter der Reformpartei, deren Anhänger meist aus den gleichen sozialen und kulturellen Schichten wie sie selbst kamen. Die Mehrzahl der Gemeindemitglieder jedoch war damals noch konservativ. So war es z. B. in Hamburg zur Zeit des Streits um den Tempel, in Breslau bei dem Konflikt um Geiger, in Frankfurt, Berlin und an vielen anderen Orten.

[226] Noch wurden allerdings diese Bauten häufig hinter Verwaltungsgebäuden in einem Hofe versteckt. Nur wenige Synagogen standen offen mit der Front zur Straße oder gar auf freien Plätzen. Was im 17. und 18. Jahrhundert verständlich und sogar oft behördlich vorgeschrieben war, um nicht Ärgernis bei der christlichen Umwelt zu

Die rechtliche und soziale Lage der Juden

wurden beträchtliche Summen zur Verfügung gestellt, Krankenhäuser, Altersheime und andere Anstalten gebaut. Sonst aber galt das Prinzip, billig zu wirtschaften. Und dieses wurde gerade dem Erziehungswesen gegenüber angewendet. Jüdische Bildung hatte für die Juden des 19. Jahrhunderts und des beginnenden 20. Jahrhunderts ihren Wert verloren. Warum sollte man also für etwas so Unmodernes wie für jüdische Erziehung und jüdische Wissenschaft große Ausgaben machen? Die Aschenbrödelstelle, die man jüdischer Erziehung und ihren Trägern zuerkannte, kam in der zum Teil unwürdigen Besoldung der Lehrer und der Rabbiner zum Ausdruck. Der Lehrberuf an jüdischen Schulen wurde zur Notlösung für jüdische Universitätsabsolventen, die im öffentlichen Schuldienst oder den Universitäten keine Anstellung finden konnten. Die Rabbiner, auch die liberalen, kamen meist aus dem Ausland, Böhmen, Ungarn und Galizien. Das geringe Sozialprestige wirkte sich auf den Besuch der Religionsschulen, das Interesse und die Disziplin der Schüler aus. Die verhältnismäßig große Zahl der Religionsschulklassen und ihre nominelle Schülerzahl gibt deshalb kein wahres Bild von der schulischen Wirklichkeit.

Die Aufklärer des Mendelssohnkreises hatten bei der Gründung der »Freischulen« die Absicht, durch Einbeziehung der allgemeinen Bildung in das jüdische Schulwesen die Emanzipation zu erleichtern.

Die neuen Schulen waren an dem theoretischen Gedankengut der Aufklärungspädagogik und der Praxis der »Philanthropinisten«[227] orientiert. Der junge Mensch sollte dadurch gebildet werden, daß er allmählich und systematisch mit den verschiedensten Aspekten menschlichen Handelns und Wissens bekannt gemacht wurde, innerhalb einer Schülergemeinschaft, die aus möglichst verschiedenartigen gesellschaftlichen und religiösen Schichten stammte. Das Resultat dieser Erziehung sollte der nützliche Bürger und tolerante, aufgeklärte Mensch sein.

Die Grundsätze der Philanthropinisten spiegelten sich in verschiedenen Zügen, die wir bei den neuen jüdischen Schulen wiederfinden. Hierzu

erregen, wurde noch nach der erlangten Emanzipation fortgesetzt, als ob man zögerte, das Judentum öffentlich zu zeigen. In Berlin stand zwar die schon 1866 eröffnete Synagoge in der Oranienburger Straße an der Straßenfront, die späteren Bauten Lindenstraße, Kaiserstraße und Lützowstraße in Höfen. Sogar die früher freistehende »Alte Synagoge« in der Heidereutergasse wurde von Verwaltungsgebäuden umbaut.

[227] So wurde – nach dem Namen des 1774 von Basedow begründeten »Philanthropins« in Dessau – die pädagogische Reformbewegung der Aufklärung genannt. Sie wirkte auch auf die jüdische Erziehungsbewegung der Freischulen zurück. Die Frankfurter Freischule trug sogar den Namen »Philanthropin« bis zu ihrem Ende 1942.

gehört das große Angebot von Lehrgegenständen, das über den üblichen Rahmen einer Elementarschule hinausging. Insbesondere wurde auf Sprachunterricht Wert gelegt. Neben Deutsch, das – anfänglich jedenfalls – für die meisten der an das Jüdisch-Deutsche gewohnten Kinder auch eine Art Fremdsprache war, wurden Französisch, Hebräisch und an einigen Schulen auch Latein gelehrt.[228] Dazu kamen Geographie, Rechnen, Geschichte und, nachdem die Bestrebungen, die Absolventen der Schulen in handwerkliche oder landwirtschaftliche Berufe zu überführen, bald scheiterten, auch Buchhaltung.

Von der philanthropinistischen Pädagogik her ist es auch zu verstehen, daß die Schulen des Freischultyps Wert darauf legten, auch nichtjüdische Schüler aufzunehmen, soweit dies durch die Regierungen nicht verboten wurde. Nichtjüdische Lehrer gab es wohl an all diesen Schulen, namentlich für Sprachen und Realien. Für nichtjüdische Eltern mögen wohl die reichhaltigen Bildungsmöglichkeiten, die die jüdischen Schulen gegen geringes Schulgeld boten, eine gewisse Anziehungskraft gebildet haben. Manche der Schulen verloren im Laufe der Zeit ihren jüdischen Charakter und entwickelten sich zu Simultanschulen.[229]

Die große Zahl der Unterrichtsgegenstände und die erstrebte Einordnung nichtjüdischer Schüler in den Schulorganismus führte notwendig zu einer Zurückdrängung der jüdischen Fächer. Die neuen Schulen waren ja zudem aus dem Gegensatz zum alten jüdischen Schulsystem, dem sogenannten »Cheder« oder »Talmud-Tora« entstanden. Dort entfaltete sich der Unterricht an der hebräischen Literatur, Bibel mit Raschi-Kommentar, Gebetbuch, Mischna und schließlich Talmud.

Dagegen hatten die Freischulen vielfach den Talmudunterricht ganz aus dem Lehrplan ausgeschieden. Er sollte, so erklärte der Gründer der Berliner Freischule, der privaten Initiative der Eltern überlassen bleiben, was in merkwürdigem Widerspruch zu der erklärten Absicht der neuen Schulen stand, den unbemittelten Kreisen zu dienen. Auch wo er in beschränktem Umfang unterrichtet wurde, verschwand er schon um 1800 aus den Lehrplänen. Im Laufe des 19. und im 20. Jahrhundert wurde in der Judenheit der Talmud – einst die Krone der jüdischen Bildung – ganz vergessen. Sogar an

---

[228] Für Einzelheiten des jüdischen Erziehungswesens vgl. das hebräische Buch von Mordechai Eliav »Hachinuch Hayehudi be-Germania bimej Hahaskala we-Ha'emanzipazia (Jewish Education in Germany in the Period of Enlightenment and Emancipation), Jerusalem 1961.

[229] Diese Umwandlung wurde durch Dr. Anton Rée, den langjährigen Leiter der »Hamburger Stiftungsschule von 1815« und Vorkämpfer des Simultanschulgedankens bewußt vollzogen. An anderen Orten geschah sie praktisch durch Absinken der Zahl der jüdischen Schüler wie in Wolfenbüttel und Seesen.

den Rabbinerseminaren wurde er den vielen anderen Zweigen der Wissenschaft des Judentums gegenüber in den Hintergrund gedrängt. Nur wenige deutsche Rabbiner, auch unter den Absolventen des orthodoxen Rabbinerseminars, konnten es im Talmud mit Schülern der osteuropäischen Jeschiwot aufnehmen.

Aber nicht nur der Talmud, der hebräische Unterricht überhaupt wurde mehr und mehr eingeschränkt. An Stelle des früheren allmählichen und natürlichen Hineinwachsens der Schüler in Quellen, Brauch und Religion des Judentums trat der neue Unterricht in Religionslehre und Moral. »*Religionsunterricht*« wurde zu einem besonderen Fach, häufig ohne organischen Zusammenhang mit den anderen Unterrichtsgegenständen. Er wurde, wie bereits erwähnt, an Hand von Katechismen und ähnlichen Lehrbüchern erteilt. An Stelle der hebräischen Bibel trat Biblische Geschichte. Die Bibel selbst wurde in deutscher Übersetzung gelesen. Der jüdische Inhalt dieser jüdischen Schulen blieb nur in quantitativer wie qualitativer Verdünnung erhalten.

Es gab allerdings eine Reihe von jüdischen Schulen, denen es trotz ähnlicher Vielfalt von nichtjüdischen Unterrichtsfächern gelungen war, einen traditionell-jüdischen Charakter zu bewahren. Die Reform der Hamburger Talmud-Tora-Schule durch Isaak Bernays, 1822, war wohl der Beginn dieses modernen orthodoxen Schulwesens. Schon 1824 folgten die jüdischen Volksschulen in der Provinz Posen, später Samson Raphael Hirschs Frankfurter Realschule und ähnliche Anstalten.

Diese jüdischen Schulen erfaßten aber einen immer kleiner werdenden Prozentsatz der jüdischen Schüler.[230] Den Schulen des Freischultyps haftete lange das Stigma an, Armenschulen zu sein, auch wenn in ihnen ein nach Vermögen der Eltern gestaffeltes Schulgeld bezahlt wurde. Die vereinzelten Versuche, Privatschulen nach dem neuen Muster für Schüler wohlhabender Familien zu gründen, blieben Zwergunternehmungen oder mußten schließlich Anlehnung an die öffentlichen jüdischen Schulen suchen.

Die Mehrzahl der Kinder der Wohlhabenden besuchte in den Großstädten nicht mehr die jüdischen, sondern die allgemeinen Schulen. Schon 1845 besuchten in Hamburg alle Mädchen und ⅚ der Knaben aus diesen Familien öffentliche Schulen.[231] Diese traten nun an Stelle der christlichen Privatlehrer, die seit dem 17. und 18. Jahrhundert in reichen Familien wirkten.

---

[230] In Orten wie Hamburg und Frankfurt, wo es gut fundierte und attraktive jüdische Schulen sowohl orthodoxer wie liberaler Richtung gab, war der Prozentsatz der Schüler an jüdischen Schulen allerdings beträchtlich; ebenso in der Provinz Posen und z. T. auch in Westfalen.

[231] Eliav, a.a.O., S. 345 ff.

Aber sehr bald besuchten die Kinder aller jüdischen Kreise die allgemeinen Schulen. Und der Zug ging von vornherein über Elementarbildung hinaus. Jüdische Schüler besuchten Realschulen und Gymnasien (allerdings meist nur bis zur mittleren Reife, dem sogenannten »Einjährigen«, einem Zeugnis, das die Militärdienstzeit in Preußen auf 1 Jahr verkürzte). Die Zahl jüdischer Schüler an diesen Anstalten war relativ groß. Im Jahre 1901 besuchten auf 10 000 jüdische Einwohner 333 jüdische Schüler Mittel- und höhere Schulen, wogegen auf 10 000 Katholiken nur 32 und auf 10 000 Protestanten 55 Schüler an Oberschulen kamen. Von den jüdischen Schülern an Oberschulen besuchten 9% jüdische Schulen. Noch hundert Jahre vorher war der jüdische Gymnasiast eine Ausnahme gewesen. Meist war er nach privater Vorbereitung nur in die obersten Klassen eingetreten, um darauf auf die Universität übergehen zu können [232], und manchmal waren diese Gymnasiasten wesentlich älter als ihre christlichen Mitschüler. Salomon Maimon und S. L. Steinheim besuchten z. B. das Christianeum in Altona. Jost war der erste jüdische Gymnasiast in Braunschweig und Zunz in Wolfenbüttel.

In einem Jahrhundert war also eine völlige Umwälzung in der Erziehung der jüdischen Jugend eingetreten – von jüdischer Erziehung kann man schon nicht mehr sprechen, namentlich nicht in Berlin und den meisten größeren Gemeinden. An jüdischen Inhalten brachten diese Jugendlichen aus ihren Elternhäusern meist nur Rudimente mit und überlieferten ihren eigenen Kindern noch weniger. An den meisten der höheren Schulen gab es zwar parallel zu dem Religionsunterricht der christlichen Konfessionen auch jüdischen Religionsunterricht. Aber was in diesen zwei Wochenstunden erreicht werden konnte, war kaum mehr als eine Farce. Erschwerend kam hinzu, daß die Lehrer – meist der örtliche Rabbiner – von außen kamen, nicht zu dem den Kindern gewohnten Lehrerkollegium der Schule gehörten und deshalb weniger respektiert wurden. Ähnliches galt von den besonderen Religionsschulen, die die Gemeinden für Schüler gründeten, an deren Schulen kein jüdischer Religionsunterricht bestand. In diesen Religionsschulen fand der Unterricht an wenigen Nachmittagsstunden statt. Auch hier lernten die Schüler, wenn sie überhaupt hingingen, selten mehr als notdürftig hebräisch lesen, die Übersetzung einiger Gebete, biblische Geschichte und etwas jüdische Geschichte und Lehren des Judentums.

Es gab für jüdische Pädagogen kaum ein Wirkungsfeld und für jüdische Gelehrte kein Geld. Der Rabbiner war zum Kultusbeamten geworden.

[232] Aus den Berichten des Missionars Callenberg erfahren wir, daß im Jahre 1744 ein jüdischer Schüler in Anhalt eine christliche Schule besuchte. Vgl. A. Shohet, a.a.O., S. 285, Anmerkung 109.

Indifferenz und Unbildung in jüdischen Dingen herrschte in den weitesten jüdischen Kreisen. Diese Unbildung wurde gar nicht als etwas Negatives empfunden, sie stellte ja keine Lücke für die gesellschaftliche Geltung dar. Eher wurde über die Schulter angesehen, wer nicht über Musik, Theater und die neueste Literatur zu sprechen wußte. Eine Ausnahme stellten nur die immer seltener werdenden konservativen und orthodoxen Familien dar, die oftmals eine gute, tief verwurzelte jüdische Bildung mit der modernen Kultur vereinigten und in Familie und Leben die Tradition bewahrten; neben ihnen die wenigen wirklich religiösen liberalen Juden. Im ganzen gesehen, hatte die Reformbewegung, die ursprünglich das Judentum vertiefen, verlebendigen und erneuern wollte, es wenige Generationen später beinahe zum Erlöschen gebracht.

Die geistesgeschichtlichen Auswirkungen dieser Entwicklung traten bald zutage.

17. Die Teilnahme am allgemeinen Kulturleben

Die tiefgreifenden Veränderungen, die das 19. Jahrhundert in der rechtlichen und sozialen Lage der Juden in Deutschland brachte, und die umwälzenden Wertverschiebungen im jüdischen Erziehungswesen bilden den Hintergrund und die Basis des neuen Verhältnisses der Juden zur allgemeinen Kultur.

Es ist allerdings eine überraschende Erscheinung, wie plötzlich auf fast allen Gebieten der modernen Kultur Juden sich zu betätigen begannen, oft in einer Zahl, die ihren prozentualen Anteil an der Bevölkerung überstieg.

Diese Erscheinung hat in den letzten Generationen immer wieder Aufmerksamkeit erregt. Früher war diese Aufmerksamkeit meist antisemitisch motiviert. Nach 1945 dagegen ist der Gedanke des großen Verlustes in den Vordergrund getreten, den auch das deutsche Geistesleben mit dem physischen Untergang der Juden oder ihrer Emigration erlitten habe.

Es mag die methodische Frage auftauchen, ob die Teilnahme von Juden an der allgemeinen oder deutschen Kultur überhaupt noch in eine Darstellung der jüdischen Geistesgeschichte gehöre, ob es sich hier nicht um Erscheinungen der deutschen oder der allgemeinen Geistesgeschichte handle, deren Subjekte zufällig Juden oder jüdischer Abstammung waren. Diese Frage ist nur ein Beispiel für das allgemeine Problem, was überhaupt zum Umfang und zur Begriffsbestimmung der Wissenschaft des Judentums gehöre. Auch darüber besteht keine Einhelligkeit.[233] Tatsächlich aber hat sich diese Wissenschaft von Beginn an – ohne diese Frage zu klären – auch mit Gebieten beschäftigt, die außerhalb der jüdischen Thematik im engeren Sinne liegen. Ich erinnere zum Beispiel an die Arbeiten von Steinschneider über Juden als Übersetzer, als Mathematiker usw.

In einigen Bereichen der Wissenschaft wurzelte die aktive Teilnahme von

---

[233] Vgl. Ismar Elbogen, Ein Jahrhundert Wissenschaft des Judentums, in: Festschrift zum 50jährigen Bestehen der Hochschule für die Wissenschaft des Judentums, Berlin 1922. Elbogen definiert die Wissenschaft des Judentums (S. 141) als: »Wissenschaft vom im lebendigen Strom der Entwicklung stehenden Judentum als soziologischer und geschichtlicher Einheit.«

Juden in alten Traditionen. So war es z. B. in der Rechtswissenschaft, der Medizin und der Mathematik der Fall. Der Talmud und die rabbinische Literatur bilden die Grundlage des jüdischen Rechts. Die weite Kreise umfassende und jahrhundertelang geübte Tradition des »Lernens«, des Talmudstudiums, hatte Vertrautheit und Interesse an juristischen Fragen und juristischer Argumentation geschaffen. Ein wesentlicher Teil der Autorität der Rabbiner im jüdischen Leben erwuchs ihnen aus ihrer juristischen Kompetenz. Mit der Rückdrängung oder völligen Aufhebung der rabbinischen Jurisdiktion und des jüdischen Rechts durch die fortschreitende Emanzipationsgesetzgebung wurde diese Tradition unterbrochen. Sie fand eine Fortsetzung nicht mehr bei den Rabbinern und nicht innerhalb des jüdischen Rechts, sondern bei den zahlreichen jüdischen *Juristen* auf den Gebieten der verschiedenen bürgerlichen Rechtssysteme. Aber erst mit der Zulassung von Juden zur Advokatur – von der zweiten Hälfte des 19. Jahrhunderts an – konnten sich ungetaufte jüdische Juristen als Anwälte und einige auch als Richter betätigen.[234] Das Jurastudium hatte eine große Anziehungskraft für die jüdische Intelligenz, obgleich seine berufliche Anwendung praktisch auf die Advokatur beschränkt war. Die Verwaltungslaufbahn, das große Auffangbecken für Juristen, war ihnen bis 1918 verschlossen und wurde auch danach nur selten von ihnen erstrebt. Die Zahl der jüdischen Richter war klein und bot Juden nur in einzelnen Fällen Aufstiegsmöglichkeiten zu höheren Rängen. Der jüdische Rechtsanwalt betätigte sich vielfach auch in den jüdischen Gemeindegremien und Organisationen. Auch als Rechtswissenschaftler und Verfasser von wichtigen Kommentarwerken zeichneten sich jüdische Anwälte aus, die Theorie und Praxis auf den verschiedensten Gebieten verbanden. Wegweisende rechtstheoretische, insbesondere staatsrechtliche Theorien gehen auf jüdische Juristen zurück, z. B. Georg Jellinek, Hans Kelsen und Hugo Preuß. Kelsen und Preuß waren die Väter der österreichischen bzw. der deutschen republikanischen Verfassungen von 1919.

Die Medizin und die Mathematik, und mit ihnen die Naturwissenschaften, waren Wissenschaftsgebiete, auf denen die Mitarbeit von Juden seit alters her von ihrer Umwelt akzeptiert worden war.

Lange Zeit war *Medizin* das einzige Juden zugängliche akademische Studium gewesen. Und neben vielen praktischen Ärzten gab es stets auch wissenschaftlich bedeutende Mediziner, deren Arbeiten auch in der nicht-

---

[234] Vor der Zulassung zur Advokatur hatten die damals wenigen jüdischen Juristen nur die Möglichkeit, als Syndici jüdischer Gemeinden tätig zu sein, wie Dr. Rubo in Berlin. Oder sie wurden, wie Gabriel Riesser, zu publizistischen Vorkämpfern der bürgerlichen Gleichberechtigung.

jüdischen Welt beachtet wurden – von Maimonides im 12. Jahrhundert an. Im 19. Jahrhundert beginnt wohl mit dem Anatomen und Chirurgen Benedikt Stilling (1810–1879) und dem Internisten Ludwig Traube (1816–1876) die Reihe der bedeutenden jüdischen Ärzte, die sich bis in die Gegenwart in den verschiedensten Fachgebieten der Medizin fortsetzt. Genannt seien u. a. Ferdinand Cohn (1818–1898), einer der Begründer der Bakteriologie, Sigmund Freud (1856–1939), der Begründer der Psychoanalyse, und die chemo-therapeutischen Forscher Paul Ehrlich (1854–1915) und August von Wassermann (1866–1925), beide Vorläufer der heutigen Antibiotika-Forschung.

Die *Mathematik* eröffnete zwar nicht, wie die Heilkunde, ein selbständiges Berufsfeld. Dafür aber war sie enger in der rabbinischen Gelehrsamkeit verankert. Die komplizierten Fragen der Kalenderbestimmung hatten es mit sich gebracht, daß viele bedeutende Rabbiner sich mit Mathematik und Astronomie beschäftigt haben, z. B. Moses Isserles im 16. Jahrhundert, dessen Schüler David Gans, Mitarbeiter von Tycho Brahe und Keppler, und Mendelssohns Lehrer Israel Zamość. Von neueren Mathematikern möchte ich nur Adolf Abraham Fränkel in Kiel und Jerusalem nennen (1891–1965), der von seinen Arbeiten über die Mengenlehre auch zur Philosophie der Mathematik kam. Der Begründer der Mengenlehre, Georg Cantor (1845–1918), war allerdings getauft. Hermann Minkowski (1864–1909) hatte das Raum-Zeit-Modell der Relativitätslehre mathematisch dargestellt und eine der Grundlagen der Einsteinschen allgemeinen Relativitätstheorie mit ihren physikalischen und philosophischen Konsequenzen mitgeschaffen.

In der modernen *Physik* steht Albert Einstein (1879–1955) ganz außerhalb jeder Reihe. Er hat das physikalische Denken und das physikalische Weltbild umgestaltet.

Auch an dem zweiten Pfeiler des neuen physikalischen Weltbildes, der Quanten- und Atomphysik, haben einige Juden durch entscheidende Anstöße mitgearbeitet, wie Wolfgang Pauli (1900–1958, Pauli-Prinzip), Otto Stern, (1888–1969) (Stern-Gerlachscher Versuch), Max Born (1882–1970), Lise Meitner (1878–1968) und andere.

Von bedeutenden *Chemikern* seien nur Fritz Haber (1868–1934) und Richard Willstädter (1872–1942) hervorgehoben. – Aus Ludwig Monds (1839–1909) Sodafabrik ging die »Imperial Chemical Industries« hervor.

Der verhältnismäßig große Anteil von Juden an den verschiedenen Zweigen naturwissenschaftlicher Forschung hat einen deutlich erkennbaren soziologischen Grund. Junge mathematisch-naturwissenschaftlich oder technisch interessierte Juden hatten kaum Aussicht, als Ingenieure oder Chemiker in der Industrie oder im Öffentlichen Dienst Stellungen zu bekommen, abgesehen von wenigen Ausnahmen.[235] Infolge der geringen Berufsaussichten war auch die Zahl der jüdischen Studenten an Technischen Hochschulen klein im Vergleich zu der an Universitäten, außer im Fache der Architektur, die ja stärker den Charakter eines freien Berufes hat. Dennoch gab es natürlich eine Reihe tüchtiger jüdischer Techniker und Erfinder, von denen einige auch als Unternehmer wirken konnten, wie z. B. Siegfried Markus (Benzin-Automobil), David Schwartz (Luftschiff), Emil Rathenau (AEG). Der Physiker Hermann Aron war Erfinder des Elektrizitätszählers und Emil Berliner des Mikrophons und des Plattenspielers.

Bei der Teilnahme von Juden im deutschen Kulturbereich denkt man im allgemeinen wohl weniger an die jüdischen Wissenschaftler, Ärzte und Techniker, sondern mehr an die vielen jüdischen *Schriftsteller, Journalisten* und *Künstler*, die im 19. und 20. Jahrhundert hervortraten.

Der soziologische Faktor, dem wir die Hinwendung vieler Juden zu Wissenschaft und Forschung zuschrieben, gilt auch hier. Den ersten Generationen des 19. Jahrhunderts schien eine volle Teilnahme an der schöngeistigen Kultur nur durch die Taufe möglich zu sein. Dieser Schritt ist nur sehr selten aus religiösen Gründen erfolgt.[236] Da das Judentum von diesen Täuflingen nur als Last, als Hindernis für ihre Eingliederung und nicht als Wert empfunden wurde, brachte man es leicht durch den formalen Übertritt zur Religion der Mehrheit zum Opfer, um dagegen Fortkommen, Karriere und Entfaltungsmöglichkeiten einzutauschen. Am bekanntesten ist das Beispiel Heinrich Heines, der seinem eigenen Übertritt sehr kritisch gegenüberstand und dessen Gewissen und Selbstachtung an diesem Schritt sein Leben lang gelitten haben. Das äußere Ziel, das ihm die Taufe erreichbar machen sollte, eine juristische oder staatliche Laufbahn, hat Heine damit nicht einmal erreicht. Und seine Liebe zu Deutschland wurde ihm, wie anderen getauften und nichtgetauften Juden, von der anderen Seite nicht erwidert.

[235] Noch Ende des 18. Jahrhunderts war S. Sachs als Landmesser und Bauingenieur Staatlicher Bauinspektor geworden und durfte auch nach den Restriktionen, die nach den Freiheitskriegen einsetzten, seine Stellung behalten. – Sein Vetter und Schüler Meno Burg (1787–1853) war der einzige aktive preußische Offizier jüdischen Glaubens. Er war Lehrer an der Artillerieschule und Verfasser von Geometrie-Lehrbüchern. Als der »Judenmajor« war er im vormärzlichen Berlin eine stadtbekannte Persönlichkeit, zeitweilig auch Mitglied des Vorstandes der jüdischen Gemeinde.

[236] Ausnahmen wie August Neander (vormals David Mendel) und Paulus (früher Selig) Cassel, die zu protestantischen Theologen wurden, oder Friedrich Julius Stahl, der Staatsrechtler, ändern nichts an dieser für die große Mehrzahl geltenden Feststellung.

In der zweiten Hälfte des 19. Jahrhunderts aber hatte auch die allgemeine Kultur viel von ihrem spezifisch christlichen Charakter verloren. Und bei vielen Juden war die Bindung an das Judentum nicht stärker, als bei ihren christlichen Zeitgenossen die Bindung an das Christentum. Doch jetzt hatte man es nicht mehr nötig, den jüdischen Glauben formal abzulegen, um die Integrierung in die deutsche Kulturwelt zu erweisen.

Eine gewisse hemmende Wirkung übte bald der wachsende Antisemitismus aus, der den Juden ihr Judesein immer wieder in Erinnerung rief. Er löste bei vielen jüdischen Intellektuellen ein »Trotzjudentum« aus. Doch dies hinderte nicht, daß man sich im allgemeinen so eng mit der deutschen Kultur verbunden fühlte, daß dem bedingungslosen Aufgehen in sie kein Hindernis entgegenzustehen schien.

Zu diesen jüdischen Intellektuellen, die formal Juden blieben – wie ihre christlichen Kollegen formal Christen – und für die ihre jüdische Komponente bedeutungslos geworden war, gehörte wohl die Mehrzahl der zahlreichen jüdischen Schriftsteller, Journalisten, Künstler, Politiker und Wissenschaftler. Auch hier steht der starke Anteil von Juden an Journalismus und politischer oder künstlerischer Kritik in Zusammenhang mit den Diskriminierungen und Beschränkungen, vor denen jüdische Universitätsabsolventen standen. Da ihnen die staatliche Laufbahn, der Lehrberuf und meist auch die Universitätslaufbahn verschlossen waren, wurden sie zum Schreiben gedrängt und naturgemäß zu sehr kritischem Journalismus, der zu den bestehenden, sie diskriminierenden Institutionen von Staat und Gesellschaft in Opposition stand.

Andere trieb es zu *künstlerischem* Ausdruck als Dichter, Musiker, Schauspieler. Vielleicht unbewußt wollten sie in künstlerischer Selbstverwirklichung sich selbst ihre neu errungene Freiheit beweisen. Gerade das Theater zog mächtig jüdische Jugend an. Hier schien der Sprung aus dem geistigen und sozialen Getto sich am klarsten zu manifestieren. Den Höhepunkt dieses Theaters als Ausdruck eines befreiten Lebensgefühls bildeten vielleicht die Inszenierungen von Max Reinhardt, die Drama und Theater zu einem bewegten, farbigen und klingenden Gesamtkunstwerk verwandelten. – Der Antipode Reinhardts in Berlin war Leopold Jessner. Er stellte Wort und Inhalt der Dichtung in den Mittelpunkt. Das Theater wurde bei ihm, wie bei Lessing und Schiller, wieder »moralische Anstalt«. Er war bezeichnenderweise auch stärker religiös und jüdisch gebunden.

Als *Schriftsteller* und *Journalisten* sind Juden schon früh hervorgetreten. Über die frühen Publizisten der Emanzipationszeit, die alle nicht Berufsjournalisten waren, habe ich bereits in früheren Abschnitten gesprochen (Mendelssohn, Maimon, Bendavid, Saul Ascher). Es folgt die Epoche von

Ludwig Börne und Heinrich Heine, die beide aus Verzweiflung die Taufe nahmen und zu einer Art moderner Marranen wurden. Sie wurden für Generationen von Schriftstellern und Journalisten Vorbilder für die Vereinigung von Kritik, Satire, sprachlicher Eleganz und politischer Wirkung.

In der nächsten Generation wirkte Aron Bernstein (1812–1884) auf vielen Gebieten des Fortschritts und der Volksbildung. Er war einer der Begründer der »Genossenschaft für Reform im Judentum«, deren Manifest (1845) von ihm stammt. Bernstein schrieb auch Geschichten aus dem jüdischen Milieu. Seine Hauptwirksamkeit lag aber außerhalb des jüdischen Themenkreises. Nach der Revolution von 1848 gab er die »Urwählerzeitung« heraus, die von der ersten volkstümlich-demokratischen Tageszeitung, der »Berliner Volkszeitung« abgelöst wurde. Diese gab er gemeinsam mit dem nichtjüdischen freisinnigen Politiker F. Duncker heraus. Bernstein verfaßte außerdem populäre naturwissenschaftliche Schriften. Auf volkstümlicher und realistischer Ebene war er gewissermaßen ein Pendant zu Leopold Zunz' eigenartigem religiös-demokratischen Messianismus, ein Ausdruck jenes Fortschrittsglaubens, der jüdische und freiheitlich-politische Verwirklichung in einer Einheit sah.

Auch Moses Hess (1812–1875), der spätere Vorläufer des Zionismus, gehört zu den ersten einflußreichen jüdischen Journalisten. Er war Mitbegründer und Redakteur der »Rheinischen Zeitung«, des Organs der Radikalen und Sozialisten der vierziger Jahre. Karl Marx wurde ihr berühmtester Mitarbeiter.

Die große Zeit des jüdischen Journalismus begann jedoch erst nach der Gründung des deutschen Reiches von 1871. In Berlin, Wien und Frankfurt – auch in Prag – war die moderne Großstadtpresse entstanden. Die wichtigsten dieser Blätter waren das »Berliner Tageblatt«, die Wiener »Neue Freie Presse«, die »Frankfurter Zeitung« und der Berliner »Börsenkurier«. In diesen Blättern drückte sich ein nicht gerade radikaler, aber gegenüber politischen, religiösen und sozialen Diskriminierungen recht hellhöriger Liberalismus aus. Sie kamen den literarisch-ästhetischen Interessen des wohlhabenden fortschrittlichen Bürgertums entgegen, zeichneten sich durch ihr Feuilleton und durch die besonders gepflegte Theaterkritik aus. In allen Fragen des Geistes strebten sie modern zu sein, die letzten Richtungen und Strömungen widerzuspiegeln. Fragen der Religion oder Konfession gegenüber bemühten sie sich neutral zu sein, entsprechend ihrer aufgeklärt-indifferenten Einstellung und wohl auch, um bei niemand Anstoß zu erregen. Diese Presse drückte das beachtliche kulturelle Niveau ihrer Leser aus, unter denen die gebildete und vielseitig interessierte jüdische Kaufmannschaft einen starken Anteil hatte. Eine gewisse Sonderstellung nahm die traditionsreiche »Vossische Zeitung« ein. Sie war stärker in liberalen Akademikerkreisen, jüdischen wie nichtjüdischen, verbreitet. Sie blieb auch nach ihrer Übernahme in den Ullsteinverlag (1912) Repräsentantin des Erbes der Berliner Aufklärung. Ihr Herausgeber, Georg Bernhard (1876–1944), war wohl der einzige unter den vielen jüdischen Journalisten, der als selbstbewußter Jude auch in verschiedenen jüdischen Organisationen tätig war. – Jüdische Journalisten waren auch Herausgeber und Mitarbeiter an den Massenblättern der Reichshauptstadt – »B.Z. am Mittag«, Morgenpost, »Achtuhr-Abendblatt«, der kommunistischen »Welt am Abend« – und vielen literarischen und politischen Wochenschriften.

Die breiten Schichten der deutschen Bevölkerung in den Klein- und Mittelstädten sowie in den Großstädten Westdeutschlands wurden von der Berliner Presse, die von den Antisemiten als »Judenpresse« diffamiert wurde, kaum berührt. Das Kleinbürgertum las die lokale, sogenannte Generalanzeigerpresse, die politisch konservativ und meist reaktionär war, häufig auch offen antisemitisch. In diesen Zeitungen kamen jüdische Journalisten selten zu Wort. Die sozialdemokratischen Zeitungen boten für jüdische Journalisten mehr Möglichkeiten, waren aber häufig schlecht gemacht und für Leser wie Journalisten wenig anziehend.

Der Schritt vom politischen Journalismus zu aktiver Beteiligung an der *Politik*, nicht nur zu ihrer kritischen Beobachtung, scheint größer zu sein, als man annehmen sollte. Verhältnismäßig wenig jüdische Journalisten haben ihn getan und wurden Parlamentarier oder, in der Weimarer Zeit, vereinzelt auch Minister. Der Paulskirche, der deutschen Nationalversammlung von 1848/49, gehörten sieben ungetaufte Juden an: Gabriel Riesser, Johann Jacoby (1805–1877) aus Königsberg, Moritz Veit (1808–1864) aus Berlin, Wilhelm Levysohn (1815–1871) aus Grünberg in Schlesien, die Österreicher Ignatz Kuranda (1812 bis 1884) und Moritz Hartmann (1821–1872), und Ludwig Bamberger (1823–1899).

Bamberger war später zusammen mit Eduard Lasker (1829–1884) einflußreicher Führer der Nationalliberalen im deutschen Reichstag. Beide trennten sich schließlich von der probismarckschen Politik ihrer Partei. – Reichstagsmitglied war auch Max Hirsch (1832–1905), der Mitbegründer der Hirsch-Dunckerschen Gewerkschaften.

Dem österreichischen Parlament gehörte viele Jahre der Rabbiner Joseph Bloch (1850–1923) an, der als Entlarver des Antisemiten Rohling und als Verfasser apologetischer Schriften bekannt wurde.

Der Organisator der Arbeiterbewegung, Ferdinand Lassalle (1825 bis 1864) war kein Parlamentarier. Aber sein Name gehört in die aktive Politik als Gründer des Allgemeinen Deutschen Arbeitervereins, einer der beiden

Gruppen, aus denen die spätere Sozialdemokratie hervorging. Lassalle stand kurze Zeit der jüdischen Reformbewegung nahe. Obgleich er sich jüdischen Fragen bald entfremdete, ist er Jude geblieben.

In der Sozialdemokratie trat eine Reihe von Juden hervor. Zumeist standen sie im Zusammenhang mit der sogenannten revisionistischen Richtung der sozialistischen Neukantianer. An ihrer Spitze stand Eduard Bernstein (1850-1932), der zur Zeit des Bismarckschen Sozialistengesetzes in der Schweiz die sozialdemokratische Untergrundpresse redigiert hatte, sich aber bald theoretisch von Marx, Kautsky und Bebel trennte. Kurt Eisner (1867-1919) war neben Bernstein der bedeutendste dieser »Revisionisten«. Eisner, ein Schüler Hermann Cohens, war Anhänger eines ethischen und radikal-pazifistischen Sozialismus. Er rief am 7. November 1918 die Republik in Bayern aus und war bayerischer Ministerpräsident bis zu seiner Ermordung am 21. Februar 1919. – Das Organ der revisionistischen Richtung waren die »Sozialistischen Monatshefte«, die 1897 von dem Zahnarzt Joseph Bloch (1871-1936) begründet wurden und durch ihre Unabhängigkeit und Offenheit gegenüber allen geistigen und sozialen Fragen bis zum Beginn der Hitlerzeit eine der angesehensten politischen Zeitschriften war. In Österreich vertrat Max Adler (1873-1937) den neukantianischen Sozialismus. Einen ethischen Gemeinschaftssozialismus lehrte Gustav Landauer (1870-1918), der durch seine Bücher »Aufruf zum Sozialismus« und »Beginnen«, sowie durch seine Briefe in den zwanziger Jahren großen Einfluß auf die jüdische Jugendbewegung hatte. Landauer hatte das Kulturdezernat in der bayerischen Räte-Republik übernommen und wurde nach ihrem Scheitern ermordet. – Der Lyriker und Dramatiker Ernst Toller (1893-1939), Schüler Max Webers und Anhänger Eisners, war als Frontoffizier des Ersten Weltkrieges Kommandant der bayerischen revolutionären Truppen. Während und nach seiner Festungshaft veröffentlichte er eine Reihe von Dramen pazifistischer und sozialkritischer Tendenz. Er starb 1939 durch Selbstmord in New York. – Ermordet im Konzentrationslager wurde 1934 der anarchistische Schriftsteller Erich Mühsam. Auch er war an der bayerischen Räterepublik beteiligt gewesen.

Diesen humanistischen Sozialisten möchte ich den liberal-sozialistischen Theoretiker und Praktiker *Franz Oppenheimer* (1864-1943) anschließen. Als Initiator neuer kooperativer landwirtschaftlicher Siedlungsversuche wirkte er in Deutschland sowie im jüdischen Palästina vor dem Ersten Weltkriege.

Im marxistischen Sozialismus hatte eine Reihe von Juden ihre geistige Heimat gefunden. Paul Singer (1844-1911) war der Verleger des sozialdemokratischen Organs »Vorwärts«. – Als Theoretikerin und in ihrer menschlichen Bedeutung steht an führender Stelle sicherlich Rosa Luxemburg, die zusammen mit dem Nichtjuden Karl Liebknecht 1919 ermordet wurde. Ebenfalls ermordet wurde 1919 ihr Gegenpart, der Volksbeauftragte Hugo Haase, Fraktionsvorsitzender der SPD, der nach der Bewilligung der Kriegskredite sich von der Mehrheit getrennt hatte und die Unabhängige Sozialdemokratische Partei mitbegründete. – Daß gerade jüdische Politiker so sehr häufig das Opfer von Mordtaten wurden, zeigt, daß Judenhaß als ein ausschlaggebendes Moment zu politischer Gegnerschaft hinzutrat.

Von jüdischen Politikern der Weimarer Zeit möcht ich nur nennen: Walther Rathenau, Industrieller, kulturphilosophischer Schriftsteller[237] und kurze Zeit Außenminister, der 1922 ermordet wurde; Hugo Preuß, auf den, wie erwähnt, der Entwurf der republikanischen Verfassung zurückgeht, Rudolf Hilferding, Finanztheoretiker und Reichsfinanzminister, ferner den Anwalt und von den Kommunisten zur Sozialdemokratie zurückfindenden Paul Levi und schließlich Ludwig Haas, der schon vor der November-Revolution badischer Innenminister war, später einer der Führer der Demokraten im Reichstag und gleichzeitig eine der markantesten Gestalten im Centralverein deutscher Staatsbürger jüdischen Glaubens. – In Baden, der Heimat von Haas, gab es schon von 1868 bis 1893 einen jüdischen Finanzminister, Moritz Ellstätter (1827–1905).

Für die meisten der jüdischen Journalisten, Publizisten und Politiker war ihr Judesein nur ein Randproblem, wenn es von ihnen nicht überhaupt verdrängt wurde. Doch unter den jüdischen *Dichtern* und Schriftstellern gab es wohl kaum einen, für den es nicht Zentrum ihrer dichterischen Auseinandersetzung war. Das begann bereits bei Ephraim Kuh (1731–1790) in Breslau, im Grunde sogar schon bei dem Minnesänger Süßkind von Trimberg. Michael Beer (1800–1833), der Bruder des Komponisten Meyerbeer, rang in seinen wenigen Dramen immer wieder mit dem Problem des Außenseiters und Fremdlings, das die ungesicherte Rolle des Juden der Emanzipationszeit in fremden Verkleidungen widerspiegelt.

Heinrich Heine (1797–1856) kam trotz seines formellen Übertritts von jüdischer Thematik nicht los. Das neue jüdische Geschichtsbewußtsein, das er als Mitglied des »Culturvereins« kennengelernt hatte, verband sich bei ihm mit leidenschaftlicher und immer enttäuschter Liebe zu Deutschland.

---

[237] Soweit er sich zu jüdischen Fragen äußerte, zeigte er sich als extremer Randjude. Er schreibt, daß er selbst »auf dem Boden des Evangeliums« stehe, lehne aber die Taufe ab, da er im dogmenlosen Judentum größere intellektuelle Freiheit fände. Die Juden sollten jedoch alles ablegen, was sie ihrer Umwelt fremdartig erscheinen lassen könnte. Vgl. Streitschrift vom Glauben, Berlin 1917, S. 28. S. a. »Höre Israel« in »Die Zukunft, 1897, S. 459.

Sein Gefühl, daß diese Synthese von Judentum und Deutschtum ihm nicht gelungen sei, äußerte sich in zahlreichen sarkastisch-spöttischen Nebenbemerkungen.

Ohne einen solchen Syntheseversuch, doch mit unbezweifelbarer Wahrhaftigkeit stehen für Berthold Auerbach (1812–1882) Deutschtum und Judentum nebeneinander. Eine mögliche Spannung zwischen ihnen wird von ihm nicht empfunden. Der am Ende seines Lebens einsetzende Antisemitismus in der deutschen Bildungsschicht, wie die nationaljüdischen Forderungen seines Freundes Moses Hess, erschienen ihm wie der Zusammensturz seines Lebenswerkes. Er stand mit demselben naiven Unverständnis vor den neuen Tendenzen wie später die meisten deutschen Juden vor den Ereignissen, die 1933 einsetzten.

Jakob Wassermanns (1873–1934) »Mein Weg als Deutscher und Jude«, der autobiographische Rechenschaftsbericht des bedeutenden Romanciers, gibt das Ringen um diese Synthese wieder, den Glauben an ihre Möglichkeit, aber auch das Eingeständnis, daß sie nicht gelungen sei.

Wie bei Wassermann kehrt auch bei Arthur Schnitzler, Arnold Zweig, Max Brod, Joseph Roth, Stefan Zweig und Lion Feuchtwanger jüdische Thematik immer wieder; Feuchtwangers Juden – der zwischen römischer Kultur und Judentum zerrissene Josephus Flavius oder der Hofjude Jud Süß – illustrieren die eigene Situation des Dichters, der sagte: »Ich bin mit meinem Verstand ein Kosmopolit. Mit meinem Herzen bin ich ein Jude.« Franz Werfel wurde später stark von christlich-katholischen Gedanken beeinflußt.

Ein anderer bedeutender Romancier, der Arzt Alfred Döblin, wurde unter dem Eindruck der Entwurzelung in der Emigration katholisch. Er schildert den Impakt sozialer, technischer und biologischer Gegebenheiten auf den Menschen, die diesen mit gleicher mythischer Gewalt erdrücken, wie später den Dichter selbst die Emigration erdrückt hat.

Franz Kafka schildert das Ausgeliefertsein des modernen Menschen Mächten gegenüber, zu denen er die Beziehung und für die er das Verständnis verloren hat. Hinter dieser äußerlich so allgemeinen Thematik verbirgt sich vielleicht auch das intensive Ringen des Juden Kafka nach einer neuen Beziehung zu jüdischer Religion, Volk und Geschichte, seine Sehnsucht nach jüdischer Erneuerung.

Gegenüber den Suchern nach deutsch-jüdischer Synthese oder nach Einbau jüdischer Problematik in allgemeine Kultursituationen erscheinen Richard Beer-Hofmann und in anderer Weise Else Lasker-Schüler wie hebräische Dichter in deutscher Sprache. Beide entschieden sich bewußt für die jüdische Seite, bis zum Ausdruck des Gegensatzes zur europäischen

Kultur. Aber dieser Ausdruck war ihnen nur durch das Medium der deutschen Sprache gegeben. Für Else Lasker-Schüler wurde nach ihrer Emigration die Unmöglichkeit der Integration in das lebendige Hebräisch in Jerusalem zu einer persönlichen Tragödie. Ähnlich wie ihr erging es im neuseeländischen Exil Karl Wolfskehl, der erst unter dem Eindruck der Verfolgung die klare Entscheidung zum Judentum gefunden hatte. Auch er konnte nur deutsch dichten.

Viel schwächer als bei den deutsch-jüdischen Dichtern und Schriftstellern trat das jüdische Element bei den jüdischen *Musikschaffenden* hervor. Bereits die alte Synagogenmusik, auf den Gesang des Vorbeters beschränkt, hatte seit Jahrhunderten Motive der Volksmusik ihrer Umgebung aufgenommen und hebräischen Gebettexten unterlegt. Die jüdischen Komponisten des 19. und 20. Jahrhunderts setzten diese Assimilationstendenz fort. Der Musikunterricht, dem wir in wohlhabenden jüdischen Häusern schon im 17. Jahrhundert begegnen, lag wohl stets in Händen christlicher Musiklehrer. Mit dem Ende des 18. Jahrhunderts immer drängenderen Zug zur Aufnahme der Umweltkultur drang auch deren Musikkultur in die Häuser der Juden der Emanzipationszeit. Die bedeutendsten jüdischen Komponisten des 19. Jahrhunderts, Meyerbeer, Jacques Offenbach (der sich später taufen ließ) und Felix Mendelssohn-Bartholdy (der bereits als Kind getauft wurde), sind Musiker, die ganz zur allgemeinen Musikgeschichte gehören und deren Judesein oder jüdische Abkunft eine wegdenkbare Zufälligkeit ist. Dabei hat Meyerbeer auch einige synagogale Kompositionen geschrieben. – Wie gering die Bedeutung des Judentums für die meisten der jüdischen Musiker war, zeigt uns Gustav Mahler, der als bereits berühmter Dirigent und Komponist die Taufe nahm, um an die Wiener Hofoper berufen werden zu können. Erst bei einigen Komponisten des 20. Jahrhunderts, wie Schönberg, Milhaud, Ernest Bloch, finden wir mit dem neuerwachten jüdischen Selbstbewußtsein auch eine jüdische Thematik und Ansätze zu einer jüdischen religiösen Musik, während bei anderen auch zu dieser Zeit ihr Judentum nicht in ihrer Musik zum Ausdruck kam, z. B. bei Kurt Weill, der durch seine Musik zu den zeitkritischen Bühnenwerken Bert Brechts berühmt wurde, oder den verschiedenen jüdischen Operettenkomponisten und Dirigenten.

Die modernen Nachfahren der Sänger und Musikanten im Tempeldienst, der Spielleute auf Hochzeiten und Festlichkeiten, sind Legion. Eine eigentlich jüdische Komponente läßt sich bei diesen ausführenden jüdischen Musikern kaum feststellen. Nur Synagogen-Vorbeter wechselten häufig in den Konzertsaal und auf die Opernbühne und von diesen im Alter auch wieder zurück.

Die Teilnahme am allgemeinen Kulturleben

In der *bildenden Kunst* lagen die Dinge ähnlich wie in der Musik. Schon in antiken Synagogenmosaiken finden wir bildliche Darstellungen, auch von Menschen. Aus dem Mittelalter gibt es eine große Zahl illuminierter Handschriften. Später erschienen als Fortsetzung dieser Illuminatoren jüdische Miniaturmaler und Medailleure, wie überhaupt eine reiche jüdische Haus- und Gebrauchskunst zur Verzierung von Geräten für gottesdienstliche Zwecke. In Stil, Technik und meist auch der Themenwahl gehört die Malerei der Juden, wie auch die seltenere Plastik, zur jeweils zeitgenössischen Kunst, auch wenn sie jüdische Thematik verwendeten, wie es z. B. Moritz Oppenheim tat, Jozeph Israels und Lesser Ury und gelegentlich Max Liebermann. Lesser Ury zeigt auch Ansätze zu einer jüdisch-religiösen Malerei, allerdings nicht in Abwandlung volkstümlicher Motive, wie es später Marc Chagall gelang. Bei Hermann Struck, Efraim Moses Lilien, Ludwig Meidner, Josef Budko und Jakob Steinhardt kommt jüdisches Schicksal nicht nur in zufälliger Themenwahl zur Gestaltung. – Neben ihnen steht natürlich eine große Zahl von Künstlern, die nur zufällig Juden waren.

Noch ein anderer Aspekt der Teilnahme von Juden am literarischen, musikalischen und künstlerischen Kulturleben muß erwähnt werden: die wichtige Rolle von Juden als aufgeschlossenes Publikum. Diese anscheinend nur passive Funktion des Zuhörens, des Echos und in manchen Fällen des Verlegers und Mäzens trug häufig zur Durchsetzung neuer, ungewohnter Kunstrichtungen und ihrer Träger bei. Auch als Antiquare und als Kunsthändler gelangten einige deutsche Juden zu internationaler Bedeutung.

In den *geisteswissenschaftlichen* Disziplinen war die Lage der jüdischen Gelehrten in besonderer Weise prekär. Der Schuldienst, der für die Absolventen philosophischer Fakultäten im allgemeinen das große Auffangbecken war, blieb Juden praktisch verschlossen, zumal die Zahl jüdischer Schulen klein war und mit der Zeit immer mehr zusammenschrumpfte. Unter Historikern und Philologen jüdischer Herkunft finden wir daher eine besonders große Zahl getaufter Juden, darunter Namen von Bedeutung, wie den Germanisten Michael Bernays, die Historiker Philipp Jaffé und Emil Bernheim, den Semitisten Lidzbarski, den klassischen Philologen Eduard Norden und andere.

Diejenigen, die ihr Judentum nicht aus Karrieregründen aufgeben wollten, aber auch nicht Rabbiner werden wollten oder konnten, hatten sich zumeist mit großer Mühe und in unangemessenen Stellungen durchzuschlagen. Wir hörten bereits, daß Zunz und Steinschneider zeitweise Leiter von jüdischen Schulen waren. Der Indogermanist Siegmund Feist war

Direktor eines jüdischen Waisenhauses. Julius Fürst war und blieb Privatdozent in Leipzig und erhielt erst nach 25 Jahren den Titel eines Honorarprofessors. Moritz Lazarus war in Bern zwar schon 1860 Professor der Philosophie gewesen. In Preußen wurde er 1867 Professor an der Kriegsakademie, 1874 an der Berliner Universität nur Honorarprofessor. Erst die Ära des liberalen preußischen Kultusministers Falk, den Bismarck während des Kulturkampfes an die Spitze der preußischen Unterrichtsverwaltung stellte (1872–1879), brachte vorübergehend einige Erleichterungen. Damals wurde Hermann Cohen Ordinarius der Philosophie in Marburg, der Mediziner Ferdinand Cohn Professor in Breslau.

Viele Gelehrte, die wir als Träger der Wissenschaft des Judentums erwähnt haben, waren ihrer wissenschaftlichen Leistung nach *Orientalisten*, wie Geiger, Fürst, Steinschneider, Bacher. Ihnen möchte ich noch den bedeutenden Islamforscher Ignatz Goldziher hinzufügen, der in Budapest lehrte, die Hebraisten Jakob Barth, David Heinrich Müller und Harry Torczyner (Tur-Sinai), den Lexikographen der talmudischen Literatur Jakob Levy in Breslau, den Bibelwissenschaftler Benno Jacob in Dortmund, um nur die wichtigsten zu nennen.

Die *klassische Philologie* wies im 19. Jahrhundert zwei bis heute berühmte Gelehrte auf: den lateinischen Lexikographen Wilhelm Freund (1806–1894) in Breslau, dessen großes Wörterbuch die gesamte und besonders die englische lateinische Lexikographie beeinflußt hat, und Jakob Bernays (1824–1881), der zum ersten Dozentenkreis des Breslauer Jüdisch-Theologischen Seminars gehörte. Bernays Arbeiten über jüdische Einflüsse auf die griechische Literatur und zur griechischen Philosophie gehören zu den großen Leistungen der klassischen Philologie in der zweiten Hälfte des 19. Jahrhunderts.

Von bedeutenden *Germanisten* seien der Lexikograph Daniel Sanders (1819–1897) genannt, sowie Ludwig Geiger (1848–1919), der Sohn Abraham Geigers. Die lange Zeit populärste Goethe-Biographie stammte von Albert Bielschowsky (1847–1902). Sie wurde später durch die Friedrich Gundolfs (1880–1931) abgelöst, eines der jüdischen Mitglieder des Kreises um Stefan George.

Unter den *Historikern* ist zu nennen: Harry Bresslau (1848–1926), Schüler von Droysen und Ranke, der einer der Begründer der historischen Urkundenlehre war. Er war Professor in Straßburg und arbeitete gelegentlich auch auf dem Gebiet der Geschichte der Juden im Mittelalter. Durch seine Lehrbücher und Arbeiten zur »Diplomatik« galt er als eine Autorität in Interpretation und historischer Nutzung mittelalterlicher Quellen. – Philipp Jaffé (1819–1870) war ein tragisches Beispiel für die Frustrationen eines jüdischen Wissenschaftlers. Er galt als hervorragender Mediaevist. Trotz seines Judentums wurde er Mitarbeiter der Monumenta Germaniae Historica und schließlich a. o. Professor, gegen den Willen seines Chefs Pertz, der ihn im Laufe der Jahre mit zunehmendem Haß verfolgte. Jaffé endete durch Selbstmord, nachdem er zwei Jahre vorher die Taufe genommen hatte.

Eugen Täubler (1879–1953) ist wohl in der nächsten Generation ein Historiker von allgemein anerkannter Geltung und Einfluß gewesen. Er war Gründer und langjähriger Leiter des »Gesamtarchivs der deutschen Juden«, Leiter der wissenschaftlichen Arbeit der »Akademie für die Wissenschaft des Judentums«. 1925 wurde er Professor in Heidelberg. Trotz seiner amtlichen starken Verbundenheit mit jüdisch-historischer Arbeit behandelten seine Werke vornehmlich die Geschichte des römischen Imperiums. Er war der letzte Assistent von Theodor Mommsen und dadurch stark rechts- und sozialgeschichtlich interessiert. Das späte Rom und der Hellenismus waren seine Themen, die er mit den entsprechenden Erscheinungen in der jüdischen Geschichte, insbesondere der des frühen Mittelalters, verknüpfte.

In der *Psychologie* ist Sigmund Freud (1856–1939) ein entscheidender Schritt durch seine psychoanalytische Methode zu verdanken. Sie hat unser Verstehen des Menschen umgewandelt und Nachwirkungen auf fast allen Gebieten der modernen Kultur gehabt.

William Stern (1871–1938) hat als Psychologe mit stark philosophischem Einschlag die Bildung der menschlichen Persönlichkeit untersucht. Er gilt als der Begründer der modernen Kinderpsychologie.

Max Wertheimer (1880–1943) hat zusammen mit Wolfgang Köhler die sogenannte »Gestaltpsychologie« ausgebaut, die die Handlungen untrennbar verwoben in einem Gesamtkomplex sieht und sie von diesem Ganzen, der Gestalt, her, betrachtet.

Kurt Lewin (1890–1947) übertrug gestaltpsychologische Gedanken auf die Kinderpsychologie und die Lösung sozialer Konflikte. Er beschäftigte sich auch mit der prekären wissenschaftstheoretischen Stellung der Psychologie.

Freuds Gegenpol war Alfred Adler (1870–1937), der Begründer der namentlich pädagogisch sehr wichtig gewordenen »Individualpsychologie«, die das Freudsche Sexualprinzip durch sozial wirksame Haltungen wie Geltungsstreben und Minderwertigkeitskomplexe ersetzt.

Der in Danzig geborene Hugo Münsterberg (1862–1916) wirkte in Amerika. Er gilt als erster Wirtschaftspsychologe und Begründer der Psychotechnik. Münsterberg ließ sich als junger Dozent taufen.

Der Einfluß der Juden auf die *Philosophie* beginnt, wenn man will, mit Philo in Alexandrien. Maimonides war wohl der erste jüdische Philosoph, der in Deutschland Nachwirkungen hatte – auf Albertus Magnus und Meister Eckehart. Auch den Einfluß auf Kabbala auf die Naturphilosophie der Renaissancezeit und die nachfolgende Mystik habe ich bereits gestreift.

Mendelssohn war dann der erste aktive deutsch-jüdische Philosoph. Salomon Maimon und die jüdischen Kantianer habe ich in einem besonderen Kapital behandelt. Der Neukantianismus Hermann Cohens und Ernst Cassirers bildete einen wichtigen Beitrag zur modernen Philosophie, dem wohl eine größere Bedeutung zukommt, als es heute oft den Anschein hat.

Eine größere geistesgeschichtliche Wirkung ging auch von anderen jüdischen Philosophen aus. Heymann Steinthal (1823-1899) und Moritz Lazarus (1824-1903) begründeten die an Herbart und Wilhelm von Humboldt orientierte Völkerpsychologie. Im Zusammenhang mit dieser arbeiteten sie, namentlich Steinthal, auch über die Philosophie der Sprache. Seine vielseitige Sprachkenntnis umfaßte auch Chinesisch und Negersprachen. – Edmund Husserl (1859-1938) hat die in der Zeit zwischen den beiden Weltkriegen sehr einflußreiche »phaenomenologische« Richtung begründet. Er, wie manche seiner jüdischen Schüler (Edith Stein, der Halbjude Max Scheler), wurde katholisch. Aus der Phaenomenologie ist dann die moderne Existenzphilosophie entstanden.

Eine selbständige religiöse Existenzphilosophie lehrten Franz Rosenzweig (1886-1929) und Martin Buber (1878-1965). Namentlich Bubers dialogische Philosophie ist in Deutschland sehr bekannt geworden.

Ihnen nahe stand Hugo Bergmann (1883-1975) in Jerusalem, der, von Brentano herkommend, auch von Maimon und Cassirer stark beeinflußt war. Er beschäftigte sich auch mit den Problemen der modernen Physik und den verschiedenen Versuchen einer neuen Logik.

Karl Joel (1864-1934) in Basel schrieb einflußreiche geistesgeschichtliche und kulturpolitische Werke, nicht allzufern von Cohen.

Wenn wir abschließend diesen Abriß über den Anteil von Juden an der deutschen Kultur überblicken, so sehen wir recht deutlich zwei oder drei Gruppen sich abheben.

Zunächst die große Gruppe der Zufallsjuden, die mit ihrem Judentum nichts mehr bewußt verbindet als ihre Abstammung, die das Judentum aber formell nicht verließen. In meinem Überblick tritt der überwiegende Anteil dieser Gruppe vielleicht nicht so deutlich hervor, wie er es quantitativ war. Denn zu ihr gehörte die große Mehrzahl der jüdischen Intellektuellen. Neben ihnen steht eine kleinere Gruppe, die gelegentlich auch an jüdischen

Angelegenheiten Anteil nahm, für die diese aber nicht im Mittelpunkt ihres Wirkens und Interesses standen.

Dann aber gab es die Gruppe, die ihren Beitrag zum deutschen Geistesleben gerade als einen jüdischen Beitrag angesehen wissen wollte. Die beiden Quellen ihres Seins, die jüdische wie die deutsche, waren für sie eine Einheit. Sie wollten keine von beiden verleugnen. Als Wissenschaftler oder als Künstler war ihnen bewußt, daß Kultur aus dem Zusammentreffen verschiedener und ursprünglich einander fremder Elemente entsteht. Sie glaubten, durch ihren jüdischen Beitrag an dem Kaleidoskop der deutschen Kultur mitzuschaffen. Bezeichnend sind die Titel, die sie manchmal ihren Werken gaben. Franz Rosenzweig z. B. nannte eine Sammlung seiner Aufsätze »Zweistromland«, der Pädagoge und Schriftsteller Jakob Löwenberg einen autobiographischen Roman »Aus zwei Quellen«. Jakob Wassermann spricht von seinem »Weg als Deutscher und Jude«. Das bedeutendste Beispiel für diese Gruppe ist Hermann Cohen. Er trat mit den Mitteln der deutschen Philosophie an das Judentum heran. Dieser deutschen Philosophie gab er aber in seiner Ethik bewußt eine jüdische Grundlage.

Trotz aller anscheinend so engen Verflechtungen der Juden mit der deutschen Kultur blieb in der Umwelt – oft unbewußt und verschämt, oft deutlich und aggressiv artikuliert – ein Unbehagen, eine Reserviertheit gegenüber jüdischen Kulturleistungen bestehen. Der Bereitschaft und dem ehrlichen Bemühen der deutschen Juden zu kultureller Symbiose fehlte der Widerhall auf der anderen Seite.[238]

---

[238] Vgl. G. Scholem, Wider den Mythos vom deutsch-jüdischen Gespräche, 1964. Wieder abgedruckt in Siholem, Indaica II, 1970. Frankfurt.

18. Selbstdarstellungen des Judentums I.

Parallel zu den geistesgeschichtlichen Tendenzen, die ich in den vorhergehenden Abschnitten geschildert habe, finden wir – wohl zum ersten Mal in der jüdischen Geistesgeschichte – Versuche von *Selbstdarstellungen des Judentums*. Das Erscheinen solcher Selbstdarstellungen enthüllt, wie mir scheint, etwas ganz Neuartiges. Als das Judentum noch Lebensform und Denken, Gesellschaft und Haus des Juden beherrschte, war eine besondere Reflexion über den Sinn und das Wesen des Judeseins und Judentums unbekannt gewesen. Man hatte es nicht nötig, sich selbst zu analysieren, die Berechtigung der eigenen Existenz der Umwelt, namentlich aber sich selbst zu beweisen.

Auch früher hatte es eine jüdische *Religionsphilosophie* gegeben, und es gab polemische und apologetische Schriften. Aber die jüdische Philosophie des Mittelalters strebte nur, die Gesichtspunkte der philosophischen Systemrichtungen mit dem Judentum in Einklang zu bringen. Das Judentum selbst war jedoch den Autoren die unzweifelhafte Basis, auch wenn die versuchte Amalgamierung der philosophischen Lehren sie zu Umdeutungen zwang, die sowohl das überlieferte Judentum wie die Philosophie betrafen. Auch die Verfasser der alten Polemiken und Auseinandersetzungen mit Christentum, Islam und Karäern waren insofern offensiv, als sie von der eigenen unbezweifelten Position ausgingen. Der »Cusari« des Jehuda Halevi, den man am ehsten noch eine Selbstdarstellung des Judentums nennen könnte, bestätigt gerade diesen aggressiven Charakter, der zu einer Missionsschrift so gar nicht zu passen scheint.[239]

Das hatte sich nun geändert. Das Erscheinen von Selbstdarstellungen und das Bedürfnis nach ihnen enthüllt eine neue Situation. Mit der zunehmenden Entfremdung wurde das Judentum für viele Juden nicht mehr als

---

[239] Eine Schrift des Dichters und Arztes Jehuda Halevi (ca. 1085 bis ca. 1140), die in Form eines Dialoges zwischen dem König der Chasaren und einem jüdischen Gelehrten eine Auseinandersetzung mit der Philosophie und den anderen Religionen gibt. Dieses sehr populäre Buch des bedeutendsten der hebräischen Dichter in Spanien war arabisch geschrieben und wurde von Juda ben Saul Ibn Tibbon (1120–

selbstverständlich akzeptierte Basis empfunden. Man suchte eine Bestätigung seines Judentums durch die Auseinandersetzung mit den geistigen und zum Teil auch den religiösen Strömungen der Zeit. Der apologetische Zug, der den Selbstdarstellungen eigentümlich ist, ist hier nicht nach außen, sondern nach innen gerichtet.

Eine solche Apologetik nach innen war nicht etwa auf das Judentum beschränkt. Auch in der herrschenden Religion, dem Christentum, finden wir ähnliche Züge der notwendig gewordenen Selbstdarstellung. Denn Religion überhaupt hatte die beherrschende Rolle im geistigen Bewußtsein eingebüßt. Von Schleiermachers »Reden über die Religion« bis zu Harnacks »Wesen des Christentums« suchte man »die Gebildeten unter ihren Verächtern« für ein Verständnis der Religion, für die Wahrheit oder Überlegenheit des Christentums wieder zu gewinnen.

Für das Judentum kam zu diesem allgemeinen Bedürfnis noch seine besondere Problematik hinzu. Die christlichen Theologen setzten in unbekümmerter Selbstverständlichkeit Religion mit christlicher Religion gleich. Und die großen Philosophen – Kant, Schelling und am schroffsten Hegel – hatten den Absolutheitsanspruch des Christentums sozusagen wissenschaftlich bestätigt. Manche der gebildeten Juden, die gern Anhänger der letzten philosophischen wie künstlerischen Mode zu sein strebten, griffen die mit solcher Autorität verkündeten Lehren auf. Es galt also nicht nur das Primat des Christentums zu erschüttern, die religiöse Eigenständigkeit des Judentums zu begründen; man mußte auch – womöglich mit den Methoden und von den Prämissen des Gegners her – das Judentum an die von der Religion der Mehrheit usurpierte Stelle setzen. Die Apologetik nach innen, nämlich gegenüber der jüdischen Intelligenz, war also mit einer *offensiven Polemik nach außen* verknüpft. Die meisten der Selbstdarstellungen entsprechen dieser doppelten Aufgabe – mit Ausnahme der ersten und der letzten, die aus dem Kreise des deutschen Judentums hervorgegangen sind, der Mendelssohns und Franz Rosenzweigs. Alle richten sich aber an ein jüdisches Publikum; denn sie sind Ausdruck seiner geistigen und besonders gefährdeten Situation.

Und noch ein Punkt ist bezeichnend für diese Selbstdarstellungen. Einige ihrer Verfasser waren zwar Rabbiner. Aber die wichtigsten Versuche stammen von Männern, die nicht von Berufs oder Amts wegen sich mit jüdi-

---

1190) ins Hebräische übersetzt und in dieser Form verbreitet. David Cassel (1818–1893) übersetzte es, z. T. gemeinsam mit H. Jolowicz, ins Deutsche. Das arabische Original gab Hartwig Hirschfeld 1886 heraus und ebenfalls eine deutsche und englische Übersetzung nach diesem. Johannes Buxtorf (der Jüngere) übersetzte das »liber Cosri« 1660 ins Lateinische.

schen Problemen beschäftigten, die, wenn man den auf jüdische Verhältnisse schwer passenden Ausdruck anwenden darf, Laien waren, zum Beispiel Mendelssohn, Steinheim, Lazarus, Cohen, Rosenzweig, Buber.

Die meisten der neuen Selbstdarstellungen des Judentums haben philosophischen oder theologischen Charakter. Zu ihnen gehören aber auch die großen Darstellungen der jüdischen Geschichte. Auch in diesen drücken sich verschiedene Auffassungen vom Judentum aus.

Isaak Marcus Jost (1793–1860), der erste der modernen jüdischen Historiker, der dreimal den großen Versuch machte, eine jüdische Geschichte zu schreiben[240], gehört mehr als seine Nachfolger der Gedankenwelt der Aufklärung an. Man könnte sagen, daß er, der sein Leben lang Pädagoge war, auch als Historiker die Volksbildungsbestrebungen Mendelssohns und seines Kreises fortsetzte. Von der Aufklärung her kommt auch sein Bestreben, Gegensätze zu harmonisieren. Bei ihm herrscht die Vernünftigkeit des 18. Jahrhunderts vor, und sie bestimmt auch seine Religionsauffassung. Dabei versucht er nicht, das Judentum zu einer Ideologie gemäß den herrschenden Zeitphilosophien umzumodeln. Auch darin ist er ein Nachfolger Mendelssohns, mit dem Unterschied, daß bei Jost nicht Vernunftreligion und offenbartes, für den jüdischen Stamm bindendes Gesetz die Komponenten des Judentums sind. Bei Jost tritt neben die Vernunftreligion die Geschichte dieses jüdischen Stammes an Stelle des Gesetzes.[241]

Heinrich Graetz verbindet dagegen, wie ich bereits im 14. Kapitel ausführte, Ideen- und Volksgeschichte. Der »magische Rapport« von Volk, Land und Lehre bestimmt sein Bild vom Judentum. Als Religion, als Nation und in seiner Geschichte ist das Judentum für Graetz eine Erschei-

---

[240] Vgl. oben Anm. 150. Über Jost vgl. namentlich N. Rotenstreich, S. 43 ff. und 143 ff., Max Wiener, S. 209–217, Salo W. Baron, History and Jewish Historians, Philadelphia 1964, S. 240–262, G. Herlitz, Yearbook LBI IX, 1964, S. 71–76 und meinen Artikel »Jost« in der Neuen Deutschen Biographie X., 1974.

[241] In letzter Zeit wird gern betont, daß Jost keine Ideen- oder Religionsgeschichte des Judentums, sondern »Geschichte der Israeliten«, also der Menschengruppe schrieb. Erst sein Alterswerk handelte vom »Judentum und seinen Sekten«, ist aber wesentlich Literatur- und Gelehrtengeschichte. Ich halte es für durchaus abwegig, in Jost deshalb einen Vorläufer einer national-jüdischen oder gar präzionistischen Geschichtsauffassung zu sehen, wie es zuletzt Herlitz, aber auch Rotenstreich, Dünaburg und wohl auch Baron taten. Die Bezogenheit auf Menschengruppen und Gesellschaften scheint mir geradezu typisch für die Historik des 18. Jahrhundert, von Hobbes über Vico bis Rousseau, Schiller und Herder, bei dem allerdings der Übergang zur Romantik einsetzt. Auch Josts Eintreten für die hebräische Gebetssprache hat, wie gerade Rotenstreich zeigt, nichts mit nationaljüdischen Motiven zu tun; im Gegenteil, er spricht ihr als heiliger Sprache eine besondere religiöse Funktion zu, wie es später auch Hermann Cohen tat.

nung sui generis, eine Idee, die in der jüdischen Geschichte sich entwickelt. Die Außenwelt tritt in diese Geschichte im wörtlichen Sinne nur von außen ein, ohne an der Innenwelt des Judentums rühren zu können. Sie kann verfolgen, physisch vernichten, aber nicht zerstören. Die Judenheit selbst tritt bei Graetz zurück. Sie ist als Opfer der Verfolgungen, als Gemeinde von Märtyrern, Objekt der Geschichte, aber kein selbständig handelnder aktiver Faktor. Aus dieser anonymen Masse, die duldend Lebenskraft und Glauben des Judentums bezeugt, treten die Persönlichkeiten der Propheten und Lehrer, Helden und Märtyrer, der Philosophen, Dichter und Gelehrten heraus. In diesen entfaltet sich in stetig neuer Lebendigkeit die Idee des Judentums. Sie sind die Akteure, die Entwicklung und Geschichte des Judentums bestimmen. – Man hat abwertend von der Märtyrer- und Gelehrtengeschichte gesprochen, die Graetz geschrieben habe. Aber er hat mit psychologischem Instinkt erkannt, in wem das jüdische Volk die eigentlichen Helden seiner Geschichte gesehen hat, die ihm Richtung und Beständigkeit seines Weges gegeben haben.

Abraham Geigers Darstellung des Judentums hatte im Laufe der Zeit eine merkliche Änderung erfahren. In der eigentlichen Selbstdarstellung, den Vorlesungen »Das Judentum und seine Geschichte« und der »Einleitung in das Studium der jüdischen Theologie« tritt eine schroff universalistische, konfessionalistische Auffassung des Judentums hervor. Das Judentum streife in seiner Entwicklung von den großen Propheten an immer mehr seine partikularistischen Züge ab. War es im Mittelalter unter dem Druck der Verfolgungen gezwungen, sich in die absondernde Schale des Gesetzes wiederum einzuspinnen, so bestehe nun im Zeitalter der Emanzipation wieder die Möglichkeit und auch die Pflicht, die eigentliche Entwicklungslinie des prophetischen Judentums wieder aufzunehmen. Erst in der »Allgemeinen Einleitung in die Wissenschaft des Judentums«, die er 1872–1874 an der Hochschule für die Wissenschaft des Judentums las [242], wird der Verbindung des Judentums mit dem jüdischen Stamme ein besonderer Wert und Gewicht beigemessen. Das Allgemeine der universalen religiösen Idee entfaltete sich in der individuellen Geschichte des jüdischen Volkes. Gerade in dieser Bindung der reinen Gottesidee an einen sie tragenden Volkskörper sieht er den Vorzug des Judentums gegenüber Christentum und Islam.

Geiger ist jetzt gar nicht mehr so fern von der Haltung eines Graetz, [243]

---

[242] Die beiden »Einleitungen« erschienen erst im 2. Band der nachgelassenen Schriften, 1876.
[243] Diese Annäherung der Reform zu dem positiv-historischen Judentum des Breslauer Seminars führte zur Entstehung der in Deutschland vorherrschenden

Noch einseitiger als bei Graetz ist für Geiger jüdische Geschichte, Geschichte der jüdischen Religion, nicht so sehr Geschichte ihrer Träger.[244] Trotz dieser Einschränkung überrascht bei Geiger wie bei Graetz das geringe theologische Interesse. Beide sind wesentlich historisch, Geiger dazu noch sprachwissenschaftlich orientiert. Soweit sie theologische Fragen berühren, werden diese historisch oder bestenfalls im Rahmen einer theologisch präjudizierten Geschichtsphilosophie interpretiert. Bei Geiger kommt der pragmatische Zug, der Bezug auf die Bedürfnisse der Reformbewegung hinzu.

Ein von seinen Vorgängern ganz abweichendes Bild vom Judentum entwickelt *Simon Dubnow* (1860–1941).[245] Es ist von der geschichtlichen Situation des Ostjudentums bestimmt. In Polen und Rußland hat der nationale Charakter der Judenheit den Juden selbst niemals in Frage gestanden. Sie waren in der slawischen Umwelt stets eine geschlossene nationale Minderheit. So ist für Dubnow jüdische Geschichte ganz natürlich die Geschichte des jüdischen Volkes. Ihr Thema ist die Behauptung der nationalen Autonomie zu allen Zeiten und unter allen Umständen, auch in der Diaspora, gegenüber den vielfältigen Versuchen der meist feindlichen Umwelt, diese Autonomie zu brechen, einzuschränken und zu kontrollieren. Die Bewahrung ihrer Autonomie machte die Juden zum Subjekt ihrer Geschichte, nicht zu ihrem bloßen Objekt.

Der nationale Autonomiegedanke bedingt Dubnows besonderes Interesse für die organisatorischen und sozialen Verhältnisse der Gemeinden. Mit ihm beginnt die soziologische Methode in der jüdischen Geschichtsschreibung. Allerdings wird aus dieser Methode die Religionssoziologie ausgeklammert. Für religiöse Dinge hat Dubnow wenig Sinn. Er sucht sie als handlungsbestimmende Faktoren aus seinem Geschichtsbild auszuschließen. Der »Judaismus«, wie er die jüdische Religion nennt, wird von ihm nicht als Wurzel, sondern als Ausdruck der nationalen Kultur angesehen. Mit der freigeistigen, antikirchlichen Aufklärung, wie sie sich in Frankreich seit dem 18. Jahrhundert entwickelt hatte, teilt Dubnow »die Abneigung gegen die Anerkennung metaphysischer Kräfte im Weltgeschehen und entbehrt daher auch des Verständnisses für die Wirksamkeit reli-

---

Richtung und religiösen Partei, die sich bezeichnenderweise nicht mehr Reform, sondern »liberales Judentum« nannte.

[244] Auch wo er sich – wie in der »Urschrift« – mit politisch-religiösen Parteibildungen befaßt.

[245] Eine theoretische Begründung seines Geschichtsbildes gab Dubnow in »Die jüdische Geschichte. Ein geschichtsphilosophischer Versuch«. 2. Aufl., Frankfurt 1921.

giöser Kräfte im Judentum«.[246] Dubnows weltliches Bild vom Judentum ist nicht weniger einseitig als das religiöse seiner Vorgänger. Es wird äußerst eindrucksvoll präsentiert und hatte eine starke Rückwirkung, namentlich auf die ostjüdische Intelligenz und den aufkommenden Zionismus.[247]

Selbstdarstellungen des Judentums im engeren Sinne sind die Versuche, die Eigenart des Judentums mit den Mitteln und gegenüber den *philosophischen* Richtungen der Zeit darzustellen.

Die erste dieser modernen Reflexionen über das Judentum war Moses *Mendelssohns* »Jerusalem«. Hier hatte erstmals in deutscher Sprache ein Jude sein Judentum dargestellt und dessen Eigenständigkeit begründet. Er hatte es mit der natürlichen Vernunftreligion gleichgesetzt. Zum Erstaunen seiner Zeitgenossen zeigte er im Judentum eine dogmatisch freie Religion, deren eigentlich jüdischer Inhalt auf das offenbarte göttliche Gesetz beschränkt sei.

Im jüdischen Lager wirkte die Mendelssohnsche These in der Reformbewegung und der Neuorthodoxie nach. Die Außenwelt überraschte der von Mendelssohn ausgedrückte Anspruch des Judentums, ein gleichberechtigter Faktor in der modernen Kulturwelt zu bleiben – neben den herrschenden christlichen Konfessionen. Mendelssohn verlangte nicht Unterordnung einer Religion unter die andere, sondern Geltenlassen, Toleranz für Juden und Judentum. »Wer die öffentliche Glückseligkeit nicht stört, wer gegen die bürgerlichen Gesetze, gegen euch und seine Mitbürger rechtschaffen handelt, den laßt sprechen, wie er denkt, Gott anrufen nach seiner Väter Weise, und sein ewiges Heil suchen, wo er es zu finden glaubt. Laßt niemanden in euern Staaten Herzenskündiger und Gedankenrichter sein, niemanden ein Recht sich anmaßen, das der Allmächtige sich allein vorbehalten hat! Wenn wir dem Kaiser geben, was des Kaisers ist, so gebt Ihr selbst Gott, was Gottes ist! Liebet die Wahrheit! Liebet den Frieden!«[248] Mit der religiösen Gleichberechtigung für das Judentum wird von Mendelssohn die Forderung nach ihrer bürgerlichen Gleichberechtigung verbunden.

Mendelssohn, der Philosoph und der Jude der Aufklärung, durfte und

---

[246] I. Elbogen, Zu S. Dubnows Geschichtswerk. MGWJ, 70 (1926), S. 147.

[247] Dubnow war Nationaljude, aber kein Zionist. Er suchte die jüdische nationale Autonomie in den jüdischen Massensiedlungen Osteuropas zu festigen und politisch zu organisieren. Er war einer der Initiatoren der autonomistischen Parteien, die nach dem Ersten Weltkrieg in Polen und den anderen Randstaaten Rußlands entstanden waren. Bereits 1906 hatte er eine solche Partei im zaristischen Rußland gegründet.

[248] Schlußsätze von Mendelssohns »Jerusalem«.

konnte sich mit dieser Forderung der Gleichstellung der Religionen begnügen. Er brauchte sich nur gegen die Tendenzen der christlichen Aufklärungstheologie zu wenden, die das Judentum abzuwerten suchten. Die Aufklärung in Deutschland hatte die allen Menschen gemeinsame universale Vernunftreligion ganz unbefangen im Christentum gesehen. Das Judentum wurde als ein nationales, politisches Gesetz angesehen, das von einem göttlichen Despoten den Juden auferlegt worden sei. Von jedem Anteil an der Vernunftreligion schien es durch diesen Charakter ausgeschlossen, wenn man ihm nicht überhaupt – wie noch Kant – den Namen einer Religion aberkannte. Von Spinoza bis zu Kant war das der Consensus. Auch Mendelssohn war diesem Consensus der Aufklärung nicht ganz entgangen. Denn auch er trennte die Vernunftreligion von dem göttlichen, offenbarten und den Juden auferlegten Gesetz. Damit hatte er, wie es schien, die landläufige These bestätigt. Aber er hatte nicht nur die Vernunftreligion mit dem dogmatischen Inhalt der jüdischen Religion gleichgestellt und damit den Monopolanspruch des Christentums auf jene erschüttert. Er hatte auch beide Elemente im Judentum nebeneinandergestellt, die Begriffswelt der Vernunftreligion und das religiöse Handeln, dessen religiöse Legitimität in der Offenbarung an Israel liege. Ewige und Geschichtswahrheit seien im Glauben und Leben der Juden vereint.

Eine Generation später hatte sich im Denken der Umwelt eine entscheidende Wandlung vollzogen. Die Romantik hatte die Aufklärung abgelöst und sie fast zum alten Eisen geworfen.

Die neue philosophische Entwicklung begann mit Fichte. *Fichte* bildete die Maimonsche Interpretation des kantischen Dinges an sich als infinitesimalen Grenzwert zu einem Subjektivismus aus. Das Ich steht dem Nicht-Ich gegenüber. Aber dieses Nicht-Ich ist von dem Ich, das es setzt, abhängig. In diesem Verschwinden des Objekts, des Gegenstandes des Erkennens, im Subjekt tritt die Wendung zum spekulativen Idealismus [249] ein, der als sogenannter deutscher Idealismus die ersten Jahrzehnte des 19. Jahrhunderts beherrschte. Seine großen Repräsentanten waren Fichte, *Schelling* und *Hegel*. Er nahm bei Fichte durch die Verbindung des Ich mit Freiheit und Willen eine ethische Richtung an. Schellings Idealismus bringt

---

[249] Friedrich Heinrich Jacobi hatte frühzeitig vor dieser möglichen Konsequenz der kantischen Philosophie gewarnt, schon 1787, sieben Jahre vor dem Erscheinen von Fichtes Wissenschaftslehre (vgl. F. H. Jacobi, Werke, 2. Bd., 1815, S. 36 ff. und 310). Kant selbst hat sich gegen Fichtes Wissenschaftslehre in einer öffentlichen Erklärung in der Jeaner Allgemeinen Literaturzeitung (Nr. 109, 1799, vgl. Bd. 8, S. 306 in Vorländers Kantausgabe) und in einem Brief an Tieftrunk vom 5. 4. 1798 verwahrt.

die Natur, als Erscheinung des Ich, dessen Organ die Kunst ist, hinzu. Das Bewußtlose im Handeln und Produzieren der Natur ist identisch mit dem Bewußten. Diese Identitätsphilosophie Schellings wird schließlich von Hegel zu einem ewigen logischen Prozeß der dialektischen Selbstbewegung des Geistes umgestaltet.

All diesen Systemen des Idealismus ist ein mystischer Pantheismus eigentümlich. Am stärksten bei Schelling, der früh zu einer merkwürdigen Philosophie des Mythos gelangte. Aber auch bei Fichte ist der Gott-Wille mit der Welt eins. Das selige Leben wird in der Vereinigung mit Gott als dem Einen, Absoluten gefunden. Und bei Hegel gipfelte die »Phaenomenologie des Geistes«, seine Äußerungen und seine Selbstbewegung in Geschichte, Natur und Religion – im absoluten Wissen.

Es ist ein *Geistespantheismus*, der die verschiedenen Ausprägungen des Denkens jener Zeit beherrscht. *Geist* ist das neue Kennwort, das die Romantik in die Geschichte der Philosophie einführte. Geist ist einer der verschwommensten und vieldeutigsten Begriffe. Seine Ahnenreihe ist sehr lang. In ihm wirken nach die platonische Idee und der aktive Intellekt des Aristotelismus, Vorstellungen der Naturphilosophie der Renaissance, die Substanz Spinozas, animistische und biblisch-religiöse Momente und insbesondere die spezifisch christliche Umdeutung des »Heiligen Geistes«. Alle diese Elemente haben zu dem Geistbegriff des deutschen Idealismus Teilaspekte beigetragen.[250] Er erscheint als ein dynamischer, in seinen Hauptprägungen ist er aber gerade ein statischer Zentralbegriff[251] in der Philosophie der ersten Hälfte des 19. Jahrhunderts.

Ein zweites Merkmal dieser Zeitrichtung ist die *dialektische Methode*, die eng mit der Geistesphilosophie verbunden ist. Sie tritt als Setzung und Gegensetzung und als eine beide vereinende Synthese auf. Dieser Dreitakt führte oder verführte zu der leicht sich anbietenden Analogie mit der christologischen Trinität. »Die Religionsphilosophie des spekulativen Idealismus war in ihren bedeutendsten und einflußreichsten Leistungen eine philosophische Deduktion des Christentums. Hatte der ältere Rationalismus in dem Glauben an Gott, Freiheit und Unsterblichkeit den Ver-

---

[250] Geist ist, wie mir scheint, eine Eigenschöpfung der Literatur und der Philosophie des deutschen Idealismus. Er hat keine Entsprechungen in der allgemeinen philosophischen Terminologie. Weder entspricht ihm der französische esprit, noch im Englischen »spirit« oder »mind«, die deutlich eine psychologische Färbung haben. Auch die in Deutschland so geläufigen Bezeichnungen Geisteswissenschaften und Geistesgeschichte sind anscheinend unübersetzbar. Bezeichnenderweise gebrauchet weder Kant noch F. H. Jacobi den Terminus Geist.

[251] Schellings Indifferentes mit seinen Potenzen, Hegels Weltgeist, dessen dialektische Selbstbewegung sich in ihm selbst abspielt.

nunftinhalt der Religion gesehen, so verlegte man nunmehr die Tiefe der religiösen Wahrheit gerade in die spezifisch christlichen Lehren, die bisher im günstigsten Falle als übervernünftige Ergänzung jener rationalen Grundwahrheiten geduldet worden waren.«[252] Die irrationalen Dogmen der Trinität, der Menschwerdung Gottes etc., wurden mit historischen Entwicklungen des Geistes und seinen dialektischen Bewegungen gleichgesetzt, insbesondere bei Hegel. Die Absolutheit der *christlichen* Religion sollte so philosophisch begründet werden.

Die deutschen Juden, die gerade begannen, sich in deutscher Sprache und Kultur zu integrieren und an beiden aktiv teilzunehmen, standen plötzlich geistigen Strömungen gegenüber, die ihren an Lessing und Mendelssohn orientierten Leitbildern so gar nicht glichen. Statt der gleichen Anerkennung für alle, die auf verschiedenen Wegen zu den gemeinsamen Wahrheiten der Vernunftreligion strebten, wie es Mendelssohn und seine Schüler erwartet hatten, sah man sich erneut dem Absolutheitsanspruch der herrschenden Religion gegenüber. Und dieser erschien in der schweren Rüstung der herrschenden Philosophie der Zeit, die behauptete, die absolute Philosophie zu sein.

Die jüdische Reaktion auf die neue und gefährliche Herausforderung des Judentums war eine unverhältnismäßig schwache. Denn die Mehrzahl der Gebildeten blieb der Haltung der Aufklärungsgeneration treu. Krampfhaft fuhren sie fort, ihr deutsches Kulturbild in Lessing, Mendelssohn, Schiller und Kant verkörpert zu sehen und ließen sich durch die modernen Strömungen, die über dieses hinweggegangen waren, kaum beirren. Wir sahen, daß sogar bei den Pionieren der Wissenschaft des Judentums, bei Zunz, Geiger, Graetz, ja bei Samson Rafael Hirsch, das Erbe der Aufklärung die mehr äußerlichen Einwirkungen der idealistischen Philosophie überwog. Für philosophisch-theologische Auseinandersetzungen bestand kaum Interesse. Sie fanden gewissermaßen außerhalb der jüdischen Öffentlichkeit statt und nur wenige Außenseiter nahmen an ihnen teil. In die nichtjüdische Öffentlichkeit zu dringen, hatten sie von vornherein keine Aussicht. Deshalb machten auch nur wenige den Versuch, der Herausforderung der idealistischen Philosophie an das Judentum zu begegnen.

Diese wenigen Versuche einer Selbstdarstellung des Judentums, die sich bewußt mit der neugeschaffenen philosophischen Situation auseinandersetzten, sind unter sich wieder verschieden. Verschieden auch in der Art, wie sie auf den Angriff reagieren. Aber sie alle bemühen sich, den jüdischen

---

[252] Julius Guttmann, Die Philosophie des Judentums, München 1933, S. 320.

Monotheismus von den pantheistischen Tendenzen ihrer Vorbilder abzugrenzen und eine Absolutheit des Judentums an Stelle der des Christentums zu setzen.

Nachman Krochmal (1785–1840), lebte seit seiner frühen Jugend in Żółkiew. Er war der Sohn eines reichen Kaufmanns aus Brody. Der Vater war auf Reisen in Berlin mit Mendelssohn und seinem Kreis in Berührung gekommen. Der Sohn erweiterte seine traditionelle talmudische Bildung durch umfangreiche Lektüre der mittelalterlichen jüdischen Philosophen – Saadja, Maimonides und des philosophischen Bibelkommentators Abraham Ibn Esra. Dies war eine seltene Erscheinung im damaligen Galizien zur Zeit der Ausbreitung des Chassidismus. Dazu las er die modernen Philosophen seiner Zeit von Kant bis Hegel.[253] Neben den klassischen Sprachen eignete er sich auch Kenntnisse der orientalischen an. All dies tat er als Autodidakt, der nach dem Tode seiner wohlhabenden Eltern und Schwiegereltern eine Buchhalterstelle annehmen mußte. Angebote von Rabbinatsstellen, wie die von Berlin, lehnte er ab. Zu seinen Lebzeiten hat er nur einige Zuschriften in der hebräischen Zeitschrift »Kerem Chemed« veröffentlicht. Sein großes Werk »Führer der Verwirrten der Zeit (More Newuche Hasman)« wurde auf seinen testamentarischen Wunsch durch Zunz herausgegeben, elf Jahre nach seinem Tode (1851).[254]

Zu seinen Lebzeiten bestand Krochmals Hauptwirkung in dem persönlichen Einfluß, den er auf eine Reihe jüngerer Freunde und Schüler ausübte, auf S. J. Rapoport, auf den Zolkiewer Rabbi Zwi Hirsch Chajes und auf den hebräischen Dichter Meir (Max) Letteris. Mit Zunz und Rapoport gilt R'nak[255] als einer der Pioniere der Wissenschaft des Judentums. Doch im

---

[253] Krochmal war einer der zwei einzigen Subskribenten in Galizien auf Hegels Gesammelte Schriften.
[254] Simon Rawidowicz gab 1924 in Berlin eine hebräische Gesamtausgabe von Krochmals Schriften heraus (»Kitwe R. Nachman Krochmal«) mit einer ausführlichen Einleitung. Nach Rawidowicz' Tode erschien von dieser Ausgabe eine 2. Auflage (London und Waltham Mass. 1961). Andere Literatur: Zunz' Einleitung zu seiner Ausgabe; eine Biographie von seinem Schüler Meir (Max) Letteris, Wien 1853. Alle diese, wie auch Krochmals Schriften selbst, auf hebräisch. – J. L. Landau »Nachman Krochmal, ein Hegelianer«, Berlin 1904. Derselbe »Short Lectures on Modern Hebrew Literature«, London 1938. Gegen Landau schrieb Simon Rawidowicz »War Nachman Krochmal Hegelianer« in HUCA, Vol. 5, 1928, S. 535–582. Vgl. auch die ausführlichen Abschnitte bei A. Lewkowitz und N. Rotenstreich. Julius Guttmann, der in der deutschen Ausgabe der »Philosophie des Judentums« (Berlin 1933) Krochmal nur 10 Zeilen widmete, fügte der späteren hebräischen und englischen Ausgabe ein umfangreiches Kapitel über ihn hinzu.
[255] So wird Krochmal in der hebräischen Literatur nach den Anfangsbuchstaben

Unterschied zu diesen und zu der vorherrschenden historischen Richtung dieser Wissenschaft, stand bei R'nak die historische Einzelforschung in dem festen Rahmen einer Geschichtsphilosophie, gewissermaßen als Exemplifizierung dieser.

Mehr als seine jüdischen Zeitgenossen in Deutschland gleicht Krochmal darin eher den jüdischen Gelehrten und Philosophen der früheren Jahrhunderte, daß er noch ganz unbefangen von der sicheren Basis seines Judentums ausgehen konnte. Er brauchte weder sich noch seinen jüdischen Lesern die Gültigkeit oder die Plausibilität der jüdischen religiösen Position zu beweisen. Er brauchte nicht zwei widerstreitende Geisteshaltungen miteinander auszugleichen, sein Judentum mit der zeitgenössischen Philosophie zu harmonisieren. Er fand vielmehr in der Philosophie des Idealismus das Judentum wieder. In einer zunächst naiv anmutenden Weise setzt er Philosophie und Judentum gleich.[256] Für ihn ist Judentum der Ausdruck des absoluten Geistes.

Auf Krochmal haben besonders Schelling und Hegel eingewirkt. Der Hegelsche Einfluß tritt namentlich in seiner Terminologie hervor. Von Hegel übernahm er auch die geschichtsphilosophische Methode. Nur wandelte er Hegels logisch-dialektischen Dreiklang in einen *morphologisch-genetischen* um. Hierdurch nimmt er eine verhältnismäßig selbständige Haltung ein.[257] Wohl nur, weil er hebräisch schrieb, ist diese seine Sonderstellung den Historikern des deutschen Idealismus entgangen.

Die Volksgeister unterliegen nach Krochmal den drei Stufen von Entstehen, Blüte und Niedergang. Danach treten sie vom weltgeschichtlichen Prozeß ab und werden von einem anderen Volksgeist abgelöst. Da aber die individuellen Volksgeister auch Anteil am absoluten Geist haben, Teile seiner Selbstbewegung sind, so blieben auch nach ihrem physischen Niedergang ihre geistigen Leistungen bestehen – etwa in Kunst, Literatur, Wissenschaft und Philosophie.

Auch das Volks Israel unterliege den drei genetischen Entwicklungsstufen. Aber das jüdische Volk wird von Krochmal aus diesem Schema wieder herausgenommen. Hier beginne nach jedem Niedergang ein neuer Anfang, ein neuer historisch-genetischer Zyklus. Diese Sonderstellung wird bi-

seines Namens, *Rabbi Nachman Krochmal*, genannt.

[256] In ähnlicher Weise werden wir das z. B. auch bei Samuel Hirsch finden. Doch bei Hirsch sind absolute Philosophie und absolute Religion identisch und erst als zweiter Schritt wird diese absolute Religion mit dem Judentum gleichgesetzt.

[257] Man könnte ihn einen hegelianisierenden Schellingianer, wie auch mit gleichem Recht, einen stark von Schelling und Herder beeinflußten Hegelianer nennen. Aber dieser Streit zwischen Landau und Rawidowicz erledigt sich vielleicht, wenn man Krochmal einen eigenen Weg in der idealistischen Geschichtsphilosophie zubilligt.

Selbstdarstellungen des Judentums I.

blisch-theologisch begründet und findet Bestätigung und Rechtfertigung in der philosophischen Prämisse Krochmals, die *Judentum* mit *absolutem Geist* gleichsetzte. Wenn die anderen Völker am absoluten Geist nur in Teilaspekten partizipieren, so Israel an seiner Totalität.[258]

Mit dieser engen Verbindung von absolutem Geist und Judentum, die das historiosophische Schema sprengt, hat jedoch Krochmal den teleologischen Charakter der jüdischen Geschichtslehre preisgegeben. Im allgemeinen absoluten Geist fallen göttlicher und menschlicher Geist, Religion und Philosophie zusammen. So übernimmt Krochmal den idealistischen Geistespantheismus. Gott wird zu einem neutralen Geistesbegriff ohne die Attribute des Wollens und der Freiheit.

Dadurch ergibt sich eine ganz paradoxale Konsequenz: Krochmal, der hebräisch schrieb und mit der rabbinischen wie der philosophischen Tradition des Judentums enger und organischer verbunden war als die gleichzeitigen jüdischen Wissenschaftler in Deutschland – etwa Zunz, Jost, Geiger –, der in Lebensführung und seinem Selbstverständnis nach ein orthodoxer Jude war, zeigt sich in seiner Geschichtslehre merkwürdig unjüdisch. Seine Nachwirkung war dennoch groß und entscheidend auf die hebräisch lesende jüdische Intelligenz in Galizien und Osteuropa. Hier wirkte seine historische Sicht, seine Darstellung historischer Entwicklungen und Einzelprobleme, kritisch auflockernd und bahnte der wissenschaftlichen Behandlung der jüdischen Geschichte den Weg. Doch auch die zunehmende Reserviertheit dieser Intelligenz zu jüdisch-religiösen Fragen mag in großem Maße auf Krochmals die Religion relativierende Geistesphilosophie zurückgehen.

Hatte Krochmal einen relativ selbständigen Beitrag zur Philosophie des spekulativen Idealismus gegeben, so versuchten Formstecher und Hirsch die Eigenart des Judentums innerhalb bestimmter Schulrichtungen im Idealismus zu behaupten, der eine von Fichte und besonders von Schelling her, der andere als Hegelianer.

Salomon Formstecher (1808–1889)[259] stellte sich zur Aufgabe, »das Judentum als eine absolut notwendige Erscheinung in der Menschheit zu

---

[258] Auch hierfür kann Krochmal viele biblische Sätze anführen. Er verbindet den Gedanken auch mit dem der »Sch'china«, der Einwohnung Gottes im Volke Israel.

[259] Formstecher wurde in Offenbach geboren. Mit Ausnahme seiner vier Studienjahre in Gießen war er zeitlebens in seinem Geburtsort geblieben, wo er 1831 Prediger, 1842 Rabbiner wurde. Er war Teilnehmer an den drei Rabbinerversammlungen. Der Titel seines Hauptwerkes ist »Die Religion des Geistes, eine wissenschaftliche Darstellung des Judentums nach seinem Charakter, Entwicklungsgange und Berufe in der Menschheit«, Frankfurt 1841. Außer diesem Werk veröffentlichte er Predigten, Lehrbücher und einige Aufsätze.

betrachten«. Judentum gibt es als Erscheinung, die der historischen Entwicklung unterliegt, und als Idee. In jedem seiner Entwicklungsstadien ist es aber auch ein Glied der Menschheit, das »mit der Menschheit vor- und rückwärts geschritten« ist.[260]

In dieser Aufgabenstellung brachte Formstecher zum Ausdruck, daß er dem Judentum seiner Idee nach Absolutheit zuerkennt.

Er geht von der *Schellingschen Weltseele* aus, die sich in verschiedenen Kräften manifestiert. An der Spitze dieser physischen Kräfte steht der Mensch; er steht über ihnen, denn er besitzt Selbstbewußtsein und damit auch Selbstbestimmung. Wenn der Mensch aber diese besitzt, um wie viel mehr müßte auch die Weltseele, der Träger aller Erscheinungen, zu denen ja auch der Mensch gehört, Selbstbewußtsein und Selbstbestimmung besitzen, ein freier selbständiger Geist oder Gott sein.[261] »Gott ist ein von aller Erscheinung unabhängiges, selbständiges, sich selbst bewußtes freies Wesen«. Er ist Schöpfer der Welt, nicht aus Notwendigkeit, sondern aus Freiheit ... »Ohne Gott keine Welt, aber nicht ohne Welt kein Gott.«[262] In der Welt stehen sich die notwendigen Gesetzen unterliegende Natur und der dem Menschen eigentümliche freie Geist gegenüber.

Der Geist des Menschen ist Teil des *Universallebens* der Natur. Er objektiviert sich in den Wissenschaften der Physik und der Ästhetik. In seinem *Individualleben* aber, als Menschengeist, erkennt er das Wahre in der Logik, das Gute in der Ethik. Das Gute liegt nicht in der Natur. Es ist die Offenbarung genannte »von Gott in den Menschengeist gelegte Mitteilung dessen, was gut ist«.[263] Die subjektive Erkenntnis der Offenbarung geschieht durch die Vernunft. Diese kann das Gute nicht schaffen, nur beurteilen, was gut ist, also der Offenbarung entspricht.

Gemeinschaftliches Wissen und das Streben, es zu verwirklichen, ist für Formstecher Religion. Aber »ist der Inhalt des Geistes ein zwiefaches Ideal, so muß es auch, kann es aber auch nicht mehr als *zwei Religionen* geben, nämlich eine Religion für das Ideal des Universal- und eine für das des Individuallebens; erstere nennen wir *Heidentum*, letztere *Judentum*«.

Die zwei Teile der Weltseele, Natur und Geist, stellt Formstecher auch in den Religionen gegenüber. Heidentum ist Naturdienst, Judentum Geistesdienst. Der Gott des Judentums schafft »als über der Natur stehender Geist« die ganze Welt durch sein einfaches Wort aus dem Nichts.[264] Er ist

---

[260] Religion des Geistes, S. 12 und 13.
[261] S. 18 ff.
[262] S. 20 ff.
[263] S. 32 ff.
[264] S. 63–67.

»ein rein ethisches Wesen; er hat zwar die Natur sowie den Geist erschaffen ... dennoch ist er zugleich ein extramundaner Gott, welcher nicht als bloße Weltseele der Welt bedarf, um dazusein«. Das Ideal des Judentums realisiere sich in seiner Geschichte. Aber eine »Einteilung der Geschichte nach einer Gesetzmäßigkeit der Natur« sei auf das Judentum nicht anwendbar. In ihm »werde die Geschichte als Manifestation des freien Geisteslebens erkannt, in welcher deshalb nur ein psychologischer Entwicklungsgang angenommen werden kann«. In diesem Entwicklungsgang soll die relative Wahrheit des Judentums zur absoluten Wahrheit der Religion des Geistes werden. Formstecher lehnt dabei jede apriorische Geschichtskonstruktion ab, seien es von der Natur auf die Geschichte übertragene Analogien, wie Kindheit, Jünglings-, Männer- und Greisenalter, seien es Polaritäten. Das wäre Verkennung der Freiheit und Annahme eines heidnischen Fatalismus.[265] – Eine bemerkenswerte Ablehnung sowohl der Methode Herders und der, Formstecher noch unbekannten, Krochmals, wie auch der Hegelschen Geschichtsdialektik. –

Neben der inneren Geschichte der Juden, die er in zwei große Epochen teilt: Prophetie – beginnend mit den Vätern – und Tradition – von der Rückkehr aus Babylon bis zu Moses Mendelssohn - steht in seiner Geschichtskonstruktion das Verhältnis des Judentums zur heidnischen Menschheit. Dieses Verhältnis, das Formstecher Mission nennt, »ist ein Bewegen des Judentums aus sich selbst durch das Heidentum zu sich selbst zurück, nach der Form des Denkaktes, der als eine Bewegung des Subjekts durch das Objekt zu sich selbst zurückkehrt«. »Die Mission des Judentums trennt sich somit als ein selbständiges Glied von demselben los.«[266] Die losgetrennten Missionsträger sind die Tochterreligionen Christentum und Islam. Diese gelten als Träger relativer »transitorischer Wahrheit«, verbreiten jüdische Gedanken unter den Völkern, amalgamieren sich aber dabei heidnischen Vorstellungen. Das Judentum dagegen bewahre »bei allen Stürmen der Weltgeschichte stets das absolut wahre Bild der Menschheit«[267] bis ans Ende der Tage, nachdem die transitorischen Missionsträger ihre Aufgabe vollendet haben und es sich als absolute Geistesreligion erweise.

Unter Benutzung Schellingscher Terminologie, die allerdings einen stark ethischen Einschlag erhält, wird von Formstecher eine Apotheose des Judentums gegeben. Er versucht vergeblich, das im Grunde pantheistische Indifferenzprinzip der Schellingschen Weltseele zu durchbrechen. Der

[265] S. 198.
[266] S. 365.
[267] S. 451.

Geist und die Religion des Geistes erhalten bei ihm nur ein Primat, und unter den Tätigkeiten des Geistes die auf das Gute gerichteten – übrigens mehr die auf die Erkenntnis des Guten als auf die gute Tat. Er sucht den Gottesbegriff »extramundan« zu machen und ihm dadurch den monotheistischen Charakter zu sichern. Er will ihm Schöpferkraft und Freiheit bewahren und sieht in der Freiheit – im Gefolge Fichtes – das Eigentliche des Geistes, des göttlichen wie des menschlichen. Er sucht überhaupt alle theologischen Grundvorstellungen des Judentums beizubehalten: von der bei ihm völlig intellektualisierten Offenbarung an bis zur Erwählung Israels – überläßt er doch die Missionsaufgabe, die der Reinheit und Absolutheit der Religion des Geistes Abbruch tun könnte, den »transitorischen« Tochterreligionen – und schließlich bis zur Teleologie der Endzeit.

Doch den Rahmen des Schellingschen Systems – nicht nur seiner Terminologie – vermag Formstecher nicht glaubwürdig zu sprengen. Was von diesem Judentum bleibt – trotz ständiger und geschickter Verwendung biblischen und rabbinischen Materials – ist eine bloße *Abstraktion*. Es ist nur Religion des Geistes. Und daß es auch Juden gibt, lebendige Menschen und nicht nur abstrakte Prozesse eines absoluten Geistes, wird von ihm vergessen.[268]

Eine ähnliche Aufgabe wie vor Formstecher stand vor *Samuel Hirsch*.[269] Doch war Hirschs Aufgabe vielleicht die schwerere. Denn er hatte sich als *Hegelianer* mit Hegel zu messen, mit dem Philosophen, der bestimmter als etwa Fichte und Schelling die Absolutheit des Christentums und die Abwertung des Judentums als Folge eines zwingenden dialektisch-histo-

---

[268] Zu Formstecher vgl. besonders die Darstellung bei Schoeps, S. 65–92 und Guttmann S. 321–327.
[269] Samuel Hirsch wurde 1815 in Thalfang bei Trier geboren, war Rabbiner in Dessau und Luxemburg. An den Rabbinerversammlungen in Braunschweig und Frankfurt nahm er aktiv teil. 1866 ging er als Nachfolger Einhorns nach Philadelphia, wo er bis 1888 amtierte. Er war schon in Deutschland, aber noch mehr in Amerika einer der Führer der radikalen Reform. Er war einer der ersten, der in Amerika Sonntagsgottesdienste einführte. Sein noch in Dessau verfaßtes Hauptwerk »Die Religionsphilosophie der Juden oder das Prinzip der jüdischen Religionsanschauung und sein Verhältnis zum Heidenthum, Christenthum und zur absoluten Philosophie« erschien in Leipzig 1842. Es ist der einzige erschienene Band eines geplanten vielbändigen Werkes »Das System der religiösen Anschauung der Juden und sein Verhältnis zum Heidenthum, Christenthum und zur allgemeinen Philosophie für Theologen aller Konfessionen sowie für gebildete Nichttheologen«. – Er starb 1889 in Chicago bei seinem Sohn Emil Gotthold Hirsch, der gleich ihm ein bedeutender Reformrabbiner war und u. a. Verfasser der wichtigsten theologischen Artikel in der Jewish Encyclopedia.

rischen Prozesses behauptet hatte.

Einen nicht unwesentlichen Unterschied zu dem Versuch Formstechers könnte man bereits im Titel von Hirschs Werk finden. Nicht »Religion des Geistes«, sondern »Religionsphilosophie der Juden«, nicht ein abstraktes Judentum, sondern »Religionsanschauungen der Juden« will Hirsch darstellen.[270] Darin scheint er durchaus im Rahmen der Hegelschen Geschichtstheorie zu bleiben, die in konkreten Volksgeistern die Bewegung des Weltgeistes vollzieht. Hirsch führt ein reiches religionsgeschichtliches und ethnographisches Material über die Religionsanschauungen vieler Völker und Kulturen an, im Anschluß an die parallele Darstellung in Hegels Religionsphilosophie und in anderen zeitgenössischen Quellen. Aber gerade in dieser Verwendung der Religionsgeschichte emanzipiert sich Hirsch von dem dialektischen Schema Hegels, wie er überhaupt immer dann aus dem spekulativen Hegelschen Schema, dem trinitarischen dialektischen Dreiklang, herausspringt, wo es sich um jüdische religiöse Grundpositionen handelt. Während der genuine Hegelsche Prozeß keinen eigentlichen Gegensatz zwischen den verschiedenen religiösen Vorstellungen kennt, sie alle als Teilwahrheiten in der absoluten Religion, dem Christentum, nachwirken läßt, unterscheidet Hirsch, wie Formstecher, scharf zwischen Heidentum und Judentum. Bei Formstecher war dies der Gegensatz der Religion des Universallebens der Natur zu der des Individuallebens des Geistes. Es ist die Spannung zwischen zwei prinzipiell gleichmöglichen positiven Faktoren, wobei der Religion des Geistes nur ein Vorrang vor der Religion der Natur zuerkannt wurde. In Hirschs Auffassung dagegen stehen nicht zwei positive Faktoren nebeneinander, sondern ein positiver und seine Negation. Das Heidentum ist die *Negation* der Wahrheit und der Freiheit. Es ist die *absolut falsche Religion*, dem die *absolut wahre*, das *Judentum*,

---

[270] Über Hirsch vgl. Schoeps, S. 93–132 und Emil J. Fackenheims Aufsatz »Samuel Hirsch and Hegel« in »Studies« ed. Altmann, S. 171–201.

[271] Das Obige ist ein gutes Beispiel für Hirschs Abhängigkeit wie für seine Emanzipation von Hegelschen Vorstellungen. Die Dialektik des historischen Prozesses wird aufgegeben, aber die begriffliche Dialektik beibehalten und unterstrichen. Hirsch bleibt Hegelianer, aber oft ein Hegelianer wider Willen und mit scharfer Kritik im einzelnen. Die »absolute Philosophie« des Buchtitels ist die Hegels. Und auf S. 412 zeichnet er ein graphisches Schema der Philosophiegeschichte, das von einer alle umgreifenden Klammer eingefaßt wird: »Hegel als die Totalität der ganzen Philosophie«. Andererseits aber kritisiert er die Hegelsche Schematik: »Man vergleiche die Hegelsche Religionsphilosophie, z. B. seine Behandlung der Religion der Inder und der der Juden, ob sie etwas anderes ist, als die bloße kindische Freude, daß auch hier das vorausgesetzte Schema sich wieder finden lasse ... Erst wird der Begriff der Religionsstufe angegeben; hierauf folgt, gleichsam als Probe auf

gegenübersteht.[271] Bei Hegel sind die nichtchristlichen Religionen Glieder eines im Christentum gipfelnden dialektischen Prozesses. Bei Hirsch kumuliert die Dialektik des Heidentums nicht in der wahren, sondern in der Selbstwiderlegung der falschen Religion. Heidentum als Naturvergottung »ist keine Teilwahrheit, sondern totale Lüge. Und von dieser Lüge kann die dialektische Entwicklung nur zu weiteren Lügen, höchstens noch zur Erkenntnis der Eitelkeit aller Lügen«, zum Skeptizismus führen, mit dem Hirschs Darstellung der heidnischen Philosophie abschließt.[272] Sogar die Hegelsche Philosophie, als Abkömmling und Kumulierung der heidnischen, wird von ihm einmal als »sublimiertes Heidentum« bezeichnet.[273]

Doch wir haben in unserer Darstellung von Hirschs Religionsphilosophie etwas vorgegriffen. Wie kam Hirsch zu seiner schroffen Scheidung von Heidentum und Judentum? Zunächst ist für ihn absolute Philosphie mit absoluter Religion identisch[274] – auch dies wieder eine Abweichung von der Hegelschen Position. Allerdings ist diese Abweichung nur eine scheinbare; denn das Primat des Wissens, sei es religiöses, sei es philosophisches, führt uns wieder auf den Menschen und sein Denken, also auf die Philosophie zurück.

Hirschs Religionsphilosophie geht vom Menschen aus.[275] Der Mensch entstehe, wenn »das Kind sich selbst nicht mehr in der dritten Person nennt, sondern Ich, d. h. nicht eher, als bis es sich aus dem Weltbewußtsein zum Selbstbewußtsein erhoben hat. Nur wenn der Mensch sich Ich zu nennen gelernt, ist er erst ein wirklicher Mensch, reißt er sich von dem Natürlichen, von allen früheren Stufen des Daseins los und wird ein eigentümliches Wesen ... Was liegt nun an diesem so bedeutungsvollen Ich-sagen? Nichts anderes als die Freiheit selbst ... Die Freiheit ist dasjenige, was den Menschen erst zum Menschen macht.« Doch das ist nur eine leere abstrakte Freiheit. Ich-sagen hat ihn die Natur gelehrt. Aber von Natur ist er dennoch

das im voraus Herausgerechnete, die konkrete Darstellung der Religion selbst« (S. 31). Das Dilemma der Ratlosigkeit gegenüber Hegel kommt in dem Satze zum Ausdruck: »Man ist nicht mehr Hegelianer: Freilich ist das Trostlose, daß man noch nichts anderes ist« (S. 289). Dieser Satz – gegen D. F. Strauß gerichtet – paßt auch auf Hirsch selbst.
[272] S. 437 ff.
[273] S. 98.
[274] Hirsch schreibt (S. XVII), daß die Philosophie der Religion weder dem Inhalte noch der Form dieses Inhaltes nach etwas anderes geben kann als das, was im unmittelbaren religiösen Wissen vorhanden ist.
[275] Man kann diese Zentrierung auf den Menschen aber wohl kaum mit der »anthropologischen Wendung« des Linkshegelianismus, etwa bei Feuerbach, vergleichen, oder gar, wie Schoeps es will, Hirsch vor diesem die Priorität zuerkennen. Vgl. Schoeps, S. 105.

nicht frei. »Von Natur kann nichts frei sein. Wo Freiheit ist, da hört die Natürlichkeit auf. Die Freiheit will erworben sein.« Frei zu werden, ist die Aufgabe des Menschen. Die abstrakte naturgegebene Anlage zur Freiheit soll zur wirklichen werden. »Das ist aber auch der wesentliche und einzig wahre Begriff der Religion. Das religiöse Leben ist gar nichts anderes als diese ewig wirkliche und ewig sich verwirklichende Freiheit.«[276]

Hirsch sieht »den Grundfehler der Religiosität unserer Zeit« darin, »daß sie sich Religion nicht anders zu denken vermag, als sei sie ein Verhältnis des Menschen zu Gott«. »Von einem Verhältnis zu Gott kann gar nicht die Rede sein. Nur Dinge verhalten sich zu einander.«[277] Aber wenn die Religion auch nur »des Menschen Verhalten zu sich selbst ausdrückt, so muß doch der Grund, die Wurzel, dieses seines Zu-sich-selbst-Verhaltens *Gott* sein«.[278] »Freiheit in ihrem Prinzip sowohl als in der Möglichkeit, sie sich anzueignen«, ist »ein Geschenk Gottes«, macht es dem Menschen möglich, frei zu werden.[279] Diese in der Ebenbildlichkeit des Menschen begründete *Freiheit* bewährt sich an dem Problem der *Sünde*. »Von Natur ist der Mensch nicht sündhaft. Alles Natürliche als solches ist weder Laster noch Tugend ... Aber der Mensch kann gar nicht in dieser reinen Natürlichkeit stehen bleiben. Er steht in dem Zwiespalt zwischen seiner Natürlichkeit und der über sie hinausstrebenden Freiheit. Es ist das Wesen des Menschen, sich selbst frei zu machen, worin auch das mit Notwendigkeit liegt, daß es ihm auch *möglich* sei, sich unfrei zu machen ... Die bloße Natürlichkeit ist dem Menschen gegeben, er findet sie vor, aber frei oder unfrei macht er sich selbst.« Die *Möglichkeit zur Sünde* besteht also ebenso für ihn wie die zur Tugend. »Aber diese Möglichkeit zur Sünde soll auch bloße Möglichkeit bleiben und niemals Wirklichkeit werden.«[280] Aus dieser bloßen Möglichkeit der Sünde folgt, daß sie nicht notwendig, kein Verhängnis, *keine Erbsünde* ist. Für das Prinzip des Heidentums dagegen stehe es fest, »daß der Mensch sündigen müsse, daß demnach die Natürlichkeit, Sinnlichkeit, der absolute Herr sei«.[281]

Abraham ist der erste Mensch, der sich von diesem Prinzip des Heidentums freimacht, der alle Versuchungen besteht und das Fanal für die Menschheit wird, daß es möglich sei, die Freiheit zu verwirklichen und dadurch die Sünde als Möglichkeit zu überwinden. Seine absolut wahre

[276] S. 12f.
[277] S. 25f.
[278] S. 29.
[279] Vgl. S. 48.
[280] S. 41f.
[281] S. 110f.

Religion sei als Vermächtnis und Aufgabe auf seine Nachkommen übergegangen. Die Geschichte der Juden und ihr Sonderleben stellt die Mission des Judentums an die Menschheit dar. Es ist »intensive Religion«, die durch ihr Beispiel wirken soll.

Das *Christentum* ist zunächst bei Jesus und den Evangelien noch im Rahmen des Judentums geblieben. Erst Paulus habe es zu einer *extensiven* Religion gemacht, die sich missionierend an die Heiden wandte, und durch die Übernahme der heidnischen Erbsünde- und Erlösungslehre die Spaltung zwischen Judentum und Christentum bewirkte. Doch hofft Hirsch, daß die Kirche einmal die paulinischen Irrlehren aufgeben werde.[282] Am Ende der Tage wird dann »Gott als der Eine erkannt sein und die Menschen als seine freien Ebenbilder«. Auch dann noch werde »Israel seinen besonderen Kultus hegen und pflegen, aber einen Kultus, der von allen Menschen geehrt und geliebt sein, an dem alle Menschen mittelbar, Israel aber unmittelbar Teil haben wird«. Dieser Kultus symbolisiere den jüdischen Nationalberuf. In diesem »hat sich die Religionsphilosophie, oder die Idee der Freiheit erfüllt; sie hat nachgewiesen, wie sich die Freiheit trotz der möglichen Sünde in der Welt verwirklicht«.[283]

Hirsch erläutert seine Religionslehre mit zahllosen Zitaten aus Bibel, Talmud, Midrasch, sogar aus dem Sohar, um in den rabbinischen Aussprüchen seine spekulativen Gedanken und Folgerungen wiederzufinden. Bei all seinen Bemühungen, seine Philosophie in genauem Zusammenhang mit einer jüdischen Tradition darzustellen – wobei man oft vergessen könnte, daß Hirsch doch einer der radikalsten Reformrabbiner in der religiösen Praxis war[284] – bleibt sein Versuch doch in den Grenzen, die einer Religionsdarstellung aus dem Geiste und den Mitteln der idealistischen Philosophie gesetzt sind. Aus der Immanenz des Geistes findet er trotz seines Strebens nicht heraus. Sein *Gottesbegriff* bleibt nicht nur abstrakt und intellektualistisch. Er wird eigentlich gar nicht verständlich gemacht, sondern vorausgesetzt. Er erscheint z. T. wie ein *deus ex machina*, von dem man nicht einsieht, wie er in die Spekulation über Freiheit und Sünde hineingehört.

Hirsch ist aber jedenfalls ein Denker von beachtlicher systematischer Kraft, weit mehr als z. B. Formstecher. Das Mißlingen seiner Konfronta-

---

[282] S. 765.
[283] S. 882.
[284] Vgl. z. B. wenn er S. IX fordert, die jüdischen Zeremonien und Gebräuche in ihrer absoluten Notwendigkeit zu begreifen, wenn er schroffstens jede Form der Bibelkritik ablehnt, die Notwendigkeit, nicht nur Möglichkeit von Wundern dartut (vgl. S. 537–620), u. ä.

tion mit Hegel kann deshalb durchaus, wie Fackenheim es ausdrückt, ein heroisches genannt werden.[285]

Neben Krochmals Interpretation des Judentums als ewiger Wiedergeburt im historischen Prozeß, neben Formstechers Religion des Geistes stellte Hirsch ein Judentum als Religion der Freiheit des Menschen. Diese drei Möglichkeiten der Übertragung des philosophischen Idealismus auf die jüdische Religionsbetrachtung scheiterten alle darin, daß sie Religion in immanente Prozesse des Geistes einordnen, diesen Geist als ein übergreifendes Weltprinzip ansehen, dem Schöpfer und Geschöpf und das Gegenüber und Miteinander des Gott-Mensch-Verhältnisses fremd sind. Dem Judentum, als dem konsequenten Repräsentanten einer theistischen Religiosität, konnten diese Interpretationen nicht gerecht werden, auch wenn immer wieder und ernsthaft versucht wurde, jüdische theistische Positionen gegenüber jenen pantheistischen Geistesprozessen festzuhalten und mit ihnen auszugleichen.

In diametralem Gegensatz zu den Darstellungen des Judentums aus dem Geiste des Idealismus, die wir bisher kennengelernt haben, steht die »Offenbarungslehre« von *Salomon Levi (oder Ludwig) Steinheim*, deren erster Band bereits 1835 erschien, also zeitlich noch vor den Werken von Formstecher, Hirsch und Krochmal.[286] Waren diese als Philosophen an die

---

[285] Fackenheim, S. 201.
[286] Steinheim wurde 1789 in Bruchhausen geboren, studierte in Kiel und Berlin und lebte von 1813–1845 als Arzt in Altona, danach meist in Italien. Er starb 1866 in Zürich. – Über Steinheim orientiert der Sammelband »Salomon Ludwig Steinheim zum Gedenken«, zu seinem 100. Todestag hrsg. von H. J. Schoeps unter Mitwirkung von mir und Gerd Hesse Goemann (Leiden 1966). Zu Steinheims Lehre vgl. meine Aufsätze »Die philosophischen Motive der Theologie S. L. Steinheims« in dem Sammelband (S. 41–76) und »Steinheim und Kant« im Yearbook LBI, Bd. 5, London 1960, S. 140–175, ferner Joshua O. Haberman. »S. L. Steinheim's Doktrine of Revelation« in »Indaism«, 1968.
Der 1. Band seines Werkes »Die Offenbarung nach dem Lehrbegriff der Synagoge« mit dem Untertitel »Ein Schiboleth« erschien in Frankfurt 1835. Der 2. Band erst 1856 in Leipzig. Sein Untertitel ist: »Glaubenslehre der Synagoge als exakte Wissenschaft«. Bd. 3: »Die Polemik, der Kampf der Offenbarung mit dem Heidenthume, ihre Synthese und Analyse« (von Steinheim am Christentum exemplifiziert), Leipzig 1863. Der 4. Band endlich bringt fünf »Monomachien« (Altona 1865), deren wichtigste die Auseinandersetzung mit Luther ist. Im Nachlaß befinden sich noch Vorarbeiten zu einem 5. Band, darunter eine Gegenüberstellung von Schopenhauer und Kant vom Standpunkt der Offenbarungslehre. Eine kürzere Darstellung seiner Offenbarungslehre gibt Steinheim in »Moses Mendelsohn und seine Schule in ihrer Beziehung zur Aufgabe des neuen Jahrhunderts der alten Zeitrechnung«, Hamburg 1840. Hier bereits knüpfte er an Kant an.

der idealistischen Systeme vielfach bewußt durchbrachen, so war der Arzt und Naturwissenschaftler Steinheim dagegen *Theologe*. Seine Theologie wurde zwar von philosophischen Motiven beeinflußt, aber in der Philosophie – dem Philosophem – wie er die philosophische Haltung bezeichnet – sieht er die Fortsetzung und Sublimierung des Heidentums, den *Gegensatz zur Offenbarungslehre der wahren Religion*. Durch seinen radikal supranaturalistischen Offenbarungsbegriff will er die Religion freihalten von aller offenen und versteckten Vermischung mit einer von Menschen ausgehenden religiösen oder philosophischen Weltbetrachtung. Deshalb bekämpft er – in oft beißend scharfer Polemik – die mit der Theologie konkurrierende Metaphysik und ihre »Dogmatik der konstruierenden Vernunft«.[287] Die Hauptgegner heißen für ihn Platon, Spinoza, Leibniz und unter den idealistischen Philosophen Fichte, Schelling und Hegel, sowie Schleiermacher unter den Theologen. Seine Bundesgenossen sieht er in Aristoteles und Bayle, in Lessing, Friedrich Heinrich Jacobi und Jäsche.[288] Immer wieder bezieht er sich auf *Kant*, den er allerdings vielfach mit den Augen Jacobis und Jäsches sieht.

Steinheims Ziel ist es, wie der Titel des zweiten Bandes besagt, die *Glaubenslehre des Judentums zu einer exakten Wissenschaft* zu erheben. Wie aus der Astrologie die Astronomie, aus Alchemie Chemie und aus Magik die Physik, so soll aus Theosophie und Gefühlstheologie à la Schleiermacher die Theologie zu einer Wissenschaft erhoben werden.[289]

Steinheims Hinwendung zur Religion und die Rückwendung zum Judentum waren das Ergebnis seiner ernsten persönlichen Auseinandersetzung mit dem Christentum. Mehrere seiner engsten Freunde hatten die Taufe genommen. Die Versuchung zum Übertritt trat vielfach an ihn heran. Aus dieser ganz persönlichen Auseinandersetzung mit dem Christentum ging ihm, unerwartet, die Erkenntnis seines Judentums auf.

Das, was das Judentum von allen anderen Religionen unterscheide, findet Steinheim darin, daß es Offenbarungsreligion sei, sich auf göttliche Offenbarung gründe. Das *Kriterium für die Offenbarung* liegt in ihren Inhalten. Diese Inhalte lassen sich nicht im diskursiven Denken auffinden. Sie müssen zu diesem sogar in Widerspruch stehen. »Denn«, so sagte einmal Lessing, an den Steinheim hier anknüpfte, »was ist eine Offenbarung, die nichts offenbart«. Gott würde doch ein überflüssiges, albernes Spiel mit uns treiben, wenn er etwas offenbarte, auf das der menschliche Geist von selbst kommen könnte. »So schloß ich hieraus, daß jedes mögliche, was sich unter

---

[287] Bd. 2, S. 6.
[288] Über Jäsche vgl. meine Note im Sammelband, S. 75 ff.
[289] Bd. 2, S. 38.

dem Titel von Offenbarung kund gibt, dabei aber, mit unserem Bewußtsein und dessen Tatsachen seinem Inhalte nach übereinstimmt, eben deshalb gerade nicht Offenbarung heißen könne.«[290]

Steinheim selbst ist überrascht von der Paradoxie seiner Entdeckung, wonach die allgemeine Ansicht, die die Wahrheit der Offenbarung gerade in ihrer Übereinstimmung mit dem religiösen Bewußtsein sieht, völlig umzukehren sei. Doch geht er mit konsequenter Einseitigkeit seiner neuen Einsicht nach. Namentlich der erste Band seines Werkes ist dem Ziel gewidmet, den Unterschied von Offenbarung und Nichtoffenbarung, die falsche Anwendung des Offenbarungsbegriffes klarzumachen. Die Nichtoffenbarung findet Steinheim im Heidentum, den Mythen und Naturreligionen der verschiedenen Völker. Bei den Griechen entsteht aus dem Mythos das Philosophem, die philosophische Metaphysik, in der Heidentum bis auf unsere Zeit weiterbestehe. Dem Heidentum wie dem Philosophem gemeinsam ist, daß der Mensch sich in ihnen selbst seinen Gott schaffe.[291] Das ist nicht der Gott der Offenbarung, der freie Schöpfer der Natur, sondern dieser Gott bleibt an die Natur und ihre Gesetzlichkeit gebunden oder ist mit ihr identisch. Die echten *Offenbarungsinhalte: Gott, Freiheit, Schöpfung*, sind dagegen sowohl dem natürlichen Bewußtsein wie dem Philosophem fremd. Sie sind ihnen ein Neues, das sich von ihren Voraussetzungen aus nicht auffinden oder konstruieren läßt. Diese echte Offenbarung gibt es nur in der Offenbarung an Israel. Sie ist jedoch mit der Offenbarung am Sinai oder dem Pentateuch oder der hebräischen Bibel nicht immer identisch. Auch in diesen erkennt Steinheim nur das als Offenbarung an, was seinem Offenbarungsbegriff entspricht. Das Christentum dagegen habe die ursprünglichen jüdischen Offenbarungselemente mit fremden, heidnischen versetzt. Es wurde dadurch bereits bei den Synoptikern – mit Ausnahme von Markus – dann aber bei Johannes, Paulus und abschließend im athanasianischen Symbol zu einer Mischreligion.

Doch Steinheim, der Naturwissenschaftler, ist kein Irrationalist. Er wirft »Schleiermacher vor, daß die unparteiische Vernunft vom Richterstuhl herabgestoßen und ein bestechliches Gefühl hinaufgesetzt habe.«[292] Das Kriterium legt Steinheim in den *Vernunftbegriff* selbst. Er unterscheidet die dogmatische von der kritischen Vernunft. Die dogmatische Vernunft ist die des »Philosophems«, der Metaphysik. Sie will deduktiv Aussagen über das Sinnliche wie das Übersinnliche aus sich heraus apriorisch konstruieren.

---

[290] Erster Band, S. 10.
[291] Bd. 2, S. 28.
[292] Bd. 2, S. 38.

Die kritische Vernunft dagegen verfährt induktiv und aposteriorisch, sowohl in der sinnlichen Sphäre, den Naturwissenschaften, wie in der Theologie. Sie führt nicht wie jene zu Wissen, sondern zu Erkenntnis. Die dogmatische Vernunft kann der Offenbarung gegenüber nicht bestehen. Sie wird von ihr »gefangengenommen«, wie Steinheim wiederum in Anknüpfung an einen Ausdruck von Lessing oder richtiger von H. S. Reimarus sagt. Der Vernunftanteil der Offenbarung ist dagegen in der kritischen Vernunft begründet.[293] »Der Glaube des Juden ist ... auf Forschung, auf Induktion begründet; nur das, wozu ihn jene zwingen, glaubt er, wie der Denker seine unbeweislichen Prinzipien, der Chemiker seine Atomgewichte.«[294]

Alle *Konstruktionen* der Natur, ob sie nun als Idealismus, Materialismus oder als romantische Naturphilosophie auftreten, scheitern am *Problem der Wirklichkeit*, des wirklichen Gegenstandes. Steinheim führt das an einer Reihe von Beispielen aus. Aus ihnen schließt er: »In allen Naturgegenständen liegt etwas Wunderbares. Das ist das Incommensurable, im Denkmedium Unauflösliche.«[295]

Den nun erfolgenden Schritt vom Gegenstand der Naturwissenschaften zu den Inhalten der Glaubenslehre vollzieht Steinheim in enger Anlehnung an *Kants Kritik der reinen Vernunft*. Nachdem er durch eine Erweiterung des Kantischen Antinomiebegriffs von der Metaphysik auf die Naturwissenschaft, den Wundercharakter des realen Gegenstandes konstatiert hat, begründet er diesen mit Hilfe von Kants Analogien der Erfahrung. Der Gegenstand der Erfahrung kann nicht konstruiert werden. Die Philosophie kann nur eine Regel geben, ihn in der Erfahrung zu suchen. Auch für Kant sei also der reale Gegenstand ein Wunder. Er kann uns nun eine Analogie, eine Regel geben, um auch die Offenbarungsinhalte zu verstehen – aber nicht, sie zu konstruieren. »Die Naturhistorie ist uns zur Propädeutik der Theologie geworden.«[296]

Nachdem Steinheim durch seine Kantinterpretation sich Boden für die Offenbarungslehre geschaffen hat, führt er die Inhalte dieser Lehre aus. »Gott ist das Wunder einer unbegreiflichen Persönlichkeit.«[297]

Person bedeutet ihm geistig-sittliche Individualität, selbstbewußte, reflektierende und handelnde Freiheit. Die Freiheit ist »das höchste Attribut Gottes und die höchste Ehre des Menschen, der gemeinsame Zentralpunkt,

---

[293] Bd. 1, S. 71 u. ö.
[294] Bd. 2, S. 19.
[295] Bd. 2, S. 54.
[296] Bd. 2, S. 70–74 und Kant, Kritik der reinen Vernunft, 2. Aufl., S. 222, 228, 229.
[297] Bd. 1, S. 82.

in welchem sich beide Weltprobleme, das physische mit dem ethischen zu einem einzigen verbinden«. Die göttliche Freiheit drückt sich in der Schöpfung aus. Die freie Schöpfung aus dem Nichts ist das vornehmste Beispiel für Steinheims Offenbarungsbegriff. In der spekulativen Metaphysik kommt man nicht über den Widerspruch hinaus zwischen: »Aus Nichts wird Nichts«, d. h. der Annahme der Ewigkeit der Materie, und zwischen dem Kausalnexus: »Keine Wirkung ohne Ursache«. Diesem Widerspruch entgehen wir, indem wir die Schöpfung als erste Tat und den Willen Gottes als erste freie Ursache derselben setzen, und das Dogma feststellen: »Aus Nichts Etwas, Alles, was zwar ebenfalls unbegreiflich, aber nicht mit einem Widerspruch behaftet und somit unmöglich ist.« Der Unterschied zwischen göttlichem und dem freien menschlichen Willen bestehe darin, daß jener sich auch das Material zu seinem Werke schaffe, der Mensch aber nur mit schon gegebenem Materiale arbeite.[298]

Auch seine Schöpfungslehre findet Steinheim bei Kant wieder.[299] Ganz eng an Kant lehnt er auch die Behandlung des Unsterblichkeitsproblems und der Geschichte an. Er übernimmt Kants Geschichtsphilosophie en bloc, indem er ihn seitenlang zitiert.[300]

Die Geschichte – eng mit der Schöpfung und der Freiheit verbunden – beginnt mit der Ebenbildlichkeit des Menschen. Es folgen die Bundesschlüsse mit Noah, Abraham und Israel. Sie setzen Gleichberechtigung der beiden Partner voraus und begründen Gesellschaft und Staat. Dieser ideale theokratische Staat bestand in Israel nur vor der Zeit des Königstums, das Steinheim als Rückfall in den heidnischen, auf Ungleichheit beruhenden »Staat von Gerechtsamen« ablehnt.[301] Und schließlich erhält die Geschichte ihr Ziel im messianischen Gottesreich, das die Propheten verkündeten.[302] »Die höhere Idee der Geschichte im Geiste der Offenbarung« liegt »in diesem ehrenvollen Anteil an der Vollendung des großen Schöpfungsplanes« durch den Menschen, »daß er mithelfe, das Werk des großen Vaters und Schöpfers zu vollenden«.[303] – Dies ist der alte jüdische Zentralgedanke der Forderung an den Menschen, an der Herbeiführung des Gottesreiches

---

[298] Bd. 2, S. 166 u. S. 147 ff.
[299] Er führt dazu Beispiele aus der Kritik der reinen, wie der praktischen Vernunft an, sowie aus Jäsche, der sich dabei auf Kant beruft. Vgl. Bd. 2, S. 146 u. 362 und meine Note über Jäsche, S. 75 ff. im Steinheim-Sammelband.
[300] Aus Kants »Mutmaßlicher Anfang der Menschengeschichte« und »Ideen zu einer allgemeinen Geschichte in weltbürgerlicher Absicht«. Vgl. z. B. Bd. 2, S. 186, 211 ff., S. 335 ff. u. ö. Vgl. auch die Mendelssohn-Schrift, S. 37, 101–137.
[301] Bd. 2, S. 237.
[302] Bd. 2, S. 240 ff.
[303] Bd. 2, S. 243 ff.

mitzuwirken. Und wieder findet Steinheim für diesen Gedanken die Parallele in der kantischen Geschichtsteleologie.

Ich wies bereits auf das autobiographische Motiv bei Steinheim hin. Sein Werk ist eine Selbstdarstellung im genauesten Sinne des Wortes, nämlich die Darstellung des *Rückfindens eines Juden* zu seiner Religion. Diese Religion, die er als einzig reine von allen Nichtreligionen, Mischformen und philosophischen Weltkonstruktionen abgrenzt, diese »Offenbarungslehre« ist für Steinheim das Judentum. Den Juden als einer besonderen Gemeinschaft stellt sie die Aufgabe, diese Religion in ihrer Reinheit und Strenge zu bewahren und zu verbreiten. In der Überfülle und der weiten Streuung seiner Polemik geht jedoch vielfach verloren, daß Steinheims »Offenbarung nach dem Lehrinhalt der Synagoge« eigentlich eine Selbstdarstellung des Judentums sein soll.

Eine Darstellung des Judentums, die im betonten Widerspruch zu den akzeptierten Denkbildern stand, konnte keinen Widerhall – nur befremdetes Erstaunen hervorrufen. So ist Steinheim, einer der großen Theologen des Judentums und der einzige seines Jahrhunderts, ein Außenseiter geblieben. Geiger, an dessen erster Zeitschrift Steinheim zunächst mitarbeitete, verhielt sich ausgesprochen feindselig zu ihm; ebenso Formstecher, der es ablehnte, von einem Mediziner Theologie zu lernen. Samuel Hirsch schrieb: »Steinheim ist meines Wissens der erste, der, gutmütig genug, das Judentum mit dem Unverstand identifizieren möchte.«[304] Die Orthodoxie verargte ihm seinen selektiven Offenbarungsbegriff und seine nicht gesetzestreue Lebensführung. Graetz und Frankel sahen in ihm wohl nur einen zu duldenden Sonderling. Erst in unserem Jahrhundert hat man ihm wieder Aufmerksamkeit gewidmet.

---

[304] Samuel Hirsch, Religionsphilosophie, S. 554, Anm.

19. Selbstdarstellungen des Judentums II.

Die Schriften Steinheims, Formstechers und Hirschs waren in den Jahren 1835–1842 erschienen.[305] Im Laufe des nächsten halben Jahrhunderts hat es zwar nicht an Darstellungen der jüdischen Religionslehre gefehlt; mehr als 160 solcher Bücher erschienen zwischen 1782 und 1884.[306] Doch waren dies in der Mehrzahl Lehrbücher für den jüdischen Religionsunterricht oder Übersichten mit populärer und apologetischer Tendenz. An dieser Literatur waren jüdische Lehrer und Rabbiner der verschiedensten Richtungen beteiligt, unter ihnen auch Formstecher und Samuel Hirsch, Kley, der Begründer des Hamburger Tempels und Leiter der dortigen Freischule, Salomon Plessner, einer der ersten orthodoxen Prediger in deutscher Sprache, die gemäßigten Reformrabbiner Joseph Aub und S. Herxheimer[307], der konservative mährische Rabbiner H. B. Fassel, der auch eine jüdische Morallehre unter Zugrundelegung der Philosophie des Spätkantianers Wilhelm Traugott Krug schrieb[308], und viele andere.

In dem halben Jahrhundert von 1840 bis 1890 hatte sich die formale bürgerliche Gleichstellung der Juden allmählich in den deutschen Staaten durchgesetzt. Ihre kulturelle und bewußtseinsmäßige Integration in die deutsche Kultur war am Ende dieser Epoche vielleicht auf ihren Höhepunkt gelangt. Diese Generation eines erfolgsbewußten, wirtschaftlich aufsteigenden und politisch sich sicher fühlenden jüdischen Bürgertums war in

---

[305] Da Steinheims »Mendelssohn und seine Schule« bereits seine engen Beziehungen zu Kant vorwegnimmt, die dann im 2. Band seiner »Offenbarungslehre« entwickelt wurde, darf wohl gesagt werden, daß um 1840 auch Steinheims System im wesentlichen abgeschlossen war.

[306] Vgl. Jacob J. Petuchowsky »Manuals and Catechisms of the Jewish Religion in the Early Period of Emancipation« in Studies in 19th Century Jewish Intellectual History, ed. A. Altmann, Cambridge, Mass. 1964, S. 47 bis 64.

[307] Sein »Jesode Hatorah«, das 1830 erschien, war wohl das verbreitetste dieser Lehrbücher. Mir liegt die 34. Aufl. aus dem Jahre 1897 vor. Herxheimer war Rabbiner in Eschwege und Bernburg. Er starb 1884.

[308] »Zedek und Mischpat – Tugend und Rechtslehre« bearb. nach den Prinzipien des Talmud und der Form der Philosophie des seligen W. T. Krug, Wien 1848.

jüdisch-geistigen Dingen wenig anspruchsvoll. Höchstens war man sentimental-nostalgisch an der nun doch glücklich überwundenen Vergangenheit interessiert. In dieser Epoche entstanden Romane wie »Dichter und Kaufmann« von Berthold Auerbach, der dieselbe Tendenz dann auch in den nichtjüdische Themata behandelnden »Schwarzwälder Dorfgeschichten« anwandte; Aron Bernsteins »Vögele der Maggid«, Leopold Komperts und Karl Emil Franzos' seinerzeit weitverbreitete Geschichten aus dem böhmischen und galizischen Getto. Das waren die populären und gefühlvollen Randauswirkungen desselben historischen Interesses, das in den Arbeiten der Wissenschaft des Judentums seinen gelehrten Niederschlag gefunden hatte.

Die gleichzeitigen, nicht als Lehrbücher gedachten Darstellungen der jüdischen Religion waren ebenfalls Zeugnisse der *Anspruchslosigkeit* der Leser, für die sie bestimmt waren. Sie wollten dem aufgeklärten und vielfach halbgebildeten deutschen Juden einen Zugang zum Judentum und eine entsprechende Rechtfertigung seines Wertes geben. Titel wie »Das rationale Judentum« des Breslauer und Königsberger Predigers und Pädagogen Isaak Ascher Francolm (1840) geben einen Begriff von dieser Tendenz. Ein unklar wunderliches Buch »Über das Wesen und den Ursprung der Religion« hat ein konservativer Rabbiner in Gleiwitz, Dr. H. S. Hirschfeld (1812-1884) geschrieben, in dem allerhand Gedankengut durcheinandergeistert.

Das verbreitetste, umfangreichste und dem Anspruch nach gewichtigste dieser Werke ist die »Israelitische Religionslehre«[309] von *Ludwig Philippson* (1811-1889), dem vielseitigen Initiator, Organisator, Publizisten, und Rabbiner in Magdeburg. Er war ein Mann mit weiter Bildung und wissenschaftlichen Qualitäten, die allerdings von dem Journalisten und Religionspolitiker in den Hintergrund gedrängt wurden. Leider hat auch seiner «Israelitischen Religionslehre« nicht der Theologe und Philosoph, sondern der Publizist und Seelsorger den Stempel aufgeprägt. Das Werk ist katechismusartig angelegt. Jeder Abschnitt beginnt mit einer Frage, die dann in langen Ausführungen beantwortet wird. Philippson definiert Religion als das Verhältnis des Menschen zu Gott, was im hebräischen Begriff des Bundes (Brith) zum Ausdruck komme. »Aus drei Momenten erwächst dem Menschen das Bewußtsein und der Begriff eines göttlichen Wesens: Zuerst aus dem Gefühl der Abhängigkeit von einer höheren Macht.« Zweitens »in dem Verlangen des menschlichen Geistes nach Höherem ... seiner Sehnsucht nach oben«. Drittens: »Das Bewußtsein des Menschen besteht we-

---

[309] Leipzig 1861, 3 Bände.

sentlich in der Verbindung von Wirkung und Ursache.« »Alle Ursachen sind Wirkung einer ersten und höchsten Ursache, des göttlichen Wesens.«[310] Schleiermachers Gefühlstheologie, ein metaphysisches Sehnen und der aristotelische primus motor der mittelalterlichen jüdischen und scholastischen Philosophie vereinigen sich noch obendrein mit einem Steinheimschen Offenbarungsbegriff. »Offenbaren heißt, jemandem etwas mitteilen, was ihm bis dahin unbekannt war, und was er durch sich selbst nicht erfahren und wissen konnte.«[311] Diesem Konglomerat der religionsphilosophischen Grundlagen entspricht die breite, in moralisierender Trivialität heute kaum noch genießbare Ausführung.

Weit über den genannten Schriften steht »Die Biblisch-talmudische Glaubenslehre nebst einer dazugehörigen Beilage über Staat und Kirche, historisch dargestellt« von *Dr. Moritz Duschak* (1815-1890), Rabbiner in Gaya in Mähren und später in Krakau. Sie steht in der Mitte zwischen historischer Wissenschaft des Judentums und implizierter Übertragung der Gültigkeit der dargestellten talmudischen Theologie auf die Gegenwart. Die »Kollektivwahrheit« des Judentums gliedert sich in verschiedene Momente, die alle, sowohl wichtige wie unwesentliche nebeneinander stehen. Philosophisch ist Duschak vielleicht von dem spekulativen Theismus des jüngeren (J. H.) Fichte beeinflußt, den er zitiert (S. 178).

Erst am Ende des 19. Jahrhunderts beginnt die Wende, die Erneuerung einer genuinen jüdischen Religionsphilosophie und durch sie eine Erneuerung jüdischer Selbstaussage und Selbstdarstellung.

Im Jahre 1898 erschien der erste Band der »*Ethik des Judentums*«[312] von *Moritz Lazarus*. Lazarus (1824-1903), der von Herbart ausging, wandte dessen Psychologie auf die Völker an. Zusammen mit seinem Schwager Heymann Steinthal[313] (1823-1899) entwickelte er eine eigene Disziplin, die »Völkerpsychologie«. Lazarus wurde 1860 Professor in Bern, 1866 an der Berliner Kriegsakademie, 1874 auch Honorarprofessor an der Berliner

---

[310] Vgl. Israelit. Religionslehre, 1861, S. 1-7.
[311] a.a.O., S. 39.
[312] Der zweite Band wurde erst 1911 aus seinem Nachlaß herausgegeben.
[313] Steinthal, ein Sprachengenie, wandte die Disziplin vornehmlich auf die Sprachwissenschaft und Sprachphilosophie an, einschließlich der Negersprachen und des Chinesischen. Er wurde 1850 Privatdozent an der Berliner Universität, 1863 außerordentlicher Professor. Ab 1872 war er auch Dozent für jüdische Religionsphilosophie an der neugegründeten Hochschule für die Wissenschaft des Judentums. Seine jüdischen Schriften erschienen als Sammelband »Über Juden und Judentum« nach seinem Tode 1907. Steinthal hatte u. a. auch Wilhelm von Humboldts sprachphilosophische Schriften neu herausgegeben.

Universität. Er war früh politisch und in jüdischen Angelegenheiten tätig. Schon 1850 trat er für Preußens Hegemonie ein in einer Schrift: »Die sittliche Berechtigung Preußens in Deutschland«. Er wurde Präsident der »Synoden«, die 1869 in Leipzig und 1871 in Augsburg die Bestrebungen der Rabbinerversammlungen der vierziger Jahre auf breiterer Basis wieder aufnahmen, aber wie jene ohne rechten Erfolg. Lazarus war einer der Initiatoren zur Gründung der Berliner Hochschule für die Wissenschaft des Judentums und veröffentlichte viele Aufsätze und Vorträge zu jüdischen Fragen. Auch in die Auseinandersetzung mit Heinrich von Treitschke hatte er eingegriffen. Bekannt wurde vornehmlich sein Vortrag »Was heißt national« (1880), der in diesen Zusammenhang gehört. Hier suchte der Völkerpsychologe dem Begriff »national« eine subjektive Begründung zu geben. Denn objektive Kriterien wie Rasse, Abstammung und und politische Grenzen versagten zur Konstituierung des Nationalbegriffs, und nur die Sprache und der Wille, zu einer Sprach- und Kulturgemeinschaft zu gehören, blieben übrig.[314]

Lazarus' »Ethik des Judentums« steht in engem Zusammenhang mit seiner wissenschaftlichen Leistung. Die Völkerpsychologie war eine Abwandlung des »Volksgeistes« der Romantik. Doch von deren metaphysischen Volksgeistgedanken ist Lazarus weit entfernt. Volksgeist wird in der Völkerpsychologie nicht mehr als historischer, zeitlicher Repräsentant des Weltgeistes interpretiert, sondern sozial-psychologisch als das, was die Individuen innerhalb einer nationalen und kulturell geeinten Gruppe verbindet. Auch diesem »Gesamtergebnis«, wie Lazarus ihn verschiedentlich nennt, wird eine Kontinuität zugesprochen.

Die *sozial-psychologische Interpretation* der sittlichen Anschauungen der Juden gab Lazarus' Darstellung in seiner »Ethik des Judentums« eine große Lebendigkeit und machte sein Buch recht populär. Lazarus stützt sich auf reiches Material aus Bibel, Talmud und Midrasch, aus der rabbinischen Literatur und aus altem und noch lebendigem Brauchtum. Dagegen läßt er die ethisch-philosophische Literatur, die das Judentum hervorgebracht hatte, nicht nur beiseite, sondern grenzt sich z. T. scharf gegen sie ab. Insofern ist er dabei methodisch im Recht, weil er in der reflektierten, philosophischen Ethik, die den Zusammenhang mit der Gesamtphilosophie bewahrt, nicht den unbefangenen, psychologisch ausdeutbaren Ausdruck des jüdischen »Volksgeistes« sieht. Er wendet sich darum mit großer

---

[314] Die jüdischen Gelegenheitsschriften sammelte er 1883 in »Treu und Frei«. – Lazarus' zweite Frau, die er 1895 heiratete, war die Schriftstellerin Nahida Remy, die zum Judentum übergetreten war und mehrere Bücher jüdischen Inhalts geschrieben hatte (»Das jüdische Weib«, 1892, und andere).

Schärfe unter anderem gegen Maimonides, aber auch gegen Bachja, den Verfasser der »Herzenspflichten«: »... es gilt, nicht sowohl eine freie, philosophische Ethik zu schaffen, sondern die tatsächliche, mit ihrem Inhalt vorhandene einer Schule, einer Zeit, eines Volkes, einer Religion darzustellen.«[315] »Die Beispiele der Alexandriner, später des Maimonides« hätten »abschreckend gewirkt«. »Das philosophische Denken hatte das Ethische nicht in sich selbst vertieft, sondern in fremde Tiefen abgelenkt und versenkt. So bei Bachja in die Mystik, welche eine allzu aristokratische Ethik zur notwendigen Folge hatte.«[316]

Diese Abgrenzung gegen die philosophische Ethik und insbesondere die der jüdischen Philosophen des Mittelalters wird aber von Lazarus nicht durchgehalten. Auch sein Buch beansprucht ja eine *Ethik* darzustellen, soll also mehr sein als Schilderung von Volksbräuchen und Volksanschauungen. Ethik ist ein Teil der systematischen Philosophie.

So muß auch Lazarus sich in »fremde Tiefen« begeben. Er nimmt sich die *kantische Ethik* mit ihrem Prinzip der Autonomie zum Vorbild und versucht Kants Autonomiebegriff auf die Ethik des Judentums anzuwenden.

Für Kant ist Religion »Erkenntnis aller Pflichten als göttlicher Gebote«. Zur Religion führt nach Kant das Sittengesetz »durch den Begriff des höchsten Gutes als das Objekt und den Endzweck der reinen praktischen Vernunft«.[317] Die teleologische Funktion des höchsten Gutes, der dem Postulatscharakter des kantischen Gottesbegriffes entspricht, verknüpft bei Kant Religion und Ethik, die Autonomie des freien menschlichen Willens mit dem Willen Gottes, als Bürge der Realisierbarkeit des moralischen Gesetzes.

Lazarus versucht nun diesen Zusammenhang auf das Judentum zu übertragen. »Die jüdische Ethik ist ursprünglich eine theologische ... sittlich gut und gottgefällig, sittliches Gesetz und göttliche Verordnung sind für das Judentum völlig untrennbare Begriffe.« Schon in den ältesten biblischen Fassungen tritt der Gedanke hervor: »nicht aus einem göttlichen Willensakt, nicht durch einen göttlichen Machtspruch entsteht das Sittengesetz, sondern aus dem ureigenen Wesen Gottes selbst ... Darum heißt es bei dem allgemeinen Grundgesetz als dem zusammenfassenden Ausdruck aller Sittlichkeit, bei dem Gebote: »ihr sollt heilig sein« – nicht: denn ich will es, nicht: denn ich befehle es, sondern: »ihr sollt heilig sein, denn ich bin heilig«. – »Nicht auf irgendeine dogmatische Vorstellung von Gott, sondern auf den Gedanken seiner Sittlichkeit, das heißt also auf das Wesen

---

[315] Lazarus, Ethik des Judentums, 2. Bd., S. XVII.
[316] Lazarus, a. a. O., S. XVIII.
[317] Kant, Kritik der praktischen Vernunft, 2. bzw. Akademieausgabe, S. 129.

der Sittlichkeit selbst, ist das Sittengesetz gegründet: Gott nicht als Gebieter, sondern als Urbild der Sittlichkeit, ist zugleich Urquelle aller menschlichen Sittlichkeit.«[318] Lazarus sieht in dieser Begründung der Sittlichkeit, wie sie im biblischen und rabbinischen Judentum sich findet, die Autonomie der jüdischen Ethik ausgedrückt, trotz ihrer religiösen, in kantischer Terminologie also eigentlich heteronomen Grundlage.

Besonders scharf lehnt Lazarus die Anwendung des Nützlichkeitsprinzips, einer eudämonistischen Güterlehre, auf die jüdische Ethik ab. Auch die Frage nach dem »höchsten Gut«, die noch Kant gerade für die Verbindung von Religion und Ethik zugelassen hatte, liegt nach Lazarus dem Judentum fern. »In der rabbinischen Forschung lautet die Frage nach dem Ziel der Sittlichkeit nicht: welches ist das höchste Gut, das der Menschen erringen, sondern: welches ist der rechte Weg? welches ist der gute Weg, den der Mensch gehen soll? Nicht auf die Erfolge, sondern auf die Maximen des sittlichen Handelns ist hier der Blick des Denkers gerichtet.«[319] Häufig wird zwar namentlich im biblischen Schrifttum von Lohn und Strafe gesprochen. Doch wurden diese nur aus pädagogischen oder psychologischen Gründen eingeführt. Daraus, daß man anfänglich nicht aus selbstlosen Motiven handle, komme man schließlich zum Handeln um der Sache selbst willen. Neben dieser volkspädagogischen Absicht »waren die zahlreichen Aussprüche nicht bloß allgemein bekannt, sondern auch allgemein anerkannt, welche sich ausdrücklich auf die Abweisung des Lohnes nicht bloß als Grund des Gesetzes, sondern auch als Beweggrund seiner Erfüllung beziehen«.[320]

Lazarus' Darstellung des Judentums zeichnet dieses als eine Sittenlehre, die ihren Widerhall in dem Leben, den Meinungen, Formen und Institutionen der Juden gefunden hat. Diese Sittenlehre ist eine religiöse. Aber Religion ist für Lazarus auf die Ethik beschränkt. Die Gotteslehre des Judentums erschöpft sich bei ihm in der Heiligkeit Gottes, aus der er die Forderung der Sittlichkeit, der Heiligung des menschlichen Handelns ableitet. Andere Aspekte der jüdischen Gotteslehre, wie die Einzigkeit Gottes, des Schöpfers der Welt, werden von Lazarus nicht behandelt. Seinem Versuch, der jüdischen Ethik eine philosophische Basis zu geben, sie in den

---

[318] Lazarus, Bd. 1, S. 85–90.
[319] Lazarus, Bd. 1, S. 125. Vgl. Mischnah Abot (Sprüche der Väter) 2, 1 und 2, 13.
[320] Lazarus, Bd. 1, S. 130–134 und 405 ff. (Anhang Note Nr. 26). Lazarus bezieht sich insbesondere auf den bekannten Satz des Antigonos aus Socho in Abot I, 3: »Seid nicht wie Knechte, die ihrem Herrn dienen, um Lohn zu erhalten, sondern wie Knechte, die ihrem Herrn dienen, nicht um Lohn zu erhalten. Nur die Furcht des Himmels sei über Euch«, sowie auf andere Stellen in Talmud und Midrasch.

systematischen Rahmen der kantischen Autonomielehre anzusiedeln, fehlte die systematische und begriffliche Präzision. Dagegen besaß Lazarus einen scharfen intuitiven Blick für Zusammenhänge, für den ethischen Gehalt religiöser Erscheinungsformen. Er ist ein typischer Repräsentant der Denkhaltung und Lebensanschauung der deutschen Juden in der zweiten Hälfte des 19. Jahrhunderts – jedenfalls des Teiles der liberalen Judenheit, dem Interesse und aktive Teilnahme an jüdischen Fragen und Angelegenheiten noch verpflichtendes Bedürfnis war. Diesen seinen Zeitgenossen galt Moritz Lazarus als der bedeutendste und glänzendste Vertreter des Judentums.

Hermann Cohen wirft Lazarus in seiner Kritik der »Ethik des Judentums« billige Popularität, Vernachlässigung der jüdischen Philosophie des Mittelalters und methodisch-philosophische Unzulänglichkeit vor. Er schließt seine Kritik mit dem Wunsche, »daß uns endlich wieder einmal eine wissenschaftliche Darstellung unserer Religion entstehen möge – auf dem Grunde geschichtlicher Quellenforschung, einschließlich derjenigen unserer Dogmatik, und in lebendigem einheitlichen Zusammenhang mit der wissenschaftlichen Philosophie«.[321]

Diese Zeilen Cohens aus dem Jahre 1899 sind wohl die erste Ankündigung einer Aufgabe, die er sich selbst gestellt hatte und die er erst am Ende seines Lebens verwirklichen konnte. Sogar der Titel seines religionsphilosophischen Hauptwerkes »Religion der Vernunft aus den Quellen des Judentums« scheint in dieser ersten Aufgabestellung bereits angedeutet.

[321] Über Cohen vgl. meine Dissertation »Die Stellung der Religion im systematischen Denken der Marburger Schule«, Berlin 1930, S. 14ff. und S. 54 f.; Guttmann, a.a.O., S. 345f.; Rotenstreich, a.a.O., Bd. 2, S. 53f.; Jakob Klatzkin, »Hermann Cohen«, Berlin 1922; Siegfried Ucko, »Der Gottesbegriff in der Philosophie Hermann Cohens« (Dissertation). Berlin 1929; H. Liebeschütz, »Von Georg Simmel zu Franz Rosenzweig«, Kap. 1, Tübingen 1970, sowie das Vorwort von S. Ucko und das Nachwort von Ben-Haim zur hebräischen Übersetzung der »Religion der Vernunft«, Jerusalem, 1971.
Eine Sonderstellung nimmt Franz Rosenzweigs Einleitung zu den jüdischen Schriften Hermann Cohens ein, die Bruno Strauß 1924 in drei Bänden herausgegeben hat. Rosenzweig, der Cohen in dessen letzten Lebensjahren nahestand, gibt ein ungemein lebendiges Bild der Persönlichkeit, interpretiert aber Cohens Religionsphilosophie auf seine eigene hin. Er konstruiert einen Bruch zwischen dem Cohen des Systems und dem der Berliner Jahre. Diese existenz-philosophische Cohen-Interpretation, die vor vierzig Jahren sehr verbreitet war und die wohl erstmals von mir 1930 kritisch behandelt wurde, ist heute im allgemeinen aufgegeben worden. (Aber vgl. S. H. Bergmann, »Faith and Reason«, New York 1961, und Walter Goldstein »Hermann Cohen und die Zukunft Israels«, Jerusalem 1963.)

Cohen wurde 1842 in Coswig in Anhalt geboren. Das Breslauer Jüdisch-Theologische Seminar verließ er früh, um zur Philosophie überzugehen. Von der Steinthal-Lazarusschen Völkerpsychologie ging er zu Kant zurück. 1871 erschien die erste Auflage seines die Kantinterpretation revolutionierenden Buches »Kants Theorie der Erfahrung«. Friedrich Albert Lange, der Verfasser der »Geschichte des Materialismus« zog ihn 1873 als Privatdozent nach Marburg. Nach Langes Tod wurde er 1876 sein Nachfolger und blieb in Marburg bis 1912, als er zurücktrat aus Protest gegen eine amtliche Hochschulpolitik, die philosophische Lehrstühle zunehmend mit Psychologen – wie später oft mit Soziologen – besetzte. Er war der einzige jüdische Lehrstuhlinhaber für Philosophie in Deutschland vor 1919 und einer der ganz wenigen jüdischen Ordinarien überhaupt. Wie prekär diese Stellung war, erhellt daraus, daß Cohen niemals Rektor in Marburg wurde und an ihn nie ein Ruf an eine andere Universität erging.

Seine weiteren Kantschriften »Kants Begründung der Ethik« 1877, und »Kants Begründung der Ästhetik« 1899, folgte der Ausbau seines eigenen Systems.[322] Diese Systemschriften schließen auch ergänzend seine Religionsschriften ein.[323] – Von 1912 an bis zu seinem Tode 1918 lehrte Cohen in Berlin an der Lehranstalt (Hochschule) für die Wissenschaft des Judentums jüdische Religionsphilosophie.

Um Cohen und seinen nichtjüdischen Schüler und Kollegen Paul Natorp sammelte sich die *Marburger Schule*, deren Einfluß sich auf weite Zweige der Philosophie, der Wissenschaft und der Politik erstreckte.

Cohen gehört zu den Philosophen, bei denen das Biographische zum Verständnis ihrer Philosophie bedeutsam ist. Seine exponierte Stellung als jüdischer Ordinarius für Philosophie an einer deutschen Universität war für ihn eine Quelle intellektueller und seelischer *Spannung*. Er fühlte sich für beide Pole dieses Magnetfeldes verantwortlich, als Philosoph für seine Wissenschaft und ihre Pflege an den Universitäten und als Jude für sein Judentum gegenüber den Juden wie auch gegenüber der akademischen Welt in der Epoche eines beginnenden wissenschaftlichen Antisemitismus in den historischen und theologischen Wissenschaften und in der Studentenschaft. An sein Judentum trat er als Philosoph heran und seiner Philosophie verleibte er jüdische Grundgedanken ein.

---

[322] »Das Prinzip der Infinitesimalmethode und seine Geschichte«, 1883; »Einleitung mit kritischem Nachtrag zur 7. Auflage von F. A. Langes Geschichte des Materialismus«, 1896 und zur 9. Auflage 1914. »Logik der reinen Erkenntnis«, 1902; »Ethik des reinen Willens«, 1904; »Ästhetik des reinen Gefühls«, 1911.
[323] »Der Begriff der Religion im System der Philosophie«, 1915; »Religion der Vernunft aus den Quellen des Judentums«, 1919, 2. Auflage 1929.

Cohen war seinem Charakter nach sehr emotional. Dieser Charakterzug, dem er seinen großen persönlichen Einfluß auf seine Freunde und Schüler wie auch auf die Öffentlichkeit verdankte, tritt auch in seinen Schriften hervor und unterbricht oft die Strenge der Argumentation. Man fühlt aber auch häufig, wie er gegen seine Emotionalität ankämpft, wie er gleichsam mit Gewalt Gedanken und Implikationen unterdrückt, die ihm von seinen methodischen Prämissen her unerlaubt erscheinen. Diese innere Situation hat er selbst einmal in einer Briefstelle ausgedrückt: »Mein Geschick ist von ganz eigener Art. Wenn es Menschen gibt, die das sacrificio dell'intelletto bringen, so bringe ich das del sentimento. Sie wissen, wie sehr ich ... mit dem inneren Leben unserer Religion verknüpft bin, aber Abstraktion ist auch hier mein Schicksal.«[324] Dieser Brief stammt aus dem gleichen Jahr, in dem Cohens erste größere religionsphilosophische Arbeit »Religion und Sittlichkeit« erschien.[325] In dieser Schrift gerade hatte Cohen »der Abstraktion«, nämlich der Aufhebung der Religion in die Ethik, ihren radikalsten Ausdruck gegeben.

Diese Spannung durchzieht Cohens gesamtes Schaffen. Sogar seine *Terminologie* weist in ihren entscheidenden Ausdrücken auf Sinngehalte hin, die eine formale methodologische Funktion zu sprengen scheinen. Die Methode seiner Philosophie nennt er »Logik des Ursprungs«, die ihren Gegenstand »erzeuge«, Worte, die an die halbmythologische Terminologie der Vorsokratiker, Platons und Demokrits, erinnern. Andere Termini sind direkt der religiösen Sprache des Judentums entnommen. Er spricht von Gott, von dem durch die Propheten entdeckten Begriff der einen Menschheit, vom Messianismus.

Cohens Philosophieren war stets von latenten oder offen zutage tretenden *theologischen Motiven* bestimmt gewesen. In seinem Leben gab es nur eine recht kurze Epoche, in der er nur ein indifferentes Verhältnis zur Religion hatte, in der ihn mit dem Judentum nur Gefühle der Pietät verknüpften. Es waren die Jahre vom Verlassen des Breslauer Seminars bis zum Beginn seiner Arbeit an der Philosophie Immanuel Kants.

Der Umweg über Kant brachte Cohen zu einem neuen Verhältnis zur Religion und zum Bewußtsein seines Judentums zurück. Dieser Umweg bestimmte jedoch auch die Perspektiven seiner Darstellung des Judentums, setzte ihr methodische Grenzen. Diese Grenzen bleiben für Cohen bis zuletzt bestimmend.

Allerdings waren die methodischen Begrenzungen Fesseln, die Cohen

---

[324] Hermann Cohen, Briefe, hrsg. von Berta und Bruno Strauß, Berlin 1939, S. 77 (Brief vom 27. 2. 1907).
[325] In: »Jüdische Schriften«, Bd. 3, S. 99–168.

sich selbst auferlegt hatte. Er behielt ihnen gegenüber eine gewisse Freiheit, sie angesichts neuer Erkenntnisse anders oder lockerer zu knüpfen.

Hierin war Cohen freier als seine jüdischen Vorgänger. Diese standen im Neuplatonismus oder Aristotelismus des Mittelalters oder in den Systemen Schellings und Hegels festumrissenen Denk- und Systemschemata gegenüber. Ihre Möglichkeiten, das Judentum diesen vorgegebenen Denkschemata einzufügen, waren beschränkt. Cohen dagegen war selbst der Schöpfer des Systems und der Methodik, in deren Rahmen er sich bewegte.

Cohens Philosophie ging auf seine *Kantinterpretation* zurück. In dieser wurde Kant in seinem kritischen Gesamtwerk mit philologischer Akribie geprüft und in den Zusammenhang der Philosophiegeschichte gestellt.[326] Kants Problematik und Methode wird mit der Platons, Leibniz' verglichen und in der Methode Galileis und der Naturwissenschaft angelegt gefunden. Das ominöse »Ding an sich«, das ein Stein des Anstoßes war für eine Interpretation, die nicht über die Vorhallen von Kants Kritik weiterschritt, wird in seiner Funktion als Idee erwiesen, die der Erkenntnis die Richtung weist und gegenständliche Erfahrung möglich macht.

In seiner eigenen Philosophie geht Cohen über die kantische Grundlage hinaus. Er läßt die »reine Anschauung«, die bei Kant den denkenden Verstand ergänzte, fallen, um der Mißdeutung der Verdinglichung zu entgehen. Der Gegenstand ist nicht vorgegeben, sondern er wird Gegenstand der Erkenntnis, wird bestimmbar erst durch den infinitesimalen Erkenntnisprozeß selbst, analog dem Verfahren der mathematischen Naturwissenschaft. Für Cohens Denken durfte es kein Problem geben, das prinzipiell außerhalb des Erkenntnisprozesses bliebe. Dieser selbst wird zum Ursprung der Erkenntnisobjekte. So baue die Logik die Welt mit der Methode der Naturwissenschaft auf. Die Ethik erscheint als Aufgabe der Verwirklichung der Sittlichkeit, des Rechtes in der Menschheit. Die Ästhetik hat ihren Bezug auf das Werk des Künstlers. Alle Richtungen des Kulturbewußtseins werden durch die eine Methode zu Erkenntnissen erhoben, die die *Logik des Ursprungs* zu Grunde gelegt hatte. *Panmethodismus* hatte Natorp diese übergreifende Methodik genannt.

Die Philosophie des deutschen Idealismus hatte Kants Erfahrungslehre zu einem Werke des Ich, zu einem subjektiven Idealismus umgebaut. Dieses Ich wurde bei Hegel zu dem allumfassenden Weltgeist, in dessen ewiger dialektischer Bewegung das Leben sich darstelle.

Cohens Idealismus ist von diesem spekulativen Idealismus darin ver-

---

[326] Das Zusammenwirken des Philologischen, das »immer in Ordnung sein« müsse, mit dem Geschichtlichen ist ein besonderes Kennzeichen der Arbeitsmethodik Cohens. Wir finden sie auch bei Natorp, besonders aber bei Ernst Cassirer.

schieden, daß er dessen Subjektivismus vermeidet. An Stelle eines Geistespantheismus, der Ich, Geist, Weltgeist, Natur und Gott in eines setzte, tritt bei Cohen die konkrete *Aufgabe* der Erkenntnis: ihren jeweiligen Gegenstand zu bestimmen, zu erzeugen, zu aktualisieren. Der »kritische Idealismus« ist vor den Gefahren der Spekulation durch seine Beziehung zur Methode der Naturwissenschaften gefeit. Durch diese Beziehung, die Fichte, Hegel, auch dem naturwissenschaftlich gebildeten und interessierten Schelling fehlte, bleibt Cohen in der Nähe Kants, begründete er den *Neukantianismus* der Marburger Schule.[327]

Bereits in den methodischen Grundtendenzen der »Logik des Ursprungs« schimmern, wie mir scheint, religiöse und insbesondere *jüdisch-religiöse Motive* hindurch, die bald in den Beziehungen von Erkenntnis und Schöpfung deutlichere Konturen annehmen. Es ist zunächst der Gottesbegriff, der während der Vorarbeiten für »Kants Begründung der Ethik« im Jahre 1872 unerwartet in Cohens Gesichtskreis tritt. Er schreibt an einen Freund: »Merkwürdig wird es Dir sein, daß ich den kantischen Gott mitnehme, ja noch mehr, daß ich zu der Überzeugung gekommen bin, jeder Versuch in der Ethik sei gedankenlos, prinziplos, der ohne einen solchen Gott gemacht wird. Du siehst, er hat mich schon fanatisiert, wie es einem Gott geziemt. Aber Du sollst sehen, Daß Du an diesen Gott auch glauben wirst.«[328] Hier hat Cohen nach langen Jahren der religiösen Indifferenz Gott und den Glauben wiederentdeckt. Und der Gottesgedanke erscheint bereits hier in der Form, wie er später seine Ethik und seine Religionsphilosophie bestimmt. Gott ist bereits nicht mehr eigentlich der »kantische Gott«, ein Postulat der Ethik, »erfunden, eine Lücke auszufüllen«,[329] sondern er wird das *Prinzip*, das die Ethik begründet.

Dieser neue Gottesbegriff wird von Cohen mit dem der *Wahrheit* verbunden. Auch die Logik operiert mit dem Gegensatzpaar wahr und falsch. Aber dies ist nach Cohen eine ungenaue Terminologie. In der Logik soll vielmehr die Unterscheidung von richtig und falsch gelten.[330] Der Aus-

---

[327] Bereits Salomon Maimon hatte das kantische »Ding an sich« als einen infinitesimalen Grenzbegriff gefaßt. Auch er geht von der negativen Kritik an Kant in seiner Lehre von der »Bestimmbarkeit« zur Konstituierung der Gegenstandswelt über. Doch scheint mir, ist seine Verwendung des Differentials zur Bestimmung des Integrals nicht eigentlich von der Funktion der Form gegenüber der Materie im Aristotelismus verschieden. Cohens »Ursprung« ist dagegen an der platonischen »Idee als Hypothesis« orientiert, deren aristotelische Umdeutung zur Form Cohen schärfstens bekämpfte.

[328] Briefe, S. 42.
[329] Ethik, S. 444 (440 der 2. Aufl.).
[330] S. 88 (86).

druck »wahr« hat einen anderen Sinngehalt. Sein Gegensatz wäre unwahr oder Lüge. Er weist in die Ethik hinüber, denn er bezeichnet eine sittliche Wertung. »Wahrheit bedeutet« deshalb bei Cohen »den Zusammenklang und Einklang des theoretischen und des ethischen Problems«.[331] Der Gott der Wahrheit ist aber nicht ein verbindendes Mittelglied zwischen Logik und Ethik, zwischen der Erkenntnis der Natur und dem sittlichen Streben, der Aufgabe des Menschen. Eine solche Einheit von Natur, Gott und Mensch lehnte Cohen scharf ab. Diese Einheit, die in der Philosophiegeschichte häufig versucht wurde – bei den Griechen, bei Spinoza und in der idealistischen Identitätsphilosophie – führt zum Pantheismus. An Stelle der falschen Einheit setzt Cohen die *Einzigkeit Gottes*, seine Unterschiedenheit von allem anderen Sein.[332] Die Transzendenz, die dadurch der Gottesbegriff erhält, ist jedoch keine metaphysische, sondern eine funktionelle. Um die Verwirklichung der Ethik zu ermöglichen, muß eine Welt dasein. Diesen Zusammenhang sichert und verbürgt die Idee Gottes. Er ist der Ursprung von Natur und Sittlichkeit, oder in der religiösen Sprache, die Cohen bereits in der Ethik benutzt: *Gott* ist der *Schöpfer der Natur* und *Prinzip der Sittlichkeit*.

Nicht nur den jüdischen Gottesbegriff hat Cohen seiner Ethik zugrunde gelegt. Die Ethik als die Kulturrichtung, die die Verhältnisse der Menschen zum Inhalt hat, wird von Cohen immer wieder mit jüdischem Material aus Bibel und Talmud illustriert. Der Begriff der einen Menschheit, der den Griechen fremd blieb, ist von den Propheten entdeckt worden. Er ist verbunden mit dem ebenfalls jüdischen Ideal der messianischen Zeit, die für Cohen das Ziel der Ethik ist, die Aufgabe, zu der die sittliche Arbeit des Einzelnen und der Völker und Staaten hinstrebt, um die »Allheit« der Menschheit zu verwirklichen. In diesem Ziel der Geschichte wird von den Propheten der Begriff der Weltgeschichte geschaffen.

Mit dieser Überführung jüdisch-religiöser Grundbegriffe in die Ethik schien die Religion selbst überflüssig geworden zu sein. Cohen hat in der »Ethik« wie in dem erwähnten Aufsatz »Religion und Sittlichkeit« diese Auffassung vertreten. Sie stellt den Höhepunkt seines »sacrificio del sentimento« dar.

Dennoch erkannte Cohen dem Judentum Bestand und Existenzberechtigung zu. Es solle und müsse erhalten bleiben als das, was Mendelssohn »die Vereinigung der echten Theisten« nannte, als die Menschengruppe, die durch alle Läufe der Geschichte inmitten einer feindseligen Welt die reine

---

[331] S. 91 (89).
[332] Zuerst in dem Aufsatz »Der Stil der Propheten« aus dem Jahre 1901, in der Zeit der Ausarbeitung des Cohenschen Systems. Vgl. Jüd. Schriften, Bd. 1, S. 265.

Gottesidee und die sittlichen Forderungen und Ideale bewahre und sie weiterzutragen habe.

Die, wenn der Ausdruck gestattet ist, *religiosierte Ethik* konnte Cohens letztes Wort zum Religionsproblem nicht sein. Unterschwellig wirkten in ihr bereits die emotionalen Antriebe fort, die aus Cohens Verwurzelung im Judentum herrührten. Das tiefere Wissen um eine lebenserfüllende und bestimmende Religion konnte nicht durch kunstvolle formalmethodische Konstruktionen ersetzt werden. Die Religion schien doch mehr zu sein als ein »Naturzustand«, der durch die Überführung seiner philosophisch valenten Momente in den »Kulturzustand« der Ethik erledigt werden könnte. Gerade die Momente, die in der Ethik aufgenommen wurden, die Idee Gottes, der Monotheismus, die Menschheit, forderten von neuem die Frage nach dem Begriff der Religion und seiner Stellung im System der Cohenschen Philosophie heraus. Augenscheinlich war es, daß jene Begriffe der Religion selbst einen Anteil am Vernunftganzen zuweisen, dem nicht durch ihre Aufnahme in die Ethik Genüge getan ist. Welche Stellung mußte die Religion – und Religion ist für Cohen stets der strenge Monotheismus des Judentums – im System der Philosophie einnehmen? – Diese Frage behandelten die beiden Religionsschriften im engeren Sinne: »*Der Begriff der Religion im System der Philosophie*« (1915), die bezeichnenderweise der Marburger Schule gewidmet wurde und bereits dadurch den Zusammenhang mit der bisherigen Arbeitsrichtung Cohens betont, und »*Religion der Vernunft aus den Quellen des Judentums*« (aus dem Nachlaß 1919).

Der Vernunftanteil der Religion schien einen eigenen zusätzlichen Systemzweig notwendig zu machen. Sie schien den Anspruch erheben zu dürfen, als selbständige Richtung des Kulturbewußtseins anerkannt zu werden. Andererseits aber greift die Religion in ihren Problemen in die bestehenden Kulturrichtungen ein. Der Begriff des einzigen Gottes – durch seine Verbindung mit Sein und Werden – verknüpfte die Religion mit der Logik. Und zugleich war er Prinzip der Ethik mit seinen Forderungen an den Menschen. Auch an der Ästhetik hatte die Religion Anteil durch den Literaturwert der biblischen Schriften und insbesondere der Propheten und Psalmen. Da nun ihre verschiedenen Probleme schon durch die Ethik, Logik und Ästhetik behandelt wurden, war für die Religion selbst kein eigener Platz im System übrig.

Besonders schwierig war das Verhältnis der Religion zur Ethik. Denn das Hauptproblem der Religion war das Verhältnis von Gott und Mensch. Mit den Problemen des Menschen war aber die Ethik befaßt, die auch die Gott-Mensch-Beziehung berücksichtigt hatte. Es würden sich also zwei Systemteile mit denselben Inhalten beschäftigen. Deshalb hatte Cohen die

Religion zunächst in die Ethik eingeordnet.

An dieser Zuordnung wird auch in den Religionsschriften nichts geändert. Aber auch die Zweifel Cohens an ihrer Adaequatheit finden ihren Niederschlag: der Religion erkennt er in dem festgehaltenen Rahmen zwar nicht die Selbständigkeit, aber eine »Eigenart« zu, die die Ethik ergänzt. Die Ergänzung, der neue Aspekt, den die Religion der Ethik hinzufügt, betrifft das Verhältnis von Gott und Mensch. Der Gott seiner »Ethik« erscheint Cohen jetzt ein ferner Gott und die Menschheit zu weit entrückt von den Nöten des Individuums.

In der Cohenschen Ethik war es gerade die Aufgabe des Menschen, sich von den Fesseln seiner Individualität, seinem Naturzustande, zu befreien, um ein *soziales* Wesen zu werden. Dieser Befreiungsprozeß war der Ursprung des Rechts, der rechtlichen Form des Staates, und er führte zu der Idee der »Allheit« des Menschen, der Menschheit.

Der religiöse Begriff vom Menschen geht demgegenüber von dem *Individuum* aus. Der einzelne Mensch leidet und sieht seinen Nebenmenschen leiden. In der Ethik war der Nebenmensch nur das erste Glied in der Stufenreihe, die in der Menschheit gipfelte. Jetzt wird dieser zum Nächsten, der unsere Verantwortung, unsere Hilfe und unser Mitleid fordert. In dem *Mitleiden* mit dem Nächsten, dem Armen und Leidenden, läßt Cohen – wie vordem Samuel David Luzzatto – die Religion entstehen. Er konstruiert das Individuum aus dem »Mitleiden« mit dem Nächsten, das es aus den Fesseln seiner Selbstsucht befreit. Das Mitleiden führt ihn zur Selbsterkenntnis, zur Erkenntnis seiner Schwäche und seiner Sünde.

Die Ethik hatte die Sünde als menschliche Schuld dem Recht überantwortet. Und das Individuum des Künstlers, das Genie, ist in der Ästhetik schon ein Übermensch, der schon nicht mehr Individuum ist.

Der sündige, leidende Mensch dagegen ist der einzige Mensch, der nun dem einzigen Gott gegenübersteht. »Der einzige Gott vollzieht damit eine neue Bedeutung seiner Einzigkeit: er ist einzig für den Menschen, sofern dieser als einziger gedacht werden muß.«[333]

Dieses Verhältnis führt den neuen Grundbegriff der Cohenschen Religionsphilosophie ein, die *Korrelation*.

Die Befreiung von der Sünde (die nur im Mythos Erbsünde, in der Religion dagegen stets Sünde des Individuums ist) geschieht durch die Umkehr des Menschen. Gott, der die Umkehr annimmt, wird zum Erlöser. Die Korrelation jedoch »wehrt die Vereinigung ab«.[334] Auch in der Um-

---

[333] Der Begriff der Religion im System der Philosophie, 1915, S. 61.
[334] S. 105.

kehr bleiben Mensch und Gott verschieden. Dem Menschen ist nur die *Nähe Gottes* erreichbar (Psalm 73, 28).

Enger im Rahmen der systematischen Schriften Cohens bleiben die Modifikationen des Gottesbegriffs. Sie sind eher terminologische als inhaltliche. Die religiöse Sprache, die Cohen jetzt ungehemmter verwendet, hat an den methodischen logischen Funktionen kaum etwas verändert. Wie bereits in früheren Schriften wird das einzige Sein Gottes von dem Dasein der Natur geschieden. Gott wird dadurch zum Ursprungsbegriff des Werdens in der Natur und ihrer Erhaltung, wie auch der Ethik. Die *Schöpfung* wird als »Urattribut Gottes« bezeichnet. »Wäre der einzige Gott nicht der Schöpfer, so wäre Sein und Werden dasselbe, so wäre die Natur selbst der Gott. Das aber würde bedeuten: Gott sei nicht. Denn die Natur ist das Werden, dem das Sein zu Grunde gelegt werden muß.«[335]

Auf den Menschen angewendet, der auch Teil der Schöpfung der Natur ist, »erhebt sich das Spezialproblem der menschlichen Vernunft«. Diese Art der Schöpfung: die Relation des einzigen Gottes zur Vernunft des Menschen nennt Cohen Offenbarung. »Das ist der allgemeinste Sinn der Offenbarung, daß Gott in Verhältnis tritt zum Menschen ... Denn die Meinung, daß Gott sich auch in der Welt offenbare, ist ein ungenauer Gedanke ... der in den Pantheismus hinüberschwankt. Gott offenbart sich überhaupt nicht in etwas, sondern nur an etwas, in dem Verhältnis zu etwas. Und das entsprechende Glied dieses Verhältnisses kann nur der Mensch sein.«[336] Hieraus zieht Cohen ganz lapidar die Konsequenz: »*Die Offenbarung ist die Schöpfung der Vernunft*«.[337]

Auch hier tritt nun die Korrelation ein. Die Vernunft des Menschen als Schöpfung Gottes löst auch ein Vernunftverhältnis des Menschen zu Gott aus. Die Vernunft mache ihn »gleichsam wenigstens subjektiv zum Entdecker Gottes«.[338] Man beachte die vorsichtige, ehrfurchtsvolle Häufung der Einschränkungen: »gleichsam wenigstens subjektiv«. Vielleicht kommt nirgends der religiöse Gehalt von Cohens Judentum so unmittelbar zum Ausdruck wie in diesen Worten. (Die rabbinische Literatur hat hier einen entsprechenden Ausdruck: Ke'we'jachol – als ob man so sagen dürfte – wenn sie religiöse Sachverhalte ausdrücken will, die fast blasphemisch erscheinen.)

Doch auch in den Religionsschriften bleibt *Gott* eine *Idee* mit dem vollen *methodologischen* Gehalt, den eine Idee bei Cohen hat. »Person wird Gott

[335] Religion der Vernunft, 2. Aufl., S. 77.
[336] S. 82.
[337] S. 84.
[338] S. 103.

im Mythos«, hieß es in der Ethik unter Berufung auf Maimonides.[339] Aber die Korrelation hatte in der Nähe Gottes ein persönliches Verhältnis zu dieser Idee geschaffen, in der Liebe Gottes und der Liebe zu Gott. Er wird deshalb auch nicht als ein abstraktes einziges Sein erfaßt, sondern ganz konkret als »der Einzige«.[340]

Der Freiheit, die von Cohen dem Menschen vorbehalten wurde, entsprechen bei Gott die »Attribute der Handlung«, die er von der jüdischen Philosophie des Mittelalters übernahm. Sie sind wie die Schöpfung notwendige *logische* Ursprünge des göttlichen Wirkens.

Cohens Religionsphilosophie ist trotz ihrer religiösen Terminologie nur die Anwendung logischer, methodischer Beziehungen. Doch sie gibt vielleicht das umfassendste, gehaltvollste Religionsverständnis, das von einer »Religion der Vernunft« aus, einer philosophischen Religionslehre, erreichbar ist. Und das bezieht sich nicht nur auf die jüdische Religionsphilosophie.

Das Judentum ist bei Cohen nicht notwendig die einzige Religion der Vernunft, aber das einzige historische Beispiel, aus dessen Quellen man eine solche Religion illustrieren kann. Diese Quellen des Judentums, die Cohen vertraut und lebendig waren, ergänzen und erfüllen den systematischen Rahmen.

Im ersten Viertel unseres Jahrhunderts war Cohen der anerkannte Repräsentant des deutschen Judentums. Als religiöser Denker war er im Judentum der Neuzeit einer der wenigen ganz Großen.

Franz Rosenzweig (1886–1929) kam aus einer stark assimilierten jüdischen Familie. Ein Teil seiner Verwandten war – zum Teil schon eine Generation vorher – Christen geworden. So wurde sein enger Jugendfreund und Verwandter Rudolf Ehrenberg bereits als Christ geboren. Dessen Vetter Hans Ehrenberg ließ sich als junger Mann taufen, ging von der Philosophie zur Theologie über und wurde Pfarrer. Sie alle, wie auch Franz Rosenzweig, waren Urenkel von Zunz' Lehrer Samuel Meyer Ehrenberg, dem Leiter der Samsonschule in Wolfenbüttel. Rosenzweig selbst hat dicht vor der Taufe gestanden, sich aber schließlich für das Judentum entschieden.[341]

Rosenzweig wird vielfach als Schüler, ja als der letzte Schüler Hermann Cohens betrachtet, was nur in sehr eingeschränktem Sinne gelten mag. Rosenzweigs Verhältnis zu Cohen ist durchaus verschieden von dem Verhältnis, das etwa zwischen Fichte und Kant bestand. Hier kann man von einem Schüler-Lehrer-Verhältnis sprechen. Denn Fichte hat sich selbst als

---
[340] Rel. d. Vernunft, S. 49.
[341] Vgl. Briefe, S. 71 ff.
[339] Ethik, S. 457 (453).

Selbstdarstellungen des Judentums II.

Kantianer und Fortbildner von Kants Philosophie angesehen. Bei Rosenzweig kann davon nicht die Rede sein. Seine Beziehung zu Cohen war eher eine persönliche. Als er fast zufällig in die Vorlesungen Cohens an der Berliner Lehranstalt für die Wissenschaft des Judentums kam, geriet er unter den großen Eindruck der Persönlichkeit des alten Mannes, des ersten wirklichen Philosophen, dem er begegnete, der mehr als bloß ein Philosophieprofessor war. Diese Begegnung war auf die Befestigung und Klärung von Rosenzweigs Einstellung zum Judentum von großem Einfluß. Cohen seinerseits empfand die Verehrung des um so viel Jüngeren als das Glück seines Alters. Und Rosenzweig hat in seiner Einleitung in Cohens Jüdische Schriften und in vielen Anmerkungen das Bild von Cohens Persönlichkeit in Verständnis und Liebe gezeichnet. Ein »Marburger« ist Franz Rosenzweig nie gewesen. Auch Cohens philosophische Schriften lernte er erst viel später kennen, als er sich im Ersten Weltkrieg einige Bücher Cohens ins Feld schicken ließ. Noch am 9. März 1918, wenige Wochen vor dem Tode Cohens, fragte er bei diesem an, mit welchem Werke er anfangen sollte, um seiner mangelnden Cohenkenntnis abzuhelfen. Damals war aber bereits sein eigenes Werk in den Grundzügen konzipiert.

Als Rosenzweig im November 1913 zu Cohen kam, war er kein junger Anfänger mehr in Sachen der Philosophie. 1914 erschien seine philosophiehistorische Entdeckung einer Handschrift, die er als eine hegelsche Abschrift einer Arbeit von Schelling aus dem Jahre 1796 interpretierte und »Ältestes Systemprogramm des deutschen Idealismus« nannte. Auch seine Dissertation »Hegel und der Staat«, die erst nach dem Krieg 1924 als Buch herauskam, war damals wohl schon fertig. Die entscheidenden Einflüsse hatte er nicht von Kant, sondern von Hegel und Schelling empfangen. Die Unruhe in seinem Denkuhrwerk heiße 1800, schrieb er zur Zeit der Konzeption seines »Sterns der Erlösung«. »Von diesem meinem intellektuellen Mittelpunkt aus muß ich alles sehen, was mir ganz durchsichtig sein soll; auf jedem anderen Wege kommt mein Verstand rasch auf Grund.«[342]

Sein eigenes Philosophieren steht unter dem Eindruck der großen Systemversuche des romantischen Idealismus. In ihnen sah er den Gipfel und das letzte Wort der Philosophiegeschichte – genau wie Hegel sich selbst gesehen hatte. Aber gegen diese Philosophie, die aus einem Prinzip Gott, Welt und Mensch ableite und so aus diesen abstrakte Allgemeinheiten mache, wollte Rosenzweig sich abgrenzen. Von dem besonderen Menschen, dem Individuum »mit Vor- und Zunamen«, von der Natur in ihren besonderen Entfaltungen, von Gott dem lebendigen, von dem wir von der

---

[342] Kleinere Schriften, S. 358.

Philosophie aus eigentlich nichts wissen, nichts wissen dürfen, von diesen dreien suchte Rosenzweig auszugehen; von ihrer Realität, ihrem Dasein, das vor und außerhalb des »Seins« liege, das die Philosophie ihnen zuschreibe. Rosenzweig wurde so zu einem der frühesten *Existenzphilosophen*. Als etwa zehn Jahre nach der Niederschrift des »Sterns der Erlösung« (1918 an der mazedonischen Front geschrieben) Heideggers »Sein und Zeit« erschien, wurde es von Rosenzweig als Ausdruck des »Neuen Denkens« begrüßt.[343]

Zu seinen existenziellen Ausgangsbegriffen gelangte Rosenzweig jedoch durch eine Anleihe bei *Hermann Cohen*, durch Cohens Funktion des »Ursprungs« und unter ausdrücklicher Berufung auf ihn.[344] Von Gott, von der Welt, vom Menschen wissen wir nichts. Aber dieses Nichtwissen ist der Anfang unseres Wissens von ihnen.[345] Diese anscheinend methodisch gewonnenen Grenzbegriffe werden jedoch bei Rosenzweig hypostasiert. Sie nehmen – entgegen seiner verkündeten Absicht – wieder einen *ontologischen* Charakter an. Trotz der Bemühungen, ihnen die individuellen Züge unmittelbar erfahrener situationsgeprägter Besonderheiten zu bewahren, werden sie in Wirklichkeit Ausdrücke für *Allgemeinheiten*, Grundlagen einer schematischen Konstruktion. Gott, Welt und Mensch entsprechen dann Schöpfung, Offenbarung und Erlösung und schließlich Erkennen, Erleben, Erbeten, als die Methoden, durch die jene erfahren und in Beziehung zueinander gebracht werden können. Diese Beziehungen selbst bestehen in Nebeneinandersetzungen, durch ein »Und« verbunden. Das »Und« wird von ihm der Cohenschen Korrelation und später der Buberschen Ich-Du-Beziehung verglichen.

Dieser allgemeine Rahmen des »Neuen Denkens« wird nun von Rosenzweig auf die Geschichte oder genauer die Religionsgeschichte des Judentums und des Christentums angewendet. Sie werden als zwei verwandte, aber in ihrer Tendenz verschiedene Ausprägungen der Offenbarung dargestellt. Diese Darstellung geschieht als Schilderung zweier verschiedener Formen des religiösen Lebens.

Doch wieder handelt diese Schilderung nicht vom Leben wirklicher Juden und Christen – sei sie nun soziologisch, statistisch oder etwa religionspsychologisch fundiert. Sondern Rosenzweigs Juden und Christen sind *theologische Idealtypen*. Die Juden insbesondere sind nicht die Juden der Gegenwart, sondern die der Voremanzipation. Die Juden erscheinen

---

[343] ebenda S. 355 f. – R. bezieht sich dort auf eine Auseinandersetzung zwischen Heidegger und Cassirer.
[344] Stern, S. 29 f.
[345] Stern, S. 32, 55, 81.

bei Rosenzweig als ein Volk, das der Gegenwart und ihren Bindungen wie Land, Staat und Sprache entzogen ist. Ihr Blick ist nicht auf die messianische Zukunft ausgerichtet, sondern sie schauen gewissermaßen von dieser aus auf die Geschichte zurück. Deshalb nennt er sie das ewige Volk. Das Christentum dagegen ist der Offenbarungsträger in der Zeit mit ihren politischen Formungen und Gefahren. Es sei ständig nur auf dem Wege zu dem göttlichen Ziele, das den Juden vorgegeben und ewiger Besitz sei. – Rosenzweigs deklarierter Nichtzionismus – Antizionismus – war hierin begründet. Das jüdische Volk als ewiges Volk mußte von politischen zeitlichen Verflechtungen fernbleiben, das Land Israel durfte nur heiliges Land, Hebräisch nur heilige Sprache sein.

Der geschichtstheologischen Darstellung des traditionellen jüdischen Lebens, seiner Feste und Bräuche, verdankt der »Stern der Erlösung« ein gewisses Maß von Popularität in jüdischen Kreisen. Es machte das Buch – sehr gegen den Willen seines Verfassers, der es als System einer Philosophie verstanden sehen wollte, zu einem »jüdischen Buch« und kam den romantisch-sentimentalen Tendenzen der Jahre nach dem Ersten Weltkrieg und der beginnenden Hitlerzeit entgegen.

In der Philosophiegeschichte, insbesondere der jüdischen, hat Rosenzweig seinen Platz als einer der Begründer einer religiösen Existenzphilosophie. Doch auf die Spätgeschichte des deutschen Judentums wirkte er besonders als *Volksbildner* und durch sein persönliches Vorbild.

In einem an Hermann Cohen gerichteten Aufruf »Zeit ist's«[346] schlug er vom Felde aus eine neue Form der Hebung des Niveaus des jüdischen Religionsunterrichts vor. Der Vorschlag sollte Lehre und Forschung gleichermaßen zugute kommen durch Gründung einer »Akademie für die Wissenschaft des Judentums«. Diese müßte durch Schaffung von Stellen für akademisch gebildete Religionslehrer an höheren Schulen und an Volkshochschulen der jüdischen Gemeinden jungen Gelehrten die Möglichkeit zu wissenschaftlicher Arbeit geben, unabhängig von einem Rabbineramt. Cohen griff den Plan auf; sein Tod ließ ihn sehr schnell zusammenschrumpfen. Von dem umfassenden Plan blieb eine »Akademie für die Wissenschaft des Judentums« als reines Forschungsinstitut, das zwar einer Reihe junger Gelehrter Startmöglichkeiten gegeben, aber auf die Verbindung mit der Jugend- und Volksbildung verzichtet hatte.

Rosenzweig wollte seinen eigenen Rückweg zum Judentum zu einem allgemeinen seiner Generation machen. 1920 wurde er zum Leiter der jüdischen Volkshochschularbeit in Frankfurt berufen. Hier suchte er das

---

[346] Kleinere Schriften, S. 56 ff.

alte jüdische Ideal des »Lernens« in moderner Form zu erneuern. Es sollte im engeren Sinne wieder *gemeinsames Lernen* sein. Nicht Vorträge sollten einem anonymen Hörerpublikum geboten werden, sondern Lehrer und Lernende sollten gemeinsam Gebiete jüdischen Wissens erarbeiten, der Kursleiter womöglich selbst kein Fachmann, sondern Mitlernender sein. Dieses *»Freie jüdische Lehrhaus«* wurde bald an anderen Orten nachgeahmt. Nach 1933, in der Zeit der erzwungenen jüdischen Wiederbesinnung, wurde die neue Lehrhausmethode zur Grundlage der jüdischen Volksbildungsarbeit in den letzten Jahren der deutschen Judenheit.

Die letzten sieben Jahre seines Lebens litt Rosenzweig an einer fortschreitenden Lähmung aller Gliedmaßen und des Sprachvermögens. Trotzdem setzte er seine Arbeit fort, schrieb Aufsätze, gab eine Übersetzung von Gedichten Juda Halevis heraus, in denen er ein neues Übersetzungsideal verwirklichte, das schließlich durch die Bibelübersetzung, die er zusammen mit Martin Buber unternahm, allgemein bekannt wurde. Diese Übersetzungen suchen in Sprache, Wortwahl, Reim und Rhythmus möglichst genau dem Original zu gleichen und seinen fremden Sprachcharakter zu bewahren.

Rosenzweigs tentatives Zurückfinden zum jüdischen *Religionsgesetz*[347] wurde vorbildlich für einen kleinen Kreis junger Juden, vornehmlich aus der Jugendbewegung. Das persönliche Vorbild des liberalen Juden Rosenzweig, der die Gebote und die Durchdringung des Lebens mit ihnen bejahte, wurde für seine Freunde auch durch seinen heroischen Kampf gegen sein persönliches Schicksal verklärt.

Martin Buber (1878–1966) hatte Rosenzweig bereits 1914 kennengelernt. Doch erst 1921, nach Bubers Übersiedlung nach Heppenheim und seiner Mitarbeit am Frankfurter Lehrhaus wurde aus der Bekanntschaft eine Freundschaft und enge Zusammenarbeit, deren Denkmal die gemeinsame Bibelübersetzung wurde. Nach Rosenzweigs frühem Tode führte Buber sie allein fort.

Nicht nur in der Bibelübersetzung standen in den zwanziger und dreißiger Jahren die Namen Buber und Rosenzweig zusammen. Auch in der Volksbildungsarbeit liefen ihre Ziele und teilweise auch ihre Methoden parallel. Buber hat bei Beginn der Hitlerzeit als Leiter der Mittelstelle für jüdische Erwachsenenbildung den Frankfurter Lehrhausgedanken zur Grundlage des letzten bedeutenden Versuches gemacht, der plötzlich aus den Assimilationsträumen herausgerissenen, verstörten deutschen Juden-

---

[347] Vgl. Die Bauleute, Kleinere Schriften, S. 106 ff.

heit ein neues jüdisches Rückgrat zu geben. Dabei war Buber, anders als Rosenzweig und dessen Konzept des gemeinschaftlichen Lernens, seiner Anlage und Begabung nach mehr Lehrer, Vortragender, *Redner*. Er wollte seinen Hörerkreis zum Mitdenken und Verstehen zwingen, ohne diese Hörer als Mitlernende zur Geltung kommen zu lassen. Zwar schrieb er einmal am Ende seines Lebens: »Ich habe keine Lehre, aber ich führe ein Gespräch.«[348] Doch dies war meist nur ein einseitiger Dialog. Ein großer Teil seiner Schriften waren ursprünglich Reden und wurden von ihm auch Reden genannt. Auch die chassidischen Geschichten geben zumeist Worte, Teile von Gesprächen, die aber tatsächlich Monologe sind. Sie gehen von einer gestellten Frage aus. Den Fragenden, den Dialogpartner, lassen sie zwar nicht aus dem Auge, schalten ihn jedoch eigentlich aus.

Zu dem großen Eindruck, den Buber auf seine Zuhörer machte, trug auch der Stil seines Sprechens und Schreibens bei. Es war der Stil der Generation von Rilke und George, hymnisch gehoben und etwas überhöht, der die intendierten Sachverhalte oft mehr verhüllte als klärte. Erst in den letzten dreißig Jahren seines Lebens wich diese oft entfremdende Unverständlichkeit einer größeren Exaktheit und Einfachheit, die man von dem Buber der chassidischen Bücher oder gar des »Ich und Du« gar nicht mehr erwartet hätte. Vielleicht wirkte in diesen Jerusalemer Jahren die erzwungene Konfrontation mit dem gesprochenen Hebräisch auf die sprachliche Klarheit seiner Spätschriften zurück.

In ihrer religiösen Philosophie fühlten sich Buber und Rosenzweig verwandt. Doch darf diese Verwandtschaft nicht überbetont werden. Schon in ihrer persönlichen Entwicklung kamen sie von verschiedenen Ausgangspositionen her. Rosenzweig ging, wie wir sahen, von den großen Systemversuchen des spekulativen Idealismus aus. Er selbst wollte seinen »Stern der Erlösung« als ein System der Philosophie angesehen wissen. Buber dagegen kam von den positiven Tatsachen der *Religionsgeschichte* her, von der Deutung des Chassidismus, aber auch von der chinesischen Lehre des Tao. In diesen Phänomenen der Religionsgeschichte entdeckte er menschliche und religiöse Urbeziehungen, die er zu einer *Anthropologie* entwickelte – nicht im Sinne einer physischen oder psychologischen, sondern einer im Wortsinne: meta – physischen Anthropologie.

Die Grundbeziehung dieser Anthropologie ist nach Buber die des *Ich und Du*. Sie entfaltet sich als zwischenmenschliche Beziehung des Ich zu einem anderen Ich, dem Du. Oder als mensch-göttliche Beziehung des menschlichen Ich zu einem göttlichen Du und des göttlichen Ich zum

---

[348] Werke, Bd. 1, S. 1114 bzw. Schilpp-Friedmann, S. 593.

menschlichen. Er nennt das »das dialogische Prinzip«. Es soll keine bloß intellektuelle Beziehung sein, sondern Mensch und Mitmensch in ihrer physisch-psychischen Totalität umfassen und Gott nicht als Idee, sondern in seiner Komplexität als Schöpfer, Herr und liebender wie geliebter Vater. Bemerkenswert aber ist, wie mir scheint, daß bei Buber die Träger des Dialogs nicht zu Polaritäten verfestigt werden, sondern als Glieder einer Beziehung selbst gewissermaßen in der Schwebe bleiben. Durch diesen mehr *funktionalen* und nicht ontologischen Charakter des dialogischen Prinzips unterscheidet sich Buber von der eigentlichen Existenzphilosophie. Ich möchte ihn deshalb nur mit Zögern einen Existenzphilosophen nennen. Buber sucht diese funktionale Bedeutung von »Ich und Du« ohne jede systematische Absicht in den verschiedensten Kulturphaenomenen aufzuweisen, in Geschichte und Psychologie, im Sozialverhalten und der Politik, in Philosophie und Religion. Daß sie jedoch von den Funktionsbegriffen der Marburger, etwa Cassirers oder von Natorps »Panmethodismus« weit entfernt ist, zeigt bereits das gänzliche Übergehen von Mathematik und Naturwissenschaften, gerade der Wissenschaften, von denen die Funktionsform herstammt. Sie werden als Bereiche des »Es« außerhalb der Ich-Du-Beziehung gelassen.[349] Aber eine Philosophie, die in ihre Methodik nicht auch die Mathematik und die mathematischen Naturwissenschaften einbeziehen kann, bleibt, wie mir scheint, lückenhaft.

In Wien 1878 geboren, wurden Buber im Hause seines Großvaters *Salomon Buber* in Lemberg erzogen. Salomon Buber (1827–1906) war nicht nur ein Wirtschaftsführer, zeitweise Präsident der Lemberger Handelskammer, sondern auch ein bedeutender Vertreter der Wissenschaft des Judentums. Sie verdankt ihm maßgebende, mit umfangreichen Einleitungen und Kommentaren versehene Ausgaben von Midrasch-Sammlungen. – Martin Buber nahm, noch nicht zwanzig Jahre alt, am ersten zionistischen Kongreß in Basel teil, als Zuhörer, nicht als Delegierter. Seine jüdische Bindung und Betätigung war zunächst auf die politischen, bald auch auf die kulturellen Aspekte des Zionismus beschränkt. Mit Weizmann begründete er die »demokratische Fraktion« auf den Zionistenkongressen, die gegen das von Herzl vertretene Primat der diplomatischen Aktivität opponierte und auf Intensivierung der Kolonisation Palästinas sowie auf die kulturelle

---

[349] Wenn Carl Friedrich von Weizsäcker in seinem wichtigen Beitrag zu dem Schilpp-Friedmannschen Sammelband »Ich und Du und Ich und Es in der heutigen Naturwissenschaft« auch das »Es« in ein Du auflöst – aus der Doppelheit des aus Theoretiker und Experimentator bestehenden Ich des Naturwissenschaftlers – so ist das wohl nicht eine von Buber ins Auge gefaßte Anwendung des Prinzips.

Vorbereitung des Volkes zum Zionismus drängte. Von diesem recht säkularisierten Kulturzionismus aus [350], und zunächst wohl aus folkloristisch-literarischem Interesse, begann Bubers Arbeit an der Erschließung und Deutung des Chassidismus, der ihm etwa seit 1905 »zum tragenden Grund des eigenen Denkens«[351] wurde. Er näherte sich hierdurch mehr und mehr der jüdischen Religion.

Die Nacherzählung und Kommentierung chassidischer Legenden und Aussprüche wurden zu dem allgemein bekannten Teil von Bubers Lebenswerk. Später kam – aus der Zusammenarbeit mit Rosenzweig am Frankfurter Lehrhaus und an der Bibelübersetzung – die Auseinandersetzung mit biblischer und auch neutestamentlicher Theologie hinzu. Dazwischen lagen die 1923 erstmals als Sammlung erchienenen »Reden über das Judentum«, die zwischen 1909 und 1919 gehalten wurden und auf die jüdische Jugend in Deutschland einen starken Eindruck machten. Man sagte damals scherzend, daß jeder einmal die »Bubertät« durchmachen müßte.

Das Judentum bezeichnet Buber einmal als ein »Phänomen der religiösen Wirklichkeit, ... die sich im Judentum und durch es kundgetan hat und um derentwillen ... das Judentum besteht.«[352] Diese Wirklichkeit dulde keine abstrahierenden Unterteilungen oder Beschränkungen, die das Judentum etwa nur als Religion, Kultur, Geschichtszusammenhang betrachten wollten. Das Judentum entstand, als die israelitischen Stämme von dem göttlichen Wort angesprochen wurden und diesen göttlichen Anspruch annahmen. Dieses dialogische Verhältnis des »Bundes« bestimmte die Geschichte hindurch das jüdische Bewußtsein. Als »Emunah«, als Bewährung forderndes und diese wiederum ermöglichendes »Vertrauen« des Volkskollektivs, drückt es die jüdische Glaubensweise aus. Auf dieser volksmäßigen Verankerung beruht Bubers religiöser und kultureller Zionismus.

Der Glaubensweise der »Emunah« stellt Buber die »Pistis« gegenüber als den Individualglauben der nicht volksmäßig verbundenen einzelnen. Er charakterisiere das Christentum nach Jesus.[353] Jesus selbst wird dabei – wie auch von Bubers Vorgängern im 19. Jahrhundert und bereits vorher – für das Judentum in Anspruch genommen, sogar als eine der reinsten Ausprägungen jüdischer Glaubensweise. »Aber ein nach der Erneuerung seines

---

[350] Buber gründete und leitete mehrere Jahre den Berliner »Jüdischen Verlag« und gab von 1916–1924 die Zeitschrift »Der Jude« heraus, das repräsentative Organ der jüngeren, vom Zionismus geprägten Generation. Hermann Cohen suchte in den »Neuen jüdischen Monatsheften« (1916–1919) ein nichtzionistisches Gegengewicht zu schaffen.
[351] Schilpp-Friedmann, S. 29.
[352] Der Jude und sein Judentum, S. 3.
[353] Werke, Bd. 1, S. 653ff.

Glaubens durch die Wiedergeburt der Person strebendes Judentum, und eine nach der Erneuerung ihres Glaubens durch die Wiedergeburt der Völker strebende Christenheit hätten einander Ungesagtes zu sagen und eine heute kaum erst vorstellbare Hilfe zu leisten.«[354]

Bubers Entgegensetzung von »Emunah« als Volksglaube und »Pistis« als Individualglaube ist weder philologisch noch theologisch haltbar. Das griechische Wort Pistis und das Verb pisteuein, ebenso wie das lateinische fides drücken gleichfalls Treue und Vertrauen aus. Emunah, bzw. die Verbalform he'emin, wird an der ersten und grundlegenden Stelle (Genesis 15.6) dem Einzelgänger Abraham zugesprochen. Dort ist Abrahams Gottvertrauen ganz offenbar Individualglaube. Buber selbst betont an einer Stelle der chassidischen Geschichten: »Wir sprechen (am Anfang des Hauptgebets, der Tefillah) Gott Abrahams, Gott Isaaks und Gott Jakobs, nicht aber sprechen wir: Gott Abrahams, Isaaks und Jakobs – damit ist gesagt: Isaak und Jakob stützten sich nicht auf Abrahams Überlieferung allein, sondern selbst suchten sie das Göttliche.«[355] – Im Christentum tritt an Stelle des im Bunde mit Gott stehenden Volkes die durch Sakramente begründete Kirche. Glaube wird auch hier Kollektivglaube, er ist Glaube der Kirche.

Martin Buber hat mit großer Feinheit im dialogischen Verhältnis das religiöse Grundverhältnis herausgearbeitet, das der monotheistischen Religion eigentümlich ist und in besonderer Weise dem Judentum. Im Judentum erfolgt der Dialog mittlerlos zwischen Mensch und Gott. Der Dialog wird nicht auf einen Mensch gewordenen Gott und Gott gewordenen Menschen projiziert, wie es in den griechischen Mysterien und in der von diesen beeinflußten christlichen Theologie geschah. Auf den Anruf Gottes respondiert der Jude, indem er durch Annahme des Gebots sein Leben heiligt. Und auf das Gebet des Menschen respondiert Gott, der es erhört und den umkehrenden Sünder versöhnt. Mit Recht betonte Buber, daß der göttliche Anruf eine Entscheidung des Menschen verlange. Wenn der Mensch sich nicht dem Anruf stelle, würde der Anruf ins Leere gehen. Erst eine Antwort läßt einen Dialog entstehen.

Antworten kann der Mensch durch die Gestaltung seines Lebens. Hier aber wird ein gewisser *Bruch* in Bubers jüdischer Haltung offenbar. Er beschränkt die religiöse Durchdringung, die »Heiligung« des Lebens auf den zwischenmenschlichen Bereich, auf die Ethik. Um die Verwirklichung

---

[354] S. 782.
[355] Bd. 3, S. 51 f.

sozialer Gerechtigkeit und Liebe hat Martin Buber sich sein Leben lang bemüht. Als religiöser Sozialist und innerhalb der zionistischen Politik im Verhältnis zu den arabischen Nachbarn ist er konsequent und oft gegen die öffentliche oder offizielle Meinung eingetreten. Doch prinzipiell wurde von ihm die Haltung der Nachfolger Mendelssohns wieder aufgenommen, die das Judentum auf eine *religiöse Tugendlehre* einschränkten.

Franz Rosenzweig machte in seinem offenen Brief an Buber »Die Bauleute«, auf dessen evasive Haltung zum Gesetz aufmerksam. Es handele sich hier nicht um eine mehr oder weniger weitgehende Übernahme der Formen des traditionellen Judentums. Es ging um das Prinzip der Einbeziehung auch der kleinen alltäglichen Handlungen des Lebens in den Dialog, den religiösen Bezug, auch über den zwischenmenschlichen Bereich hinaus. Was sowohl von den Orthodoxen wie von den Reformern als ein Charakteristikum des Judentums angesehen wurde, kommt bei Buber zu kurz, gerade bei dem Philosophen des dialogischen Prinzips und dem Schilderer der Chassidim, die doch ganz in der Gesetzeserfüllung verwurzelt waren. Als repräsentativer Vertreter modernen jüdischen Denkens, als der Buber heute besonders der nichtjüdischen Öffentlichkeit erscheint, kann er deshalb wohl nicht angesehen werden, wenngleich sein Einfluß bedeutsam war und ist.

Leo Baeck darf wohl der letzte *Repräsentant* des deutschen Judentums genannt werden. Die persönliche Autorität, die von ihm ausging, übertraf vielleicht seine Bedeutung als religiöser Denker, als Wissenschaftler oder gar als diplomatisch-politischer Vertreter seiner Gemeinschaft vor den Nazibehörden.

Leo Baeck (1874–1956), Sohn des Lissaer Rabbiners *Samuel Bäck*[356], war Rabbiner in Oppeln, Düsseldorf und seit 1912 in Berlin, hier auch Dozent an der Lehranstalt (Hochschule) für die Wissenschaft des Judentums. Im Ersten Weltkrieg war er Feldrabbiner. 1933 wurde Baeck Vorsitzender der Reichsvertretung der deutschen Juden. Unter schwierigsten Verhältnissen – nach Ermordung seiner engsten Mitarbeiter Otto Hirsch, Heinrich Stahl, Arthur Lilienthal u. a. – blieb er Führer seiner Gemeinschaft, die er

---

[356] Samuel Bäck wurde durch eine »Geschichte des jüdischen Volkes und seiner Literatur« (1874) bekannt. Er führte jüdischen Religionsunterricht am Gymnasium in Lissa ein und setzte diesen als Lehrfach an den höheren Schulen in Preußen durch. Er bearbeitete wichtige Teile in dem Sammelwerke »Jüdische Literatur«, das der Rabbiner J. Winter und der nichtjüdische Judaist August Wünsche herausgegeben hatten (1892–1895).

nicht verlassen wollte.[357] 1943 wurde er nach Theresienstadt deportiert und überlebte dort durch Zufall. Seine letzten Jahre in London wurden unterbrochen durch Reisen nach Israel und Deutschland und durch jährliche mehrmonatige Lehrtätigkeit am Hebrew Union College in Cincinnati.

Leo Baecks »*Wesen des Judentums*« erschien erstmals 1905, wurde nach dem Ersten Weltkrieg von ihm neu bearbeitet und in dieser neuen Form mehrfach aufgelegt. Der Titel des Buches erweckte die Assoziation an »Das Wesen des Christentums«, eine Vorlesungsreihe des bedeutenden protestantischen Kirchen- und Dogmenhistorikers *A. v. Harnack*, die dieser vor Studenten aller Fakultäten 1899 in Berlin gehalten und danach in Buchform herausgegeben hatte. Harnack versuchte, durch eine weitgehende Enttheologisierung den religionsentfremdeten jungen Menschen seiner Zeit einen neuen Zugang zum Christentum zu ermöglichen und ihnen gleichzeitig im zweiten Teil seines Buches einen kurzen vergleichenden Abriß der Kirchengeschichte zu geben. Die Gestalt Jesus von Nazareth wird aller christologischen Momente entkleidet und als einzigartige religiös-sittliche Persönlichkeit geschildert – gegen den dunklen Hintergrund des Judentums seiner Zeit. Harnacks Buch war wohl die bekannteste und verbreitetste Darstellung der Auffassungen des liberalen Protestantismus und war gleichzeitig auch als eine Apologie des Christentums gedacht.

Baeck hatte in seinem Werk mit dem ähnlichen Titel nicht die Absicht, Harnacks Behauptungen gegenüber Apologie des Judentums zu treiben. (Diese Aufgabe war von ihm in einer Besprechung in der MAWS, 1901, geleistet worden, ebenso von Joseph Eschelbacher in dessen Buch »Das Judentum und das Wesen des Christentums«.) Wie Harnack hat auch Baeck eine breite Öffentlichkeit vor Augen, Juden und Nichtjuden. Doch sein »Wesen des Judentums« wird dadurch kein apologetisches Buch. Vielmehr will es eine Darstellung des Judentums sein, seines »Wesens«, des über die zeitlichen Erscheinungen und Entwicklungen hinaus Charakteristischen und Bleibenden. Baeck gibt keine Philosophie der Religion und keine Theologie, keine Religionsgeschichte der Juden und keine Phänomenologie. Doch all diese Aspekte und Tendenzen sind in seiner Methodik vereint. Der Schüler *Wilhelm Diltheys*, des Begründers einer deskriptiven Psychologie des »Verstehens«, setzte sich »die *geschichtspsychologische Aufgabe*, den jüdischen Geist sich selbst darstellen zu lassen.«[358]

Die Methode dieser Selbstdarstellung des jüdischen Geistes ist eine eigentümliche Dialektik. Die Tiefe und Weite der Religion wird von Baeck

---

[357] Vgl. Fuchs im YLBI XII, 1967, S. 28.
[358] Wesen des Judentums, Vorwort zur 2. Auflage.

Selbstdarstellungen des Judentums II.

erfaßt, indem er sie in *paradoxalen* Gegensätzen darzustellen sucht. Und was vielleicht von aller Religion gilt, kennzeichnet in besonders prägnanter Form das Judentum. Denn hier geht das religiöse Paradox weit über die allgemeintheologischen Aussagen hinaus zum *geschichtlichen Paradox* des Bestehens und der Erhaltung des jüdischen Volkes. Beispiele solcher Paradoxpaare sind etwa: Nähe und Ferne Gottes, Geheimnis und Gebot, Liebe und Zorn, Universalismus und Erwählung. Die Gegensätze in solchen Paradoxpaaren sind jeweils auf einander bezogen, bedingen sich gegenseitig. Sie werden aber nicht in ein Drittes, eine Synthese, ein Mittleres oder einen Mittler aufgehoben. Die Spannung zwischen den Polen bleibt auch in ihrer Korrelation erhalten.

Diese Methode der Darstellung vermeidet die Gefahr einer einseitigen Rationalisierung und Ethisierung der Religion. Sie läßt den Blick offen für das Geheimnisvolle, für die Mystik, für den Geltungsanspruch des Individuellen.

Besonders aufschlußreich für Baecks Mehode ist die Behandlung des Gegensatzpaares Universalismus und Erwählung Israels. Das Judentum wird von Baeck »die *klassische* Erscheinung der Religion« genannt. »Nur in Israel hat es einen ethischen Monotheismus gegeben und wo er später anderwärts zu finden ist, dort ist er mittelbar oder unmittelbar von Israel hergekommen. Die Existenz dieser Religionsform war durch die Existenz des israelitischen Volkes bedingt und Israel war damit eine der Nationen geworden, die einen Beruf zu erfüllen haben. Das ist es, was die Auserwählung Israels genannt wird.« Die in solcher geschichtlichen Tatsache liegende Eigenart gibt dem Leben des Volkes seinen Sinn, indem sie »als ein gegenseitiges Verhältnis zwischen Gott und ihm, als Bund« verstanden wird. In dem Bewußtsein dieses Bundes gewann Israel »die Kraft anders zu sein, den Willen sich zu unterscheiden und gegen Zahl und Erfolg gleichgültig zu bleiben«.

»Mit der Betonung der *Sonderart* hat daher die Religion Israels immer wieder beginnen müssen, die prophetische Predigt mußte die Scheidung von dem Leben der Nachbarvölker fordern, die mündliche Lehre den »Zaun um die Tora errichten.« Doch der nationale Partikularismus verband sich durch seine Bezogenheit auf den gebietenden Gott mit dem Bewußtsein einer sittlichen Aufgabe, eines *weltgeschichtlichen Berufes.* »Die Idee der Auserwählung erhält so zu ihrem unbedingten Korrelat die Idee der Menschheit, der zur wahren Religion berufenen Menschheit.« »Die Hoffnung für die Menschheit ist die Hoffnung für Israel, das Wort Gottes an die Menschheit ist kein anderes als das Wort Gottes an sein Volk ... Je lebendiger der Universalismus betont wurde, um so bestimmter durfte und mußte auch die besondere Aufgabe und Stellung Israels hervorgehoben werden.«... »Die Propheten sprechen von der Welt und ihrem Heile, aber sie sprechen zu Israel.« Baeck legt besonderen Nachdruck auf den Zusammenhang des universalen mit dem partikularen Element im Judentum. Die Erhaltung des Judentums wie die Zukunft der Menschheit hängen ihm von der alten geschichtlichen Erfahrung ab, daß da ein »Volk ist, das einsam wohnt und von den Nationen sich sondert«, wie der Bileamssegen es aussprach. »Man begriff, daß auch die Existenz eine Verkündigung sein kann, schon das Dasein eine Predigt an die Welt.« So sieht Baeck das Judentum und seine geschichtliche Aufgabe. Es ist »das Unantike in der antiken Welt, das Unmoderne in der modernen Welt. So sollte der Jude als Jude sein: der große *Nonkonformist* in der Geschichte, ihr großer Dissenter«.[359] Eine Fortsetzung dieser Thematik gab Baeck in seinem Werk »Dieses Volk«, das er im KZ Theresienstadt begonnen und in London beendet hat. Es hat »Jüdische Existenz« zum Leitmotiv.

Die Herausstellung der Sonderart des Judentums, insbesondere den religiösen und kulturellen Erscheinungen der Alten Welt gegenüber, war auch das eigentliche Thema der wissenschaftlichen Arbeit von Leo Baeck. Die Richtung wies hier seine Antrittsvorlesung an der Berliner »Lehranstalt« über »Griechische und jüdische Predigt«.[360] Die Auseinandersetzung mit der Gnosis und dem jungen Christentum behandeln seine Arbeiten zum Midrasch[361], in denen er selbst seine eigentliche wissenschaftliche Leistung sah.[362]

Im Zusammenhang mit diesem Themenkomplex steht auch seine Auseinandersetzung mit dem Christentum. Sie begann schon im »Wesen des Judentums«, erhielt dann aber ihre eigentliche polemisch-offensive Ausprägung in den Arbeiten *»Romantische Religion«* (1922)[363], als welche er das Christentum gegenüber dem klassischen Judentum darstellt, und »The Faith of Paul« (1952).[364] »Das Evangelium als Urkunde der jüdischen Glaubensgeschichte« (1937)[365] stellt die Evangelien in den Rahmen der midraschisch-frühtalmudischen Literatur, den jüdischen Kern gegenüber seinen griechischen Abwandlungen betonend. Gerade diese Schriften zum Christentum zeigen, wie wenig Baeck Apologet, wie sehr er aggressiver,

[359] a.a.O., S. 56, 57, 58, 62, 64, 66, 70, 282, 283.
[360] Wieder abgedruckt in »Aus drei Jahrtausenden«, S. 142 ff.
[361] Insbesondere der wichtige Aufsatz »Zwei Beispiele midraschischer Predigt« in MGWJ, Bd. 69, 1925, S. 258 ff. und in Aus drei Jahrtausenden, S. 157 ff.
[362] Mündliche Äußerung Baecks auf eine Frage des Verfassers (etwa 1931).
[363] Aus drei Jahrtausenden, S. 42 ff.
[364] Judaism and Christianity, S. 139 ff.
[365] Bücherei des Schockenverlags Nr. 87, Berlin 1938.

seiner Sache gewisser *Polemiker* war, der nicht das Judentum verteidigen oder ihm neben der herrschenden Religion Gleichberechtigung erweisen wollte, sondern der vom Standpunkte der Superiorität des Judentums argumentierte.[366]

Zu den Auseinandersetzungen mit den Strömungen der spätantiken religiösen Philosophie gehören Baecks Arbeiten zur jüdischen Mystik, insbesondere zum »Sefer Jezirah«, dem ersten abgschlossenen mystischen Werk der spät- oder nachtalmudischen Zeit, in dem er terminologische Anklänge an Proclus, jedenfalls an die neuplatonische Philosophie entdeckte.[367]

Auch an der theologischen Grundsatzdiskussion im Judentum hatte sich Baeck beteiligt. In dem wichtigen Aufsatz *»Theologie und Geschichte«* (1932), grenzt er die Theologie des Judentums gegen den Historismus und gegen den pragmatisch-unhistorischen Entwicklungsbegriff Geigers ab. Baeck sucht sie auf einem kritisch-historischen Traditionsbegriff zu begründen, der zu erfassen sucht, »was universelle Idee und besondere Tradition des Judentums, was seine weltgeschichtliche Individualität ist«.[368] Die Frage »Hat das überlieferte Judentum Dogmen?« verneinte Baeck.[369] Allerdings gelingt ihm dies nur durch eine der christlichen Dogmatik entnommene sehr enge Fassung des Dogmabegriffs.

Baecks große imponierende Wirkung ging jedoch über den Schriftsteller und Wissenschaftler, über den Prediger und Organisator hinaus. Er schrieb und redete nicht über Judentum, sondern aus Judentum[370], aus der Fülle ererbter und selbst erworbener jüdischer Weisheit. Und dies Judentum bestimmte sein Leben und Handeln. Sein Name wurde zum Symbol der vergangenen Werte und Geschichte der deutschen Judenheit.

Mit Leo Baeck schließe ich die Reihe der Selbstdarstellungen des Juden-

---

[366] Vgl. hierzu das Vorwort von Walter Kaufmann zu Judaism and Christianity, S. 5 ff.

[367] MGWJ Bd. 70 (1926) und Bd. 78 (1934). Vgl. Kurt Wilhelm, »Leo Baeck and Jewish Mysticism« in Judaism, Vol. II, 1962, S. 125 ff.

[368] Aus drei Jahrtausenden, S. 41.

[369] a.a.O., S. 12 ff. Die Diskussion entspann sich im Anschluß an einen Aufsatz des Kölner Iranisten und konservativen Rabbiners Prof. I. Scheftelowitz im Bd. 70 (1926) der Monatsschrift, der Baecks Behauptung der Dogmenlosigkeit kritisierte. Baeck antwortete darauf mit obigem Aufsatz. Die Diskussion in der MGWJ setzte sich im gleichen und folgenden Jahrgang (Bd. 71, 1927) fort. Nach einer Replik Scheftelowitz' beteiligte sich der Leipziger liberale Rabbiner Felix Goldmann an der Diskussion, der die von Baeck verneinte Frage bejahte. Julius Guttmann, der Philosophiehistoriker und Baecks Kollege an der Hochschule, schloß die Diskussion ab in seinem Aufsatz, »Die Normierung des Glaubensinhaltes des Judentums« (MGWJ, 71, 1927, S. 241 ff.).

[370] Vgl. Liebeschütz in YLBI, Vol. 11, 1966, S. 26.

tums ab. In den Jahren nach dem Ersten Weltkrieg erschienen zwar noch einige Bücher über das Judentum, die dieses einer breiteren Öffentlichkeit, vornehmlich aber der jüdischen präsentieren wollten. Doch keines dieser Bücher sind für das moderne Judentum repräsentativ geworden.[371]

---

[371] Ich nenne: *Max Dienemann*, Judentum und Christentum, 1914; *Max Brod*, Heidentum, Christentum, Judentum, 1921; *Juda Bergmann*, Das Judentum, 1933; *Emil Bernhard Cohn*, Judentum, Ein Aufruf an die Zeit, 1923; *Schoeps*, Jüdischer Glaube in dieser Zeit, 1932.

20. Das moderne Ostjudentum

Die jüdische Aufklärung in Deutschland ist das Produkt einer über hundertjährigen Entwicklung gewesen. Ihr Kern war gewissermaßen natürlich gewachsen, bis sie von Mendelssohn an in allen Kreisen der jüdischen Bevölkerung Fuß faßte. In der deutschen und westeuropäischen Judenheit regte sich kaum ernsthafter Widerstand gegen die neuen Tendenzen. Denn auch die Rabbiner waren von ihnen berührt worden. Und wo Rabbiner Widerstand versuchten – aus ernsthafter Sorge vor nihilistischen Konsequenzen, vor dem drohenden Verlust jüdischer Bildung, aus Furcht vor Zerstörung traditioneller Autorität und vor Abfall – kam der Widerstand aus halbem Herzen, waren es Rückzugsgefechte ohne innere Glaubwürdigkeit.

Anders war es in *Osteuropa*. Als die Gedanken Mendelssohns, die hebräischen Schriften Wesselys und der Measfim nach Galizien und weiter nach Polen drangen, stießen sie auf eine Gegnerschaft viel robusterer Art. Die Aufklärung fand hier keinen vorbereiteten Boden. Sie stieß mit der noch im wesentlichen festgefügten traditionellen Lebensform starker jüdischer Massen zusammen. Von diesen wurde sie als ein fremdes, von außen her kommendes Element empfunden und abgelehnt. Sie erhielt dadurch einen anderen Charakter und eine andere Funktion.

Die osteuropäische Aufklärung ist unter ihrem hebräischen Namen »Haskala« (Verstandesbildung) bekannt. Ihre Anhänger nennt man die »Maskilim«. Der andere Name deutet bereits an, daß hier eine eigenartige Sonderentwicklung begann.

In einem früheren Kapitel verfolgten wir die osteuropäische Entwicklung bis zum Chassidismus. Ich deutete an, daß dieser in seiner auflockernden und anfangs auch antiautoritären Dynamik eine gewisse Parallelerscheinung zu der Aufklärungsbewegung im deutschen Judentum darstellte. Ein solcher Vergleich trifft auf die gleiche kulturgeschichtliche Funktion beider Bewegungen zu.

Die Motive von Chassidismus und Aufklärung waren jedoch einander entgegengesetzt. Der Chassidismus entstand als eine emotionale Auflehnung sozial gedrückter nichtgelehrter Schichten gegen die intellektualistische Talmudgelehrsamkeit, die die Gemeinden und das Leben der Juden beherrschte. Er war ein irrationales Aufbegehren der inneren Religiosität.

Die Aufklärung dagegen forderte im Namen der allgemeinen Vernunft Einbeziehung von Werten und Gesichtspunkten der Umweltkultur in den jüdischen Gesichtskreis, ja sie erkannte diesen sogar ein Primat zu. Vernunft und Vernunftsreligion standen emotionaler Gläubigkeit gegenüber.

Doch auch der Chassidismus hatte sein Gesicht verändert. Sein rebellischer Charakter war ihm verlorengegangen, als seine Führer, die »Zadikim«, ihre Autorität nicht mehr nur auf ihr charismatisches Erbe, sondern auch wieder auf ihre rabbinische Gelehrsamkeit stützten. Der Sache nach waren damit ihre Gegner, die »Mitnagdim«, war die rabbinische Gelehrsamkeit Sieger geblieben, nur der Zahl und der Verbreitung nach der Chassidismus. Doch es waren auch weiterhin die irrationalen Elemente des Chassidismus, die die Massen anzogen.

Am Ende des 18. Jahrhunderts stieß die aus Deutschland kommende Aufklärung mit dem bereits gefestigten und noch immer expansiven Chassidismus zusammen.

Dieser Zusammenstoß zwischen Haskalah und Chassidismus war in Osteuropa folgenschwerer als die parallele Auseinandersetzung der Haskala mit dem noch unerschütterten Rabbinismus, der sich doch sogar die Chassidim hatte amalgamieren können. Denn die nichtchassidischen Rabbiner und die Maskilim entstammten der gleichen talmudisch gebildeten Oberschicht. Sie verstanden die gleiche Sprache, bedienten sich ähnlicher rationaler Argumentation. Darum trat dieser Gegensatz weniger hervor. Als eigentliche Gegner standen sich *Chassidim* und *Maskilim* gegenüber. Aus dieser großen Auseinandersetzung, die sich ein Jahrhundert lang hinzog, entstand das moderne Ostjudentum.

Bereits vor dem Entstehen der Haskalabewegung hatte es in Galizien, in Polen und Litauen einzelne Juden gegeben, die mit weltlicher Wissenschaft und mit der Zeitbildung vertraut waren. Meist waren dies Gelehrte, die längere Zeit in Deutschland gelebt und in ihre Heimat zurückgekehrt waren; auch Kaufleute, die bei Besuchen der Messen oder in Berlin von den Strömungen in Deutschland berührt worden waren. Aber Gelehrte wie Israel Zamosć, Salomon Dubno oder der Vater von Nachman Krochmal waren in ihrem heimatlichen Milieu ganz isolierte Erscheinungen. Das in der Fremde erworbene Wissen behielten sie für sich, ohne Absicht und Möglichkeit, es zu verbreiten.[372]

---

[372] Salomon Maimon erzählt in seiner Autobiographie von einem litauischen

Erst nachdem sich um Mendelssohn und seinen Kreis ein auch nach außen wirkendes Zentrum der Aufklärung gebildet hatte, nachdem Mendelssohns Bibelübersetzung und der »Ham'eaßef« zu erscheinen begonnen hatten, begannen ähnliche *Kreisbildungen* in anderen Ländern. Diese ersten Gruppen standen in engem persönlichen oder literarischen Zusammenhang mit dem Mendelssohnkreis. Es wiederholten sich in kleinem jüdischen Rahmen die Erscheinungen des Zusammengehörigkeitsgefühls, denen wir schon bei der Behandlung der nichtjüdischen Aufklärungselite begegneten.

Galizien wurde das erste Zentrum der Haskala. Etwa gleichzeitig sammelte sich ein kleiner Kreis auch in Litauen, der aber erst später größere Bedeutung erlangen sollte. Beide Länder hatten alte enge Verbindungen zu den deutschen jüdischen Zentren und nun auch zu denen der Aufklärung in Berlin und Königsberg.

In Galizien trug auch ein kulturpolitisches Moment zur Sammlung der Anhänger der Aufklärung bei, nämlich ihr Eintreten für die josefinischen Reformen des jüdischen Schulwesens. Da aber die meist chassidische Bevölkerung diese Schulen ablehnte, gerieten ihre Anhänger in die zwielichtige Lage, nicht nur als Ketzer, sondern auch noch als Handlanger der verhaßten Regierungspolitik zu gelten.

Das Programm der Haskala war eine Fortführung der *volksbildnerischen* Bestrebungen Mendelssohns und noch mehr Wesselys. Man wollte der jüdischen Bevölkerung und besonders der Jugend neue Kenntnisse vermitteln, ihren Gesichtskreis über die bloße Beschäftigung mit dem Talmud hinaus erweitern. Durch Pflege der im alten Schulbetrieb, dem »Cheder«, vernachlässigten hebräischen Grammatik sollte ein reines, an der Bibel orientiertes Hebräisch verbreitet werden. Und schließlich wollte man die Jugend womöglich für produktive Berufe vorbereiten. Dazu kam die Gegnerschaft der Maskilim zu der an den Talmudschulen geübten Dialektik, dem sogenannten »Pilpul«, der bloße Verstandesschärfe übte, aber keine sachlichen Erkenntnisse, nicht einmal des Talmud erbrachte. Und schließlich bekämpften die Maskilim im Sinne der Aufklärung jeden Aberglauben, den sie besonders unter den Chassidim verbreitet sahen.

Die Haskala-Bewegung war eine *hebräische*. Man legte zwar auch Wert auf Erlernung fremder Sprachen, insbesondere des Deutschen. Die jüdischdeutsche Volkssprache jedoch wurde als häßlicher Jargon angesehen und abgelehnt. Weder die Rabbiner noch die Maskilim schrieben Jiddisch. Wie

Rabbiner, der ihm zwischen 1770–1775 physikalische und medizinische Bücher borgte. Dieser Rabbiner war 31 Jahre zuvor aus Deutschland zurückgekehrt. In all diesen Jahren hatte sich kein einziger Jude aus Litauen an ihn mit der Bitte um Bücher gewandt.

Mendelssohn wollte man entweder Hebräisch oder Schriftdeutsch als Literatursprachen zulassen. Doch das Mittel der volksbildnerischen Einwirkung sollte Hebräisch sein, die Schriftsprache aller einigermaßen gebildeten Juden.

Hiermit gerieten die Maskilim in einen gewissen Widerspruch zu ihrem weiten Erziehungsprogramm. Denn durch Ausschaltung der jiddischen Volkssprache wurde der Kreis der durch die Haskala Erfaßbaren wieder auf eine soziale Oberschicht von Gebildeten beschränkt. Die erst Mitte des 19. Jahrhunderts beginnende jiddische Aufklärung, die das heutige literarische Jiddisch schuf, war dagegen nicht nur in ihrer Themenwahl volkstümlich, sondern wurde auch politisch zum Sprachrohr der breiten jüdischen Volksschichten und der Arbeiterschaft.

Einen großen Raum in der hebräischen Haskalaliteratur nahmen Übersetzungen ein. Werke der wichtigsten Dichter der Weltliteratur wurden dadurch dem hebräischen Publikum zugänglich gemacht. Bevorzugt wurden dabei Dichtungen, die von biblischen Gestalten handelten. Auch geographisches und naturkundliches Wissen wurde durch Übersetzungen oder selbständige hebräische Schriften verbreitet. Fabeln, Sprüchesammlungen und andere Schriften moralischen Inhalts wurden gern übersetzt. Auch die selbständigen hebräischen Dichtungen waren oft fremden Vorbildern nachgeahmt.[373] Wirkliche Selbständigkeit und dabei auch dichterische und kulturhistorische Bedeutung hatte die satirische Literatur der Haskala. Sie richtete sich hauptsächlich gegen den Chassidismus. Die Satiriker nahmen den Wunderglauben der Chassidium, das Treiben an den Höfen ihrer Zadikim aufs Korn, ebenso die Tyrannei reicher Gemeindegewaltiger und unduldsamer Rabbiner, die nicht über Talmud und Schulchan Aruch hinausschauten.

Einige Mäzene, die selbst literarisch tätig waren, unterstützten mit ihrem Einfluß und ihrem Geld andere Maskilim. So gab z. B. in Tarnopol Josef Perl (1774–1839) dem Satiriker und Arzt Isaak Erter und den Wissenschaftlern Nachman Krochmal und S. J. Rapoport persönlichen und wirtschaftlichen Rückhalt und schützte sie gegen Verfolgungen seitens der Chassidim. In Litauen gab Josua Zeitlin (1742–1822), einst Agent des Fürsten Potemkin, auf seinem Landgut einer ganzen Gruppe von Schriftstellern und Gelehrten Zuflucht.

Das Hebräisch der Haskala war trotz der Nachahmung der biblischen Sprache eine säkularisierte *weltliche Sprache*. Diese Wandlung äußerte sich

---

[373] Zum poetischen Wert dieser Literatur vgl. Silberschlag, Parapoetic Attitudes and Values in Early 19th Century Hebrew Poetry, in Altmann, Studies etc., S. 117ff.

nicht etwa in einer neuen Themenwahl. Denn bereits seit Jahrhunderten hatte es auch bei den aschkenasischen Juden Schriften naturwissenschaftlichen, mathematischen und geschichtlichen Inhalts gegeben. Diese Verweltlichung hatte ihren Grund vielmehr in der neuen *Werthierarchie* der *Aufklärung*, mit der bereits Mendelssohn und Wessely begonnen hatten, dem Primat der Umweltkultur vor den traditionellen jüdischen Werten. In der Haskala war die neue Wertskala bereits zur selbstverständlichen Basis des Wirkens geworden. Dabei blieben die älteren Maskilim nicht etwa nur äußerlich, nicht aus taktischen Gründen, sondern in ihrem eigenen Selbstverständnis gesetzestreue Juden. Daß diese Wertumkehrung aber selbst von wohlwollenden Vertretern des alten Rabbinats übel vermerkt wurde, zeigte ich bereits am Falle Wesselys. Für andere Rabbiner, besonders aber für die chassidischen Kreise, waren schon der starke Akzent der Haskala auf Bibelstudium und Grammatik, ihre biblizistische Sprache, die sich von dem rabbinischen Stil abhob, Zeichen von Ketzerei. Schon die älteren Maskilim, die an manchen Bräuchen zuweilen eine religionsgesetzlich wie philologisch begründete Kritik übten[374], wurden als Feinde der Überlieferung beargwöhnt. Wirkliche antitalmudische Tendenzen traten erst in der späteren Haskala hervor.

Reformbestrebungen im synagogalen Gottesdienst, die in Deutschland im Mittelpunkt des Interesses standen, griffen nicht nach Osteuropa über.[375] Einführung der Orgel wurde wohl nicht einmal diskutiert. Streichungen oder Neuformulierungen von Gebetsstellen nationalen Inhalts hätten dem auch von den Maskilim bejahten nationalen Charakter der jüdischen Bevölkerung innerhalb ihrer slawischen Umwelt widersprochen. Gebete in der Landessprache wären hier sinnlos, da sie nicht das Verständnis der Gebete und der Inhalte der Religion erleichtert hätten. Die Landessprachen – Deutsch in Galizien oder Russisch und Polnisch – waren der Mehrzahl der Synagogenbesucher fremd, während mit den hebräischen Gebeten auch die Ungebildeten mehr oder weniger vertraut waren.

Die *Reformbestrebungen* der Haskala waren anfangs nur gegen kabbalistische und chassidische Bräuche und gegen rabbinische Anordnungen gerichtet, die unter veränderten sozialen und politischen Bedingungen

---

[374] Am weitesten ging dabei der aufgeklärte Rabbiner Manasse Ilyer (1767–1831), der zum Gelehrtenkreis um Josua Zeitlin gehörte. Er wagte bereits, Entscheidungen des »Schulchan Aruch« anzufechten und die Mischna anders als die Gemara zu interpretieren.

[375] Es sei denn, man rechne zur Synagogenreform die »Chorsynagogen«, deren erste von Josef Perl 1815 in Tarnopol begründet wurde und die sich bald auf mehrere größere Maskilimgemeinden wie Uman, Wilna, Odessa und andere ausbreiteten.

unnötige Belastungen darstellten. Man strebte nach einem Ausgleich von Leben und Lehre. Die Argumentation war dabei weniger eine historische oder theoretische, wie im Westen, sondern eine erzieherisch-pragmatische oder eine juristische[376], die der talmudischen Bildung der Maskilim selbst wie ihrer Umgebung entsprach.[377] Erst die späteren Generationen der Haskala dehnten ihre Kritik auch auf die Geltung des Religionsgesetzes aus. Nachdem die Aufklärungsphilosophie Mendelssohns von den positivistischen und materialistischen Philosophien des 19. Jahrhunderts abgelöst worden war, machte sich zunehmend auch eine radikale Religionskritik bemerkbar. Anstelle eines Ausgleiches von Lehre und Leben der früheren Haskala, wurde die Lehre den Erfordernissen des Lebens gegenüber zurückgedrängt und sogar bekämpft. Diese Richtung verstärkte sich, als die Gedanken des Sozialismus in die jüdische Intelligenzschicht Osteuropas eindrangen. Wenn aber schließlich als einzige Aufgabe nur noch Erhöhung des Bildungs- und Lebensstandards der jüdischen Bevölkerung übrigblieb, so blieb eigentlich die Frage nach der Existenzberechtigung nicht nur einer hebräischen Haskala, sondern sogar einer besonderen jüdischen Gemeinschaft offen.

Diese Existenzfrage fand ihre Antwort in dem Gedanken des *Nationaljudentums*. Die literarische Entwicklung eines der führenden Maskilim der zweiten Hälfte des 19. Jahrhunderts, *Mosche Löw Lilienblum* (1843-1910) exemplifiziert alle Stadien dieser Eskalation von der Jeschiwa über Religionskritik und Sozialismus bis zum Vorkämpfer der frühzionistischen Bewegung. Ähnlich war der Weg vieler Juden in Rußland, Polen und Galizien bis in die jüngste Vergangenheit. Er wurde namentlich in der Zeit zwischen den beiden Weltkriegen für Tausende junger Juden typisch.

Bevor ich die Wendung der Haskala zur neuhebräischen Kulturbewegung weiter verfolge, möchte ich auf andere Auswirkungen der Aufklärungsbewegung eingehen.

Die Reform des jüdischen *Erziehungswesens* war bereits in Deutschland ein Hauptanliegen der Aufklärung gewesen. An Stelle des »Cheder«, der Schulstube in der Wohnung des oft wenig qualifizierten Lehrers, sollten

---

[376] Vgl. Rotenstreich, Bd. I, S. 148.

[377] Daß es nicht an historischem Interesse fehlte, zeigen Namen wie Krochmal und Rapoport unter den älteren Maskilim und Simcha Pinsker, dem Entdecker der superlinearen babylonischen Vokalisation des Hebräischen, die von der heute üblichen tiberianischen verdrängt wurde, und der Historiker und Pädagoge Samuel Josef Fünn um die Jahrhundertmitte.

Das moderne Ostjudentum

hygienisch eingerichtete Schulen mit fachlich ausgebildeten Lehrern und einem festen Lehrplan treten.

Im österreichischen Galizien hatte die Einführung der staatlichen jüdischen Schulen ein Mittel zur Durchführung einer solchen Schulreform gegeben. Auch nach Rußland drangen diese modernen Schulen vor – zunächst als Privatschulen – bereits in den zwanziger Jahren des 19. Jahrhunderts. Sie waren, wie ihre galizischen Vorbilder, auf der Kombination von Hebräisch und Deutsch mit religiösen und weltlichen Fächern aufgebaut. Die Lehrer engagierte man aus Deutschland oder Österreich. Im Jahre 1840 beauftragte der russische Erziehungsminister Uwarov den aus München stammenden Leiter der jüdischen Schule in Riga, *Dr. Max Lilienthal* (1815-1882), mit der Durchführung einer Erziehungsreform der Juden Rußlands.

Lilienthal ging mit großer Begeisterung an seine Aufgabe. Aber er fand nicht nur den schon aus Galizien bekannten Widerstand gegen die Neuerungen, die das traditionelle, von der Zeit geheiligte Schulsystem durchbrechen wollten. Er hatte auch unter den Maskilim Gegner. Ihnen war er nicht radikal genug. Um die Unterstützung der führenden Rabbiner zu erlangen, zog er auch den »Cheder« in das neue Schulsystem ein. Die Lehrer wurden einer Schulaufsicht unterstellt, die sich aber in der Praxis als fiktiv erwies. Die eigentlichen Regierungsschulen und die beiden Rabbinerschulen, die zu dem Netz gehörten, wurden nur von einer winzigen Anzahl von Schülern besucht.

Lilienthal begegnete auch einem berechtigten politischen Argwohn. Die Judenpolitik des Zaren *Nikolaus I.* hatte mehr als die seiner Vorgänger die *Entjudaisierung*, sogar mit Gewalt, seiner jüdischen Untertanen zum Ziel. Im inneren Rußland, insbesondere in Petersburg und Moskau, hatten nur die allerreichsten Kaufleute erster Klasse Wohnrecht. Alle anderen Juden wurden auf die westlichen und polnischen Provinzen des Reiches beschränkt. Die Grenzen dieses »Ansiedlungsrayons« wurden häufig geändert und dabei immer wieder gewaltsame Austreibungen von jüdischen Gemeinden vorgenommen, bei denen die plötzlich heimatlos gewordenen auch ihren Besitz einbüßten. In dem Rayon selbst unterlagen sie schweren Beschränkungen, die zu einer bis dahin unbekannten fortschreitenden Verelendung führten. Das furchtbarste Druckmittel wurde aber die Einbeziehung der Juden in die Militärdienstpflicht, die für sie bereits mit dem 12. Lebensjahr begann. Den jüdischen Gemeinden wurde auferlegt, wieviel Kinder sie zu stellen hatten und von seiten der Polizei wie der Juden selbst wurden Kinder, oft schon achtjährige, von der Straße her für das Militär eingefangen. Die Regierung glaubte, daß Kinder durch Druck und Hunger am leichtesten zum Übertritt gezwungen werden könnten. Die eingezogenen Kinder wurden deshalb in entlegene Provinzen des Reiches verschickt, um sie allen jüdischen Einflüssen zu entziehen. Soweit diese Kindersoldaten nicht schon an den Entbehrungen und am Schock zugrunde gingen, mußten sie 25 Jahre lang Militärdienst tun. Aber von den Überlebenden blieben die meisten ihrem Judentum treu.

Alles, was von dieser Regierung in jüdischen Belangen verordnet wurde, betrachteten die Juden Rußlands als ein neues Glied der Entjudungspolitik. Lilienthal selbst erkannte schließlich, daß er mißbraucht wurde, und floh 1845 nach Amerika.

Die russischen Regierungsschulen für Juden benutzten übrigens *Deutsch* und nicht Russisch als Unterrichtssprache. Eine Russifizierung der oberen jüdischen Schichten erfolgte erst unter der Regierung des liberaleren *Alexander II*. Er öffnete die russischen Universitäten für jüdische Studenten und als Vorbereitung dafür auch die Gymnasien. Bald erschienen jüdische Zeitschriften in russischer Sprache. An ihnen arbeiteten viele der hebräischen Maskilim mit.

Parallel zu dieser Assimilation an die russische Sprache verlief die an die polnische in den polnischen Landesteilen; insbesondere unter den Jugendlichen, die an den verschiedenen polnischen Aufständen aktiv teilgenommen hatten und sich mit der polnischen Freiheitsbewegung solidarisierten. Die große Masse der jüdischen Bevölkerung sprach und las jedoch weiterhin jiddisch.

Nach einigen schüchternen Anfängen, die noch ins 18. Jahrhundert zurückgingen, begann die Aufklärung auch die *jiddische* Sprache zu benutzen, die sie lange Zeit hartnäckig abgelehnt hatte.

Die ältere jüdisch-deutsche Literatur hatte im Schrifttum des Chassidismus eine Fortsetzung gefunden, in vielen Sammlungen chassidischer Legenden und Aussprüchen der Zadikim. Das Jiddisch als moderne Literatursprache entstand jedoch erst jetzt, als auch die Aufklärer es zu gebrauchen begannen. Diese neue Literaturgattung, die die gesprochene Volkssprache mit den aufgenommenen slawischen Elementen benutzte[378], war bewußt volkstümlich. Neben volksbildenden Übersetzungen erschienen Novellen, Satiren, Romane. Besonders auffallend ist die große Zahl von Theaterstücken, die dem Publikum das Volksleben auch optisch, handgreiflich nahebrachten. Die soziale Tendenz trat in der jiddischen Literatur stark hervor; verbunden mit ihr aber auch eine romantische sentimentale Idealisierung des jüdischen »Städtels«. – In der Weltliteratur wurden die jiddischen

---

[378] Man unterscheidet heute das »Ostjiddische« von dem »Westjiddischen« oder Jüdisch-Deutschen, dem die slawischen Bestandteile fehlten. Das Westjiddische ist heute praktisch verschwunden.

Dichter und Schriftsteller durch Übersetzungen bekannt, z. B. Perez, Schalom Alejchem, Mendele Mocher Sefarim, Schalom Asch. – In jiddischer Sprache erschienen viele Zeitschriften und später Tageszeitungen. Der »jüdische sozialistische Arbeiterbund«, der sogenannte »Bund« wurde eine bewußt auf der jiddischen Sprache aufbauende einflußreiche politische Partei. Und in Amerika begründeten jüdische Sozialisten unter den jiddisch sprechenden Einwanderern eine starke Gewerkschaftsbewegung. Schließlich entstand auch eine jiddische wissenschaftliche Literatur und 1925 in Wilna das »Jiddisch-wissenschaftliche Institut« (YIVO), das heute in New York weiterbesteht. – Heute allerdings, und besonders nach der Vernichtung der polnischen und russischen Judenheit im Zweiten Weltkrieg, ist die jiddische Sprache und Literatur im Absterben. In Amerika ist bei den Kindern und Enkeln der Einwanderer an ihre Stelle Englisch getreten, in Israel Hebräisch. Doch wird immer noch Jiddisch bei sehr vielen aschkenasischen Juden mehr oder weniger gesprochen oder verstanden.

Vor der intelligenten jüdischen Jugend in Osteuropa, die etwa um das Jahr 1870 aufwuchs, standen drei *Alternativen*. Diese jungen Leute stammten wohl zumeist aus chassidischem Milieu und waren durch den »Cheder« und die »Jeschiwa« gegangen. Bei der ersten Berührung mit der Umweltkultur, mit den verbotenen Früchten, die ihnen die Haskala-Literatur vermittelte, verfielen sie radikalem Zweifel und vom Abwerfen der religiösen Vorschriften gingen sie zu offenem Unglauben und oft Religionsfeindschaft über. Jüdische Religion identifizierten sie mit dem sozialen Elend ihrer Umgebung und der Bildungsfeindlichkeit des Chassidismus. Ihre Reaktion auf die neuen befreienden Eindrücke war verschieden.

Ein Teil ging zur völligen *Assimilation* an die russische oder polnische Umwelt über. Die Kinder der unterdrückten Juden schlossen sich insbesondere den politisch-revolutionären Strömungen der russischen Intelligenz an. Sie wurden Sozialrevolutionäre, Sozialisten und später Kommunisten, die eine jüdische Sonderexistenz nun als reaktionär negierten.

Eine zweite Gruppe identifizierte sich mit den verelendeten jüdischen Volksmassen. Sie kämpfte für das Recht der jüdischen nationalen Minderheit, ihre politische Emanzipation und soziale Gesundung. Dieser Richtung gehörten die Vorkämpfer der jiddischen Sprache an, der Sprache des Volkes. Es gab unter ihnen eine liberal-bürgerliche Gruppe, die *»Autonomisten«* um den Historiker Simon Dubnow. Sie forderten nationale Autonomie und Minderheitsrechte für die Juden in Rußland bzw. in den späteren Nachfolgestaaten. Daneben bildete sich mit ähnlicher allgemeinpolitischer Tendenz ein sozialistischer Flügel, der »Bund«, den ich bereits erwähnte.

Die dritte Alternative war die nationaljüdische, die aus der hebräischen Haskalaliteratur hervorgegangen war und deren Anhänger sich in Vereinen der »*Zionsfreunde*« (Chowewej Zion) zusammenschlossen. Sie gingen bald im Zionismus auf.

Diese Gruppe, deren Bestrebungen zunächst utopisch erschienen und die lange Zeit wohl auch die kleinste der jüdischen Gruppierungen war, wurde die bedeutsamste, die Leben und Geschichte der Judenheit revolutionieren sollte. Denn hier wurde eine tiefgehende *Lebensreform* gefordert, deren Verwirklichung nicht mehr in Polen und Rußland möglich war, sondern nur nach klarer Ablösung von den Diasporaländern in der alten Heimat, im Lande Israel.

Die Wurzel der »Zionsliebe« lag in der religiösen Beziehung der Juden zu dem heiligen Lande und in der mit ihr verknüpften Erlösungssehnsucht. Im Ostjudentum waren beide noch nicht historisch relativiert oder in einen bloßen Fortschrittsglauben umgedeutet worden. Auch in der säkularisierten Form, die sie bei religionskritischen Maskilim angenommen hatte, waren sie als nationale Hoffnungen erhalten geblieben. Denn die Juden Osteuropas lebten in einem selbstverständlichen nationalen Milieu neben den andersprachigen Russen und Polen. Auch hier waren sie Minderheiten, aber nicht versprengte verschwindende Minderheiten unter Sprachverwandten wie die Juden in Deutschland. Der ständige Anreiz und psychologische Zwang zur Anpassung fiel in Osteuropa fort.

Diese latente religiösnationale Zionsliebe war jahrhundertelang meist nur eine emotionale Sehnsucht geblieben. Nur selten brachte sie größere jüdische Gruppen, nur einmal die ganze Judenheit in Bewegung – zur Zeit des Sabbatai Zwi. Aber diese früheren Bewegungen hatten viel stärker einen religiösen als bewußt nationalen Charakter. Und in der lurjanischen Kabalah war der Messianismus zu einer kosmischen Erlösung ausgeweitet, die nationale Erlösung in dieser eingeschlossen worden.

So ist ein *Nationaljudentum* im eigentlichsten Sinne erst eine Erscheinung des 19. Jahrhunderts. Es steht in Zusammenhang mit den nationalen Bewegungen in Europa. Man könnte es eine Assimilation an diese nennen. Jedenfalls war das Nationaljudentum eine Konsequenz der Abwertung des religiösen Elements, die von der religiös-nationalen Einheit des Judentums das nationale Element in den Vordergrund stellte oder gar allein gelten ließ.

Die nationaljüdische Strömung äußerte sich literarisch bereits um die Mitte des 19. Jahrhunderts in romantisierender Form. Die biblische Königszeit wurde in Romanen und Gedichten als die nationale Glanzzeit wiederentdeckt. Glück und Gedeihen eines freien Bauernvolkes auf eigener Scholle wurde poetisch verklärt, während die graue Gegenwart nur das Objekt satirischer Kritik blieb.

Änderung der jüdischen Berufsstruktur und besonders die Überführung von Juden zur *Landwirtschaft* war ein alter Traum der jüdischen Aufklärung gewesen. In Deutschland waren immer wieder unternommene Versuche in dieser Richtung gescheitert.[379] In Rußland dagegen hatten diese Bestrebungen einen beachtlichen Erfolg. Es wurden – anfangs sogar bei wohlwollender Haltung der Regierung – eine große Zahl landwirtschaftlicher Kolonien begründet. Obgleich bei der zunehmend antijüdischen Politik der Behörden die Entwicklung dieser Kolonien stark eingeengt wurde, lebten in ihnen noch am Ende des Jahrhunderts hunderttausend Juden[380], ein Zeichen, daß sie einem inneren Drang in der jüdischen Bevölkerung ein Ventil ließen. Möglicherweise ging von diesen Sehnsüchten und Verwirklichungsversuchen auch die Idealisierung des Bauerntums in der hebräischen Literatur aus. Aber die Akzentverschiebung – von Rußland zu eigenem nationalen Volksleben im Lande Israel – ist deutlich spürbar.

Es handelte sich nicht mehr um die alten Forderungen der Aufklärung und der Haskala. Von diesen wandte sich die neue Generation, die durch die Schule der älteren Haskala gegangen war, bewußt ab. Mendelssohn, bisher das verehrte Vorbild aller Maskilim, wurde von *Perez Smolenskin* (1842–1885) als der große Verderber angeprangert, der die Entnationalisierung der westeuropäischen Juden ausgelöst habe. Smolenskin lehnte allerdings auch die romantische Beziehung zur jüdischen Vergangenheit und Tradition ab. Er suchte den jüdischen Messianismus seines religiösen Gehaltes zu entkleiden und die Zukunftshoffnung des jüdischen Volkes national-politisch zu deuten. Smolenskins nationale und areligiöse Interpretation des Judentums wirkt bis in die Gegenwart nach.

Gleichzeitig mit Smolenskin entstand auch – ebenfalls bis heute nachwirkend – eine *national-religiöse* Deutung der jüdischen Aufgaben und Zukunft. Ihr erster Repräsentant war der litauische rabbinische Gelehrte *Jechiel Michael Pines* (1843–1913), der von 1878 an als Repräsentant des englisch-jüdischen Philanthropen Sir Moses Montefiore (1784–1885) in Jerusalem lebte. Pines erlangte durch seine symbolische Deutung und

---

[379] Nach dem Ersten Weltkrieg waren von diesen Versuchen nur einige landwirtschaftliche Schulen und Lehrgüter übriggeblieben. Am bekanntesten wurde die Gartenbauschule in Ahlem bei Hannover.
[380] Vgl. die betr. Tabellen in JE, Vol. 1, sp. 256. Das »Lexikon des Judentums« (1967) gibt für 1914 die gleiche Zahl. E) (e) II. 407 nennt für ganz Osteuropa um 1930 400000–500000 jüdische Landwirte.

Verteidigung des gesetzestreuen Judentums im Sinne von S. R. Hirsch und S. D. Luzzatto Einfluß auf Kreise der Jugend, die an Jerusalemer Jeschiwot studierte. Ebenso hatte er enge Beziehungen zu den russisch-jüdischen Studenten der »Bilu«-Bewegung[381], für die er Vorbild und Protektor war.

Im Lande Israel erfolgte auch die umwälzende kulturgeschichtliche Wandlung des Hebräischen von einer Literatursprache zu einer lebenden *gesprochenen Sprache*. Sogar in den Augen des ersten bedeutenden modernen Lyrikers, J. L. Gordon (1831–1892), war Hebräisch nur ein Notbehelf an Stelle des wenig verstandenen Russisch.[382] Diese Umwandlung der Sprache, die einer neuen nationalen Kultur erst die Basis gab, ist mit dem Namen von *Elieser ben Jehuda* (1858–1922) verknüpft. Als dieser 1881 nach Jerusalem kam, begann er konsequent nur noch hebräisch zu sprechen. Ihm folgte bald ein kleiner Freundeskreis, unter ihnen Pines. Die alt-neue Sprache, die kaum einem Juden völlig fremd war, setzte sich bald in den Schulen der neugegründeten Kolonien durch und drang von dort in das Alltagsleben des »Jischuw« (jüdische Bevölkerung des Landes Israel). Von dort wirkte sie langsam auf Teile der osteuropäischen Judenheit zurück. In den Jahren zwischen den Weltkriegen entstand in den russischen Nachfolgestaaten ein ausgedehntes Schulnetz von Kindergärten bis zu Gymnasien mit hebräischer Unterrichtssprache.

Ben Jehuda, der auch einer der bedeutendsten hebräischen Philologen war, begann mit der Herausgabe eines »Thesaurus totius Hebraitatis«, dessen 17 Bände erst 35 Jahre nach seinem Tode vollendet wurden.

In Rußland wurde Anfang 1881 der Zar *Alexander II.* ermordet. Sein ultrareaktionärer Nachfolger Alexander III. begann sofort mit einer radikalen Verschärfung der Politik gegenüber den Juden. Sie verloren das Wahl- und Vertretungsrecht in den Städten, das sie unter Alexander II. erhalten hatten. Ihnen wurde das Wohnrecht außerhalb der Städte und der jüdischen Ackerbaukolonien entzogen und in diesen selbst eingeschränkt. Die Grenzen des Ansiedlungsrayons wurden wieder mehrfach geändert. In den Städten außerhalb des Rayons wurden Razzien auf Juden veranstaltet und Tausende von Handwerkern ausgewiesen.

Diese Rechtsbeschränkungen, die großes Elend unter der jüdischen Be-

---

[381] Die »Bilu«-Bewegung (nach den Anfangsbuchstaben von Jesaja 2, 5 – Bet Jaakow lechu w'nelcha – Haus Jakobs, geht und laßt uns gehen), entstand unter Studenten der Universität Charkow nach den Pogromen 1881. Die bis dahin sozialrevolutionären Studenten beschlossen nun, ihre sozialen und lebensreformerischen Ideale in Erez Israel zu verwirklichen.

[382] Vgl. Böhm, Die Zionistische Bewegung, Berlin 1920, S. 61.

völkerung schufen, begleiteten brutale Ausbrüche des Judenhasses. Eine Welle von *Pogromen*, die, von den Behörden unterstützt, oft sogar organisiert waren, wüteten von April 1881 mehrere Jahre lang in Rußland und Polen. Morde, Vergewaltigungen, Brandstiftungen und Plünderung jüdischer Wohnviertel und Geschäfte erhielten ein patriotisches und frommes Alibi. Es setzte eine ungeheure Fluchtbewegung der Juden aus dem Zarenreich ein. Ihre Zuflucht wurde hauptsächlich Amerika, wo Hunderttausende mitteloser Flüchtlinge nach langen Entbehrungen landeten.

Diese eruptive *Wanderungsbewegung* der Juden aus Rußland änderte die *demographische Struktur* der Judenheit, wie sie Jahrhunderte zuvor nur die Vertreibung der Juden aus Spanien bewirkt hatte. Waren damals die Gemeinden der Länder am Mittelmeer, besonders des Balkan, sefardisch geworden, so erhielten jetzt die jüdischen Gemeinschaften der Vereinigten Staaten und Englands, die bisher meist von Deutschland her bestimmt waren, einen vorwiegend ostjüdischen Charakter. Ebenso Belgien, Südafrika und Südamerika und besonders Argentinien.

Deutschland und Österreich waren auf dieser Wanderung nur Durchgangsländer.[383] Die dort steckengebliebenen Flüchtlinge wurden zumeist schnell in die deutsche Judenheit integriert. Erst nach dem Ersten Weltkrieg, als nach den Pogromen in der Ukraine und den Umwälzungen in Osteuropa ein zweiter Strom jüdischer Flüchtlinge nach Deutschland kam, der wegen der neuen Immigrationsgesetze der USA nicht weiter konnte, entstand in den deutschen Gemeinden ein »Ostjudenproblem«.

In Kanada und in großem Maßstab in Argentinien wurden landwirtschaftliche Kolonien gegründet auf Ländereien, die der jüdische Baron Hirsch erworben hatte. Hier wurden mehrere zehntausend Juden angesiedelt. Der größte Teil von ihnen oder ihren Kindern zog aber im Laufe der Zeit wieder in die großen Städte. Es zeigte sich, daß zu einer grundlegenden Änderung der Berufs- und Siedlungsstruktur der Juden eine emotionale Bindung an den neuen Beruf und den neuen Boden notwendig war.

Eine solche Bindung bot nur der anfänglich bescheidenste der jüdischen Kolonisationsversuche, die Besiedlung von Erez Israel. Dieses Land hatten die westeuropäischen großen Hilfsorganisationen gar nicht in Rechnung genommen, da es anscheinend keine Lösung des Flüchtlingsproblems in großem Maßstab zu bieten schien.

Noch im ersten Pogromjahr 1881 schrieb der Odessaer Arzt *Dr. Leon*

---

[383] Wegen des Numerus Clausus für jüdische Studenten, den Alexander III. einführte, kamen viele jüdische Studenten nach Deutschland, der Schweiz und Frankreich. Sie wurden hier ein wichtiger Faktor für den Frühzionismus.

Pinsker (1821-1891) eine Broschüre »*Autoemanzipation*«.[384] Pinsker dachte dabei wohl nicht an eine nationale Regeneration, wie der in der Tendenz ähnliche Smolenskin, sondern hatte eine rechtlich-politische Lösung des Judenproblems vor Augen. Unter dem Einfluß dieser Schrift wurden die »Chowewej-Zion«-Vereine gegründet, die die Auswanderung nach Erez Israel und die dortige Kolonisation fördern sollten. In den achtziger und neunziger Jahren gründeten die Chowewej-Zion eine Reihe von Kolonien in Erez-Israel, die sich schließlich dank der finanziellen und organisatorischen Hilfe von Edmund de Rothschild konsolidieren konnten.[385] Diese Kolonien bildeten die Ausgangspunkte der späteren Entwicklung des jüdischen Nationalheims und Staates Israel.

Die Entstehung und Entwicklung des Zionismus gehört nicht in dieses Kapitel, in dem nur kurz die vom Ostjudentum ausgehenden Impulse darzustellen waren. Die lebensreformerischen Tendenzen, die der jüdischen Nationalbewegung von ihrem Beginn an zugrunde lagen, kamen in der zweiten Einwandererwelle nach Palästina zum entscheidenden Ausdruck, die nach der Revolution von 1905 einsetzte. Wie schon die »Biluim« 20 Jahre vorher, kamen damals Studenten und europäisch-russisch wie hebräisch gebildete Intelligenz.

Hebräisch war dieser Generation schon selbstverständliche Lebensgrundlage. Ihr Ziel, das sie unter größten Schwierigkeiten zu verwirklichen suchten, war der Aufbau einer neuen gerechten und auf eigener Arbeit beruhenden jüdischen Gesellschaft. Und Arbeit sollte jüdische Arbeit sein, während die Siedler der Rothschild-Kolonien jetzt bereits wie kleine Plantagenbesitzer zur Verwendung billiger arabischer Lohnarbeit übergegangen waren. Deshalb bildeten die neuen sozialistischen Einwanderer Kollektivgruppen ohne Lohnarbeit und Ausnutzung. Die Formen der kleineren Kwuza und des größeren Kibbuz entstanden in den Jahren vor dem Ersten Weltkrieg.

In der Bewegung dieser sogenannten zweiten Alija (Alija – Aufstieg, Einwanderung ins Land Israel) bildeten sich zwei Gruppen. Die eine war stärker am marxistischen Sozialismus orientiert, die zweite, die auch jene stark beeinflußte, bildete einen ethisch-humanitären Sozialismus aus, ähnlich wie Gustav Landauer ihn gleichzeitig in Deutschland forderte. Theoretiker und persönliches Vorbild wurde *Ahron David Gordon* (1856-1922),

---

[384] »Autoemanzipation – Ein Mahnruf an seine Stammesgenossen von einem russischen Juden« (1882). Pinsker war der Sohn des oben erwähnten ersten jüdischen Wissenschaftlers in Rußland Simcha Pinsker.
[385] Ähnliche Vereine bildeten sich auch in Deutschland, England und anderen Ländern. Das Zentrum in Odessa wurde als »Odessaer Komitee« bekannt.

der erst als über Fünfzigjähriger nach Israel kam. Dieser frühere Lehrer und Schriftsteller verkörperte für die Jungen die Möglichkeit einer radikalen Erneuerung des Lebens von Individuum und Gesellschaft. Er verkündete die »*Erlösung durch Arbeit*« für die Judenheit, die in Erez-Israel zu verwirklichen sei, wenn alle, auch die niedrigsten Tätigkeiten, von Juden verrichtet würden. Das Verhältnis zur Arbeit war bei Gordon begleitet von einem neuen ehrfurchtsvollen Verhältnis zur Natur, wie auch eine religiösethische Beziehung zu allen Geschöpfen in seinen Schriften zum Ausdruck kommt. In all diesen sah er eine neue Verlebendigung der Werte des Judentums. A. D. Gordon war der geistige Vater der ersten Kwuzot und dadurch der *Kibbuzbewegung*, die dann nach dem Ersten Weltkrieg das gesellschaftliche Ethos des Jischuw bis in die dreißiger Jahre bestimmte.

Wir hatten beobachtet, wie seit der Mitte des 19. Jahrhunderts die osteuropäische Haskala mehr und mehr religionskritisch, ja *religionsfeindlich* wurde – unter den Einflüssen aus dem Ausland und als Reaktion auf den herrschenden bildungsfeindlichen Obskurantismus. Dieser, mit dem die aufstrebende Jugend immer wieder zusammenstieß, verfälschte ihr das Bild der Religion. In immer weitere Kreise drang auch im Osten eine laxe und oft feindselige Haltung gegenüber dem jüdischen Religionsgesetz und sogar gegen die Religion überhaupt. Auch für die Kreise, die, wie Achad Ha'am, die jüdischen Kulturwerte hervorhoben, war diese nationale Kultur eine säkularisierte. Die Religion stellte in ihr wohl einen wichtigen, historisch bedeutsamen Wert dar, hatte aber ihre zentrale Stellung in der Werthierarchie verloren. Viele meinten, daß die Religion wohl Israel in der Diaspora erhalten habe, daß jetzt aber, in der neuen Nationwerdung ihre Rolle beendet sei. Andere argumentierten ganz ähnlich zugunsten eines Kosmopolitismus, der nun in der Stunde seiner Verwirklichung die Verschiedenheiten von Religionen und Nationen aufhebe. Beides sind Argumentationen der Assimilation, ob diese nun im nationalen oder im internationalen Gewande erscheint.

Gerade die aktivsten Elemente der jüdischen Generation, die in immer größeren Scharen bis zum Zweiten Weltkrieg und danach aus den Konzentrationslagern nach Erez-Israel strömten, waren in dieser Geisteshaltung aufgewachsen. Sie bestimmten mit ihr die kulturelle Situation auch im heutigen Israel. Denn die nationalen und religiösen Elemente waren in dieser Jugend nur eine Minderheit. Ein liberales religiöses Judentum, wie es sich in Deutschland gebildet hatte, war ihr unbekannt und unverständlich geblieben. In der Reform sah man seit Smolenskin nur die Tendenz der Entnationalisierung, die sie ja lange beherrscht hatte. Für die positive Seite der Reformbewegungen, für die Ermöglichung eines modern religiösen Judentums, fehlte im Osten das Verständnis.

Merkwürdigerweise scheint das eben Gesagte nicht auf die großen jüdischen Massen zuzutreffen, die aus Polen und Rußland nach Amerika emigriert waren. Hier fanden Hunderttausende den Anschluß an die gemäßigt liberalen Gemeinden, die in den Vereinigten Staaten konservative Gemeinden genannt werden. Die osteuropäischen Einwanderer haben sogar diesem vorher schwachen Zweig der damals meist radikal-reformerischen Judenheit Amerikas erst geholfen, zur heute bedeutendsten Gruppe im amerikanischen Judentum zu werden. Andere schlossen sich den Reformgemeinden an, während wieder andere orthodox blieben, sogar zum Teil im Sinne des osteuropäischen »Städtels«. Bei diesem Anschluß an religiöse Gemeinden handelt es sich sicherlich nicht ausschließlich um religiöse Motive, sondern auch um soziologische Faktoren des amerikanischen Lebens.

Jedenfalls ist das moderne Judentum, wie es heute in Israel, in Amerika und in Europa besteht, von sehr heterogenen Tendenzen bestimmt. Gemeinsam ist ihnen allen jedoch ein lebendiges jüdisches Gemeinschaftsbewußtsein, mag dieses areligiös-national oder religiös-konfessionell motiviert werden. Die Nachkommen des Ostjudentums sind der heute bestimmende Faktor in der Gesamtjudenheit.

21. Das neue jüdische Selbstbewußtsein

In anderen Zusammenhängen habe ich bereits die Erscheinungen berührt, die die letzten fünfzig Jahre des deutschen Judentums bestimmten. Diese Epoche begann noch mit dem kulturellen Primat der Judenheit in Mitteleuropa. Aber sehr bald, schon um die Jahrhundertwende, lockerte sich dieses Primat.

In den Vereinigten Staaten von Nordamerika und später in Erez Israel hatten sich neue Zentren einer modernen, wissenschaftlich, kulturell und sozial aktiven Judenheit gebildet. Das moderne Ostjudentum, das in Ablehnung des mitteleuropäischen Emanzipationsdenkens entstanden war, hatte in Erez Israel begonnen, neue nationale Lebensformen für einen immer wichtiger werdenden Teil der Judenheit zu suchen. Der Wissenschaft des Judentums entstand in Amerika ein neues Zentrum, das in größerer Freiheit und mit viel größeren Mitteln schnell zu allgemeiner Bedeutung heranwuchs. Nur die Leistungen des deutschjüdischen Kreises in jüdischer Philosophie und modernem Religionsverständnis warten noch auf eine Fortsetzung.

Bezeichnend für diese Entwicklung ist die Geschichte der heute noch unentbehrlichen »*Jewish Encyclopedia*«[386], die von 1901–1906 in 12 Bänden in New York erschien, nachdem ihr Herausgeber, Isidore Singer, in Europa jahrelang vergeblich jüdische Kreise für ein solches Werk interessiert hatte.

---

[386] Sie erschien in Reprint und in handlicheren Bänden 1965. Die deutschen von Jakob Klatzkin und Nahum Goldmann begonnene »Encyclopaedia Judaica« gedieh nur bis zum Buchstaben »L« (10 Bände, 1918–1934). Sie erschien dann 1972 in Jerusalem in Englisch, völlig neu konzipiert. (16 Bände). Das fünfbändige »Jüdische Lexikon«, 1927–1930, hat populär-wissenschaftlichen Charakter. Während des Zweiten Weltkrieges erschien in New York die zehnbändige »Universal Jewish Encyclopedia«. In Mexiko erschien 1948–195; die spanische »Encyclopedia Judaica Castellana« in 10 Bänden. Die russische »Jewreskaja Enziklopedia« erschien 1906–1913 in 16 Bänden und die hebräische »Ozar Jisrael« hrsg. von Eisenstein in New York 1913–1915 hat 10 Bände. Die große noch unvollendete »Encyclopedia Hebraica« (seit 1949) ist ein hebräisches allgemeines Konversationslexikon mit wichtigen judaistischen Beiträgen.

Ganze Gebiete erfuhren in dieser Enzyklopädie ihre erste wissenschaftliche Darstellung. Obgleich ein sehr großer Teil ihrer etwa 400 Mitarbeiter europäische Juden waren, erschien sie doch als erstes repräsentatives und unübersehbares Werk der jungen Judenheit Amerikas. Trotz der großen demographischen Veränderungen, die sie gleichzeitig zu bewältigen hatten, konnten die Juden Amerikas solch ein wissenschaftliches Unternehmen organisieren und zum Abschluß bringen, dem die alte Welt noch kein ähnliches zur Seite stellen konnte.

Als noch niemand die spätere Vernichtung ahnen konnte, wurde es, möchte man sagen, von providentieller Bedeutung, daß das moderne Judentum sich von der territorialen Konzentrierung auf Europa zu lösen begonnen hatte. Diese territoriale Dezentrierung ermöglichte nach dem Zweiten Weltkrieg der jüdischen Geschichte Fortsetzung und Fortbestand.

In den letzten fünfzig bis sechzig Jahren zeigte die Geistesgeschichte der modernen Judenheit eine schwerwiegende strukturelle Veränderung. In Deutschland hatte noch um die Mitte des 19. Jahrhunderts die ganze jüdische Bildungsschicht an den Auseinandersetzungen über die rechtliche, soziale und kulturelle Emanzipation und über die Reformbestrebungen teilgenommen. Damals noch waren dies Themen, die alle angingen. Nachdem aber mit der Errichtung des Deutschen Reiches – und etwa gleichzeitig in Österreich-Ungarn – die staatsbürgerliche Gleichberechtigung formell erreicht worden war, schien die Notwendigkeit, sich mit jüdischen Fragen zu beschäftigen, geschwunden zu sein. Auch die Reformbewegung war ja meist weniger unter religiösem als unter emanzipationspolitischem Aspekt betrachtet worden. Nun waren für die jüdische Bildungsschicht die Schleusen geöffnet. Es erfolgte die immer weiter sich verzweigende Teilnahme an der allgemeinen Kultur, während jüdische Kultur und jüdische Fragen nur die Wenigen anzugehen schienen, die sich von Berufs wegen mit ihnen befassen mußten, wie Rabbiner, Lehrer, Beamte der jüdischen Gemeinden und bald auch der jüdischen Organisationen. Judentum wurde zu einer schlechtbezahlten und aussichtsarmen Verwaltungsangelegenheit ohne Zusammenhang mit den literarischen, ästhetischen, wissenschaftlichen und politischen Fragen, die die gebildete Mittel- und Oberschicht der deutschen Juden bewegten. In diesen Fragen der allgemeinen Kultur neigte man gern zu avantgardistischen Parolen. Sie stammten vielfach aus dem echten Pathos des Emanzipationskampfes mit seinem naturrechtlichen Hintergrund. Jetzt setzte sich jedoch dieser Pathos ohne solche Bezogenheit wie in einem Leerlauf fort. Die jüdischen Schriftsteller und Journalisten merkten nicht, wie sehr sich inzwischen der kulturelle und politische Outlook des gebildeten deutschen Publikums, dessen Repräsentanten zu sein sie vermeinten, gewandelt hatte.

Und noch ein Drittes sei bemerkt. Graetz hatte seine jüdische Geschichte, die mit dem Jahre 1848 abschließt, mit der Feststellung geschlossen, daß zwar die Juden als Individuen mehr oder weniger die Gleichberechtigung erlangt hätten, daß aber die *Emanzipation des Judentums*, die Anerkennung seiner Gleichberechtigung, noch weit entfernt sei.[387] Die Emanzipation der einzelnen Juden war zwar noch vielen Einschränkungen unterworfen. Die Beamtenschaft, das Offizierkorps und die »gute Gesellschaft« blieben ihnen verschlossen. Doch in den Lebenskreisen, die den meisten Juden am nächsten standen, in der Wirtschaft, den freien Berufen, in Literatur und Kunst, war ihnen volle und gern ausgenutzte Entfaltungsmöglichkeit gegeben. Doch das Judentum war durch die neue Gesetzgebung wohl bewußt nicht in die Gleichberechtigung einbezogen worden. Die jüdische Religion stand nicht auf gleicher rechtlicher und gesellschaftlicher Ebene wie die großen christlichen Konfessionen. Es blieb im deutschen Kaiserreich die geduldete Privatreligion einer kleinen Minderheit, die dem Christentum gegenüber als minderwertig galt. Noch immer war – seit Josef II., seit Clermont-Tonnère, Humboldt und Hardenberg – die Tendenz die gleiche geblieben: durch Emanzipation und Assimilation der jüdischen Individuen das Judentum als Sondergruppe zum Verschwinden zu bringen. Die in den siebziger Jahren wieder auflebenden nationalromantischen Gedanken des »christlichen Staates« verstärkten diese Tendenz, die jetzt sowohl liberale wie konservative Deutsche vereinigte. Keine jüdische Forderung fand so einhellige Ablehnung bei Antisemiten wie bei Liberalen und Sozialisten, wie die nach Gleichberechtigung des Judentums, während für die Juden sie doch nur die implizierte Konsequenz der bürgerlichen Gleichberechtigung war.[388]

Die angeführten Erscheinungen: Die Verminderung der zentralen Bedeutung der deutschen Judenheit, die Beschränkung des Interesses an Fragen des Judentums auf eine Minderheit und die fehlende Gleichberechtigung des Judentums in Staat und Gesellschaft – wirken bis auf die jüdische Gegenwart nach.

Aber um 1890 ungefähr begann die Epoche eines neuen jüdischen *Selbstbewußtseins*, das über die erwähnte Minderheit hinaus weiteste Kreise

[387] Vgl. Graetz, Schlußworte des 11. Bandes (geschrieben 1869).
[388] Die Abwertung des Judentums fand ihren Niederschlag auch in der liberalen protestantischen Theologie und der alttestamentlichen Wissenschaft. Je mehr diese dogmatisch-christologische Positionen aufgegeben hatten, desto stärker mußten sie einen ethisch-religiösen Abstand zum Judentum konstruieren.

ergriff, die an jüdischen Fragen an sich wenig Interesse hatten. Nun aber regte sich auch bei diesen Juden ein lange verdeckt gebliebenes Solidaritätsgefühl, oft nur als Ausdruck verletzter Ehre oder einer Trotzhaltung.

Ausgelöst wurde diese Reaktion durch die neue säkularisierte Form des Judenhasses, den *Antisemitismus*, und durch die russischen Pogrome der achtziger Jahre, die die Juden in Deutschland mit den Flüchtlingen aus dem Osten und dem Ostjudentum, konfrontierten.

Im modernen Antisemitismus verbinden sich mehrere Strömungen miteinander. Sein Hintergrund ist ein sozial-psychologischer: Das Verhältnis einer Mehrheit zu einer Minderheit. Der Minderheit begegnet man meist mit Mißtrauen, Ablehnung und Geringschätzung, weil sie oft von den Lebensformen, den Wertungen, der Religion oder der Nationalität der Mehrheit abweicht. Von der Abneigung bis zur Verteufelung ist oft nur ein Schritt. Dieses allgemeine Minderheitenschicksal hat die Juden in besonderem Ausmaß betroffen.

Hinzu kam die theologische Judenfeindschaft der Kirchen. Ihrem Anspruch, das neue, wahre Israel zu sein, das anstelle des alten Bundes getreten sei, stand das Fortbestehen des Judentums und das Festhalten der Juden an ihm im Wege.

Eine andere Strömung war die Fortsetzung der alten »Germanomanie« vom Anfang des 19. Jahrhunderts mit ihrem christlich germanischem Volksideal. Diese Tendenz erhielt als Lehre vom *christlichen Staat* politische Bedeutung und bestimmte die Judenpolitik der konservativen Parteien. Sie fand aber auch bei dem rechten Flügel der deutschen Liberalen Eingang, z. B. bei Eduard Meyer (senior), gegen den Riesser polemisierte und bei dem Theologen Paulus. Sie kam 1879 bei dem Historiker Heinrich von Treitschke zum geschichtlich wirksamsten Ausdruck.

Zu den sozial-psychologischen, theologischen und romantisch-nationalistischen Komponenten wirkten bei der Entstehung des modernen Antisemitismus auch Tendenzen aus einem ganz anderen Lager nach: Die Judenfeindschaft mancher und einflußreicher Kreise der Aufklärung. Diese nahmen ihre Argumente aus der antijüdischen Literatur der Antike, aber auch aus der deistischen Bibelkritik des 18. Jahrhunderts und behaupteten eine angeborene moralische Minderwertigkeit der Juden, die schon seit biblischen Zeiten nachweisbar und unverändert geblieben sei. Damit wurden diese Aufklärer – wie z. B. Voltaire oder H. S. Reimarus – zu direkten Vorläufern der historisch verhängnisvollsten Strömung, des *Rassenantisemitismus*.

Die Quelle dieses Antisemitismus, die, mit manchen Gedanken der vorigen vermischt, schließlich die Oberhand gewann, war die *Rassentheo-*

rie. Die Lehre von der Ungleichheit der Menschenrassen hatte zuerst wohl der französische Diplomat und Schriftsteller Graf Gobineau 1853 entwickelt. In ihrer antisemitischen Ausprägung stellte die Rassentheorie die jüdische Rasse als minderwertig und schädlich der zur Herrschaft berufenen germanischen Rasse gegenüber.

Politisch bedeutsam wurde der Antisemitismus in Deutschland am Ende der siebziger Jahre. Bismarck hatte sich zur Einigung des Reiches und während des Kulturkampfes gegen den politischen Katholizismus auf die Nationalliberalen gestützt. Jetzt suchte er wieder Anschluß an die konservativen Kreise, da er den Heeresetat für mehrere Jahre im voraus festlegen und die Sozialistengesetze durchbringen wollte. Er duldete auch die Ausnutzung der judenfeindlichen Volksstimmung, die jüdischen Spekulanten die Schuld an der langen Wirtschaftskrise in die Schuhe schob, die der überhitzten Konjunktur der Gründerjahre folgte. Im Reichtstagswahlkampf 1878 spielte erstmalig die Judenfrage eine Rolle. Der Hofprediger *Stöcker* gründete damals eine christlich-soziale Partei, um Arbeiterschaft und Kleinbürgertum den Sozialdemokraten abspenstig zu machen. In seiner Propaganda bediente er sich kraß antijüdischer Parolen. In der deutschen Bildungsschicht machte der Berliner Historiker *Heinrich von Treitschke* den Antisemitismus salonfähig. Treitschke, der als liberal galt, auch nationalliberaler Parlamentarier und Herausgeber der einflußreichen »Preußischen Jahrbücher« war, schrieb 1879: »Die Juden sind unser Unglück«, so lautete das übereinstimmende Urteil der besten gebildeten Kreise! Er forderte von den Juden vollständige Assimilation und Aufgabe aller dieses Ziel hindernden Besonderheiten, um als Deutsche gelten zu können. Ohne direkt den Übertritt zum Christentum zu verlangen, betonte Treitschke, daß auch die religiöse Einheit zur nationalen gehöre. – An seinen ersten Aufsatz schloß sich eine heftige Auseinandersetzung[389] an. An dieser beteiligten sich – neben einigen Antisemiten, die den von Treitschke vermiedenen Rassengesichtspunkt hinzufügten – Theodor Mommsen und von Juden Graetz, den Treitschke als Prototyp einer undeutschen Haltung apostrophiert hatte, Lazarus, Joel, Hermann Cohen und der Historiker Harry Bresslau. Moritz Lazarus organisierte ein recht wirkungsloses Komitee jüdischer Notabeln. Mehr geschah zunächst nicht im jüdischen Lager. Fünfundsiebzig Männer des öffentlichen Lebens, darunter Droysen, v. Gneist, Mommsen und Virchow, publizierten einen

---

[389] Vgl. Walter Boelich, Der Berliner Antisemitismusstreit, Frankfurt 1965. Dort sind die wichtigsten Aufsätze und Broschüren abgedruckt. – H. Liebeschütz bringt eine ausführliche Analyse des Streites in »Das Judentum im deutschen Geschichtsbild«, Tübingen 1967, Kap. 5 und 6.

Protest gegen das Hineintragen des Antisemitismus in die Universitäten. Auf Treitschkes Vorlesungen geht jedoch zu einem guten Teil der immer stärker werdende antisemitische Trend der deutschen Studentenschaft und der Akademikerwelt zurück, der dem späteren schnellen Sieg des Nationalsozialismus den Weg bereiten half.

In den kommenden Jahren wuchs die antisemitische Welle. Antisemitische Parteien entsandten Abgeordnete in den Reichstag.

Juden wurden namentlich an kleinen Orten öfters körperlich angegriffen und geschäftlich boykottiert. 1891 kam es in Xanten und 1900-1903 in Konitz zu Ritualmordbeschuldigungen und Prozessen. Und die einflußreiche und in Preußen herrschende konservative Partei nahm in ihr offizielles Programm, das sogenannte »Tivoli-Programm«, im Jahre 1892 einen judenfeindlichen Paragraphen auf.

1890 hatte eine Reihe prominenter Nichtjuden einen Verein zur Abwehr des Antisemitismus gebildet, zu dessen Gründern der Staatsrechtler von Gneist, der Philosoph Rickert, der Literarhistoriker Erich Schmidt, sowie Gustav Freytag und Theodor Mommsen gehörten. Der Verein gab aufklärende Schriften und eine Zeitschrift heraus, war aber kein wirkliches Gegengewicht gegen die antisemitische Propaganda. Er existierte bis 1933.

In führenden jüdischen Kreisen Berlins wurde der Gedanke erwogen, sich mit einer Petition direkt an den Kaiser zu wenden.

Da erschien Anfang 1893 eine Broschüre »Schutzjuden oder Staatsbürger«. Ihr Verfasser war *Dr. Raphael Löwenfeld*, ein Schriftsteller, der Ibsen übersetzt und das Schillertheater begründet hatte, ein Mann, der jüdischen Fragen recht fern zu stehen schien. Löwenfeld erklärte, daß eine Petition an den Kaiser freier Staatsbürger unwürdig sei und die Gesinnung vergangenen Schutzjudentums darstelle. Die deutschen Juden sollten ihre Verteidigung nicht einem Verein wohlmeinender Nichtjuden überlassen, sondern sie selbst in die Hand nehmen.

Auf diesen Aufruf hin wurde der »*Centralverein deutscher Staatsbürger jüdischen Glaubens*« gegründet, der sehr schnell die größte Organisation in der deutschen Judenheit wurde.[390] Der «C. V.» bezweckte »die deutschen Staatsbürger jüdischen Glaubens ohne Unterschied der religiösen und politischen Richtung zu sammeln, um sie in der tatkräftigen Wahrung ihrer staatsbürgerlichen und gesellschaftlichen Gleichstellung sowie in der unbeirrbaren Pflege deutscher Gesinnung zu bestärken«.[391]

Der C. V. wirkte durch Rechtsschutz bei antisemitischen Angriffen,

---

[390] 1927 hatte der C. V. über 70000 Mitglieder in 3260 Orten Deutschlands. Vgl. Lexikon des Judentums, Sp. 141.
[391] § 1 der Satzung. Der letzte Teil des Satzes führte nach einigen Jahren zum

beobachtete laufend die antisemitische Presse auf Verleumdungen, Beleidigungen und strafbare Handlungen gegen Juden, die er häufig vor den Richter brachte, und verbreitete Schriften, Flugblätter, Bücher aufklärenden und belehrenden Inhalts über das Judentum. Seine wesentlich rationale und wissenschaftliche Argumentation war den irrationalen Elementen des Judenhasses gegenüber ohnmächtig. Dennoch kann seine Leistung nicht hoch genug geschätzt werden. Sein Hauptverdienst liegt jedenfalls darin, daß er der erste Ausdruck des neuen jüdischen Selbstbewußtseins und Stolzes war. Und darum fand er ein so großes Echo in der deutschen Judenheit. Namentlich die Juden kleiner Orte fühlten sich nicht mehr verlassen. Sie hatten nun eine Adresse, bei der sie moralische und rechtliche Hilfe erwarten konnten.

Die Ideologie des C. V. entsprach der Tradition des Emanzipationszeitalters, wie sie Gabriel Riesser, Lazarus und besonders Hermann Cohen geprägt hatte, der Synthese von Deutschtum und Judentum, wonach der deutsche Jude ganz Deutscher und ebenso ganz Jude sein könne. In der jüdischen Wirklichkeit hatte sich aber, wie wir sahen, ein *Übergewicht des Deutschtums* herausgebildet, das das jüdische Element im Bewußtsein der Juden zur Seite drängte. Während anfangs auch Zionisten dem C. V., sogar seinem Hauptvorstand angehörten, wandelte sich der Verein in den letzten Jahren vor dem Ersten Weltkrieg zu einer schroff antizionistischen Organisation in der innerjüdischen Gemeindepolitik und Polemik. Erst in den zwanziger Jahren änderte sich diese Haltung, jedenfalls bei einer einflußreichen Minderheit, die die Mitarbeit am Palästina-Aufbau bejahte. Nichtzionistisch war der C. V. jedoch geblieben. In der zionistischen Agitation galt er dementsprechend als der innerjüdische Gegner. Erst wenige Jahre vor dem nationalsozialistischen Umbruch kam es zu einer gewissen Zusammenarbeit der beiden Gruppen.[392] Aber an die inneren Probleme der deutschen Juden ging der C. V. nicht heran, zumal er in allen politischen und religiösen Meinungsverschiedenheiten neutral bleiben wollte. Die Folge davon war, daß er den breiten Schichten der Großstadtjuden nichts Positives gab, das sie aus ihrer jüdischen Indifferenz hätte herausführen können. Der Kampf gegen den Antisemitismus, so wichtig er war, konnte nicht der alleinige Inhalt jüdischen Lebens sein oder diesen ersetzen.

Den geschichtlich – und nicht nur geistesgeschichtlich – bedeutsamsten Ausdruck fand das wiedererwachende jüdische Selbstbewußtsein im *Zio-*

Ausscheiden zionistischer Mitglieder und machte den C. V. für lange Zeit zu einer antizionistischen Organisation.
[392] Vgl. A. Paucker, Der jüdische Abwehrkampf, Hamburg 1968.

nismus. Er hat das jüdische Leben in aller Welt schließlich revolutioniert, ihm einen neuen Ziel- und Blickpunkt gegeben, insbesondere nach der Gründung des Staates Israel.

Im vorigen Kapitel habe ich das natürliche Wachsen eines hebräischen palästinozentrischen Nationaljudentums aus der jüdischen nationalen Minderheit in Osteuropa darzustellen versucht. Dort war die Chowewej-Zion-Bewegung entstanden als ein lebensreformerischer Protest gegen die unnatürliche jüdische Berufs- und Wirtschaftsstruktur und auch gegen die traditionellen Erziehungs- und Bildungsformen. Sie war ein Ausläufer der Haskala, hatte aber von der Zeitbildung nicht nur säkularisierende, sondern auch romantisch-nationale Motive aufgenommen und sie mit sozialem Idealismus verbunden, die beide wiederum aus jüdisch-biblischen Ursprüngen stammten. Dem Zionismus im Westen fehlte die Basis eines jüdischen Volkskörpers und damit weitgehend auch die durch Erziehung und die verschiedenen gesellschaftlichen und beruflichen Diskriminierungen schienen nur Randerscheinungen zu sein, die den Zug zur Integration in die Umweltkultur trübten, verzögerten, aber nicht prinzipiell aufhielten.

Es war deshalb nur eine *Minderheit* in der überhaupt noch jüdisch interessierten Minderheit, die bis 1933 von nationaljüdischen und zionistischen Gedanken berührt wurde. Allerdings war das eine sehr aktive Gruppe, die nicht nur auf Juden wirkte, sondern auch der allgemeinen deutschen Publizistik und Literatur einen wichtigen Beitrag lieferte. Doch dieser Einfluß gehört wesentlich erst einer zweiten zionistischen Generation an, der Generation kurz vor und nach dem Ersten Weltkrieg.[393]

Kennzeichnend für den älteren deutschen und westeuropäischen Zionismus ist seine politische und zugleich philanthropische Tendenz. Im Gegensatz zu den rein philanthropischen Kolonisationsversuchen, etwa des Baron Moritz v. Hirsch in Argentinien, trat zwar bei Moses Hess, Pinsker, Herzl das Konzept einer *politischen* Lösung der Judenfrage. Doch im Auge hat man weiterhin vornehmlich die Ostjuden, für die eine solche politisch-territoriale Lösung bestimmt war.[394] Der westliche Zionismus – wie heute

---

[393] Ich denke u. a. an die Dichter Richard Beer-Hofmann, Else Lasker-Schüler, Max Brod, Arnold Zweig, an Martin Buber, die Philosophen Hugo Bergmann und Felix Weltsch, den Publizisten Robert Weltsch.

[394] Das gilt nicht für Herzl, der anfangs gerade die west- und mitteleuropäischen Juden im Auge hatte und die Bedeutung des auf praktische Kolonisation hindrängenden ostjüdischen Zionismus nie richtig erkannt hatte.

der amerikanische – war im Grunde ein Zionismus für andere, wenn auch nicht in der Theorie, so doch in der Praxis.

Dennoch zentriert auch dieser Zionismus in dem Gedanken, der im Jahrhundert der Emanzipation geradezu revolutionär anmutete und alles bisher Erstrebte in Frage stellte und negierte, daß die Juden ein *Volk* seien. Die Nichtjuden – und nicht nur die Antisemiten – hatten das immer wieder behauptet. Die Juden des 19. Jahrhunderts dagegen hatten einen nationalen Charakter des Judentums mit vielen Argumenten bestritten. Nachdem der moderne Nationalstaat die naturrechtliche Staatsauffassung der Menschenrechtsdeklarationen abgelöst hatte, schien er auch die nationale Einheit seiner Bürger verlangen zu müssen.[395] Nur auf dieser Basis schien die Emanzipation der Juden gefordert und auch gewährt werden zu können.[396] Deshalb verlangte schon Gabriel Riesser die Gleichstellung der Juden, nicht etwa weil sie Juden seien und sie ihnen aus dem Prinzip der Gleichberechtigung und der Toleranz zukomme, sondern weil sie Deutsche seien. Die deutschen Juden in ihrer großen Mehrzahl betrachteten sich selbst als Deutsche, die nur durch ihre Religion – und die Areligiösen vielleicht noch durch ihre Abstammung – von den übrigen Deutschen sich unterschieden. Man verwies wohl auf die Mitglieder der Berliner französischen Kolonie, die ehemaligen Hugenotten, als analoges Beispiel. Diese waren Deutsche geworden und ihr Deutschtum wurde nicht angezweifelt, obgleich sie in Kirche, Schulen und Anstalten zum Teil sogar in der Sprache ihre Sonderstellung bewahrten.

Ein zweites Hauptargument gegen das Nationaljudentum war besonders von den Reformtheologen in den Vordergrund gestellt worden. Der Universalismus des Judentums schien mit einer jüdischen Nationalität in Widerspruch zu stehen. Die Zerstreuung erschien als gottgewollte Aufhebung der jüdischen Nationaleinheit und ihres Staates zugunsten einer neuen Aufgabe: der ganzen Welt und in der ganzen Welt den reinen Monotheismus vorzuleben. Für Geiger ist Jerusalem nur noch eine ehrwürdige historische Erinnerung, die man als solche achten, für die Gestaltung der jüdischen Gegenwart aber auf sich beruhen lassen sollte.

Heinrich Graetz hatte diesen Ansichten gegenüber, die sicherlich die

---

[395] Das trifft auch auf Österreich zu, wo jedenfalls im 19. Jahrhundert den slawischen Nationalitäten gegenüber eine straffe Eindeutschungspolitik betrieben wurde, bzw. in Ungarn eine Magyarisierungspolitik.

[396] Wenn der Zionismus dagegen vom Staat Gleichberechtigung für die Juden forderte, so griff er auf die naturrechtliche Staatsauffassung zurück; denn auch Minderheitsgruppen komme bürgerliche Gleichberechtigung zu, ohne diese offen oder versteckt von voller Integration in die Mehrheit abhängig zu machen.

große Mehrzahl der deutschen Juden teilte, mit nichts mehr Anstoß erregt, als mit seiner Darstellung der Geschichte der Juden als einer religiös motivierten Volksgeschichte. Geigers Vorlesungen »Das Judentum in der Geschichte« sind nichts anderes als eine Gegendarstellung der jüdischen Geschichte vom universalistischen Standpunkt aus. Und alle jüdischen Teilnehmer an der Diskussion mit Treitschke beeilten sich, von Graetz, dem »Palästinenser«, wie Cohen ihn bei diesem Anlaß nannte, abzurücken.[397]

Der erste moderne Zionist war wohl *Moses Hess* (1812–1875). Hess[398] hatte in seiner Jugend bei seinem rabbinisch gebildeten Großvater in Bonn eine traditionelle Erziehung erhalten. Nachdem er sich als Autodidakt eine philosophische Bildung angeeignet hatte, löste er sich als junger Mann von jüdischen Bindungen, wurde Schriftsteller und Journalist. Er wurde zum Vorkämpfer eines ethisch-philosophischen Sozialismus. Von Spinoza, Rousseau und Fichte ausgehend, sah er im Gegensatz zur Hegelschen Schule, insbesondere zu Marx, in der Geschichte nicht einen zwangsläufigen objektiven Prozeß, sondern eine menschliche Aufgabe. Der menschlichen Dynamik, die die Geschichte charakterisiert, entspreche die Dynamik der Natur, eine genetische Entwicklung. Hess' Ansichten über Wert und Zukunft des Judentums entsprachen lange Zeit denen Spinozas im Theologisch-politischen Traktat, wie er sich überhaupt als »Jünger Spinozas« ansah.[399] Nach der Revolution von 1848 lebte Hess meist im Exil, in Paris, auch in Belgien und der Schweiz. Wie viele deutsche Exulanten sah er in Frankreich, auch in dem Napoleons des Dritten, den Fackelträger der demokratischen und sozialen Ideen und der Befreiung der Völker.

Während der Damaskus-Affäre 1840 flackerte für kurze Zeit Hess' jüdisches Bewußtsein auf, wurde aber bald für zwei Jahrzehnte durch seine politische Tätigkeit zugunsten des leidenden Proletariats verdrängt.

Hess' Umkehr und die Neuformulierung seiner philosophischen, religiösen und sozialen Ansichten geschah in dem 1862 veröffentlichten Buch *»Rom und Jerusalem, die letzte Nationalitätsfrage«.*

[397] Später unterscheidet Hermann Cohen in der Ethik wie in den Religionsschriften zwischen der Nation, die die Glieder eines Staates zusammenfaßt, und den Nationalitäten, die zusammen jene Staatsnation bilden und nebenbei durchaus überterritorialen Charakter haben können. Die Juden bilden eine Nationalität, aber keine Nation, da ihnen der Staat fehle, wie auch seinerzeit die Polen u. a. Jedenfalls wird hier das nationale Element nicht ganz verflüchtigt.
[398] Zum Biographischen vgl. Edmund Silberner »Moses Hess, Geschichte seines Lebens«, London 1966 und die ältere Biographie von Theodor Zlocisti (Berlin 1921).
[399] Hess' erste Schrift trägt den Titel: »Die heilige Geschichte der Menschheit von einem Jünger Spinozas« (1836).

Hess hatte sich in der Zeit vor Abfassung seines Buches stark mit Anthropologie und der damals in Frankreich entstandenen Rassenlehre beschäftigt. Diese Studien und antisemitische Erfahrungen, die Hess gerade auch unter seinen sozialistischen Gesinnungsgenossen gemacht hatte, spiegeln sich in der Schrift wider. Er stellt fest, daß die Juden bei den europäischen Völkern als Fremde angesehen werden, auch wenn diese ihnen formale Gleichstellung gewährt hätten, und obgleich die Juden bis zur Selbstaufgabe sich bemühten, sich den Völkern anzugleichen. Die Juden seien als Rasse oder Nation[400] unzerstörbar. Sie waren und sind in der Geschichte, in der Gegenwart und, wie Hess hofft, auch in der Zukunft ein grundlegender Faktor der Weltkultur. Der Rassencharakter wird bei Hess nicht als ein nur naturgegebenes Schicksal gewertet, sondern hat gleichzeitig die geschichtliche Dimension einer Aufgabe, die er dem jüdischen Volke stellt. Diese Aufgabe sei, Natur und Menschheit zu einer Einheit zu verhelfen, wie Spinoza es gefordert habe, wie auch der jüdische Messianismus es als religiöses Ziel der Geschichte aufstelle. Diese Einigung erfolge in der Verwirklichung einer von Ausbeutung und Klassenherrschaft freien Gesellschaft. Die Juden sollten diese Gesellschaft der Welt in einem nationalen jüdischen Staate vorleben. In der Zerstreuung könnten sie das nicht, sondern nur als bewußte nationale und politische Einheit. Deshalb sollten die Juden zur Kolonisation Palästinas schreiten.

Die Verwirklichung dieser Aufgabe sei durchaus nicht utopisch. Viele bisher unterdrückte Nationen seien jetzt auf dem Wege zu nationaler Erneuerung und politischer Befreiung. Italien finde gerade jetzt seine nationale Einheit, wobei Frankreich an seiner Seite stehe. Auch die nationale Emanzipation der Juden sei ein Teil dieser nationalen Bewegungen. Sie habe bereits in der Erneuerung der hebräischen Literatur die ersten Zeichen gegeben. Wie für Rom so müsse auch für Jerusalem die Befreiung kommen. Und wie die Italiener von den Franzosen unterstützt würden, so möge man das politische Interesse Frankreichs am Orient (Bau des Suezkanals, Militärexpedition in Syrien im Jahre 1860) für die Gründung einer autonomen jüdischen Kolonisation in Palästina benutzen.

Zwar würden die emanzipierten Juden des Westens wohl kaum für eine Übersiedlung nach Palästina zu gewinnen sein. Die »deutschen Kulturjuden« hätten durch die Schuld der Reformer das Judentum konfessionalisiert und nationales Selbstgefühl sei ihnen verlorengegangen. Aber bei den Juden Polens und des Balkans bestehe noch lebendiges nationales Bewußt-

---

[400] Hess scheint, wie Silberner anmerkt, beide Ausdrücke durcheinander und ohne klare Scheidung zu gebrauchen.

sein. Sie würden noch bereit sein, an der urjüdischen messianischen Aufgabe mitzuwirken.

Hess' Buch erregte zwar einiges Aufsehen, wurde aber zumeist von jüdischer wie nichtjüdischer Seite scharf abgelehnt. Am schärfsten äußerten sich die Wortführer des Reformjudentums Philippson und Geiger. Philippson warf Hess Heuchelei vor, da er das traditionelle Judentum verherrliche, während er selbst keine religiösen Gesetze für die eigene Lebensführung anerkenne. Geiger bezeichnete ihn in einem Aufsatz[401] als einen »fast ganz außerhalb Stehenden, der, am Sozialismus und anderem Schwindel bankerut geworden, in Nationalität machen will«. Nur Graetz stimmte ihm weitgehend zu[402], während die Neuorthodoxie, erfreut über den Angriff auf die Reform, sich wohlwollend reserviert verhielt. Hess' alte Freundschaft mit Berthold Auerbach, der sich ihm gegenüber als »germanischer Jude, ein Deutscher, so gut als es, glaub ich, einen gibt«[403] bezeichnet, ging über »Rom und Jerusalem« in die Brüche.

Der Versuch von Hess, die Pariser »Alliance Israélite Universelle« und durch sie französische Regierungskreise für das Palästinaprojekt zu interessieren, blieb erfolglos. Er wurde vergessen. Erst fast 40 Jahre später wurde auf dem ersten Zionistenkongreß auf Hess als einen Vorgänger des Zionismus wieder hingewiesen. Herzl hatte bei Abfassung des »Judenstaats« noch nichts von ihm gewußt.

Selten kann man den vollen Umfang des Substanzverlustes, der das deutsche und westeuropäische Judentum im 19. Jahrhundert betroffen hat, so unmittelbar und handgreiflich deutlich machen, als wenn man Hess und Herzl nebeneinanderstellt. Beide waren Journalisten. Beide suchten eine politische Lösung der Judenfrage. Beide hatten etwas Prophetisches, in die Zukunft Weisendes, das sie utopisch erscheinende Gedanken aussprechen und zu realisieren trachten ließ. Beide gehörten zu der gleichen wohlhabenden jüdischen Bildungsschicht. Beide besaßen ein ausgeprägtes soziales Verantwortungsgefühl. Aber die fast fünf Jahrzehnte, die zwischen ihnen lagen, enthüllen uns den ganzen Wandel, der sich inzwischen vollzogen hatte.

Hess, der Jude des Emanzipationszeitalters, hatte sich in die philosophi-

---

[401] Vgl. »Alte Romantik und neue Reaktion«, in: Jüd. Zeitschrift für Wissenschaft und Leben, Bd. 1, 1862.
[402] Graetz hatte zufällig das Manuskript des Buches gelesen und verschaffte Hess einen Verleger. Von Graetz stammte auch der Titel »Rom und Jerusalem«. Hess seinerseits übersetzte den dritten Band von Graetz' Geschichtswerk ins Französische.
[403] Hess' Briefwechsel ed. Silberner, S. 376.

schen, politischen und sozialen Fragen seiner Zeit gestürzt und die jüdischen Probleme darüber vergessen. Doch der Grundstock seiner Bildung war der jüdische. In der Stunde der Umkehr kam das lang Verschüttete wieder. In »Rom und Jerusalem« zeigt er nicht nur Kenntnisse der jüdischen Geschichte, weiß er nicht nur um die neuen Entwicklungen der hebräischen Literatur und um die sozialen Probleme der ostjüdischen Massen. Er kann auch noch ausführliche hebräische Zitate aus dem Midrasch anführen. Sein früheres Wissen ist sofort wieder parat.

Theodor Herzl (1860–1904), achtundvierzig Jahre nach Hess geboren, besaß nichts mehr von diesem religiösen und jüdisch-kulturellen Erlebnis- und Bildungshintergrund. Man könnte ihn, der nach Vollendung des Jurastudiums zur Literatur überging und als Journalist und Verfasser von erfolgreichen Theaterstücken und Kurzgeschichten bekannt war, den typischen assimilierten jüdischen Intellektuellen nennen. Er schien ohne alle Vorbehalte in der deutschen und europäischen Kultur aufgegangen zu sein. Er dachte sogar, der Judenfrage eine Lösung nicht durch heimliche Einzeltaufen sondern durch Massentaufen zu geben, die in aller Öffentlichkeit mit feierlichen Prozessionen vollzogen werden sollten.

Herzl war deshalb in ganz anderem Maße als Hess ein Außenstehender. Er war nicht ein dem Judentum und seinen Problemen Entfremdeter, sondern fast ein Fremder.

Da erlebte er als Korrespondent der Wiener »Neuen Freien Presse«[404] in Paris den *Dreyfus-Prozeß*.

Angesichts der Hochflut der antisemitischen Angriffe auf Dreyfus und die Juden überhaupt und des aufgepeitschten Volkshasses erkannte Herzl mit einem Schlage die Fragwürdigkeit und Zwecklosigkeit der Assimilation und die Notwendigkeit eines radikalen Umdenkens. Das Ergebnis dieses Umdenkens war die Erkenntnis, daß die Juden ein Volk seien, daß die Judennot, die in den verschiedensten Formen und Ausprägungen überall bestehe, eine politische Lösung der Judenfrage in einem Judenstaat fordere.

Anfang 1896 erschien Herzls berühmt gewordene Broschüre *»Der Judenstaat«*[405]. Sie beginnt: »Der Gedanke, den ich in dieser Schrift ausführe,

---

[404] Von 1896 bis zu seinem Tode 1904 war er Feuilletonredakteur dieses Blattes, in dem der Zionismus nicht erwähnt werden durfte. Sogar im Nachruf auf Herzl überging das Blatt Herzls zionistische Leistung mit Stillschweigen. Die jüdischen Herausgeber der Zeitung sahen im Zionismus eine Gefahr, die die bürgerliche Stellung der Juden bedrohe. Herzl glaubte aus Sorge um seine Familie, die Redakteurstelle trotz der mit ihr verbundenen dauernden Demütigung nicht aufgeben zu dürfen, da er sein eigenes Vermögen und das seiner Eltern für die zionistische Sache erschöpft hatte.
[405] »Der Judenstaat« erschien in vielen Auflagen, Neudrucken und Übersetzun-

ist ein uralter. Es ist die Herstellung des Judenstaates. Die Welt widerhallt vom Geschrei gegen die Juden, und das weckt den eingeschlummerten Gedanken auf. Ich erfinde nichts, das wolle man sich vor allem vor Augen halten. Ich erfinde weder die geschichtlich gewordenen Zustände der Juden, noch die Mittel zur Abhilfe. Die materiellen Bestandteile des Baues, den ich entwerfe, sind in der Wirklichkeit vorhanden, sind mit Händen zu greifen; jeder kann sich davon überzeugen«. Die »treibende Kraft«, die den Plan verwirklichen wird, ist »die Judennot. Wer wagt zu leugnen, daß diese Kraft vorhanden sei? Man kannte auch die Dampfkraft, die im Teekessel... den Deckel hob... Nun sage ich, daß diese Kraft, richtig verwendet, mächtig genug ist, eine große Maschine zu treiben, Menschen und Güter zu befördern«.Und die Vorrede endet: »Es hängt also von den Juden selbst ab, ob diese Staatsschrift vorläufig nur ein Staatsroman ist... Die Juden, die wollen, werden ihren Staat haben und sie werden ihn verdienen.«[406] Nach der Vorstellung der Aufgabe folgt die historisch-soziologische Begründung: »Die Judenfrage besteht. Es wäre töricht, sie zu leugnen. Sie ist ein verschlepptes Stück Mittelalter, mit dem die Kulturvölker auch heute beim besten Willen noch nicht fertig werden konnten. Den großmütigen Willen zeigten sie ja, als sie uns emanzipierten. Die Judenfrage besteht überall, wo Juden in merklicher Anzahl leben. Wo sie nicht ist, da wird sie durch hinwandernde Juden eingeschleppt. Wir ziehen natürlich dahin, wo man uns nicht verfolgt; durch unser Erscheinen entsteht dann die Verfolgung. Das ist wahr, muß wahr bleiben, selbst in hochentwickelten Ländern – Beweis Frankreich – solange die Judenfrage nicht gelöst ist. Die armen Juden tragen jetzt den Antisemitismus nach England, sie haben ihn schon nach Amerika gebracht.

Ich glaube, den Antisemitismus... zu verstehen. Ich betrachte diese Bewegung als Jude, aber ohne Haß und Furcht. Ich glaube zu erkennen, was im Antisemitismus roher Scherz, gemeiner Brotneid, angeerbtes Vorurteil, religiöse Unduldsamkeit – aber auch was darin vermeintliche Notwehr ist. Ich halte die Judenfrage weder für eine soziale noch für eine religiöse, wenn sie sich auch noch so und anders färbt. Sie ist eine nationale Frage, und um sie zu lösen, müssen wir sie vor allem zu einer politischen Weltfrage machen, die im Rate der Kulturvölker zu regeln sein wird.

Wir sind ein Volk, *ein* Volk.

Wir haben überall ehrlich versucht, in der uns umgebenden Volksge-

gen. Ich zitiere nach Leon Kellner »Theodor Herzls Zionistische Schriften«, Berlin o. J. (1911?). – Zur Geschichte von Herzls Wandlung vgl. Theodor Herzls Tagebücher, Berlin 1922. Zur Biographie vgl. Alex Bein, Theodor Herzl, 1934.
[406] Zion. Schriften, S. 41–44.

meinschaft unterzugehen und nur den Glauben unserer Väter zu bewahren. Man läßt es nicht zu. Vergeblich sind wir treue und an manchen Orten überschwengliche Patrioten, vergebens bringen wir dieselben Opfer an Gut und Blut wie unsere Mitbürger, vergebens bemühen wir uns, den Ruhm unserer Vaterländer in Künsten und Wissenschaften, ihren Reichtum durch Handel und Verkehr zu erhöhen. In unseren Vaterländern, in denen wir ja auch schon seit Jahrhunderten wohnen, werden wir als Fremde angesehen ... Wer der Fremde im Lande ist, das kann die Mehrheit entscheiden; es ist eine Machtfrage, wie alles im Völkerverkehr ... Wir sind also vergebens überall brave Patrioten, wie es die Hugenotten waren, die man zu wandern zwang. Wenn man uns in Ruhe ließe ...

Aber ich glaube, man wird uns nicht in Ruhe lassen.

Durch Druck und Verfolgung sind wir nicht zu vertilgen. Kein Volk der Geschichte hat solche Kämpfe und Leiden ausgehalten wie wir. Die Judenhetzen haben immer nur unsere Schwächlinge zum Abfall bewogen. Die starken Juden kehren trotzig zu ihrem Stamm heim, wenn die Verfolgungen ausbrechen.«[407]

Der Judenstaat würde nicht nur für die Juden eine Lösung der Judennot sein, er würde auch die Völker von der Judenfrage befreien und dem Antisemitismus seine Wurzeln nehmen. Die relativ wenigen Juden, die in ihren bisherigen Wohnsitzen verbleiben würden, würden für die Völker und Staaten kein Problem mehr bilden und könnten sich ihnen ohne Vorbehalte assimilieren.

Herzl führt dann die Einzelheiten zur Verwirklichung der Staatsgründung aus. Eine repräsentative jüdische Gruppe aus moralisch integren und angesehenen Männern – Herzl denkt dabei an englische Juden – sollten eine Society of Jews bilden. Diese habe die politischen Grundlagen zu schaffen und die statistischen und wirtschaftlichen Unterlagen zu erforschen. Als negotiorum gestor der Judenheit solle sie einen völkerrechtlich anerkannten Charter erlangen, der den Juden eine autonome, unter Neutralitätsschutz stehende Staatenbildung ermöglichen sollte. Herzl dachte an Argentinien oder Palästina. Sehr schnell jedoch erkannte er die Kraft der emotionalen tausendjährigen Bindung der Juden an ihr altes Stammland und entschied sich für Palästina. Die Bewegung wurde Zionismus genannt, die Heimkehr nach Zion. Der jüdische Staat in Palästina solle unter formaler türkischer Oberhoheit bleiben. Die Juden würden als Gegenleistung die Türkei von der »Dette Ottomane«, der drückenden internationalen Finanzaufsicht befreien. Das ausführende Organ der Society of Jews würde

[407] S. 47f.

eine Jewish Company sein. Sie »besorgt die Liquidierung der Vermögensinteressen der abziehenden Juden und organisiert im neuen Lande den wirtschaftlichen Verkehr.«[408] Die Übersiedlung würde eine geplante und geregelte sein und sich über Jahre erstrecken. Im neuen Lande würden mit Hilfe moderner technischer und städtebaulicher Planung Boden, Wohnungen, Arbeitsplätze usw. vorbereitet werden.

Das Echo von Herzls kleiner Broschüre war gewaltig. Im Westen und in Mitteleuropa waren es zunächst nur verschwindend kleine Gruppen von jüdischen Intellektuellen, die in Herzls Nationaljudentum eine neue Möglichkeit und Rechtfertigung fanden, Juden zu bleiben, ohne religiöse Juden zu sein. Die große Mehrzahl der westlichen Juden lehnte den Zionismus scharf ab. Er widersprach zu eklatant den Denkgewohnheiten der emanzipierten Juden. Sie sahen in ihm eine Gefahr für ihre gerade erworbene staatsbürgerliche Stellung. Er schien ihren Patriotismus verdächtig zu machen und dem Antisemitismus Vorschub zu leisten. Denn dessen Hauptargument der Fremdheit der Juden würde durch den Zionismus von jüdischer Seite bestätigt.

In Osteuropa, dessen Judenheit und deren Not und Kräfte Herzl vorher wenig bekannt waren, flogen ihm die Herzen zu. Auch die »Chowewej Zion«, die zunächst reserviert reagierten, beugten sich Herzls suggestiver Autorität.

Am 29.–31. August 1897 tagte in Basel der erste *Zionistenkongreß*, der die *Zionistische Weltorganisation* begründete und Herzl zum Präsidenten wählte. Der erste Paragraph des *»Basler Programms«* besagte: »Der Zionismus erstrebt die Schaffung einer öffentlich-rechtlich gesicherten Heimstätte für das jüdische Volk in Palästina.« Die neue Organisation bezeichnete Herzl einmal als den »Judenstaat unterwegs«. Er selbst rieb sich in unglaublich vielseitiger politischer, diplomatischer und organisatorischer Arbeit auf und starb im Jahre 1904 im Alter von nur 44 Jahren. Von seiner Persönlichkeit ging etwas Prophetisches, Seherisches aus. Seine Erscheinung zog die Menschen, Juden wie Nichtjuden, durch ihre Würde, Reinheit und Begeisterung in den Bann. – Die angeführten Zitate vermitteln vielleicht einen kleinen Eindruck hiervon. – Dieser zu seinem Volk Zurückgekehrte wurde Symbol und Vorbild für die besten volkstümlichen Kräfte in der Judenheit und der Ahnherr des Staates Israel, der fünfzig Jahre nach dem ersten Kongreß proklamiert wurde.

Herzl war auch nach seiner Wendung zum Zionismus in vieler Beziehung *Jude an der Peripherie* des Judentums geblieben. Er war viel zu

---

[408] a.a.O., S. 68.

sensitiv, um nicht die Bedeutung der religiösen und kulturellen Kräfte im Judentum und in der Judenheit zu fühlen. Aber sein Weltbild war kaum durch sie bestimmt worden. Auf dem ersten Kongreß erklärte er zwar, daß die Rückkehr zum Judentum der Rückkehr ins Judenland vorhergehen müsse. Aber das war möglicherweise nur eine diplomatische Vorbeugung vor den gesetzestreuen Kongreßmitgliedern. Seine mangelnde Vertrautheit mit jüdischen Lebensformen, geschweige denn mit jüdischem Wissen, seine Unkenntnis der hebräischen Sprache und ihrer Renaissance kommt im »Judenstaat« und noch mehr in dem späteren Roman »Altneuland« zu deutlichem Ausdruck. Gerade dieser Roman zeigt wenig von dem neuen jüdischen Leben, der neuen Kultur, die sich im Judenstaate entwickelt haben müßten. Dafür zeigt er in einer ausgesprochen apologetischen Form, gegen die der Zionismus sonst stets ankämpfte, wie tolerant und vorurteilsfrei die Juden und die Institutionen des neuen Gemeinwesens seien. Das beherrschende Moment bei Herzl ist das nationalpolitische. Doch sein politisches Ziel wußte er in so hinreißender Eindringlichkeit zu verkünden, daß er gerade in den jüdisch verwurzelten Massen des Ostens tiefe messianische Gefühle erweckte. Sie störte nicht die fehlende jüdische und hebräische Bildung dieses Westjuden, dessen Gestalt und Leben noch zu seinen Lebzeiten eine legendäre Verklärung bekamen und behielten.

Herzl wichtigster nationaljüdischer Kritiker war der hebräische kulturphilosophische Publizist Ascher Ginsberg (1856–1927), der unter seinem Schriftstellernamen *Achad Ha'am* bekannt wurde. Er beanstandete in Herzls Programm und Politik die Vernachlässigung der national-kulturellen Elemente, vor allem der hebräischen Sprache und Erziehung. Der Skeptiker Achad Ha'am glaubte nicht an die baldige Verwirklichung des jüdischen Staates. Darum sollte man vorerst wenigstens einem Teil der Judennot, der »inneren Knechtschaft«, der geistigen Abhängigkeit oder Schwäche der Judenheit entgegenwirken. In den neuen Siedlungen Erez Israels seien Ansätze zu einer neuen hebräischen Kultur vorhanden. Diese solle man stützen und ausbauen. Der neue jüdische Menschentyp, der hier im Entstehen begriffen sei, würde von dem geistigen Zentrum Palästinas aus auf die Diaspora zurückwirken und die Judenheit in aller Welt kräftigen und ermutigen.

Achad Ha'ams »*Kulturzionismus*« wurde im Laufe der Zeit die Grundlage der zionistischen Kulturarbeit im Lande wie in der Diaspora. Die einst so starken Gegensätze sind längst geschwunden und seine einstmals so scharfe Kritik überholt. Die Entwicklung ging auf beiden Wegen gemeinsam, dem Herzls und dem Achad Ha'ams.

Ein Vorläufer von Herzl und Achad Ha'ams war *Nathan Birnbaum*,

(1864–1937[408a]), der 1882 in Wien die erste nationaljüdische Studentenvereinigung gründete. Von ihm stammt der Name »Zionismus« für die neue Bewegung (1890). Nach dem ersten Zionistenkongreß, 1897, wurde er der erste Generalsekretär der zionistischen Organisation. Doch bald kam er in Gegensatz zu Herzl's Politik, durch diplomatische Verhandlungen die zionistischen Ziele zu erreichen. Birnbaum setzte die Priorität auf die akuten Nöte der jiddisch sprechenden Massen in Osteuropa. Für diese bereits existierende jüdische Nation solle zunächst nationale und kulturelle Autonomie gefordert werden, wie sie auch die anderen Minderheiten in der Habsburger Monarchie und im russischen Reich erstrebten. Um journalistisch und politisch für den Autonomiegedanken wirken zu können, lernte er Jiddisch und siedelte für einige Jahre nach Czernowitz über. In den Jahren vor dem ersten Weltkrieg wandelte er sich von einem atheistischen Freigeist zu einem orthodoxen Juden. In vielen deutschen und jiddischen Büchern und Aufsätzen forderte er die Erneuerung der Judenheit durch die Rückkehr zu einem lebendigen religiös-gesetzestreuen Judentum. Doch auch im orthodoxen Lager – er war zeitweise Generalsekretär der orthodoxen Weltorganisation »Agudat Jisrael« – blieb er durch seine tiefreligiöse Dynamik und Wahrheitssuche ein zwar respektierter, aber oft unbequemer und beargwöhnter Außenseiter. Aber gerade durch seine verschiedenen Entwicklungen hatte er einen beträchtlichen Einfluß auf Menschen der verschiedensten Lager.

[408 a] Vgl. Salomon A. Birnbaum in *Men of the Spirit*, ed. Leo Jung, New-York 1964, S. 518–549.

22. Die letzten Jahrzehnte des deutschen Judentums (ca. 1910–1942)

Das neue jüdische Selbstbewußtsein – in seiner doppelten Ausprägung im C. V. wie im Zionismus – hatte nur eine kleine Minderheit unter den deutschen Juden tiefer erfaßt. In den meisten Großgemeinden, in Berlin, Wien und anderen Großstädten, wurde die Masse der Juden und der jüdischen Intelligenz von den neuen Strömungen kaum berührt und blieb jüdischen Problemen gegenüber indifferent. Sie waren in Kunst, Theater und Literatur aller Völker eher zu Haus als in der Geschichte, der Literatur und den sozialen und religiösen Fragen der Judenheit.

Die Taufe aus gesellschaftlichen und Karrieregründen, der Austritt aus dem Judentum oder den Gemeinden aus politischer Ideologie oder einfach, um Steuern zu sparen, Mischehen, bei denen die Kinder meist dem Judentum verlorengingen – all diese Erscheinungen spielten eine dezimierende Rolle. Die Mischehe wurde sogar zu einer ernsten Gefahr.[409]

Der Großteil der Gemeindemitglieder waren sogenannte »Dreitagejuden«, die an den höchsten Feiertagen noch zur Synagoge gingen, wenn auch ohne rechte Beziehung zum Gottesdienst. – Dabei mag es sein, daß die Juden im Vergleich zum christlichen Kirchenvolk in bezug auf den Gottesdienstbesuch nicht schlecht abschnitten. – Das wesentliche Band, das sie mit dem Judentum verknüpfte, war die Pietät gegenüber dem Elternhaus, die sich manchmal auf alle Juden ausdehnte, und dazu ein eigentlich negativer Faktor, nämlich der Antisemitismus und seine Abwehr. Die Mitgliedschaft im C. V. wurde so die oft einzige Bekundung einer jüdischen Solidarität.

In traditionsreichen Großgemeinden wie Frankfurt oder Hamburg, in denen gesetzestreues Judentum noch stärker vertreten war, sah es wohl besser aus. In beiden Orten gab es zudem gute jüdische Oberschulen, so daß auch die jüdische Bildungsgrundlage fundierter war.

Auch in den mittleren und Kleingemeinden war das jüdische Leben und Interesse noch intensiver. Hier war der persönliche Einfluß des lokalen

---

[409] Vgl. F. A. Theilhaber, Der Untergang der deutschen Juden, 1911.

Rabbiners stärker. Hier war auch das Zusammenrücken der wenigen und meist einer wirtschaftlichen und sozialen Schicht angehörigen Juden offenbar notwendig und leichter zu bewerkstelligen.

Ein bewußtes Judentum bewahrte natürlich die gesetzestreue Minderheit und der größte Teil der Ostjuden. Aber schon bei den Kindern dieser Ostjuden begann unter dem assimilatorischen Einfluß der neuen Umgebung und der verminderten jüdischen Unterweisung häufig ein Niedergang ihres jüdischen Interesses, oft auch eine radikale politisch bedingte Abkehr.

Die Rückkehr zu einem selbstbewußten Judentum ging von Kreisen *jüdischer Studenten* aus. Diese Studenten standen in der Frontlinie der antisemitischen Angriffe und Anpöbeleien, seitdem der »Verein deutscher Studenten«, der von Treitschke beeinflußt war, die deutschen Universitäten zu beherrschen begann, und die meisten studentischen Korporationen und Verbindungen sich ihm angeschlossen hatten. Während der jüdische Kaufmann der Großstädte über antisemitische Erscheinungen stillschweigend hinweggehen mochte, sie nicht sehen wollte oder ignorierte, so war solch evasive Haltung dem Studenten nicht möglich, da er viel unmittelbarer mit christlichen Kommilitonen in Berührung kam und peinlichen Situationen nicht ausweichen konnte.

1886 bildete sich in Breslau die erste jüdische Studentenverbindung, deren Mitglieder die jüdische Ehre zu verteidigen bereit waren. Nach Art der studentischen Korporationen trugen sie Farben und fochten hart auf Mensuren. Sie wollten stolze Juden sein, pflegten Sport, aber auch jüdische Geschichte, um sowohl physisch wie geistig für ihre Aufgaben gewappnet zu sein. Aber ebenso fühlten sie sich als gute Deutsche und bemühten sich, die Gleichwertigkeit des jüdischen mit dem nichtjüdischen Element in der deutschen Nation zu demonstrieren.

Nachdem sich auch an anderen Universitäten ähnliche Verbindungen gebildet hatten, schlossen sich diese 1896 zum »*Kartell-Convent deutscher Studenten jüdischen Glaubens*« *(K.C.)* zusammen.[410] Die innerjüdische Tendenz des K.C. war die des Centralvereins, zu dessen Initiatoren bereits K.C.er gehörten, die auch in den Gremien des C.V. führend blieben.

Verhältnismäßig spät griff die nationaljüdische Erneuerungsbewegung nach Deutschland über. Allerdings begann sie auch hier noch in der vor-Herzlschen Epoche des Zionismus.

Am Beginn standen Vereinigungen russisch-jüdischer Studenten, die die

---

[410] Vgl. Asch and Philippson, Self-Defence at the Turn of a Century: The Emergence of the K. C., in YLBI, Vol. 3, 1958.

nationaljüdischen Bestrebungen des Ostjudentums mitbrachten. Vereinzelte deutsch-jüdische Studenten schlossen sich ihnen an, die in diesem Kreise eine ihnen unbekannte jüdische Welt, ein lebendiges nationales Judentum kennenlernten,

Im Jahre 1895 entstand in Berlin die erste Verbindung, die sich »*Verein jüdischer Studenten*« (V.J.St.) nannte. Der Name war bewußt nach dem des antisemitischen »Verein deutscher Studenten« modelliert worden. Die bald auch an anderen Universitäten entstandenen V.JSt.-Verbindungen strebten nach einem lebendigen Judentum mit zionistischer Färbung. Mit anderen ausgesprochen zionistischen Gruppen schlossen sie sich unmittelbar vor dem Ersten Weltkrieg zusammen zum »*Kartell jüdischer Verbindungen*« (K.J.V.).[411]

Während der K.C. innerhalb der großen Zahl der indifferenten und assimilierten jüdischen Studenten und Akademiker ohne großen Einfluß blieb, konnten die zionistischen Verbindungen auf den viel kleineren Kreis der deutschen Zionisten einen starken Einfluß ausüben. Sie trugen entscheidend zur Formung einer spezifisch zionistischen Ideologie bei, die den Zionismus in Deutschland von dem in Osteuropa und den angelsächsischen Ländern unterschied. Im Osten stützte sich der Zionismus auf die dort unbestrittene Tatsache eines nationalen Volkskörpers. Dieser nationale Charakter des Ostjudentums wirkte noch in Amerika so stark nach, daß auch dort der Zionismus keiner ideologischen Rechtfertigung bedurfte. Allerdings wirkte er sich dort hauptsächlich in »Fund-raising« aus, was bis heute gilt. – In England war die Situation ähnlich, doch hier wurde nach der Balfour-Declaration Zionismus auch eine englisch-patriotische Betätigung.[412]

In Deutschland dagegen konnte sich das jüdische Nationalgefühl auf keinen selbstverständlichen Consensus der Juden stützen. Hier war eine *ideologische Formel* zum Selbstverständnis wie zur Propaganda des Zionismus nötig. Man faßte Zionismus als »postassimilatorisches« Judentum auf. Zionismus sei eine Form des Judentums, das durch die Assimilation an die europäische Kultur hindurchgegangen war, diese in sich aufgenommen, aber nun im nationalen Charakter ein neues Verständnis jüdischen Seins gefunden habe. Kurt Blumenfeld, der Ideologe der zionistischen Studen-

---

[411] Vgl. Walter Gross, The Zionist Students' Movement, im YLBI, Vol. 4, 1959.

[412] Es ist ein Ruhmesblatt der englischen Zionisten, daß sie auch nach der Wendung in der Palästina-Politik der Mandatsmacht, als Zionismus gar nicht mehr für patriotisch gelten konnte, sich geschlossen hinter den »Jischuw«, die jüdische Bevölkerung in Erez-Israel, und seinen politischen und militärischen Befreiungskampf stellten.

tenschaft, wurde nach dem Ersten Weltkrieg als Vorsitzender der »Zionistischen Vereinigung für Deutschland« zum Erzieher des deutschen Zionismus und zu einer markanten Figur in der deutschen Judenheit.[413]

Auch die Wissenschaft des Judentums wandte sich neuen Problemstellungen zu, zum Beispiel in der Geschichtsschreibung (Dubnow, Baron), in der Aufnahme demographischer, statistischer und soziologischer Studien, in dem Interesse für Volkskunde und Legende, in der Erforschung der Kabbala (Scholem) und in der Verbindung religions- und kulturhistorischer Gesichtspunkte (Baeck). Die moderne jüdische Religionsauffassung hatte das Judentum entkonfessionalisiert und stellte es als ein komplexes Gebilde, eine Erscheinung sui generis, dar. In diese Richtung wiesen auch die Bemühungen von Rosenzweig, Buber und Baeck.

Einige jüdische Dichter brachten Zeugnisse des jüdischen Regenerationsprozesses und seiner Probleme in die deutsche Literatur. Und einige bildende Künstler brachten jüdische Thematik in die Kunst.

Nicht alle Träger der neuen Tendenzen waren Zionisten oder auch nur Nationaljuden.[414] Der geistesgeschichtliche Anstoß, der durch den zionistischen Gedanken ausgelöst wurde, griff sehr schnell über den Kreis der Zionisten im Parteisinne hinaus. Er begann allmählich auch weitere Kreise, namentlich der Jugend, zu erfassen.

Bevor ich mich dieser Entwicklung zuwende, die wesentlich erst nach dem Ersten Weltkrieg fruchtbar wurde, seien noch einige Erscheinungen der ihm vorangehenden zwei Jahrzehnte wenigstens am Rande erwähnt. Sie stehen wohl auch im Zusammenhang mit der größeren Sensitivität der Juden in Deutschland nach dem Erstarken des Antisemitismus. Für diese haben sie eine symptomatische Bedeutung. Ich meine die »*Vereine für jüdische Geschichte und Literatur*«, die sich 1893 zu einem Verband zusammenschlossen, ein populäres jüdisches Vortragswesen organisierten – namentlich für kleinere Gemeinden, in die sonst selten ein prominenter Vortragender gekommen wäre – und ab 1898 ein populär-wissenschaftliches Jahrbuch herausgaben.

Daneben gab es in einigen Großgemeinden auch jüdische Volkshochschulen, die am Rande der jüdischen Öffentlichkeit vegetierten. Erst Ro-

---

[413] Nur in wenigen Gemeindeverwaltungen gewann die »Jüdische Volkspartei«, die gemeindepolitisch den Zionisten nahestehende Gruppe, maßgebenden Einfluß und auch dies nur in Koalition mit den »Konservativen« und meist nur für beschränkte Zeit. In den meisten Großstadtgemeinden herrschten die »Liberalen«, die in der jüdischen Gemeinde eine rein religiöse Körperschaft sahen.

[414] Zum Beispiel Baeck, Rosenzweig, Jakob Wassermann, Lion Feuchtwanger.

senzweigs Reform der Erwachsenenbildung im Frankfurter »Lehrhaus« verlebendigte diese Institution und machte sie auch der jüngeren Generation anziehend.

Die Logen, des *Bne-Brith-Ordens,* die von 1882 an in Deutschland entstanden[415], entsprangen dem Bedürfnis gesellschaftlichen Zusammenrückens. In ihrer Tätigkeit vereinten sie Geselligkeit, Wohltätigkeit und jüdisch-kulturelles Vortragswesen. Das selektive Ordensprinzip beschränkte die Mitgliedschaft auf eine dünne wirtschaftliche und intellektuelle Oberschicht. Die Logen dienten als eine Art Klammer, die Teile dieser meist stark assimilierten Schicht vor völliger jüdischer Indifferenz bewahrte. Sie bildeten, wie die Literaturvereine, ein konservatives, aber kein kulturell vorwärts weisendes Element.

Der Erste Weltkrieg bedeutete eine Zäsur für die Regenerationstendenzen im deutschen Judentum.

Die Welle des Patriotismus bei Kriegsausbruch erfaßte die deutschen Juden in all ihren Richtungen. Die deutsche Propaganda versuchte damals, die Bindungen der Weltjudenheit an die deutsche Sprache und Kultur auszunutzen. Unter diesem Gesichtspunkt war nicht nur an die von Deutschland nach Amerika emigrierten Juden gedacht, sondern auch an die jiddisch sprechenden Massen in Osteuropa und Amerika, denen obendrein der Kampf gegen den Zarismus die deutsche Sache empfehlen sollte.[416]

Die Entente arbeitete in ihrer Propaganda unter den Juden besonders mit der Aussicht, Palästina von den Türken zu befreien. Die Mittelmächte hatten in der Palästinafrage weniger Bewegungsfreiheit, weil sie mit der Türkei verbündet waren. Andererseits befand sich seit Herzls Tod (1904) die Zentrale der Zionistischen Weltorganisation in Deutschland. Dieser Umstand wurde von deutscher wie von deutsch-zionistischer Seite ausgenutzt. Es wurde vorsichtig versucht, von der Türkei Zugeständnisse für eine jüdische Autonomie für die Nachkriegszeit zu erreichen. Ein »Pro-Palästina-Komitee« wurde von halbamtlicher deutscher und zionistischer Seite gegründet.[417]

Die Gegenseite jedoch war in ihren Handlungsmöglichkeiten freier und

---

[415] Der Orden wurde 1843 in Amerika von deutsch-jüdischen Emigranten zum Zwecke jüdisch-kultureller und gesellschaftlicher Stützung gegründet.

[416] Hermann Cohen suchte während des Weltkrieges in drei Aufsätzen die Schicksalsparallelität von Deutschen und Juden zu erweisen und es als Pflicht auch der nichtdeutschen Juden hinzustellen, in Deutschland ein zweites geistiges Vaterland zu sehen. Vgl. Cohen, Jüd. Schriften, Bd. 2.

[417] Es veröffentlichte in den Jahren 1917-1918 mehrere Schriften, meist von jüdischen Verfassern, über wirtschaftspolitische Fragen Palästinas.

schneller. Am 2. November 1917 wurde die »*Balfour-Deklaration*« verkündet, in der sich die britische Regierung für die Errichtung einer nationalen Heimstätte für das jüdische Volk in Palästina aussprach, unter Wahrung der bürgerlichen und religiösen Rechte der dortigen Nichtjuden und der staatsbürgerlichen Stellung der Juden in anderen Ländern. Die Balfour-Deklaration wurde ein Teil des späteren Völkerbundmandates, das Britannien über das Heilige Land zugesprochen wurde. Damit war erstmalig die zionistische Zielsetzung *völkerrechtlich* anerkannt und die Möglichkeiten für die weitere Entwicklung gegeben.

Versuche der deutschen Regierung, eine ähnliche Deklaration der Mittelmächte zu erreichen, scheiterten schließlich am Widerstand der Türkei. Der Kriegsausgang hätte sie auch überholt.[418]

Das Schwergewicht der politischen Arbeit ging in der Nachkriegszeit von Berlin nach London über, wo *Chajim Weizmann* (1874–1952), der russisch-jüdische Chemieprofesor in Manchester, nun der anerkannte Führer des Zionismus und später der erste Präsident des Staates Israel wurde.

Diese Erez Israel betreffende Wende und die ihr vorausgegangenen konkurrierenden Verhandlungen berührten die Außenämter in London und Berlin sowie einen kleinen Kreis zionistischer Funktionäre. An der Masse der Juden in Deutschland ging sie vorbei. Palästina lag noch außerhalb ihres Interesses. Wenn ich nicht irre, ist sogar den deutschen Zionisten die Bedeutung der Balfour-Deklaration erst nach dem Kriegsende recht bewußt geworden.

Schon vor dem Kriege war in einigen Gegenden Deutschlands eine gewisse Veränderung der demographischen Struktur der jüdischen Bevölkerung eingetreten. Eine kleine *Einwanderung* von Juden aus *Osteuropa* hatte es immer gegeben, schon seitdem Flüchtlinge vor den Chmielnitzki-Verfolgungen in den deutschen Gemeinden erschienen. In den achtziger Jahren blieb nach den russischen Pogromen ein kleiner Teil der Flüchtlingswelle nach Amerika in Deutschland stecken. Anfang des 20. Jahrhunderts siedelte eine größere Anzahl österreichischer Juden, die meist aus Galizien kamen, nach Deutschland über, daneben auch Juden aus Rußland nach den Pogromen, die der Revolution von 1905 folgten. Die objektiv größte Einwanderung ausländischer Juden erfolgte in dem Jahrzehnt zwischen 1900 und 1910[419], als ihre Zahl um über 37000 stieg.[420]

---

[418] Vgl. Egmont Zechlin, Die deutsche Politik und die Juden im Ersten Weltkrieg, Göttingen 1969, 22. Kapitel.
[419] Vgl. S. Adler-Rudel, Ostjuden in Deutschland, 1880–1940, Tübingen 1959.
[420] Die Tabellen bei Adler-Rudel auf S. 164–166. Zur Zeit der Volkszählung 1900

Schon Treitschke hatte begonnen, die ostjüdische Einwanderung antisemitisch auszunutzen. Während und besonders nach dem Weltkriege wurde sie in der antisemitischen Propaganda hochgespielt. Im Kriege waren jüdische Arbeiter aus den besetzten polnischen Gebieten nach Deutschland gebracht worden, um in der Industrie zu arbeiten. Zu diesen kam etwa die gleiche Anzahl von jüdischen Kriegsgefangenen. Bei Kriegsende konnten diese beiden Gruppen, die vielfach ihre Familie, ihren Besitz und ihre Heimat in den Kriegs- und Nachkriegswirren verloren hatten, nicht ohne weiteres repatriiert werden. Und auch nach dem Kriege gelangten jüdische Flüchtlinge nach Deutschland, die sich vor den Pogromen gerettet hatten, die den russischen Bürgerkrieg begleiteten. Gleichzeitig war aber die früher übliche Weiterwanderung nach Amerika erschwert worden, da in den USA neue Immigrationsgesetze in Kraft getreten waren, die gerade die Einwanderung aus Osteuropa stark beschränkten. Die antisemitische Propaganda argumentierte, die Ostjuden nähmen den heimkehrenden deutschen Soldaten Arbeitsplätze, Eßrationen und Wohnräume weg. Die Ostjuden wurden zu den besonders sichtbaren Objekten des Judenhasses und blieben es für die antisemitische und nationalsozialistische Propaganda. Dabei wurden die wirtschaftlichen Probleme mit Hilfe der jüdischen Organisation bald gelöst.[421] Die Volkszählung von 1925 zeigte, daß in den 15 Jahren seit 1910 die Zahl der in Deutschland gebliebenen ausländischen Juden nur um 31 000 gestiegen war[422], also um wesentlich weniger als zwischen 1900 und 1910.

Wesentlicher als die politische und wirtschaftliche Ostjudenfrage war die innerjüdische Problematik der *Eingliederung der Ostjuden* in die deutsche Judenheit und die jüdischen Gemeinden.

Auf der einen Seite wurde der Zuwachs und die Geistesauffrischung begrüßt, die die deutsche Judenheit durch dieses jüdisch-bewußte, mit Tradition und Religion meist noch eng verbundene Element erhielt, ein Element, das die Lücken ausfüllen konnte, die Abfall, Mischehen und Indifferenz verursacht hatten.

waren unter 586 833 Juden 41 133 Ausländer (7 %), 1910 von 615 021 78 746 (12,8 %), 1925 von 564 000 107 747 (19,1 %). In Sachsen machte der Anteil ausländischer Juden jedoch 1900 bereits 45,5 % aus (in Leipzig 60,1 %), im Jahre 1910 59 % (67,6 %), 1925 65,2 % (80,7 %). – Der Anteil der Juden an der deutschen Gesamtbevölkerung sank von etwas über 1 % im Jahre 1900 auf 0,8 % 1930.

[421] Die jüdischen Organisationen gründeten mit Hilfe des amerikanischen »Joint Distribution Commitee« ein Arbeiterfürsorgeamt.

[422] Da die Zahl der Juden in Deutschland jedoch gesunken war, stieg ihr Anteil an der jüdischen Bevölkerung auf 19 %. Die Zahl enthält natürlich auch den meist hohen Geburtenzuwachs der ostjüdischen Familien.

Doch andererseits waren die Neuankömmlinge für die Ansässigen in vielem fremd. Das Ressentiment gegen die polnischen Juden ist vielleicht so alt, wie die Absetzung des deutschen Zweiges des aschkenasischen Judentums von dem polnischen. Als dann in der Emanzipationszeit die hochdeutsche Sprache, europäische Bildung und Tracht sich bei den deutschen Juden durchgesetzt hatten, blickte man überheblich auf die »zurückgebliebenen« Juden des Ostens herab. (Dieses Ressentiment wurde übrigens von der Gegenseite ebenso erwidert. Dort spottete man über die übertriebene Assimilationsbereitschaft, über die «ungebildeten» Westjuden, denen jüdisches Wissen verlorengegangen war.)

Diese gegenseitigen Vorurteile und Ressentiments spielten auch in die wirklichen Schwierigkeiten und Spannungen hinein. Die meist bedrängte wirtschaftliche Lage der Neuankömmlinge, denen Sprache, Sitten, wirtschaftliche Gepflogenheiten ihrer neuen Umgebung fremd waren, ließ sie stark auf die soziale Hilfe der Gemeinden angewiesen sein. Es bildete sich hierdurch eine soziale Kluft zwischen den Ostjuden und den wirtschaftlich gesicherten deutschen Juden heraus, die leicht die Form gönnerhaften sozialen Hochmuts annahm. Aber die Ostjuden kosteten die Gemeinden nicht nur Geld, sie zahlten auch Steuern an diese und durften ein Mitspracherecht in den Gemeindeangelegenheiten beanspruchen. Die Gemeinden jedoch fürchteten oft, von den Neuankömmlingen majorisiert zu werden und – namentlich wenn die Gemeinden in ihren gottesdienstlichen Einrichtungen liberal waren – ihren früheren Charakter einzubüßen. In manchen Teilen Deutschlands, besonders in Sachsen, wo schon vor dem Ersten Weltkrieg die Majorität der Juden Ostjuden waren, waren das durchaus aktuelle Befürchtungen. Für eine Begrenzung des Wahlrechts zu den Gemeindevertretungen auf deutsche Bürger fehlte die rechtliche Grundlage. Die Einführung einer Karenzzeit bis zur Erlangung des Wahlrechts wurde diskutiert und wohl hier und da beschlossen. Doch im allgemeinen fanden solche Versuche Ablehnung. Es widersprach zu stark dem jüdischen Gemeinschaftsgefühl, zwischen Juden und Juden Unterschiede zu machen, noch dazu in der Zeit der antisemitischen Hochflut.

Die ostjüdischen Kreise eröffneten meist eigene Synagogen und Betstuben und schlossen sich vielfach in eigenen Vereinen zusammen. Sie wohnten in der Nähe ihrer Betstuben und Synagogen, deren Umgebung zuweilen den Charakter freiwilliger Getti annahm.

Eine kurze Zeit in den zwanziger Jahren war Berlin zu einem Mittelpunkt emigrierter ostjüdischer Intelligenz geworden. Hebräische und jiddische Verlage und Zeitschriften wurden gegründet. Die hebräischen Dichter Bialik, Tschernichowsky und Agnon und viele andere waren damals in

Deutschland. Hebräische und jiddische Theater hatten große Erfolge. Diese kulturellen Einflüsse wirkten auch auf das deutsche Judentum zurück. Vielen deutschen Juden war das Zusammentreffen mit dem lebendigen Judentum, das sie als Soldaten in Polen oder auch in ostjüdischen Familien und Betstuben kennengelernt hatten, ein Anstoß zu jüdischer Umorientierung geworden. Sogar in den stark assimilierten Künstler- und Intellektuellenkreisen wurden jüdische Folklore und Volkskunst modern. Die Ostjuden trugen durch ihr Vorhandensein in den deutschen Gemeinden – trotz der vielen hemmenden Schranken – zur Hebung des jüdischen Bewußtseins der deutschen Judenheit bei.

Am Ende des 19. Jahrhunderts hatten sich aus Gymnasiasten und Studenten die Gruppen der »Wandervögel« gebildet, die Anfänge der *deutschen Jugendbewegung*.

Von Schülerwandergruppen entwickelte sich der »Wandervogel« zu einer Bewegung mit eigenem Lebensstil. Das Wandern sollte die großstädtische Jugend zu Verbundenheit mit der Landschaft und den Geschichtsdenkmälern der Heimat führen. Die Jugendbewegung lehnte die verlogenen gesellschaftlichen Konventionen des gebildeten Bürgertums ab, aus dem sie herkam, und die patriotischen und moralischen Phrasen, die in der Glanzzeit des wilhelminischen Deutschlands die Gedanken der Eltern beherrschten. Sie demonstrierte ihren Protest auch durch einfache, unkonventionelle Kleidung und durch Ablehnung von Alkohol und Nikotin. Sie suchte unverdorbene Natürlichkeit in Volksliedern und Volkstänzen. In der Kunst entstand damals der »Jugendstil«, der nach einfachen Linien und Ornamenten strebte und im Gegensatz zu dem pompösen Mischstil der Zeit stand. Viele wandten sich von der Jugendarbeit her zur Pädagogik und zur Sozialarbeit; in beiden Berufen wurde der Einfluß der Jugendbewegung in den zwanziger Jahren groß.

Die Formen der Jugendbewegung, die nur einen Bruchteil der bürgerlichen Jugend umfaßte, wurden nach dem Ersten Weltkrieg auch von anderen, meist politischen oder religiösen Jugendorganisationen übernommen, von denen nur wenige zur Jugendbewegung zu rechnen sind.

Als das offizielle Deutschland im Oktober 1913 die Jahrhundertfeier der Schlacht von Leipzig beging, des entscheidenden Sieges über Napoleon, versammelte sich die Jugendbewegung als Protest auf dem Hohen Meißner bei Kassel. Sie strebte nach einem Zusammenschluß der verschiedenen Gruppen und einigte sich auf eine gemeinsame Formel. Diese *»Meißener Formel«* verkündete den Willen der »Freideutschen Jugend«: »ihr Leben nach eigener Bestimmung und vor eigener Verantwortung in innerer Wahrhaftigkeit« zu gestalten. Diese »Meißner Formel« wurde das gemeinsame Grundgesetz der gesamten Jugendbewegung, auch der etwa gleichzeitig entstandenen jüdischen.

Aber neben dieser *kulturkritischen* Tendenz mit ihrem ethischen naturrechtlichen Pathos bestand in der Jugendbewegung von Anfang an eine *romantische*. (Ebenso wie beide Tendenzen den Liberalismus des 19. Jahrhunderts kennzeichneten.) Obgleich sich die Jugendbewegung von den nationalistischen Parolen der wilhelminischen Gesellschaft absetzte, hatte sie der Umweg über die romantische Versenkung in alte deutsche Volkssitten zu einer völkischen Grundhaltung geführt. Die Frage der Aufnahme von Juden wurde in Gruppen und Zeitschriften der Jugendbewegung vielfach diskutiert. Nur wenige Gruppen hatten jüdische Mitglieder. Die meisten lehnten ihre Aufnahme offen oder de facto ab.

Der Einfluß der deutschen Jugendbewegung war auch in Teile der jüdischen Jugend gedrungen. Nur wenige hatten den Weg zum »Wandervogel« gesucht. Gerade die jungen Juden, die sich von der Meißner Formel angesprochen fühlten, hatten genügend jüdisches Selbstbewußtsein, um nicht in judenfeindliche Bünde zu gehen. Es bildeten sich eigene Bünde der *jüdischen Jugendbewegung*.[423]

Im Jahre 1912 entstand der jüdische Wanderbund »*Blau-Weiß*«. Der Blau-Weiß war ein zionistischer Bund.[424] Er übernahm die Formen der deutschen Jugendbewegung, das Wandern, die Gespräche an Heimabenden, ihren Lebensstil. Aber er suchte ihr deutsches Volkstum durch das jüdische zu ersetzen. Das hinderte die Blau-Weißen nicht, mit gleicher Begeisterung deutsche Volkslieder und Volkstänze zu pflegen, wie die erst angelernten hebräischen und jiddischen. Nach dem Weltkrieg kam die Vorbereitung auf ein Leben in Palästina hinzu. 1922 nahm der Bund ein Gesetz an, das seine Mitglieder auf ein Leben in Erez Israel verpflichtete. Die Verwirklichung dieser Verpflichtung sollte eine gemeinschaftliche Aufgabe sein. – Damit hatte der Blau-Weiß den engen Bereich einer »Jugend-Kultur« durchbrochen, in dem die allgemeine Jugendbewegung meist steckengeblieben war.

Viele Blau-Weiße gingen an landwirtschaftliche oder handwerkliche

---

[423] Vgl. die Aufsätze in: »Der Morgen« 9. Jahrg. 1933, YLBI, Bände 4 und 6, BLBI, Band 9. Sowie H. Meir-Cronemeyer in: »Germania Judaire« 8. Jahrg., 1969.
[424] Bezeichnend für die Tabuierung zionistischer Gedanken zur Zeit der Gründung des Blau-Weiß ist, daß er offiziell »keine politischen und religiösen Zwecke« verfolgte. In der Polemik wurde das Verschweigen des zionistischen Charakters dem Blau-Weiß oft vorgeworfen.

Ausbildungsstätten. Studierende wählten Fächer, die für den Aufbau des Landes besonders notwendig waren. Die ersten Blau-Weißen gingen nach Erez-Israel, gründeten eine landwirtschaftliche Siedlung und »Blau-Weiß-Werkstätten«. Doch sehr bald begannen die Schwierigkeiten. 1925 hatte in Palästina eine schwere Wirtschaftskrise begonnen, Arbeitslosigkeit und eine starke Rückwanderungsbewegung mittelständischer Einwanderer aus Polen, die in den vorangegangenen Jahren namentlich Tel-Aviv entwickelt hatten. Dieser Rückschlag traf besonders die auf städtische Aufträge angewiesenen Werkstätten.

Hinzu kam die gesellschaftliche Isolierung der Blau-Weißen. Sie kamen zwar mit guten fachlichen Kenntnissen. Doch in die hebräische Sprache und in das Leben des Jischuw gliederten sie sich schwer ein. Insbesondere fanden sie kein Verhältnis zu der starken Gewerkschaft der jüdischen Arbeiter, dem Hauptträger des wirtschaftlichen und hebräisch-kulturellen Aufbaus. Ernsthafte Anstrengungen zum allmählichen Abbau dieser Isolierung waren gering. Damals hatten die Blau-Weißen noch Elternhaus und Zukunft in Deutschland und viele Enttäuschte fuhren zurück.[425] Nur einzelne Blau-Weiße blieben im Lande, aber nicht mehr als Gruppe. Der große Versuch eines eigenen Beitrags zur zionistischen Verwirklichung schien gescheitert.

Die Enttäuschung griff auf die in Deutschland wartende Mehrheit des Bundes über. Das Bundesgesetz, das eine so vollständige Änderung des gewohnten Lebens gefordert hatte, erschien in seiner Härte unerfüllbar. Im Herbst 1926 löste sich der Blau-Weiß auf. Ein Teil der Jüngerenschaft sammelte sich in dem zionistischen Pfadfinderbund »Kadimah«.

Im Jahre 1916 entstand der zweite Bund der jüdischen Jugendbewegung, der »Deutsch-Jüdische Wanderbund Kameraden«. Er war gewissermaßen die Antithese zum Blau-Weiß. War der Blau-Weiß zionistisch und hatte seine Ziele in einem verpflichtenden Gesetz formuliert, so waren die »Kameraden« nichtzionistisch und ideologisch nicht festlegbar. Sie glichen darin der allgemeinen freideutschen Jugendbewegung. Für die Ziele des Bundes wurde niemals eine Formel gefunden. Nur ganz vage bezeichnete man sich als »die Jugendbewegung der Menschen deutsch-jüdischer Art«.

Deshalb befanden sich innerhalb des Bundes sehr heterogene Strömungen, die zum Teil gewissermaßen fraktionsmäßig organisiert waren. Es gab eine stark von Franz Rosenzweig beeinflußte »jüdische Richtung«.[426] Ihr

---

[425] Das Zurückkönnen blieb bis heute der Hemmschuh für die Verwurzelung der Einwanderer aus Amerika und Westeuropa in Israel. Die Schwierigkeiten der ersten Zeit werden zu subjektiv gesehen und man gibt vorzeitig auf.
[426] Rosenzweig hatte 1920 am ersten Bundestag der Kameraden teilgenommen.

gehörten die ersten Kameradenführer an, die während und nach dem Ersten Weltkrieg eine neue jüdische Orientierung suchten. Von den beiden Elementen des Wortes »deutsch-jüdisch« schien ihnen der deutsche Anteil keiner besonderen Pflege zu bedürfen. Durch Erziehung, Schule, Literatur und Umgebung war er selbstverständlicher Besitz. Aber das Judentum sei der jüdischen Jugend weitgehend fremd geworden. Alle Kraft müsse der Bewußtmachung und Verlebendigung des jüdischen Elements gewidmet werden.

Daneben gab es einen »radikal-sozialistischen Kreis«. Und schließlich wollte eine dritte Gruppe sich mit einem inselhaften Jugendleben begnügen, das für die Jüngeren sehr anziehend war, aber keine verpflichtende Idee bot.

Trotz der divergierenden Richtungen und Spannungen hat der Bund der »Kameraden« sechzehn Jahre lang gehalten. Erst Ende 1932 löste er sich auf.

Von seinen Nachfolgebünden entschieden sich die aus seiner jüdischen Richtung hervorgegangenen »Werkleute« für den Zionismus. Sie gründeten in den ersten Hitlerjahren in Erez Israel den Kibbuz »Hasorea«. Der stark von Buber beeinflußte Bund, zu dessen Gründern eine Reihe von Theologiestudenten von der Berliner »Hochschule« gehörten, schloß sich in Erez Israel dem linkssozialistischen Kibbuzverband des »Haschomer-Hazair« an.

Im Zusammenhang mit den Kameraden muß auch der vom Wanderbund organisatorisch unabhängige »Älterenbund Kameraden« genannt werden. Der Ä. B. war ein kleiner, ordensähnlicher Kreis[427], der versuchte, an die Probleme der Juden in Deutschland von einer jüdischen und meist religiös-fundierten Sicht heranzugehen. Dabei wurde die in nichtzionistischen Kreisen sonst verbreitete Konfessionalisierung des Judentums abgelehnt. Der Palästina-Aufbau wurde bejaht, aber nicht als der eigene Weg angesehen. Die jüdischen Gemeinden und Organisationen in Deutschland sollten das Arbeitsfeld der einzelnen Ä. B.er sein. (Der Kreis wirkte nicht als Bund, sondern durch seine Einzelmitglieder.) Wenn die Zionisten von »postassimilatorischem« Judentum sprachen, so erstrebte der Älterenbund ein »postzionistisches« Judentum.

Mit diesen Gedanken fanden die Ä. B.er eine gewissen Widerhall bei

---

[427] Der Älterenbund hatte nur 50–60 Mitglieder, darunter auch einige, die nicht aus dem Kameradenbund kamen. Unter den Ä. B.ern waren viele Juristen, Studenten der Hochschule für die Wissenschaft des Judentums, Ärzte, Ingenieure, Volkswirtschaftler. Nur wenige waren Nichtakademiker. Der Verfasser war während seiner Studienzeit mehrere Jahre »Geschäftsstelle« des Ä. B.

einigen führenden Männern der C. V.-Spitze. Aber den jungen, gerade im ersten Existenzaufbau befindlichen Menschen war der erstrebte Durchbruch in die jüdische öffentliche Arbeit nicht mehr gelungen. Schon 1930/31 war der Älterenbund Kameraden eingegangen. Seine Ideologie wurde durch die bald eintretenden Ereignisse in Deutschland überholt.

Die Bne-Brith-Logen hatten in den neunziger Jahren an vielen Orten Jugendklubs nach dem Muster der englisch-amerikanischen YMCA gegründet, die in dem »*Verband der jüdischen Jugendvereine Deutschlands*«, dem sogenannten »neutralen Verband« zusammengeschlossen wurden. Er war die zahlenmäßig größte jüdische Jugendorganisation mit mehreren zehntausend – häufig wohl nur nominellen und stark fluktuierenden – Mitgliedern.

Nach dem Weltkrieg drangen die Gedanken der Jugendbewegung auch in diese Organisation ein. Ein kleiner jugendbewegter Flügel bildete 1920 den »*Jung-Jüdischen Wanderbund*«. Der J. J. W. B. entschied sich bald für den Zionismus und etwas später für den zionistischen Sozialismus. Er betrachtete sich als Nachwuchsbewegung in Deutschland für die jüdische Arbeiterschaft in Erez Israel. Seine Mitglieder bereiteten sich auch beruflich, durch landwirtschaftliche und handwerkliche Ausbildung, für ein Leben in Kollektiv-Siedlungen in Erez Israel vor. Er war der einzige unter den drei großen Bünden der jüdischen Jugendbewegung, der einen breiteren Zugang auch zu der ostjüdischen Jugend in Deutschland fand. 1929 errichtete die erste Gruppe des J. J. W. B. in Palästina zusammen mit einer Gruppe aus Litauen den Kibbuz »Givat Brenner«.

Der Jung-Jüdische Wanderbund fing gewissermaßen an, als der Blau-Weiß bereits im Aufhören war. Er repräsentierte eine spätere Generation der Jugendbewegung. Seine Siedlungstätigkeit begann schon am Ende der Wirtschaftskrise in Palästina, am Beginn der ersten starken Einwanderungswelle aus Deutschland. Hinzu kam durch die zahlreichen ostjüdischen Mitglieder der günstigere soziale und emotionale Background. So gelang es dem J. J. W. B. mehr als den anderen Bünden, seine Leitgedanken zu verwirklichen.

Das Fazit der jüdischen Jugendbewegung ist recht positiv. Wenn ihre Bünde und einzelne auch oft in einer romantisch-illusionären Traumwelt lebten und vielfach vor der Bewährung versagten; sie haben doch in einer ganzen Schicht Verantwortung für Judentum und Judenheit und den Willen zu einer jüdischen Zukunft erweckt. Sie haben ethische und soziale Forderungen gestellt, die viele in ihrer Lebenshaltung für immer geprägt haben, wenn sie auch als Gruppen an ihnen scheiterten.

Überdies darf nicht vergessen werden, daß nur ein sehr kleiner Teil der jüdischen Jugend in den Bünden erfaßt war.[428] Der Blau-Weiß hat wohl zeitweise 2000 Mitglieder gehabt, Kameraden und J. J. W. B. zwischen 1500 und 1600. Der überwiegende Teil der Jugend, soweit sie nicht gesetzestreu war, blieb jüdisch indifferent. Bis auf einen kleinen Teil der politisch Interessierten, die zum Linkssozialismus oder Kommunismus übergingen, begnügte sich die große Mehrheit der jüdischen Jugend mit ästhetisch-literarischen Interessen.

Die deutsche Jugendbewegung hatte eine starke Nachwirkung auf die jüdische Jugend *Osteuropas*. Sie traf dort mit deren nationalem und sozialem Erneuerungsstreben zusammen. Die Gedanken A. D. Gordons von der Erlösung des jüdischen Volkes durch eigene Arbeit auf dem Boden Erez Israels und die zionistisch-sozialistischen Ideale verschmolzen mit dem Lebensstil der Jugendbewegung. So entstanden Bünde, wie der »Haschomer Hazair«, »Gordonia« und andere. Stark beeinflußt von der Jugendbewegung war die Organisation des »Hechaluz« (Pionier), dessen Mitglieder bereits während ihrer Vorbereitungszeit in Europa in Kibbuzim lebten und deren Gruppen nach ihrer »Alijah« (Einwanderung nach Erez Israel) in Kibbuzim zusammenblieben. Aber diese Kibbuzim waren nicht selbstgenügsame Traumverwirklichungen, wie die vereinzelten Siedlungsversuche, die die deutsche Jugendbewegung in den zwanziger Jahren in Deutschland unternahm. Die Kibbuzbewegung hatte die Gefahren und die schweren Bedingungen des alt-neuen Landes zu meistern. Das harte Muß der Not zwang sie dazu, niemals aufzugeben. Das Ostjudentum und die ostjüdische Jugendbewegung an ihrer Spitze hatte die moralischen und nationalen Kräfte zu illusionslosem Widerstand freigemacht, wie ihn auch die Aufstände der Getti in Warschau und anderen Orten und die Befreiungskämpfe Israels zeigten.

Nach dem verlorenen Kriege von 1914/18 erlebte Deutschland eine Hochflut des *Antisemitismus* in vorher unbekannter Vehemenz. Die Juden wurden zum Sündenbock für alle Schwierigkeiten und Krisenerscheinungen in Politik und Wirtschaft gemacht: für den militärischen Zusammenbruch und die Revolution, für Schwarzhandel und Inflation, für die Wirtschafts-

---

[428] Neben den drei wichtigsten Bünden gab es noch eine Reihe kleinerer, z. B. die stärker als die Kameraden an den C. V. gebundene »Deutsch-Jüdische Jugendgemeinschaft«, die bereits erwähnte »Kadimah«, den »Jüdisch-Liberalen Jugendverein«, den orthodoxen »Esra«, die religiös-zionistischen »Ze'ire Misrachi« und andere. Nicht alle Gruppen hatten die Formen der Jugendbewegung übernommen. Der »Reichsausschuß der jüdischen Jugendverbände« faßte alle jüdischen Bünde und Jugendvereine als Dachorganisation zusammen.

krise und die Massenarbeitslosigkeit. Eine Reihe von Juden, die in den Revolutionswirren und den ersten Jahren der Weimarer Republik politisch hervorgetreten waren, wurden ermordet: Rosa Luxemburg, Kurt Eisner, Hugo Haase, Gustav Landauer, Walther Rathenau und andere. Gerade Rathenau hatte als Organisator der Kriegswirtschaft es Deutschland ermöglicht, vier Kriegsjahre durchzuhalten. Er hatte als Außenminister das Reich aus seiner politischen Isolierung befreit und wieder zu einem aktiven Faktor der Weltpolitik gemacht.

Das langsame Zurückweichen der demokratischen Mittelparteien vor dem Druck von links und rechts, die Verschiebung des politischen Schwergewichts nach rechts durch Einbeziehung der antisemitischen Deutschnationalen Volkspartei in die Koalitionsregierung, besonders aber das sprunghafte Anwachsen der Nationalsozialisten waren besorgniserregende Erscheinungen. Sie führten zu einer Zurückstellung der ideologischen Gegensätze zwischen dem Centralverein und den Zionisten und einer gewissen Zusammenarbeit. Doch an eine ernsthafte Gefahr für die Rechtsstellung der Juden konnte niemand glauben.

An Antisemitismus waren die Juden gewissermaßen gewohnt. Er hatte in den verschiedenen Formen des Judenhasses fast immer das Leben der jüdischen Gemeinschaft begleitet, hatte immer jüdisches Blut und Gut gekostet. Aber er hatte das Judentum nicht vernichten können. Der Judenhaß und der moderne Rassenantisemitismus hatten die enge Verbundenheit der deutschen Juden mit der deutschen Kultur nicht hindern können. Er hatte auch der Indifferenz und dem Abfall keinen Abbruch getan.

Die Übernahme der Macht durch die *Nationalsozialisten* wirkte auf die Juden in Deutschland wie eine unvorstellbare und unvorhergesehene Naturkatastrophe. Die ersten Illusionen, daß die Naziherrschaft eine vorübergehende Erscheinung sein würde, daß die konservativen Koalitionspartner sie im Zaume und im Rahmen der Rechtsstaatlichkeit halten könnten, verflogen schnell vor den Tatsachen. Doch viele hielten noch lange an ihnen fest.

Die sofort, 1933, einsetzenden *Ausnahmebestimmungen*, die zu einem komplizierten Gesetzgebungssystem auf Grundlage des Rassenprinzips ausgestaltet wurden, zielten darauf ab, die Juden nicht nur aus dem deutschen Staatskörper, seiner Wirtschaft und seiner Kultur auszuschalten. Ihr Ziel war, sie auch zu inferioren Geschöpfen, zu verachteten und vogelfreien »Untermenschen« zu stempeln, deren physische Vernichtung die schließliche Konsequenz war.

Doch anfangs konnte noch niemand eine solche Entwicklung ahnen.

Man hoffte, als eigene – wenn auch zwangsmäßig abgesonderte – Gruppe den Kern der deutschen Judenheit bewahren zu können. Im Herbst 1933 wurde von den großen jüdischen Organisationen, dem Centralverein, der Zionistischen Vereinigung und den Landesverbänden der Gemeinden die »*Reichsvertretung der deutschen Juden*« gegründet, an deren Spitze *Leo Baeck* trat und deren Geschäftsführer der frühere württembergische Ministerialrat *Otto Hirsch* war, der 1941 in Mauthausen ermordet wurde.

Mit der »Reichsvertretung« war nach jahrzehntelangen mißglückten Versuchen und Vorarbeiten erstmalig eine Gesamtrepräsentanz der deutschen Juden geschaffen – die erste in ihrer tausendjährigen Geschichte.

Der neue organisatorische Rahmen war auch der äußere Ausdruck der tiefgehenden *seelischen Reaktion* der deutschen Juden. Plötzlich wurde ihnen die Zugehörigkeit zu ihrem Heimatland, zum deutschen Staat, zu seiner Kultur und Gesellschaft, ja das Recht zu leben abgesprochen. Juden, die längst ihre jüdischen Bindungen über Bord geworfen hatten, die ihre Religion gar nicht mehr kannten, sahen sich plötzlich mit ihrem Jude-Sein konfrontiert. Diese Bewußtmachung des Jude-Seins ist unter äußerem Zwang erfolgt. Doch dieser erlaubte nicht mehr, wie früher, in Indifferenz oder Taufe auszuweichen. Man war plötzlich Jude, ob man wollte oder nicht. Dieser neuen Erkenntnis folgte als innere Reaktion eine Bereitschaft, sich mit dem unbekannten, übersehenen oder totgeschwiegenen Faktum Judentum zu beschäftigen. Damals, zum 1. April 1933, dem Boykottag, prägte Robert Weltsch der Herausgeber der »Jüdischen Rundschau« in Berlin, den Satz: »Tragt ihn mit Stolz, den gelben Fleck.«

In allen Kreisen der deutschen Judenheit begann ein Interesse für jüdische Religion, Geschichte und Kultur. Diese Bewegung der Umkehr zu den Wurzeln des jüdischen Seins ergriff alle Schichten. Und sie gab ihnen moralischen Halt, Selbstbewußtsein und Trost inmitten der entwürdigenden Bedingungen des nazistischen Deutschlands.

In den Jahren 1933–1939 kam es zu einer Art jüdischer Renaissance in Deutschland in einem nie für möglich gehaltenen Ausmaß. Jetzt erwiesen jene Strömungen, die in den letzten Jahrzehnten eine kleine Minderheit zu einer neuen positiv-jüdischen Haltung geführt hatten, ihre providentielle Bedeutung. Aus dieser Minderheit kamen die Kräfte, die für neue Aufgaben als Lehrer zur Verfügung standen.

Die Reichsvertretung errichtete die »*Mittelstelle für jüdische Erwachsenenbildung*«, an deren Spitze *Martin Buber* trat. Die Mittelstelle war in ihrer Arbeitsmethode an dem Vorbild des »Freien jüdischen Lehrhauses« orientiert, das Franz Rosenzweig seinerzeit begründet hatte. Sie organisierte ein Netz von Kursen, Vorträgen und Lerntagungen an vielen Orten.[429]

Neben der Sorge für die Erwachsenen, die zu einem Verständnis des Judentums zurückfinden wollten, stand die Sorge für die Jugend. Für die jüdischen Schüler, die aus den allgemeinen Schulen herausgedrängt und schließlich ausgeschlossen wurden, mußte ein jüdisches *Schulnetz* geschaffen werden. Lehrer, die aus dem öffentlichen Schuldienst ausgestoßen waren, mußten für eine Tätigkeit an jüdischen Schulen umgeschult werden; neue Lehrkräfte mußten herangebildet werden.

Jüdische Universitätslehrer verloren gleich zu Beginn der nationalsozialistischen Herrschaft ihre Lehr- und Arbeitsstätten. Jüdische Studenten wurden bald nicht mehr zum Studium zugelassen. Manche Hochschullehrer fanden an ausländischen Universitäten neue Arbeitsstätten, meist unter unsicheren stipendienähnlichen Bedingungen, die ihrem wissenschaftlichen Ruf und Rang zuweilen gar nicht angemessen waren.[430] Ein großer Teil der Studenten mußte sein Studium aufgeben, da nur wenige eine Studienfortsetzung im Ausland ermöglichen konnten.[431]

Mehr am Rande der eigentlichen jüdischen Erziehungs- und Kulturarbeit verlief die Tätigkeit des *»Jüdischen Kulturbundes«*.[432] Er kam durch Theatervorstellungen und Konzerte den gewohnten musisch-literarischen Neigungen der deutschen Judenheit nach und gab gleichzeitig vielen von Theatern und Konzertsälen ausgeschlossenen jüdischen Schauspielern und Musikern Arbeit. Der Kulturbund führte Werke jüdischer Autoren oder mit jüdischer Thematik auf, war schließlich durch behördliche Anordnung auf solche Werke beschränkt.

Die *Ausschaltung der Juden* aus dem deutschen Staats- und Volkskörper nahm in ihrer Wirksamkeit ständig schärfere Formen an. Sie begann mit der Ausschaltung von jüdischen Beamten, Hochschullehrern, Redakteuren, führte zur zwangsweisen Arisierung jüdischer Geschäfte und Firmen, zu den Nürnberger Rassengesetzen, Beschränkung jüdischer Ärzte und Anwälte auf jüdische Klienten unter Aberkennung der Bezeichnung Arzt etc., dann zum Judenstern, zur Zwangsumsiedlung von Juden in bestimmte

---

[429] Vgl. Ernst Simon, Aufbau im Untergang, Tübingen 1959.
[430] Vgl. z. B. Toni Cassirer, Mein Leben mit Ernst Cassirer, New York, 1948.
[431] Nur eine ganz kleine Zahl von Dozenten und Studierenden fand Aufnahme an der Berliner »Lehranstalt für die Wissenschaft des Judentums« (so mußte die »Hochschule« wieder heißen), die eine allgemein-geisteswissenschaftliche Abteilung angegliedert hatte. Leo Baeck setzte hier als einzig übriggebliebener Dozent mit ganz wenigen Hörern die Lehrtätigkeit noch bis 1942 fort. Das Breslauer Seminar und das Berliner orthodoxe Rabbinerseminar waren bereits 1938 geschlossen worden.
[432] Vgl. Herbert Freeden, Jüdisches Theater in Nazideutschland, Tübingen 1964.

Orte und Wohnungen, schließlich zu den Deportationen nach dem besetzten Polen und von dort oder von Deutschland direkt in die Vernichtungslager. 1938 waren in der »Kristallnacht« die Synagogen im ganzen Lande zerstört worden. 1939 wurden die Reichsvertretung und die jüdischen Gemeinden aufgelöst und durch die von der Gestapo streng kontrollierte jüdische »Reichsvereinigung« abgelöst. Die Deportationen, die 1941 begannen, – in den angegliederten oder okkupierten Gebieten schon Ende 1939 –, wurden in großem Umfange 1942 und 1943 durchgeführt und die »Endlösung« in den folgenden Jahren fast vollendet. Reste der in den Konzentrationslagern gefangenen Juden wurden von den alliierten Armeen in letzter Stunde vor der Vernichtung oder dem Verhungern gerettet. – Außer Juden in sogenannten »privilegierten Mischehen« überlebten legal nur eine Handvoll »Glaubensjuden« in Deutschland. Sehr wenigen gelang es, in dauernder Angst untergrund zu überleben, mit Hilfe nichtjüdischer Bekannter, die sie unter eigener Lebensgefahr versorgten.

Das Problem der *Auswanderung* stellte sich ab 1933 wohl jedem Juden in Deutschland. Selbst diejenigen, die so stark mit ihrer Heimat und ihrem Geburtsort verwachsen waren – meist Menschen in höherem Alter –, daß sie trotz ihrer grauenvollen Lage nicht an eigene Auswanderung denken mochten, versuchten ihre Kinder und jüngere Familienangehörige ins Ausland zu schicken. Manche, besonders Juden, die politisch hervorgetreten waren, mußten gleich zu Beginn des neuen Regimes vor drohender Verhaftung fliehen. Nach der Verhaftungswelle, die der Kristallnacht folgte, wurden namentlich Rabbiner und führende Persönlichkeiten nur unter der Bedingung aus Konzentrationslagern entlassen, daß sie Deutschland sofort verließen. Doch auch denen, die nicht unter solchem direkten Zwang standen, wurde es seelisch immer schwerer, unter dem Druck fortschreitender Entwürdigungen zu leben. Hinzu kam die immer drohender werdende Unmöglichkeit, den Lebensunterhalt zu verdienen, und das schnelle Schwinden der Ersparnisse, namentlich nach den Enteignungen und der Milliardenkontribution, die den Juden nach der Kristallnacht auferlegt wurde.

Der Zionismus, der bisher nur eine Minderheit der deutschen Juden erfaßt hatte, gewann unter diesen Umständen eine besondere Anziehungskraft. Die Ereignisse in Deutschland hatten ihm augenscheinlich Recht gegeben. Der tief verletzte jüdische Stolz folgerte aus den Ereignissen, daß nur eine eigene *jüdische Lösung* in dem jüdischen Lande wünschenswert bleibe. Wenn es schon galt, die Heimat zu verlassen, so wollte man nicht mehr in irgendein anderes Land gehen, wo vielleicht einmal Juden ein ähnliches Schicksal wie in Deutschland widerfahren könnte, wo sie vielleicht wieder als Fremde betrachtet würden. Der Judenwanderung wollte man ein Ende machen, wenigstens was die eigene Familie betraf. Deshalb strebten die meisten nach Erez Israel, wo sie als Juden unter Juden leben könnten. Zunächst jedenfalls sollten die Kinder und Jugendlichen dorthin geschickt werden. Die damals gegründete »Jugendalijah« brachte Gruppen von Kindern und Jugendlichen nach Erez Israel, wo sie in Kibbuzim, in Jugenddörfern und Kinderheimen erzogen und ausgebildet wurden.

Nur ein Teil der Eltern hat ihren Kindern folgen können. Bis 1935 war Palästina das Hauptauswanderungsland der deutschen Juden.[433] Im Gefolge des Abessinienkrieges setzten jedoch dort eine Wirtschaftskrise, verbunden mit schwerer Arbeitslosigkeit, und 1936 Araberunruhen ein. Sie hatten eine drastische Drosselung der Einwanderungspolitik der Mandatsregierung zur Folge, die schließlich eine legale jüdische Einwanderung fast unmöglich machte.

Auch die Auswanderung nach anderen Ländern wurde immer mehr erschwert. Die erste Fluchtemigration ging in die Nachbarländer Deutschlands. Diese dienten vielfach als Durchgangsstation bis zur Erlangung der Einwanderungserlaubnis nach Übersee. Nach der Besetzung jener Länder durch die deutschen Armeen gerieten die jüdischen Flüchtlinge wie die ansässigen Juden in die Arme der deutschen Vernichtungsmaschinerie. Alle Länder erschwerten durch Einwanderungsbeschränkungen und bürokratischen Formalismus die Immigration jüdischer Flüchtlinge. Ein Versuch einer internationalen Flüchtlingskonferenz in Evian im Jahre 1938, das Flüchtlingsproblem auf internationaler Basis zu lösen, schlug fehl. Schließlich war wohl Schanghai der einzige Ort, wohin Juden noch frei emigrieren konnten.

Ein schwerer Hemmschuh für die Auswanderung waren die drakonischen deutschen Vermögensfluchtbestimmungen, die allmählich jeden Vermögenstransfer unmöglich machten. Kein Land aber wollte arme, besitzlose Juden aufnehmen. Von den 500000 deutschen Juden konnten von 1933 bis 1939 nur wenig mehr als die Hälfte Deutschland verlassen. Die Vereinigten Staaten nahmen über 100000 von ihnen auf, Erez Israel etwas weniger. Großbritannien stand mit über 50000 an dritter Stelle. Der Rest verteilte sich auf viele Länder.

Von dem kurzen geistigen Aufschwung des Strebens nach jüdischem Wissen in den Jahren 1933 bis 1939 ist nicht viel übriggeblieben. Die Zeit

---

[433] Vgl. Werner Rosenstock, Exodus 1933–1939. A Survey of Jewish Emigration from Germany, YLBI, Vol. I.

und die Intensität des in ihr Mitteilbaren war zu knapp bemessen, um mehr als ein Aufflackern, eine *Euphorie* vor dem Untergang, sein zu können.

Bei den Ausgewanderten verdrängten sehr schnell die Schwierigkeiten der beruflichen und sprachlichen Integrierung in den neuen Ländern das erwachte jüdische Interesse. Zwar gruppierten sich die Einwanderer wohl überall in Immigrantenvereinen und gründeten häufig eigene Synagogen nach den in Deutschland üblich gewesenen liberalen oder konservativen Gottesdienstformen mit deutscher Predigt. Aber wieviel sie ihren Kindern von ihrem jüdischen Bildungsgut in den Immigrations-Ländern weitergeben konnten, muß wohl offenbleiben. In Erez Israel war dies insofern leichter, als hier ihre Kinder in israelischen Schulen erzogen und dadurch eine jüdisch-geistige Verwurzelung fanden.

Nach dem Zweiten Weltkrieg sind in Deutschland viele kleinere jüdische Gemeinden entstanden. Sie setzen sich aus Juden zusammen, die im Untergrund oder dank einem nichtjüdischen Ehepartner überlebten; aus Menschen, die aus Konzentrations- und Vernichtungslagern kamen oder den Lagern der »Displaced Persons« und zunächst ohne Absicht in Deutschland blieben. Zu ihnen kamen Rückkehrer aus der Emigration, die sich in Sprache, Klima und Wirtschaft der Emigrationsländer nicht einleben konnten und eine gewisse Zahl von Zuwanderern. Die Statistik dieser Gemeinden zeigt eine rückläufige Tendenz und starke Überalterung. Dennoch werden große Anstrengungen gemacht, aus den so sehr divergierenden Elementen ein neues Gemeindeleben und Gemeindebewußtsein zu schaffen. Ob aus diesen Neuanfängen ein neues deutsches Judentum entstehen wird, muß vorläufig offen bleiben. Nicht zuletzt wird das auch davon abhängen, wie die deutsche Umwelt diese Neuentwicklung akzeptieren wird.

In deutschen nichtjüdischen Kreisen hat sich in den letzten Jahren ein reges und früher unbekanntes Interesse für jüdische Geschichte, für jüdische Religion und für Israel gezeigt. Der Verlust, der durch die Vernichtung des deutschen Judentums der deutschen Kultur entstanden ist, wird immer wieder betont. An mehreren Universitäten sind jüdisch-wissenschaftliche Lehrstühle, Lehraufträge und Institute entstanden. Für die Geschichte der deutschen Juden hat die Freie Hansestadt Hamburg ein eigenes Institut errichtet. Viele Stadt- und Landesarchive haben Arbeiten oder Gedenkbücher zur Geschichte der Juden ihrer Orte veröffentlicht. Diese meist nichtjüdischen Historiker und Judaisten erfüllen eine wichtige Aufgabe, wenn sie sich um Kenntnis und Verständnis jüdischer Geisteswelt bemühen und Geschichte und Sitte der Menschen erforschen, die länger als ein Jahrtausend neben und mit ihnen lebten. Die Beschäftigung mit deutsch-jüdischer Vergangenheit sollte aber nicht den Blick dafür verschließen, daß es eine jüdische Gegenwart gibt und daß die jüdische Geschichte weitergeht.

Von der großen Tradition des deutschen Judentums wirken viele Probleme und Impulse auch in den neuen Zentren jüdischen Lebens nach. In den vorangehenden Kapiteln wies ich verschiedentlich auf diese Nachwirkung hin.

Doch zu diesem Erbe sind zwei Ereignisse hinzugetreten, die das Selbstverständnis der heutigen Judenheit entscheidend verändert haben: die Ausrottung eines Drittels der Gesamtjudenheit und die Errichtung des Staates Israel. Das erste Ereignis, von dem kaum eine Familie der aschkenasischen Judenheit unbetroffen geblieben ist, hat den blinden Assimilations- und Fortschrittsglauben selbst bei vielen jüdischen Intellektuellen erschüttert, deren jüdisches Bewußtsein fast erloschen war. Das Entstehen des jüdischen Staates bedeutet nicht nur Zuflucht und neue Lebenschance für einen großen Teil des jüdischen Volkes. Er bedeutet auch eigenen seelischen Halt für die Juden der Diaspora.

Ein neues Kapitel jüdischer Geschichte hat in den letzten fünfunddreißig Jahren begonnen, zu dem das in diesem Buch geschilderte vielleicht ein Vorspiel war.

Literaturhinweise

Weitere Literatur ist in den Anmerkungen angegeben.

Abkürzungen
MGWJ = Monatsschrift für Geschichte und Wissenschaft des Judentums (83 Jahrgänge, 1851–1939)
JQR = Jewish Quarterly Review, London, später Philadelphia
ZGJD = Zeitschrift für die Geschichte der Juden in Deutschland, alte Folge 5 Bände 1887–1892; neue Folge 6 Bände 1929–1937
JJLG = Jahrbuch der Jüdisch-Literarischen Gesellschaft, 22 Bände 1903–1932
HUCA = Hebrew Union College Annual (seit 1924)
LBI = Leo Baeck Institute, London, Jerusalem, New York
BLBI = Bulletin, Leo Baeck Institute (seit 1957)
YLBI = Year Book, Leo Baeck Institute (seit 1956)
ZRGG = Zeitschrift für Religions- und Geistesgeschichte (seit 1949)
JJS = Journal of Jewish Studies, London
JSS = Jewish Social Studies, New York
JE = Jewish Encyclopaedia, 12 Bände 1901–1906
EJ = Encyclopaedia Judaica, Berlin, 10 Bände (A-Lyra) 1928–1934 (deutsch)
EJ (e) = Encyclopaedia Judaica, Jerusalem 1972, 16 Bände (in englisch)

Adler-Rudel, S.: Ostjuden in Deutschland 1880–1940, Tübingen 1959
Agus, Irving A.: Urban Civilisation in Pre-Crusade Europe. A Study of Organised Town-Life in North-Western Europe during the Tenth and Eleventh Centuries, based on the Responsa-Literature. 2 Bände, New York 1965
Altmann, Adolf: Das früheste Vorkommen der Juden in Deutschland. Juden im römischen Trier. Trier 1932
Altmann, Alexander: Moses Mendelssohn, A Bibliographical Study, Philadelphia 1973
(Editor) Studies in 19th Century Jewish Intellectual History, Cambridge, Mass., 1964

The New Style of Preaching in 19th Century German Jewry. In: Altmann Studies (s. o.)
Zur Frühgeschichte der jüdischen Predigt in Deutschland. Leopold Zunz als Prediger. In: YLBI Bd. VI, 1961
Aronius, Julius: Regesten zur Geschichte der Juden im fränkischen und deutschen Reiche bis 1273, Berlin 1902
Baron, Salo W.: A Social and Religious History of the Jews. 15 Bände. New York and London (1937), 1953–1973
Die Judenfrage auf dem Wiener Kongreß. Wien und Berlin 1920
History and Jewish Historians. Philadelphia 1964
Bergmann, Hugo Sh.: Faith and Reason, New York 1961
The Philosophy of Solomon Maimon, Jerusalem 1967
Berliner, Abraham: Religionsgespräch gehalten am kurfürstlichen Hofe zu Hannover 1704. Nach einer hebräischen Handschrift hersg. und übersetzt von Prof. Dr. A. Berliner, Berlin 1914
Aus dem Leben der deutschen Juden im Mittelalter, zugleich als Beitrag für deutsche Culturgeschichte. Nach gedruckten und ungedruckten Quellen von Dr. A. Berliner, Berlin 1900
Böhm, Adolf: Die Zionistische Bewegung, Berlin 1920
Boelich, Walter: Der Berliner Antisemitismusstreit, Frankfurt 1965
Dubnow, Simon: Die jüdische Geschichte, ein geschichtsphilosophischer Versuch. Übers. von Jos. Friedländer, 2. Aufl., Frankfurt 1921
Weltgeschichte des Jüdischen Volkes. Übers. (nach der russischen 5. Auflage) von A. Steinberg, 10 Bde. Berlin 1925–1929
Geschichte des Chassidismus. Übers. v. A. Steinberg, 2 Bände, Berlin 1931
Duckesz, Eduard: Zur Biographie des Chacham Isaak Bernays. In: JJLG Bd. 5, 1907
Elbogen, Ismar: Geschichte der Juden in Deutschland, Berlin 1935
Elbogen-Sterlin, Eleonora: Geschichte der Juden in Deutschland (2. bis 1945 fortgeführte u. mit Anmerkungen versehene Aufl. d. Vorigen.) Frankfurt 1966
Ein Jahrhundert Wissenschaft des Judentums. In: Festschrift zum 50-jährigen Bestehen der Hochschule für die Wissenschaft des Judentums, Berlin 1922
Zu S. Dubnows Geschichtswerk. In: MGWJ 70, 1926
Ein Jahrhundert jüdischen Lebens. Die Geschichte des neuzeitlichen Judentums. Hersg. von Ellen Littmann, Frankfurt 1967
Der jüdische Gottesdienst in seiner geschichtlichen Entwicklung. 2. Aufl. Frankfurt 1924

Eliav, Mordechai: Hachinuch Hajehudi b'Germania bime Hahaskala we Ha'Emanzipazia (Jüdische Erziehung in Deutschland zur Zeit der Aufklärung und Emanzipation). Jerusalem 1961

Eschelbacher, Josef: Die Anfänge allgemeiner Bildung unter den deutschen Juden vor Mendelssohn. In: Beiträge zur Geschichte der deutschen Juden, Festschrift zum 70. Geburtstag Martin Philippsons. Leipzig 1916
Das Judentum und das Wesen des Christentums, Vergleichende Studien. 2. Aufl. Berlin 1928

Fackenheim, Emil L.: Samuel Hirsch and Hegel. In: Altmann, Studies

Fischer, Horst: Judentum, Staat und Heer in Preußen im frühen 19. Jahrhundert. Tübingen 1968

Freund, Ismar: Die Emanzipation der Juden in Preußen. 2 Bde. Berlin 1912
Die Rechtsstellung der Synagogengemeinde in Preußen und die Reichsverfassung. Berlin 1926

Friedlander, Albert A.: Leo Baeck, Leben und Lehre, Stuttgart 1973

Gebhardt, Carl: B. de Spinoza, Theologisch-politischer Traktat, übertragen u. eingeleitet von Carl Gebhardt (Philos. Bibliothek), 5. Aufl., Hamburg 1955

Germania Judaica: Nach dem Tode von M. Brann hrsg. von I. Elbogen, A. Freimann und H. Tykocinski. Band I, Von den älteren Zeiten bis 1238, Tübingen (1934) 1963; Band 2 (in zwei Halbbänden), von 1238 bis zur Mitte des 14. Jahrhunderts, hrsg. von Zvi Avneri, Tübingen 1968

Ginsburg, Sigmar: Die zweite Generation der Juden nach M. Mendelssohn. In: BLBI, 1957/58

Glanz, Rudolf: Geschichte des Niederen Jüdischen Volkes in Deutschland. Eine Studie über historisches Gaunertum, Bettelwesen und Vagantentum. New York 1968

Glatzer, Nahum N.: Leopold Zunz, Jude, Deutscher, Europäer. Tübingen 1964
Leopold und Adelheid Zunz. An Account in Letters. London 1958
Untersuchungen zur Geschichtslehre der Tannaiten. Berlin 1933

Graetz, Heinrich: Geschichte der Juden von der ältesten Zeit bis auf die Gegenwart. 11 Bände. Berlin, Breslau, Leipzig 1853–1875
Die Konstruktion der jüdischen Geschichte, hrsg. v. Ludwig Feuchtwanger, Berlin 1936

Graupe, Heinz M.: Die Stellung der Religion im systematischen Denken der Marburger Schule (Diss.). Berlin 1930
Steinheim und Kant. In: YLBI Bd. 5, 1960
Kant und das Judentum. In: ZRGG Bd. 13, 1961
Die philosophischen Motive der Theologie S. L. Steinheims. In: Salomon

Ludwig Steinheim zum Gedenken. Ein Sammelband hrsg. von H. J. Schoeps, Leiden, 1966
Mordechai Gumpel Levison. In: BLBI, Jg. 5, 1962
Jewish Testaments from Altona and Hamburg (18th Century) Hebräisch. In: Michael II, Tel-Aviv 1973
Die Statuten der Drei Gemeinden Altona, Hamburg, Wandsbek. Quellen zur jüdischen Gemeindeorganisation im 17. und 18. Jahrhundert. Hersg., eingeleitet u. übersetzt, 2 Bände, Hamburg 1973
Juden und Judentum im Zeitalter des Reimarus. In: Hermann Samuel Reimarus. Ein »bekannter Unbekannter« in Hamburg, Göttingen 1973
Guttmann, Julius: Die Philosophie des Judentums. München 1933
Philosophies of Judaism. London 1964 (Erw. Übers. des Vorigen)
Kant und das Judentum. Leipzig 1908
Guttmann, Michael: Das Judentum und seine Umwelt. Bd. 1, Berlin 1927
Hamburger, Ernst: Juden im öffentlichen Leben Deutschlands, Tübingen 1968
Heppner, A. u. Herzberger, I.: Aus Vergangenheit und Gegenwart der Juden in den Posener Landen. 2 Teile, Koschmin 1901–1929
Hertzberg, Arthur: The French Enlightenment and the Jews. New York, Philadelphia 1968
Jacobs, Noah J.: Salomon Maimons Relation to Judaism. In: YLBI Bd. 8, 1963
Jost, Marcus: Geschichte des Judentums und seiner Sekten. Band 3, Leipzig 1859
Katz, Jakob: Die Entstehung der Judenassimilation in Deutschland und deren Ideologie (Diss.). Frankfurt 1935 (wieder abgedruckt im folgenden:)
Emancipation and Assimilation. Studies in Modern Jewish History. Farnborough 1972
Tradition and Crisis. Jewish Society at the End of the Middle Ages. New York 1961
Exclusiveness and Tolerance. Studies in Jewish-Gentile Relations in Medieval and Modern Times. Oxford 1961
Jews and Freemasons in Europe, 1723–1939. Cambridge, Mass. 1970
Die Anfänge der Judenemanzipation. In: BLBI XIII, 1974
Kayserling, Meir: Moses Mendelssohn. Sein Leben und Wirken. 2. Aufl., Leipzig 1888
Kaznelson, Siegmund: (Hersg.) Juden im deutschen Kulturbereich. Ein Sammelwerk, 3. Ausg., Berlin 1962
Kellenbenz, Hermann: Sephardim an der unteren Elbe, ihre wirtschaftliche

Bedeutung vom Ende des 16. bis zum Beginn des 18. Jahrhunderts. [Vierteljahresschr. für Sozial- und Wirtschaftsgeschichte, Bd. 40], Wiesbaden 1958

Kisch, Guido: Forschungen zur Rechts- und Sozialgeschichte der Juden in Deutschland, Zürich 1955

The Jews in Medieval Germany. A Study of their Legal and Social Status. Chicago 1948

Das Breslauer Seminar. Jüdisch-Theologisches Seminar (Fränkelscher Stiftung) 1854–1938, Tübingen 1963

und Kurt Roepke: Schriften zur Geschichte der Juden. Eine Bibliographie der in Deutschland und in der Schweiz 1922–1955 erschienenen Dissertationen. Tübingen 1959

Klatzkin, Jakob: Hermann Cohen, 2. Aufl., Berlin 1922

Klausner, Josef: Geschichte der neuhebräischen Literatur, deutsch hrsg. von Hans Kohn, Berlin 1921

Klemperer, Gutmann: Chaje Jehonatan, Rabbi Jonathan Eibenschütz. Eine biographische Skizze. Prag 1958

Kober, Ag.: Grundbuch des Kölner Judenviertels. Bonn 1920

König, Balthasar: Annalen der Juden in den preußischen Staaten (1790). Berlin 1912

Landau, Juda L.: Short Lectures on Modern Hebrew Literature. 2. Aufl., London 1938

Nachman Krochmal, Ein Hegelianer, Berlin 1904

Lazarus, Lothar: Die Organisation der preußischen Synagogengemeinden (Diss.). Göttingen 1933

Lewin, Louis: Aus dem jüdischen Kulturkampf. In: JJLG XII, 1938

Die jüdischen Studenten an der Universität Frankfurt a. d. Oder. In JJLG, XIV, XV, XVI, 1921, 1923, 1924

Geschichte der Juden in Lissa. Pinne 1904

Lewkowitz, Albert: Das Judentum und die geistigen Strömungen des 19. Jahrhunderts, Breslau 1935

Liebeschütz, Hans: Das Judentum im deutschen Geschichtsbild von Hegel bis Max Weber. Tübingen 1967

Von Georg Simmel zu Franz Rosenzweig. Tübingen 1970

Hermann Cohen and his Historical Background. In: YLBI XIII, 1968

Between Past and Future. Leo Baecks Historical Position. In: YLBI XI, 1966

Littmann, Ellen: Studien zur Wiederaufnahme der Juden nach dem Schwarzen Tode. (Diss.) Köln 1928

Saul Ascher, First Theorist of Progressive Judaism. YLBI V, 1960

Meisl, Josef: Haskalah, Geschichte der Aufklärungsbewegung unter den Juden in Rußland. Berlin 1919
Protokollbuch der Jüdischen Gemeinde Berlin (1723–1854). Jerusalem 1962 (hebräisch und deutsch)
Meyer, Michael A.: The Origins of the Modern Jew. Jewish Identity and European Culture in Germany 1749–1824. Detroit 1967
Michael: On the History of the Jews in the Diaspora, Bd. II. Hrsg. v. S. A. Simonsohn und Jacob Toury, Tel-Aviv 1973 (Hebräisch und deutsch).
Monumenta Judaica: 2000 Jahre Geschichte und Kultur der Juden am Rhein. Hrsg. v. K. Schilling, Köln 1963
Mosse, Werner E. und Paucker A.: (Hrsg.) Deutsches Judentum in Krieg und Revolution, 1916–1923, Tübingen 1971
Entscheidungsjahr 1932. Zur Judenfrage in der Endphase der Weimarer Republik. 2. Aufl. Tübingen 1966
Neubauer, A. und Stern M.: Hebräische Berichte über die Judenverfolgungen während der Kreuzzüge. Berlin 1892. Reprint Jerusalem 1971
Pancker, A.: Der jüdische Abwehrkampf gegen Antisemitismus und Nationalsozialismus in den letzten Jahren der Weimarer Republik, Hamburg 1969
Pelli, Mosche: Mordechai Gumpel Schnaber, The First Religious Reform Theoretician of the Hebrew Haskalah in Germany. In: JQR LXIV, 1974
Perelmuter, Moshe A.: R. Jonathan Eybeschütz w'jachasso el Ha' Schabta'ut (Rabbi Jonathan Eybeschütz and his Attitude towards Sabbatianism). Tel-Aviv 1947
Petuchowski, Jakob J.: The Theology of Haham David Nieto. N. Y. 1954
Prayerbook Reform in Europe. The Liturgy of Liberal and Reform Judaism. New York 1968
Manuals and Catechismus of the Jewish Religion in the Early Period of Emancipation. In: Altmann, Studies
Priebatch, Felix: Die Judenpolitik des fürstlichen Absolutismus im 17. und 18. Jahrhundert. In: Festshrift für Dietrich Schäfer zum 70. Geburtstag. Jena 1915
Rawidowicz, Simon: Kitwe R. Nachman Krochmal (Schriften von R. Nachman Krochmal) 2. Aufl., London – Waltham Mass. 1961
War Nachman Krochmal Hegelianer? In: HUCA Bd. V., 1928
Reissner, Hans G.: Rebellious Dilemma. The Case Histories of Eduard Gans and some of his Partisans. In: YLBI II, 1957
Richarz, Monika: Der Eintritt der Juden in die akademischen Berufe. Jüdische Studenten und Akademiker in Deutschland 1678–1848. Tübingen 1974

Rosenzweig, Franz: Einleitung zu Hermann Cohen. Jüdische Schriften. Hrsg. v. Bruno Strauß. Berlin 1924

Rotenstreich, Nathan: Ha'machaschawa ha'jehudit b'et hachadascha. (Das jüdische Denken i. d. Neuzeit). 2 Bde. Tel Aviv 1945, 1950

Jewish Philosophy in Modern Times, New York 1968

The Recurring Pattern, London 1963

Roth, Cecil: History of the Marranos (1934), Cleveland, Meridian-Books 1960

History of the Jews in England. 3. Aufl. Oxford 1964

A Short History of the Jewish People. London 1959

Salfeld, Siegmund: Das Martyrologium des Nürnberger Memorbuches, hrsg. v. Siegmund Salfeld. Berlin 1898

Schiffmann, Sara: Heinrich IV. und die Bischöfe in ihrem Verhalten zu den deutschen Juden zur Zeit des ersten Kreuzzuges. (Diss.) Berlin 1911

Schilpp, Paul A. – Friedmann, Maurice: (hrsg.) Martin Buber. [Sammelband], Stuttgart 1963

Schnee, Heinrich: Die Hoffinanz und der moderne Staat. Geschichte und System der Hoffaktoren an deutschen Fürstenhöfen im Zeitalter des Absolutismus. 6. Bde., Berlin 1953–1967

Schoeps, Hans J.: Geschichte der jüdischen Religionsphilosophie i. d. Neuzeit, Bd. I., Berlin 1935

Jüdischer Glaube in dieser Zeit, Prolegomena zur Grundlegung einer systematischen Theologie des Judentums. Berlin 1930

Philosemitismus im Barock. Religions- und geistesgeschichtliche Untersuchungen. Tübingen 1952

Gumpertz Levison. Leben und Werk eines gelehrten Abenteurers des 18. Jahrhunderts. In: ZRGG IV, 1952

Salomon Ludwig Steinheim zum Gedenken. Ein Sammelband hrsg. von Hans-Joachim Schoeps und Heinz Mosche Graupe und Gerd-Hesse Goemann, Leiden 1966

Scholem, Gerschom: Die jüdische Mystik in ihren Hauptströmungen. Frankfurt 1957

Sabatai Ṣevi, The Mystical Messiah, 1626–1676. London 1973

Wider den Mythos vom deutsch-jüdischen Gespräch. In: BLBI 7, 1964

Wissenschaft vom Judentum einst und jetzt. In: BLBI 3, 1960

Seligmann, Cäsar: Geschichte der jüdischen Reformbewegung, Frankfurt 1922

Shohet, Azriel: Im Chilufe T'kufot, Reschit Hahaskala b'jahadut Germania (Im Wechsel der Epochen. Beginn der Aufklärung im deutschen Judentum). Jerusalem 1960

Silberner, Edmund: Moses Hess. Geschichte seines Lebens. London 1966
Moses Hess – Briefwechsel. Den Haag 1959
Sozialisten zur Judenfrage. Berlin 1962
Simon, Ernst: Aufbau im Untergang. Tübingen 1959
Brücken. Gesammelte Aufsätze. Heidelberg 1965
Stein, Siegfried: Liebliche Tefilloh – A Judeo-German Prayerbook printed in 1709. In: YLBI 15, 1970
Stern, Moritz: Beiträge zur Geschichte der jüdischen Gemeinde zu Berlin. Heft 3: Die Anfänge von Hirschel Löbels Rabbinat, Berlin 1931; Heft 5: Jugendunterricht in der Berliner Jüdischen Gemeinde während des 18. Jahrhunderts, Berlin 1934; Heft 6: David Friedländers Schrift ›Über die durch die neue Organisation der Judenschaften in den preußischen Staaten notwendig gewordenen Umbildungen etc.‹ 1812. Neudruck nebst Anhang Berlin 1934
Stern, Selma: Josel von Rosheim, Befehlshaber der Judenschaft im Heiligen Römischen Reich Deutscher Nation. Stuttgart 1959
Der preußische Staat und die Juden, 7 Bde. Tübingen 1962–1971
The Court Jew. A Contribution to the History of the Period of Absolutism in Central Europe. Philadelphia, 1950
Jud Sueß, Ein Beitrag zur deutschen und jüdischen Geschichte. Berlin 1929, München 1973
Stobbe, Otto: Die Juden in Deutschland während des Mittelalters in politischer, sozialer und rechtlicher Beziehung. (1866) 3. Aufl. Berlin 1923
Strack, Hermann: Einleitung in Talmud und Midrasch. Repr. der 5. Aufl., München 1961
Das Blut im Glauben und Aberglauben der Menschheit. München 1900
Straus, Raphael: Die Juden in Wirtschaft und Gesellschaft. Untersuchungen zur Geschichte einer Minorität. Frankfurt 1964
Terlinden, R. F.: Grundsätze des Judenrechts nach den Gesetzen für die preußischen Staaten. Halle 1804
Theilhaber, Felix A.: Der Untergang der deutschen Juden. Eine volkswirtschaftliche Studie. München 1911
Toury, Jacob: Die politischen Orientierungen der Juden in Deutschland von Jena bis Weimar. Tübingen 1966
Prolegomena to the Entrance of Jews into German Citizenry (Hebr.), Tel Aviv 1971
Der Eintritt der Juden ins deutsche Bürgertum. Eine Dokumentation. Tel Aviv 1972
Deutsche Juden im Vormärz. In: BLBI VIII, 1965

Wagenaar, H. A.: Toldot Jabetz, Jacob Hirschels (Emdens) Leben und Schriften (Hebr.). Amsterdam 1868
Wiener, Max: Jüdische Religion im Zeitalter der Emanzipation, Berlin 1933
Wilhelm, Kurt: (Hersg.) Wissenschaft des Judentums im deutschen Sprachbereich. Ein Querschnitt, 2 Bde. Tübingen 1967
Zechlin, Egmont: Die deutsche Politik und die Juden im Ersten Weltkrieg. Göttingen 1969

Namens- und Sachregister

Das Register verzeichnet die wichtigeren Namen- und Sachbegriffe, doch auch diese nur an den für die Thematik relevanten Stellen.
Übergangen wurden die vielen Namen im Kap. 17 – Teilnahme am allgemeinen Kulturleben –, auch solche, die in anderen Kapiteln behandelt werden. Denn ihre Anführung würde dem Buch einen unerwünschten apologetischen Charakter verleihen.

Achad Ha'am (Ascher Ginzberg) 345 f.
Albert der Große 32
Antisemitismus *332ff.*, 361
Aramäisch 29
Aronius, Julius 196 (A. 171)
Ascher, Saul *138f.*, 166, 200
Aschkenaz, aschkenasich 15 et passim
Auerbach, Berthold 284, 340
Aufklärungsphilosophie 86ff., 93ff., 100f., 143f.

Ba'al-Schem-Tow (Israel ben Elieser) 123f.
Bacharach, Chajim Jair 76
Bacher, Wilhelm 196 (A. 171)
Baeck, Leo 152, 186ff., 196 (A. 171), *307ff.*, 350, 362

Bäck, Samuel 307
Baer, Seligmann 196 (A. 171)
Baer, Fritz Isaak 196 (A. 171)
Balfour-Deklaration 352
Bamberger, Seligmann Bär 209
Baron, Salo W. 196 (A. 171), 350
Baseler Programm 344
Beer-Hofmann, Richard 336 (A. 393)
Bendavid, Lazarus 134ff., 150, 154
Ben Jehuda, Elieser 324
Bergmann, Hugo S. 336, (A. 393)
Berliner, Abraham 196 (A. 171)
Bernays, Isaak 198, *207f.*, 239
Bernays, Jakob 191
Bernstein, Aron 284
Betteljuden *43f.*, 74, 117, *119f.*
Bilu-Bewegung 324

Register

Bing, Abraham 208 f.
Birnbaum, Nathan 345 f.
Blumenfeld, Kurt 350
Blutbeschuldigung 20, 185, 334
Bodenschatz, Johann Christian 73
Bonnet, Charles 99 ff.
Brod, Max 336 (A. 393)
Brunnenvergiftung 21
Buber, Martin *302ff.*, 336 (A. 393), 362 f.
Buber, Salomon 304
Bund (jüdischer sozialistischer Arbeiterbund) 321
Buxtorf, Johannes 72

Callenberg, Johann Heinrich 74, 119
Cardoso, Abraham 56, 85
Caro, Joseph 31, 37
Cassirer, Ernst 149
Centralverein deutscher Staatsbürger jüdischen Glaubens (C. V.) *334f.*, 347 f.
Chabad-Chassidismus 125 f.
Chacham Zwi (Zwi Aschkenasi) 69, 76, 79 f, 81 f
Chajun, Nehemia 56, 85
Chasaren 59, 258 (A. 239)
Chassidismus 121, *123 ff.*, 188, 305, 313 ff., 321
Chassidismus, deutscher (Die »Frommen von Deutschland«) *35f.*, 40, 53
Chmielnitzki-Verfolgungen 13, 52, 121 f.
Chorin, Aron 203
Chowewe Zion-Bewegung 322, 326, 336
Christlicher Staat 166, 229, 332
Clermont-Tonnère, St. 155, 331
Cohen, Hermann 142, 152, 254, 256, *289ff.*, 305 (A. 350), 333 f., 338 (A. 397), 351 (A. 416)
Cohen, Schalom 140 f.
Cohen, Tobias 47, 78
Culturverein (Verein f. Cultur und Wissenschaft der Juden) 168 ff.

Da Costa, Uriel 63, 67
Damaskus-Affaire 185
Décret Infâme 157
Del Medigo, Joseph 47, 75, 88, 188

Descartes, René 65 f.
Dönmehs 56 f.
Dohm, Christian Wilhelm 104, 155
Dreyfus Affaire 341
Dubno, Salomon 128
Dubnow, Simon *173f.*, 196 (A. 171), 262 f., 321, 350
Duschak, Moritz 285

Ebreo, Leone 95 (A. 40)
Eckehard, Meister 32
Edzardi, Esdras 74
Einhorn David 202, *217ff.*
Eisenmenger, Johann Andreas 73
Eisner, Kurt 361
Elbogen, Ismar 196 (A. 171), 224
Emden, Jakob *80ff.*, 94 f., 127, 132
Erziehungswesen 23, 39, 47, 51, 77, 104, 130 ff., 137 f., 237 ff., 301, 318 ff., 363
Euchel, Isaak 134, 140, 149
Eybeschütz, Jonathan 80, *83 f.*

Familianten-Gesetze, Matrikelzwang 117, 159, 233
Fettmilch, Vinzenz 25
Fichte, Johann Gottlieb 68, 166, 264
Flottwell, E. H. v. 227 f.
Formstecher, Salomon 269 ff.
Francolm, Isaak Ascher 284
Fränkel, David 77, 97
Frank, Jakob, Frankisten 57 f.
Frankel, Zacharias *187ff.*, 223
Freischulen, jüdische 104, 137, 237 f.
Friedländer, David 134 ff., 149, 154
Friedrich II. (Kaiser) 20
Friedrich der Große 116 f.
Friedrich Wilhelm I. 115 ff.
Friedrich Wilhelm II. 159
Fries, Jakob Friedrich 162
Fürst, Julius 185
Fürst, Salomon 75

Gans, David 46
Gans, Eduard 171 f.
Geiger, Abraham 177, 182, *186ff.*, 190, *212ff.*, *261f.*
Gemara 28 ff.
Gemeinde-Autonomie und Jurisdiktion 49 ff., *110ff.*, 159 ff., *163ff.*

Gemeinde-Orthodoxie 209
Germanus, Moses 75
Gersonides (Levi ben Gerson) 60
Geschichtsauffassung 173 ff.
Glückel von Hameln 46, 70
Goethe, Johann Wolfgang 68, 168, 170
Gordon, Aron David 326f.
Gordon Juda Löw 324
Gottesdienstreform *201 ff.*, 317
Graetz, Heinrich *191 ff.*, *259 f.*, 331, 333, 337f., 340
Grégoire, Henri, Abbé 155
Gumperz, Aron Salomon *88 f.*, 95, 97
Guttmann, Jakob 196 (A. 171)
Guttmann, Julius 152, 196 (A. 171)

Haase, Hugo 361
Hame'assef, Me'assfim 140f., 313f.
Hanau, Salomon 48, 96
Hanover, Nathan 53, 88
Hardenberg Karl August v. 160f., 166, 171, 331
Harnack, Adolf v. 308
Haskala, Maskilim 313 ff.
Hebraisten, Christliche 71 ff.
Hegel, Georg F. W. 101, 147, 166, 170, 178 ff., 264 ff., 268, 272 ff., 299
Heidenheim, Wolf 83, 128
Heine, Heinrich 168, 171 f.
Heinrich IV. 15, 17
Hep-Hep-Unruhen 162 f.
Herder, Johann G. 68, 166, 178
Hergershausen, Aron 77
Herz, Henriette 149f., 167
Herz, Marcus 134, 167
Herzl, Theodor 336, *340 ff.*
Hess, Moses 107, 192 (A. 159), 336, *338 ff.*
Hirsch, Baron Moritz v. 325
Hirsch, Samson Raphael 209 ff.
Hirsch, Samuel 218 (A. 205), *272 ff.*
Hoffaktoren, Hofjuden 25, 42 f.
Hoffmann, David 196, (A. 171)
Holdheim, Samuel 215 f.
Homberg, Herz 133 ff.
Horowitz, Jesaja 53, 79
Hostienschändung 21
Humboldt, Wilhelm v. 161, 166 f., 178, 331

Ibn Gabirol, Salomo 36, 59f.
Idealismus, deutscher 68, 142, 170, 264f., 277, 292, 299
Ilyer, Manasse 317 (A. 374)
Innozenz IV. 20
Isserles, Moses 31

Jacobi, Friedrich Heinrich 68, 102, 107, 264 (A. 249), 278
Jacobson, Israel 205 f.
Jäsche, Gottlob Benjamin 278
Jakob ben Ascher 31
Jiddisch, jüdisch-deutsch 45 f., 96 f., 121, 320f.
Joel, Manuel 152, 191, 194f., 333
Josel von Rosheim 13, 25
Joseph II. 130 f., 158, 331
Jost, Isaak Markus 184, 260
Juda, Halevi 50, 59, 186, 258
Juda (ben Samuel) von Regensburg 35, 40
Jugendbewegung 355 f.
Jugendbewegung, jüdische 356 ff.

Kabbala s. a. Mystik *36 ff.*, 84 ff., 123 ff.
Kammerknechtschaft 17 f.
Kant Immanuel 98, 101, 105, 107, *142 ff.*, 168, 177, 194f., 280f., 287, 290 ff., u. ö.
Karae'er 30, 206
Karl IV. 18, 21 f.
Kaufmann, David 196 (A. 171)
Kibbuzbewegung 326, 368
Kindersoldaten 319 f.
Kley, Eduard 206
König, Johann Balthasar 159
Konfessionalisierung 154, 188, 212, 231, 358
Konsistorialverfassung 158
Kook, Abraham Isaak 126
Kreuzzüge 16
Krochmal, Nachman 173, 184, *267 ff.*

Ladino s. Spaniolisch
Landauer, Gustav 326, 361
Landjudenschaften 24 f.
Lasker-Schüler, Else 336 (A. 393)
Laterankonzile 19 ff.
Lavater, Johann Caspar 99 ff.

Register

Lazarus, Moritz 152, *285 ff.*, 333
Lessing, Gotthold Ephraim 68, 97f., 101, 168, 177, 278 u. ö.
Levi, Rafael 47
Levin, Hirschel 114, 129
Levin, Rahel (Varnhagen) 167
Levison s. Schnaber-Levison
Liberales Judentum 210, 224, 350 (A. 413)
Lilienblum, Mosche Löw 318
Lilienthal, Arthur 308
Lilienthal, Max 218 (A. 205), 319f.
Lipmann Mühlhausen 40
Lurja, Isaak – Lurjanische Kabbala 37f., 53, 80, 123 f.
Luther, Martin 72
Luxemburg, Rosa 361
Luzzato, Samuel David 185 f., 296

Märkte und Messen 24, 41, 44f.
Maimon, Salomon 88, 119, 134, 150f., 166, 264, 293 (A. 327) 314 (A. 372)
Maimonides 31 f., 60, 78, 82, 129, 150f.
Marranen 59ff.
Matrikelzwang s. Fannikantengesetze
Me'aßfim s. Hame'assef
Mendelssohn, Moses 45, 68, 87ff., 93, *95 ff.*, 114, 128ff., 138, 146, 148ff., 263f., 315
Merkantilismus 42
Metternich, Fürst 161 f.
Midrasch 27f.
Mirabeau, G. H., Comte 155
Mischna 28 f.
Modena, Leone da 95 (A. 40), 188
Molanus, Gerhard 75
Monatsschrift f. d. Geschichte und Wissenschaft d. Judentums (MGWJ) 189f.
Münster, Sebastian 71
Munk, Salomon 185
Mystik, jüdische *31 ff.*, 87f., 188

Napoleon I. 156f.
Nathan aus Ghaza (Ghazati) 54
Nationalsozialismus 361 ff.
Neuorthodoxie 207f.
Nicolai, Christoph Friedrich 97
Nieto, David 69, 75

Notabeln-Versammlung 156f.

Oppenheimer, David 76
Oppenheimer, Samuel 73
Osteuropäische Judenheit 22, 50ff., 262, *313 ff.*, 360
Ostjuden in Deutschland 235, 352ff.

Pantheismus 66, 265, 277, 294, 297
Pappenheim, Salomson S. 151
Perl, Josef 316, 317 (A. 375)
Philippson, Ludwig 182, *217*, 223, 284f.
Pico della Mirandola 71
Pietismus 127
Pines, Jechiel Michael 323 f.
Pinsker, Leon 316
Portugiesen 24, 49, 63, 110
Posener Juden 127, 227f.
Positiv-historisches Judentum (Liberales Judentum) 223 f.

Rabbenu Gerschom 16
Rabbiner, Raw 39, 197f.
Rabbinerseminare 185, 190, 195f., 363 (A. 431)
Rabbinerversammlungen 223 f.
Rapoport, Salomon Juda 184
Raschi 16, 39f.
Rathenau, Walther 361
Reformbewegungen, jüdische 220f., 317
Reformfreunde, Frankfurter Verein der 221 f.
Reformgemeinde, Berliner 222f.
Reichsvertretung d. deutschen Juden 362
Religiöses Brauchtum 30f., 36
Responsen-Sammlungen 30
Reuchlin, Johann 71
Riesser, Gabriel 221 (A. 211), 226, *229ff.*
Ritualmordbeschuldigungen 20, 185, 334
Robespierre, Maximilian 155
Rokeach, Rabbi Elasar 40
Rosenzweig, Franz 152, 173, *298ff.*, 307
Rühs, Gustav Friedrich 162

Sa'adia Gaon 80f.

Sabbatai Zwi 14, *54ff.*
Sabbataismus – Sabbataisten *54ff.*, 74, 84f., 123
Salomon, Gotthold 206
Samosz, Israel s. Zamość
Sanhédrin (Grand) 156f.
Satanow, Isaak Halevi 129
Schelling, Friedrich 68, 166, 264f., 270f.
Schiller, Friedrich 142 (A. 74), 166, 168, 175
Schleiermacher, F. D. 68, 147
Schnaber-Levison, Mordechai Gumpel *89ff.*, 95, 200
Schne'ur, Salman 125f.
Scholem, Gerschom 196 (A. 171), 198 (A 172), 350
Schudt, Jakob 72f.
Schulchan Aruch 31, 79, 165
Schwarzer Tod 21f.
Sefarad, sefardisch 59
Sefer Jezira 35
Seligmann, Caesar 224
Singer, Isidore 329
Smolenskin, Perez 323
Sohar 37, 86
Sommo, Leone 95 (A. 40)
Spaniolisch (Ladino) 62 (A. 23)
Spinoza, Baruch *64ff.*, 146, 264f., 338f.
Stadthagen, Josef 75, 80 (A. 29)
Stahl, Friedrich Julius 229
Steinheim, Salomon Ludwig 95, 152, 194f., *277ff.*
Steinschneider, Moritz *183f.*, 198
Steinthal, Heymann 285
Stern, Moritz Abraham 196 (A. 171)
Stern, Sigismund 221, 222
Streckfuß, A. F. K. 227
Studentenverbindungen, jüdische 348f.

Talmud 28f.
Targum 29
Teller, Wilhelm Abraham 135

Tempelverein 206, 221
Terlinden R. F. 159
Thomas von Aquino 32
Toleranzpatente 104, 130ff.
Tora 27
Toßafisten 40
Treitschke, Heinrich v. 333f.
Trennungsorthodoxie 209f., 213f.

Universitätsbildung, beginnende 47

Vernunftreligion 86f., 93, 100ff., 104ff., 134ff., 143ff., 264, 295
Vertreibung aus Spanien 61
Vierländersynode (Rat der Vier Länder) 50f.

Wagenseil, Johann Christoph 73
Weizmann, Chajim 304, 352
Weltsch, Felix 336 (A. 393)
Weltsch, Robert 336 (A. 393), 362
Wenzel (König) 23ff.
Wessely, Naftali Hirz (Hartwig) *130ff.*, 215
Wetzlar, Isaak 77
Wiener Kongreß 161f., 226
Wilnaer Gaon (Elia ben Salomon) 122, 126, 220 (A. 210)
Wise, Isaak Mayer 218 (A. 205)
Wissenschaft des Judentums 171f., 175, 177, *180ff.*, 350
Wohlwill, Immanuel 171f.
Wolf, Johann Christoph 72, 76

Zadikim 125f.
Zamość, Israel 88f., 92
Zeitlin, Josua 316
Zionismus 304, 322ff., *336ff.*, 349f., 364f.
Zunz, Leopold 171f., 176, *180ff.*, 198
Zweig, Arnold 336 (A. 393)